파이썬

Y. DANIEL LIANG 지음 | 길준민 · 정재화 옮김

Introduction to Programming Using Python

에피스테메
EPISTEME

역자 소개

길준민
고려대학교 전산학과(학사)
고려대학교 대학원 전산학과(석사)
고려대학교 대학원 전산과학과(박사)
Univ. of Illinois at Chicago, Visiting Scholar
한국과학기술정보연구원 슈퍼컴퓨팅센터 선임연구원
현재: 대구가톨릭대학교 IT공학부 부교수

정재화
고려대학교 학사
고려대학교 대학원 컴퓨터 및 정보과학(석사)
고려대학교 대학원 컴퓨터 및 정보과학(박사)
Indiana University, Instructional Systems Technology, Visiting Scholar
현재: 한국방송통신대학교 컴퓨터과학과 교수

파이썬

초판 1쇄 펴낸날 | 2018년 3월 2일

지은이 | Y. DANIEL LIANG
옮긴이 | 길준민·정재화
펴낸이 | 류수노
펴낸곳 | (사)한국방송통신대학교출판문화원
(03088) 서울시 종로구 이화장길 54
전화 02-3668-4764
팩스 02-741-4570
홈페이지 http://press.knou.ac.kr
출판등록 1982년 6월 7일 제1-491호

출판위원장 | 장종수
편 집 | 이근호
디자인 | 크레카

ISBN 978-89-20-02889-2 93000

값 35,000원

■ 잘못 만들어진 책은 바꾸어 드립니다.

이 도서의 국립중앙도서관 출판예정도서목록(CIP)은 서지정보유통지원시스템 홈페이지(http://seoji.nl.go.kr)와
국가자료공동목록시스템(http://www.nl.go.kr/kolisnet)에서 이용하실 수 있습니다.(CIP제어번호: CIP2018004345)

INTRODUCTION TO PROGRAMMING USING

PYTHON

Y. Daniel Liang
Armstrong Atlantic State University

에피스테메
EPÍSTEME

PEARSON

역자 머리말

    컴퓨터공학, 컴퓨터과학, 정보통신 등 IT 전공자들이 대학 신입생으로 입학하여 생소해하고 어려워하며 배우는 영역 중에 하나가 프로그래밍입니다. 그러한 이유는 국내 대다수 대학에서 프로그래밍 학습에 활용하는 프로그래밍 언어가 바로 C 언어이기 때문입니다. 고급 프로그래밍 언어로서 C 언어는 개발로부터 그 역사가 벌써 40년 이상이 될 정도로 오랜 기간 동안 많은 인기를 얻어 왔지만, C 언어의 개발 당시의 컴퓨팅 환경과 현재의 컴퓨팅 환경은 우리의 실생활과 마찬가지로 엄청난 변화가 있어 왔기 때문에 현재 환경에 비추어 보아 다소 부자연스러운 개념이 있는 것이 사실입니다. C 언어 개발 이후로 수많은 프로그래밍 언어가 탄생되었고 각 언어의 고유한 특징에 따라 여러 분야에서 사용되어 왔습니다. 그러한 언어 중에 프로그래밍 초보자들도 쉽게 접근할 수 있도록 한 목적으로 개발되고 광범위한 분야에서 활용되고 있는 대표적 프로그래밍 언어가 이 책의 제목과도 같은 파이썬(Python) 언어입니다.

    파이썬 언어는 그 동안 어렵고 생소했던 그리고 지루했던 C 언어 등의 다른 프로그래밍 언어에서 접해 볼 수 없었던 색다른 프로그래밍 세계로 이끌어 줄 수 있는 훌륭한 프로그래밍 도구라라고 생각합니다. 프로그래밍 자체는 자신이 생각하는 바를 논리적으로 표현하고 실행해 옮기는 과정으로 프로그램 개발뿐 아니라 최근에는 논리적 사고와 컴퓨팅 사고력을 배양할 수 유용한 도구로 활용되고 있습니다. 특히, IT 전공자뿐 아니라 비전공자도 자신의 전공 분야에서 필요한 논리와 문제 해결 능력을 배양할 수 있도록 해 주는 것이 바로 프로그래밍입니다. 이러한 의미에서 초보자도 쉽게 따라할 수 있는 파이썬 언어야 말로 자신의 생각과 논리를 표현하기에 가장 유용하고 강력한 프로그래밍 도구라고 할 수 있습니다.

    이 책은 대학 신입생으로 프로그래밍을 처음 배우는 입문자에게 가장 적합한 교재로서 활용 가능하며, 또한 프로그래밍에 관심을 갖고 있는 초등, 중등, 고등학생과 일반인들도 쉽게 따라할 수 있는 책이라 생각됩니다. 특히, 이 책의 원저자인 Y. Daniel Liang 교수는 이미 C 언어나 자바 언어 등의 프로그래밍 언어를 활용한 프로그래밍 입문서를 출판하였습니다. Liang 교수의 다른 프로그래밍 입문서와 달리 이 책은 누구나 쉽게 따라할 수 있는 파이썬 프로그래밍 언어에 기반하고 있기 때문에 프로그래밍을 통해 얻을 수 있는 논리 능력 향상과 문제 해결력 배양에 가장 적합한 책일 것입니다. 비전공자도 쉽게 이해하고 활용할 수 있는 풍부한 예제를 제공하여 프로그래밍의 기본 개념 정립에 도움을 주며 실생활과 밀접하게 관련된 다양한 사례 연구를 통해 실생활의 문제 해결 능력이 자연스럽게 배양된다는 것을 이 책을 읽어가면서 느껴 볼 것입니다. 이 책을 활용한 프로그래밍 학습을 통해 파이썬 프로그램을 스스로 작성하고 실행해 봄으로써 자신만의 프로그램을 작성할 수 있다는 뿌듯함을 또한 느껴볼 수 있을 것입니다. 객체지향 개념과 그래픽 처리, 이벤트 처리 등이 쉽게 설명되어 있어 복잡하지 않고 간단하게 프로그램에 추가하여 다양한 기능을 가진 자신만의 프로그램도 작성해 볼 수 있습니다.

    이 책은 파이썬 언어에 대한 기본 문법부터 활용까지 프로그래밍에 관한 전반적인 내용을 다루고 있고 원저자의 경험과 능력, 치밀한 구성에 의해 완성한 책인 만큼 완성도 및 충실도는 매우 뛰어납니다. 역자들도 번역 과정 중에 그동안 무심코 넘어갔던 개념들에 대해서 다시 한 번 생각해 보는 계기를 마련해 주기도 하였습니다. 그만큼 이 책은 파이썬 프로그래밍 언어에 대한 개념과 활용을 집대성한 책이고 그만큼 이 책의 완결성에 대해선 의심할 여지가 없다고 생각합니다. 이 책을 번역하면서 원저자의 해박한 지식에

감탄하는 한편 그러한 점에서 역자들의 능력의 한계를 느끼기도 하였습니다. 하지만 원저자의 생각과 의도를 여러 번 생각하고 또 생각해가며 이 책의 완결성에 해가 되지 않도록 최선을 다해 번역을 하였습니다. 이 책을 통해 파이썬 프로그래밍 세계로 입문하는 다양한 독자들에게 고마움을 전하고 싶으며, 이 책은 IT 전공자만을 위한 책이 아닐 정도로 광범위한 분야에서 프로그래밍에 관심이 둔 입문자들에게 많은 도움과 개념을 정리해 줄 만한 책이라고 생각됩니다.

끝으로, 이 책이 나오기까지 수고를 아끼지 않은 한국방송통신대학교 출판문화원 장종수 원장님, 이근호 선생님과 한국방송통신대학교 관계자 여러분께 다시 한 번 고개 숙여 감사드리는 바입니다. 또한 출판 막바지까지 교정 작업을 도와준 대구가톨릭대학교 IT공학부와 한국방송통신대학교 컴퓨터과학과 학생 여러분의 노고에 진심으로 감사드립니다. 지난 해 봄을 거쳐 올 여름까지 이 책과 씨름하였던 기간이 이제는 아련히 그립기까지 하며, 이 책이 독자 여러분들의 파이썬 언어의 개념 파악과 파이썬 프로그래밍 능력 향상에 조금이나마 도움이 되길 진심으로 바라는 바입니다.

2018년 2월
길준민(jmgil@cu.ac.kr)
정재화(jaehwachung@knou.ac.kr)

저자 머리말

이 책은 프로그래밍에 대한 사전 지식이 없는 초보 프로그래머를 위해 만들어졌다. 그렇다면 프로그래밍이란 무엇일까? 프로그래밍은 프로그래밍 언어를 사용하여 솔루션을 생성(프로그램을 작성)하여 문제를 해결하는 것을 말한다. 문제를 해결하는 것과 프로그래밍의 본질은 어떤 프로그래밍 언어를 사용하는지 관계없이 동일하다. 여러분도 파이썬, 자바, C++나 C#과 같은 어떠한 고급 프로그래밍 언어를 사용하여 프로그래밍을 배울 수 있다. 프로그램을 작성하는 기본적인 기술은 비슷하기 때문에, 한 번 한 언어로 프로그램을 작성하는 방법을 알게 되면 다른 언어 또한 쉽게 배울 수 있다.

그렇다면 파이썬을 사용하여 프로그래밍을 배우는 장점은 무엇일까? 파이썬은 프로그래밍 방법을 학습하기에 쉽고 재미있다. 파이썬 코드는 짧고, 간결하며, 읽기 쉽고, 직관적이고 강력하다. 따라서 초보 프로그래머에게 컴퓨팅의 개념과 문제 해결 방법을 소개하기에 효과적이다.

초보 프로그래머는 그래픽까지 포함한 프로그래밍 방법을 배우고 싶은 열의가 있다. 파이썬을 사용하여 프로그래밍을 배우는 큰 이유 중에 하나는 첫 날부터 그래픽을 이용한 프로그래밍을 시작할 수 있다는 점이다. Turtle 그래픽 모듈은 프로그래밍의 기초적인 개념과 기법을 소개하기에 매우 좋은 교육 도구이기 때문에, 이 책의 1장에서 6장까지 파이썬에 내장된 Turtle 그래픽 모듈을 사용하고 있다. 9장에서는 파이썬에 내장된 Tkinter 소개한다. Tkinter는 그래픽 사용자 인터페이스를 개발하고 객체지향형 프로그래밍 기법을 학습하기 위한 훌륭한 도구이다. Turtle과 Tkinter 모두 놀라울 정도로 간단하고 사용하기 쉽다. 더 중요한 것은 Turtle과 Tkinter 모두 프로그램의 기초와 객체지향 프로그래밍 기법을 가르치기 위한 중요한 교육 도구라는 것이다. 강사가 이 책을 탄력적으로 사용할 수 있도록, 1~6장의 뒷부분에서 Turtle에 대한 내용을 다루고 있으며, 이 부분은 선택적인 학습 자료로 활용할 수 있게 책을 구성하였다.

이 책은 문법보다는 문제 해결에 초점을 맞춘 문제 구동 방식으로 문제 해결 방법을 다루고 있다. 다양한 주제의 흥미로운 예제를 사용하여 프로그래밍에 대해 학생들의 관심을 자극하도록 하였다. 이 책의 중심적인 내용은 문제 해결에 있지만, 문제 해결을 위해 필요한 적절한 파이썬 문법과 라이브러리를 소개한다. 문제 구동 방식으로 프로그래밍 교육을 지원하기 위해 다양한 문제를 여러 단계의 난이도로 제공하여 학습자의 동기를 유발하도록 하였다. 모든 전공의 학습자가 흥미로워 할 수 있도록, 수학, 과학, 경영, 금융, 게임, 애니메이션, 멀티미디어 등의 분야에 대한 많은 응용 문제가 책에서 다루어진다.

파이썬에서의 모든 데이터는 객체이다. 3장부터 객체를 소개하고 사용해 본다. 그러나 사용자 정의 클래스를 생성하는 방법은 이 책의 7장의 중간부터 다루어진다. 이 책은 먼저 기본에 초점을 맞춘다. 사용자 클래스를 작성하기 전에 기본적인 프로그래밍 개념과 선택문, 루프문, 함수 사용 기법을 소개한다.

가장 효과적인 프로그래밍 교육 방법은 예제를 통한 교육이며, 프로그래밍을 학습하는 유일한 방법은 그 예제를 직접 해보는 것밖에 없다. 기본 개념은 예제를 통해 설명하고 다양한 난이도의 풍부한 프로그래밍 연습문제를 학생들이 연습할 수 있도록 제공된다. 본 집필자의 목표는 다양하고 흥미로운 예제와 연습문제를 활용하여 프로그래밍 기법과 문제 해결 방법을 학생들에게 가르칠 수 있는 양질의 교재를 만드는 것이다.

Y. Daniel Liang 드림

책의 구성

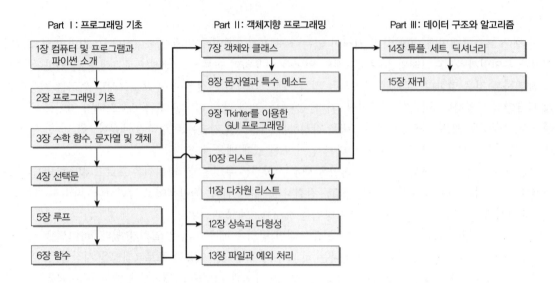

이 책은 파이썬 프로그래밍의 포괄적 내용을 기반으로 다음과 같이 세 개의 그룹으로 나누어져 있다. 초반부 장은 프로그래밍 이해를 위한 기본 개념을 제공하고 간단한 예제와 연습문제를 통해 학생들에게 프로그래밍의 가이드라인을 제공한다. 이후 장부터는 파이썬 프로그래밍을 좀 더 상세히 살펴보고, 파이썬 프로그래밍을 활용한 응용 개발에 대한 내용을 다룬다.

Part Ⅰ: 프로그래밍 기초(1~6장)

이 책의 첫 번째 부분은 차근차근 계단을 밟고 올라가듯 프로그래밍 학습의 기초 단계에 해당된다. 파이썬이 무엇인지를 1장에서 소개하는 것부터 시작하여, 2~3장에서 데이터 타입, 변수, 상수, 할당, 표현식, 연산자, 객체, 함수와 문자열 연산 등에 관한 기본적인 프로그래밍 기법을 학습한다. 또한 선택문(4장), 루프(5장), 함수(6장)를 이 부분에서 다룬다.

Part Ⅱ: 객체지향 프로그래밍(7~13장)

이 책의 두 번째 부분은 객체지향 프로그래밍에 대해서 다룬다. 파이썬은 소프트웨어 개발에서 유연성, 모듈성, 재사용성을 제공하는 추상화, 캡슐화, 상속, 다형성의 특징을 지닌 객체지향 언어이다. 이 부분에서 객체지향 프로그래밍(7~8장), Tkinter를 이용한 GUI 프로그래밍(9장), 리스트(10장), 다차원 리스트(11장)를 학습한다. 또한 12장에서 상속, 다형성, 클래스 설계를 학습하며, 13장에서 파일과 예외 처리를 다룬다.

Part Ⅲ: 데이터 구조와 알고리즘(14~15장)

이 책의 세 번째 부분은 데이터 구조에서 다루는 주요 주제들을 파이썬 프로그래밍 관점에서 기본적인 개념을 다룬다. 14장은 파이썬의 내장 데이터 구조인 튜플, 세트, 딕셔너리를 다룬다. 15장에서 재귀 문제의 해결을 위한 재귀 함수의 작성에 대해서 살펴본다.

학습하기에 앞서

이 책은 내용의 전달력을 높이기 위해 다음 사항을 사용한다.

- **학습목표**: 각각의 장에서 학생들이 반드시 학습해야 하는 사항을 나열하였다. 학습목표는 각 장을 학습한 후에 목표에 도달했는지 확인할 수 있게 한다.
- **들어가기**: 들어가기는 이 장으로부터 무엇을 예상할 수 있는지 학습자에게 제공하기 위해 대표적인 문제로 토론할 수 있게 한다.
- **키포인트**: 키포인트는 각각의 절에서 다루어진 중요한 개념을 강조한다.
- **체크포인트**: 체크포인트는 학생들이 진척 상황을 확인하고 학습 상태를 평가할 수 있도록 중간 점검 문제를 제공한다.
- **문제**: 신중하게 선별되고 따라하기 쉬운 스타일로 제공되는 문제는 문제 해결 방법과 프로그래밍 개념을 가르친다. 이 책은 중요한 아이디어를 보여주기 위해 간단하고 시뮬레이션 예제를 사용한다.
- **주요 용어**: 각 장에서 소개된 중요한 용어를 학생들이 빠르게 참조할 수 있게 페이지 번호와 함께 주요 용어가 나열된다.
- **요약**: 요약은 학습자가 반드시 이해하고 기억해야 하는 중요한 주제를 복습한다. 각 장에서 학습한 중요 개념을 강화하는데 도움을 준다.
- **프로그래밍 연습문제**: 프로그래밍 연습문제는 각 장마다 절별로 나뉘어 학습자에게 새롭게 학습한 자신들만의 스킬을 적용해 볼 수 있는 기회를 제공한다. 문제의 난이도는 하(별표 없음), 중(*), 상(**) 또는 최상(***)으로 구분된다. 프로그래밍을 올바르게 학습하기 위한 비결은 연습, 연습 또 연습뿐이다. 따라서 이 책은 풍부한 실습용 연습문제를 제공한다.
- **노트, 팁, 주의**는 중요한 조언과 프로그램 개발의 중요한 사항에 대한 시각을 제공한다.

노트
주제에 대한 정보를 제공하고 중요한 개념을 보완한다.

팁
바람직한 프로그래밍 스타일과 관례를 가르친다.

주의
학습자가 프로그램 오류의 위험으로부터 빠져나갈 수 있도록 돕는다.

차례

CHAPTER **4** 선택문

CHAPTER **5** 루프

CHAPTER **6** 함수

컴퓨터 및 프로그램과 파이썬 소개

학습 목표

- 컴퓨터 하드웨어, 프로그램과 운영체제에 대한 기초적인 개념을 설명할 수 있다(1.2 – 1.4절).

- 파이썬의 역사에 대해 설명할 수 있다(1.5절).

- 파이썬 프로그램의 기초적인 문법을 설명할 수 있다(1.6절).

- 간단한 파이썬 프로그램을 작성하고 실행할 수 있다(1.6절).

- 적절한 프로그램 스타일과 문서화의 중요성 설명하고 예시를 작성할 수 있다(1.7절).

- 문법적 오류, 실행시간 오류와 논리적 오류의 차이점을 설명할 수 있다(1.8절).

- Turtle을 사용하여 기초적인 그래픽 프로그램을 작성할 수 있다(1.9절).

컴퓨터 및 프로그램과 파이썬 소개

1.1 들어가기

이 책의 주요 목적은 프로그램을 작성하여 문제를 해결하는 방법을 배우는 것이다.

이 책은 프로그래밍에 대해 설명한 책이다. 그렇다면 프로그래밍이란 무엇인가? 프로그래밍이라는 용어는 소프트웨어를 생성(또는 개발)하는 것을 말한다. 소프트웨어를 프로그램(program)이라고도 한다. 기본적으로 소프트웨어는 컴퓨터 또는 컴퓨터가 내장된 장치가 무엇을 해야 하는지 지시하는 명령어를 포함하고 있다.

소프트웨어는 우리가 컴퓨터를 필요로 하지 않더라도 우리 주변에 존재하는 여러 장치에 포함되어 있다. 물론 여러분은 개인용 컴퓨터(PC)에서 소프트웨어를 사용하는 것을 예상하겠지만 소프트웨어는 비행기나 자동차, 휴대폰뿐만 아니라 심지어 토스트기에서도 동작하고 있다. 개인용 컴퓨터에서 문서를 작성하기 위해 워드프로세서 프로그램을, 인터넷을 사용하기 위해 웹 브라우저를, 메시지를 보내기 위해서는 이메일 프로그램을 사용한다. 이러한 프로그램은 모두 소프트웨어의 예라고 할 수 있다. 소프트웨어 개발자는 *프로그래밍 언어*라고 하는 강력한 도구를 사용하여 소프트웨어를 생성한다.

이 책은 파이썬(Python) 프로그래밍 언어를 사용하여 여러분에게 프로그램을 생성하는 방법을 가르친다. 파이썬 이외에도 다양한 프로그래밍 언어가 존재하며 그 중 몇몇 언어는 사용된 지 수십 년이 되기도 한다. 각각의 언어는 이전 언어의 강점을 사용하여 개발되거나, 프로그래머에게 새롭고 고유한 도구를 제공한다. 여러 가지 프로그래밍 언어가 사용 가능한 상황이라면, 당연히 어떤 언어가 가장 적합할지 의문을 가질 것이다. 그러나 사실 최적의 언어라는 것은 없다. 각각의 언어는 고유한 강점과 약점이 있다. 경험 많은 프로그래머는 어떤 상황에서는 특정 언어가 적합한 반면 다른 상황에서는 다른 언어가 더 적합하다는 것을 알고 있다. 이러한 이유 때문에, 노련한 프로그래머는 가능한 한 많은 종류의 프로그래밍 언어를 익히고자 노력하며, 이러한 노력 때문에 다양한 소프트웨어 개발 도구를 활용할 수 있다.

한 종류의 언어를 사용해서 프로그램을 작성하는 법을 배운다면, 다른 언어를 선택하는 것도 쉽다는 것을 알아야 한다. 중요한 것은 프로그래밍 접근 방법을 통해 문제를 해결하는 방법을 배우는 것이다. 이것이 바로 이 책의 핵심이라고 할 수 있다.

여러분은 이제 프로그램 작성 방법을 배우는 흥미로운 여행을 시작하려고 한다. 시작하기 전에, 컴퓨터의 기초와 프로그램, 운영체제에 대해서 살펴보면 도움이 될 것이다. 만약 여러분이 CPU, 메모리, 디스크, 운영체제나 프로그래밍 언어의 개념에 대해 이미 익숙하다면 이번 장의 1.2–1.4절을 건너뛰어도 좋다.

1.2 컴퓨터란 무엇인가?

컴퓨터는 데이터를 저장하고 처리하는 전자 장치이다. 컴퓨터는 하드웨어와 소프트웨어를 모두 포함한다. 키포인트

컴퓨터는 하드웨어와 소프트웨어로 구성된다. 일반적으로 하드웨어는 컴퓨터의 눈에 보이는 물리적인 부품으로 구성되며, 소프트웨어는 하드웨어를 제어하고 구체적인 작업을 수행하는 눈에 보이지 않는 명령어를 제공한다. 컴퓨터 하드웨어가 프로그래밍 언어를 배우는 데 반드시 알아야 하는 요소는 아니지만 프로그램의 명령어가 컴퓨터와 각 구성요소에 미치는 영향을 이해하는 데 도움이 된다. 이번 절에서는 컴퓨터 하드웨어의 구성요소와 그 기능에 대해서 소개하고자 한다.

컴퓨터는 다음과 같은 주요 하드웨어로 구성된다(그림 1.1).

- 중앙처리장치(CPU: Central Processing Unit)
- 메모리(메인 메모리)
- 저장장치(디스크, CD 등)
- 입력장치(마우스, 키보드 등)
- 출력장치(모니터, 프린터 등)
- 통신장치(모뎀, 네트워크 인터페이스 카드 등)

컴퓨터의 구성요소는 *버스(bus)*라고 불리는 하부 시스템으로 서로 연결되어 있다. 버스란 일종의 컴퓨터 구성요소 사이의 도로 체계라고 할 수 있다. 데이터와 전력은 버스를 통해 컴퓨터의 한 부분에서 다른 부분으로 이동된다. 개인용 컴퓨터에서 버스는 그림 1.2와 같이 컴퓨터의 모두 부분을 연결하는 회로 기판인 컴퓨터의 *마더보드(mother board)* 또는 메인보드(main board)에 내장된다.

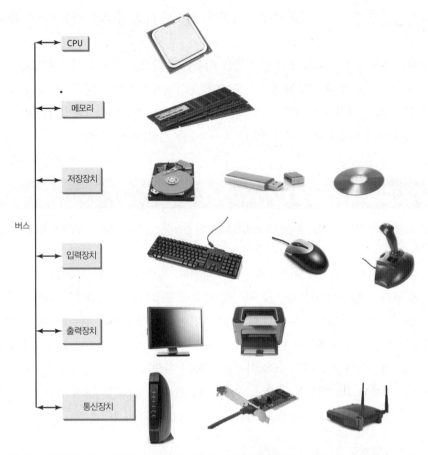

[**그림** 1.1] 컴퓨터는 CPU, 메모리, 저장장치, 입력장치, 출력장치와 통신장치로 구성된다.

[**그림** 1.2] 마더보드는 컴퓨터의 모든 부분을 연결한다.

1.2.1 중앙처리장치

*중앙처리장치(CPU: Center Processing Unit)*는 컴퓨터의 두뇌에 해당한다. CPU는 메모리에서 명령어를 획득하고 실행한다. CPU는 일반적으로 *제어장치(control unit)*와 *산술/논리장치(arithmetic/logic unit)*라는 두 요소로 구성된다. 제어장치는 다른 구성요소의 동작을 제어하고 조율한다. 산술/논리장치는 수치 연산(더하기, 빼기, 곱하기, 나누기)과 논리적 연산(비교)을 수행한다.

오늘날 CPU는 정보 처리를 위해 트랜지스터(transistors)라고 하는 아주 작은 전자 스위치 수백만 개를 집적시킨 작은 반도체로 만들어진다.

모든 컴퓨터는 일정하게 전자적 펄스(pulse)를 발산하는 내부 클럭(clock)을 사용한다. 이러한 펄스는 연산의 속도를 제어하고 동기화하는 데 사용된다. 더 높은 클럭 속도(clock speed)는 주어진 시간동안 더 많은 연산을 처리할 수 있게 한다. 클럭 속도의 측정 단위는 헤르츠(Hz)이며 1Hz는 1초에 1펄스를 나타낸다. 1990년대까지 컴퓨터의 클럭 속도는 메가헤르츠(MHz) 단위로 측정되었으나 CPU 속도는 지속적으로 개선되어 현재는 일반적으로 기가헤르츠(GHz)까지 도달하였다. 인텔(Intel)의 최신의 프로세서는 약 3GHz로 동작한다.

CPU는 본래 단일 코어로 개발되었다. 코어(core)는 프로세서의 일부분으로 명령어를 읽고 실행하는 기능을 담당한다. CPU의 처리 성능을 향상시키기 위해, 현재의 반도체 제조사는 여러 개의 코어가 내장된 CPU를 생산하고 있다. 멀티코어 CPU란 단일 부품에 두 개 이상의 독립적인 프로세서를 포함하는 CPU를 말한다. 오늘날 컴퓨터는 일반적으로 2개 또는 4개, 심지어 8개 이상의 독립적인 코어를 가지고 있다. 머지않아 수십 또는 수백 개의 코어가 내장된 CPU가 가능해질 것으로 예상된다.

1.2.2 비트와 바이트

메모리에 대해 설명하기에 앞서, 먼저 어떻게 정보(데이터와 프로그램)가 컴퓨터에 저장되는지 살펴보자.

컴퓨터는 단순히 연속적인 스위치라고 할 수 있다. 각각의 스위치는 두 가지 상태(켜짐 또는 꺼짐)로만 존재한다. 컴퓨터에 정보를 저장한다는 것은 간단하게 일련의 스위치를 켜짐 또는 꺼짐으로 설정하는 문제로 볼 수 있다. 스위치가 켜지면 값은 1이 되고, 반대로 스위치가 꺼지면 값은 0이 된다. 이러한 0과 1은 2진수 체계의 수로 인식되고 이를 비트(bits: binary digits)라 한다.

컴퓨터에서 최소한의 저장 단위는 바이트(byte)이며, 바이트는 8개의 비트로 구성된다. 3과 같은 작은 숫자는 1개의 바이트에 저장될 수 있다. 단일 바이트에 저장될 수 없는 수의 경우, 컴퓨터는 여러 개의 바이트를 사용한다.

숫자나 문자와 같은 여러 유형의 데이터는 바이트의 조합으로 인코딩된다. 컴퓨터 시스템이 인코딩 체계(encoding scheme)에 따라 자동으로 데이터의 인코딩과 디코딩을 수행하므로 프로그래머가 이에 대해서 걱정할 필요가 없다. 인코딩 체계란 컴퓨터가 문자와 숫자 그리고 기호를 어떻게 컴퓨터가 실제 가용할 수 있는 데이터로 변환해야 하는지 결정하는 규칙의 집합이다. 대개 인코딩 체계는 각각의 문자를 사전에 결정된 일련의 숫자로 변환한다. 예를 들어, 잘 알려진 ASCII 인코딩 체계에서, 문자 C는 1바이트의 01000011로 표현된다.

컴퓨터의 저장 용량은 바이트의 배수로 측정되며, 다음과 같이 표현한다.

- 1 킬로바이트(KB) = 약 1,000바이트
- 1 메가바이트(MB) = 약 100만 바이트
- 1 기가바이트(GB) = 약 10억 바이트
- 1 테라바이트(TB) = 약 1조 바이트

일반적으로 1페이지 워드 문서는 약 20KB를 차지한다. 따라서 1MB는 50페이지의 문서를 저장할 수 있으며 1GB는 약 5만 페이지의 문서를 저장할 수 있다. 일반적인 2시간 정도의 고화질 영화는 약 8GB를 차지한다. 따라서 20편의 영화를 저장하기 위해서는 대략 160GB가 필요하다.

1.2.3 메모리

컴퓨터의 *메모리(memory)*는 프로그램뿐만 아니라 프로그램이 사용하는 데이터를 저장하는 일련의 순서화된 바이트로 구성된다. 메모리는 프로그램을 실행하기 위한 컴퓨터의 작업 공간이라고 할 수 있다. 모든 프로그램과 데이터는 CPU에 의해 실행되기 전에 반드시 컴퓨터의 메모리로 이동되어야만 한다.

[그림 1.3] 메모리는 유일한 주소가 가리키는 메모리 위치에 데이터와 프로그램 명령어를 저장한다. 메모리 위치에 각각의 메모리 위치는 1 바이트의 데이터를 저장할 수 있다.

모든 바이트는 그림 1.3과 같이 유일한 주소(*unique address*)를 갖는다. 주소
는 데이터를 저장하고 읽기 위한 바이트의 위치를 지정하는 데 사용된다. 메모리
의 바이트는 어떠한 순서로도 접근될 수 있기 때문에 메모리를 *랜덤 액세스 메모리*
(*RAM: Random Access Memory*)라고도 한다.

오늘날 개인용 컴퓨터는 적어도 1기가바이트의 RAM을 가지고 있지만, 보통
2~4GB의 메모리가 설치된다. 일반적으로 컴퓨터에 더 많은 RAM이 설치되면 처
리속도가 빨라지지만, 실질적으로 한계가 있다.

메모리의 바이트는 항상 채워져 있지만, 초기의 내용은 프로그램에 아무런 의미
가 없다. 메모리 바이트의 현재 내용은 새로운 정보가 저장되면 삭제된다.

CPU와 마찬가지로, 메모리 또한 표면에 내장된 수백만 개의 트랜지스터가 집적
된 반도체로 구성된다. CPU 칩에 비해 메모리 칩은 덜 복잡하고, 느리며, 저렴하다.

1.2.4 저장장치

컴퓨터의 메모리는 휘발성을 띠는 데이터 저장소이다. 다시 말해 메모리에 저장된
모든 정보는 시스템의 전원이 꺼짐과 동시에 소실된다. 프로그램과 데이터는 *저장*
장치(*storage device*)에 영구적으로 기록되고 컴퓨터가 실제적으로 데이터를 사
용하려고 할 때 영구적인 저장장치보다 훨씬 빠른 속도로 동작하는 메모리로 이동
된다.

저장장치는 크게 세 가지 유형으로 구분할 수 있다.

- 자기디스크 드라이브
- 광학디스크 드라이브(CD와 DVD)
- USB 플래시 드라이브

드라이브(*drive*)란 디스크나 CD와 같은 매체를 구동하는 장치를 말한다. 저장
매체는 물리적으로 데이터나 프로그램 명령어를 저장한다. 드라이브는 매체에 기
록된 데이터를 읽고 또는 데이터를 매체에 기록한다.

디스크

컴퓨터에는 보통 적어도 한 개의 하드디스크 드라이브가 있다(그림 1.4 참조). 하드
디스크(hard disks)는 영구적으로 데이터와 프로그램을 저장하기 위해 사용된다.
최신의 컴퓨터는 500~2000기가바이트의 데이터를 저장할 수 있는 하드디스크를
사용한다. 하드디스크 드라이브는 일반적으로 컴퓨터 내부에 장착되지만 이동식
하드디스크로도 사용이 가능하다.

[그림 1.4] 하드디스크는 영구적으로 프로그램과 데이터를 저장하는 장치이다.

CD와 DVD

CD는 콤팩트디스크(Compact Disc)를 의미한다. CD 드라이브는 두 가지, CD-R 과 CD-RW가 있다. CD-R은 읽기 전용의 영구 저장소로 한 번 기록된 내용물은 사용자가 수정할 수 없다. CD-RW는 하드디스크처럼 사용할 수 있다. 즉 디스크 에 데이터를 기록한 후 새로운 데이터로 덮어쓸 수 있다. 한 장의 CD에는 700MB 의 데이터를 담을 수 있다. 대부분의 최신의 PC는 CD-RW가 장착되어 CD-R과 CD-RW 디스크 모두 사용 가능하다.

　DVD는 디지털 다기능 디스크(digital versatile disc) 또는 디지털 비디오 디스 크(digital video disc)의 뜻한다. DVD와 CD는 매우 비슷하여 데이터를 저장하기 위해 둘 중 어느 것을 사용해도 좋다. 다만 DVD는 CD보다는 많은 정보를 담을 수 있다. 표준 DVD의 저장 용량은 4.7GB이다. CD와 유사하게 DVD 또한 두 가지, DVD-R(읽기 전용)과 DVD-RW(재기록 가능)가 있다.

USB 플래시 드라이브

범용 직렬 버스(USB: Universal Serial Bus) 연결 장치는 컴퓨터에 다양한 종류의 주변 장치를 연결하기 위해 고안되었다. USB를 사용하여 프린터, 디지털카메라, 마우스, 외부 하드디스크 드라이브 및 기타 장치를 컴퓨터에 연결할 수 있다.

　*USB 플래시 드라이브*는 데이터를 저장하고 전송하기 위한 장치이다. 플래시 드 라이브는 그림 1.5와 같이 껌 크기 정도로 작고 컴퓨터의 USB 연결단자에 삽입되 어 이동식 하드드라이브와 같이 동작한다. USB 플래시 드라이브는 현재 최대 저장 용량이 512GB까지 가능하다.

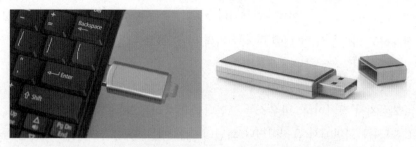

[그림 1.5] USB 플래시 드라이브는 데이터 저장에 자주 사용되는 이동식 장치이다.

1.2.5 입력장치와 출력장치

입력장치와 출력장치를 통해 사용자는 컴퓨터와 의사소통할 수 있다. 가장 일반적인 입력장치에는 *키보드(keyboard)*와 *마우스(mouse)*가 있다. 가장 보편적인 출력장치에는 모니터와 프린터가 있다.

키보드

키보드는 데이터를 입력하기 위한 장치이다. 일반적인 키보드의 모양은 그림 1.6과 같다. 숫자 패드가 없는 형태인 컴팩트 키보드도 있다.

[그림 1.6] 컴퓨터 키보드는 컴퓨터에 입력 신호를 전송하기 위한 여러 키로 구성된다.

*기능키(function key)*는 키보드 상단에 위치하고 'F'문자가 앞에 새겨져있다. 각 기능키의 기능은 사용하는 소프트웨어마다 다르다. *변형키(modifier key)*는 특수키(Shift, Alt, Ctrl 키)로 두 개의 키가 동시에 눌렸을 때 다른 키의 일반적인 기능을 변경시킨다. 키보드의 오른쪽에 위치한 *숫자 키패드(numeric keypad)*는 숫자를 신속하게 입력하기 위한 계산기 모양으로 된 별도의 키 세트이다. 주 키패드와 숫자 키패드 사이에 위치한 *방향키(arrow key)*는 여러 프로그램에서 화면상의 커서(cursor)를 상하좌우 방향으로 이동시키기 위해 사용된다. *Insert*, *Delete*, *Page*

*Up*과 *Page down* 키는 워드프로세서나 기타 프로그램에서 텍스트나 객체를 삽입 및 삭제하고 화면에서 한 번에 한 페이지씩 위, 아래로 이동시킬 때 사용된다.

마우스

*마우스*는 지시 장치이다. 마우스는 포인터라고 불리는 도식 지시자(일반적으로 화살표 모양)를 화면에서 움직이거나 화면의 객체(버튼 등)를 클릭하여 어떠한 동작을 수행하게 하는 데 사용된다.

모니터

모니터(monitor)는 정보(텍스트 또는 그래픽)를 표시한다. 화면 해상도와 도트 피치는 출력의 질을 결정한다.

화면 해상도는 출력장치의 가로와 세로축에 있는 픽셀의 개수를 명시한 것이다. 픽셀(pixel, picture element)은 화면에서 이미지를 형성하는 매우 작은 점이다. 예를 들면, 17인치 화면의 일반적인 해상도는 폭 1024픽셀, 높이 768픽셀이다. 해상도는 수동적으로 설정할 수 있다. 해상도가 높을수록 이미지는 선명하고 깨끗해진다.

도트 피치(dot pitch)는 밀리미터 단위로 측정되는 픽셀 간의 간격을 의미한다. 도트 피치가 작을수록 화면은 더욱 선명해진다.

1.2.6 통신 장치

컴퓨터는 통신 장치를 통해 연결될 수 있다. 통신 장치에는 다이얼 접속 모뎀(modem), DSL, 케이블 모뎀, 유선 네트워크 인터페이스 카드나 무선 어댑터가 있다.

- 다이얼 접속 모뎀은 전화선을 사용하며 최대 56,000bps(bits per second: 초당 전송 비트)의 속도로 데이터를 전송할 수 있다.
- 디지털 가입자 회선(DSL: digital subscriber line) 연결 또한 표준 전화선을 사용하나 표준 다이얼 접속 모뎀보다 약 20배 정도 빠른 속도로 데이터를 전송할 수 있다.
- 케이블 모뎀은 케이블 회사에서 관리하는 케이블 TV 선을 사용하며 일반적으로 DSL보다 속도가 빠르다.
- 네트워크 인터페이스 카드(NIC: Network Interface Card)는 그림 1.7과 같이 컴퓨터를 근거리 네트워크(LAN: Local Area Network)에 연결하는 장치이다. LAN은 보통 대학교, 기업과 공공기관에서 사용된다. 1000BaseT

라는 초고속 NIC는 1000mbps(million bits per second)의 속도로 데이터
를 전송할 수 있다.

■ *무선 네트워크(wireless networking)*는 이제 가정, 기업, 학교에서 매우
흔하다. 최근에 판매되고 있는 모든 랩톱 컴퓨터(노트북)는 인터넷과 근거
리 네트워크(LAN)에 컴퓨터를 연결시킬 수 있는 무선 어댑터를 장착하고
있다.

체크
포인트

1.1 하드웨어와 소프트웨어란 무엇인가?

1.2 컴퓨터의 주요 하드웨어 구성요소를 나열하라.

1.3 CPU는 무엇의 약자인가?

1.4 CPU의 속도를 측정하기 위한 단위는 무엇인가?

1.5 비트란 무엇인가? 바이트란 무엇인가?

1.6 메모리는 어떤 목적으로 사용하는가? RAM은 무엇의 약어인가? 왜 메모리는 RAM이
라고 불리는가?

1.7 메모리의 크기를 측정하는 단위는 무엇인가?

1.8 디스크의 크기를 측정하는 단위는 무엇인가?

1.9 메모리와 저장장치의 주된 차이는 무엇인가?

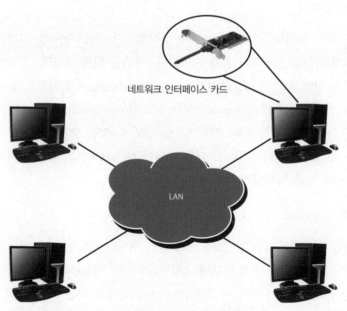

네트워크 인터페이스 카드

LAN

[그림 1.7] 근거리 통신망(LAN)은 서로 근접한 컴퓨터를 연결한다.

1.3 프로그래밍 언어

소프트웨어라고도 하는 컴퓨터 프로그램은 컴퓨터가 어떤 작업을 해야 하는지 지정하는 명령어이다.

컴퓨터는 사람의 언어를 인식하지 못한다. 따라서 프로그램은 반드시 컴퓨터가 사용하는 언어로 작성되어야 한다. 수백 가지의 프로그래밍 언어가 존재하며 이들은 사람이 보다 간편하게 프로그래밍 작업을 할 수 있도록 개발되었다. 그러나 모든 프로그램은 반드시 컴퓨터가 이해할 수 있는 언어로 변환되어야 한다.

1.3.1 기계어

컴퓨터 고유의 언어(컴퓨터 종류마다 서로 다름)를 *기계어(machine language)*라고 하며 기계어는 내장된 기본 명령어 세트이다. 이들 명령어는 2진 코드(binary code)의 형태로 되어 있어, 컴퓨터에 명령어를 전달하기 위해서는 명령어가 2진 코드로 입력되어야 한다. 예를 들면 두 숫자를 더하는 명령어는 다음과 같은 2진 코드로 작성해야 한다.

```
1101101010011010
```

1.3.2 어셈블리어

기계어로 프로그래밍하는 것은 매우 지루한 작업이다. 뿐만 아니라, 기계어로 작성된 프로그램은 읽고 수정하기가 매우 어렵다. 이러한 이유 때문에, 기계어의 대안으로 컴퓨터 산업 초기에 *어셈블리어(assembly language)*가 개발되었다. 어셈블리어는 각각의 기계어 명령문을 표현하는 *니모닉(mnemonic)*이라는 짧고 서술적인 단어를 사용한다. 예를 들면, 전형적으로 니모닉 add는 숫자를 더하고 sub는 숫자를 빼는 것을 의미한다. 2와 3을 더한 결과를 result에 생성하기 위해 어셈블리 코드로 다음과 같은 명령문을 작성할 수 있다.

```
add 2, 3, result
```

어셈블리어는 프로그래밍을 보다 쉽게 하기 위해 개발되었다. 그러나 컴퓨터는 어셈블리어를 이해할 수 없기 때문에 그림 1.8과 같이 어셈블리어로 작성된 프로그램을 기계어로 번역하기 위해 *어셈블러(assembler)*라고 하는 또 다른 프로그램이 사용된다.

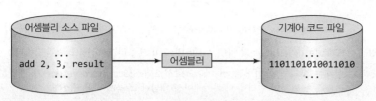

[그림 1.8] 어셈블러는 어셈블리어 명령을 기계어로 번역한다.

어셈블리어로 코드를 작성하는 것은 기계어를 사용한 것보다 간편하다. 그러나 어셈블리어도 아직 지루하기는 마찬가지이다. 어셈블리어의 명령어는 근본적으로 기계어 명령어에 대응된다. 어셈블리어로 코드를 작성하기 위해서는 CPU가 동작하는 방식을 알아야 한다. 어셈블리어는 *저급 언어(low-level language)*로 불리는데, 이는 어셈블리 언어가 사실상 기계어에 가깝고 기계 종속적이기 때문이다.

1.3.3 고급 언어

1950년대에 *고급 언어(high-level language)*로 알려진 새로운 세대의 프로그래밍 언어가 출현하였다. 고급 언어는 플랫폼 독립적이다. 플랫폼 독립적이란 프로그래머가 고급 언어로 프로그램을 작성할 수 있고 서로 다른 여러 종류의 기계에서도 실행시킬 수 있다는 것을 의미한다. 고급 언어는 영어와 유사하기 때문에 학습하고 사용하기 쉽다. 고급 프로그래밍 언어의 명령어를 *명령문(statement)*이라고 한다. 예를 들면, 반지름이 5인 원의 넓이를 계산하는 고급 언어의 명령문은 다음과 같다.

    area = 5 * 5 * 3.1415

다양한 종류의 고급 프로그래밍 언어가 있으며 각각 언어는 특수한 목적을 위해 설계되었다. 표 1.1은 대표적인 고급 언어에 대한 설명이다.

〈표 1.1〉 대표적인 고급 프로그래밍 언어

언어	설명
Ada	기계적 범용 컴퓨터에서 연구하는 Ada Lovelace의 이름을 따 명명되었다. Ada 언어는 미 국방부를 위해 개발되었으며 주로 방위 프로젝트에 사용되었다.
BASIC	Beginner's All-purpose Symbolic Instruction Code의 약어. BASIC는 초보자가 쉽게 학습하고 사용할 수 있게 설계되었다.
C	벨(Bell) 연구소에서 개발되었다. C는 사용하기 쉬우며 어셈블리 언어의 강력함과 고급 언어의 이식성 장점을 동시에 갖는다.
C++	C++는 C를 기반으로 하는 객체지향적 언어이다.
C#	'C 샵'이라고 읽는다. C++와 자바의 하이브리드 언어이고 마이크로소프트가 개발하였다.

COBOL	COmmon Business Oriented Language의 약어. 사무용 애플리케이션에 사용되었다.
FORTRAN	FORmula TRANslation의 약어. 과학 및 수학 애플리케이션용으로 유명하다.
Java	현재는 오라클에 합병된 썬 마이크로시스템즈(Sun Microsystems)가 개발하였다. 플랫폼 독립적인 인터넷 애플리케이션 개발에 폭넓게 사용되었다.
Pascal	17세기 계산 장치를 개발한 Blaise Pascal의 이름을 따 명명되었다. 파스칼은 주로 프로그램을 가르치기 위한 간결하고, 구조적인 범용 언어이다.
Python	작은 프로그램을 작성하기 위한 간결한 범용 스크립트 언어
Visual Basic	비주얼 베이직은 마이크로소프트에 의해 개발되었으며 프로그래머가 윈도우 기반 애플리케이션을 신속하게 개발할 수 있게 한다.

고급 언어로 작성된 프로그램을 소스 프로그램(source program) 또는 소스 코드(source code)라고 한다. 컴퓨터는 소스 프로그램을 이해할 수 없기 때문에 실행을 위해서 소스 프로그램은 반드시 기계어로 번역되어야 한다. 번역은 인터프리터(interpreter) 또는 컴파일러(compiler)라고 하는 또 다른 프로그래밍 도구를 사용하여 이루어진다.

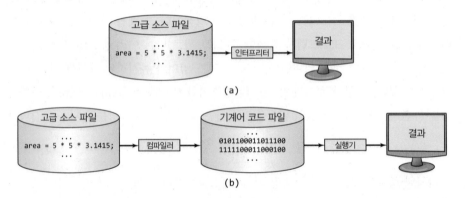

[그림 1.9] (a) 인터프리터는 프로그램의 명령문을 한 개씩 번역하고 실행한다. (b) 컴파일러는 전체 소스 프로그램을 실행할 수 있는 기계어 파일로 번역한다.

■ 인터프리터는 그림 1.9(a)와 같이 소스 코드에서 한 명령문을 읽고 기계 코드 또는 가상 기계 코드로 번역한 후 곧바로 실행한다. 소스 코드의 한 명령문은 여러 개의 기계어 명령으로 번역될 수도 있다는 점을 주목해야 한다.
■ 컴파일러는 그림 1.9(b)와 같이 전체 소스 코드를 기계 코드 파일로 번역한 후, 기계 코드 파일이 실행된다.

파이썬 코드는 인터프리터를 사용하여 실행된다. 대다수의 다른 프로그래밍 언어는 컴파일러를 사용하여 처리된다.

1.10 CPU가 이해할 수 있는 언어는 무엇인가?

1.11 어셈블리어란 무엇인가?

1.12 어셈블러란 무엇인가?

1.13 고급 프로그래밍 언어란 무엇인가?

1.14 소스 프로그램이란 무엇인가?

1.15 인터프리터란 무엇인가?

1.16 컴파일러란 무엇인가?

1.17 인터프리터 언어와 컴파일 언어의 차이는 무엇인가?

1.4 운영체제

운영체제(OS: Operating System)는 컴퓨터에서 동작하는 프로그램 중 가장 중요한 프로그램이다. OS는 컴퓨터의 동작을 관리하고 제어한다.

　범용 컴퓨터를 위한 대표적인 운영체제에는 마이크로소프트 윈도우, 애플 맥 OS와 리눅스가 있다. 웹 브라우저나 워드프로세서와 같은 애플리케이션 프로그램은 컴퓨터에 운영체제가 설치되고 구동되지 않는 한 실행될 수 없다. 그림 1.10은 하드웨어, 운영체제, 애플리케이션 프로그램과 사용자 간의 상호관계를 표현하고 있다.

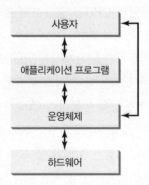

[그림 1.10] 사용자와 애플리케이션은 운영체제를 통하여 컴퓨터 하드웨어에 접근한다.

　운영체제의 주요 기능은 다음과 같다.

- 시스템의 활동을 제어하고 모니터링한다.
- 시스템 자원을 배치하고 할당한다.
- 작업을 스케줄링한다.

1.4.1 시스템 활동 제어하기와 모니터링하기

운영체제는 키보드로부터 입력을 인식, 출력을 모니터에 전송, 저장장치 상의 파일과 폴더의 위치를 파악하고, 디스크 드라이브나 프린터 등의 주변장치를 제어하는 것과 같은 기본적인 업무를 수행한다. 운영체제는 여러 서로 다른 프로그램과 사용자의 작업이 동시에 서로 방해하지 않도록 보장한다. 또한 OS는 인증되지 않은 사용자와 프로그램이 시스템에 접근하지 못하도록 보장하는 보안에 대한 책임이 있다.

1.4.2 시스템 자원을 배치하고 할당하기

운영체제는 프로그램이 필요한 컴퓨터 자원(CPU 시간, 메모리 공간, 디스크, 입력과 출력 장치 등)이 무엇인지 결정하고 프로그램 실행을 위해 자원을 배치하고 할당하는 역할을 한다.

1.4.3 작업 스케줄링하기

OS는 시스템 자원의 효율적 사용을 위해 프로그램의 활동을 스케줄링해야 하는 책임이 있다. 대다수의 현대의 운영체제는 시스템의 성능 향상을 위해 *멀티프로그래밍(multiprogramming)*, *멀티스레딩(multithreading)*과 *멀티프로세싱(multiprocessing)*과 같은 기법을 지원한다.

멀티프로그래밍 기법은 하나의 CPU를 공유하여 동시에 다수의 프로그램을 실행할 수 있게 한다. CPU는 컴퓨터의 다른 구성요소에 비해 훨씬 속도가 빠르다. 그렇기 때문에, CPU는 대부분의 시간을 유휴상태(idle)로 보낸다. 예를 들면 디스크로부터 데이터가 전송될 때까지 또는 다른 시스템 자원이 응답할 때까지 대기한다. 멀티프로그래밍 OS는 이러한 상황을 이용하여 CPU가 유휴상태로 대기 시 다수의 프로그램이 CPU를 사용할 수 있도록 허용한다. 예를 들면, 멀티프로그래밍은 워드프로세서를 사용하여 파일을 수정함과 동시에 웹 브라우저에서 파일을 다운로드할 수 있게 한다.

멀티스레딩은 단일 프로그램이 여러 개의 작업을 동시에 실행할 수 있도록 한다. 예를 들어 워드프로세서가 문서를 수정함과 동시에 디스크에 문서를 저장할 수 있게 한다. 여기서, 수정과 저장은 하나의 프로그램 내부에서 동작하는 두 가지 작업이다. 멀티스레딩 기법으로 두 작업은 동시에 실행될 수 있다.

멀티프로세싱 또는 *병렬치리(parallel processing)*는 두 개 또는 그 이상의 프로세서(CPU)를 동시에 사용하여 하위작업을 병렬로 수행하고 하위작업의 결과를 통합하여 전체작업의 결과를 얻는 기법이다. 이는 여러 명의 의사가 한 환자의 외과

수술을 동시에 수행하는 것과 같다.

1.18 운영체제란 무엇인가? 대표적인 운영체제를 나열하시오.

1.19 운영체제의 주요 기능은 무엇인가?

1.20 멀티프로그래밍, 멀티스레딩, 멀티프로세싱이란 무엇인가?

1.5 파이썬의 역사

파이썬은 범용, 인터프리터, 객체지향 언어이다.

파이썬은 1990년 네덜란드의 귀도 반 로섬(Guido van Rossum)에 의해 개발되었으며 영국 희극 공연단 몬티 파이썬의 하늘을 나는 서커스(Monty Python's Flying Cirsus)의 이름을 따라 지어졌다. 반 로섬은 취미생활의 하나로 파이썬을 개발하였는데 파이썬은 간단하고 크기가 작으며 직관적인 문법과 방대한 라이브러리 때문에 산업 및 학계에서 가장 폭넓게 사용되는 유명한 프로그래밍 언어가 되었다.

파이썬은 *범용 프로그래밍 언어(general-purpose programming language)*이다. 따라서 사용자는 파이썬을 사용하여 어떠한 용도의 프로그래밍 작업을 위한 코드도 작성할 수 있다. 파이썬은 이제 구글 검색 엔진, 나사(NASA)의 임무수행에 필수적인 프로젝트, 뉴욕 주식 거래소의 거래 처리에도 사용된다.

파이썬은 *인터프리터 언어(interpreter language)*이기 때문에 앞 절에서 설명한 바와 같이 파이썬 코드는 한 번에 한 명령문씩 인터프리터에 의해 번역되고 실행된다.

파이썬은 *객체지향 프로그래밍(OOP: Object-Oriented Programming)* 언어이다. 파이썬에서의 데이터는 클래스로부터 생성된 객체(object)로 표현된다.

근본적으로 *클래스(class)*는 동일한 종류에 대한 객체의 속성 및 객체를 조작하기 위한 메소드로 정의하는 타입 또는 분류이다. 객체지향 프로그래밍은 재사용이 가능한 소프트웨어 개발을 위한 강력한 도구이다. 파이썬의 객체지향 프로그래밍 기법은 7장에서부터 구체적으로 다루어질 것이다.

파이썬은 이제 자발적인 대규모 그룹에 의해 개발·관리되고 있으며 파이썬 소프트웨어 재단(Python Software Foundation)으로부터 무료로 사용할 수 있다. 현재 파이썬은 두 가지 버전, 파이썬 2와 파이썬 3이 존재한다. 파이썬 3으로 작성된 프로그램은 파이썬 2에서 실행되지 않는다. 파이썬 3은 새로운 버전이지만 파이썬 2와는 하위-호환되지 않는다. 즉, 파이썬 2 문법으로 작성된 프로그램은 파이썬 3 인터프리터에 의해 실행되지 않을 수 있다는 것을 의미한다. 파이썬은 파이썬 2에서 작성된 코드를 파이썬 3에서 사용가능한 문법으로 자동 변환해주는 도구를 제공한다. 파이썬 2는 최종적으로 파이썬 3로 대체될 것이다. 이 책에서는 파이썬 3을 사용하여 프로그래밍을 가르친다.

체크
포인트

1.21 파이썬은 인터프리터 언어이다. 이것은 무엇을 의미하는가?

1.22 파이썬 2에서 작성된 프로그램은 파이썬 3에서 동작하는가?

1.23 파이썬 3에서 작성된 프로그램은 파이썬 2에서 동작하는가?

1.6 파이썬 시작하기

키포인트

파이썬 프로그램은 파이썬 인터프리터로부터 실행된다.

이제 콘솔에 파이썬에 오신 것을 환영합니다.와 파이썬은 재미있습니다.라는 메시지를 출력하는 간단한 파이썬 프로그램을 작성해 보자. 콘솔(*console*)이라는 단어는 오래된 컴퓨터 용어로 컴퓨터의 텍스트 입력과 출력을 담당하는 장치를 의미한다. 콘솔 입력은 키보드로부터 입력값을 받는 것을 의미하며 콘솔 출력은 모니터에 출력값을 출력하는 것을 의미한다.

노트

파이썬은 윈도우, 유닉스, 맥 운영체제에서 구동할 수 있다. 파이썬 설치에 대한 정보는 한국방송통신대학교 출판문화원 홈페이지(http://press.knou.ac.kr/) 자료실의 보충자료 I.B 파이썬 설치 및 사용방법을 참조하라.

1.6.1 파이썬 실행하기

윈도우 OS에 파이썬이 설치되어 있다고 가정한다. 그러면 명령 프롬프트에서 'python'을 입력하면 그림 1.11과 같이 명령 창에서 파이썬을 실행할 수 있다. 또는 그림 1.12와 같이 IDLE을 사용하여 실행할 수 있다.

```
C:\Windows\system32\cmd.exe

C:\Program Files (x86)\Python3.4>python
Python 3.4.0 (v3.4.0:04f714765c13, Mar 16 2014, 19:24:06) [MSC v.1600 32 bit (Intel)] on win32
Type "help", "copyright", "credits" or "license" for more information.
>>> print("파이썬에 오신것을 환영합니다. ")
파이썬에 오신것을 환영합니다.
>>> print("파이썬은 재미있습니다.")
파이썬은 재미있습니다.
>>> ^Z

C:\Program Files (x86)\Python3.4>_
```

[그림 1.11] 명령창으로부터 파이썬을 구동시킬 수 있다.

```
Python 3.4.0 Shell
File  Edit  Shell  Debug  Options  Windows  Help
Python 3.4.0 (v3.4.0:04f714765c13, Mar 16 2014, 19:24:06) [MSC v.1600 32 bit (In
tel)] on win32
Type "copyright", "credits" or "license()" for more information.
>>> print("파이썬에 오신것을 환영합니다.")
파이썬에 오신것을 환영합니다.
>>> print("파이썬은 재미있습니다.")
파이썬은 재미있습니다.
>>>
                                                                   Ln: 7 Col: 4
```

[그림 1.12] IDLE에서 파이썬을 사용할 수 있다.

반응형 개발 환경(IDLE: Interactive DeveLopment Environment)은 파이썬을 위한 통합 개발 환경(IDE: Integrated Development Environment)이다. IDLE에서 파이썬 프로그램을 생성, 열기, 저장, 수정 및 실행할 수 있다. 명령행 파이썬 인터프리터와 IDLE 모두 컴퓨터에 파이썬 설치 후 사용 가능하다. 파이썬(명령행)과 IDLE 모두 그림 1.13과 같이 윈도우 7 또는 비스타 운영체제에서 윈도우 시작 버튼으로부터 Python(command line) 또는 IDLE(Python GUI)을 검색하여 곧바로 실행할 수 있다.

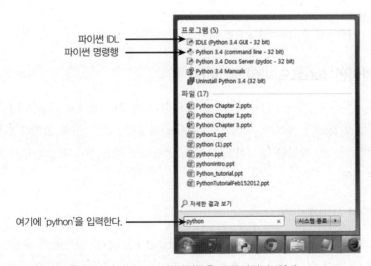

[그림 1.13] 시작 버튼을 통해 파이썬 IDLE와 명령줄을 구동시킬 수 있다.

파이썬이 실행되면, >>> 기호가 보이는데 이 기호는 파이썬 명령 프롬프트(python statement prompt)로 파이썬 명령문을 입력할 수 있는 위치를 나타낸다.

✎ **노트**
책에서 제시되는 명령어는 쓰인 그대로 정확하게 입력해야한다. 서식화 및 기타 규칙은 이번 장의 뒷부분에서 설명된다.

이제 print("파이썬에 오신 것을 환영합니다.")를 입력하고 *엔터키(enter key)*를 누른다. 그러면 콘솔에 파이썬에 오신 것을 환영합니다.라는 문자열이 나타난다. *문자열(string)*이란 프로그래밍 용어로 연속적인 문자를 의미한다.

노트
파이썬은 다른 코드와 문자열을 구분하기 위해 문자열 주변에 큰따옴표 또는 작은따옴표를 표시해야 하는 것을 주의해야 한다. 출력물에 보이는 것과 같이, 파이썬은 인용부호를 출력하지 않는다.

print 명령문은 콘솔에 문자열을 출력하는 데 사용되는 파이썬의 *내장 함수(built-in function)* 중 하나이다. 함수는 정해진 작업을 수행한다. print 함수의 경우 콘솔에 메시지를 출력한다.

노트
프로그래밍 용어로 함수를 사용하는 것을 "함수 호출" 또는 "함수 부름"이라고 한다.

다음으로 print("파이썬은 재미있습니다.")를 입력하고 엔터키를 누른다. 그러면 그림 1.11과 같이 문자열 파이썬은 재미있습니다.가 콘솔에 나타난다. 명령 프롬프트 >>>에 추가적으로 명령문을 입력할 수 있다.

노트
CTRL+Z를 누른 후 엔터키를 누르면, 파이썬이 종료된다.

1.6.2 파이썬 소스코드 파일 생성하기

명령 프롬프트 >>>에 파이썬 명령문을 입력하는 방법은 편리하다. 그러나 명령문이 저장되지 않는다. 나중에 재사용하기 위해 명령문을 기억시켜 놓으려면 명령문을 저장할 텍스트 파일을 생성하고 다음의 명령어를 사용하여 파일의 명령문을 실행할 수 있다.

python filename.py

텍스트 파일은 메모장 같은 텍스트 에디터(text editor)를 사용하여 생성할 수 있다. 텍스트 파일 *filename*을 파이썬 소스 파일(source file), 스크립트 파일(script file), 또는 *모듈(module)*이라고 한다. 관례적으로 파이썬 파일은 확장자 .py를 사용하여 이름 지어진다. 스크립트 파일로부터 파이썬 프로그램을 실행하는 것을, '스크립트 모드(script mode)로 파이썬을 실행한다'라고 말한다. 명령 프롬프트 >>>에 명령문을 입력하고 파이썬을 실행하는 것을, '인터랙티브 모드(interactive mode)로 파이썬을 실행한다'라고 한다.

노트

명령창(command window)을 통해 파이썬 프로그램을 개발하고 실행할 수 있을 뿐만 아니라 IDLE을 통해서도 파이썬 스크립트를 생성, 저장, 수정 및 실행할 수 있다. IDLE 사용에 관한 정보는 한국방송통신대학교 출판문화원 홈페이지 자료실에 있는 보충자료 I.C에서 참조할 수 있다. 여러분의 강사가 여러분에게 이클립스를 사용하는 것에 대해 요구할 수도 있다. 이클립스는 프로그램을 신속하게 개발하는 데 사용되는 잘 알려진 반응형 개발 환경(IDE)이다. 편집, 실행, 디버깅과 온라인 도움말이 한 그래픽 유저 인터페이스(GUI)에 통합되어 있다. 이클립스를 사용하여 파이썬 프로그램을 개발하고 싶다면 웹사이트의 보충자료 I.D를 참조하라.

코드 1.1은 파이썬에 오신 것을 환영합니다.와 파이썬은 재미있습니다.라는 메시지를 출력하는 파이썬 프로그램을 보여준다.

코드 1.1	Welcome.py

```
1   # 두 개의 메시지를 출력한다.
2   print("파이썬에 오신 것을 환영합니다.")
3   print("파이썬은 재미있습니다.")
```

이 책에서 라인 번호는 참조 목적으로만 표시되었다. 프로그램의 일부분이 아니기 때문에 프로그램 실습에서는 라인 번호는 입력하지 않는다.

역자주

파이썬을 사용할 때 꼭 해결해야할 문제 중 하나가 바로 '한글'사용방법이다. 사실 한글만 문제가 되는 것이 아니라 모든 비영어권의 문자가 고민스럽다. 파이썬 설치 후, 초기 설정 상태에서 파이썬의 기본 인코딩은 ASCII이다. 즉, 모든 문자열은 ASCII 코드표를 통해 저장 · 사용된다는 의미이다. 그러나 미국 표준인 ASCII는 영문 대소문자 및 몇몇 특수기호만 지원하기 때문에 소스코드에서 한글을 사용하면 파이썬 인터프리터가 전혀 인식(디코딩)할 수 없게 된다.

명령 프롬프트 상에서 한글을 사용하는 것은 특별히 문제를 발생시키지 않는다. 그러나 코드 1.1에서와 같이 한글을 사용한 파이썬 명령문을 소스코드 파일에 저장하고 실행할 경우 아래와 같은 오류를 피할 수 없다.

따라서 소스코드의 도입부에 한글을 지원하는 인코딩 체계에 대한 명시가 필요하다. 그 부분이 바로 다음과 같은 코드이다. 코드 1.1의 첫 번째 행에 아래의 코드를 추가하면 한글을 사용한 소스코드가 오류 없이 실행되는 것을 볼 수 있다.

```
# -*- coding: UTF-8 -*-
```

주석과 같이 보이는 이 코드는 파이썬 인터프리터에 그 행 뒤에 나타나는 모든 문자가 UTF-8로 인코딩되어 있다는 것을 명시한다. 앞으로 이 책의 모든 코드에서 한글로 된 문자열이 포함된 경우이 인코딩 구문을 사용한다고 가정한다.

위 명령문이 Welcome.py라는 파일에 저장되었다고 가정하자. 프로그램을 실행하기 위해서, 그림 1.14와 같이 명령 프롬프트에 `python Welcome.py`를 입력한다.

```
c:\>python Welcome.py
파이썬에 오신것을 환영합니다.
파이썬은 재미있습니다.

c:\>
```

[그림 1.14] 명령 창에서 파이썬 스크립트 파일을 실행할 수 있다.

코드 1.1에서 라인 1은 어떤 프로그램이며 어떻게 구성되는지 설명하는 *주석 (comment)*이다. 주석은 프로그래머가 프로그램을 이해하고 의사소통할 수 있도록 보조한다. 주석은 프로그램 명령문에 속하지 않으며 따라서 인터프리터에 의해 무시된다. 파이썬에서 주석은 라인의 맨 앞에 샵 기호(#)를 사용(행 주석(line comment))하여 표현하거나, 세 개의 연속된 작은따옴표(''')를 한 개 이상의 라인 양쪽에 삽입(문단 주석(paragragh comment))하여 표현한다. 파이썬 인터프리터가 #를 만나면 같은 라인의 # 이후의 모든 텍스트를 무시한다. 인터프리터가 '''를 만나면다음 '''을 찾고 그 사이의 모든 텍스트를 무시한다. 다음은 주석의 사용 예이다.

```
# 이 프로그램은 파이썬에 오신 것을 환영합니다를 출력한다.
''' 이 프로그램은 파이썬에 오신 것을 환영합니다와
    파이썬은 재미있습니다를 출력한다.
'''
```

*들여쓰기(indentation)*는 파이썬에서 매우 중요하다. 명령문은 새로운 행의 첫번째 열에서부터 입력된다는 것에 유의해야 한다. 파이썬 인터프리터는 프로그램이 다음과 같이 입력될 경우 에러를 출력할 것이다.

```
# 두 메시지를 출력한다.
  print("파이썬에 오신 것을 환영합니다.").
print("파이썬은 재미있습니다."),
```

좋지 못한 코드

명령문의 뒤에는 어떤 구두점도 표시해서는 안 된다. 예를 들면, 파이썬 인터프리터는 다음과 같은 코드에 대해서도 오류를 출력한다.

```
# 두 메시지를 출력한다.
print("파이썬에 오신 것을 환영합니다.").
print("파이썬은 재미있습니다."),
```

파이썬 프로그램은 대소문자를 구분한다. 예를 들어 프로그램에서 print 대신 Print를 사용하면 오류가 발생한다.

이미 프로그램에서 몇몇 특수기호(#, ", ())가 사용된 것을 보았을 것이다. 이러한 특수기호는 거의 모든 프로그램에서 사용된다. 표 1.2는 특수기호의 사용방법을 설명한다.

〈표 1.2〉 특수문자

문자	이름	설명
( )	괄호열기와 닫기	함수와 사용
#	파운드 기호	커맨트 라인의 순서 표시
" "	인용부호 열기와 닫기	문자열 지정
''' '''	문단 커맨트	문단 커맨트 지정

코드 1.1의 프로그램은 두 개의 메시지를 출력한다. 한 번 프로그램을 이해하면, 추가적인 메시지를 출력하는 프로그램으로 쉽게 확장할 수 있다. 예를 들면, 코드 1.2와 같이 세 개의 메시지를 출력하는 프로그램으로 재작성할 수도 있다.

코드 1.2   `WelcomeWithThreeMessages.py`

```
1    # 세 개의 메시지를 출력한다.
2    print("파이썬에 오신 것을 환영합니다.")
3    print("파이썬은 재미있습니다.")
4    print("문제 구동방식")
```

```
파이썬에 오신 것을 환영합니다.
파이썬은 재미있습니다.
문제 구동방식
```

1.6.3 파이썬을 사용하여 수학 계산 실행하기

파이썬 프로그램은 모든 종류의 수학 계산을 처리하고 결과를 출력할 수 있다. x와 y 두 수의 덧셈, 뺄셈, 곱셈과 나눗셈의 결과를 출력하기 위해서 다음과 같은 코드를 사용할 수 있다.

```
print(x + y)
print(x - y)
print(x * y)
print(x / y)
```

코드 1.3은 $\dfrac{10.5 + 2 \times 3}{45 - 3.5}$ 를 계산하고 그 결과를 출력하는 프로그램의 예이다.

| 코드 1.3 | ComputeExpression.py |

```
1    # 연산식을 계산한다.
2    print((10.5 + 2 * 3) / (45 - 3.5))
```

실행결과 0.397590361446

보이는 바와 같이, 산술 연산식을 파이썬 연산식으로 직관적으로 변환할 수 있다. 파이썬 연산식에 대해서는 2장에서 추가적으로 살펴본다.

1.24 파이썬은 두 가지 모드로 실행할 수 있다. 두 모드에 대해서 설명하시오.

1.25 파이썬은 대소문자를 구분하는가?

1.26 관례적으로 파이썬 소스 파일명의 확장자는 무엇인가?

1.27 파이썬 소스 파일을 실행하는 명령어는 무엇인가?

1.28 주석이란 무엇인가? 행 주석과 문단 주석을 어떻게 표시하는가?

1.29 콘솔에 안녕하세요라는 메시지를 출력하기 위한 명령문은 무엇인가?

1.30 다음 오류를 파악하고 정정하시오.

```
1 # 두 개의 메시지를 출력하시오
2    print("파이썬에 오신 것을 환영합니다.")
3 print("파이썬은 재미있습니다.").
```

1.31 다음 코드의 출력값을 보이시오.

```
print("3.5 * 4 / 2 - 2.5")
print(3.5 * 4 / 2 - 2.5)
```

1.7 프로그래밍 스타일과 문서화

좋은 프로그래밍 스타일과 적절한 문서화는 프로그램을 읽기 쉽게 만들고 오류를 방지한다.

키포인트

프로그래밍 스타일(*programming style*)이란 프로그램이 어떻게 보이는가를 다루는 문제이다. 프로그램을 전문적인 프로그래밍 스타일에 따라 생성하게 되면 프로그램이 적절하게 실행될 뿐만 아니라 사람들이 읽고 이해하기 쉬워진다. 추후에 다른 프로그래머가 여러분의 프로그램을 읽거나 수정할 예정이라면 프로그래밍 스타일이 매우 중요하다.

문서화(*documentation*)란 프로그램과 관련된 설명적 첨언과 주석 부분을 말한다. 이러한 첨언과 주석은 여러 부분의 프로그램을 설명하고 다른 프로그래머가 프로그램의 구조와 함수를 이해할 수 있도록 도와준다. 이 장의 앞 부분에서 설명했듯이, 첨언과 주석은 프로그램 내부에 포함되지만 프로그램 실행 시 파이썬의 인터프리터는 간단히 첨언과 주석은 무시한다.

프로그래밍 스타일과 문서화는 코딩을 하는 것만큼 중요하다. 몇몇 가이드라인을 살펴보자.

1.7.1 적절한 주석과 주석 스타일

프로그램이 무엇을 하는지, 중요한 특징은 무엇인지, 사용하는 고유한 기법은 무엇인지를 설명하는 요약 주석(comment)을 프로그램의 시작 부분에 포함시킨다. 장문의 프로그램에서는 각각의 주요 단계를 소개하고 읽기 어려운 부분에 대해 설명하는 주석 또한 포함시켜야 한다. 주석을 간결하게 작성하여 프로그램을 복잡하게 하거나 읽기 어렵지 않게 하는 것 또한 중요하다.

1.7.2 적절한 공백삽입

일관된 공백삽입 스타일은 프로그램을 간결하게 만들어 읽고, 디버그(오류검색 및 수정)하고, 관리하기 쉽게 한다. 공백삽입 스타일에 따라 다음 명령문에서와 같이 연산자의 양쪽에 공백이 삽입되는 것이 좋다.

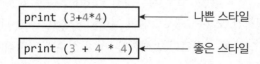

```
print (3+4*4)
```
◄── 나쁜 스타일

```
print (3 + 4 * 4)
```
◄── 좋은 스타일

보다 자세한 가이드라인은 한국방송통신대학교 출판문화원 홈페이지 자료실에 있는 보충자료 I.F, 파이썬 코딩 스타일 가이드라인에서 확인할 수 있다.

1.8 프로그래밍 오류

프로그래밍 오류는 크게 세 가지로 분류할 수 있다. 문법적 오류, 실행시간 오류와 논리적 오류이다.

1.8.1 문법적 오류

여러분이 마주치는 대다수의 오류는 문법적 오류(syntax error)이다. 다른 프로그래밍 언어와 마찬가지로 파이썬은 고유한 문법이 있으며 그 *문법적 규칙(syntax rules)*에 따라 코드를 작성해야 한다. 프로그램에서 그 규칙을 어기게 되면—예를 들어 인용부호를 빠트리거나 단어의 철자가 틀리는 경우—파이썬은 문법적 오류를 출력할 것이다.

*문법적 오류(syntax error)*는 명령문 오타, 잘못된 들여쓰기, 필요한 구두점 생략, 또는 괄호 열기와 닫기 불일치 등의 코드 구성의 오류로부터 발생한다. 이러한 오류는 파이썬이 어디서, 무엇 때문에 발생되었는지 알려주기 때문에 대부분 쉽게 발견된다. 예를 들어 다음의 `print` 명령문은 문법적 오류를 포함하고 있다.

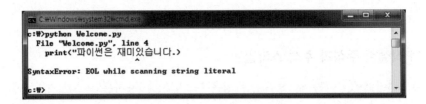

문법적 오류를 해결하기 위해 문자열 프로그래밍은 재미있습니다에 인용부호를 달아야 한다.

팁
문법적 오류를 어떻게 수정해야할지 모르는 경우 프로그램을 이 책의 유사한 예제와 한 문자, 한 문자 비교하라. 이 과정의 첫 몇 주 동안 여러분은 아마도 문법적 오류를 수정하는 데 많은 시간을 소비할 것이다. 그러나 곧 파이썬 문법과 익숙해지고 신속하게 문법적 오류를 수정할 수 있게 될 것이다.

1.8.2 실행시간 오류

*실행시간 오류(runtime error)*란 프로그램이 비정상적으로 종료되어 발생하는 오류를 말한다. 실행시간 오류는 프로그램이 실행되고 있는 동안 파이썬 인터프리터가 실행 불가능한 연산을 감지하면 발생한다. 입력 실수가 전형적으로 실행시간 오류를 발생시킨다. *입력 오류(input error)*는 프로그램이 다룰 수 없는 값을 사용자가 입력할 때 발생한다. 예를 들어, 프로그램이 숫자 입력을 예상하는데 사용자가 문자열을 입력하면, 프로그램에서 데이터 타입 오류가 발생한다.

또 다른 흔한 실행시간 오류의 원인은 **0**으로 나누는 것이다. 이는 정수 나눗셈에서 제수가 **0**일 때 발생한다. 예를 들면, 다음 명령문 연산식 `1 / 0`은 실행시간 오류를 발생시킨다.

1.8.3 논리적 오류

*논리적 오류(logic error)*는 프로그램이 의도했던 방법대로 수행되지 않을 때 발생한다. 이러한 종류의 오류는 매우 다양한 원인이 있다. 예를 들어 코드 1.4와 같이 온도(35도)를 화씨에서 섭씨로 변환하는 프로그램을 작성했다고 하자.

코드 1.4	ShowLogicErrors.py

```
1    # 화씨를 섭씨로 변환한다.
2    print("화씨 35도는 섭씨 ")
3    print(5 / 9 * 35 - 32)
```

실행결과

```
화씨 35도는 섭씨
-12.555555555555554
```

코드 1.4를 실행하면, 잘못된 값인 섭씨 `-12.55`도가 출력된다. 그러나 결과는 `1.66`이 되어야 한다. 정확한 결과를 생성하기 위해서는 연산식에서 `5 / 9 * 35 - 32` 대신 `5 / 9 * (35 - 32)`을 사용해야 한다. 즉, `35 - 32` 주변에 괄호를 추가하여 파이썬이 나눗셈을 수행하기 전에 뺄셈 연산이 먼저 계산되도록 해야 한다.

파이썬에서 프로그램 실행 시 인터프리터에 의해 문법적 오류가 감지되기 때문에 문법적 오류는 실제로 실행시간 오류처럼 다루어진다. 일반적으로 파이썬은 어디서 오류가 발생했으며, 무엇이 잘못되었는지 알려주기 때문에 문법적 오류와 실행시간 오류는 검색하고 수정하기가 어렵지 않다. 그러나 논리적 오류를 찾아내는 것은 굉장히 어려운 작업이다.

1.32 프로그램 오류의 세 가지 유형은 무엇인가?

1.33 문자열에 인용부호 닫기를 빠트릴 경우 어떤 유형의 오류가 발생되는가?

1.34 프로그램이 파일로부터 데이터를 읽으려고 할 때 파일이 존재하지 않을 않는다면,

체크 포인트

프로그램 실행 시 오류가 발생한다. 이는 어떤 유형의 오류인가?

1.35 사각형의 둘레를 계산하는 프로그램을 작성하는데, 실수로 사각형의 넓이를 계산하는 프로그램을 작성했다고 가정하자. 이는 어떤 유형의 에러인가?

1.9 그래픽 프로그래밍 시작하기

키포인트

Turtle은 텍스트를 포함하여 선, 원, 그리고 기타 도형을 그리는 파이썬의 내장 그래픽 모듈이다. Turtle은 사용하기 간편하고 배우기 쉽다.

파이썬을 사용하면 초보자도 그래픽 사용을 통해 프로그래밍 학습을 즐길 수 있다. 이러한 이유 때문에, 이 책의 전반부에서 대부분의 장 끝부분에는 그래픽 프로그래밍에 대한 절을 제공한다. 그러나 반드시 진행해야하는 내용은 아니다. 그래픽 프로그래밍 부분은 생략하거나 추후에 다루어도 좋다.

파이썬에서 그래픽 프로그램을 작성하는 방법은 여러 가지가 있다. 간단한 방법은 파이썬의 내장 turtle 모듈을 사용하여 그래픽 프로그래밍을 시작하는 것이다. 이 책의 후반부에서는 이해하기 쉬운 그래픽 유저 인터페이스 애플리케이션을 개발하기 위한 *Tkinter*를 소개할 것이다.

1.9.1 도형에 색상을 추가하여 그리기

아래의 절차는 기본적인 turtle 모듈 사용 방법을 소개한다. 다음 장에서는 추가적인 특징을 소개할 것이다.

1. 윈도우 시작 버튼에서 Python(command line)을 선택하거나 명령 프롬프트에서 python을 입력하여 파이썬을 실행한다.

2. 파이썬 명령 프롬프트 >>>에서 turtle 모듈을 불러들이기[1] 위해 다음의 명령어를 입력한다. 이 명령어는 turtle 모듈에 정의된 모든 함수를 임포트하고 이 함수들을 사용할 수 있도록 만든다.

   >>> **import turtle** # turtle 모듈을 임포트한다.

3. 그림 1.15(a)와 같이 turtle의 위치와 방향을 나타내기 위해 다음의 명령어를 입력한다.

   >>> **turtle.showturtle( )**

   파이썬 **turtle** 모듈을 시용한 그래픽 프로그래밍은 펜을 사용하여 그림을 그리는

---

[1] '불러들인다'는 컴퓨터 용어 import의 의미로 사용하였다. import란 파이썬 인터프린터에 프로그램에서 사용되는 함수의 정의가 무엇인지 알려주는 것을 말한다. 이후에는 import라는 용어를 한글로 '임포트한다'라고 표현한다.

것과 매우 비슷하다. 화살촉은 펜의 현재 위치와 방향을 가리킨다. turtle은 초기에 창의 중앙에 위치한다. 여기서 turtle은 그래픽을 그리기 위한 객체를 의미한다 (객체는 3장에서 설명된다).

4. 텍스트 문자열을 그리기 위해 다음 명령어를 입력한다.

turtle.write("파이썬에 오신 것을 환영합니다.")

위 명령어를 입력하면 그림 1.15(b)와 같은 화면이 생성된다.

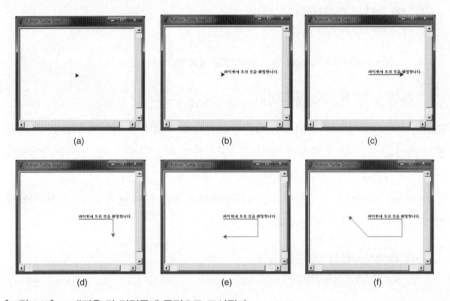

[**그림 1.15**] 그래픽은 각 명령문에 동적으로 표시된다.

5. 화살표가 가리키는 방향으로 선을 그리도록 다음 명령어를 입력하여 화살촉을 100 픽셀 앞으로 이동시킨다.

>>> turtle.forward(100)

그러면 그림 1.15(c)와 같이 창이 보이게 된다. 그림 1.15의 나머지 부분을 그리기 위해 이러한 과정을 계속한다.

6. 그림 1.15(d)와 같이 화살촉을 오른쪽으로 90도 회전시킨 후, turtle의 색상을 빨간색으로 변경하고, 화살촉을 50 픽셀 앞으로 이동시켜 선을 그리기 위해 다음과 같이 명령어를 입력한다.

>>> turtle.right(90)
>>> turtle.color("red")
>>> turtle.forward(50)

7. 이제 그림 1.15(e)와 같이 화살촉을 오른쪽으로 90도 회전시킨 후, 초록색으로 색상을 설정하고 화살촉을 100픽셀 앞으로 이동시켜 선을 그리기 위해 다음과 같이

명령어를 입력한다.

```
>>> turtle.right(90)
>>> turtle.color("green")
>>> turtle.forward(100)
```

8. 마지막으로 그림 1.15(f)와 같이 화살촉을 오른쪽을 45도 회전시킨 후, 화살촉을 80 픽셀 앞으로 이동시켜 선을 그리기 위해 다음과 같이 명령어를 입력한다.

```
>>> turtle.right(45)
>>> turtle.forward(80)
```

9. 이제 Turtle 그래픽 창을 닫고 파이썬을 종료한다.

1.9.2 펜을 특정 위치로 움직이기

Turtle 프로그램이 시작되면 그림 1.16(a)와 같이 화살촉이 파이썬 Turtle 그래픽 창의 좌표값 (0, 0)인 중앙에 놓인다. 특정 위치 (x, y)로 turtle을 움직이도록 goto(x, y) 명령을 사용할 수 있다.

파이썬을 재시작하고 그림 1.16(b)와 같이 펜을 (0, 0)에서 (0, 50)까지 이동시키기 위해 다음과 같은 명령어를 입력해 보자.

```
>>> import turtle
>>> turtle.goto(0, 50)
```

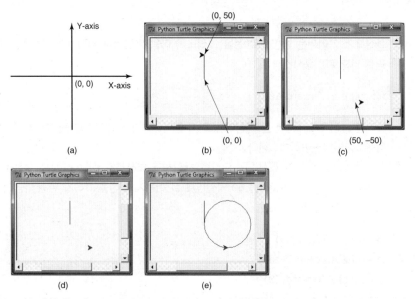

[그림 1.16] (a) Turtle 그래픽 창의 중앙은 좌표값이 (0, 0)이다. (b) (0, 50)으로 이동한다. (c) 펜을 (50, -50)으로 이동한다. (d) 색상을 빨간색으로 설정한다. (e) circle 명령을 사용하여 원을 그린다.

또한 펜이 이동할 때 선이 그려지는 것을 제어하기 위해 pendup( )과 pendown( ) 명령을 사용하여 펜을 들거나 또는 내려놓을 수 있다. 예를 들어 다음 명령어는 그림 1.16(c)와 같이 펜을 (50, -50)으로 이동시킨다.

```
>>> turtle.penup()
>>> turtle.goto(50, -50)
>>> turtle.pendown()
```

circle 명령어를 사용하여 원을 그릴 수 있다. 예를 들면, 다음의 명령어는 색을 빨간색으로 설정(그림 1.16(d))하고 반지름이 50인 원을 그린다(그림 1.16(e)).

```
>>> turtle.color("red")
>>> turtle.circle(50) # 반지름이 50인 원을 그린다.
```

1.9.3 올림픽 오륜 로고 그리기

코드 1.5는 그림 1.17과 같이 올림픽 오륜 로고를 그리는 프로그램이다.

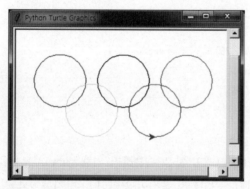

[그림 1.17] 코드 1.5는 올림픽 오륜 로고를 그린다.

코드 1.5	OlympicSymbol.py

```
1   import turtle
2
3   turtle.color("blue")
4   turtle.penup()
5   turtle.goto(-110, -25)
6   turtle.pendown()
7   turtle.circle(45)
8
9   turtle.color("black")
```

```
10  turtle.penup()
11  turtle.goto(0, -25)
12  turtle.pendown()
13  turtle.circle(45)
14
15  turtle.color("red")
16  turtle.penup()
17  turtle.goto(110, -25)
18  turtle.pendown()
19  turtle.circle(45)
20
21  turtle.color("yellow")
22  turtle.penup()
23  turtle.goto(-55, -75)
24  turtle.pendown()
25  turtle.circle(45)
26
27  turtle.color("green")
28  turtle.penup()
29  turtle.goto(55, -75)
30  turtle.pendown()
31  turtle.circle(45)
32
33  turtle.done()
```

프로그램은 Turtle 그래픽 창을 사용하기 위해 turtle 모듈을 임포트한다(라인 1). 이 후 펜을 (−100, −25)까지 움직이고(라인 5) 반지름이 45인 파란색 원을 그린다(라인 7). 유사하게 검은색 원(라인 9−13), 빨간색 원(라인 15−19), 노란색 원(라인 21−25)과 초록색 원(라인 27−31)을 그린다.

라인 33은 사용자가 파이썬 Turtle 그래픽 창을 닫을 때까지 프로그램을 정지시키는 turtle의 done() 명령어를 호출한다. done() 명령은 사용자가 그래픽을 볼 수 있는 시간을 제공하는 것이 목적이다. 라인 33이 없다면, 그래픽 창은 프로그램이 종료되는 즉시 닫힌다.

 체크 포인트

1.36 turtle 모듈은 어떻게 임포트하는가?

1.37 turtle에서 텍스트는 어떻게 출력하는가?

1.38 어떻게 펜을 앞으로 움직이게 할 수 있는가?

1.39 어떻게 새로운 색상을 설정하는가?

1.40 아무것도 그리지 않고 어떻게 펜을 앞으로 움직이게 할 수 있는가?

1.41 어떻게 원을 그리는가?

1.42 리스트 1.5의 33번 라인에서 `turtle.done()`의 목적은 무엇인가?

주요용어

.py 확장자	스크립트 모드
IDLE(Interactive DeveLopment Environment)	스크립트 파일
고급 언어	실행시간 오류
기계어	어셈블러
네트워크 인터페이스 카드(NIC: Network Interface Card)	어셈블리어
	운영체제(OS: Operating System)
논리적 오류	인코딩 체계
도트 피치	인터랙티브 모드
들여쓰기	인터프리터
디지털 가입자 회선(DSL: Digital Subscriber Line)	저급 언어
	저장장치
마더보드	주석
메모리	중앙처리장치(CPU: Central Processing Unit)
명령문	컴파일러
모뎀	케이블 모뎀
모듈	콘솔
문법 규칙적	프로그램
문법적 오류	픽셀
바이트	하드웨어
버스	함수
비트	함수 부름
소스 코드	함수 호출
소스 파일	행 주석
소스 프로그램	화면 해상도
소프트웨어	

> **노트**
> 위 주요용어는 이번 장에서 정의된 용어들이다. 보충자료 1.A 용어사전에는 각 장에서 사용한 모든 주요용어와 용어에 대한 설명이 제시된다.

요약

1. 컴퓨터는 데이터를 저장하고 처리하는 전자 장치이다.

2. 컴퓨터는 *하드웨어*와 소프트웨어로 이루어진다.

3. 하드웨어는 만질 수 있는 컴퓨터의 물리적인 요소를 의미한다.

4. 소프트웨어라고 하는 컴퓨터 프로그램은 하드웨어를 제어하고 작업을 수행하게 하는 보이지 않는 명령문이다.

5. *컴퓨터 프로그래밍*이란 컴퓨터가 동작하게 하기 위한 명령문(즉, 코드)을 작성하는 것을 말한다.

6. *중앙처리장치(CPU)*는 컴퓨터의 두뇌이다. CPU는 메모리로부터 명령어를 읽고

실행한다.

7. 컴퓨터는 0과 1만을 사용하는데 이는 디지털 장치가 관례적으로 0과 1로 인식되는, 켜짐(on)과 꺼짐(off)의 두 안정적인 전자적 상태만을 갖기 때문이다.

8. 비트(bit)는 2진수로 0 또는 1이다.

9. 바이트(byte)는 연속되는 8개의 비트(bit)로 이루어진다.

10. 1킬로바이트는 약 1,000바이트, 1메가바이트는 약 1,000,000바이트, 1기가바이트는 약 1,000,000,000이고 1테라바이트는 약 1,000기가바이트이다.

11. 메모리는 CPU가 실행하는 프로그램 명령어와 데이터를 저장한다.

12. 메모리 장치는 순서화된 연속된 바이트이다.

13. 메모리는 휘발성이다. 따라서 모든 저장된 정보는 컴퓨터의 전원이 꺼지면 소실된다.

14. 프로그램과 데이터는 영구적으로 저장장치에 저장되고 컴퓨터에 의해 실제 사용될 때 메모리로 이동된다.

15. 기계어는 모든 컴퓨터에 내장된 기본 명령어 세트로 구성된다.

16. 어셈블리어는 각각의 기계어 명령을 표현하는 니모닉을 사용하는 저급 프로그래밍 언어이다.

17. 고급 언어는 영어와 같이 배우고 프로그램하기 쉽다.

18. 고급 언어로 작성된 프로그램을 소스 코드라고 한다.

19. 컴파일러는 소스 프로그램을 기계어 프로그램으로 번역하는 소프트웨어 프로그램이다.

20. 운영체제(OS)는 컴퓨터의 활동을 관리, 제어하는 프로그램이다.

21. 파이썬은 윈도우, UNIX와 맥 운영체제를 지원한다.

22. 파이썬은 인터프리터 언어로 파이썬은 각각의 명령어를 한 번에 한 개씩 번역하고 처리한다.

23. 파이썬 명령문 프롬프트 >>>에서 파이썬 명령문을 대화식으로 입력하거나 모든 코드를 하나의 파일에 저장하고 하나의 명령으로 실행할 수 있다.

24. 명령행에서 파이썬 소스 파일을 실행하기 위해서 `python filename.py` 명령어를 사용한다.

25. 파이썬에서 행 주석이라고 하는 주석은 줄의 맨 앞에 # 기호가 삽입되고 문단 주석이라고 하는 주석은 여러 행의 양쪽 끝에 세 인용부호('''와 ''')로 둘러싼다.

26. 파이썬 소스 프로그램은 대소문자를 구별한다.

27. 프로그래밍 오류는 크게 세 가지 유형: 문법적 오류, 실행시간 오류와 논리적 오류로 분류된다. 문법적 오류와 실행시간 오류는 프로그램이 비정상적으로 종료될 때 발생한다. 논리적 오류는 프로그램이 의도하지 않은 방식으로 동작할 때 발생한다.

프로그래밍 연습문제

노트
문제의 난이도는 하(없음), 중(*), 상(**), 최상(***)으로 구분된다.

1.6절

1.1 (서로 다른 세 개의 메시지 출력하기) 파이썬에 오신 것을 환영합니다, 컴퓨터 과학의 세계에 오신 것을 환영합니다와 프로그래밍은 재미있습니다를 출력하는 프로그램을 작성하시오.

1.2 (동일한 메시지 5번 출력하기) 파이썬에 오신 것을 환영합니다를 5번 출력하는 프로그램을 작성하시오.

*1.3 (패턴 출력하기) 다음과 같은 패턴을 출력하는 프로그램을 작성하시오.

```
FFFFFFF    U     U    NN       NN
FF         U     U    NNN      NN
FFFFFFF    U     U    NN N     NN
FF          U   U     NN  N    NN
FF           UUU      NN    NNN
```

1.4 (표 출력하기) 다음과 같은 테이블을 출력하는 프로그램을 작성하시오.

a	a^2	a^3
1	1	1
2	4	8
3	9	27
4	16	64

1.5 (연산식 계산하기) 다음 수식의 결과를 출력하는 프로그램을 작성하시오.

$$\frac{9.5 \times 4.5 - 2.5 \times 3}{45.5 - 3.5}$$

1.6 (수열의 합) $1 + 2 + 3 + 4 + 5 + 6 + 7 + 8 + 9$의 결과를 출력하는 프로그램을 작성하시오.

1.7 (π의 근사값) π는 다음 수식을 사용하여 계산될 수 있다.

$$\pi = 4 \times \left(1 - \frac{1}{3} + \frac{1}{5} - \frac{1}{7} + \frac{1}{9} - \frac{1}{11} + \cdots\right)$$

$4 \times \left(1 - \frac{1}{3} + \frac{1}{5} - \frac{1}{7} + \frac{1}{9} - \frac{1}{11}\right)$ 과 $4 \times \left(1 - \frac{1}{3} + \frac{1}{5} - \frac{1}{7} + \frac{1}{9} - \frac{1}{11}\right.$

$\left. + \frac{1}{13} - \frac{1}{15}\right)$의 결과를 출력하는 프로그램을 작성하시오.

1.8 (원의 넓이와 둘레) 다음 공식을 사용하여 반지름이 5.5인 원의 넓이와 둘레를 출력하는 프로그램을 작성하시오.

$$넓이 = 반지름 \times 반지름 \times \pi$$

$$둘레 = 2 \times 반지름 \times \pi$$

1.9 (직사각형의 넓이와 둘레) 다음 공식을 사용하여 폭이 4.5이고 높이가 7.9인 사각형의 넓이와 둘레를 출력하는 프로그램을 작성하시오.

넓이 = 폭 × 높이

1.10 (평균 속력) 한 달리기 선수가 14 킬로미터를 45분 30초 안에 달린다고 가정하자. 평균 속력이 시속 몇 마일인지 출력하는 프로그램을 작성하시오(단, 1 마일은 1.6 킬로미터이다.).

*1.11 (인구수 프로젝트) 미국 인구 조사국의 프로젝트는 다음과 같은 사항을 가정한다.

  7초마다 한 명 출생

  13초마다 한 명 사망

  45초마다 새로운 이민자

매 5년마다 인구를 출력하는 프로그램을 작성하시오. 현재의 인구가 312,032,486 명이고 1년은 365일이라고 가정한다. 힌트: 파이썬에서 나눗셈을 실행 시 정수 나눗셈 연산자 //를 사용할 수 있다. 정수 나눗셈 연산의 결과는 정수이다. 예를 들어 5 // 4는 1.25가 아닌 1이고 10 // 4는 2.5가 아닌 2이다.

1.9절

1.12 (Turtle: 4개의 사각형 그리기) 그림 1.18(a)와 같이 화면 중앙에 4개의 사각형을 그리는 프로그램을 작성하시오.

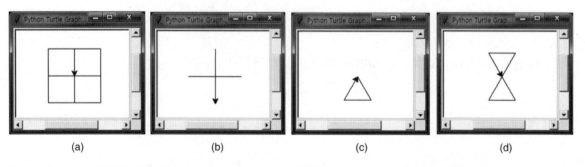

(a)	(b)	(c)	(d)

[그림 1.18] (a) 4개의 사각형 그리기, (b) 십자가 그리기, (c) 삼각형 그리기, (d) 두 개의 삼각형 그리기

1.13 (Turtle: 십자가 그리기) 그림 1.18(b)와 같이 십자가를 그리는 프로그램을 작성하시오.

1.14 (Turtle: 삼각형 그리기) 그림 1.18(c)와 같이 삼각형을 그리는 프로그램을 작성하시오.

1.15 (Turtle: 두 개의 삼각형 그리기) 그림 1.18(d)와 같이 두 개의 삼각형을 그리는 프로그램을 작성하시오.

1.16 (Turtle: 4개의 원 그리기) 그림 1.19(a)와 같이 화면 중앙에 4개의 원을 그리는 프로그램을 작성하시오.

1.17 (Turtle: 선 그리기) 그림 1.19(b)와 같이 두 점 (-39, 48)과 (50, -50)을 연결하는 빨간색 선을 그리고 두 점의 좌표를 출력하는 프로그램을 작성하시오.

**1.18 (Turtle: 별 그리기) 그림 1.19(c)와 같이 별을 그리는 프로그램을 작성하시오(힌트: 별의 각 꼭짓점의 내각은 36도이다).

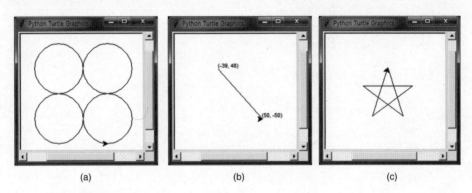

[그림 1.19] (a) 4개의 원 그리기, (b) 선 그리기, (c) 별 그리기

1.19 (Turtle: 다각형 그리기) 그림 1.20(a)와 같이 (40, -69.28), (-40, -69.28), (-80, -9.8), (-40, 69), (40, 69)와 (80, 0) 순서로 점을 연결하는 다각형을 그리는 프로그램을 작성하시오.

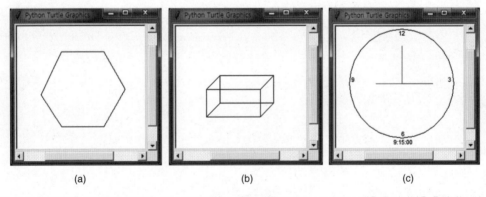

[그림 1.20] (a) 프로그램은 다각형을 그린다, (b) 프로그램은 직육면체를 그린다, (c) 프로그램은 특정시각을 출력하는 시계를 그린다.

1.20 (Turtle: 직육면체 출력하기) 그림 1.20(b)와 같이 직육면체를 출력하는 프로그램을 작성하시오.

*1.21 (Turtle: 시계 출력하기) 그림 1.20(c)와 같이 시각 9:15:00을 나타내는 시계를 출력하시오.

프로그래밍 기초

- 간단한 계산을 수행하는 프로그램을 작성할 수 있다(2.2절).

- 프로그램 사용자로부터 입력을 받기 위해 input 함수를 사용할 수 있다(2.3절).

- 변수와 함수와 같은 항목에 이름을 붙인 식별자를 사용할 수 있다(2.4절).

- 데이터를 변수에 할당할 수 있다(2.5절).

- 동시 할당을 수행할 수 있다(2.6절).

- 이름 상수를 정의할 수 있다(2.7절).

- +, −, *, /, //, %, ** 연산자를 사용할 수 있다(2.8절).

- 수치 표현식을 작성하고 평가할 수 있다(2.9절).

- 코딩을 단순화하기 위해 확장 할당 연산자를 사용할 수 있다(2.10절).

- int와 round 함수를 이용하여 수치 타입 변환과 반올림을 수행할 수 있다(2.11절).

- time.time()을 사용하여 현재 시스템 시간을 구할 수 있다(2.12절).

- 소프트웨어 개발 절차를 이해하고 그 절차를 학자금 대출 프로그램에 적용할 수 있다(2.13절).

- 두 점 사이의 거리를 계산하고 그래픽으로 화면에 그릴 수 있다(2.14절).

CHAPTER 2

프로그래밍 기초

2.1 들어가기

키포인트

이번 장은 문제 해결을 위한 기초 프로그래밍 학습에 초점을 맞춘다.

1장에서 파이썬 프로그램을 작성하고 실행하는 방법을 배웠다. 이제, 프로그램 작성을 통한 문제 해결 방법을 살펴보고, 이 과정에서 변수, 연산자, 표현식, 입출력 등의 기초적인 프로그래밍 기법들을 학습한다.

예를 들어, 학자금 대출을 한다고 가정해 보자. 대출액, 상환년수, 연이율이 주어지면, 월상환액과 총상환액을 계산하는 프로그램을 작성할 수 있을까? 이번 장에서는 학자금 대출 프로그램의 작성 방법을 예제와 함께 살펴볼 것이며, 이러한 프로그램을 작성해 봄으로써 문제 분석과 문제 해결의 설계 및 구현에 관한 기본적인 단계를 학습한다.

2.2 간단한 프로그램 작성하기

키포인트

프로그램을 작성하는 것은 문제 해결을 위한 전략을 설계한 후에 그 전략을 구현하기 위해 프로그래밍 언어를 사용하는 것이다.

먼저, 원의 넓이를 계산하는 간단한 문제(*problem*)를 살펴보자. 원의 넓이 계산 문제를 해결하기 위한 프로그램을 어떻게 작성해야 할까?

프로그램을 작성하는 것은 알고리즘을 설계한 후 그 알고리즘을 프로그래밍 명령문 혹은 코드로 바꾸는 것이다. *코딩한다*(즉, 프로그램을 작성한다)라는 것은 알고리즘(*algorithm*)을 프로그램으로 바꾸는 것을 뜻한다. 자연어 혹은 *의사코드*(*pseudocode*, 프로그래밍 코드가 일부 섞어진 자연어)로 작성된 알고리즘은 실행할 행동들과 그 행동들의 수행 순서를 나열함으로써 문제를 어떻게 해결할지를 서술하는 것이다. 또한 알고리즘은 프로그래밍 언어로 프로그램을 작성하기 이전에 프로그램을 설계하는 데 도움을 준다. 예를 들어, 원의 넓이를 계산하는 알고리즘을 다음과 같이 서술할 수 있다.

1. 사용자로부터 원의 반지름을 얻는다.
2. 다음 수식을 적용하여 원의 넓이를 계산한다.

$$넓이 = 반지름 \times 반지름 \times \pi$$

3. 결과를 화면에 출력한다.

팁
코딩하기 전에 알고리즘 형태로 프로그램이나 문제의 윤곽을 파악하는 습관을 길들이는 것이 좋다.

이 문제에서는 프로그램 사용자가 키보드를 이용하여 입력한 반지름 값을 프로그램에서 읽어들어야 한다. 이것은 다음의 두 가지 행위로 이루어진다.

- 반지름을 읽어 들임.
- 읽어 들인 반지름을 프로그램 내부에 저장함.

우선, 두 번째 행위부터 자세히 살펴보자. 반지름 값은 컴퓨터 메모리에 저장되는데, 프로그램이 메모리에 저장된 반지름 값에 접근하기 위해서는 *변수(variable)*를 사용해야 한다. 변수는 컴퓨터 메모리에 저장된 값을 참조하는 이름이다. 변수 이름으로 x와 y를 사용하는 것 대신에 *서술 이름(descriptive name)*을 사용하는 것이 좋다. 예를 들어, 반지름 값을 참조하는 변수로 radius라는 이름을 사용할 수 있고, 넓이 값을 참조하는 변수로 area라는 이름을 사용할 수 있다.

원의 넓이를 계산하는 알고리즘의 단계 1에서는 사용자로부터 원의 반지름 값을 입력받아 radius에 할당한다. 변수가 어떻게 동작하는지를 알아보기 위해 고정 값을 radius에 할당할 수도 있다.

단계 2에서는 표현식 radius * radius * 3.14159에 대한 결과를 area에 할당하여 원의 넓이를 계산한다.

마지막 단계에서는 파이썬의 print 함수를 이용하여 화면에 area 값을 출력한다.

코드 2.1은 원의 넓이를 구하는 전체 프로그램을 보여준다.

코드 2.1   ComputArea.py

```
1   # 반지름값을 radius에 할당한다.
2   radius = 20                              radius ⟶ 20
3
4   # 넓이를 계산한다.
5   area = radius * radius * 3.14159         area ⟶ 1256.636
6
7   # 결과를 출력한다.
```

```
8   print("반지름이", radius, "인 원의 넓이는", area, "입니다.")
```

실행결과   반지름이 20 인 원의 넓이는 1256.636 입니다.

radius와 area와 같은 변수들은 메모리에 저장된 값을 참조한다. 모든 변수는 1개의 값을 참조하는 1개의 이름을 가진다. 라인 2는 1개의 값을 *1개의 변수*에 할당하는 명령문을 보여준다.

```
radius = 20
```

위 명령문은 radius 변수에 20을 할당한다. 그러면, radius는 이제부터 20이라는 값을 참조한다. 라인 5의 명령문을 살펴보자.

```
area = radius * radius * 3.14159
```

위 명령문은 radius 값을 이용하여 표현식을 계산하고 계산 결과를 area 변수에 할당한다. 다음 표는 프로그램이 실행 과정 중에 나타나는 radius와 area 값의 변화를 보여준다. 이 표에서 각 행은 프로그램의 해당 라인에 있는 명령문이 실행된 후의 변수 값을 보여준다. 이 방법을 통해 프로그램이 어떻게 동작하는지를 파악할 수 있는데, 이것을 *프로그램 추적(tracing a program)*이라 한다. 프로그램 추적은 프로그램의 동작 과정을 이해하는 데 도움을 주며 프로그램 내의 오류를 찾아내는 데 유용하다.

라인 번호	radius	area
2	20	
5		1256.636

자바와 같은 다른 프로그래밍 언어로 프로그램을 작성한다면, 값이 어떤 타입을 갖는지를 반드시 명시해야 하는데 이를 위해 변수마다 정수 타입이나 문자 타입과 같은 *데이터 타입(data type)*을 선언해야 한다. 그러나 파이썬은 변수에 할당된 값에 따라 데이터 타입을 자동으로 알아내기 때문에, 파이썬에서는 데이터 타입을 별도로 선언하지 않는다.

라인 8의 명령문은 화면에 다섯 가지 항목(item)을 출력한다. print 명령문에 대한 다음의 문법을 사용하여 여러 개의 항목을 화면에 출력할 수 있다.

```
print(item1, item2, …, itemk)
```

항목이 숫자이면, 그 숫자는 화면 출력을 위해 문자열로 자동 변환된다.

2.1 다음 코드의 출력을 보이시오.

```
width = 5.5
height = 2
print("넓이는", width * height, "입니다.")
```

2.2 다음 알고리즘을 파이썬 코드로 변환하시오.

- 단계 1: 초깃값으로 100을 갖는 miles 변수를 사용하라.
- 단계 2: miles에 1.609를 곱하고, 그 결과 값을 kilometers 변수에 할당하라.
- 단계 3: kilometers 값을 화면에 출력하라.

단계 3이 실행된 후에 kilometers 값은?

2.3 콘솔에서 입력 받기

사용자 입력을 프로그램이 받아들이는 것이 가능하다.

코드 2.1에서는 반지름 값이 소스 코드 내에서 직접 설정되었다. 다른 반지름 값을 사용하기 위해서는 소스 코드를 수정해야 한다. input 함수를 사용하여 사용자로부터 반지름을 입력받을 수 있다. 다음은 사용자가 값을 입력하고 그 값을 variable 변수에 할당하는 명령문이다.

```
variable = input("값을 입력하세요: ")
```

입력 값은 문자열 형태이므로, 문자열 형태의 값을 숫자 값으로 평가하고 변경하기 위해 eval 함수를 사용할 수도 있다. 예를 들어, eval("34.5")는 34.5를 반환하며, eval("345")는 345를 반환한다. eval("3 + 4")는 7을 반환하며, eval("51 + (54 * (3 + 2))")는 321을 반환한다.

코드 2.2는 반지름 값을 사용자로부터 입력받기 위해 코드 2.1을 재작성하였다.

코드 2.2	ComputeAreaWithConsoleInput.py

```
1    # 사용자로부터 반지름 값을 입력받는다.
2    radius = eval(input("반지름을 입력하세요: "))
3
4    # 넓이를 계산한다.
5    area = radius * radius * 3.14159
6
7    # 결과를 출력한다.
```

```
8   print("반지름이", radius, "인 원의 넓이는", area, "입니다.")
```

 실행결과

반지름을 입력하세요: **2.5** ↵Enter
반지름이 2.5 인 원의 넓이는 19.6349375 입니다.

 실행결과

반지름을 입력하세요: **23** ↵Enter
반지름이 23 인 원의 넓이는 1661.90111 입니다.

라인 2에서 사용자가 문자열로 입력하고, 입력된 문자열이 숫자로 변경된다.

```
s = input("반지름을 입력하세요: ")        # 문자열 타입으로 입력 읽기
radius = eval(s)                        # 문자열을 숫자로 변환
```

사용자가 숫자를 입력하고 *엔터키*를 누른 순간, 입력한 숫자가 읽혀지고 `radius`
에 할당된다.

코드 2.2는 사용자로부터 1개의 값을 입력받는 방법을 보여준다. 그러나 여러 개
의 값을 입력받는 것도 가능하다. 코드 2.3은 키보드에서 여러 개의 입력 값을 읽기
위한 예제이며, 3개의 정수 값을 읽고 그것들의 평균을 화면에 출력한다.

코드 2.3 | **ComputeAverage.py**

```
1   # 사용자로부터 3개의 숫자를 입력받는다.
2   number1 = eval(input("첫 번째 숫자를 입력하세요: "))
3   number2 = eval(input("두 번째 숫자를 입력하세요: "))
4   number3 = eval(input("세 번째 숫자를 입력하세요: "))
5
6   # 평균을 계산한다.
7   average = (number1 + number2 + number3) / 3
8
9   # 결과를 출력한다.
10  print(number1, number2, number3,
11      "의 평균은", average, "입니다.")
```

 실행결과

첫 번째 숫자를 입력하세요: **1** ↵Enter
두 번째 숫자를 입력하세요: **2** ↵Enter
세 번째 숫자를 입력하세요: **3** ↵Enter
1, 2, 3 의 평균은 2.0 입니다.

위 코드는 사용자가 3개의 정수 값을 입력하고(라인 2-4), 이들의 평균을 계산
한 후에(라인 7), 계산 결과를 화면에 출력한다(라인 10-11).

숫자 이외의 것을 입력하면, 코드 2.3의 프로그램은 *실행시간 오류(runtime error)*를 발생시키고 종료된다. 실행시간 오류의 처리 방법은 13장에서 살펴본다.

일반적으로, 하나의 명령문은 한 행으로 나타낸다. 그러나 라인 10-11에서의 print 명령문은 2개 행에 걸쳐있다. 이런 식으로 표기하는 것에 대해서 아무런 문제가 되지 않는다. 그 이유는 파이썬이 라인 10의 **print** 명령문을 스캔하고 라인 11의 종결 괄호를 발견할 때까지 **print** 명령문이 아직 끝나지 않았음을 알 수 있기 때문이다. 이러한 2개의 행을 *묵시적 결합(joined implicitly)*이라 한다.

노트
파이썬 인터프리터(interpreter)는 여러 행으로 작성된 명령문에 대해 명령문의 끝을 판별하지 못하는 경우도 있다. 이때, 행의 마지막에 *행 지속 기호(\)*를 넣어 명령문이 다음 행까지 이어지고 있다는 것을 파이썬 인터프리터에 알려주어야 한다. 예를 들어, 다음 두 개의 명령문은 서로 동일하다.

```
sum = 1 + 2 + 3 + 4 + \
      5 + 6
sum = 1 + 2 + 3 + 4 + 5 + 6
```

노트
이 책의 앞 장에 있는 대다수의 프로그램은 *IPO*, 즉 입력(input), 처리(process), 출력(output)의 3단계로 실행된다. 입력은 사용자로부터 입력을 받는 것이고, 처리는 입력 값을 이용해서 결과 값을 만들어 내는 것이며, 출력은 결과 값을 화면에 보여주는 것이다.

2.3 사용자로부터 숫자 값을 입력받는 명령문을 작성하시오.

2.4 다음 코드가 실행될 때, 사용자가 5a를 입력하면 어떤 일이 발생하는가?

```
radius = eval(input("반지름을 입력하세요: "))
```

2.5 긴 명령문을 여러 행으로 어떻게 분리하는가?

체크
포인트

2.4 식별자

식별자는 변수와 함수 등의 항목들을 프로그램 내에서 서로 구별할 수 있도록 해주는 이름이다.

키포인트

코드 2.3에서 볼 수 있듯이, number1, number2, number3, average, input, eval, print는 프로그램 내에 있는 항목들의 이름이다. 프로그래밍 용어로, 이러한 이름을 *식별자(identifier)*라고 한다. 모든 식별자는 다음과 같은 식별자 이름 규칙을 따라야 한다.

- 식별자는 문자, 숫자, 그리고 밑줄(underscore, _)로 구성된 일련의 문자들이다.

- 식별자는 문자 혹은 밑줄로 시작해야 한다. 숫자로 시작해서는 안 된다.
- 식별자는 키워드가 될 수 없다(키워드 목록은 부록 A(파이썬 키워드)를 참조하시오). *예약어(reserved word)*로 불리는 *키워드(keyword)*는 파이썬에서 특별한 의미를 가진다. 예를 들어, `import`는 키워드로서 임의의 모듈을 프로그램에 임포트할지를 파이썬 인터프리터에 알려준다.
- 식별자에는 길이 제한이 없다.

예를 들어, `area`, `radius`, `number1`은 위 규칙에 맞는 식별자이다. 반면, `2A`와 `d+4`는 위 규칙을 따르지 않기 때문에 잘못된 식별자이다. 규칙에 맞지 않는 식별자를 파이썬이 인지하면, 문법 오류를 보고하고 프로그램을 종료한다.

노트

파이썬은 대문자와 소문자를 구별하기 때문에, `area`, `Area`, `AREA`는 서로 다른 식별자이다.

팁

서술 식별자는 프로그램을 읽기 편하게 해준다. 식별자로 축약어를 가급적 사용하지 않고 완전한 단어를 사용하는 것이 좋다. 예를 들어, `numberOfStudents`는 `numStuds`, `numOfStuds`, `numOfStudents`보다 좋은 식별자이다. 이 책의 프로그램은 서술 이름을 사용하고 있다. 이러한 방식으로 이름을 붙이는 것을 *카멜 표기법(camelCase)*이라 하는데, 이름에서 나타난 대문자가 낙타의 혹과 닮았다고 해서 유래되었다. 하지만 간결하게 나타내기 위해 일부 코드에서 i, j, k, x, y 등과 같은 변수 이름을 사용할 수도 있다.

2.6 다음 식별자 중에 식별자 이름 규칙에 맞는 식별자는? 파이썬 키워드로 어떤 것들이 있는가(부록 A를 참조)?

`miles`, `Test`, `a+b`, `b-a`, `4#R`, `$4`, `#44`, `apps`
`if`, `elif`, `x`, `y`, `radius`

2.5 변수, 할당문과 표현식

변수는 프로그램 내에서 바뀔 수 있는 값을 참조하기 위해 사용된다.

이전 절에서 살펴본 프로그램에서 볼 수 있듯이, 변수는 메모리에 저장된 값을 참조하는 이름이다. 다른 값을 참조할 수도 있기 때문에 "변수(variable)"라 한다. 예를 들어, 다음 코드에서 `radius`는 초기에 `1.0`을 갖지만(라인 2), 이후에 `2.0`으로 바뀐다(라인 7). `area`는 `3.14159`로 설정되지만(라인 3), 이후에 `12.56636`으로 재설정된다(라인 8).

```
1    # 첫 번째 넓이를 계산한다.
2    radius = 1.0
```

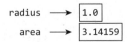

```
3    area = radius * radius * 3.14159
4    print("반지름이", radius, "인 원의 넓이는", area, "입니다.")
5
6    # 두 번째 넓이를 계산한다.
7    radius = 2.0
8    area = radius * radius * 3.14159              radius  ⟶  2.0
9    print("반지름이", radius, "인 원의 넓이는", area, "입니다.")   area  ⟶  12.56636
```

어떤 값을 1개의 변수에 할당하는 명령문을 할당문(assignment statement)이라 한다. 파이썬에서는 동등 연산자(=)를 할당 연산자(assignment operator)로 사용한다. 할당문의 문법은 다음과 같다.

```
variable = expression
```

표현식(expression)은 값, 변수, 연산자를 포함한 계산을 의미한다. 예를 들어, 다음 코드를 살펴보자.

```
y = 1                          # 1을 변수 y에 할당한다.
radius = 1.0                   # 1.0을 변수 radius에 할당한다.
x = 5 * ( 3 / 2 ) + 3 * 2      # 표현식의 결과를 x에 할당한다.
x = y + 1                      # y와 1의 합을 x에 할당한다.
area = radius * radius * 3.14159    # 넓이(area)를 계산한다.
```

표현식에서 변수는 = 연산자의 양 쪽 모두에 올 수 있다.

```
x = x + 1
```

위 할당문에서 x + 1의 결과가 x에 할당된다. 이 명령문이 실행되기 전에 x가 1 이었다면, 실행 후 x는 2가 된다.

하나의 값을 1개의 변수에 할당하기 위해서는 할당 연산자의 왼쪽에 변수 이름이 반드시 있어야 한다. 그래서 다음 명령문은 올바르지 않다.

```
1 = x            # 올바르지 않음
```

✎ 노트

수학에서 x = 2 * x + 1은 방정식을 나타낸다. 그러나 파이썬에서 x = 2 * x + 1는 표현식 2 * x + 1을 계산하고 그 결과를 x에 할당하라는 할당문을 나타낸다.

하나의 값을 여러 변수에 할당하려면 다음과 같은 문법을 사용한다.

```
i = j = k = 1
```

앞의 할당문은 아래와 동일하다.

```
k = 1
j = k
i = j
```

모든 변수는 스코프(scope)[1]를 가지고 있다. 변수의 스코프란 프로그램에서 변수가 참조할 수 있는 영역을 뜻한다. 변수의 스코프를 정의하는 규칙은 이 책 전반에 걸쳐 천천히 살펴볼 것이다. 변수의 사용 방법보다 변수의 생성 방법을 먼저 살펴보자. 예를 들어, 다음 코드는 올바르지 않다.

실행결과

count가 아직 정의되지 않음.

```
>>> count = count + 1
Name Error: count is not defined
>>>
```

위 코드의 오류를 없애기 위해서 다음과 같이 코드를 재작성할 수 있다.

실행결과

```
>>> count = 1              # count가 생성됨.
>>> count = count + 1      # 이제 count를 증가시킴.
>>>
```

 주의
변수는 표현식에 사용되기 이전에 반드시 값을 할당받아야 한다. 예를 들어,

```
interestRate = 0.05
interest = interestrate * 45
```

위의 코드는 올바르지 않다. 그 이유는 interestRate는 0.05값을 할당받았지만 interestrate는 정의되어 있지 않기 때문이다. 파이썬은 대문자와 소문자를 구별하므로 interestRate와 interestrate는 서로 다른 변수이다.

2.6 동시 할당문

파이썬은 동시 할당문(simultaneous assignment)을 지원한다. 동시 할당문의 문법은 다음과 같다.

```
var1, var2, …, varn = exp1, exp2, …, expn
```

이 할당문은 오른쪽 부분에 있는 모든 표현식들을 계산하고, 계산된 값을 왼쪽

---

1) 스코프(scope)란 변수가 유효하게 사용될 수 있는 범위, 즉 유효범위 또는 통용범위를 말한다.

부분에 각각 대응되는 변수로 동시에 할당한다. 변수 값을 교환하는 것은 프로그래밍에서 일반적인 연산이며, 동시 할당문이 이 연산을 수행하기에 유용한 방법이다. 2개의 변수 x와 y를 고려해 보자. 이들 변수의 값을 교환하기 위한 코드를 어떻게 작성할까? 일반적인 방법은 다음과 같이 temp라는 임시 변수를 사용하는 것이다.

```
>>> x = 1
>>> y = 2
>>> temp = x        # x를 임시 변수 temp에 저장한다.
>>> x = y           # y의 값을 x에 할당한다.
>>> y = temp        # temp의 값을 y에 할당한다.
```

실행결과

그러나 x와 y의 값을 교환하기 위해 다음 동시 할당문을 사용하여 간결하게 코드를 작성할 수 있다.

```
>>> x, y = y, x     # x와 y를 교환한다.
```

실행결과

또한 동시 할당문은 하나의 명령문으로 여러 개의 입력을 얻기 위해서도 사용될 수 있다. 앞의 코드 2.3은 사용자로부터 3개의 숫자를 입력받고 이들의 평균을 계산하는 예제이다. 코드 2.4에서 볼 수 있듯이, 동시 할당 명령문을 사용함으로써 코드 2.3의 프로그램이 간결하게 되었다.

코드 2.4 ComputeAverageWithSimultaneousAssignment.py

```
1   # 사용자로부터 3개의 숫자를 입력받는다.
2   number1, number2, number3 = eval(input(
3       "세 개의 숫자를 콤마(,)로 구분하여 입력하세요: "))
4
5   # 평균을 계산한다.
6   average = (number1 + number2 + number3) / 3
7
8   # 결과를 출력한다.
9   print(number1, number2, number3
10      "의 평균은", average, "입니다.")
```

세 개의 숫자를 콤마(,)로 구분하여 입력하세요: 1, 2, 3 ⏎Enter
1, 2, 3 의 평균은 2.0 입니다.

실행결과

체크 포인트

2.7 변수 이름을 붙이는 규칙을 설명하세요.

2.8 다음 명령문에서 잘못된 것은?

```
2 = a
```

2.9 다음 명령문이 실행된 후에 x, y, z의 값은?

```
x = y = z = 0
```

2.10 a = 1이고 b = 2라고 가정하자. 다음 명령문이 실행된 후에 a와 b의 값은?

```
a, b = b, a
```

2.7 이름 상수

키포인트

이름 상수는 영구적인 값을 표현하는 식별자이다.

프로그램이 실행되는 동안 변수의 값은 바뀔 수 있지만, *이름 상수(named constant)* 혹은 *상수(constant)*는 절대로 바뀌지 않는 영구적인 데이터를 가지고 있다. 이전에 작성한 ComputeArea 프로그램에서 π는 상수이다. 이 값을 자주 사용한다면, 3.14159를 연속해서 타이핑하기를 원치 않을 것이다. 대신, 그 값에 대한 서술 이름으로 PI를 사용하는 편이 낫다. 파이썬은 상수에 이름을 붙이는 것에 대해 특별한 문법을 가지고 있지는 않다. 상수를 나타내기 위해 단순히 변수를 생성한다. 그러나 상수와 변수를 서로 구별하기 위해 상수에는 대문자를 사용하여 이름을 붙인다. 예를 들어, π에 대한 상수를 사용하기 위해 코드 2.1을 다음과 같이 재작성할 수 있다.

```python
# 반지름을 할당한다.
radius = 20 # 반지름은 이제 20이 된다.

# 넓이를 계산한다.
PI = 3.14159
area = radius * radius * PI

# 결과를 출력한다.
print("반지름이", radius, "인 원의 넓이는", area, "입니다.")
```

상수를 사용하여 얻을 수 있는 이점은 다음과 같다.

1. 동일한 값이 여러 번 사용될 때, 그 값을 반복해서 타이핑하지 않아도 된다.

2. 상수 값을 변경해야 한다면(예를 들어, PI를 3.14에서 3.14159로 변경), 소스 코드의 한 위치에서 한 번만 변경하면 된다.

3. 서술 이름을 사용하므로 프로그램이 읽기 쉽다.

2.8 수치 데이터 타입과 연산자

파이썬은 연산자 +, -, *, /, //, **, %와 함께 연산을 수행하기 위해 2가지 숫자 타입인 정수와 실수 타입을 가지고 있다.

키포인트

컴퓨터에 저장된 정보는 일반적으로 *데이터(data)*로 언급된다. 수치 데이터 (numerical data)는 두 가지 타입으로 정수(integer)와 실수(real number)가 있다. 정수 타입(축약해서 *int*)은 모든 정수를 표현하기 위한 것이며, 실수 타입은 소수점 이하 부분을 가진 숫자를 표현하기 위한 것이다. 정수와 실수는 컴퓨터 내부에 서로 다른 방식으로 저장되는데, 실수의 경우 부동소수점(floating-point) 값혹은 *부동(float)* 값으로 표현된다. 어떤 숫자가 정수인지 혹은 실수인지를 파이썬이 어떻게 알 수 있을까? 소수점 이하 부분이 비록 0이더라도 소수점을 가진 숫자는 실수이다. 예를 들어, 1.0은 실수이지만, 1은 정수이다. 이들 두 숫자는 컴퓨터 내부에 서로 다르게 저장되며, 프로그래밍 용어로 1.0과 1과 같은 숫자를 *리터럴 (literal)*이라 한다. 리터럴은 프로그램 내에 직접 나타낸 상수 값을 의미한다.

각각의 수치 데이터 타입은 표 2.1과 같이 표준 산술 연산자를 가지고 있다. *피 연산자(operand)*는 연산자에 의해 계산되는 값을 의미한다.

〈표 2.1〉 산술 연산자

이름	의미	예시	결과
+	덧셈	34 + 1	35
-	뺄셈	34.0 - 0.1	33.9
*	곱셈	300 * 30	9000
/	실수 나눗셈	1 / 2	0.5
//	정수 나눗셈	1 // 2	0
**	누승	4 ** 0.5	2.0
%	나머지	20 % 3	2

+, -, * 연산자는 직관적으로 알 수 있을 것이다. +와 - 연산자는 단항(unary)과 이항(binary) 모두에서 사용될 수 있다. *단항 연산자(unary operator)*는 1개의 피 연산자만을 가지며, *이항 연산자(binary operator)*는 2개의 피연산자를 가진다. 예를 들어, -5에서 - 연산자는 숫자 5를 음수로 만드는 단항 연산자이다. 반면, 4 - 5에서 - 연산자는 4에서 5를 빼는 이항 연산자이다.

2.8.1 /, //, ** 연산자

/ 연산자는 실수 나눗셈을 수행하며, 결과 또한 실수가 된다. 다음의 예를 살펴보자.

```
>>> 4 / 2
2.0
>>> 2 / 4
0.5
>>>
```

// 연산자는 정수 나눗셈을 수행하며, 결과도 정수이다. 소수점 이하 숫자는 버려진다. 다음의 예를 살펴보자.

```
>>> 5 // 2
2
>>> 2 // 4
0
>>>
```

숫자 a와 b에 대해서 a^b을 계산하기 위해 파이썬에서는 a ** b라고 표현한다. 예를 들면 다음과 같다.

```
>>> 2.3 ** 3.5
18.45216910555504
>>> (-2.5) ** 2
6.25
>>>
```

2.8.2 % 연산자

나머지(remainder) 혹은 *모듈로(modulo)* 연산자라 불리는 % 연산자는 나눗셈이 수행된 후 나머지 값을 결과로 산출한다. 왼쪽 피연산자가 피젯수이고 오른쪽 피연산자가 제수이다. 그러므로 7 % 3은 1을, 3 % 7은 3을, 12 % 4는 0을, 26 % 8은 2를, 그리고 20 % 13은 7을 결과로 산출한다.

```
      2            0            3            3                          1  ←── 몫
   3⟌7          7⟌3          4⟌12         8⟌26            제수 ──→ 13⟌20  ←── 피젯수
     6            0           12           24                         13
     1            3            0            2                          7  ←── 나머지
```

나머지 연산자는 프로그래밍에서 매우 유용하다. 예를 들어, 짝수 % 2의 결과는 항상 0이며, 홀수 % 2의 결과는 항상 1이다. 그래서 어떤 숫자가 홀수인지 짝수인지를 결정하기 위해 나머지 연산자를 사용할 수 있다. 만일 오늘이 토요일이면, 7일 후에 다시 토요일이다. 친구와 10일 후에 만난다고 가정해 보자. 그러면 10일 후는 어떤 요일이 될까? 다음 표현식을 사용하여 화요일이라는 것을 알 수 있다.

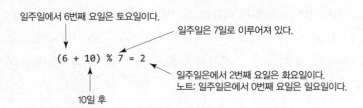

코드 2.5는 초 단위의 시간에서 분 값과 나머지 초 값을 얻어내는 프로그램이다. 예를 들어, 500초는 8분과 20초로 이루어져 있다.

코드 2.5	DisplayTime.py

```
1   # 사용자로부터 입력을 받는다.
2   seconds = eval(input("초 값을 정수로 입력하세요: "))
3
4   # 분 값과 나머지 초 값을 얻는다.
5   minutes = seconds // 60            # 초 단위의 시간에서 분 값을 계산한다.
6   remainingSeconds = seconds % 60    # 나머지 초 값을 계산한다.
7   print(seconds, "초는", minutes,
8       "분과", remainingSeconds, "초입니다.")
```

실행결과

```
초 값을 정수로 입력하세요: 500 ↵Enter
500 초는 8 분과 20 초입니다.
```

라인 번호	seconds	minutes	remainingSeconds
2	500		
5		8	
6			20

라인 2에서 seconds에 대한 정수 값을 입력받는다. 라인 5에서 seconds // 60을 사용하여 분 값을 얻어낸다. 라인 6(seconds % 60)에서 나머지 초 값을 계산한다.

2.8.3 과학적 표기법

실수 값은 $a \times 10^b$의 형태인 *과학적 표기법(scientific notation)*으로 표현될 수 있다. 예를 들어, 123.456은 과학적 표기법으로 1.23456×10^2이고 0.0123456은 1.23456×10^{-2}이다. 파이썬은 과학적 표기법을 위한 특별한 문법을 사용한다. 예를 들어, 1.23456×10^2는 1.23456E2 혹은 1.23456E+2로 나타내며, 1.23456×10^{-2}는 1.23456E-2로 나타낸다. 문자적 E(혹은 e)는 지수를 의미하며 소문자나 대문자 중에 아무거나 사용할 수 있다.

노트
실수 타입은 소수점을 가진 숫자를 표현하는 데 사용된다. 이러한 숫자를 왜 부동소수 *(floating-point number)*라고 부를까? 실수 타입의 숫자는 과학적 표기법에 따라 메모리에 저장된다. 예를 들어, 과학적 표기법에 의해 50.534는 5.0534E+1으로 바뀌며, 이때 소수점이 새로운 위치로 이동한다(흐른다). 이러한 이유로 부동소수라 한다.

주의
메모리에 저장하기에 (크기 측면에서) 너무 큰 값을 변수에 할당한다면, *오버플로우 (overflow)*가 발생한다. 예를 들어, 다음 명령문의 실행은 오버플로우를 발생시킨다.

```
>>> 245.0 ** 1000
OverflowError: 'Result too large'
>>>
```

실수가 0에 가까울 정도로 매우 작으면, 언더플로우(underflow)가 발생하고 파이썬은 이 값을 0으로 근사시킨다. 그러므로 언더플로우는 크게 걱정할 필요가 없다.

2.11 다음 표현식의 결과를 쓰시오.

표현식	결과
42 / 5	_____
42 // 5	_____
42 % 5	_____
1 % 2	_____
2 % 1	_____
45 + 4 * 4 - 2	_____
45 + 43 % 5 * (23 * 3 % 2)	_____
5 ** 2	_____
5.1 ** 2	_____

2.12 오늘이 화요일이면, **100**일 후에는 어떤 요일이 되는가?

2.13 25 / 4의 결과는? 결과가 정수가 되도록 하려면 표현식을 어떻게 재작성할 것인가?

체크
포인트

2.9 표현식과 연산자 우선순위

파이썬의 표현식은 산술식과 동일한 방식으로 평가된다.

키포인트

파이썬에서 수치 표현식은 연산자를 이용한 산술식을 그대로 옮겨 놓은 것과 같다. 예를 들어, 다음 산술식을 살펴보자.

$$\frac{3 + 4x}{5} - \frac{10(y - 5)(a + b + c)}{x} + 9\left(\frac{4}{x} + \frac{9 + x}{y}\right)$$

위 산술식을 파이썬 표현식으로 다음과 같이 변환할 수 있다.

```
(3 + 4 * x) / 5 - 10 * (y - 5) * (a + b + c) / x +
9 * (4 / x + (9 + x) / y)
```

파이썬은 표현식 평가를 위한 자체 방식을 가지고 있지만, 파이썬 표현식과 이와 대응하는 산술식의 결과는 서로 동일하다. 그러므로 파이썬 표현식을 평가할 때 산술식의 규칙을 그대로 적용할 수 있다. 괄호 내부에 있는 연산자가 먼저 계산되며, 괄호가 여러 겹 중첩되어 있는 경우에는 괄호의 제일 안쪽에 있는 표현식이 먼저 계산된다. 여러 연산자가 사용될 때에는 연산 순서를 결정하기 위해 다음과 같은 연산자 우선순위 규칙이 사용된다.

- 지수(**)가 제일 먼저 적용된다.
- 곱셈(*), 실수 나눗셈(/), 정수 나눗셈(//), 나머지 연산자(%)가 그 다음으로 적용된다. 여러 개의 곱셈, 나눗셈, 나머지 연산자가 표현식에 있다면, 왼쪽에서 오른쪽 순서로 적용된다.
- 덧셈(+)과 뺄셈(-) 연산자가 제일 마지막에 적용된다. 여러 개의 덧셈과 뺄셈 연산자가 표현식에 있다면, 왼쪽에서 오른쪽 순서로 적용된다.

다음 예제는 표현식의 계산 과정을 보여준다.

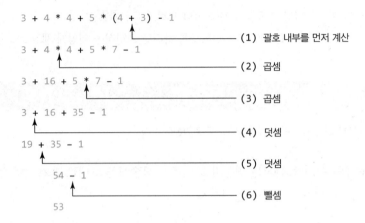

2.14 다음 산술식을 파이썬으로 작성하시오.

$$\frac{4}{3\,(r+34)} - 9\,(a+bc) + \frac{3+d\,(2+a)}{a+bd}$$

2.15 m과 r이 정수라 하자. mr^2를 파이썬 표현식으로 작성하시오.

2.10 확장 할당 연산자

 키포인트

+, −, *, /, //, %, ** 연산자를 할당 연산자 =과 조합하여 확장 할당 연산자로 만들 수 있다.

변수 값을 수정한 후에 그 값을 같은 변수에 다시 할당하는 경우가 종종 있다. 예를 들어, 다음 명령문은 count 변수의 값을 1씩 증가시킨다.

```
count = count + 1
```

파이썬은 확장 할당 연산자(혹은 복합 할당 연산자)를 사용하여 할당 연산자와 덧셈 연산자를 조합할 수 있다. 예들 들어, 위 명령문은 다음과 같이 작성할 수 있다.

```
count += 1
```

+= 연산자를 *덧셈 할당 연산자(addition assignment operator)*라 한다. 표 2.2는 모든 확장 할당 연산자를 보여준다.

〈표 2.2〉 확장 할당 연산자

연산자	이름	예시	동치
+=	덧셈 할당	i += 8	i = i + 8
-=	뺄셈 할당	i -= 8	i = i - 8
*=	곱셈 할당	i *= 8	i = i * 8
/=	실수 나눗셈 할당	i /= 8	i = i / 8
//=	정수 나눗셈 할당	i //= 8	i = i // 8
%=	나머지 할당	i %= 8	i = i % 8
**=	지수 할당	i **= 8	i = i ** 8

유의
확장 할당 연산자의 내부에는 공백이 없어야 한다. 예를 들어, + =은 +=이어야 한다.

2.16 a = 1이라고 가정할 때, 다음 표현식을 각각 적용한 후에 a의 값은? ✓ 체크 포인트

```
a += 4
a -= 4
a *= 4
a /= 4
a //= 4
a %= 4
a = 56 * a + 6
```

2.11 타입 변환과 반올림

수치 연산자는 피연산자 중 하나가 실수 값이면 결과값도 실수 값으로 만든다.

서로 다른 타입의 피연산자 2개를 가진 이항 연산을 수행하는 것이 가능할까? 정답은 "그렇다"이다. 정수와 실수가 동시에 이항 연산에 적용되면, 파이썬은 자동으로 정수를 실수로 변환한다. 이것을 *타입 변환(type conversion)*이라 한다. 그래서 3 * 4.5는 3.0 * 4.5와 같다.

종종 분수에서 정수 부분만을 얻기 원할 때가 있다. 이때, int(value) 함수를 사용하여 실수 값에서 정수 부분만을 얻을 수 있다. 예를 들면 다음과 같다.

실행결과

```
>>> value = 5.6
>>> int(value)
5
```

앞 숫자의 소수점 이하 부분은 반올림된 것이 아니라 생략되었다는 점에 주의하자. 어떤 숫자에 가장 가까운 값으로 반올림하기 위해 round 함수를 사용할 수 있다. 예를 들면 다음과 같다.

```
>>> value = 5.6
>>> round(value)
6
```

3장에서 round 함수를 좀 더 자세히 살펴볼 것이다.

노트

int와 round 함수는 변수 값을 바꾸지는 않는다. 예를 들어, 다음 코드에서 value 값은 round 함수를 호출한 후에도 바뀌지 않는다.

```
>>> value = 5.6
>>> round(value)
6
>>> value
5.6
>>>
```

노트

int 함수는 정수 문자열을 정수로 변환하기 위해 사용될 수 있다. 예를 들어, int("34")는 34를 반환한다. 그래서 문자열을 정수로 변환하기 위해 eval이나 int 함수를 사용할 수 있다. 그러면 이 둘 중에 어떤 것을 사용하는 것이 더 좋을까? int 함수는 단순 변환만을 수행하며, 정수로 표현되지 않은 문자열에 대해서는 동작하지 않는다. 예를 들어, int("3.4")는 오류를 발생시킨다. 반면, eval 함수는 단순 변환 이상의 표현식 계산에서 사용된다. 예를 들어, eval("3+4")는 7을 반환한다. 그러나 eval 함수를 사용하는 데 있어서 약간의 주의가 필요하다. eval 함수는 앞칸 제로(leading zero)를 담고 있는 숫자 문자열에 대해 오류를 발생시킨다. 반면, int 함수는 이 경우에 정상적으로 동작한다. 예를 들어, eval("003")은 오류를 발생시키지만 int("003")는 3을 반환한다.

코드 2.6은 소수점 이하 2자리 이상으로 표현된 판매세(sales tax)를 출력하는 프로그램이다.

코드 2.6	SalesTax.py

```
1    # 사용자로부터 입력을 받는다.
2    purchaseAmount = eval(input("총 구입액을 입력하세요: "))
3
4    # 판매세를 계산한다.
5    tax = purchaseAmount * 0.06
```

```
6
7    # 소수점 이하 2자리를 갖는 판매세를 출력한다.
8    print("판매세는", int(tax * 100) / 100.0), "입니다.")
```

총 구입액을 입력하세요: 197.55 ↵Enter
판매세는 11.85 입니다.

 실행결과

라인 번호	purchaseAmount	tax	출력
2	197.55		
5		11.853	
8			판매세는 11.85 입니다.

purchaseAmount 변수의 값은 197.55이다(라인 2). 판매세는 구입액의 6%이므로 11.853으로 계산된다(라인 5).

```
tax * 100는 1185.3
int(tax * 100)는 1185
int(tax * 100) / 100.0는 11.85
```

따라서 라인 8의 명령문은 소수점 이하 2자리를 갖는 11.85를 출력한다.

2.17 실수를 정수로 변환할 때, 실수 값의 소수점 이하 부분에 변경이 일어나는가? int(value) 함수는 value 변수의 값을 바꾸는가?

 체크 포인트

2.18 다음 명령문들은 올바른가? 만일 그렇다면 출력 값을 보이시오.

```
value = 4.6
print(int(value))
print(round(value))
print(eval("4 * 5 + 2"))
print(int("04"))
print(int("4.5"))
print(eval("04"))
```

2.12 사례 연구: 현재 시간 출력하기

time 모듈의 time() 함수를 이용하여 현재 시스템 시간을 얻을 수 있다.

키포인트

이번 사례 연구에서 살펴볼 문제는 그리니치 평균시(Greenwich Mean Time:

GMT)인 현재 시간을 13:19:14와 같이 시:분:초 형태로 화면에 출력하는 프로그램을 개발하는 것이다.

time 모듈의 time() 함수는 그림 2.1에서 볼 수 있듯이 1970년 1월 1일을 00:00:00 시간으로 하여 이 시간부터 현재 시간까지 경과된 시간을 밀리초 단위로 반환한다. 이러한 시간을 유닉스 *에포크(Unix epoch)*라고 한다. 여기서, 에포크는 시간이 시작되는 시점을 의미한다. 1970은 유닉스 운영체제가 공식적으로 도입된 연도이다. 예를 들어, time.time()은 1285543663초와 205밀리초를 의미하는 1285543663.205를 반환한다.

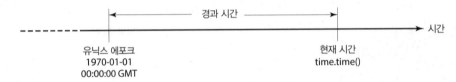

[그림 2.1] time.time() 함수는 유닉스 에포크 이후로 경과된 시간을 밀리초 단위의 값으로 반환한다.

time() 함수를 이용하여 현재 시간을 얻은 후에, 다음과 같이 현재 시간에 대한 시, 분, 초 값을 계산할 수 있다.

1. time.time() 함수를 호출하여 (1970년 1월 1일 자정 이후로의) 현재 시간을 얻는다(예를 들어, 1203183068.328).
2. int 함수를 사용하여 전체 초를 나타내는 totalSeconds를 구한다 (int(1203183068.328) = 1203183068).
3. totalSeconds % 60을 사용하여 현재 초 값을 계산한다(1203183068초 % 60 = 8, 여기서 8은 현재 초 값을 의미한다).
4. totalSeconds를 60으로 나누어 전체 분을 나타내는 totalMinutes를 얻는다 (1203183068초 // 60 = 20053051분).
5. totalMinutes % 60을 사용하여 현재 분 값을 계산한다(20053051분 % 60 = 31, 여기서 31은 현재 분 값을 의미한다).
6. totalMinutes를 60으로 나누어 전체 시를 나타내는 totalHours를 얻는다 (20053051분 // 60 = 334217시).
7. totalHours % 24를 사용하여 현재 시 값을 계산한다(334217시 % 24 = 17, 여기서 17은 현재 시 값을 의미한다).

전체 프로그램은 코드 2.7과 같다.

코드 2.7	showCurrentTime.py

```python
1  import time
2
3  currentTime = time.time() # 현재 시간을 얻어온다.
4
5  # 1970년 1월 1일 자정 이후로의 전체 초 값을 얻어온다.
6  totalSeconds = int(currentTime)
7
8  # 현재 시간의 초 값을 계산한다.
9  currentSecond = totalSeconds % 60
10
11 # 전체 분 값을 계산한다.
12 totalMinutes = totalSeconds // 60
13
14 # 현재 시간의 분 값을 계산한다.
15 currentMinute = totalMinutes % 60
16
17 # 전체 시 값을 계산한다.
18 totalHours = totalMinutes // 60
19
20 # 현재 시간의 시 값을 계산한다.
21 currentHour = totalHours % 24
22
23 # 결과를 출력한다.
24 print("현재 시간은", currentHour, ":",
25     currentMinute, ":", currentSecond, "GMT 입니다.")
```

현재 시간은 17 : 31 : 8 GMT 입니다.

실행결과

변수 \ 라인 번호	3	6	9	12	15	18	21
currentTime	1203183068.328						
totalSeconds		1203183068					
currentSecond			8				
totalMinutes				20053051			
currentMinute					31		
totalHours						334217	
currentHour							17

라인 3에서 밀리초 단위의 현재 시간을 얻기 위해 `time.time()`를 호출하였다. 초, 분, 시는 `//`과 `%` 연산자를 사용하여 현재 시간에서 추출된다(라인 6–21).

코드 2.7 프로그램의 실행 결과로 숫자 8이 초 값으로 출력되었다. 그러나 원하는 출력은 08이다. 숫자 앞에 정해진 자릿수에 맞춰 0을 임의로 붙여 주는 함수를 사용하여 이를 해결할 수 있다(프로그래밍 연습문제 6.48 참조).

2.19 유닉스 에포크란 무엇인가?

2.20 `time.time()` 함수의 반환 값은?

2.21 `time.time()` 함수의 반환 값을 초 단위로 어떻게 얻는가?

2.13 소프트웨어 개발 과정

소프트웨어 개발 라이프 사이클은 요구 명세, 분석, 설계, 구현, 테스팅, 배치, 관리를 포함하는 다단계 과정이다.

소프트웨어 제품을 개발하는 것은 일종의 공학적인 과정이다. 소프트웨어 제품의 규모에 상관없이(즉, 소프트웨어가 얼마나 큰지 혹은 작은지에 상관없이) 소프트웨어 제품은 동일한 라이프 사이클을 가지며, 그림 2.2에서 볼 수 있듯이 요구 명세, 분석, 시스템 설계, 구현, 테스팅, 배포, 유지 보수의 과정을 가진다.

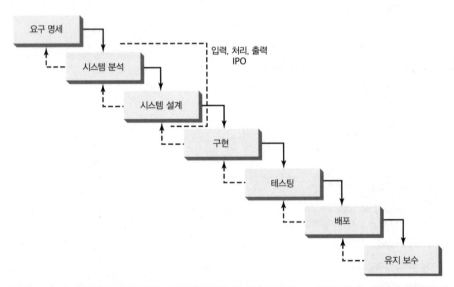

[그림 2.2] 소프트웨어 개발 라이프 사이클의 각 단계에서 오류나 예상치 못한 문제가 발견될 때는 이를 처리하기 위해 이전 단계로 되돌아가야 한다.

*요구 명세(requirements specification)*는 해결할 문제를 이해하고 소프트웨어

시스템이 무엇을 해야 하는지를 상세히 문서화하기 위한 정형적 절차이다. 이 절차는 사용자와 개발자와의 밀접한 상호작용을 포함한다. 이 책에서 제시된 대부분의 예제는 간단하므로 요구 또한 명확하다. 그러나 실세계의 문제는 항상 잘 정의되어 있는 것은 아니다. 그래서 개발자는 소비자(소프트웨어를 사용하는 개인 혹은 조직)와 긴밀하게 협력하여 작업할 필요가 있으며, 소프트웨어가 무엇을 해야 할지를 확인하기 위해 해결할 문제를 면밀히 조사해야 한다.

*시스템 분석(system analysis)*은 데이터의 흐름을 분석하고 시스템의 입·출력을 확인하는 것이다. 출력이 무엇인지 우선 확인해 보고, 그런 다음 해당 출력을 산출하기 위해 어떤 데이터가 입력으로 필요한지를 알아내는 것이 시스템 분석에 도움이 된다.

*시스템 설계(system design)*는 입력에서 출력을 얻기 위한 프로세스를 설계하는 것이다. 이 절차는 해결할 문제를 쉽게 다룰 수 있는 컴포넌트로 분할하기 위해 여러 단계의 추상화를 사용하고 각 컴포넌트를 구현하기 위한 설계 전략을 포함하고 있다. 컴포넌트는 시스템의 특정 기능을 수행하는 서브시스템이라 할 수 있다. 시스템 분석과 설계의 핵심은 입력, 처리, 출력(input, process, output; IPO)이다.

*구현(implementation)*은 시스템 설계를 프로그램으로 전환하는 것이다. 개별 프로그램은 각 컴포넌트별로 작성되며, 그런 다음 이들을 서로 통합된다. 이 단계에서 파이썬과 같은 프로그래밍 언어의 사용이 필요하다. 구현은 코딩(coding), 자가 테스팅(self testing), 그리고 디버깅(debugging, 코드에서 버그(bug)라 불리는 오류를 찾는 것) 과정을 포함한다.

*테스팅(testing)*은 코드가 요구 명세와 일치하고 버그가 제거되었는지를 확인하는 것이다. 일반적으로, 소프트웨어 제품의 설계와 구현에 관여하지 않은 소프트웨어 엔지니어들이 테스팅을 수행한다.

*배포(deployment)*는 소프트웨어를 사용가능하도록 만들어 주는 단계이다. 소프트웨어 유형에 따라 소프트웨어는 사용자 컴퓨터에 설치될 수도 있고 혹은 인터넷상에서 접근 가능한 서버에 설치될 수도 있다.

*유지 보수(maintenance)*는 소프트웨어 제품의 업데이트와 기능 개선과 관련되어 있다. 소프트웨어 제품은 끊임없이 진화하는 환경에서 실행되고 개선되어야 한다. 이 단계에서 새로 발견된 버그를 수정하고 변경사항을 반영하기 위해 소프트웨어 제품의 주기적 업그레이드가 필요하다.

소프트웨어 개발 프로세스를 현실적으로 이해하기 위해, 대출 상환금을 계산하는 프로그램을 작성해 보자. 예를 들어, 자동차 대출, 학자금 대출, 혹은 주택 모기지 대출 등이 있을 수 있다. 입문자를 위한 프로그래밍 과정이므로, 요구 명세, 분석, 설계, 구현, 테스팅에 초점을 맞춘다.

절차 1: 요구 명세

이 예제 프로그램은 다음의 요구사항을 만족해야 한다.

- 사용자로부터 연이율, 대출금, 상환년수를 입력받도록 해야 한다.
- 월상환액과 총상환액을 계산하고 화면에 출력해야 한다.

절차 2: 시스템 분석

출력은 월상환금과 총상환금이며, 다음 수식을 사용하여 계산된다.

$$월상환금 = \frac{대출금 \times 월이율}{1 - \dfrac{1}{(1 + 월이율)^{상환년수 \times 12}}}$$

$$총상환금 = 월상환금 \times 상환년수 \times 12$$

그래서 프로그램에 필요한 입력은 연이율, 대출금, 상환년수이다.

노트

요구 명세는 사용자가 연이율, 대출금, 상환년수를 입력해야 한다는 것을 나타내고 있다. 그러나 시스템 분석 중에 입력이 불충분하거나 몇 개의 값은 출력으로 불필요하다는 것을 발견할 가능성이 있다. 이런 경우가 발생한다면, 요구 명세를 수정하기 위해 요구 명세 절차로 되돌아가야 한다.

노트

실세계에서 여러분은 각계각층의 고객들과 함께 일을 할 것이다. 화학자, 물리학자, 공학자, 경제학자, 심리학자 등을 위한 소프트웨어를 개발할 수도 있다. 당연하지만, 이런 모든 분야에 대해 완벽하게 알 필요는 없으며, 이들 분야에서 사용되는 수학적 공식들이 어떻게 유도되는지를 자세히 알 필요도 없다. 그럼에도 불구하고, 연이율, 상환년수, 대출금이 주어지면 월상환액을 계산하는 공식을 사용해야 한다. 이를 위해서는 고객과 소통할 필요가 있으며, 수학적 모델이 시스템에서 어떻게 연동되는지를 이해해야 한다.

절차 3: 시스템 설계

시스템 설계 동안, 다음 단계들을 프로그램에 포함시켜야 한다.

단계 1: 사용자로부터 연이율, 상환년수, 대출금을 입력받는다.

단계 2: 연이율은 4.5%와 같은 퍼센트 서식의 숫자로 입력된다. 이 숫자를 `100`으로 우선 나누어야 하고, 연이율로부터 월이율을 계산하기 위해 12로 다시 나누어야 한다(1년은 12개월). 그래서 월이율을 얻기 위해서는 퍼센트 서식인 연이율을 `1200`으로 나눈다. 예를 들어, 연이율이 4.5%라면, 월이율은 4.5/1200 = 0.00375가 된다.

단계 3: 절차 2에서 주어진 수식을 사용하여 월상환금을 계산한다.

단계 4: 월상환금에 `12`를 곱하고 이것을 상환연수와 곱하여 총상환금을 계산한다.

단계 5: 월상환금과 총상환금을 화면에 출력한다.

절차 4: 구현

구현은 *코딩*(*coding*, 코드를 작성하는 것)으로 알려져 있다. 절차 2에서 보여준 수식에서 $(1 + 월이율)^{상환년수 \times 12}$를 계산해야 한다. 이 수식을 프로그램 코드로 작성하기 위해 다음과 같이 지수 연산자를 사용한다.

(1 + 월이율) ** (상환년수 * 12)

코드 2.8은 전체 프로그램을 보여준다.

코드 2.8   ComputeLoan.py

```
1   # 퍼센트 서식으로 연이율을 입력한다. 예를 들어, 7.25
2   annualInterestRate = eval(input(
3       "연이율을 입력하세요(예. 7.25): "))
4   monthlyInterestRate = annualInterestRate / 1200
5
6   # 상환년수를 입력한다.
7   numberOfYears = eval(input(
8       "상환년수를 정수로 입력하세요(예. 5): "))
9
10  # 대출금을 입력한다.
11  loanAmount = eval(input("대출금을 입력하세요(예. 120000950): "))
12
13  # 총상환금을 계산한다.
14  monthlyPayment = loanAmount * monthlyInterestRate / (1
15      - 1 / (1 + monthlyInterestRate) ** (numberOfYears * 12))
16  totalPayment = monthlyPayment * numberOfYears * 12
17
18  # 결과를 출력한다.
19  print("월상환금은", int(monthlyPayment * 100) / 100, "입니다.")
20  print("총상환금은", int(totalPayment * 100) /100, "입니다.")
```

실행결과

```
연이율을 입력하세요(예. 7.25): 5.75 ↵Enter
상환년수를 정수로 입력하세요(예. 5): 15 ↵Enter
대출금을 입력하세요(예. 120000950): 250000000 ↵Enter
월상환금은 2076025.21 입니다.
총상환금은 373684539.15 입니다.
```

변수 ＼ 라인 번호	2	4	7	11	14	16
annualInterestRate	5.75					
monthlyInterestRete		0.0047916666666				
numberOfYears			15			
loanAmount				250000000		
monthlyPayment					2076025.21	
totalPayment						373684539.15

라인 2에서 연이율을 입력받고, 라인 4에서 월이율이 계산된다.
월상환금의 계산 수식은 파이썬 코드로 라인 14-15에 있다.
monthlyPayment 변수의 값은 2076025.2175491417이 된다(라인 14). 다음을 유의해야 한다.

    int(monthlyPayment * 100)는 207602521로 계산된다.
    int(monthlyPayment * 100) / 100.0은 2076025.21로 계산된다.

따라서 라인 19의 명령문은 소수점 이하 2자리까지 포함된 세금 2076025.21을 출력한다.

절차 5: 테스팅

프로그램이 구현된 후에 샘플 입력 데이터를 이용하여 프로그램을 검사하고 출력이 정확한지를 검증한다. 이후 장에서 볼 수 있듯이, 여러 가지 상황을 포함하고 있는 다양한 문제점들이 나올 수 있다. 이러한 문제점 각각에 대해서 모든 상황을 포함하는 테스트용 데이터를 만들 필요가 있다.

> **팁**
> 이 예제의 시스템 설계 절차는 몇 개의 단계로 구성되어 있다는 것을 알 수 있다. 한 번에 하나씩 추가하여 점진적으로 이들 단계들을 개발하고 테스트하는 것이 좋은 접근 방법이다. 이를 점진적 개발과 테스팅(incremental development and testing)이라 한다. 이러한 과정은 문제점을 정확히 짚어내고 프로그램의 디버깅을 쉽게 해준다.

2.14 사례 연구: 거리 계산하기

키포인트

이 절에서는 두 점 사이의 거리를 계산하고 출력하는 2개의 프로그램을 살펴본다.

두 점이 주어지면, 이들 사이의 거리를 계산하기 위한 수식은 $\sqrt{(x_2 - x_1)^2 + (y_2 - y_1)^2}$

이다. $\sqrt{a}$ 를 계산하기 위해 a ** 0.5를 사용한다. 코드 2.9는 사용자로부터 두 점을 입력받고 이들 사이의 거리를 계산하는 프로그램을 보여준다.

| 코드 2.9 | ComputeDistance.py |

```
1   # 2개의 실수 값을 갖는 첫 번째 점을 입력한다.
2   x1, y1 = eval(input("첫 번째 점에 대한 x1과 y1을 입력하세요: "))
3
4   # 2개의 실수 값을 갖는 두 번째 점을 입력한다.
5   x2, y2 = eval(input("두 번째 점에 대한 x2와 y2를 입력하세요: "))
6
7   # 거리를 계산한다.
8   distance = ((x1 - x2) * (x1 - x2) + (y1 - y2) * (y1 - y2)) ** 0.5
9
10  print("두 점 사이의 거리는", distance, "입니다.")
```

첫 번째 점에 대한 **x1**과 **y1**을 입력하세요: 1.5, -3.4 ⏎Enter
두 번째 점에 대한 **x2**와 **y2**를 입력하세요: 4, 5 ⏎Enter
두 점 사이의 거리는 8.764131445842194 입니다.

위 프로그램은 먼저 첫 번째 점(라인 2)과 두 번째 점(라인 5)의 좌표를 사용자로부터 입력받는다. 그런 다음, 두 점 사이의 거리를 계산하고(라인 8), 계산된 거리를 화면에 출력한다(라인 10).

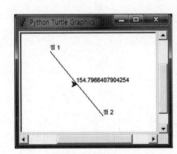

[그림 2.3] 직선과 거리를 출력한다.

그림 2.3은 코드 2.10 프로그램의 실행 결과를 보여준다. 이 프로그램은 다음과 같은 단계를 가진다.

1. 사용자로부터 두 점을 입력받는다.
2. 두 점 사이의 거리를 계산한다.
3. 두 점을 연결하는 직선을 출력하기 위해 Turtle 그래픽을 사용한다.

4. 직선 중앙에 직선의 길이를 출력한다.

코드 2.10은 앞 단계를 프로그램으로 구현한 것이다.

코드 2.10   ComputeDistanceGraphics.py

```python
1   import turtle
2
3   # 사용자로부터 두 점을 입력받는다.
4   x1, y1 = eval(input("첫 번째 점에 대한 x1과 y1을 입력하세요: "))
5   x2, y2 = eval(input("두 번째 점에 대한 x2와 y2를 입력하세요: "))
6
7   # 거리를 계산한다.
8   distance = ((x1 - x2) ** 2 + (y1 - y2) ** 2) ** 0.5
9
10  # 두 점을 연결하는 직선을 그린다.
11  turtle.penup()
12  turtle.goto(x1, y1) # (x1, y1)로 이동한다.
13  turtle.pendown()
14  turtle.write("점 1")
15  turtle.goto(x2, y2) # (x2, y2)까지 직선을 그린다.
16  turtle.write("점 2")
17
18  # 직선 중앙으로 이동한다.
19  turtle.penup()
20  turtle.goto((x1 + x2) / 2, (y1 + y2) / 2)
21  turtle.write(distance)
22
23  turtle.done()
```

실행결과
첫 번째 점에 대한 **x1**과 **y1**을 입력하세요: -50, 34 ⏎Enter
두 번째 점에 대한 **x2**와 **y2**를 입력하세요: 49, -85 ⏎Enter

　　이 프로그램은 (x1, y1)과 (x2, y2)의 값을 사용자로부터 입력받고 이들 사이의 거리를 계산한다(라인 4-8). 그런 다음, (x1, y1)으로 이동하고(라인 12), 점 1이라는 텍스트를 화면에 출력한다(라인 14). 그리고 (x1, y1)에서 (x2, y2)까지의 직선을 그린 후에(라인 15) 점 2라는 텍스트를 화면에 출력한다(라인 16). 마지막으로 직선의 중앙으로 이동하고(라인 20), 거리 값을 화면에 출력한다(라인 21).

주요용어

데이터 타입	연산자
동시 할당	예약어
리터럴	의사코드
변수	입력, 처리, 출력(IPO)
변수의 스코프	점진적 개발과 테스팅
복합 할당	카멜표기법
부동소수	키워드
수식	타입 변환
시스템 분석	피연산자
시스템 설계	할당 연산자(=)
식별자	행 지속 기호
알고리즘	확장 할당

요약

1. input 함수를 사용하여 사용자로부터 입력 값을 얻고, eval 함수를 사용하여 문자열을 숫자 값으로 변경할 수 있다.

2. *식별자(identifier)*는 프로그램 내에서 각 항목들을 서로 구별하기 위해 사용되는 이름이다.

3. 식별자는 대소문자, 숫자, 밑줄(_), 별표(*)로 구성되는 문자들의 나열이며 길이 제한이 없다. 식별자는 반드시 대소문자나 밑줄로 시작해야 하며, 숫자로 시작할 수는 없다. 키워드를 식별자로 사용할 수 없다.

4. 변수는 프로그램에서 데이터를 저장하기 위해 사용된다.

5. *등호 기호(=)는 할당 연산자(assignment operator)*로 사용된다.

6. 변수를 사용하기 이전에 변수는 반드시 값을 할당받아야 한다.

7. 파이썬에는 2가지 수치 데이터 타입으로 정수와 실수가 있다. 정수 타입(축약해서 *int*)은 모든 정수를 나타내며, 실수 타입(축약해서 *float*)은 소수점을 가진 숫자를 나타낸다.

8. 파이썬은 수치 연산의 수행을 위해 +(덧셈), -(뺄셈), *(곱셈), /(나눗셈), //(정수 나눗셈), %(나머지), **(지수)와 같은 연산자를 제공한다.

9. 파이썬 표현식에서 수치 연산자는 산술식에서와 동일한 방식으로 적용된다.

10. 파이썬은 +=(덧셈 할당), -=(뺄셈 할당), *=(곱셈 할당), /=(실수 나눗셈 할당), //=(정수 나눗셈 할당), %=(나머지 할당)과 같은 확장 할당 연산자(augmented assignment operator)를 제공한다. +, -, *, /, //, % 연산자와 할당 연산자를 조합하여 하나의 확장 할당 연산자로 구성된다.

11. int 타입과 float 타입의 값을 가진 표현식을 평가할 때, 파이썬은 자동으로 int 값을 float 타입 값으로 변환한다.

12. int(value) 함수를 사용하여 실수를 정수로 변환할 수 있다.

13. *시스템 분석(system analysis)*은 데이터 흐름을 분석하고 시스템의 입·출력을 확인하기 위해 사용된다.

14. *시스템 설계(system design)*는 프로그래머가 입력으로부터 출력을 얻기 위한 과정을 개발할 때의 단계이다.

15. 시스템 분석과 설계의 핵심은 입력, 처리, 출력이다. 이것을 *IPO*라 한다.

프로그래밍 연습문제

디버깅 팁

일반적으로 파이썬은 문법 오류의 발생 이유를 제공한다. 오류 해결 방법이 생각나지 않으면, 작성 중인 프로그램과 유사한 프로그램 예제를 책에서 찾아보고 단어별로 면밀히 비교해 가면서 분석해 보자.

2.2–2.10절

2.1 (섭씨온도를 화씨온도로 변환하기) 섭씨온도를 읽어서 화씨온도로 변환하고 그 결과를 화면에 출력하는 프로그램을 작성하시오. 변환 수식은 다음과 같다.

fahrenheit = (9 / 5) * celsius + 32

다음은 프로그램의 실행 예이다.

섭씨로 온도를 입력하세요: **43** `↵ Enter`
섭씨 43 도는 화씨 109.4 도입니다.

2.2 (원통의 부피 계산하기) 원통의 반지름과 길이를 읽고 다음 수식을 사용하여 넓이와 부피를 계산하는 프로그램을 작성하시오.

area = radius * radius * π
volume = area * length

다음은 프로그램의 실행 예이다.

원통의 반지름과 길이를 입력하세요: **5.5, 12** `↵ Enter`
넓이는 95.0331 입니다.
부피는 1140.4 입니다.

2.3 (피트를 미터로 변환하기) 피트 숫자 값을 읽어서 미터 숫자 값으로 변환하고 그 결과를 화면에 출력하는 프로그램을 작성하시오. 1피트는 0.305미터이다. 다음은 프로그램의 실행 예이다.

피트 값을 입력하세요: **16.5** `Enter`
16.5 피트는 5.0325 미터입니다.

2.4 (파운드를 킬로그램으로 변환하기) 파운드를 킬로그램으로 변환하는 프로그램을 작성하시오. 사용자로부터 파운드 값을 입력받고 그 값을 킬로그램으로 변환하며 결과를 화면에 출력한다. 1파운드는 0.454킬로그램이다. 다음은 프로그램의 실행 예이다.

파운드 값을 입력하세요: **55.5** `Enter`
55.5 파운드는 25.197 킬로그램입니다.

*2.5 (금융 애플리케이션: 팁 계산하기) 소계와 팁 비율을 읽고 팁 금액과 총액을 계산하는 프로그램을 작성하시오. 예를 들어, 소계로 10과 팁 비율로 15%를 입력하면, 팁 금액으로 1.5와 총액으로 11.5를 출력한다. 다음은 프로그램의 실행 예이다.

소계와 팁 비율을 입력하세요: **15.69, 15** `Enter`
팁은 2.35 이고 총액은 18.04 입니다.

**2.6 (정수의 자릿수 합산하기) 0과 1000 사이의 정수를 읽어서 각 자릿수의 합을 구하는 프로그램을 작성하시오. 예를 들어, 정수가 932라면 자릿수의 합은 14이다(힌트: 자릿수를 추출하기 위해 % 연산자를 사용하고 추출된 자릿수를 없애기 위해 // 연산자를 사용하시오. 예를 들어, 932 % 10 = 2이고 932 // 10 = 93이다).

0과 1000 사이의 숫자를 입력하세요: **999** `Enter`
각 자릿수의 합은 27 입니다.

**2.7 (년과 일수 계산하기) 분 값을 입력하고(예를 들어, 10억분), 그 값에 대한 년수와 일수를 출력하는 프로그램을 작성하시오. 단순 계산을 위해, 1년은 365일이라고 가정한다. 다음은 프로그램의 실행 예이다.

분에 대한 숫자를 입력하세요: **1000000000** `Enter`
1000000000 분은 약 1902 년 214 일입니다.

2.8 (과학: 에너지 계산하기) 초기 온도에서 최종 온도까지 물을 가열하는 데 필요한 에너지 계산 프로그램을 작성하시오. 사용자로부터 킬로그램 단위의 물의 양과 초

기 온도 및 최종 온도를 입력받는다. 에너지 계산을 위한 수식은 다음과 같다.

Q = M * (finalTemperature - initialTemperature) * 4184

여기서, M은 킬로그램 단위의 물의 양이고 온도는 섭씨 단위이다. 에너지 Q는 줄 (joule) 단위이다. 다음은 프로그램의 실행 예이다.

 실행결과

킬로그램 단위로 물의 양을 입력하세요: 55.5 ↵Enter
초기 온도를 입력하세요: 3.5 ↵Enter
최종 온도를 입력하세요: 10.5 ↵Enter
필요한 에너지는 1625484.0 줄입니다.

*2.9 (과학: 체감온도) 바깥이 얼마나 추울까? 단순히 온도만으로는 답하기에 충분치 않다. 풍속, 상대 습도, 햇빛 등 다른 여러 요소들이 바깥 추위를 결정하는 데 중요한 역할을 한다. 2001년에 NWS(National Weather Service)는 온도와 풍속을 이용하여 추위를 측정할 수 있는 새로운 체감온도 계산법을 개발하였다. 수식은 다음과 같다.

$$t_{wc} = 35.74 + 0.6215t_a - 35.75v^{0.16} + 0.4275t_a v^{0.16}$$

여기서, t_a는 화씨로 측정된 바깥 온도, v는 시간당 마일 단위로 측정된 풍속을 나타낸다. t_{wc}는 체감온도이다. 위 수식은 풍속이 2mph 이하이거나 -58°F 이하 혹은 41°F 이상의 온도에 대해서는 사용할 수 없다.

사용자로부터 -58°F와 41°F 사이의 온도와 2 이상의 풍속을 입력받고, 체감온도를 출력하는 프로그램을 작성하시오. 다음은 프로그램의 실행 예이다.

 실행결과

화씨 -58도와 41도 사이의 온도를 입력하세요: 5.3 ↵Enter
풍속을 시간당 마일 단위로 입력하세요: 6 ↵Enter
체감온도는 -5.56707 입니다.

*2.10 (물리: 활주로 길이 계산하기) 비행기의 가속도 a와 착륙 속도 v가 주어지면, 다음 수식을 사용하여 비행기가 착륙하기 위해 필요한 활주로의 최소 길이를 계산할 수 있다.

$$길이 = \frac{v^2}{2a}$$

사용자로부터 m/s(meter/second) 단위의 속도 v와 m/s² 단위의 가속도 a를 입력받고 활주로의 최소 거리를 출력하는 프로그램을 작성하시오. 다음은 프로그램의 실행 예이다.

속도와 가속도를 입력하세요: 60, 3.5 ↵Enter
이 비행기의 최소 활주로 길이는 514.286 미터입니다.

*2.11 (금융 애플리케이션: 약정 금액) 어떤 자금을 고정 연이율을 갖는 적금에 넣고자 한다. 3년 후에 500만 원의 적금을 받기 위해서는 매월 어느 정도의 납입금을 적금 통장에 예금해야 하는가? 월납입금은 다음 수식에 의해 얻을 수 있다.

$$월납입금 = \frac{약정\ 금액}{(1 + 월이율)^{약정개월수}}$$

약정 금액, 연이율(%), 약정 기간(년)을 입력받고 월납입금을 화면에 출력하는 프로그램을 작성하시오. 다음은 프로그램의 실행 예이다.

약정 금액을 입력하세요: 5000000 ↵Enter
연이율(%)을 입력하세요: 3.25 ↵Enter
약정 기간(년): 3 ↵Enter
월납입금은 4536109.497422609 입니다.

2.12 (표 출력하기) 다음 표를 출력하는 프로그램을 작성하시오.

a	b	a ** b
1	2	1
2	3	8
3	4	81
4	5	1024
5	6	15625

*2.13 (숫자 분할하기) 사용자로부터 4자리 숫자를 입력받고, 그 숫자를 역순으로 출력하는 프로그램을 작성하시오. 다음은 프로그램의 실행 예이다.

정수를 입력하세요: 3125 ↵Enter
3
1
2
5

*2.14 (기하: 삼각형의 넓이) 삼각형의 세 꼭짓점 좌표 (x1, y1), (x2, y2), (x3, y3)를 입력하고 삼각형의 넓이를 출력하는 프로그램을 작성하시오.

$$s = (변1 + 변2 + 변3)/2$$

$$넓이 = \sqrt{s(s-\text{변}1)(s-\text{변}2)(s-\text{변}3)}$$

다음은 프로그램의 실행 예이다.

삼각형의 세 꼭짓점을 입력하세요: 1.5, -3.4, 4.6, 5, 9.5, -3.4 ↵Enter
삼각형의 넓이는 33.6 입니다.

2.15 (기하: 육각형의 넓이) 사용자로부터 육각형 한 변의 길이를 입력받고 육각형의 넓이를 출력하는 프로그램을 작성하시오. 육각형의 넓이를 계산하는 수식은 넓이 $= \dfrac{3\sqrt{3}}{2}s^2$ 이다. 여기서 s는 변의 길이이다. 다음은 프로그램의 실행 예이다.

한 변의 길이를 입력하세요: 5.5 ↵Enter
육각형의 넓이는 78.5895 입니다.

2.16 (물리: 가속도) 평균 가속도는 다음 수식에서 볼 수 있듯이 속도 변화량을 시간으로 나누어 계산된다.

$$a = \frac{v_1 - v_0}{t}$$

사용자로부터 m/s 단위의 시작 속도 v_0와 종료 속도 v_1, 시간 t를 입력받고, 평균 가속도를 화면에 출력하는 프로그램을 작성하시오. 다음은 프로그램의 실행 예이다.

v0, v1, t의 값을 입력하세요: 5.5, 50.9, 4.5 ↵Enter
평균 가속도는 10.0889 입니다.

*2.17 (건강 애플리케이션: BMI 계산하기) 체질량 지수(Body Mass Index: BMI)는 몸무게에 기초한 건강 지수이다. 킬로그램 단위의 몸무게 값을 미터 단위의 키 값으로 나누어 계산된다. 사용자로부터 파운드 단위의 몸무게와 인치 단위의 키를 입력받고 BMI를 출력하는 프로그램을 작성하시오. 1파운드는 0.45359237킬로그램이고 1인치는 0.0254미터이다. 다음은 프로그램의 실행 예이다.

몸무게를 파운드로 입력하세요: 95.5 ↵Enter
키를 인치로 입력하세요: 50 ↵Enter
BMI는 26.8573 입니다.

2.11–2.13절

*2.18 (현재 시간) 코드 2.7의 ShowCurrentTime.py는 현재 시간을 GMT를 기준으로
출력하는 프로그램이다. GMT와 시간대 차이(time zone offset)의 시간 값을 사용
자로부터 입력받고, 지정된 시간대로 현재 시간이 출력되도록 코드 2.7의 프로그
램을 수정하시오. 다음은 프로그램의 실행 예이다.

실행결과

> GMT와 시간대 차이를 입력하세요: **-5** ⏎Enter
> 현재 시간은 4:50:34 입니다.

*2.19 (금융 애플리케이션: 미래 투자가치 계산하기) 투자금, 연이율, 투자년수를 읽고
다음 수식을 사용하여 미래 투자가치를 화면에 출력하는 프로그램을 작성하시오.

$$미래\ 투자가치 = 투자금 \times (1 + 월이율)^{월수}$$

예를 들어, 투자금으로 1000000, 연이율로 4.25%, 년수로 1을 입력하면, 미래 투자
가치는 1043337.71이 된다. 다음은 프로그램의 실행 예이다.

실행결과

> 투자금을 입력하세요: **1000000** ⏎Enter
> 연이율을 입력하세요: **4.25** ⏎Enter
> 년수를 입력하세요: **1** ⏎Enter
> 누적된 가치는 1043337.71 입니다.

*2.20 (금융 애플리케이션: 이자 계산하기) 계좌 잔고와 연이율(%)을 알고 있다면, 다음
수식을 사용하여 다음 달 상환금에 대한 이자를 계산할 수 있다.

> 이자 = 잔고 * (연이율 / 1200)

잔고와 연이율(%)을 읽고 다음 달 상환금에 대한 이자를 화면에 출력하는 프로그
램을 작성하시오. 다음은 프로그램의 실행 예이다.

실행결과

> 잔고와 연이율을 입력하세요(예. 3%는 3으로): **1000, 3.5** ⏎Enter
> 이자는 2916.66 입니다.

**2.21 (금융 애플리케이션: 복리 가치) 연이율 5%의 계좌에 매달 100,000원을 저축한다
고 해보자. 연이율이 5%이므로 월이율은 0.05/12 = 0.00417이다. 첫 달 후, 계좌
의 잔고는 다음과 같다.

> 100,000 * (1 + 0.00417) = 100,417

두 달 후, 계좌의 잔고는 다음과 같다.

(100,000 + 100,417) * (1 + 0.00417) = 201,252

석 달 후, 계좌의 잔고는 다음과 같다.

(100,000 + 201,252) * (1 + 0.00417) = 302,507

월저축액을 입력하고 6개월 후에 계좌의 잔고를 화면에 출력하는 프로그램을 작성하시오. 다음은 프로그램의 실행 예이다.

 실행결과

월저축액: **100000** `↵Enter`
6개월 후 계좌의 잔고는 **608811.35** 입니다.

2.22 (인구 예측) 사용자로부터 년 수를 입력받고, 입력된 년 수 이후의 인구를 출력하도록 프로그래밍 연습문제 1.11의 프로그램을 재작성하시오. 다음은 프로그램의 실행 예이다.

 실행결과

년 수를 입력하세요: **5** `↵Enter`
5 년 후의 인구는 **325932970** 명 입니다.

2.14절

2.23 (Turtle: 4개의 원 그리기) 사용자로부터 반지름 값을 입력받고 그림 2.4(a)와 같이 화면 중앙에 4개의 원을 그리는 프로그램을 작성하시오.

2.24 (Turtle: 4개의 육각형 그리기) 그림 2.4(b)와 같이 화면 중앙에 4개의 육각형을 그리는 프로그램을 작성하시오.

*2.25 (Turtle: 4개의 사각형 그리기) 사용자로부터 사각형 중점, 폭, 높이를 입력받고 그림 2.4(c)와 같이 사각형을 그리는 프로그램을 작성하시오.

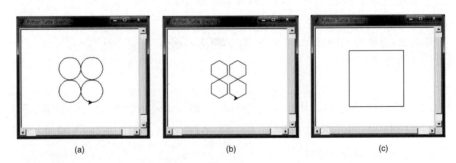

(a)   (b)   (c)

[그림 2.4] (a) 4개의 원 (b) 4개의 육각형 (c) 사각형

**2.26(Turtle: 원 그리기) 사용자로부터 원의 중점과 반지름을 입력받고, 그림 2.5와 같

이 원과 원의 넓이를 출력하는 프로그램을 작성하시오.

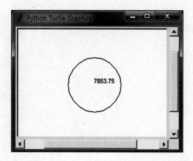

[그림 2.5] 원과 원의 넓이를 출력한다.

수학 함수,
문자열 및 객체

- math 모듈에 포함된 함수를 사용하여 수학적 문제를 해결할 수 있다(3.2절).

- 문자열과 문자를 표현하고 처리할 수 있다(3.3–3.4절).

- ASCII와 유니코드를 사용하여 문자를 인코딩할 수 있다(3.3.1–3.3.2절).

- ord 함수를 사용하여 문자의 숫자 코드를 구하고 chr 함수로 숫자 코드를 문자로 변환할 수 있다(3.3.3절).

- 이스케이프 시퀀스를 사용하여 특수 문자를 표현할 수 있다(3.3.4절).

- end 인자와 함께 print 함수를 호출할 수 있다(3.3.5절).

- str 함수를 사용하여 숫자를 문자열로 변환할 수 있다(3.3.6절).

- 문자열 연결에 + 연산자를 사용할 수 있다(3.3.7절).

- 키보드로부터 문자열을 읽을 수 있다(3.3.8절).

- 객체와 메소드의 개념을 설명할 수 있다(3.5절).

- format 함수를 사용하여 숫자와 문자열의 서식을 지정할 수 있다(3.6절).

- 다양한 도형을 그릴 수 있다(3.7절).

- 색상과 폰트를 사용하여 도형을 그릴 수 있다(3.8절).

3

수학 함수, 문자열 및 객체

3.1 들어가기

이번 장에서는 함수와 문자열, 객체에 대해서 소개하고 이들을 사용하여 프로그램을 개발하는 것에 중점을 둔다.

앞 장에서 기초적인 프로그래밍 기법과 문제를 해결하기 위해 간단한 프로그램을 어떻게 작성하는지 학습해 보았다. 이 장에서는 자주 사용되는 수학 연산을 수행하기 위한 파이썬 함수를 소개한다. 사용자 정의 함수를 생성하는 방법은 6장에서 학습한다.

네 도시의 GPS 좌표(위도와 경도)가 주어진 상황에서 다음 다이어그램과 같이 네 도시로 둘러싸인 지역의 넓이를 측정한다고 가정하자. 여러분은 이 문제를 해결하기 위해 어떻게 프로그램을 작성할 것인가? 이번 장을 마치고 나면 이러한 프로그램을 작성할 수 있게 될 것이다.

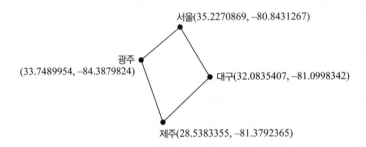

파이썬에서 모든 데이터는 객체이기 때문에 먼저 객체에 대한 개념을 알아본 후, 객체를 사용하여 유용한 프로그램을 작성하는 것이 좋을 것이다. 이번 장은 객체와 문자열에 대해 간단한 소개한다. 객체와 문자열에 대한 보다 자세한 내용은 책의 7장과 8장에서 제시된다.

3.2 공통 파이썬 함수

파이썬은 공통 프로그래밍 작업을 위한 여러 유용한 함수를 제공한다.

함수(function)란 특정 작업을 수행하는 명령문의 집합을 말한다. 다른 프로그래밍 언어와 마찬가지로 파이썬 또한 함수 라이브러리[1]를 제공한다. 이미 우리는 eval, input, print 및 int 함수를 사용해보았다. 이들은 내장 함수로 파이썬 인터프리터에서 언제든지 사용 가능하다. 이러한 함수를 사용하기 위해 어떤 모듈도 임포트할 필요가 없다. 추가적으로 표 3.1과 같이 abs, max, min, pow 및 round 등의 내장함수도 사용할 수 있다.

〈표 3.1〉 간단한 파이썬 내장 함수

함수	설명	예
abs(x)	x의 절댓값을 반환한다.	abs(-2) = 2
max(x1, x2, …)	x1, x2, … 중에서 가장 큰 수를 반환한다.	max(1, 5, 2) = 5
min(x1, x2, …)	x1, x2, … 중에서 가장 작은 수를 반환한다.	min(1, 5, 2) = 1
pow(a, b)	a^b를 반환한다. a ** b와 동일	pow(2, 3) = 8
round(x)	x에 가까운 정수를 반환한다. 만약 x가 두 정수에 동일하게 가까우면 짝수를 반환한다.	round(5.4) = 5 round(5.5) = 6 round(4.5) = 4
round(x, n)	소수점 이하 n번째 자리를 반올림한 실수를 반환한다.	round(5.466, 2) = 5.47 round(5.463, 2) = 5.46

예를 들어

실행결과

```
>>> abs(-3) # 절댓값을 반환한다
3
>>> abs(-3.5) # 절댓값을 반환한다
3.5
>>> max(2, 3, 4, 6) # 최댓값을 반환한다
6
>>> min(2, 3, 4) # 최솟값을 반환한다
2
>>> pow(2, 3) # 2 ** 3과 같다
8
>>> pow(2.5, 3.5) # 2.5 ** 3.5와 같다
24.705294220065465
>>> round(3.51) # 가장 가까운 정수로 근사한다
4
>>> round(3.4) # 가장 가까운 정수로 근사한다
3
>>> round(3.1456, 3) # 소수점 4째 자리를 반올림한다
3.146
>>>
```

---

[1] 라이브러리(library)란 프로그래밍 과정에서 자주 사용되는 함수를 정의하고 기능별로 구분하여 모아놓은 함수 그룹을 말한다.

수학적 문제를 해결하기 위해 많은 프로그램들이 생성된다. 파이썬 math 모듈은 표 3.2에서 나열된 바와 같이 수학 함수를 제공한다.

수학에서 자주 사용되는 상수인 pi와 e 또한 math 모듈에 정의되어 있다. math.pi와 math.e를 사용하여 두 상수에 접근할 수 있다. 코드 3.1은 몇몇 수학 함수를 테스트하는 프로그램이다. 이 프로그램은 math 모듈에서 정의된 수학 함수를 사용하기 때문에 라인 1에서 math 모듈을 임포트해야 한다.

〈표 3.2〉 수학 함수

함수	설명	예
fabs(x)	x의 절댓값을 실수로 반환한다.	fabs(-2) = 2.0
ceil(x)	x의 가장 가까운 정수로 올림한 값을 반환한다.	ceil(2.1) = 3 ceil(-2.1) = -2
floor(x)	x의 가장 가까운 정수로 버림한 값을 반환한다.	floor(2.1) = 2 floor(-2.1) = -3
exp(x)	x의 지수함수(e^x) 값을 반환한다.	exp(1) = 2.71828
log(x)	x의 자연로그 값을 반환한다.	log(2.71828) = 1.0
log(x, base)	특정 밑(base)을 갖는 x의 로그 값을 반환한다.	log(100, 10) = 2.0
sqrt(x)	x의 제곱근을 반환한다.	sqrt(4.0) = 2
sin(x)	x의 사인 값을 반환한다. x는 라디안 각도로 표현된다.	sin(3.14159 / 2) = 1 sin(3.14159) = 0
asin(x)	사인의 역함수에 대한 라디안 각도를 반환한다.	asin(1.0) = 1.57 asin(0.5) = 0.523599
cos(x)	x의 코사인 값을 반환한다. x는 라디안 각도로 표현된다.	cos(3.14159 / 2) = 0 cos(3.14159) = -1
acos(x)	코인 역함수에 대한 라디안 각도를 반환한다.	acos(1.0) = 0 acos(0.5) = 1.0472
tan(x)	x의 탄젠트 값을 반환한다. x는 라디안 각도로 표현된다.	tan(3.14159 / 4) = 1 tan(0.0) = 0
degrees(x)	라디안 각도 x를 60분법 단위로 변환한다.	degrees(1.57) = 90
radians(x)	60분법 각도 x를 라디안 각도 단위로 변환한다.	radians(90) = 1.57

코드 3.1 MathFunctions.py

```
1  import math # 수학 함수를 사용하기 위해 math 모듈을 임포트한다.
2
3  # 수학 함수를 테스트한다.
4  print("exp(1.0) =", math.exp(1))
5  print("log(2.78) =", math.log(math.e))
6  print("log10(10, 10) =", math.log(10, 10))
```

```
 7  print("sqrt(4.0) =", math.sqrt(4.0))
 8
 9  # 삼각함수를 테스트한다.
10  print("sin(PI / 2) =", math.sin(math.pi / 2))
11  print("cos(PI / 2) =", math.cos(math.pi / 2))
12  print("tan(PI / 2) =", math.tan(math.pi / 2))
13  print("degrees(1.57) =", math.degrees(1.57))
14  print("radians(90) =", math.radians(90))
```

```
exp(1.0) = 2.71828182846
log(2.78) = 1.0
log10(10, 10) = 1.0
sqrt(4.0) = 2.0
sin(PI / 2) = 1.0
cos(PI / 2) = 6.12323399574e-17
tan(PI / 2) = 1.63312393532e+16
degrees(1.57) = 89.9543738355
radians(90) = 1.57079632679
```

여러 계산적인 문제를 해결할 때 함수를 사용할 수 있다. 예를 들어 삼각형의 세 변이 주어졌을 때, 다음의 공식을 사용하여 세 내각을 계산할 수 있다.

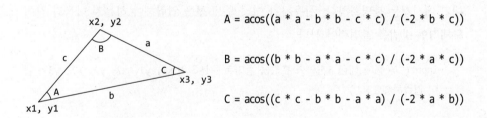

$$A = acos((a * a - b * b - c * c) / (-2 * b * c))$$

$$B = acos((b * b - a * a - c * c) / (-2 * a * c))$$

$$C = acos((c * c - b * b - a * a) / (-2 * a * b))$$

수학 공식에 당황할 필요 없다. 앞서 코드 2.8 ComputeLoan.py에서 설명하였 듯이, 대출 상환금을 계산하는 프로그램을 작성하기 위해 수학 공식이 어떻게 유도 되었는지 알아야 할 필요는 없다. 이 예제에서는 삼각형 세 변의 길이가 주어졌을 때, 공식이 어떻게 유도되었는지 생각하지 않고 이 공식을 사용하여 세 내각을 계 산하는 프로그램을 작성해본다.

세 변의 길이를 계산하기 위해서는 삼각형 세 꼭짓점의 좌표를 파악한 이후 이 점들 사이의 거리를 계산해야 한다. 코드 3.2는 사용자로부터 삼각형 세 꼭짓점의 x와 y좌표값을 입력받은 후, 도형의 내각을 출력하는 프로그램의 예이다.

코드 3.2	ComputeAngles.py

```python
1   import math
2
3   x1, y1, x2, y2, x3, y3 = eval(input("세 점을 입력하세요: "))
4
5   a = math.sqrt((x2 - x3) * (x2 - x3) + (y2 - y3) * (y2 - y3))
6   b = math.sqrt((x1 - x3) * (x1 - x3) + (y1 - y3) * (y1 - y3))
7   c = math.sqrt((x1 - x2) * (x1 - x2) + (y1 - y2) * (y1 - y2))
8
9   A = math.degrees(math.acos((a * a - b * b - c * c) / (-2 * b * c)))
10  B = math.degrees(math.acos((b * b - a * a - c * c) / (-2 * a * c)))
11  C = math.degrees(math.acos((c * c - b * b - a * a) / (-2 * a * b)))
12
13  print("세 내각은 ", round(A * 100) / 100.0,
14        round(B * 100) / 100.0, round(C * 100) / 100.0, "입니다.")
```

 실행결과

세 점을 입력하세요: **1, 1, 6.5, 1, 6.5, 2.5** <kbd>←Enter</kbd>
세 내각은 **15.26 90.0 74.74 입니다.**

이 프로그램은 사용자로부터 세 점을 입력받는다(라인 3). 그러나 이러한 입력 대기 메시지는 불명확하다. 사용자가 어떻게 세 점을 입력해야 하는지 다음과 같이 구체적인 방법을 알려줘야 한다.

input("세 점에 대한 6개의 좌표값을 콤마로 구분하여 x1, y1, x2, y2, x3, y3와 같이 입력하세요: ")

프로그램은 꼭짓점 간의 거리를 계산(라인 5-7)하고 내각을 계산하기 위한 공식을 적용(라인 9-11)한다. 내각은 소수점 둘째 자리까지만 출력하도록 반올림(라인 13-14)된다.

 체크포인트

3.1 다음 함수를 실행하시오.

(a) math.sqrt(4)

(b) math.sin(2 * math.pi)

(c) math.cos(2 * math.pi)

(d) min(2, 2, 1)

(e) math.log(math.e)

(f) math.exp(1)

(g) max(2, 3, 4)

(j) math.floor(-2.5)

(k) round(3.5)

(l) round(-2.5)

(m) math.fabs(2.5)

(n) math.ceil(2.5)

(o) math.floor(2.5)

(p) round(-2.5)

(h) abs(-2.5)   (q) round(2.6)

(i) math.ceil(-2.5)   (r) round(math.fabs(-2.5))

3.2 참 또는 거짓? 삼각함수의 인자는 라디안을 따른 각도를 표현한다.

3.3 47도를 라디안으로 변환하고 변수에 결과값을 할당하는 명령문을 작성하시오.

3.4 π / 7를 60분법으로 변환하고 변수에 결과값을 할당하는 명령문을 작성하시오.

3.3 문자열 및 문자

문자열(1장에서 설명된)은 연속된 문자를 의미한다. 파이썬은 문자와 문자열을 동일하게 취급한다.

키포인트

파이썬에서 숫자 값에 대한 처리뿐만 아니라 문자열에 대한 처리를 할 수 있다. *문자열(string)*은 연속된 문자로 구성되고 텍스트와 숫자를 포함할 수 있다. *문자열* 값은 반드시 *작은따옴표(' ')*나 *큰따옴표(" ")*의 쌍으로 둘려 쌓여진다. 파이썬에 문자에 대한 별도의 데이터 타입을 지원하지 않는다. 한 문자의 문자열이 곧 문자를 나타낸다. 예를 들면,

```
letter = 'A' # letter = "A"와 같다.
numChar = '4' # numChar = "4"와 같다.
message = "좋은 아침" # message = '좋은 아침'과 같다.
```

첫 번째 명령문은 변수 letter에 문자 A를 포함하는 문자열을 할당한다. 두 번째 명령문은 변수 numChar에 문자 4로 구성된 문자열을 할당한다. 세 번째 명령문은 변수 message에 좋은 아침 문자열을 할당한다.

노트

통일성을 위해, 이 책에서는 두 문자 이상의 문자열에 대해서는 큰따옴표를 사용하고 한 문자나 공백문자열에 대해서는 작은따옴표를 사용한다. 이러한 규칙은 다른 프로그래밍 언어에서도 일관되게 적용되므로 파이썬 프로그램을 다른 언어로 작성된 프로그램으로 변환하기가 수월해진다.

3.3.1 ASCII 코드

컴퓨터는 내부적으로 2진수를 사용한다(1.2.2절 참조). 컴퓨터에서 문자는 연속된 0과 1로 저장된다. 문자를 2진 표현으로 사상시키는 것을 *문자 인코딩(character encoding)*이라고 한다. 문자를 인코딩하는 방법은 여러 가지가 있다. 문자가 인코딩되는 방식은 인코딩 체계(encoding scheme)에 의해 결정된다. 잘 알려진 표준 인터넷 체계 중에 하나는 ASCII(American Standard Code for Information Interchange: 정보 교환을 위한 미국 표준 코드)로 모든 대문자, 소문자, 숫자, 구두 기호와 제어 문자를 표현하기 위한 7비트 인코딩 체계이다. ASCII는 문자를 표

현하기 위해 숫자 0부터 127까지 사용한다. 부록 B, ASCII 문자 표에서 각 문자에 대한 ASCII 코드를 확인할 수 있다.

3.3.2 유니코드

파이썬은 유니코드(unicode)도 지원한다. 유니코드는 전 세계 문자를 표현하기 위한 인코딩 체계이다. ASCII는 유니코드의 작은 일부분이다. 유니코드는 전 세계의 다양한 언어로 작성된 텍스트의 교환, 처리 및 출력을 지원하기 위해 유니코드 컨소시엄에서 제안되었다. 유니코드는 \u로 시작하여 \u0000부터 \uFFFF까지 4자리의 16진수가 뒤따른다(16진수에 대한 정보는 부록 C를 참조하기 바란다.). 예를 들면, "welcome"은 한글로 '환'과 '영' 두 문자를 사용하여 번역된다. 두 문자에 대한 유니코드 표현은 \uD658과 \uC601이다.

코드 3.3의 프로그램은 그림 3.1과 같이 두 한글 문자와 세 개의 그리스 문자를 출력한다.

코드 3.3	DisplayUnicode.py

```
1   import turtle
2
3   turtle.write("\uD658\uC601 \u03b1 \u03b2 \u03b3")
4
5   turtle.done()
```

[그림 3.1] 파이선 GUI 프로그램에서 전 세계의 문자를 출력하기 위해 유니코드를 사용할 수 있다.

만약 한글 폰트가 시스템에 설치되어 있지 않다면, 한글 문자가 보이지 않을 것이다. 이러한 경우, 오류를 없애기 위해 프로그램에서 \uD658와 \uC601을 삭제한다. 그리스 문자의 α, β와 γ의 유니코드는 \u03b1, \u03b2와 \u03b3이다.

3.3.3 ord와 chr 함수

파이썬은 문자 ch에 대한 ASCII 코드를 반환하는 ord(ch) 함수와 ASCII 코드 **code**에 해당하는 문자를 반환하는 chr(code) 함수를 지원한다. 예를 들어,

실행결과

```
>>> ch = 'a'
>>> ord(ch)
97
>>> chr(98)
'b'
>>> ord('A')
65
>>>
```

a에 대한 ASCII 코드는 A (65)에 대한 코드보다 큰 97이다. 소문자에 대한 ASCII 코드는 a에 대한 코드를 시작으로 b, c 등의 순서로 최대 z까지 연속된 정수로 표현된다. 대문자에 대해서도 동일하게 적용된다. 한 소문자의 ASCII 코드와 동일한 문자의 대문자의 ASCII 코드 값은 항상 32만큼 차이난다. 이러한 특성은 문자열 처리에 매우 유용하다. 예를 들어, 어떤 소문자의 대문자 표현을 다음 코드와 같이 찾을 수 있다.

실행결과

```
1 >>> ord('a') - ord('A')
2 32
3 >>> ord('d') - ord('D')
4 32
5 >>> offset = ord('a') - ord('A')
6 >>> lowercaseLetter = 'h'
7 >>> uppercaseLetter = chr(ord(lowercaseLetter) - offset)
8 >>> uppercaseLetter
9 'H'
10 >>>
```

라인 6은 소문자를 lowercaseLetter 변수에 할당한다. 라인 7은 해당하는 대문자를 구한다.

3.3.4 특수 문자를 위한 이스케이프 시퀀스

만약 출력에 인용부호를 포함한 메시지를 출력하고 싶다고 하자. 그러면 다음과 같이 명령문을 작성하는 것이 가능할까?

```
print(" "길동의 프로그램은 읽기 쉽다."라고 그가 말했다")
```

그렇지 않다. 이 명령문은 잘못되었다. 파이썬은 두 번째 인용부호를 문자열의 끝으로 생각하고 나머지 문자에 대해서는 어떻게 처리해야 하는지 알지 못한다.

이러한 문제를 해결하기 위해, 파이썬은 표 3.3과 같이 특수 문자를 표현하기 위

한 특수 표기법을 사용한다. 문자나 숫자 다음에 *역슬래시(\)*로 이루어진 특수 표기
법을 *이스케이프 시퀀스(esacape sequence)*라고 한다.

\n 문자는 행의 끝을 나타내는 *개행, 행바꿈* 또는 *라인끝(EOL, end-of-line)*
문자라고도 한다. \f 문자는 다음 페이지에서 출력이 이뤄지도록 프린터에 지시한
다. \r 문자는 같은 라인의 맨 앞의 위치에 커서를 이동하는 데 사용된다. 이 책에
서 \f와 \r 문자는 거의 사용되지 않는다.

이제 인용 메시지를 다음과 같은 명령문을 사용하여 출력할 수 있다.

실행결과

```
>>> print("\"길동의 프로그램은 읽기 쉽다.\"라고 그가 말했다.")
"길동의 프로그램은 읽기 쉽다."라고 그가 말했다.
```

〈표 3.3〉 파이썬 이스케이프 시퀀스

문자 이스케이프 시퀀스	이름	숫자 값
\b	백스페이스	8
\t	탭	9
\n	라인피드	10
\f	폼리드	12
\r	캐리지 리턴	13
\\	역슬래시	92
\'	단일 인용부호	39
\"	이중 인용부호	34

3.3.5 행바꿈 없이 출력하기

print 함수 사용 시, 다음 라인에 출력값을 인쇄시키는 라인피드(\n)가 자동적으로
삽입된다. 만약 print 함수가 완료된 이후에 삽입되지 않게 하기 위해서 다음 문법
과 같이 print 함수에 특수 인자 end='끝문자열'을 전달하여 호출할 수 있다.

```
print(item, end = "끝문자열")
```

예를 들면, 다음 코드와 같다.

```
1 print("AAA", end = ' ')
2 print("BBB", end = '')
3 print("CCC", end = '***')
4 print("DDD", end = '***')
```

결과는 다음과 같다.

AAA BBBCCC***DDD***

라인 1은 AAA 다음에 빈 문자 ' '를 출력하고, 라인 2는 BBB를 출력한다. 라인 3은 CCC 다음에 ***을 출력하고, 라인 4는 DDD 다음에 ***를 출력한다. 주의할 점은 라인 2의 ''는 빈 문자열(empty string)을 나타낸다는 것이다. 따라서 ''에 대해서는 어떠한 것도 출력되지 않는다.

또한 여러 항목을 출력하기 위해 다음과 같은 문법으로 end 인자를 사용할 수도 있다.

```
print(item1, item2, …, end = "끝문자열")
```

예를 들면,

```
radius = 3
print("넓이는", radius * radius * math.pi, end = '이고 ')
print("둘레는", 2 * radius * math.pi, "입니다.")
```

출력은 다음과 같다.

넓이는 28.26 이고 둘레는 6 입니다.

3.3.6 str 함수

str 함수는 숫자를 문자로 변환하는 데 사용된다. 예를 들면,

실행결과

```
>>> s = str(3.4) # 실수를 문자로 변환한다.
>>> s
'3.4'
>>> s = str(3)   # 정수를 문자로 변환한다.
>>> s
'3'
>>>
```

3.3.7 문자열 연결 연산자

두 숫자를 더하기 위해서 + 연산자를 사용한다. 또한 + 연산자는 두 문자열을 연결하는 데 사용될 수도 있다. 다음 예제를 살펴보자.

실행결과

```
1 >>> message = "파이썬에" + " 오신 것을 " + "환영합니다."
2 >>> message
3 '파이썬에 오신 것을 환영합니다.'
4 >>> chapterNo = 3
5 >>> s = str(chapterNo) + "장"
6 >>> s
7 '3장'
8 >>>
```

라인 1은 세 문자열을 하나로 연결한다. 라인 5에서 str 함수는 변수 chapterNo 의 숫자 값을 문자열로 변환한다. 이 문자열은 "장"과 연결되어 새로운 문자열 "3장"을 생성한다.

확장 할당 연산자 +=가 문자 연결을 위해 사용할 수도 있다. 예를 들어, 다음 코드는 message의 문자열을 문자열 " 그리고 파이썬은 재미있습니다."와 연결한다.

실행결과

```
>>> message = "파이썬에 오신 것을 환영합니다"
>>> message
'파이썬에 오신 것을 환영합니다'
>>> message += " 그리고 파이썬은 재미있습니다."
>>> message
'파이썬에 오신 것을 환영합니다 그리고 파이썬은 재미있습니다.'
>>>
```

3.3.8 콘솔로부터 문자열 읽기

콘솔로부터 문자열을 읽기 위해서는 input 함수를 사용한다. 예를 들어, 다음 코드는 세 문자열을 키보드로부터 읽는다.

```python
s1 = input("문자열을 입력하세요: ")
s2 = input("문자열을 입력하세요: ")
s3 = input("문자열을 입력하세요: ")
print("s1은 " + s1)
print("s2는 " + s2)
print("s3은 " + s3)
```

실행결과

```
문자열을 입력하세요: 파이썬에  [↵Enter]
문자열을 입력하세요: 오신 것을  [↵Enter]
문자열을 입력하세요: 환영합니다.  [↵Enter]
s1은 파이썬에
s2는 오신 것을
s3은 환영합니다.
```

3.5 ord 함수를 사용하여 1, A, B, a와 b의 ASCII 코드를 구하시오. chr 함수를 사용하여 10진 코드 40, 59, 79, 85 및 90에 대한 문자를 구하시오.

3.6 \와 "문자를 어떻게 출력하는가?

3.7 어떻게 유니코드로 문자를 작성하는가?

3.8 다음 코드를 실행했을 때 A를 입력했다고 가정하자. 결과는 무엇인가?

```
x = input("문자를 입력하세요: ")
ch = chr(ord(x) + 3)
print(ch)
```

3.9 다음 코드를 실행했을 때, A와 Z를 입력한다고 가정하자. 결과는 무엇인가?

```
x = input("문자를 입력하세요: ")
y = input("문자를 입력하세요: ")
print(ord(y) - ord(x))
```

3.10 다음 코드의 문제점은 무엇인가? 어떻게 수정해야 하는가?

```
title = 1 + "장"
```

3.11 다음 코드의 실행 결과를 보이시오.

```
sum = 2 + 3
print(sum)
s = '2' + '3'
print(s)
```

3.4 사례 연구: 최소 동전 개수 계산하기

지금부터 이번 절에서 학습한 내용을 사용해 보는 예제 프로그램을 살펴보자. 주어진 금액을 작은 단위의 화폐로 분류하는 프로그램을 개발한다고 가정하자. 프로그램은 총금액을 사용자가 원화로 입력하게 한 후, 실행 예와 같이 동일한 금액을 천원, 오백 원, 백 원, 오십 원, 십 원, 일 원 단위 화폐 목록으로 출력한다.

프로그램은 반드시 천원단위 지폐를 최대한 개수로 사용한 후 오백 원, 백 원, 오십 원, 십 원과 일 원 순으로 동전 개수를 최소한으로 사용한다.

프로그램 개발 단계는 다음과 같다.

1. 11873과 같이 10진수로 표현된 금액을 사용자로부터 입력받도록 한다.
2. 총 금액을 1000으로 나누어 필요한 천 원 지폐의 개수를 찾는다. 잔액은 won remainder % 1000을 사용하여 구한다.
3. 잔액을 500으로 나누어 필요한 오백 원 동전의 개수를 찾는다. 잔액은

won remainder % 500을 사용하여 구한다.

4. 잔액을 100으로 나누어 필요한 백 원 동전의 개수를 찾는다. 잔액은 won remainder % 100을 사용하여 구한다.

5. 잔액을 50으로 나누어 필요한 오십 원 동전의 개수를 계산한다. 잔액은 won remainder % 50을 사용하여 계산한다.

6. 잔액을 10으로 나누어 필요한 십 원 동전의 개수를 계산한다. 잔액은 won remainder % 10을 사용하여 계산한다.

7. 남은 금액은 일원 동전의 개수이다.

8. 결과를 출력한다.

완성된 프로그램은 코드 3.4와 같다.

코드 3.4   ComputeChange.py

```python
1   # 금액을 입력 받는다.
2   amount = eval(input("총액을 입력하세요(예, 11573): "))
3
4   # 금액 입력
5   remainingAmount = amount
6
7   # 1000원짜리 지폐 개수 찾기
8   numberOfOnethousands = remainingAmount // 1000
9   remainingAmount = remainingAmount % 1000
10
11  # 잔액의 500원짜리 동전 개수 찾기
12  numberOfFivehundreds = remainingAmount // 500
13  remainingAmount = remainingAmount % 500
14
15  # 잔액의 100원짜리 동전 개수 찾기
16  numberOfOnehundreds = remainingAmount // 100
17  remainingAmount = remainingAmount % 100
18
19  # 잔액의 50원짜리 동전 개수 찾기
20  numberOfFifties = remainingAmount // 50
21  remainingAmount = remainingAmount % 50
22
23  # 잔액의 10원짜리 동전 개수 찾기
24  numberOfTens = remainingAmount // 10
25  remainingAmount = remainingAmount % 10
26
27  # 잔액의 1원짜리 동전 개수 찾기
```

```
28   numberOfOnes = remainingAmount
29
30   # 결과를 출력한다.
31   print("입력하신 금액", amount, "원 은\n",
32       "\t천 원", numberOfOnethousands, "개\n",
33       "\t오백 원", numberOfFivehundreds, "개\n",
34       "\t백 원", numberOfOnehundreds, "개\n",
35       "\t오십 원", numberOfFifties, "개\n",
35       "\t십 원", numberOfTens, "개\n",
36       "\t일 원", numberOfOnes, "개")
```

실행결과

```
금액을 입력하세요(예, 11573): 11573  ↵Enter
입력하신 금액 11573 원은
        천 원 11 개
        오백 원 1 개
        백 원 0 개
        오십 원 1 개
        십 원 2 개
        일 원 3 개
```

변수 \ 라인	2	5	8	9	12	13	16	17	20	21	24	25	28
amount	11573												
remainingAmount		11573		573		73		73		23		3	
numberOfOnethousands			11										
numberOfFivehundreds					1								
numberOfOnehundreds							0						
numberOfFifties									1				
numberOfTens											2		
numberOfOnes													3

변수 amount는 콘솔로부터 입력된 금액을 저장한다(라인 2). 이 변수는 프로그램의 끝에서 결과를 출력하는 데 사용되기 때문에 바뀌지 않는다. 프로그램은 변경되는 잔액을 저장하기 위해 변수 remainingAmount(라인 5)을 사용한다.

remainingAmount는 화폐로 표현되고 남은 잔액을 저장한다. 초기에 remainingAmount는 11573이고 11573//1000은 11이 된다(라인 8). 나머지 연산자는 나눗셈의 나머지를 구한다. 따라서 11573 % 1000은 11이다(라인 9). 프로그램은 remainingAmount로부터 필요한 오백 원 동전의 최대 개수를 추출하고 새로운 remainingAmount를 계산한다. 계속 이러한 방식으로 프로그램은 남은 금액에서 필요한 오백 원, 백 원, 오십 원, 십 원 및 일 원의 최대 개수를 계산한다.

실행 예제에서와 같이, 결과에 오백 원 1개, 백 원 0개, 오십 원 1개, 십 원 2개, 일 원

3개가 출력된다. 백 원 0개는 출력되지 않는 것이 좋다. 다음 장에서 이 프로그램을 변형하기 위해 선택문을 사용하는 방법을 학습할 것이다.

3.5 객체와 메소드의 개념

파이썬에서 모든 데이터(숫자와 문자열 포함)는 실제로는 객체이다.

파이썬에서 숫자도 *객체(object)*이고, 문자열도 객체이다. 즉, 모든 데이터는 객체이다. 같은 종류의 객체는 같은 타입을 갖는다. id 함수와 type 함수를 사용하여 객체에 대한 다음과 같은 정보를 알아낼 수 있다. 예를 들면,

```
 1 >>> n = 3 # n은 정수
 2 >>> id(n)
 3 505408904
 4 >>> type(n)
 5 <class 'int'>
 6 >>> f = 3.0 # f는 실수
 7 >>> id(f)
 8 26647120
 9 >>> type(f)
10 <class 'float'>
11 >>> s = "환영합니다" # s는 문자열
12 >>> id(s)
13 36201472
14 >>> type(s)
15 <class 'str'>
16 >>>
```

객체의 **id**는 프로그램이 실행될 때 파이썬에 의해 자동적으로 할당되는 중복되지 않는 정수값이다. 프로그램이 실행되는 동안 객체의 **id**는 변하지 않는다. 그러나, 프로그램이 실행될 때마다 파이썬은 다른 **id**값을 할당할 수도 있다. 객체의 타입은 객체의 값에 따라 파이썬에 의해 결정된다. 라인 2는 숫자 객체 n의 **id**를 출력하고 라인 3은 파이썬이 객체에 할당한 **id**를 보여준다. 그리고 라인 4에서 객체의 타입이 출력된다.

파이썬에서 객체의 타입은 클래스에 의해 정의된다. 예를 들면 문자열에 대한 클래스는 str(라인 15), 정수에 대해서는 int(라인 5), 그리고 실수에 대해서는 float(라인 10) 클래스이다. '클래스'라는 용어는 7장에서 설명되고 있는 객체지향 프로그래밍에서 유래되었다. 파이썬에서 클래스와 타입은 동의어이다.

노트
id와 type 함수는 프로그래밍에서 거의 사용되지 않으나 객체에 대해서 자세히 학습하기 위한 좋은 도구이다.

파이썬에서의 변수는 실제로는 객체의 참조(reference)이다. 그림 3.2는 이전 코드의 변수와 객체 사이의 관계를 보여준다.

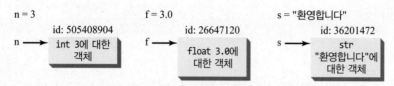

[그림 3.2] 파이썬에서 각 변수는 실제 객체에 대한 참조이다.

라인 1에서 `n = 3` 명령문은 `n`에 값 `3`을 할당한다. 그러나 실제로는 변수 `n`에 의해 참조되는 `int` 객체에 `3`을 할당하는 것이다.

노트

`n = 3`에서 `n`은 값 `3`을 저장하는 정수형 변수이다. 정확하게 말하면 `n`은 값 `3`을 저장하는 `int` 객체를 참조하는 변수이다. 간단히 `n`는 값 `3`을 저장한 `int` 변수라고 할 수 있다.

객체에 대하여 여러 연산을 수행할 수 있다. 이러한 연산은 함수를 사용하여 정의된다. 객체에 대한 함수를 파이썬에서는 *메소드(method)*라고 한다. 메소드는 오직 특정 객체로부터 호출될 수 있다. 예를 들면, 문자열 타입은 새로운 소문자와 대문자 문자열을 반환하는 `lower()`와 `upper()`와 같은 메소드를 가지고 있다. 다음은 이러한 메소드를 호출하는 방법에 대한 예제이다.

```
1 >>> s = "Welcome"
2 >>> s1 = s.lower() # lower 메소드를 호출한다.
3 >>> s1
4 'welcome'
5 >>> s2 = s.upper() # upper 메소드를 호출한다.
6 >>> s2
7 'WELCOME'
8 >>>
```

라인 2는 객체 `s`에 대한 소문자화된 문자열을 구하기 위해 `s.lower()`를 호출하고 이를 `s1`에 할당한다. 라인 5는 객체 `s`에 대한 대문자화된 문자열을 구하기 위해 `s.upper()`를 호출하고 이를 `s2`에 할당한다.

위 예제에서 볼 수 있듯이, 객체의 메소드를 호출하는 문법은 `object.method()`이다.

또 다른 유용한 문자열 메소드는 `strip()`이다. `strip()`는 문자열 양쪽 끝에서 공백문자들을 제거한다(벗긴다). `' '`, `\t`, `\f`, `\r`과 `\n` 문자가 공백문자에 해당한다.

예를 들면

```
>>> s = "\t 환영합니다. \n"
>>> s1 = s.strip # strip 메소드를 호출한다.
>>> s1
'환영합니다.'
>>>
```

노트
이클립스에서 파이썬을 사용하면 이클립스가 자동적으로 input 함수로부터 입력된 문자열에 \r을 붙인다. 따라서 \r 문자를 제거하기 위해서 다음과 같이 항상 strip() 메소드를 사용해야 한다.

s = input("문자열을 입력하세요").strip()

문자열 처리와 객체지향 프로그래밍에 대한 보다 자세한 사항은 7장에서 설명된다.

3.12 객체란 무엇인가? 메소드란 무엇인가?

3.13 객체의 **id**는 어떻게 알아내는가? 객체의 **type**은 어떻게 알아내는가?

3.14 다음의 보기 중 명령문 n = 3의 정확한 의미는 어떤 것인가?

　　(a) n은 정수 값 3을 저장하는 변수이다.

　　(b) n은 정수 값 3을 저장하는 객체를 참조하는 변수이다.

3.15 s를 "\tGeorgia\n"라고 할 때, s.lower()와 s.upper()의 결과값은 무엇인가?

3.16 s를 "\t좋은\t아침입니다.\n"라고 할 때, s.strip()의 결과값은 무엇인가?

3.6 숫자 및 문자 서식 지정하기

문자열을 서식화하기 위해 format *함수를 사용한다.*

때때로 특정 서식에 맞춰 숫자를 출력하는 것이 필요할 때가 있다. 예를 들면, 다음 코드는 주어진 대출금과 연이율을 사용하여 이자를 계산한다.

```
>>> amount = 12610879
>>> interestRate = 0.0013
>>> interest = amount * interestRate
>>> print("이자는", interest, "입니다.")
이자는 1639.4026999999999 입니다.
>>>
```

업무 상 이자를 소수점 이하 둘째 자리까지만 사용한다고 가정하자. 이를 위해서는 다음과 같은 코드를 작성할 수 있다.

```
>>> amount = 1261082
>>> interestRate = 0.0013
>>> interest = amount * interestRate
>>> print("이자는", round(interest, 2), "입니다.")
이자는 1639.4입니다.
>>>
```

그러나 아직 서식은 정확하지 않다. 1639.4보다는 소수점 이후 2자리까지 표현한 1639.40이 되어야 한다. 이 문제는 다음과 같이 format 함수를 사용하여 문제를 해결할 수 있다.

```
>>> amount = 1261082
>>> interestRate = 0.0013
>>> interest = amount * interestRate
>>> print("이자는", format(interest, ".2f"), "입니다.")
이자는 1639.40입니다.
>>>
```

format 함수를 호출하는 형식은 다음과 같다.

　　format(항목, 형식 지정자)

이때, 항목은 숫자 또는 문자열이고 형식 지정자는 항목이 어떻게 형식화되어야 하는지 지정하는 문자열이다. format 함수는 형식화된 문자열을 반환한다.

3.6.1 부동소수점 숫자 서식 지정하기

만약에 숫자가 실수값일 경우 width.precisionf 형식을 사용하여 서식의 폭과 정확도 지정하는 지정자를 사용할 수 있다. width는 출력 문자열의 폭을 지정하고, precision은 소수점 이후의 자릿수를 지정하며, f는 부동소수점 숫자를 위한 서식을 설정하는 *변환 코드(conversion code)*를 나타낸다. 예를 들면,

```
print(format(57.467657, "10.2f"))
print(format(12345678.923, "10.2f"))
print(format(57.4, "10.2f"))
print(format(57, "10.2f"))
```

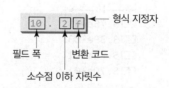

앞 명령문의 결과는 다음과 같다.

```
|←─ 10 ─→|
□□□□□57.47
123456782.92
□□□□□57.40
□□□□□57.00
```

여기서 사각형 박스(□)는 공백을 나타낸다. 주의할 점은 소수점 또한 한 자리로 계산된다는 것이다.

format("10.2f") 함수는 숫자를 폭이 10이고 소수점 둘째 자리까지 표현된 문자열 서식으로 지정한다. 숫자는 소수점 셋째 자리에서 반올림된다. 따라서 소수점 자리 앞 7자리가 할당된다. 소수점 앞에 7자리보다 적은 자리의 숫자가 있다면, 숫자 앞에는 공백이 삽입된다. 소수점 앞에 7자리보다 많은 자리의 숫자가 있다면, 숫자의 폭은 자동적으로 확장된다. 예를 들어, format(12345678.923, "10.2f")는 폭이 11인 12345678.92를 반환한다.

폭 지정자는 생략이 가능한데 이 경우 기본값은 0이다. 이러한 경우 숫자 서식을 위해 필요한 만큼 폭의 크기가 자동적으로 설정된다. 예를 들면

```python
print(format(57.467657, "10.2f"))
print(format(57.467657, ".2f"))
```

위 명령문의 결과는 다음과 같다.

```
|←— 10 —→|
□□□□□57.47
57.47
```

3.6.2 과학적 표기법 서식 지정하기

변환코드를 f에서 e로 변경하면, 숫자는 과학적 표기법으로 서식화된다. 예를 들면,

```python
print(format(57.467657, "10.2e"))
print(format(0.0033923, "10.2e"))
print(format(57.4, "10.2e"))
print(format(57, "10.2e"))
```

위 명령문의 결과는 다음과 같다.

```
|←— 10 —→|
□□5.75e+01
□□3.39e-03
□□5.74e+01
□□5.70e+01
```

+와 − 기호 또한 폭 제한에 포함된다.

3.6.3 백분율로 서식 지정하기

숫자를 백분율로 서식화하기 위해서는 변환 코드 %를 사용한다. 예를 들면,

```
print(format(0.53457, "10.2%"))
print(format(0.0033923, "10.2%"))
print(format(7.4, "10.2%"))
print(format(57, "10.2%"))
```

위 명령문의 결과는 다음과 같다.

```
|←— 10 —→|
□□□□53.46%
□□□□□0.34%
□□□740.00%
□□5700.00%
```

`10.2%` 서식은 숫자에 100을 곱하고 숫자 뒤에 % 기호를 붙인 후 출력한다. 숫자의 전체 폭은 % 기호 또한 한 문자 공간으로 계산한다.

3.6.4 서식 정렬하기

기본적으로 숫자의 서식은 오른쪽 정렬이다. 서식 지정자에 < 기호를 삽입하여 지정된 폭 내에서 결과 서식 항목을 왼쪽 정렬로 설정할 수 있다. 예를 들면,

```
print(format(57.467657, "10.2f"))
print(format(57.467657, "<10.2f"))
```

위 명령문의 결과는 다음과 같다.

```
|←— 10 —→|
□□□□□57.47
57.47
```

3.6.5 정수 서식 지정하기

정수에 변환 코드 d, x, o 및 b를 사용하여 10진수, 16진수, 8진수 또는 2진수로 서식화할 수 있다. 변환 시 폭 지정이 가능하다. 예를 들면,

```
print(format(59832, "10d"))
print(format(59832, "<10d"))
print(format(59832, "10x"))
print(format(59832, "<10x"))
```

위 명령문의 결과는 다음과 같다.

```
|←— 10 —→|
□□□□□59832
59832
□□□□□□e9b8
e9b8
```

서식 지정자 `10d`는 정수를 공백 10개 폭의 10진수로 서식화한다. 서식 지정자 `10x`는 10진수 정수를 공백 10개 폭의 16진수 정수로 서식화한다.

3.6.6 문자열 서식 지정하기

문자열을 특정 폭으로 서식화하기 위해 변환 코드 s를 사용할 수 있다. 예를 들면,

```
print(format("파이썬에 오신 것을 환영합니다.", "20s"))
print(format("파이썬에 오신 것을 환영합니다.", "<20s"))
print(format("파이썬에 오신 것을 환영합니다.", ">20s"))
print(format("파이썬과 자바에 오신 것을 환영합니다.", ">20s"))
```

위 명령문의 결과는 다음과 같다.

```
|←————— 20 —————→|
파이썬에 오신 것을 환영합니다.
파이썬에 오신 것을 환영합니다.
□□□ 파이썬에 오신 것을 환영합니다.
파이썬과 자바에 오신 것을 환영합니다.
```

서식 지정자 `20s`는 문자열의 폭을 20으로 서식화하는 것을 지정한다. 기본적으로 문자열은 왼쪽으로 정렬된다. 오른쪽으로 정렬하기 위해서는 서식 지정자에 > 기호를 추가한다. 만약 문자열이 지정한 폭보다 길면, 폭은 자동적으로 문자열에 맞게 확장된다.

표 3.4는 이번 절에서 소개된 서식 지정자를 정리한 것이다.

〈표 3.4〉 자주 사용되는 지정자

지정자	서식
"10.2f"	폭 10, 정확도 2인 실수 항목으로 서식화한다.
"10.2e"	폭 10, 정확도 2인 실수 항목을 과학적 표기법으로 서식화한다.
"5d"	폭이 5인 10진 정수 항목으로 서식화한다.
"5x"	폭이 5인 16진 정수 항목으로 서식화한다.
"5o"	폭 5인 8진 정수 항목으로 서식화한다.
"5b"	폭 5인 2진 정수 항목으로 서식화한다.
"10.2%"	백분율 항목으로 서식화한다.
"50s"	폭 50인 10진 정수 항목으로 서식화한다.
"<10.2f"	왼쪽 정렬된 서식 항목
">10.2f"	오른쪽 정렬된 서식 항목

3.17 `format` 함수 호출의 반환값은 무엇인가?

체크
포인트

3.18 서식 지정자의 폭보다 실제 항목의 크기가 더 클 경우 어떤 일이 발생하는가?

3.19 다음 명령문의 출력값을 보이시오.

```
print(format(57.467657, "9.3f"))
print(format(12345678.923, "9.1f"))
print(format(57.4, ".2f"))
print(format(57.4, "10.2f"))
```

3.20 다음 명령문의 출력값을 보이시오.

```
print(format(57.467657, "9.3e"))
print(format(12345678.923, "9.1e"))
print(format(57.4, ".2e"))
print(format(57.4, "10.2e"))
```

3.21 다음 명령문의 출력값을 보이시오.

```
print(format(5789.467657, "9.3f"))
print(format(5789.467657, "<9.3f"))
print(format(5789.4, ".2f"))
print(format(5789.4, "<.2f"))
print(format(5789.4, ">9.2f"))
```

3.22 다음 명령문의 출력값을 보이시오.

```
print(format(0.457467657, "9.3%"))
print(format(0.457467657, "<9.3%"))
```

3.23 다음 명령문의 출력값을 보이시오.

```
print(format(45, "5d"))
print(format(45, "<5d"))
print(format(45, "5x"))
print(format(45, "<5x"))
```

3.24 다음 명령문의 출력값을 보이시오.

```
print(format("프로그래밍은 재미 있습니다.", "25s"))
print(format("프로그래밍은 재미 있습니다.", "<25s"))
print(format("프로그래밍은 재미 있습니다.", ">25s"))
```

3.7 다양한 도형 그리기

파이썬의 turtle 모듈은 펜을 움직이고, 펜의 크기를 설정하고, 펜을 들어올리고 내려놓기 위한 메소드를 포함한다.

키포인트

1장에서 turtle을 사용하여 그림을 그리는 방법을 소개하였다. 사실 turtle은 turtle 모듈을 임포트할 때 생성된 객체이다. 따라서 여러 작업을 수행하기 위해서는 turtle 객체의 적절한 메소드를 호출하면 된다. 이 절에서는 turtle 객체의 새로운 메소드를 소개한다.

turtle 객체가 생성되면 초기 *위치(position)*는 창의 중앙 (0, 0)이고 방향은 오른쪽 *방향(direction)*을 향하도록 설정된다. turtle 모듈은 도형을 그리기 위해 펜을 사용한다. 기본적으로 펜은 내려놓여 있다(종이 위에 실제 펜의 촉이 놓여 있는 것과 같다). turtle을 움직일 때, 펜이 내려놓여 있으면 현재 위치에서 새로운 위치까지 선을 그린다.

표 3.5는 펜의 그리기 상태를 제어하는 메소드를 설명한다. 표 3.6은 turtle의 움직임을 제어하는 메소드를 나열한다.

〈표 3.5〉 Turtle의 펜 그리기 상태 메소드

메소드 명	설명
turtle.pendown()	펜을 내려놓는다 – 움직일 때 그려진다.
turtle.penup()	펜을 들어올린다 – 움직일 때 그려지지 않는다.
turtle.pensize()	선의 두께를 특정 폭으로 설정한다.

〈표 3.6〉 Turtle의 이동 메소드

메소드 명	설명
turtle.forward(d)	turtle이 향하고 있는 방향으로 특정 거리 d만큼 앞으로 이동시킨다.
turtle.backward(d)	turtle이 향하고 있는 반대 방향으로 특정 거리 d만큼 뒤로 이동시킨다. turtle의 방향은 바뀌지 않는다.
turtle.right(angle)	turtle을 특정 각만큼 오른쪽으로 회전시킨다.
turtle.left(angle)	turtle을 특정 각만큼 왼쪽으로 회전시킨다.
turtle.goto(x, y)	turtle을 절대 위치 (x, y)로 옮긴다.
turtle.setx(x)	turtle의 x 좌표를 특정 위치로 옮긴다.
turtle.sety(y)	turtle의 y 좌표를 특정 위치로 옮긴다.
turtle.setheading(angle)	특정 각도로 turtle의 방향을 설정한다. 0-동쪽, 90-북쪽, 180-서쪽, 270-남쪽.
turtle.home()	turtle을 원점 (0, 0)으로 옮기고 동쪽 방향으로 설정한다.
turtle.circle(r, ext, steps)	특정 반지름 r, 경계 ext와 단계 step인 원을 그린다.
turtle.dot(diameter, color)	특정 지름 diameter와 색상 color인 원을 그린다.
turtle.undo()	turtle의 마지막 명령을 (반복적으로)되돌린다.
turtle.speed(s)	1부터 10 사이의 정수(10이 최대) s로 turtle의 속도를 설정한다.

turtle의 메소드는 모두 매우 직관적이다. 이러한 메소드를 학습하기 위한 가장 좋은 방법은 테스트 코드를 작성하여 각각의 메소드가 어떻게 동작하는지 확인하는 것이다.

circle 메소드는 세 개의 인자를 갖는다. radius는 필수인자이며, extent와 steps는 선택인자이다. extent는 원이 그려지는 부분을 결정하는 각도를 의미한다. steps는 사용할 획의 개수를 결정한다. 만약 steps가 3, 4, 5, 6, … 이면, circle 메소드는 원에 내포되는 셋, 넷, 다섯, 여섯 또는 그 이상의 변으로 이루어진 최대 정다각형(즉, 삼각형, 사각형, 오각형, 육각형 등)을 그린다. 만약 steps가 지정되지 않으면, circle 메소드는 원을 그린다.

코드 3.5는 그림 3.3과 같이 삼각형, 사각형, 오각형, 육각형 및 원을 그리는 예제 코드를 나타내고 있다.

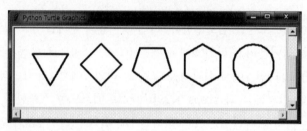

[그림 3.3] 프로그램은 다섯 개의 도형을 그린다.

코드 3.5 SimpleShapes.py

```
 1 import turtle
 2
 3 turtle.pensize(3) # 펜의 두께를 3픽셀로 설정한다.
 4 turtle.penup() # 펜을 들어올린다.
 5 turtle.goto(-200, -50)
 6 turtle.pendown() # 펜을 내려놓는다.
 7 turtle.circle(40, steps = 3) # 삼각형을 그린다.
 8
 9 turtle.penup()
10 turtle.goto(-100, -50)
11 turtle.pendown()
12 turtle.circle(40, steps = 4) # 사각형을 그린다.
13
14 turtle.penup()
15 turtle.goto(0, -50)
16 turtle.pendown()
```

```
17 turtle.circle(40, steps = 5) # 오각형을 그린다.
18
19 turtle.penup()
20 turtle.goto(100, -50)
21 turtle.pendown()
22 turtle.circle(40, steps = 6) # 육각형을 그린다.
23
24 turtle.penup()
25 turtle.goto(200, -50)
26 turtle.pendown()
27 turtle.circle(40) # 원을 그린다.
28
29 turtle.done()
```

라인 1은 turtle 모듈을 임포트한다. 라인 3은 펜의 두께를 3 픽셀로 설정한다. 라인 4는 펜을 들어올리고 라인 5에서 펜을 (-200, -50)으로 이동시킨다. 라인 6은 펜을 내려놓고 라인 7에서 삼각형을 그린다. 라인 7에서 turtle 객체는 삼각형을 그리기 위해 반지름 40과 **steps**가 3인 circle 메소드를 호출한다. 프로그램의 나머지 부분은 사각형(라인 12), 오각형(라인 17), 육각형(라인 22)과 원(라인 27)을 유사하게 그린다.

체크
포인트

3.25 어떻게 turtle을 원점 (0,0)으로 설정하는가?

3.26 반지름이 3인 빨간색 점을 어떻게 그리는가?

3.27 다음의 메소드는 어떤 도형을 그리는가?

    turtle.circle(50, steps = 4)

3.28 어떻게 turtle의 움직임을 빠르게 만드는가?

3.29 어떻게 turtle의 마지막 행동을 되돌리는가?

3.8 색 및 폰트 지정하기

키포인트

turtle 객체는 색상과 폰트를 설정하기 위한 메소드를 포함한다.

이전 절에서 turtle 모듈을 사용하여 어떻게 도형을 그리는지 설명하였다. 여러분은 어떻게 이동 메소드를 사용하여 펜을 움직이고 어떻게 펜 메소드를 사용하여 펜을 들어올리고, 내려놓고 펜의 두께를 제어하는지 학습하였다. 이번 절에서는 보다 자세한 펜 제어 메소드를 소개하고 어떻게 색상과 폰트를 설정하고 텍스트를 작성하는지 소개한다.

　표 3.7은 그리기, 색상 및 채우기를 제어하기 위한 펜의 메소드를 보여주고 있다. 코드 3.6은 그림 3.4와 같이 서로 다른 색상을 사용하여 삼각형, 사각형, 오각형, 육각형과 원을 그리는 예제 프로그램이다. 또한 이 프로그램은 도형에 텍스트를 추가한다.

〈표 3.7〉 Turtle 펜 색상, 채우기와 그리기 메소드

메소드명	설명
turtle.color(c)	펜 색상을 c로 설정한다.
turtle.fillcolor(c)	펜 채우기 색상을 c로 설정한다.
turtle.begin_fill()	도형을 채우기 전에 이 메소드를 호출한다.
turtle.end_fill()	begin_fill에 대한 마지막 호출 전까지 그려진 도형을 채운다.
turtle.filling()	채우기 상태를 반환한다. 채우기 상태이면 True, 그렇지 않으면 False
turtle.clear()	창을 깨끗하게 지운다. turtle의 상태와 위치는 영향을 받지 않는다.
turtle.reset()	창을 깨끗하게 지우고 turtle의 상태와 위치를 원래 기본값으로 재설정한다.
turtle.screensize(w, h)	캔버스의 폭과 높이를 w와 h로 설정한다.
turtle.hideturtle()	turtle을 보이지 않게 만든다.
turtle.showturtle()	turtle을 보이게 만든다.
turtle.isvisible()	turtle이 보이면 True를 반환한다.
turtle.write(s, font=("Arial", 8, "normal"))	현재 turtle의 위치에 문자열 s를 쓴다. 폰트는 폰트명, 폰트크기, 폰트유형의 세 값으로 구성된다.

코드 3.6　ColorShapes.py

```
1  import turtle
2
3  turtle.pensize(3) # 펜의 두께를 3 픽셀로 설정한다.
4  turtle.penup() # 펜을 들어올린다.
5  turtle.goto(-200, -50)
6  turtle.pendown() # 펜을 내려놓는다.
7  turtle.begin_fill() # 도형을 색상으로 채우기 시작한다.
8  turtle.color("red")
9  turtle.circle(40, steps = 3) # 삼각형을 그린다.
10 turtle.end_fill() # 도형을 색상으로 채운다.
11
12 turtle.penup()
```

```
13  turtle.goto(-100, -50)
14  turtle.pendown()
15  turtle.begin_fill() # 도형 내부를 색상으로 채우기 시작한다.
16  turtle.color("blue")
17  turtle.circle(40, steps = 4) # 사각형을 그린다.
18  turtle.end_fill() # 도형을 색상으로 채운다.
19
20  turtle.penup()
21  turtle.goto(0, -50)
22  turtle.pendown()
23  turtle.begin_fill() # 도형을 내부를 색상으로 채우기 시작한다.
24  turtle.color("green")
25  turtle.circle(40, steps = 5) # 오각형을 그린다.
26  turtle.end_fill() # 도형을 색상으로 채운다.
27
28  turtle.penup()
29  turtle.goto(100, -50)
30  turtle.pendown()
31  turtle.begin_fill() # 도형을 내부를 색상으로 채우기 시작한다.
32  turtle.color("yellow")
33  turtle.circle(40, steps = 6) # 육각형을 그린다.
34  turtle.end_fill() # 도형을 색상으로 채운다.
35
36  turtle.penup()
37  turtle.goto(200, -50)
38  turtle.pendown()
39  turtle.begin_fill() # 도형을 내부를 색상으로 채우기 시작한다.
40  turtle.color("purple")
41  turtle.circle(40) # 원을 그린다.
42  turtle.end_fill() # 도형을 색상으로 채운다.
43  turtle.color("green")
44  turtle.penup()
45  turtle.goto(-150, 50)
46  turtle.pendown()
47  turtle.write("화려한 형형색색의 도형",
48      font = ("맑은 고딕", 18, "bold"))
49  turtle.hideturtle()
50
51  turtle.done()
```

[그림 3.4] 프로그램은 서로 다른 색상으로 다섯 개의 도형을 그린다.

이 프로그램은 색상을 사용하여 각 도형을 채우고 문자열을 작성하는 것을 제외하면 코드 3.5 SimpleShapes.py와 유사하다. 라인 7에서 색상으로 채워진 도형을 그리기 위해 파이썬에 지시하도록 **turtle** 객체는 begin_fill() 메소드를 호출한다. 삼각형은 라인 9에서 그려진다. end_fill() 메소드를 호출(라인 10)하여 도형에 색상을 채우는 것을 완료한다.

write 메소드는 현재 펜의 위치에 특정 폰트를 사용하여 문자열을 작성한다(라인 47-48). 펜이 내려진 상태에서 펜이 움직이면 그림이 그려진다는 것에 주의해야 한다. 그림이 그려지지 않도록 만들기 위해서는 펜을 들어 올려야 한다. **turtle**을 보이지 않게 만드는 hideturtle() 함수를 호출(라인 49)하기 때문에 창에서 **turtle**이 보이지 않게 된다.

3.30 어떻게 **turtle**의 색상을 설정하는가?

3.31 어떻게 색상을 사용하여 도형을 채우는가?

3.32 어떻게 **turtle**을 보이지 않게 만드는가?

체크
포인트

주요용어

개행	문자 인코딩
객체	문자열
공백문자	역슬래시(\)
라인끝(end-of-line)	이스케이프 시퀀스
메소드	행바꿈

요약

1. 파이썬은 인터프리터에서 수학 함수 abs, max, min, pow와 round를 제공하고 함수 fabs, ceil, floor, exp, log, sqrtr, sin, asin, cos, acos, tan, degrees와 radians는 math 모듈에서 제공한다.

2. *문자열*은 연속된 문자이다. 문자열의 값은 작은따옴표(') 또는 큰따옴표(")의 쌍으

로 둘러싸여 표현된다. 파이썬은 문자를 위한 데이터 타입을 제공하지 않는다. 한 문자는 단일 문자 문자열로 표현된다.

3. 이스케이프 시퀀스는 \', \", \t 또는 \n과 같은 특수 문자를 표현하기 위해 문자 또는 숫자의 조합 앞에 \를 사용하는 특별한 문법이다.

4. ' ', \t, \f, \r과 \n을 공백문자(whitespace character)라고 한다.

5. 파이썬에서 숫자 및 문자열을 포함한 모든 데이터는 객체이다. 객체에 대한 작업을 수행하기 위해 메소드를 호출할 수 있다.

6. 숫자나 문자를 서식화하기 위해서 format 함수를 사용하고 그 결과는 문자열로 반환된다.

프로그래밍 연습문제

3.2절

3.1 (기하학: 오각형의 넓이) 다음 그림과 같이 사용자로부터 오각형의 중심에서 꼭짓점까지의 길이 r을 입력받고 오각형의 넓이를 계산하는 프로그램을 작성하시오.

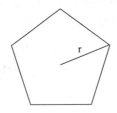

오각형의 넓이를 계산하는 공식은 넓이 $= \dfrac{3\sqrt{3}}{2}s^2$이다. 이때, s는 한 변의 길이이다. 한 변의 길이는 공식 $s = 2r\sin\dfrac{\pi}{5}$을 사용하여 계산할 수 있으며, 여기서 r은 오각형의 중심에서 꼭짓점까지의 거리이다. 실행 예는 다음과 같다.

실행결과   중심에서 꼭짓점까지의 길이를 입력하세요: 5.5 ↵Enter
오각형의 넓이는 **108.61** 입니다.

*3.2 (기하학: 대권 거리) 구의 표면에서 두 점 사이의 거리를 대권 거리(great circle distance)라고 한다. (x_1, y_1)과 (x_2, y_2)를 두 점의 지리학적인 위도와 경도라고 하자. 두 점 사이의 대권 거리는 다음 공식을 사용하여 계산할 수 있다.

$$d = 반지름 \times \arccos(\sin(x_1) \times \sin(x_2) + \cos(x_1) \times \cos(x_2) \times \cos(y_1 - y_2))$$

사용자로부터 지구에서 두 점에 대한 위도와 경도를 60분법 단위로 입력하게 하고 두 점의 대권 거리를 출력하는 프로그램을 작성하시오. 지구의 평균 반지름은 6,370.01km이다. 파이썬은 삼각함수에 라디안(radian)을 사용하기 때문에 math.

radians 함수를 사용할 때 각도를 라디안으로 변환하는 것을 주의해야 한다. 이 공식에서 위도와 경도는 북향과 서향에 대한 각이다. 남향과 동향에 대한 각을 나타내기 위해서는 음수를 사용한다. 실행 예는 다음과 같다.

첫 번째 점(위도와 경도)을 60분법 각으로 입력하세요: 39.55, -116.25 ↵Enter
두 번째 점(위도와 경도)을 60분법 각으로 입력하세요: 41.5, 87.37 ↵Enter
두 점 사이의 거리는 10691.79183231593 km입니다.

*3.3 (지리학: 넓이 추정하기) 전라남도 광주, 경상남도 부산, 강원도 강릉 그리고 서울특별시에 대한 GPS 위치를 http://www.gps-data-team.com/map/에서 찾고 이들 네 도시에 의해 둘러 쌓여진 넓이의 추정 넓이를 계산하시오.
(힌트: 두 도시의 거리를 계산하기 위해 프로그래밍 연습문제 3.2의 공식을 사용하시오. 다각형을 두 삼각형으로 분할하고 삼각형의 넓이를 계산하기 위해 프로그래밍 연습문제 2.14의 공식을 사용하시오.)

3.4 (기하학: 오각형의 넓이) 오각형의 넓이는 다음의 공식을 사용하여 계산할 수 있다 (s는 한 변의 길이이다.)

$$넓이 = \frac{5 \times s^2}{4 \times tan\left(\frac{\pi}{5}\right)}$$

사용자로부터 오각형 한 변의 길이를 입력받고 넓이를 출력하는 프로그램을 작성하시오. 실행 예는 다음과 같다.

한 변의 길이를 입력하세요: 5.5 ↵Enter
오각형의 넓이는 52.04444136781625 입니다.

(기하학: 정다각형의 넓이) 정다각형은 모든 변의 길이와 내각의 크기가 같은 n개의 변으로 이루어진 다각형이다(즉, 다각형이 등변이고 등각이다). 정다각형의 넓이를 계산하는 공식은 다음과 같다.

$$넓이 = \frac{n \times s^2}{4 \times tan\left(\frac{\pi}{n}\right)}$$

여기서 s는 한 변의 길이다. 사용자로부터 정다각형의 변의 개수와 길이를 입력받고 정다각형의 넓이를 출력하는 프로그램을 작성하시오. 실행 예는 다음과 같다.

실행결과

변의 개수를 입력하세요: 5 ↵Enter
변의 길이를 입력하세요: 6.5 ↵Enter
다각형의 넓이는 73.69017017488385 입니다.

3.3 – 3.6절

*3.6   (ASCII 코드의 문자 찾기) ASCII 코드(0부터 127 사이의 정수)를 입력받고 이에
대한 문자를 출력하는 프로그램을 작성하시오. 예를 들어, 사용자가 97을 입력하
면 프로그램은 문자 a를 출력한다. 실행 예는 다음과 같다.

실행결과

ASCII 코드를 입력하세요: 69 ↵Enter
문자는 E 입니다.

3.7   (랜덤 문자) time.time() 함수를 사용하여 랜덤으로 영문 알파벳 대문자를 출력하
는 프로그램을 작성하시오.

3.8   (금융 애플리케이션: 급여) 다음의 정보를 읽고 급여 명세서를 출력하는 프로그램
을 작성하시오.
사원의 이름(예, 정용제)
주당 근무 시간(예, 40)
시간당 급여(예, 9750)
원천징수세율(예, 20%)
주민세율(예, 9%)

실행 예는 다음과 같다.

실행결과

사원이름을 입력하세요: 정용제 ↵Enter
주당 근무시간을 입력하세요: 40 ↵Enter
시간당 급여를 입력하세요: 9075 ↵Enter
원천징수세율을 입력하세요: 0.20 ↵Enter
지방세율을 입력하세요: 0.09 ↵Enter

사원 이름: 정용제
주당 근무시간: 40
임금: 9075
총 급여: 363000
공제:
  원천징수세 (20.0%): 72600
  주민세 (9.0%): 32670
  총 공제: 105270
공제 후 급여: 257730

*3.9   (유니코드 출력) 그리스 문자 $\alpha\beta\gamma\delta\epsilon\zeta\eta\theta$를 출력하는 프로그램을 작성하시오. 이

들 문자의 유니코드는 \u03b1 \u03b2 \u03b3 \u03b4 \u03b5 \u03b6 \u03b7 \u03b8이다.

3.10 (숫자 역순) 사용자로부터 네 자리 정수를 입력받고 숫자를 역순으로 출력하는 프로그램을 작성하시오. 실행 예는 다음과 같다.

정수를 입력하세요: 3125 ⏎Enter
숫자 역순은 5213 입니다.

실행결과

3.7 – 3.8절

*3.11 (Turtle: 별 그리기) 그림 3.5(a)와 같이 사용자로부터 별의 길이를 입력받고 별을 그리는 프로그램을 작성하시오(힌트: 별의 각 꼭짓점의 내각은 36도이다).

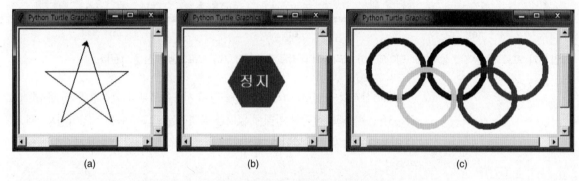

(a)　　　　　　　　(b)　　　　　　　　(c)

[그림 3.5] 프로그램은 (a) 별을 그리고 (b) 정지 사인을 출력하고 (c) 올림픽 심벌을 그린다.

**3.12 (Turtle: 정지 표지판 출력하기) 그림 3.5(b)와 같이 정지 표지판을 출력하는 프로그램을 작성하시오. 육각형은 빨간색이고 텍스트는 흰색이다.

3.13 (Turtle: 올림픽 심벌 그리기) 그림 3.5(c)와 같이 사용자로부터 원의 반지름을 입력받고 같은 크기의 파란색, 검정색, 빨간색, 노란색 그리고 초록색의 다섯 원의 올림픽 심벌을 그리는 프로그램을 작성하시오.

*3.14 (Turtle: 웃는 얼굴 그리기) 그림 3.6(a)와 같이 웃는 얼굴을 그리는 프로그램을 작성하시오.

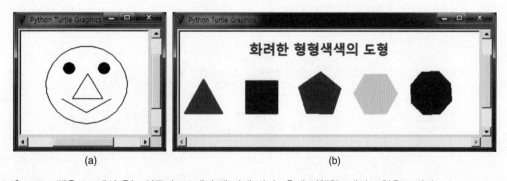

(a)　　　　　　　　　　　　　　(b)

[그림 3.6] 프로그램은 (a)에서 웃는 얼굴과 (b)에서 맨 아래 변이 x축에 평행한 5개의 도형을 그린다.

**3.15 (Turtle: 도형 그리기) 그림 3.6(b)와 같이 삼각형, 사각형, 오각형, 육각형과 팔각형을 그리는 프로그램을 작성하시오. 이들 도형의 맨 아랫변이 x축과 평행한 것에 주의하시오(힌트: 맨 아랫변이 x축과 평행한 삼각형을 그리기 위해 turtle의 방향을 60도로 설정하시오).

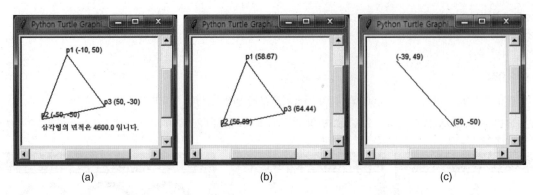

(a)　　　　　　　　　　　　(b)　　　　　　　　　　　　(c)

[그림 3.7] 프로그램은 (a) 삼각형의 넓이와 (b) 삼각형의 내각을 출력한다. (c) 프로그램은 선을 그린다.

*3.16 (Turtle: 삼각형의 넓이) 그림 3.7(a)와 같이 사용자로부터 삼각형의 세 점 p1, p2와 p3을 입력받고 삼각형 아래에 넓이를 출력하는 프로그램을 작성하시오. 세 점을 사용하여 삼각형의 넓이를 계산하는 공식은 프로그래밍 연습문제 2.14에서 제공된다.

*3.17 (Turtle: 삼각형의 내각) 그림 3.7(b)와 같이 사용자로부터 삼각형의 세 점 p1, p2와 p3을 입력받고 이들의 내각을 출력하도록 코드 3.2 ComputeAngles.py프로그램을 수정하시오.

*3.18 (Turtle: 선 그리기) 그림 3.7(c)와 같이 사용자로부터 두 점을 입력받고 두 점을 연결하는 선과 점의 좌표를 출력하는 프로그램을 작성하시오.

선택문

• 비교 연산자를 사용하여 부울식을 작성할 수 있다(4.2절).

• random.randint(a, b) 또는 random.random() 함수를 사용하여 랜덤 숫자를 생성할 수 있다
  (4.3절).

• 부울식을 사용하여 프로그램(AdditionQuiz)을 작성할 수 있다(4.3절).

• 단일 if 명령문을 사용하여 선택 제어를 구현할 수 있다(4.4절).

• 단일 if 명령문을 사용하여 프로그램(GuessBirthday)을 작성할 수 있다(4.5절).

• 이중 if−else 명령문을 사용하여 선택 제어를 구현할 수 있다(4.6절).

• 중첩 if와 다중 if−elif−else 명령문을 사용하여 선택 제어를 구현할 수 있다(4.7절).

• if 명령문에서 흔히 발생하는 오류를 회피할 수 있다(4.8절).

• 선택문을 사용하여 프로그램을 작성할 수 있다(4.9 − 4.10절).

• 논리 연산자(and, or, not)를 사용하여 여러 조건들을 조합할 수 있다(4.11절).

• 여러 조건들이 조합된 선택문을 사용할 수 있다(LeapYear, Lottery)(4.12 − 4.13절).

• 조건식을 사용한 표현식을 작성할 수 있다(4.14절).

• 연산자 우선순위와 결합법칙을 이해할 수 있다(4.15절).

• 객체의 위치를 파악할 수 있다(4.16절).

CHAPTER 4

선택문

4.1 들어가기

키포인트

프로그램은 조건에 따라 명령문의 실행을 선택할 수 있다.

코드 2.2에서 `radius` 값으로 음수 값을 입력하면, ComputeAreaWith
ConsoleInput.py 프로그램은 잘못된 결과를 화면에 출력한다. 반지름이 음수 값이
라 넓이를 계산할 수 없기 때문이다. 이러한 상황을 어떻게 처리할 것인가?

다른 고급 프로그래밍 언어와 마찬가지로, 파이썬도 2개 혹은 그 이상의 항목 중
에서 한 항목을 선택할 수 있는 *선택문(selection statement)*을 제공한다. 코드 2.2
의 라인 5를 다음의 선택문으로 교체해 보자.

```
if radius < 0:
    print("잘못된 입력")
else:
    area = radius * radius * math.pi
    print("넓이는", area, "입니다.")
```

선택문은 부울식*(Boolean expression)*으로 표현된 조건을 사용한다. 이번 장에
서는 부울 타입, 부울값, 비교 연산자, 부울식에 대해 살펴본다.

4.2 부울 타입, 부울값과 부울식

키포인트

부울식은 부울값인 True 혹은 False로 평가되는 연산식이다.

반지름이 0보다 큰지, 0과 같은지, 혹은 0보다 작은지와 같이 두 값을 어떻게 비
교할 것인가? 표 4.1에서 볼 수 있듯이, 파이썬은 두 값의 비교를 위해 6가지 *비교
연산자(comparison operator)*(즉, *관계 연산자(relational operator)*)를 제공한다.

〈표 4.1〉 비교 연산자

파이썬 연산자	수학 기호	이름	예제 (radius는 5라 가정)	결과
<	<	작다	radius < 0	False
<=	≤	작거나 같다	radius <= 0	False
>	>	크다	radius > 0	True
>=	≥	크거나 같다	radius >= 0	True
==	=	같다	radius == 0	False
!=	≠	같지 않다	radius != 0	True

노트

equal to 비교 연산자는 단일 등호(=)가 아닌 2개의 등호(==)를 사용한다. 단일 등호는 할당 연산자로 사용된다.

비교 연산의 결과 값은 True 혹은 False인 *부울값(Boolean value)*이다. 예를 들어, 다음 명령문은 결과로 True를 화면에 출력한다.

```
radius = 1
print(radius > 0)
```

부울값을 저장하는 변수를 부울 변수(Boolean variable)라 한다. 부울 데이터 타입(Boolean data type)은 부울값을 나타내기 위해 사용된다. 부울 변수는 True와 False 중에 하나의 값을 가진다. 예를 들어, 다음은 lightsOn 변수에 True 값을 할당하는 명령문을 나타낸다.

```
lightsOn = True
```

숫자 10과 마찬가지로 True와 False도 리터럴이며, 이를 부울 리터럴(Boolean literal)이라 한다. True와 False는 예약어로서 프로그램에서 식별자로 사용할 수 없다.

내부적으로, 파이썬은 True를 나타내기 위해 1을 사용하고 False를 나타내기 위해 0을 사용한다. 따라서 부울값을 정수로 변환하는 int 함수를 사용할 수 있다. 예를 들어,

```
print(int(True))
```

은 1을 출력하고,

```
print(int(False))
```

는 0을 출력한다.

또한 숫자값을 부울값으로 바꾸기 위해 bool 함수를 사용할 수도 있다. 이 함수는 숫자 값이 0이면 False를 반환하고, 그 외의 값에 대해서는 항상 True를 반환한다. 예를 들어,

```
print(bool(0))
```

은 False를 출력하고,

```
print(bool(4))
```

는 True를 출력한다.

4.1 6가지 비교 연산자를 나열하시오.

4.2 다음 변환이 허용되는지 판별하시오. 허용된다면 변환 결과를 보이시오.

```
i = int(True)
j = int(False)

b1 = bool(4)
b2 = bool(0)
```

4.3 랜덤 숫자 생성하기

randint(a, b) 함수는 *a*와 *b*를 포함하여 두 숫자 사이의 랜덤 정수를 생성한다.

초등학생을 위한 덧셈 퀴즈 프로그램을 작성해 보자. 이 프로그램은 코드 4.1에서와 같이, 두 개의 10진 정수인 number1과 number2를 랜덤하게 생성하고, "1 + 7은 얼마입니까?"와 같은 질문을 학생에게 한다. 입력한 답이 맞는지 혹은 틀린지에 대한 메시지를 화면에 출력한다.

숫자를 랜덤하게 생성하기 위해 random 모듈에 정의된 randint(a, b) 함수를 사용한다. 이 함수는 a와 b를 포함하여 두 숫자 사이의 랜덤 정수를 반환한다. 예를 들어, randint(0, 9)를 호출하면 0과 9 사이의 랜덤 정수를 얻을 수 있다.

코드 4.1의 프로그램은 다음과 같은 단계로 구성되어 있다.

단계 1: number1(예를 들어, 4)과 number2(예를 들어, 5)에 대해 두 개의 한 자리
정수를 생성한다.

단계 2: "4 + 5은/는 얼마입니까?"에 대한 답을 초등학생에게 입력받는다.

단계 3: 입력된 답이 맞는지를 검사한다.

코드 4.1	AdditonQuiz.py

```python
1  import random
2
3  # 랜덤 숫자를 생성한다.
4  number1 = random.randint(0, 9)
5  number2 = random.randint(0, 9)
6
7  # 사용자로부터 답을 입력받는다.
8  answer = eval(input(str(number1) + "+"
9      + str(number2) + "은/는 얼마입니까? "))
10
11  # 결과를 출력한다.
12  print(number1, "+", number2, "=", answer,
13      "은/는", number1 + number2 == answer)
```

1 + 7은/는 얼마입니까? 8
1 + 7 = 8 은/는 True

4 + 8은/는 얼마입니까? 9
4 + 8 = 9 은/는 False

라인 번호	number1	number2	answer	출력
4	4			
5		8		
8			9	
12				4 + 8 = 9 은/는 False

AdditionQuiz 프로그램은 random 모듈에 정의된 randint 함수를 사용한다. import 명령문은 random 모듈을 프로그램에 포함시키도록 해준다(라인 1).

라인 4-5에서 number1과 number2를 생성한다. 라인 8에서 사용자로부터 답을 입력받고, 부울식 number1 + number2 == answer를 사용하여 라인 12에서 평가한다.

또한 파이썬은 a와 b - 1 사이의 랜덤 정수를 생성해 주는 randrange(a, b) 함수를 제공한다. 이 함수는 randint(a, b - 1)과 동일한 역할을 수행한다. 예를 들어, randrange(0, 10)과 randint(0, 9)는 동일하다. randint가 좀 더 직관적이기 때문에 이 책의 예제에서는 대부분 randint를 사용한다.

또한 0 <= r < 1.0인 랜덤 실수 r을 생성하기 위해 random() 함수를 사용할 수도 있다. 예를 들면, 다음과 같다.

실행결과

```
1  >>> import random
2  >>> random.random()
3  0.34343
4  >>> random.random()
5  0.20119
6  >>> random.randint(0, 1)
7  0
8  >>> random.randint(0, 1)
9  1
10 >>> random.randrange(0, 1) # 항상 0이다.
11 0
12 >>>
```

random.random()을 호출하면(라인 2와 4), 0.0과 1.0 사이의 실수를 반환한다 (1.0은 불포함). random.randint(0, 1)를 호출하면(라인 6과 8), 0 혹은 1을 반환한다. random.randrange(0, 1)을 호출하면(라인 10), 항상 0을 반환한다.

체크포인트

4.3 $0 \le i < 20$인 랜덤 정수 i를 어떻게 생성하는가?

4.4 $10 \le i < 20$인 랜덤 정수 i를 어떻게 생성하는가?

4.5 $10 \le i \le 50$인 랜덤 정수 i를 어떻게 생성하는가?

4.6 0 혹은 1의 랜덤 정수를 어떻게 생성하는가?

4.4 if 문

키포인트

단일 if 문은 조건이 참일 때 명령문들을 실행한다.

앞선 프로그램은 6 + 2 = 7 은/는 False와 같은 메시지를 출력한다. 이 메시지를 "6 + 2 = 7 은/는 정답이 아닙니다."로 바꾸려면, 선택문을 약간 변형해야 한다.

파이썬은 단일 if 문, 이중 if 문, 중첩 if 문, 다중 if-elif-else 문, 조건식과 같이 여러 유형의 선택문을 제공한다. 이번 절에서는 단일 if 문을 살펴본다.

단일 if 문은 조건이 참일 경우에만 항목을 실행한다. 단일 if 문의 문법은 다음과 같다.

if 부울식:
    명령문(들)   # 명령문(들)은 들여쓰기 되어야 한다.

명령문(들)은 최소한 공백 1개를 사용하여 if 키워드의 오른쪽 방향으로 들여쓰기 되어야 하고, 각각의 명령문은 동일한 개수의 공백으로 들여쓰기 되어야 한다. 일관성을 위해 이 책에서는 공백 4개로 들여쓰기 한다.

그림 4.1(a)의 순서도는 파이썬이 if 문 형식이 어떻게 수행되는지 보여준다. 순서도(flowchart)는 알고리즘이나 절차를 기술하는 다이어그램이며, 단계를 다양한 종류의 박스로 나타내고 이들을 화살표로 연결하여 서로 간의 순서를 나타낸다. 처리 연산이 박스로 표현되고 박스 간 화살표 연결은 제어 흐름(flow of control)을 나타낸다. 다이아몬드 박스는 부울 조건을 나타내기 위해 사용되며, 사각형 박스는 명령문을 표현하기 위해 사용된다.

부울식이 참으로 평가되면, if 블록 내부의 명령문들이 실행된다. if 블록은 if 문 다음에 들여쓰기된 명령문들을 포함한다. 예를 들어, 다음 명령문을 살펴보자.

```
if radius >= 0:
    area = radius * radius * math.pi # 넓이를 계산한다.
    print("반지름이", radius, "인 원의 넓이는", area, "입니다.")
```

위 명령문에 대한 순서도는 그림 4.1(b)와 같다. radius 값이 0보다 크거나 같으면, area가 계산되고 결과가 화면에 출력된다. 그렇지 않으면, if 블록 내부의 명령문들은 실행되지 않는다.

if 블록 내부에 있는 명령문들은 if 행의 다음 행부터 들여쓰기 되어야 하고, 각명령문은 같은 공백 개수만큼 들여쓰기 되어야 한다. 예를 들어, 다음 코드는 잘못작성된 코드인데, 라인 3의 print 명령문이 라인 2의 **area**를 계산하는 명령문과 같은 개수의 공백으로 들여쓰기 되어 있지 않기 때문이다.

```
if radius >= 0:
    area = radius * radius * math.pi # 넓이를 계산한다.
  print("반지름이", radius, "인 원의 넓이는", area, "입니다.")
```

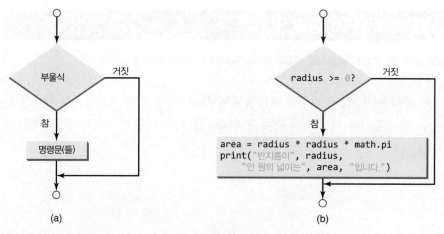

(a) (b)

[그림 4.1] 부울식이 True이면, if 명령문은 명령문(들)을 수행한다.

코드 4.2는 사용자로부터 정수를 입력받는 프로그램 예제이다. 입력된 정수가 5
의 배수이면 결과로 HiFive를 출력하고, 2의 배수이면 HiEven을 출력한다.

코드 4.2   `SimpleIfDemo.py`

```
1    number = eval(input("정수를 입력하세요: "))
2
3    if number % 5 == 0:
4        print("HiFive")
5
6    if number % 2 == 0:
7        print("HiEven")
```

실행결과

```
정수를 입력하세요: 4 ⏎Enter
HiEven
```

실행결과

```
정수를 입력하세요: 30 ⏎Enter
HiFive
HiEven
```

위 프로그램은 사용자로부터 정수를 입력받고(라인 1), 입력된 정수가 5로 나누
어지면 HiFive를 출력하며(라인 3-4), 2로 나누어지면 HiEven을 출력한다(라인
6-7).

체크
포인트

4.7   y가 0보다 크면, x에 1을 할당하는 if 문을 작성하시오.

4.8   score가 90보다 크면, pay를 3% 증가시키는 if 문을 작성하시오.

4.5 사례 연구: 생일 맞히기

키포인트

생일 맞히기는 간단한 방법으로 해결할 수 있는 흥미로운 프로그램이다.

이 문제는 여러분의 친구가 며칠에 태어났는지 다섯 번의 질문만으로 맞히는 것
이다. 각 질문마다 다섯 개의 숫자 집합(set) 중 어느 집합에 생일이 포함되었는지
를 묻는다.

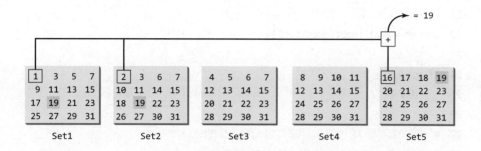

각각의 집합에 생일 날짜가 있고, 그 생일 날짜는 각 집합의 첫 번째 숫자들의 합이다. 예를 들어, 생일이 19이면, Set1, Set2, Set5에 숫자 19가 나타난다. 또한 이들 집합에서 첫 번째 숫자는 1, 2, 16이며, 이들의 합은 19이다.

코드 4.3은 생일이 Set1에 있는지(라인 4-13), Set2에 있는지(라인 4-13), Set3에 있는지(라인 16-25), Set4에 있는지(라인 28-37), 혹은 Set5에 있는지(라인 40-49)를 사용자에게 답하도록 하는 프로그램이다. 생일 날짜가 특정 집합 안에 있다면, 그 집합의 첫 번째 숫자를 day에 더한다(라인 13, 25, 37, 49, 61).

코드 4.3   GuessBirthday.py

```python
1    day = 0  # 생일
2
3    # 사용자로부터 첫 번째 질문에 대한 답을 입력받는다.
4    question1 = "Set1에 당신의 생일이 있습니까?\n" + \
5        "  1  3  5  7\n" + \
6        "  9 11 13 15\n" + \
7        "17 19 21 23\n" + \
8        "25 27 29 31" + \
9        "\n0(아니오) 또는 1(예)을 입력하세요: "
10   answer = eval(input(question1))
11
12   if answer == 1:
13       day += 1
14
15   # 사용자로부터 두 번째 질문에 대한 답을 입력받는다.
16   question2 = "Set2에 당신의 생일이 있습니까?\n" + \
17       "  2  3  6  7\n" + \
18       "10 11 14 15\n" + \
19       "18 19 22 23\n" + \
20       "26 27 30 31" + \
```

```python
21      "\n0(아니오) 또는 1(예)을 입력하세요: "
22  answer = eval(input(question2))
23
24  if answer == 1:
25      day += 2
26
27  # 사용자로부터 세 번째 질문에 대한 답을 입력받는다.
28  question3 = "Set3에 당신의 생일이 있습니까?\n" + \
29      " 4 5 6 7\n" + \
30      "12 13 14 15\n" + \
31      "20 21 22 23\n" + \
32      "28 29 30 31" + \
33      "\n0(아니오) 또는 1(예)을 입력하세요: "
34  answer = eval(input(question3))
35
36  if answer == 1:
37      day += 4
38
39  # 사용자로부터 네 번째 질문에 대한 답을 입력받는다.
40  question4 = "Set4에 당신의 생일이 있습니까?\n" + \
41      " 8 9 10 11\n" + \
42      "12 13 14 15\n" + \
43      "24 25 26 27\n" + \
44      "28 29 30 31" + \
45      "\n0(아니오) 또는 1(예)을 입력하세요: "
46  answer = eval(input(question4))
47
48  if answer == 1:
49      day += 8
50
51  # 사용자로부터 다섯 번째 질문에 대한 답을 입력받는다.
52  question5 = "Set5에 당신의 생일이 있습니까?\n" + \
53      "16 17 18 19\n" + \
54      "20 21 22 23\n" + \
55      "24 25 26 27\n" + \
56      "28 29 30 31" + \
57      "\n0(아니오) 또는 1(예)을 입력하세요: "
58  answer = eval(input(question5))
59
60  if answer == 1:
```

```
61      day += 16
62
63  print("\n당신의 생일은"+ str(day) + "일입니다!")
```

Set1에 당신의 생일이 있습니까?
 1   3   5   7
 9 11 13 15
17 19 21 23
25 27 29 31
0(아니오) 또는 1(예)을 입력하세요: 1 ↵ Enter

Set2에 당신의 생일이 있습니까?
 2   3   6   7
10 11 14 15
18 19 22 23
26 27 30 31
0(아니오) 또는 1(예)을 입력하세요: 1 ↵ Enter

Set3에 당신의 생일이 있습니까?
 4   5   6   7
12 13 14 15
20 21 22 23
28 29 30 31
0(아니오) 또는 1(예)을 입력하세요: 0 ↵ Enter

Set4에 당신의 생일이 있습니까?
8 9 10 11
12 13 14 15
24 25 26 27
28 29 30 31
0(아니오) 또는 1(예)을 입력하세요: 0 ↵ Enter

Set5에 당신의 생일이 있습니까?
16 17 18 19
20 21 22 23
24 25 26 27
28 29 30 31
0(아니오) 또는 1(예)을 입력하세요: 1 ↵ Enter
당신의 생일은 19 일입니다!

라인 번호	day	answer	출력
1	0		
10		1	
13	1		
22		1	
25	2		
34		0	
46		0	
58		1	
61	19		
63			당신의 생일은 19 일입니다!

라인 4-8에서 각 라인의 마지막에 있는 \ 문자는 행 지속 기호(line continuation symbol)를 나타내는데, 명령문이 다음 행으로 이어진다는 것을 의미한다(자세한 사항은 2.3절 참조).

이 게임은 프로그래밍하기 쉽다. 여러분은 이 게임이 어떻게 만들어졌는지 궁금할 것이다. 이 게임의 수학적 원리는 실제로 매우 간단하다. 숫자들이 랜덤하게 집합으로 묶여져 있는 것이 아니다. 즉, 숫자들이 계획적으로 다섯 개의 집합에 배분되어 있다. 다섯 개의 집합마다 처음에 시작하는 숫자는 1, 2, 4, 8, 16이고, 2진수로 1, 10, 100, 1000, 10000이다. 1과 31 사이의 10진수에 대한 2진수는 그림 4.2(a)와 같이 최대 다섯 자리로 표현된다. 이 수를 $b_5b_4b_3b_2b_1$이라고 가정해 보자. 그러면, 그림 4.2(b)와 같이 $b_5b_4b_3b_2b_1 = b_5 0000 + b_4 000 + b_3 00 + b_2 0 + b_1$이다. 2진수로 표현된 생일에서 b_k 자리가 1이면 그 생일은 반드시 Set_k 집합에 있어야 한다. 예를 들어, 숫자 19는 2진수로 10011이므로 Set1, Set2, Set5에 있다. 이 숫자는 2진수로 1 + 10 + 10000 = 10011이고 10진수로 1 + 2 + 16 = 19이기 때문이다. 숫자 31은 2진수로 11111이므로, Set1, Set2, Set3, Set4, Set5 모두에 포함된다. 이 숫자는 2진수로 1 + 10 + 100 + + 1000 + 10000 = 11111이고 10진수로 1 + 2 + 4 + 8 + 16 = 31이기 때문이다.

10진수	2진수
1	00001
2	00010
3	00011
...	
19	10011
...	
31	11111

$b_5$0 0 0 0		10000
$b_4$0 0 0		1000
$b_3$0 0	10000	100
$b_2$0	10	10
b_1	+ 1	+ 1
$b_5b_4b_3b_2b_1$	10011	11111
	19	31

[그림 4.2] (a) 1과 31 사이의 숫자는 다섯 자리 2진수를 사용하여 표현될 수 있다. (b) 다섯 자리 2진수는 1, 10, 100, 1000 또는 10000을 선택적으로 더하여 만들어진다.

4.6 이중 if-else 문

이중 if-else 문은 조건이 참이나 거짓에 따라 어떤 명령문이 실행될지를 결정한다.

키포인트

단일 if 문은 조건이 True이면 행동하고, 조건이 False이면 아무것도 하지 않는다. 그러나 조건이 False일 때 1개 혹은 그 이상의 다른 행동을 하도록 하려면 어떻게 해야 할까? 이런 경우에 이중 if-else 문을 사용할 수 있다. 이중 if-else 문은 조건이 True 혹은 False에 따라 서로 다른 행동을 수행한다.

이중 if-else 문에 대한 문법을 살펴보자.

```
if 부울식:
    명령문(들)          # 참인 경우
else:
    명령문(들)          # 거짓인 경우
```

이중 **if-else** 문에 대한 순서도는 그림 4.3에서 보여준다.

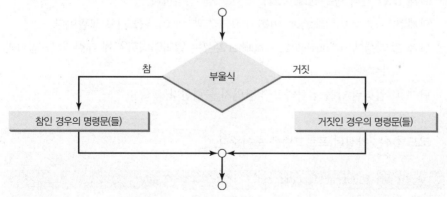

[그림 4.3] 이중 if-else 문은 부울식의 결과가 True이면 참인 경우의 명령문(들)을 수행한다. 그렇지 않으면 거짓인 경우의 명령문(들)을 수행한다.

부울식(boolean expression)의 결과가 True이면, 참인 경우의 명령문들이 수행된다. 그렇지 않으면, 거짓인 경우의 명령문들이 수행된다. 예를 들어, 다음 코드를 살펴보자.

```python
if radius >= 0:
    area = radius * radius * math.pi
    print("반지름이", radius, "인 원의 넓이는", area, "입니다.")
else:
    print("음수가 입력됨")
```

radius >= 0이 참이면, area가 계산되고 출력된다. 만일 거짓이면, 음수가 입력됨이 출력된다.

이중 if-else 문에 대한 또 다른 예제를 살펴보자. 이 예제는 어떤 숫자가 짝수인지 홀수인지를 판별한다.

```python
if number % 2 == 0:
    print(number, "은/는 짝수입니다.")
else:
    print(number, "은/는 홀수입니다.")
```

초등학교 1학년 학생의 뺄셈 연습을 위한 프로그램을 개발한다고 가정해 보자. 이 프로그램은 number1 >= number2 조건을 만족하는 두 개의 한자리 정수 number1과 number2를 랜덤하게 생성하고 학생들에게 9 - 2은/는 얼마입니까?와 같은 질문을 한다. 학생이 답을 입력한 후에, 답이 정확한지를 나타내는 메시지를 출력한다.

이 프로그램은 다음과 같은 단계를 수행한다.

단계 1: 한 자리 정수 number1과 number2를 생성한다.

단계 2: number1 < number2이면, number1과 number2를 서로 교환한다.

단계 3: 학생에게 "number1 - number2은/는 얼마입니까?"에 대한 답을 입력받는다.

단계 4: 입력된 답을 검사하고 정답인지 출력한다.

코드 4.4는 완성된 프로그램을 보여준다.

코드 4.4   SubtractionQuiz.py

```python
1   import random
2
3   # 1. 2개의 한 자리 정수를 랜덤하게 생성한다.
```

```
4    number1 = random.randint(0, 9)
5    number2 = random.randint(0, 9)
6
7    # 2. number1 < number2이면, number1과 number2를 교환한다.
8    if number1 < number2:
9        number1, number2 = number2, number1 # 동시 할당문
10
11   # 3. 학생에게 "number1 - number2은/는 얼마입니까?"에 대한 답을 입력받는다.
12   answer = eval(input(str(number1) + " - " +
13       str(number2) + "은/는 얼마입니까? "))
14
15   # 4. 답을 검사하고 결과를 출력한다.
16   if number1 - number2 == answer:
17       print("정답입니다!")
18   else:
19       print("틀렸습니다!\n", number1, '-',
20           number2, "은/는", number1 - number2, "입니다.")
```

6 - 6 은/는 얼마입니까? 0
정답입니다!

9 - 2 은/는 얼마입니까?? 5
틀렸습니다!
9 - 2 은/는 7 입니다.

라인 번호	number1	number2	answer	출력
4	2			
5		9		
9	9	2		
12			5	
19				틀렸습니다! 9 - 2 은/는 7 입니다.

   number1 < number2이면, 위 프로그램은 두 변수의 값을 교환하기 위해 동시 할당문(simultaneous assignment)을 사용한다(라인 8–9).

체크
포인트

4.9 score가 90보다 크면 pay를 3% 증가시키고, 그렇지 않으면 1% 증가시키는 if 문을 작성하시오.

4.10 number가 각각 30과 35일 때, (a)와 (b) 코드의 출력은 무엇인가?

```python
if number % 2 == 0:
    print(number, "은/는 짝수입니다.")

print(number, "은/는 홀수입니다.")
```
(a)

```python
if number % 2 == 0:
    print(number, "은/는 짝수입니다.")
else:
    print(number, "은/는 홀수입니다.")
```
(b)

4.7 중첩 if 문과 다중 if-elif-else 문

키포인트

중첩 if 문은 하나의 if 문이 다른 if 문의 내부에 놓인 형태이다.

if 또는 if-else 문 내부에 어떠한 적법한 파이썬 명령문도 놓일 수 있다. 여기에는 또 다른 if 또는 if-else 문도 포함된다. 외부 if 문 안에 있는 내부 if 문을 중첩되었다라고 한다. 내부 if 문은 다른 if 문을 포함할 수도 있다. 사실 중첩 깊이에 대해서는 어떠한 제약도 없다. 다음은 중첩 if 문의 예이다.

```python
if i > k:
    if j > k:
        print("i와 j는 k보다 큽니다.")
else:
    print("i는 k보다 작거나 같습니다.")
```

앞 코드에서 if j > k 명령문은 if i > k 명령문의 내부에 중첩되어 있다.

중첩 if 문은 다중 선택을 처리하기 위해 사용될 수 있다. 예를 들어, 그림 4.4(a)에 주어진 명령문은 여러 범위의 **score** 값에 따라 grade 변수에 문자 값(학점)을 할당한다.

```
if score >= 90.0:
    grade = 'A'
else:
    if score >= 80.0:
        grade = 'B'
  else:
        if score >= 70.0:
            grade = 'C'
        else:
            if score >= 60.0:
                grade = 'D'
            else:
                grade = 'F'
```

(a)

동일
==========

이 방식이
낫다.

```
if score >= 90.0:
    grade = 'A'
elif score >= 80.0:
    grade = 'B'
elif score >= 70.0:
    grade = 'C'
elif score >= 60.0:
    grade = 'D'
else:
    grade = 'F'
```

(b)

[그림 4.4] 다중 선택에 대한 보다 나은 형식은 다중 `if-elif-else` 명령문을 사용한 (b)이다.

그림 4.5는 중첩 `if` 문의 실행 과정을 보여준다. 먼저, 첫 번째 조건(`score >= 90`)이 검사된다. 이 조건의 결과가 True이면, 학점은 A가 된다. 만일 False이면, 두 번째 조건(`score >= 80`)이 검사된다. 두 번째 조건이 True이면, 학점은 B가 된다. 만일 두 번째 조건이 False이면, 세 번째 조건이 검사된다. 이러한 방식으로 하나의 조건이 True이거나 모든 조건들이 False가 될 때까지 계속 검사된다. 모든 조건들이 False일 경우, 학점은 F가 된다. 이전에 나온 조건들이 모두 False일 경우에만 조건 검사가 실행된다는 점에 유의해야 한다.

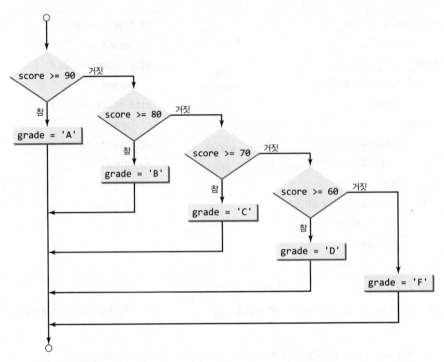

[그림 4.5] 학점 부여를 위해 다중 if-elif-else 명령문을 사용할 수 있다.

그림 4.4(a)의 if 문은 그림 4.4(b)의 if 문과 동일하다. 사실, 그림 4.4(b)는 다중 선택문제에 대한 보다 나은 코딩 스타일이다. *다중 if 문(multi-way if statement)*이라고 하는 이 스타일은 들여쓰기가 너무 깊어지는 것을 방지하고 프로그램을 읽기 쉽게 해준다. 다중 if 문은 if-elif-else 문법을 사용한다. 여기서 elif(*else if*의 축약)는 파이썬 키워드이다.

이제, 연도에 해당하는 12지신을 찾는 프로그램을 작성해 보자. 12지신은 12년 사이클에 기반하며, 각 연도는 그림 4.6에서 볼 수 있듯이 원숭이, 닭, 개, 돼지, 쥐, 소, 호랑이, 토끼, 용, 뱀, 말, 양 중에 하나의 동물을 의미한다.

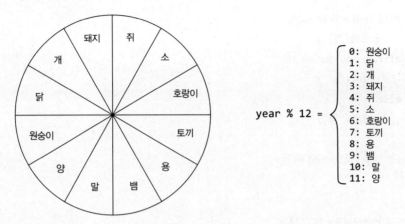

[그림 4.6] 12지신은 12년 사이클에 기반한다.

year % 12의 결과 값에 따라 12지신 중에 하나가 결정된다. 예를 들어, 1900 % 12는 4이므로 1900년은 쥐의 해이다. 코드 4.5는 사용자로부터 연도를 입력받고 그 연도에 해당하는 동물을 출력하는 프로그램이다.

코드 4.5	ChineseZodiac.py

```
1   year = eval(input("연도를 입력하세요: "))
2   zodiacYear = year % 12
3   if zodiacYear == 0:
4       print("원숭이")
5   elif zodiacYear == 1:
6       print("닭")
7   elif zodiacYear == 2:
8       print("개")
9   elif zodiacYear == 3:
10      print("돼지")
11  elif zodiacYear == 4:
12      print("쥐")
13  elif zodiacYear == 5:
14      print("소")
15  elif zodiacYear == 6:
16      print("호랑이")
17  elif zodiacYear == 7:
18      print("토끼")
19  elif zodiacYear == 8:
20      print("용")
```

```
21  elif zodiacYear == 9:
22      print("뱀")
23  elif zodiacYear == 10:
24      print("말")
25  else:
26      print("양")
```

실행결과
연도를 입력하세요: 1963 ↵Enter
토끼

실행결과
연도를 입력하세요: 1877 ↵Enter
소

체크포인트

4.11 x = 3이고 y = 2이라고 하자. 다음 코드에 대한 출력을 보이시오. x = 3이고 y = 4인 경우의 출력은? x = 2이고 y = 2인 경우의 출력은? 다음 코드에 대한 순서도를 작성하시오.

```
if x > 2:
    if y > 2:
        z = x + y
        print("z는", z, "입니다.")
    else:
        print("x는", x, "입니다.")
```

4.12 x = 2이고 y = 4라고 하자. 다음 코드에 대한 출력을 보이시오. x = 3이고 y = 2인 경우의 출력은? x = 3이고 y = 3인 경우의 출력은? (힌트: 우선 명령문을 정확하게 들여쓰기 하시오)

```
if x > 2:
    if y > 2:
        z = x + y
        print("z는", z, "입니다.")
else:
    print("x는", x, "입니다.")
```

4.13 다음 코드에서 잘못된 점은 무엇인가?

```
if score >= 60.0:
    grade = 'D'
elif score >= 70.0:
    grade = 'C'
elif score >= 80.0:
    grade = 'B'
```

```
    elif score >= 90.0:
        grade = 'A'
    else:
        grade = 'F'
```

4.8 선택문에서 흔히 발생하는 오류들

선택문에서 발생하는 대부분의 오류는 들여쓰기를 잘못해서 발생한다.

키포인트

다음 코드 (a)와 (b)를 살펴보자.

```
radius = -20

if radius >= 0:
    area = radius * radius * math.pi
print("넓이는", area, "입니다.")
```

(a) 올바르지 않음

```
radius = -20

if radius >= 0:
    area = radius * radius * math.pi
    print("넓이는", area, "입니다.")
```

(b) 올바름

코드 (a)에서, print 문은 if 블록 내부에 있지 않다. if 블록 내부에 놓기 위해서 코드 (b)와 같이 들여쓰기를 해야 한다.

다른 예제로 다음 코드 (a)와 (b)를 살펴보자. 코드 (a)는 2개의 if 절과 1개의 else 절을 갖고 있다. 두 개의 if 절 중에 어떤 것이 else 절에 대응되는가? 들여쓰기에 따라 (a)에서는 첫 번째 if 절이 else 절과 대응되며, (b)에서는 두 번째 if 절이 else 절과 대응된다.

```
i = 1
j = 2
k = 3

if i > j:
    if i > k:
        print('A')
else:
    print('B')
```

(a)

```
i = 1
j = 2
k = 3

if i > j:
    if i > k:
        print('A')
    else:
        print('B')
```

(b)

(i > j)가 거짓이므로, (a)의 코드는 B를 출력하지만, (b)의 코드는 아무 것도 출력하지 않는다.

팁

아래 (a) 코드에 있는 검사 조건을 (b) 코드와 같이 부울 변수에 할당하는 코드로 작성할 수도 있다.

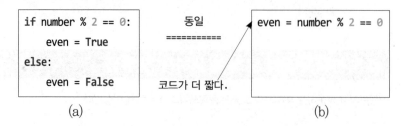

(b) 코드에서 볼 수 있듯이, 부울 변수에 검사 값을 직접 할당함으로써 코드를 간결하게 작성할 수 있다.

4.14 다음 명령문 중에 어떤 것이 서로 같은가? 어떤 명령문이 정확하게 들여쓰기가 되어 있는가?

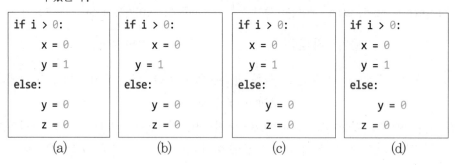

4.15 부울식을 사용하여 다음 명령문을 재작성하시오.

```python
if count % 10 == 0:
    newLine = True
else:
    newLine = False
```

4.16 다음 명령문들은 정확한가? 어떤 것이 더 좋은가?

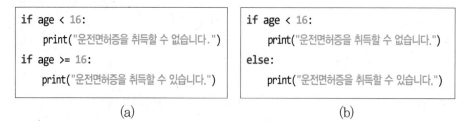

4.17 number의 값이 각각 14, 15, 30이라고 할때, 다음 코드의 출력 값은?

```
if number % 2 == 0:
    print(number, "은/는 짝수입니다.")
if number % 5 == 0:
    print(number, "은/는 5의 배수입니다.")
```
(a)

```
if number % 2 == 0:
    print(number, "은/는 짝수입니다.")
elif number % 5 == 0:
    print(number, "은/는 5의 배수입니다.")
```
(b)

4.9 사례 연구: 체질량지수 계산하기

체질량지수를 계산하는 프로그램을 작성하기 위해 중첩 if 문을 사용할 수 있다.

키포인트

체질량지수(Body Mass Index: BMI)는 몸무게에 기반한 건강 측정 지수로서 몸무게(킬로그램)를 키(미터)의 제곱으로 나누어서 계산된다. 16세 이상의 성인을 기준으로 한 BMI는 다음과 같이 해석된다.

BMI	해석
18.5 이하	저체중
18.5-24.9	정상
25.0-29.9	과체중
30.0 이상	비만

사용자로부터 파운드 단위의 몸무게와 인치 단위의 키를 입력받은 후에 BMI를 출력하는 프로그램을 작성해 보자. 1파운드는 0.45359237킬로그램이고 1인치는 0.0254미터이다. 코드 4.6은 BMI 프로그램을 보여준다.

코드 4.6   ComputeBMI.py

```
1    # 사용자로부터 파운드 단위의 몸무게를 입력받는다.
2    weight = eval(input("몸무게(파운드)를 입력하세요: "))
3
4    # 사용자로부터 인치 단위의 키를 입력받는다.
5    height = eval(input("키(인치)를 입력하세요: "))
6
7    KILOGRAMS_PER_POUND = 0.45359237 # 상수
8    METERS_PER_INCH = 0.0254 # 상수
9
10   # BMI를 계산한다.
```

```
11   weightInKilograms = weight * KILOGRAMS_PER_POUND
12   heightInMeters = height * METERS_PER_INCH
13   bmi = weightInKilograms / (heightInMeters * heightInMeters)
14
15   # 결과를 출력한다.
16   print("BMI는", format(bmi, ".2f"), "입니다.")
17   if bmi < 18.5:
18       print("저체중")
19   elif bmi < 25:
20       print("정상")
21   elif bmi < 30:
22       print("과체중")
23   else:
24       print("비만")
```

실행결과

몸무게(파운드)를 입력하세요: 146 ↵Enter
키(인치)를 입력하세요: 70 ↵Enter
BMI는 20.95 입니다.
정상

라인 번호	weight	height	weightInKilograms	heightInMeters	bmi	출력
2	146					
5		70				
11			60.22448602			
12				1.778		
13					20.9486	
16						BMI는 20.95 입니다.
20						정상

라인 7-8에서 2개의 상수 KILOGRAMS_PER_POUND와 METERS_PER_INCH가 정의되어 있다. 상수에 관해서는 2.6절에서 이미 설명하였다. 상수를 사용함으로써 프로그램의 이해가 쉬워졌다. 불행하게도, 파이썬은 상수 정의에 관한 특별한 문법을 가지고 있지 않다. 파이썬에서의 상수는 변수와 마찬가지로 취급된다. 이 책에서는 상수와 변수를 서로 구별하기 위해 대문자로 상수를 정의하였다. 또한 상수 내부의 단어들을 구별하기 위해 밑줄(_)을 사용하였다.

4.10 사례 연구: 세금 계산하기

세금 계산 프로그램을 작성하기 위해 중첩 if 문을 사용할 수 있다.

키포인트

  미국의 연방 개인소득세는 납세자 구분(filing status)과 과세소득(taxable income)에 기초하여 계산된다. 납세자 구분은 4가지로 1인 세대주(single filers), 부부 공동 신고(married filing jointly), 부부 개별 신고(married filing separately), 세대주(head of household, 부양가족 포함)로 되어 있다. 세율은 매년 변하며, 표 4.2는 2009년의 세율을 보여준다. 만일 여러분이 1인 세대주이고 $10,000의 소득이 있으면, $8,350에 대해서는 10%의 세금을 내야 하고, 나머지 $1,650에 대해서는 15%의 세금을 내야 한다. 따라서 총 세금은 $1,892.50가 된다.

〈표 4.2〉 2009년 미국 연방 개인세율

세율	1인 세대주	부부 공동 신고	부부 개별 신고	세대주
10%	$0 - $8,350	$0 - $16,700	$0 - $8,350	$0 - $11,950
15%	$8,351 - $33,950	$16,701- $67,900	$8,351 - $33,950	$11,951 - $45,500
25%	$33,951 - $82,250	$67,901 - $137,050	$33,951 - $68,525	$45,501 - $117,450
28%	$82,251 - $171,550	$137,051 - $208,850	$68,526 - $104,425	$117,451 - $190,200
33%	$171,551 - $372,950	$208,851 - $372,950	$104,426 - $186,475	$190,201 - $372,950
35%	$372,951+	$372,951+	$186,476+	$372,951+

  개인소득세를 계산하는 프로그램을 작성해 보자. 우선, 사용자로부터 납세자 구분과 과세소득을 입력받은 후 개인소득세를 계산한다. 1인 세대주인 경우는 0을, 부부 공동 신고인 경우는 1을, 부부 개별 신고인 경우는 2를, 세대주인 경우는 3을 입력하도록 한다.

  이 프로그램은 납세자 구분에 기초하여 과세소득에 대한 세금을 계산한다. 납세자 구분은 다음과 같이 if 문을 사용하여 결정할 수 있다.

```
if status == 0:
    # 1인 세대주에 대한 세금을 계산한다.
elif status == 1:
    # 부부 공동 신고에 대한 세금을 계산한다.
elif status == 2:
    # 부부 개별 신고에 대한 세금을 계산한다.
elif status == 3:
    # 세대주에 대한 세금을 계산한다.
else:
    # 잘못된 납세자 구분임을 출력한다.
```

각 납세자 구분에 대해서, 6가지의 세율이 존재한다. 각 세율은 특정 금액의 과세소득에 대해서 적용된다. 예를 들어, 1인 세대주인 경우 400,000달러의 과세소득은 8,350달러에 대해서는 10%, 33,950−8,350달러에 대해서는 15%, 82,250−33,950달러에 대해서는 25%, 171,550−82,250달러에 대해서는 28%, 372,950−171,550달러에 대해서는 33%, 400,000−372,950달러에 대해서는 35%의 세금이 부과된다.

코드 4.7은 1인 세대주인 경우의 세금 계산 프로그램을 보여준다. 완전한 프로그램은 이번 장의 프로그래밍 연습문제 4.13으로 남겨둔다.

코드 4.7   ComputeTax.py

```python
1  import sys
2
3  # 납세자 구분을 사용자로부터 입력받는다.
4  status = eval(input(
5      "(0-1인 세대주, 1-부부 공동 신고,\n" +
6      "2-부부 개별 신고, 3-세대주)\n" +
7      "납세자 구분을 입력하세요: "))
8
9  # 과세소득을 사용자로부터 입력받는다.
10 income = eval(input("과세소득을 입력하세요: "))
11
12 # 세금을 계산한다.
13 tax = 0
14
15 if status == 0: # 1인 세대주의 세금을 계산한다.
16     if income <= 8350:
17         tax = income * 0.10
18     elif income <= 33950:
19         tax = 8350 * 0.10 + (income - 8350) * 0.15
20     elif income <= 82250:
21         tax = 8350 * 0.10 + (33950 - 8350) * 0.15 + \
22             (income - 33950) * 0.25
23     elif income <= 171550:
24         tax = 8350 * 0.10 + (33950 - 8350) * 0.15 + \
25             (82250 - 33950) * 0.25 + (income - 82250) * 0.28
26     elif income <= 372950:
27         tax = 8350 * 0.10 + (33950 - 8350) * 0.15 + \
28             (82250 - 33950) * 0.25 + (171550 - 82250) * 0.28 + \
29             (income - 171550) * 0.33
```

```
30      else:
31          tax = 8350 * 0.10 + (33950 - 8350) * 0.15 + \
32              (82250 - 33950) * 0.25 + (171550 - 82250) * 0.28 + \
33              (372950 - 171550) * 0.33 + (income - 372950) * 0.35;
34  elif status == 1:  # 부부 공동 신고자의 세금을 계산한다.
35      print("프로그래밍 연습문제로 남겨놓는다.")
36  elif status == 2:  # 부부 별도 신고자의 세금을 계산한다.
37      print("프로그래밍 연습문제로 남겨놓는다.")
38  elif status == 3:  # 세대주의 세금을 계산한다.
39      print("프로그래밍 연습문제로 남겨놓는다.")
40  else:
41      print("오류: 잘못된 납세자 구분")
42      sys.exit()
43
44  # 결과를 출력한다.
45  print("소득세는", format(tax, ".2f"), "입니다.")
```

```
(0-1인 세대주, 1-부부 공동 신고,
2-부부 개별 신고, 3-세대주)
납세자 구분을 입력하세요: 0 ↵Enter
과세소득을 입력하세요: 400000 ↵Enter
소득세는 117683.50 입니다.
```

라인 번호	status	income	tax	출력
4	0			
10		400000		
13			0	
17			117683.5	
45				소득세는 117683.50 입니다.

위 프로그램은 먼저 납세자 구분과 과세소득을 입력받는다. 다중 선택 if 문(라인 15, 34, 36, 38, 40)을 사용하여 납세자 구분를 검사하고 납세자 구분에 따라 세금을 계산한다.

sys.exit()(라인 42)는 sys 모듈에 정의된 함수이다. 이 함수를 호출하여 프로그램을 종료한다.

프로그램의 테스트를 위해, 납세자 구분의 모든 경우를 입력해 볼 필요가 있다. 테스트를 위해 0, 1, 2, 3을 차례대로 입력해 보자. 그리고 각 납세자 구분마다 6가지 세율 각각에 대한 세금이 정확히 계산되었는지 테스트해야 한다. 그래서 총 24가지 경우를 테스트해야 한다.

> **팁**
> 적은 양의 코드를 먼저 작성하고 이를 테스트한 후에 코드를 조금씩 추가해 가면서 전체 프로그램을 완성해 가는 방법이 있다. 이것을 *점진적 개발과 테스팅(incremental development and testing)*이라 한다. 이 접근 방법은 방금 추가된 새로운 코드에서 오류가 나올 가능성이 높기 때문에 디버깅을 쉽게 해준다.

체크
포인트

4.18 다음 두 명령문이 서로 동일한지 판별하시오.

```
if income <= 10000:
    tax = income * 0.1
elif income <= 20000:
    tax = 1000 + \
        (income - 10000) * 0.15
```

```
if income <= 10000:
    tax = income * 0.1
elif income <= 10000 and
        income <= 20000
    tax = 1000 + \
        (income - 10000) * 0.15
```

4.19 다음 코드에서 잘못된 점은 무엇인가?

```
income = 232323

if income <= 10000:
    tax = income * 0.1
elif income > 10000 and income <= 20000:
    tax = 1000 + (income - 10000) * 0.15

print(tax)
```

4.11 논리 연산자

키포인트

논리 연산자인 not, and, or는 복합 조건을 만들기 위해 사용된다.

때때로 몇 개의 조건식을 조합하여 명령문의 수행 여부를 결정해야 할 때가 있다. 이때, 논리 연산자를 조건식의 조합에 사용하여 복합 표현식(compound expression)을 구성할 수 있다.

부울 연산자(Boolean operator)로 알려진 논리 연산자(logical operator)는 부울 값에 따라 새로운 부울 결과값을 산출한다. 표 4.3은 부울 연산자를 보여준다. 표 4.4는 True를 False로, False를 True로 바꾸어 주는 not 연산자의 정의를 보여준다. 표 4.5는 and 연산자의 정의를 보여준다. and는 두 개의 부울 피연산자 모두가

참일 때 참이 된다. 표 4.6은 or 연산자의 정의를 보여준다. or는 두 개의 부울 피
연산자 중에 최소한 하나가 참일 때 참이 된다.

〈표 4.3〉 부울 연산자

연산자	설명
not	논리부정
and	논리곱
or	논리합

〈표 4.4〉 not 연산자의 진리표

p	not p	예제(가정: age=24, gender='F')
True	False	(age > 18)가 True이므로, not (age > 18)은 False이다.
False	True	(gender == 'M')가 False이므로, not (gender == 'M')은 True이다.

〈표 4.5〉 and 연산자의 진리표

p_1	p_2	p_1 and p_2	예제(가정: age=24, gender='F')
False	False	False	
False	True	False	
True	False	False	(gender != 'F')이 False이므로, (age > 18) and (gender != 'F')는 False이다.
True	True	True	(age > 18)와 (gender == 'F') 둘 다 True이므로, (age > 18) and (gender == 'F')는 True이다.

〈표 4.6〉 or 연산자의 진리표

p_1	p_2	p_1 or p_2	예제(가정: age=24, gender='F')
False	False	False	(age > 34)와 (gender == 'M') 둘 다 False이므로, (age > 34) or (gender == 'M')는 False이다.
False	True	True	
True	False	True	(gender == 'F')가 True이므로, (age > 34) or (gender == 'F')는 True이다.
True	True	True	

　코드 4.8의 프로그램은 어떤 숫자가 2와 3 모두로 나누어질 수 있는지의 여부를
검사한다. 그리고 2 혹은 3으로 나누어질 수 있는지의 여부도 검사한다. 또한 2 혹
은 3으로 나눌 수는 있지만 두 수 모두로는 나누어지지 않는지 여부를 검사한다.

코드 4.8	TestBooleanOperators.py

```
1   # 입력을 받는다.
2   number = eval(input("정수를 입력하세요: "))
3
4   if number % 2 == 0 and number % 3 == 0:
5       print(number, "은/는 2와 3 모두로 나누어집니다.")
6
7   if number % 2 == 0 or number % 3 == 0:
8       print(number, "은/는 2 또는 3으로 나누어집니다.")
9
10  if (number % 2 == 0 or number % 3 == 0) and \
11          not (number % 2 == 0 and number % 3 == 0):
12      print(number, "은/는 2 또는 3으로 나누어지지만, 두 수 모두로 나누어지지는 않
        습니다.")
```

 실행결과

정수를 입력하세요: 18 ⏎Enter
18 은/는 2와 3 모두로 나누어집니다.
18 은/는 2 또는 3으로 나누어집니다.

 실행결과

정수를 입력하세요: 15 ⏎Enter
15 은/는 2 또는 3으로 나누어집니다.
15 은/는 2 또는 3으로 나누어지지만, 두 수 모두로 나누어지지는 않습니다.

라인 4의 number % 2 == 0 and number % 3 == 0은 number가 2와 3 모두로 나누어지는지의 여부를 검사한다. number % 2 == 0 or number % 3 == 0은 2 혹은 3으로 나누어지는지의 여부를 검사한다(라인 7). 다음 부울식(라인 10-11)은 2 혹은 3으로는 나누어지지만 두 수 모두로는 나누어지지 않는지의 여부를 검사한다.

```
(number % 2 == 0 or number % 3 == 0) and
  not (number % 2 == 0 and number % 3 == 0)
```

 노트

인도 태생의 영국의 수학자이자 논리학자인 오거스터스 드모르간(1806-1871)의 이름에서 유래된 드모르간 법칙(De Morgan's law)은 부울식을 간소화하기 위해 사용된다.

"not(조건1 and 조건2)"는 "not 조건1 or not 조건2"와 동일하다.
"not(조건1 or 조건2)"는 "not 조건1 and not 조건2"와 동일하다.

그래서 코드 4.8의 라인 11에서 보여준 표현식 not(number % 2 == 0 and number % 3 == 0)은 다음 표현식으로 간소화될 수 있다.

(number % 2 != 0 or number % 3 != 0)

다른 예를 살펴보자. 표현식 not(number == 2 or number == 3)은 다음과 같이 간소화시킬 수 있다.

number != 2 and number != 3

and 연산자의 피연산자 중에 하나가 False이면, 결과는 False가 된다. 반면, or 연산자의 피연산자 중에 하나가 True이면, 결과는 True가 된다. 파이썬은 이들 연산자의 성능을 향상시키기 위해 이러한 특징을 활용하는데, 예를 들어, p1 and p2를 수행할 때 파이썬은 먼저 p1을 수행하고 p1이 True이면 p2를 수행한다. 만일 p1이 False이면 p2를 수행하지 않는다. p1 or p2를 수행할 때에도 파이썬은 먼저 p1을 수행하고, p1이 False이면 p2를 수행한다. 만일 p1이 True이면, p2를 수행하지 않는다. 그러므로 and를 *조건부(conditional)* 혹은 *건너뛰기(short-circuit) AND* 연산자라 하며, or를 *조건부* 혹은 *건너뛰기 OR* 연산자라 한다.

체크
포인트

4.20 x가 1이라 할 때, 다음 부울식의 결과를 보이시오.

True and (3 > 4)

not (x > 0) and (x > 0)

(x > 0) or (x < 0)

(x != 0) or (x == 0)

(x >= 0) or (x < 0)

(x != 1) == not (x == 1)

4.21 num 변수가 1과 100 사이의 값을 가지면 True 결과를 산출하는 부울식을 작성하시오.

4.22 num 변수가 1과 100 사이의 값을 갖거나 음수이면 True 결과를 산출하는 부울식을 작성하시오.

4.23 x = 4이고 y = 5라고 할 때, 다음 부울식의 결과를 보이시오.

x >= y >= 0

x <= y >= 0

x != y == 0

(x != 1) or (x == 0)

4.24 다음의 표현식이 서로 동일한지 판별하시오.

(a) (x >= 1) and (x < 10)

(b) (1 <= x < 10)

4.25 ch가 각각 'A', 'p', 'E', '5'일 때, 표현식 ch >= 'A' and ch <= 'Z'의 결과는 무엇인가?

4.26 다음 프로그램이 실행될 때, 콘솔에서 2, 3, 6이 입력된다고 하자. 출력은 무엇인가?

```
x, y, z = eval(input("세 수를 입력하세요: "))

print("(x < y 그리고 y < z)는", x < y and y < z)
print("(x < y 또는 y < z)는", x < y or y < z)
print("not (x < y)는", not (x < y))
print("(x < y < z)는", x < y < z)
print("not(x < y < z)는", not (x < y < z))
```

4.27 age가 13보다 크고 18보다 작으면 참이 되는 부울식을 작성하시오.

4.28 weight가 50보다 크거나 height가 160보다 크면 참이 되는 부울식을 작성하시오.

4.29 weight가 50보다 크고 height가 160보다 크면 참이 되는 부울식을 작성하시오.

4.30 weight가 50보다 크거나 height가 160보다 크지만, 두 경우 모두 해당되지 않은 경우에 참이 되는 부울식을 작성하시오.

4.12 사례 연구: 윤년 판별하기

키포인트

연도가 4로는 나누어지지만 100으로 나누어지지 않거나, 혹은 400으로 나누어진다면 그 연도는 윤년이다.

윤년(leap year) 여부를 판별하기 위해 다음과 같은 부울식을 사용할 수 있다.

```
# 윤년은 4로 나누어진다.
isLeapYear = (year % 4 == 0)
# 윤년은 4로 나누어지지만 100으로 나누어지지 않는다.
isLeapYear = isLeapYear and (year % 100 != 0)
# 윤년은 4로 나누어지지만 100으로 나누어지지 않거나, 혹은 400으로 나누어진다.
isLeapYear = isLeapYear or (year % 400 == 0)
```

위 부울식들은 다음과 같이 하나의 부울식으로 나타낼 수 있다.

```
isLeapYear = (year % 4 == 0 and year % 100 != 0) or (year % 400 == 0)
```

코드 4.9는 사용자로부터 연도를 입력받은 후에 윤년 여부를 판별하는 프로그램 예이다.

코드 4.9 LeapYear.py

```
1    year = eval(input("연도를 입력하세요: "))
2
3    # 연도가 윤년인지 검사한다.
4    isLeapYear = (year % 4 == 0 and year % 100 != 0) or \
5        (year % 400 == 0)
6
7    # 결과를 출력한다.
8    print(year, "년은 윤년입니까?", isLeapYear)
```

연도를 입력하세요: 2008 ⏎Enter
2008 년은 윤년입니까? True

 실행결과

연도를 입력하세요: 1900 ⏎Enter
1900 년은 윤년입니까? False

 실행결과

연도를 입력하세요: 2002 ⏎Enter
2002 년은 윤년입니까? False

 실행결과

4.13 사례 연구: 복권

이 사례 연구의 복권 프로그램은 두 자릿수 정수를 랜덤하게 생성하고 자릿수 비교와 부울 연산자를 사용한다.

 키포인트

복권 프로그램을 개발한다고 해보자. 이 프로그램은 2자리 숫자를 랜덤하게 생성하여 당첨번호를 만들고, 사용자로부터 2자리 숫자로 이루어진 추첨번호를 입력받은 후에 다음 규칙에 따라 복권의 당첨 여부를 결정한다.

1. 사용자의 추첨번호가 정확한 순서로 당첨번호와 모두 일치한다면, 10,000,000원의 상금을 받는다.
2. 사용자의 추첨번호가 순서는 맞지 않지만 당첨번호와 모두 일치한다면, 3,000,000원의 상금을 받는다.
3. 사용자의 추첨번호 중 1개 숫자가 당첨번호와 일치한다면, 1,000,000원의 상금을 받는다.

코드 4.10은 복권 프로그램의 구현을 보여준다.

코드 4.10   Lottery.py

```python
1   import random
2
3   # 복권 당첨번호를 생성한다.
4   lottery = random.randint(0, 99)
5
6   # 사용자로부터 추첨번호를 입력받는다.
7   guess = eval(input("복권 추첨번호를 입력하세요(두 자릿수): "))
8
9   # 복권 당첨번호의 각 자릿수 값을 얻어낸다.
10  lotteryDigit1 = lottery // 10
11  lotteryDigit2 = lottery % 10
12
13  # 추첨번호의 각 자릿수 값을 얻어낸다.
14  guessDigit1 = guess // 10
15  guessDigit2 = guess % 10
16
17  print("복권 당첨번호는", lottery, "입니다.")
18
19  # 추첨번호를 검사한다.
20  if guess == lottery:
21      print("정확히 일치: 10,000,000원을 획득하셨습니다.")
22  elif (guessDigit2 == lotteryDigit1 and \
23        guessDigit1 == lotteryDigit2):
24      print("모든 자릿수 일치: 3,000,000원을 획득하셨습니다.")
25  elif (guessDigit1 == lotteryDigit1
26          or guessDigit1 == lotteryDigit2
27          or guessDigit2 == lotteryDigit1
28          or guessDigit2 == lotteryDigit2):
29      print("한 자릿수 일치: 1,000,000원을 획득하셨습니다.")
30  else:
31      print("아쉽게도 일치하는 숫자가 없습니다.")
```

실행결과

복권 추첨번호를 입력하세요(두 자릿수): 45 ↵Enter
복권 당첨번호는 12 입니다.
아쉽게도 일치하는 숫자가 없습니다.

실행결과

복권 추첨번호를 입력하세요(두 자릿수): 23 ↵Enter
복권 당첨번호는 34 입니다.
한 자릿수 일치: 1,000,000원을 획득하셨습니다.

라인 번호 변수	4	7	10	11	14	15	29
lottery	34						
guess		23					
lotteryDigit1			3				
lotteryDigit2				4			
guessDigit1					2		
guessDigit2						3	
출력							한 자릿수 일치: 1,000,000원을 획득하셨습니다.

이 프로그램은 random.randint(0, 99) 함수를 사용하여 복권 당첨번호를 생성하고(라인 4) 사용자로부터 추첨번호(guess)를 입력받는다(라인 7). 추첨번호가 두 자릿수의 숫자 값이므로(라인 14-15), guess % 10을 이용하여 추첨번호에서 두 번째 자릿수의 숫자를 얻고, guess // 10을 이용하여 추첨번호에서 첫 번째 자릿수의 숫자를 얻을 수 있다.

이 프로그램은 다음과 같은 순서로 복권 당첨번호와 추첨번호를 비교·검사한다.

1. 제일 먼저, 추첨번호가 복권 당첨번호와 정확히 일치하는지를 검사한다(라인 20).
2. 일치하지 않으면, 추첨번호의 역순이 복권 당첨번호와 일치하는지를 검사한다(라인 22-23).
3. 일치하지 않으면, 추첨번호의 1개 숫자가 복권 당첨번호에 있는지를 검사한다(라인 25-28).
4. 일치하지 않으면, 어떤 것도 일치하지 않는 것으로 아쉽게도 일치하는 숫자가 없습니다.를 출력한다(라인 30-31).

4.14 조건식

조건식은 조건에 따라 표현식을 평가한다.

키포인트

조건에 따라 값을 변수에 할당하는 경우를 살펴보자. 예를 들어, 다음 명령문은

x가 0보다 크면 1을 y에 할당하고, x가 0보다 작거나 같으면 -1을 y에 할당한다.

```
if x > 0:
    y = 1
else:
    y = -1
```

다른 방법으로는 다음 예제와 같이 조건식을 사용하여 동일한 결과를 산출할 수도 있다.

```
y = 1 if x > 0 else -1
```

조건식은 완전히 다른 스타일로 표현된다. 조건식의 문법형식은 다음과 같다.

표현식 1 **if** 부울식 **else** 표현식 2

이 조건식에서 부울식이 참이면 조건식의 결과는 표현식 1이 되고, 그렇지 않으면 결과는 표현식 2가 된다.

다른 예제로 number1과 number2 중 큰 값을 max에 할당하는 예제를 살펴보자. 다음 조건식을 사용하여 간략히 작성할 수 있다.

```
max = number1 if number1 > number2 else number2
```

또 다른 예제로서 다음 명령문은 number가 짝수이면 "number는 짝수입니다."라는 메시지를 출력하고, 그렇지 않으면 "number는 홀수입니다."라는 메시지를 출력한다.

```
print("number는 짝수입니다." if number % 2 == 0 else "number는 홀수입니다.")
```

 체크
포인트

4.31 다음 프로그램을 실행할 때, 입력 2, 3, 6에 대한 출력 결과는?

```
x, y, z = eval(input("세 수를 입력하세요: "))
print("정렬되어 있음" if x < y and y < z else "정렬되어 있지 않음")
```

4.32 조건식을 사용하여 다음 if 명령문을 재작성하시오.

```
if ages >= 16:
    ticketPrice = 20
else:
    ticketPrice = 10
```

```
if count % 10 == 0:
    print(count)
else:
    print(count, end = " ")
```

4.33 if/else 명령문을 사용하여 다음의 조건식을 재작성하시오.

(a) score = 3 * scale if x < 10 else 4 * scale

(b) tax = income * 0.2 if income > 10000 else income * 0.17 + 1000

(c) print(i if number % 3 == 0 else j)

4.15 연산자 우선순위와 결합법칙

연산자 우선순위와 결합은 연산자의 평가 순서를 결정한다.

키포인트

　연산자 우선순위*(operator precedence)*와 연산자 결합*(operator associativity)*은 파이썬이 연산자를 평가하는 순서를 결정한다. 다음 표현식을 살펴보자.

```
3 + 4 * 4 > 5 * (4 + 3) - 1
```

위 표현식의 결과 값은 무엇인가? 연산자의 수행 순서는 어떻게 될까?

　산술적으로 괄호 안에 있는 표현식이 먼저 평가된다(괄호는 중첩될 수 있고, 이 경우에 괄호 내부에 있는 표현식이 먼저 수행된다). 괄호가 없는 표현식을 평가할 때에는 연산자 우선순위와 결합법칙에 따라 연산자가 수행된다.

　표 4.7은 이제까지 배워온 연산자와 이들 연산자들에 대한 우선순위를 보여준다 (위에서 아래로 내려갈수록 우선순위가 낮아진다). 논리 연산자는 비교 연산자보다 낮은 우선순위를 가지며, 비교 연산자는 산술 연산자보다 낮은 우선순위를 가진다. 동일한 우선순위를 가진 연산자들은 같은 그룹으로 묶여져 있다.

〈표 4.7〉 연산자 우선순위

우선순위	연산자
	+, - (단항 +와 -)
	** (지수)
	not
	*, /, //, % (곱셈, 나눗셈, 정수 나눗셈, 나머지)
	+, - (이항 덧셈과 뺄셈)
	<, <=, >, >= (비교)
	==, != (동등)
	and
	or
	=, +=, -=, *=, /=, //=, %= (할당 연산자)

　동일한 우선순위를 가진 연산자는 *결합(associativity)*에 의해서 연산자의 평가 순서가 결정된다. 모든 이항 연산자는 *왼쪽-결합(left-associative)*이다. 예를 들어, +와 -는 동일한 우선순위를 갖고 왼쪽-결합이므로, 다음 두 표현식은 서로 동일하다.

$$a - b + c - d \quad \overset{\text{동일}}{==========} \quad ((a - b) + c) - d$$

노트

파이썬은 내부적으로 자신만의 방식으로 표현식을 평가한다. 그러나 파이썬 표현식의 평가 결과는 산술식의 평가 결과와 같다.

4.34 부울 연산자의 우선순위를 나열하시오. 다음 표현식의 결과는?

True or True and False

True and True or False

4.35 참인지 거짓인지 판별하시오. =을 제외한 모든 이항 연산자는 왼쪽-결합이다.

4.36 다음 표현식의 결과는?

2 * 2 - 3 > 2 and 4 - 2 > 5

2 * 2 - 3 > 2 or 4 - 2 > 5

4.37 (x > 0 and x < 10)와 ((x > 0) and (x < 10))는 서로 동일한가? (x > 0 or x < 10) 와 ((x > 0) or (x < 10))는 서로 동일한가? (x > 0 or x < 10 and y < 0)와 (x > 0 or (x < 10 and y < 0))는 서로 동일한가?

4.16 객체의 위치 파악하기

객체가 다른 객체의 내부에 있는지에 대한 파악을 게임 프로그래밍에서는 흔하게 한다.

게임 프로그래밍에서 객체가 다른 객체의 내부에 있는지를 판단해야 하는 경우가 종종 있다. 이번 절에서는 점이 원 내부에 있는지를 검사하는 예제 프로그램을 살펴본다. 이 예제 프로그램에서는 우선 사용자가 원의 중심과 반지름, 점을 입력한다. 그런 다음, 원과 점을 출력하고, 그림 4.7(a)-(b)에서 볼 수 있듯이 점이 원의 내부 혹은 외부에 있는지를 나타내는 메시지를 출력한다.

(a)

(b)

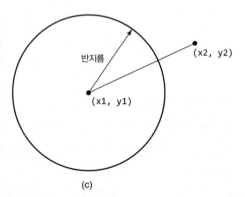
(c)

[그림 4.7] 원과 점을 출력하고, 점이 원의 내부 혹은 외부에 있는지를 나타내는 메시지를 출력한다.

그림 4.7(c)에서 볼 수 있듯이, 원의 중심에서 점까지의 거리가 원의 반지름보다 작거나 같으면, 점은 원의 내부에 있다. 원의 중심에서 점까지의 거리 계산식은 $\sqrt{(x_2 - x_1)^2 + (y_2 - y_1)^2}$ 이다. 코드 4.11은 예제 프로그램의 구현을 보여준다.

코드 4.11   PointInCircle.py

```python
1   import turtle
2
3   x1, y1 = eval(input("원의 중심 x, y를 입력하세요: "))
4   radius = eval(input("원의 반지름을 입력하세요: "))
5   x2, y2 = eval(input("한 점의 위치 x, y를 입력하세요: "))
6
7   # 원을 그린다.
8   turtle.penup()                  # 펜을 들어올린다.
9   turtle.goto(x1, y1 - radius)
10  turtle.pendown()                # 펜을 내려놓는다.
11  turtle.circle(radius)
12  # 점을 그린다.
13  turtle.penup()                  # 펜을 들어올린다.
14  turtle.goto(x2, y2)
15  turtle.pendown()                # 펜을 내려놓는다.
16  turtle.begin_fill()             # 도형 내부를 색상으로 채우기 시작한다.
17  turtle.color("red")
18  turtle.circle(3)
19  turtle.end_fill()               # 도형을 채운다.
20
21  # 상태를 출력한다.
22  turtle.penup()                  # 펜을 들어올린다.
23  turtle.goto(x1 - 70, y1 - radius - 20)
24  turtle.pendown()
25
26  d = ((x2 - x1) * (x2 - x1) + (y2 - y1) * (y2 - y1)) ** 0.5
27  if d <= radius:
28      turtle.write("점이 원의 내부에 있습니다.")
29  else:
30      turtle.write("점이 원의 외부에 있습니다.")
31
32  turtle.hideturtle()
33
34  turtle.done()
```

이 프로그램의 라인 3-4에서 원의 중심 위치와 반지름을 얻고, 라인 5에서 점의 위치를 얻는다. 그리고 라인 8-11에서 원을 출력하고, 라인 13-19에서 점을 출력한다. 원의 중심과 점 사이의 거리는 라인 26에서 계산하며, 라인 26-30에서 점이 원의 내부 혹은 외부에 있는지를 결정한다.

라인 16-19의 코드는 점을 화면에서 그려주는 dot 메소드(표 3.6 참조)를 사용하여 다음과 같이 간결하게 나타낼 수 있다.

```
turtle.dot(6, "red")
```

위 메소드는 지름이 6인 빨간색 점을 화면에 그려준다.

주요용어

random 모듈	선택문
건너뛰기 평가	연산자 결합법칙
부울값	연산자 우선순위
부울식	

요약

1. 부울 타입 변수는 True 혹은 False 값을 저장할 수 있다.

2. 비교 연산자(<, <=, ==, !=, >, >=)는 *부울값*을 산출한다.

3. 부울 연산자 and, or, not은 부울값과 부울 변수를 가지고 연산을 수행한다.

4. p1 and p2를 수행할 때, 파이썬은 먼저 p1을 수행한 후에 p1이 True이면 p2를 수행한다. p1이 False이면, p2를 수행하지 않는다. p1 or p2를 수행할 때, 파이썬은 먼저 p1을 수행한 후에 p1이 False이면 p2를 수행한다. p1이 True이면, p2를 수행하지 않는다. 그러므로 and를 *조건부* 혹은 *건너뛰기 AND 연산자*라 하며, or를 *조건부* 혹은 *건너뛰기 OR 연산자*라 한다.

5. 선택문은 선택 과정을 가진 프로그래밍을 위해 사용된다. 네 가지 선택문으로 if 문, if-else 문, 중첩 if-elif-else 문, 조건식이 있다.

6. if 문은 부울식의 결과에 따라 결정을 제어한다. 부울식의 True 혹은 False 결과 값에 따라 if 문은 두 가지 가능한 항목 중에 하나를 선택한다.

7. 산술식의 연산자는 괄호, *연산자 우선순위*, *연산자 결합법칙*에 의해 결정되는 연산 순서에 따라 수행된다.

8. 괄호는 연산순서에 상관없이 연산을 수행하는 데 사용된다.

9. 높은 우선순위를 가진 연산자가 먼저 수행된다. 동일한 우선순위를 가진 연산자에 대해서는 결합법칙이 연산자의 수행 순서를 결정한다.

프로그래밍 연습문제

 디버깅 팁
일반적으로 파이썬은 문법 오류의 발생 이유를 제공한다. 오류 해결 방법이 생각나지 않으면, 작성 중인 프로그램과 유사한 프로그램 예제를 교재에서 찾아보고 단어별로 면밀히 비교해 가면서 분석해 보자.

4.2절

*4.1 (대수: 이차방정식 풀기) 이차방정식(예를 들어, $ax^2 + bx + c = 0$)의 2개 근은 다음 수식을 사용하여 얻을 수 있다.

$$r_1 = \frac{-b + \sqrt{b^2 - 4ac}}{2a} \text{와}\quad r_2 = \frac{-b - \sqrt{b^2 - 4ac}}{2a}$$

$b^2 - 4ac$ 를 이차방정식의 판별식이라 한다. 만일 판별식의 값이 양수이면, 이차방정식은 2개의 실근을 갖는다. 판별식의 값이 0이면, 이차 방정식은 하나의 실근을 갖는다. 판별식의 값이 음수이면, 이차방정식은 실근을 갖지 않는다.

사용자로부터 a, b, c 값을 입력받고 위 판별식의 결과를 화면에 출력하는 프로그램을 작성하시오. 판별식 값이 양수이면 2개의 실근을 출력하고, 판별식 값이 0이면 하나의 실근을 출력해야 한다. 그렇지 않으면, "이 방정식은 실근이 존재하지 않습니다."를 화면에 출력한다. 다음은 프로그램의 실행 예이다.

```
a, b, c를 입력하세요: 1.0, 3, 1 ↵Enter
실근은 -0.381966 이고 -2.61803 입니다.
```

```
a, b, c를 입력하세요: 1, 2.0, 1 ↵Enter
실근은 -1 입니다.
```

```
a, b, c를 입력하세요: 1, 2, 3 ↵Enter
이 방정식은 실근이 존재하지 않습니다.
```

*4.2 (게임: 세 숫자의 덧셈) 코드 4.1은 두 정수를 생성하고 사용자로부터 이들 정수의 합을 입력받았다. 세 정수를 생성하고 이들 정수의 합을 입력받도록 코드 4.1을 수정하시오.

4.3-4.8절

*4.3 (대수: 2×2 선형 방정식 풀기) 다음의 2×2 선형 방정식을 풀기 위해 크라메르의 법칙(Cramer's rule)을 사용할 수 있다.

$$ax + by = e$$
$$cx + dy = f$$

$$x = \frac{ed - bf}{ax - bc}$$

$$y = \frac{af - ec}{ad - bc}$$

사용자로부터 a, b, c, d, e, f 값을 입력받고 그 결과를 화면에 출력하는 프로그램을 작성하시오. 만일 $ad - bc$ 가 0이면, "이 방정식은 해가 없습니다."를 출력한다.

 실행결과

| a, b, c, d, e, f를 입력하세요: 9.0, 4.0, 3.0, -5.0, -6.0, -21.0 Enter |
| x는 2 이고 y는 3 입니다. |

 실행결과

| a, b, c, d, e, f를 입력하세요: 1.0, 2.0, 2.0, 4.0, 4.0, 5.0 Enter |
| 이 방정식은 해가 없습니다. |

**4.4 (게임: 덧셈 학습하기) 100 이하의 2개 정수를 생성하고 이들 정수의 합을 사용자가 맞추도록 하는 프로그램을 작성하시오. 사용자의 입력 값이 맞는지 혹은 틀린지를 출력해야 한다. 이 프로그램은 코드 4.1의 프로그램과 유사하다.

*4.5 (미래의 요일 맞추기) 사용자가 오늘의 요일을 정수로 입력하는 프로그램을 작성하시오(예를 들어, 일요일은 0, 월요일은 1, …, 토요일은 6). 또한 사용자로부터 오늘부터 경과한 일수를 입력하면 미래의 요일을 출력한다. 다음은 프로그램의 실행 예이다.

 실행결과

| 오늘의 요일을 입력하세요: 1 Enter |
| 오늘부터 경과한 일수를 입력하세요: 3 Enter |
| 오늘은 월요일 이고 미래의 요일은 목요일 입니다. |

 실행결과

| 오늘의 요일을 입력하세요: 0 Enter |
| 오늘부터 경과한 일수를 입력하세요: 31 Enter |
| 오늘은 일요일 이고 미래의 요일은 수요일 입니다. |

*4.6 (건강 애플리케이션: BMI) 사용자가 자신의 몸무게를 파운드로 입력하고 자신의 키를 피트와 인치로 입력하도록 코드 4.6의 ComputeBMI.py를 수정하시오. 예를 들어, 어떤 사람의 키가 5피트 10인치라면, 피트 값으로 5와 인치 값으로 10을 입력한다. 다음은 프로그램의 실행 예이다.

```
몸무게(파운드)를 입력하세요: 140 ⏎Enter
키의 피트 부분을 입력하세요: 5 ⏎Enter
키의 인치 부분을 입력하세요: 10 ⏎Enter
BMI는 20.087702275404553 입니다.
당신은 정상입니다.
```

*4.7 (금융 애플리케이션: 화폐 단위) 1달러 1센트와 같이 단위 값에 대해서는 단수형 단어를 사용하고 2달러 3센트와 같이 복수 값에 대해서는 복수형 단어를 사용하여 0이 아닌 액면가가 출력되도록 리스팅 3.4의 ComputeChange.py를 수정하시오.

*4.8 (3개 정수 정렬하기) 사용자로부터 세 정수를 입력받고 오름차순으로 이들을 화면에 출력하는 프로그램을 작성하시오.

*4.9 (금융 애플리케이션: 가격 비교하기) 두 개의 서로 다른 크기의 포대에 담겨 있는 쌀을 구매한다고 해보자. 쌀 포대의 가격을 비교하는 프로그램을 작성하고자 한다. 사용자로부터 쌀 포대의 무게와 가격을 입력받고 좀 더 좋은 가격 조건의 쌀 포대를 출력한다. 다음은 프로그램의 실행 예이다.

```
포대 1의 무게와 가격을 입력하세요: 50, 24.59 ⏎Enter
포대 2의 무게와 가격을 입력하세요: 25, 11.99 ⏎Enter
포대 2의 가격이 더 낮습니다.
```

4.10 (게임: 곱셈 퀴즈) 코드 4.4의 SubtractionQuiz.py는 뺄셈 퀴즈를 위해 두 정수를 랜덤하게 생성한다. 곱셈 퀴즈를 위해 100보다 작은 두 정수를 랜덤하게 생성하여 곱셈을 수행하도록 프로그램을 수정하시오.

4.9–4.16절

*4.11 (월의 일수 계산하기) 사용자로부터 년과 월을 입력받고 입력한 월의 일수를 출력하는 프로그램을 작성하시오. 예를 들어, 사용자가 년도 값으로 2000과 월 값으로 2를 입력하면, "2000년 2월은 29일까지 있습니다."라고 출력한다. 사용자가 년도 값으로 2005와 월 값으로 3을 입력하면, "2005년 3월은 31일까지 있습니다."라고 출력한다.

4.12 (숫자 검사하기) 사용자로부터 하나의 정수를 입력받고, 그 정수가 5와 6 모두 나누어지는지, 5 또는 6으로 나누어지는지, 혹은 두 정수 모두로는 나누어지지 않지만 둘 중에 하나로만 나누어지는지를 검사하는 프로그램을 작성하시오.

```
하나의 정수를 입력하세요: 10 ⏎Enter
10 은/는 5 와 6 으로 나누어집니까? False
10 은/는 5 혹은 6 으로 나누어집니까? True
10 은/는 5 혹은 6 으로 나누어지지만, 둘 모두로는 나누어지지 않습니까? True
```

*4.13 (금융·애플리케이션: 세금 계산하기) 코드 4.7의 ComputeTax.py는 1인 세대주인 경우의 개인소득세 계산 프로그램이었다. 나머지 납세자 구분의 개인소득세도 계산할 수 있도록 코드 4.7을 완성하시오.

4.14 (게임: 앞면과 뒷면) 동전의 앞면과 뒷면을 맞추는 프로그램을 작성하시오. 앞면과 뒷면을 각각 나타내는 0과 1의 정수를 랜덤하게 생성한다. 그리고 사용자로부터 동전의 앞면과 뒷면에 대한 추측 값을 입력받고 그 추측 값이 맞는지를 출력한다.

**4.15 (게임: 복권) 세 자리 복권 당첨번호를 생성할 수 있도록 코드 4.10의 Lottery.py를 재작성하시오. 사용자로부터 세 자리 추첨번호를 입력받고 다음 규칙에 따라 실행되도록 한다.

1. 사용자의 추첨번호와 정확한 순서로 복권 당첨번호와 일치한다면, 10,000,000원의 상금을 받는다.

2. 사용자의 추첨번호와 순서는 맞지 않지만 복권 당첨번호와 모두 일치한다면, 3,000,000원의 상금을 받는다.

3. 사용자의 추첨번호 중에 1개 숫자가 복권 당첨번호와 일치한다면, 1,000,000원의 상금을 받는다.

4.16 (랜덤 문자) 대문자를 랜덤하게 생성하는 프로그램을 작성하시오.

*4.17 (게임: 가위, 바위, 보) 가위, 바위, 보 게임 프로그램을 작성하시오(가위는 보자기를 자를 수 있고, 바위는 가위를 깨뜨릴 수 있고, 보자기는 바위를 감쌀 수 있다). 이 프로그램은 가위, 바위, 보 각각을 나타내는 숫자 0, 1, 2를 랜덤하게 생성한다. 사용자로부터 0, 1, 2 숫자 중에 하나의 숫자를 입력받고 사용자가 이기는지 혹은 컴퓨터가 이기는지를 나타내는 메시지를 출력한다. 다음은 프로그램의 실행 예이다.

 실행결과
가위(0), 바위(1), 보(2): 1 ↵ Enter
컴퓨터는 가위 입니다. 당신은 바위 입니다. 당신이 이겼습니다.

 실행결과
가위(0), 바위(1), 보(2): 2 ↵ Enter
컴퓨터는 보 입니다. 당신도 보 입니다. 비겼습니다.

*4.18 (금융: 환전하기) 사용자로부터 한국 원화와 중국 위안화 사이의 환전율을 입력받는 프로그램을 작성하시오. 원에서 위안으로 환전할 때는 0을 입력하고, 반대 경우에는 1을 입력한다. 사용자로부터 원화 금액 혹은 위안화 금액을 입력받고 서로 다른 화폐의 금액으로 바꾼다. 나음은 프로그램의 실행 예이다.

원화 대 위엔화 환전율을 입력하세요: 0.005574 ↵Enter
원화를 위안화로는 0, 위안화를 원화로는 1을 입력하세요: 0 ↵Enter
원화 금액을 입력하세요: 10000 ↵Enter
10000.0 원은 55.74 위안입니다.

 실행결과

원화 대 위엔화 환전율을 입력하세요: 0.005574 ↵Enter
원화를 위안화로는 0, 위안화를 원화로는 1을 입력하세요: 1 ↵Enter
위안화 금액을 입력하세요: 1000 ↵Enter
1000.0 위안은 179410.00 원입니다.

 실행결과

원화 대 위엔화 환전율을 입력하세요: 0.005574 ↵Enter
원화를 위안화로는 0, 위안화를 원화로는 1을 입력하세요: 5 ↵Enter
잘못된 입력입니다.

 실행결과

**4.19 (삼각형의 둘레 계산하기) 삼각형의 세 변의 길이를 읽고 정상적인 입력이면 둘레를 계산하는 프로그램을 작성하시오. 정상적이지 않으면, "입력이 잘못되었습니다."라는 메시지를 출력하시오. 두 변의 합이 남은 한 변의 길이보다 길면 입력 값은 정상적이다. 다음은 프로그램의 실행 예이다.

세 변을 입력하세요: 1, 1, 1 ↵Enter
둘레는 3 입니다.

 실행결과

세 변을 입력하세요: 1, 3, 1 ↵Enter
입력이 잘못되었습니다.

 실행결과

*4.20 (과학: 체감온도) 프로그래밍 연습문제 2.9에서 체감온도를 계산하기 위한 방정식이 주어졌다. 온도가 −50°F와 41°F 사이에 있고 풍속이 2보다 크거나 같아야 이 방정식을 적용할 수 있다. 사용자로부터 온도와 풍속을 입력받고, 적절한 입력 값이면 체감온도를 출력하고, 그렇지 않으면 온도나 풍속이 부적절한 값임을 메시지로 출력하는 프로그램을 작성하시오.

종합문제

**4.21 (과학: 요일) 젤러(Zeller)의 공식은 요일 계산을 위해 크리스티안 젤러(Christian Zeller)가 개발한 알고리즘으로 다음 수식과 같다.

$$h = \left(q + \lfloor \frac{26(m+1)}{10} \rfloor + k + \lfloor \frac{k}{4} \rfloor + \lfloor \frac{j}{4} \rfloor + 5j \right) \% 7$$

여기서,

- h는 요일을 나타낸다(0: 토요일, 1: 일요일, 2: 월요일, 3: 화요일, 4: 수요일, 5: 목요일, 6: 금요일).
- q는 일을 나타낸다.
- m은 월을 나타낸다(3: 3월, 4: 4월, …, 12: 12월). 1월과 2월은 전년의 13월과 14월로 나타내고 계산한다.
- j는 세기를 나타낸다(즉, $\lfloor \frac{연도}{100} \rfloor$).
- k는 세기의 연도를 나타낸다(즉, 연도 % 100).

사용자로부터 연, 월, 일을 입력받고 요일을 출력하는 프로그램을 작성하시오. 다음은 프로그램의 실행 예이다.

> 연도를 입력하세요(예.2008): 2013 ↵Enter
> 월을 입력하세요(1-12): 1 ↵Enter
> 일을 입력하세요(1-31): 25 ↵Enter
> 요일은 금요일 입니다.

> 연도를 입력하세요(예.2008): 2012 ↵Enter
> 월을 입력하세요(1-12): 5 ↵Enter
> 일을 입력하세요(1-31): 12 ↵Enter
> 요일은 토요일 입니다.

(힌트: 양수 n에 대해 $\lfloor n \rfloor = n \mathbin{//} 1$이다. 1월과 2월은 각각 13과 14로 적용한다. 따라서 사용자 입력 1은 현재 연도를 이전 연도로 바꾸어 13으로, 2는 14로 변환해야 한다.)

**4.22 (기하: 원 내부의 점?) 사용자로부터 점 (x, y)를 입력받고, 중심이 (0, 0)이고 반지름이 10인 원의 내부에 그 점이 있는지를 검사하는 프로그램을 작성하시오. 예를 들어, 그림 4.8(a)에서 볼 수 있듯이 (4, 5)는 원의 내부에 있고 (9, 9)는 원의 외부에 있다.

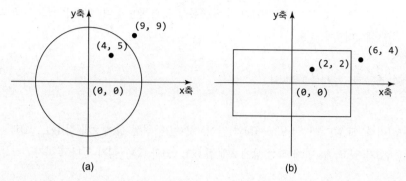

[그림 4.8] (a) 두 점이 원의 내부와 외부에 있다. (b) 두 점이 사각형의 내부와 외부에 있다.

(힌트: 어떤 점이 (0, 0)과의 거리가 10보다 작거나 같으면 그 점은 원의 내부에 있다. 거리 계산을 위한 방정식은 $\sqrt{(x_2 - x_1)^2 + (y_2 - y_1)^2}$ 이다.) 다음은 프로그램의 실행 예이다.

점의 두 좌표값을 입력하세요: **4, 5**
점 (4.0, 5.0) 은 원의 내부에 있습니다.

점의 두 좌표값을 입력하세요: **9, 9** ⏎Enter
점 (9.0, 9.0) 은 원의 내부에 있지 않습니다.

**4.23 (기하: 사각형 내부의 점?) 사용자로부터 점 (x, y)를 입력받고, 중심이 (0, 0), 폭이 10, 높이가 5인 사각형의 내부에 그 점이 있는지를 검사하는 프로그램을 작성하시오. 예를 들어, 그림 4.8(b)에서 볼 수 있듯이 (2, 2)는 사각형의 내부에 있고 (6, 4)는 사각형의 외부에 있다(힌트: 점이 (0, 0)과 수평 거리로 10.0 / 2보다 작거나 같고, 수직 거리로 5.0 / 2보다 작거나 같으면 그 점은 사각형의 내부에 있다. 모든 경우에 대하여 프로그램을 테스트하시오). 다음은 프로그램의 실행 예이다.

점의 좌표값을 입력하세요: **2, 2**
점 (2.0, 2.0) 은 사각형 내부에 있습니다.

점의 좌표값을 입력하세요: **6, 4**
점 (6.0, 4.0) 은 사각형 내부에 있지 않습니다.

**4.24 (게임: 카드 뽑기) 52장의 카드팩에서 한 장의 카드를 뽑는 프로그램을 작성하시오. 이 프로그램은 (A, 2, 3, 4, 5, 6, 7, 8, 9, 10, J, Q, K)의 순위와 (크로바,

다이아몬드, 하트, 스페이드)의 카드 종류를 출력해야 한다. 다음은 프로그램의 실행 예이다.

 당신이 뽑은 카드는 하트 J 입니다.

*4.25 (기하: 교점) 그림 4.9(a)–(b)와 같이, 첫 번째 직선 상에 2개 점 (x1, y1)과 (x2, y2)가 있고, 두 번째 직선 상에 2개 점 (x3, y3)과 (x4, y4)가 있다고 하자.

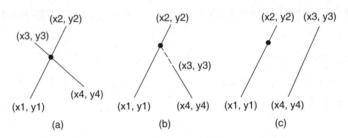

(a)   (b)   (c)

[그림 4.9] (a)와 (b)에서는 두 직선이 교차되고 있고, (c)에서는 평행이다.

두 직선의 교점은 다음 선형 방정식을 풀어서 얻을 수 있다.

$$(y_1 - y_2)x - (x_1 - x_2)y = (y_1 - y_2)x_1 - (x_1 - x_2)y_1$$
$$(y_3 - y_4)x - (x_3 - x_4)y = (y_3 - y_4)x_3 - (x_3 - x_4)y_3$$

선형 방정식은 크라메르의 법칙을 사용하여 풀 수 있다(프로그래밍 연습문제 4.3을 보시오). 방정식의 해가 없다면, 두 직선은 평행하다(그림 4.9(c)). 사용자로부터 4개의 점을 입력받고 두 직선의 교점을 출력하는 프로그램을 작성하시오. 다음은 프로그램의 실행 예이다.

 x1, y1, x2, y2, x3, y3, x4, y4를 입력하세요:
2, 2, 5, -1, 4, 2, -1, -2 ⏎Enter
교점은 (2.8889, 1.1111) 입니다.

 x1, y1, x2, y2, x3, y3, x4, y4를 입력하세요:
2, 2, 7, 6, 4, 2, -1, -2 ⏎Enter
두 직선은 평행합니다.

4.26 (대칭수) 사용자로부터 세 자리 정수를 입력받고 그 숫자가 대칭수(palindrome number)인지를 판별하는 프로그램을 작성하시오. 어떤 숫자를 오른쪽에서 왼쪽으로 읽으나 왼쪽에서 오른쪽으로 읽으나 서로 같다면, 그 숫자는 대칭수이다. 다음은 프로그램의 실행 예이다.

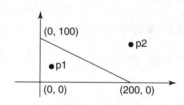

세 자리 정수를 입력하세요: **121** Enter
121 은/는 대칭수입니다.

세 자리 정수를 입력하세요: **123** Enter
123 은/는 대칭수가 아닙니다.

**4.27 (기하: 삼각형 내부에 점이 있는지?) 직각삼각형이 아래 그림과 같이 평면에 놓여 있다고 해보자. 직각 점은 (0, 0)이고, 다른 두 점은 (200, 0)과 (0, 100)에 있다. 사용자로부터 x, y 좌표의 점을 입력받고 그 점이 삼각형의 내부에 있는지를 판별하는 프로그램을 작성하시오. 다음은 프로그램의 실행 예이다.

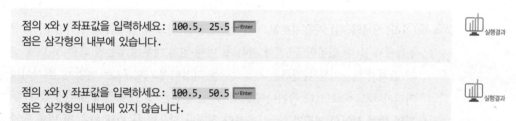

점의 x와 y 좌표값을 입력하세요: **100.5, 25.5** Enter
점은 삼각형의 내부에 있습니다.

점의 x와 y 좌표값을 입력하세요: **100.5, 50.5** Enter
점은 삼각형의 내부에 있지 않습니다.

**4.28 (기하: 2개의 사각형) 사용자로부터 두 사각형에 대한 중점 좌표 (x, y), 폭과 높이를 입력받고, 그림 4.10에서 볼 수 있듯이 두 번째 사각형이 첫 번째 사각형의 내부에 있는지 혹은 첫 번째 사각형과 겹쳐져 있는지를 판별하는 프로그램을 작성하시오. 모든 경우를 포함하는 테스트 프로그램을 작성해야 한다.

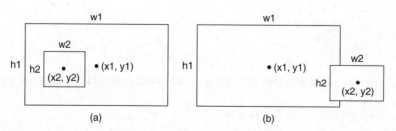

[그림 4.10] (a) 하나의 사각형이 다른 사각형의 내부에 있다. (b) 하나의 사각형이 다른 사각형과 겹쳐 있다.

다음은 프로그램의 실행 예이다.

실행결과
r1 중심의 x, y 좌표값, 폭과 높이를 입력하세요:
  2.5, 4, 2.5, 43 ⏎Enter
r2 중심의 x, y 좌표값, 폭과 높이를 입력하세요:
  1.5, 5, 0.5, 3 ⏎Enter
r2는 r1 내부에 있습니다.

실행결과
r1 중심의 x, y 좌표값, 폭과 높이를 입력하세요:
  1, 2, 3, 5.5 ⏎Enter
r2 중심의 x, y 좌표값, 폭과 높이를 입력하세요:
  3, 4, 4.5, 5 ⏎Enter
r2는 r1과 겹칩니다.

실행결과
r1 중심의 x, y 좌표값, 폭과 높이를 입력하세요:
  1, 2, 3, 3 ⏎Enter
r2 중심의 x, y 좌표값, 폭과 높이를 입력하세요:
  40, 45, 3, 1 ⏎Enter
r2는 r1과 겹치지 않습니다.

**4.29 (기하: 2개의 원) 사용자로부터 두 원의 중점 좌표와 반지름을 입력받고, 그림 4.11에서 볼 수 있듯이 두 번째 원이 첫 번째 원의 내부에 있는지 혹은 첫 번째 원과 겹쳐져 있는지를 판별하는 프로그램을 작성하시오(힌트: 두 원의 중점 사이의 거리가 |r1 - r2|보다 작거나 같으면 두 번째 원은 첫 번째 원의 내부에 있다. 두 원의 중점 사이의 거리가 r1 + r2보다 작거나 같으면 두 번째 원은 첫 번째 원과 겹쳐져 있다. 모든 경우를 포함하는 테스트 프로그램을 작성해야 한다).

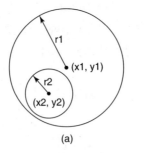 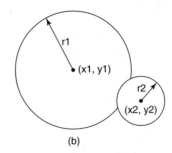

(a)   (b)

[그림 4.11] (a) 하나의 원이 다른 원의 내부에 있다. (b) 하나의 원이 다른 원과 겹쳐져 있다.

다음은 프로그램의 실행 예이다.

실행결과

원1 중심의 x, y 좌표값과 반지름을 입력하세요:
 0.5, 5.1, 13 ↵Enter
원2 중심의 x, y 좌표값과 반지름을 입력하세요:
 1, 1.7, 4.5 ↵Enter
원2는 원1 내부에 있습니다.

 실행결과

원1 중심의 x, y 좌표값과 반지름을 입력하세요:
 4.4, 5.7, 5.5 ↵Enter
원2 중심의 x, y 좌표값과 반지름을 입력하세요:
 6.7, 3.5, 3 ↵Enter
원2와 원1은 겹칩니다.

 실행결과

원1 중심의 x, y 좌표값과 반지름을 입력하세요:
 4.4, 5.5, 1 ↵Enter
원2 중심의 x, y 좌표값과 반지름을 입력하세요:
 5.5, 7.2, 1 ↵Enter
원2와 원1은 겹치지 않습니다.

*4.30 (현재 시간) 12시간 단위의 시계를 사용하여 현재 시간을 출력할 수 있도록 프로그래밍 연습문제 2.18을 재작성하시오. 다음은 프로그램의 실행 예이다.

 실행결과

GMT와 시간대 차이를 입력하세요: -5 ↵Enter
현재 시간은 4:50:34 AM 입니다.

*4.31 (기하: 점 위치) p0(x0, y0) 점에서 p1(x1, y1) 점까지의 직선이 주어졌을 때, p2(x2, y2) 점이 직선의 왼쪽에 있는지, 직선의 오른쪽에 있는지, 혹은 직선 위에 있는지를 판별하는 조건은 다음과 같다.

$$(x1 - x0) * (y2 - y0) - (x2 - x0) * (y1 - y0) \begin{cases} > 0 & p2가\ 직선의\ 왼쪽에\ 있다. \\ = 0 & p2가\ 직선\ 위에\ 있다. \\ < 0 & p2가\ 직선의\ 오른쪽에\ 있다. \end{cases}$$

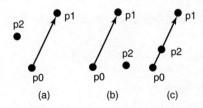

[그림 4.12] (a) p2가 직선의 왼쪽에 있다. (b) p2가 직선의 오른쪽에 있다. (c) p2가 직선 위에 있다.

사용자로부터 세 점 p0, p1, p2에 대한 x, y 좌표값을 입력받고 p2가 p0에서 p1까지의 직선 왼쪽에 있는지, 직선 오른쪽에 있는지 혹은 직선 위에 있는지를 출력하는 프로그램을 작성하시오. 다음은 프로그램의 실행 예이다.

 실행결과

세 점 p0, p1, p2에 대한 좌표값을 입력하세요:
  3.4, 2, 6.5, 9.5, -5, 4 ↵Enter
p2는 p0에서 p1까지의 직선 왼쪽에 있습니다.

 실행결과

세 점 p0, p1, p2에 대한 좌표값을 입력하세요:
  1, 1, 5, 5, 2, 2 ↵Enter
p2는 p0에서 p1까지의 직선 위에 있습니다.

 실행결과

세 점 p0, p1, p2에 대한 좌표값을 입력하세요:
  3.4, 2, 6.5, 9.5, 5, 2.5 ↵Enter
p2는 p0에서 p1까지의 직선 오른쪽에 있습니다.

*4.32 (기하: 선분 위의 점) 프로그래밍 연습문제 4.30은 점이 무한 직선 위에 있는지를 검사하는 방법을 보였다. 어떤 점이 선분 위에 있는지를 검사할 수 있도록 프로그래밍 연습문제 4.30을 수정하시오. 사용자로부터 세 점 p0, p1, p2에 대한 x, y 좌표값을 입력받고, p0에서 p1까지 잇는 선분 위에 p2가 있는지를 출력하시오. 다음은 프로그램의 실행 예이다.

 실행결과

세 점 p0, p1, p2에 대한 좌표값을 입력하세요:
  1, 1, 2.5, 2.5, 1.5, 1.5 ↵Enter
(1.5, 1.5)는 (1.0, 1.0)부터 (2.5, 2.5)까지 잇는 선분 위에 있습니다.

실행결과

세 점 p0, p1, p2에 대한 좌표값을 입력하세요:
  1, 1, 2, 2, 3.5, 3.5 ↵Enter
(3.5, 3.5)는 (1.0, 1.0)부터 (2.0, 2.0)까지 잇는 선분 위에 있지 않습니다.

*4.33 (10진수를 16진수로 변환) 사용자로부터 0과 15 사이의 10진수 정수를 입력받고, 그 정수에 해당하는 16진수를 출력하는 프로그램을 작성하시오. 다음은 프로그램의 실행 예이다.

실행결과

10진수 값을 입력하세요(0-15): 11
16진수 값은 B 입니다.

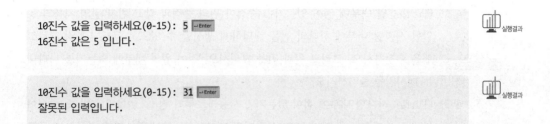

실행결과

```
10진수 값을 입력하세요(0-15): 5 ↵Enter
16진수 값은 5 입니다.
```

```
10진수 값을 입력하세요(0-15): 31 ↵Enter
잘못된 입력입니다.
```

*4.34 (16진수를 10진수로 변환) 사용자로부터 16진수 문자를 입력받고, 입력 문자에 해당하는 10진수 정수를 출력하는 프로그램을 작성하시오. 다음은 프로그램의 실행 예이다.

```
16진수 문자를 입력하세요: A ↵Enter
10진수 값은 10 입니다.
```

```
16진수 문자를 입력하세요: a ↵Enter
10진수 값은 10 입니다.
```

```
16진수 문자를 입력하세요: 5 ↵Enter
10진수 값은 5 입니다.
```

```
16진수 문자를 입력하세요: G ↵Enter
잘못된 입력입니다.
```

*4.35 (Turtle: 점 위치) 사용자로부터 3개 점 p0, p1, p2에 대한 x, y 좌표값을 입력받고 그림 4.13에서 볼 수 있듯이 p2가 p0에서 p1까지로 만들어진 직선의 왼쪽에 있는지, 직선 오른쪽에 있는지, 혹은 직선 위에 있는지를 나타내는 메시지를 출력하는 프로그램을 작성하시오. 점 위치의 결정에 관한 사항은 프로그래밍 연습문제 4.30을 참조하시오.

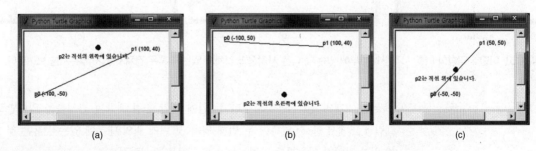

[그림 4.13] 점 위치가 그래픽으로 출력된다.

*4.36 (Turtle: 원 내부에 점이 있는가?) 중점이 원의 중점과 같고 변이 원의 지름과 동일한 사각형 내부에 하나의 점을 랜덤하게 생성할 수 있도록 코드 4.11의 프로그램을 수정하시오. 그리고 원과 점을 그리시오. 점이 원의 내부에 있는지를 나타내는 메시지를 출력하시오.

*4.37 (Turtle: 사각형 내부에 점이 있는가?) 사용자로부터 점 (x, y)를 입력받고, 중심이 (0, 0), 폭이 100, 높이가 50인 사각형의 내부에 그 점이 있는지를 검사하는 프로그램을 작성하시오. 점과 사각형을 그리고, 그림 4.14에서 볼 수 있듯이 점이 사각형 내부에 있는지를 나타내는 메시지를 출력하시오.

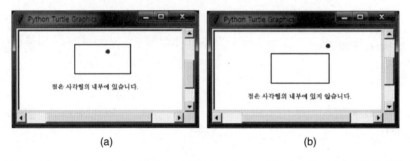

(a)   (b)

[그림 4.14] 사각형과 점을 그리고, 점이 사각형의 내부 혹은 외부에 있는지를 나타내는 메시지를 출력한다.

**4.38 (기하: 두 개의 사각형) 사용자로부터 두 사각형에 대한 중점 좌표 (x, y), 폭과 높이를 입력받고, 그림 4.15에서 볼 수 있듯이 두 번째 사각형이 첫 번째 사각형의 내부에 있는지 혹은 첫 번째 사각형과 겹쳐져 있는지를 판별하는 프로그램을 작성하시오.

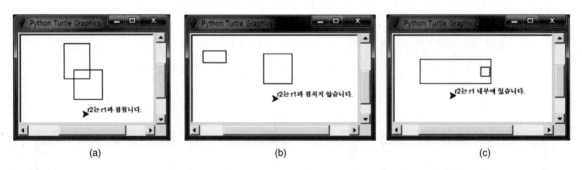

(a)   (b)   (c)

[그림 4.15] 어떤 사각형이 다른 사각형의 내부에 있는지, 다른 사각형과 겹쳐져 있는지 혹은 겹쳐져 있지 않은지를 보여준다.

*4.39 (Turtle: 2개의 원) 사용자로부터 두 원에 대한 중점 좌표와 반지름을 입력받고, 그림 4.16에서 볼 수 있듯이 두 번째 원이 첫 번째 원의 내부에 있는지 혹은 첫 번째 원과 겹쳐져 있는지를 판별하는 프로그램을 작성하시오.

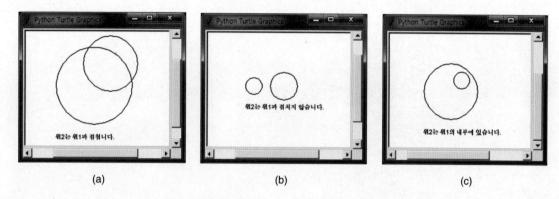

(a) (b) (c)

[그림 4.16] 두 개의 원을 그리고 상태 메시지를 출력한다.

CHAPTER

5

루프

CHAPTER
5
루프

5.1 들어가기

루프(loop)는 프로그램에 명령문이 반복적으로 실행되도록 지시하는 데 사용된다.

하나의 문자열(예를 들면, 프로그래밍은 재미있습니다!)을 100번 출력해야 한다고 가정해 보자. 동일한 명령문을 100번 입력하는 것은 매우 지루한 작업일 것이다.

$$100번 \begin{cases} \texttt{print("프로그래밍은 재미있습니다!")} \\ \texttt{print("프로그래밍은 재미있습니다!")} \\ \texttt{...} \\ \texttt{print("프로그래밍은 재미있습니다!")} \end{cases}$$

그렇다면 이러한 문제를 어떻게 해결해야 할까?

파이썬은 계속된 작업(또는 연속된 여러 작업)이 몇 번 수행되어야 하는지 제어할 수 있는 루프(loop)라는 강력한 구조를 제공한다. 루프 명령문을 사용하여 프린트 명령문 코드를 100번이나 작성할 필요가 없다. 간단히 컴퓨터에 출력할 문자열의 반복 횟수만 지시하면 된다. 루프 명령문은 다음과 같이 작성된다.

```
count = 0
while count < 100:
    print("프로그래밍은 재미있습니다!")
    count = count + 1
```

변수 count는 초기에 0으로 설정된다. 루프는 count < 100가 참인지 검사한다. 참이라면, 프로그래밍은 재미있습니다! 메시지를 출력하는 루프 몸체(반복해야 하는 명령문을 포함한 루프의 부분)를 실행하고 count를 1 증가시킨다. 이 작업은 루프의 몸체가 count < 100가 거짓(즉, count가 100까지 도달할 때)이 될 때까지 반복적으로 수행된다. count >= 100가 될 때 루프는 종료되고 루프 다음의 명령문이 실행된다.

루프는 명령문 블록을 반복적으로 실행하도록 제어하는 구조라고 할 수 있다. 루프의 개념은 프로그래밍의 기본이다. 파이썬은 두 종류의 루프문, while 루프와 for 루프를 제공한다. while 루프는 조건 제어 루프(condition-controlled loop)

로 참/거짓 조건에 의해 제어된다. for 루프는 *계수 제어 루프(count-controlled loop)*로 특정 횟수만큼 반복한다.

5.2 while 문

while **루프는 조건이 참인 동안 반복적으로 명령문을 실행한다.** 키포인트

while 루프의 문법은 다음과 같다.

> **while 루프-계속-조건:**
> # 루프 몸체
> **명령문(s)**

그림 5.1(a)는 while 루프의 순서도를 보여준다. 루프 몸체의 1회 실행을 루프의 반복(iteration) 또는 되풀이(repetition)라고 한다. 각각의 루프는 몸체의 실행을 제어하는 부울 연산식으로 표현되는 루프-계속-조건(loop-continuation-condition)을 포함한다. 루프-계속-조건은 매 반복 시 루프의 몸체가 실행되어야 하는지 결정한다. 조건 평가 후 참이라면, 루프의 몸체가 실행된다. 그렇지 않으면, 전체 루프가 종료되고 while 루프 이후의 명령문으로 프로그램 제어를 넘긴다.

프로그램은 재미있습니다!를 100번 출력하는 루프는 while 루프의 한 예이다. 이 예제의 순서도는 그림 5.1(b)와 같다. 루프-계속-조건은 count < 100이고 루프의 몸체는 두 명령문을 포함한다.

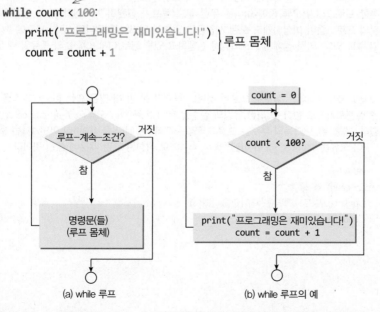

[그림 5.1] while **루프는** 루프-계속-조건**이** 참**일 때까지 루프 몸체의 명령문을 반복적으로 실행한다.**

루프가 어떻게 동작하는지 설명하는 또 다른 예제를 살펴보자.

```
sum = 0
i = 1
while i < 10:
    sum = sum + i
    i = i + 1
print("합계는", sum, "입니다.") # 합계는 45 입니다.
```

만약 i < 10가 참이라면, 프로그램은 i를 sum변수에 더한다. 변수 i는 초기에 1로 설정되고, 2, 3... 순차적으로 10까지 증가된다. i가 10일 때, i < 10은 거짓이되고 루프는 종료된다. 따라서 sum은 1 + 2 + 3 + … + 9 = 45가 된다.

루프를 실수로 다음과 같이 작성했다고 가정해 보자.

```
sum = 0
i = 1
while i < 10:
    sum = sum + i
i = i + 1
```

루프의 몸체 전체는 루프의 안쪽으로 들여쓰기가 되어야 한다는 것을 주의해야한다. 여기서 i = i + 1 명령문은 루프의 몸체가 아니다. i는 항상 1이고 i < 10는 항상 참이 되기 때문에 이 루프는 무한히 계속될 것이다.

✏️ **노트**
루프-계속-조건이 결국에는 거짓이 되어 루프가 종료될 수 있는지 확실히 검사해야한다. 흔한 프로그래밍 오류 중에 하나는 무한 루프(루프가 영원히 계속된다)이다. 만약에 여러분의 프로그램이 이상하게도 오랜 시간동안 멈추지 않고 실행된다면, 무한 루프에 빠진 것일 수도 있다. 명령 창에서 프로그램을 실행하고 있을 경우 CTRL+C를 눌러 종료할 수 있다.

📍 **주의**
때때로 프로그래머는 실수로 의도한 것보다 루프가 한 번 더 많은 또는 한 번 더 적은 횟수를 실행시키기도 한다. 이러한 유형의 실수를 흔히 *한끗 차이 오류(off-by-one error)*라고 한다. 예를 들면, 다음의 루프는 프로그래밍은 재미있습니다!를 100번이 아닌 101번 출력한다. 이 오류는 count < 100이 아닌 count <= 100로 작성된 조건 때문에 생긴 것이다.

```
count = 0
while count <= 100:
    print("프로그래밍은 재미있습니다!")
    count = count + 1
```

뺄셈 문제에 대한 답을 사용자로부터 입력받는 프로그램인 코드 4.4 SubtractionQuiz.py를 다시 생각해 보자. 루프를 사용하여 코드 5.1과 같이 사용자로부터 정확한 입력을 받을 때까지 새로운 값을 입력받게 하는 프로그램으로 재작성할 수 있다.

코드 5.1   RepeatSubtractionQuiz.py

```
1  import random
2
3  # 1. 두 개의 한 자리 정수를 랜덤으로 생성한다.
4  number1 = random.randint(0, 9)
5  number2 = random.randint(0, 9)
6
7  # 2. number1 < number2이면, number1과 number2를 교환한다.
8  if number1 < number2:
9      number1, number2 = number2, number1
10
11  # 3. 사용자로부터 "number1 - number2는 얼마입니까?"에 대한 답을 입력받는다.
12  answer = eval(input(str(number1) + " - "
13      + str(number2) + "은/는 얼마입니까? "))
14
15  # 4. 정확한 답을 입력할 때까지 질문을 반복한다.
16  while number1 - number2 != answer:
17      answer = eval(input("틀렸습니다. 다시 해보세요. "
18          + str(number1) + " - " + str(number2) + "은/는 얼마입니까? "))
19
20  print("정답!")
```

4 - 3 은/는 얼마입니까? 4 ↵Enter
틀렸습니다. 다시 해보세요. 4 - 3 은/는 얼마입니까? 5 ↵Enter
틀렸습니다. 다시 해보세요. 4 - 3 은/는 얼마입니까? 1 ↵Enter
정답!

number1 - number 2 != answer가 참일 때, 라인 16–18에서 루프는 반복적으로 사용자로부터 뺄셈의 답을 입력받는다. number1 - number2 != answer가 거짓이 되면, 루프는 종료된다.

5.2.1 사례 연구: 숫자 맞히기

이번 문제는 컴퓨터가 숨겨놓은 숫자(마법수)를 맞히는 것이다. 0 이상 100 이하 사이의 정수를 랜덤하게 생성하는 프로그램을 작성할 것이다. 프로그램을 랜덤하게 생성된 숫자가 사용자의 입력과 일치할 때까지 계속해서 입력받는다. 각 사용자 입력에 대해, 프로그램은 정답보다 큰지 작은지 응답하여 사용자가 지능적으로 다음 입력을 선택할 수 있게 한다. 다음은 실행 예이다.

실행결과

```
0과 100 사이의 마법수를 맞춰보세요.
마법수는 무엇일까요?: 50 ↵Enter
너무 큽니다.
마법수는 무엇일까요?: 25 ↵Enter
너무 작습니다.
마법수는 무엇일까요?: 42 ↵Enter
너무 큽니다.
마법수는 무엇일까요?: 39 ↵Enter
정답. 마법수는 39 입니다.
```

마법수는 0과 100 사이의 숫자이다. 추측 횟수를 최소화하기 위해서 50을 먼저 입력한다. 만약 추측값이 너무 크면, 마법의 숫자는 0과 49 사이이다. 만약 추측값이 너무 작다면, 마법의 숫자는 51과 100 사이가 된다. 따라서 한 번 추측한 후에 추가로 고려해야하는 숫자의 절반을 제거할 수 있다.

어떻게 이 프로그램을 작성할 것인가? 즉시 코딩을 시작할 것인가? 그렇지 않다. *코딩 전에 생각하는 것이 중요하다.* 프로그램을 작성하기 전에 문제를 어떻게 해결할 것인가에 대해서 생각해야한다. 먼저 0 이상 100 이하 사이의 랜덤 숫자를 생성하고, 사용자로부터 추측값을 입력받는다. 이 후 랜덤 숫자와 추측값을 비교한다.

점진적(즉, 한 번에 한 단계씩)으로 코드를 작성하는 것은 좋은 습관이다. 루프를 포함하는 프로그램의 경우, 루프를 곧바로 작성하는 방법을 모른다면 프로그램을 우선 작성하고 한번 코드를 실행해본 후 어떻게 반복적으로 수행해야 하는지 알아낼 수 있다. 이 프로그램을 위해 코드 5.2와 같이 초안을 작성할 수 있다.

코드 5.2	GuessNumberOneTime.py

```python
1   import random
2
3   # 사용자가 맞혀야하는 마법수를 생성한다.
4   number = random.randint(0, 100)
5
6   print("0과 100 사이의 마법수를 맞춰보세요.")
```

```
7
8    # 사용자로부터 추측값을 입력받는다.
9    guess = eval(input("마법수는 무엇일까요?: "))
10
11   if guess == number:
12       print("정답, 마법수는", number, "입니다.")
13   elif guess > number:
14       print("너무 큽니다.")
15   else:
16       print("너무 작습니다.")
```

이 프로그램이 실행되면, 사용자로부터 단 한 번만 추측값을 입력받는다. 이제 반복적으로 추측값을 입력받도록 루프를 생성하기 위해 라인 11-16의 코드를 다음과 같이 수정할 수 있다.

```
1    while True:
2        # 사용자가 맞혀야하는 마법수를 생성한다.
3        guess = eval(input("마법수는 무엇일까요?: "))
4
5        if guess == number:
6            print("정답, 마법수는", number, "입니다.")
7        elif guess > number:
8            print("너무 큽니다.")
9        else:
10           print("너무 작습니다.")
```

이 루프는 사용자로부터 반복적으로 추측값을 입력받도록 변경되었으나 아직 루프가 종료될 필요가 있다. guess가 number와 일치할 때, 루프는 종료된다. 따라서 다음과 같이 루프를 변경할 수 있다.

```
1    while guess != number:
2        # 사용자가 맞혀야하는 마법수를 생성한다.
3        guess = eval(input("마법수는 무엇일까요?: "))
4
5        if guess == number:
6            print("정답, 마법수는", number, "입니다.")
7        elif guess > number:
8            print("너무 큽니다.")
9        else:
10           print("너무 작습니다.")
```

완성된 코드는 코드 5.3과 같다.

코드 5.3   GuessNumber.py

```python
1  import random
2
3  # 사용자가 맞혀야하는 마법수를 생성한다.
4  number = random.randint(0, 100)
5
6  print("0과 100 사이의 마법수를 맞춰보세요.")
7
8  guess = -1
9  while guess != number:
10     # 사용자로부터 추측값을 입력받는다.
11     guess = eval(input("마법수는 무엇일까요?"))
12
13     if guess == number:
14         print("정답, 마법수는 ", number, "입니다.")
15     elif guess > number:
16         print("너무 큽니다.")
17     else:
18         print("너무 작습니다.")
```

	라인번호	number	guess	출력결과
	4	39		
	8		-1	
반복 1	11		50	
	16			너무 큽니다.
반복 2	11		25	
	18			너무 작습니다.
반복 3	11		42	
	16			너무 큽니다.
반복 4	11		39	
	14			정답! 마법수는 39 입니다.

이 프로그램은 라인 4에서 마법수를 생성하고 사용자로부터 루프를 통해 추측값을 계속 입력받는다(라인 9-18). 각각의 추측값에 대해, 프로그램은 사용자의 숫자가 정확한지, 큰지 또는 작은지 검사한다(라인 13-18). 추측값이 정확하면, 프로그

램은 루프를 종료한다(라인 9). guess는 초기에 −1이라는 것에 주목해야 한다. 초기의 추측값이 −1인 이유는 초깃값이 추측되어야할 숫자일 수 있기 때문에 0에서 100 사이의 숫자로 초기화되는 것을 피하기 위한 것이다.

5.2.2 루프 설계 전략

정확하게 동작하는 루프를 작성하는 것은 초보 프로그래머에게 쉬운 작업이 아니다. 루프를 작성할 때 고려되어야 하는 3단계를 살펴보자.

> 단계 1: 반복되어야 하는 명령문을 파악한다.
> 단계 2: 다음과 같이 파악된 명령문을 루프로 묶는다.

> ```
> while True:
>     명령문
> ```

> 단계 3: 루프-계속-조건 코드를 작성하고 루프를 제어하기 위한 적절한 명령문을 추가한다.

> ```
> while 루프-계속-조건:
>     명령문
>     루프를 제어하기 위한 추가적인 명령문
> ```

5.2.3 사례 연구: 복수 뺄셈 퀴즈

코드 4.4 SubtractionQuiz.py의 뺄셈 퀴즈 프로그램은 매 실행마다 단 한 개의 질문만을 생성했다. 질문을 반복적으로 생성하기 위해 루프를 사용할 수 있다. 다섯 개의 질문을 생성하기 위해서는 어떻게 코드를 작성해야 하는가? 루프 설계 전략을 따라해 보자. 첫째, 반복해야 하는 명령문을 파악한다. 뺄셈 퀴즈에서 반복되는 명령문은 두 개의 랜덤 숫자를 생성하고 사용자에게 뺄셈 문제를 수행하게 한 후, 문제를 평가하는 부분이다. 둘째, 파악된 명령문을 루프로 묶는다. 셋째, 다섯 번 수행하도록 루프 제어 변수와 루프−계속−조건을 추가한다.

　코드 5.4는 다섯 개의 질문을 생성하고 사용자로부터 질문에 대한 답안을 입력받은 후 정확한 답의 개수를 알려주는 프로그램이다. 프로그램은 또한 다음의 실행 예 화면과 같이 시험에 소비된 시간을 출력한다.

| 코드 5.4 | SubtractionQuizLoop.py |

```
1  import random
2  import time
3
```

```
4   correctCount = 0 # 정답의 개수를 계산한다.
5   count = 0 # 문제의 개수를 계산한다.
6   NUMBER_OF_QUESTIONS = 5 # 상수
7
8   startTime = time.time() # 시작 시각을 구한다.
9
10  while count < NUMBER_OF_QUESTIONS:
11      # 두 개의 한 자리 랜덤 정수를 생성한다.
12      number1 = random.randint(0, 9)
13      number2 = random.randint(0, 9)
14
15      # number1 < number2이면 number1과 number2를 교환한다.
16      if number1 < number2:
17          number1, number2 = number2, number1
18
19      # 사용자로부터 "number1 - number2은/는 얼마입니까?"의 답을 입력받는다.
20      answer = eval(input(str(number1) + " - " +
21          str(number2) + "은/는 얼마입니까? "))
22
23      # 답을 평가하고 결과를 출력한다.
24      if number1 - number2 == answer:
25          print("정답입니다!")
26          correctCount += 1
27      else:
28          print("틀렸습니다.\n", number1, "-",
29              number2, "은/는", number1 - number2, "입니다.")
30
31      # count를 증가시킨다.
32      count += 1
33
34  endTime = time.time() # 종료 시각을 구한다.
35  testTime = int(endTime - startTime) # 시험 시간을 구한다.
36  print("정답의 개수는", NUMBER_OF_QUESTIONS, "개 중",
37      correctCount, "개입니다.\n수행 시간은", testTime, "초입니다.")
```

실행결과

```
1 - 1 은/는 얼마입니까? 0 ↵Enter
정답입니다!

7 - 2 은/는 얼마입니까? 5 ↵Enter
정답입니다!
```

```
9 - 3 은 얼마입니까? 4 ⏎Enter
틀렸습니다.
9 - 3 은/는 6

6 - 6 은 얼마입니까? 0 ⏎Enter
정답입니다!

9 - 6 은 얼마입니까? 2 ⏎Enter
틀렸습니다.
9 - 6 은/는 3 입니다.

정답의 개수는 5 개 중 3 개입니다.
수행 시간은 10 초입니다.
```

SubtractionQuizLoop 프로그램은 루프 실행을 제어하기 위해 제어 변수 count 를 사용한다. count의 초깃값은 0(라인 5)이고 매 반복마다 1씩 증가된다(라인 32). 뺄셈 문제는 매 반복마다 출력되고 처리된다. 프로그램은 라인 8에서 퀴즈가 시작 되기 전 시간과 라인 34에서 시험이 끝난 후의 시간을 구하고 라인 35에서 퀴즈 수 행 시간을 초 단위로 계산한다. 그리고 모든 퀴즈가 수행된 이후 정확한 답의 개수 와 시험 시간을 출력한다(라인 36-37).

5.2.4 사용자 확인을 사용하여 루프 제어하기

코드 5.4의 예제는 루프를 다섯 번 수행한다. 만약에 사용자가 또 다른 질문을 받고 싶은지 결정할 수 있게 하고 싶다면 *사용자 확인(user confirmation)*을 제안할 수 있다. 이러한 프로그램의 전체적인 윤곽은 다음과 같은 코드로 작성될 수 있다.

```
continueLoop = 'Y'
while continueLoop == 'Y':
    # 루프 몸체를 한 번 수행한다.
    ...

    # 사용자 확인을 묻는다.
    continueLoop = input("계속은 Y, 종료는 N을 입력하세요: ")
```

사용자가 다음 질문을 계속할 것인지 결정하는 사용자 확인을 하도록 코드 5.4 를 재작성할 수 있다.

5.2.5 감시값을 사용하여 루프 제어하기

루프를 제어하는 데 자주 사용되는 또 다른 기법은 입력의 끝을 나타내는, *감시값*

(sentinel value)이라고 하는 특별 입력값을 지정하는 것이다. 이렇게 감시값을 사용하는 루프를 감시-제어 루프(sentinel-controlled loop)라고 한다.

코드 5.5의 프로그램은 불특정 개수의 정수를 읽고 합계를 계산한다. 입력 0은 입력의 끝을 나타낸다. 각각의 입력값을 위한 새로운 변수를 사용할 필요가 없다. 대신 입력 값을 저장하기 위해 data라는 변수(라인 1)를 사용하고 합계를 저장하는 sum이라는 변수(라인 5)를 사용한다. 값이 읽힐 때마다, data에 값을 할당(라인 9)하고 0이 아니면 sum에 더한다(라인 7).

코드 5.5   SentinelValue.py

```
1   data = eval(input("정수를 입력하세요 (입력이 0이면 " +
2       "종료됩니다): "))
3
4   # 입력이 0이 아닐 때까지 데이터를 계속 읽는다.
5   sum = 0
6   while data != 0:
7       sum += data
8
9       data = eval(input("정수를 입력하세요 (입력이 0이면 " +
10          "종료됩니다): "))
11
12  print("합계는", sum, "입니다.")
```

실행결과

```
정수를 입력하세요 (입력이 0이면 종료됩니다): 2 ⏎Enter
정수를 입력하세요 (입력이 0이면 종료됩니다): 3 ⏎Enter
정수를 입력하세요 (입력이 0이면 종료됩니다): 4 ⏎Enter
정수를 입력하세요 (입력이 0이면 종료됩니다): 0 ⏎Enter
합계는 9 입니다.
```

	라인번호	data	sum	출력결과
	1	2		
	5		0	
반복 1	7		2	
	9	3		
반복 2	7		5	
	9	4		
반복 3	7		9	
	9	0		
	12			합계는 9 입니다.

data가 0이 아니면, sum에 더하고(라인 7), 입력 데이터의 다음 항목을 읽는다(라인 9–10). data가 0이면, 루프 몸체는 더 이상 실행되지 않고 while 루프는 종료된다. 입력값 0이 루프의 감시값이다. 만약에 첫 번째로 읽은 입력값이 0이면, 루프 몸체는 한 번도 실행되지 않고 sum은 0이 된다는 것에 주목해야 한다.

> **주의**
> 루프 제어에서 동등 검사에 부동소수점 값을 사용하면 문제가 발생한다. 부동소수점 값은 근사치이기 때문에 부정확한 계수 값으로 이어질 수 있다. 이번 예제에서는 data는 int값으로 사용되었다. $1 + 0.9 + 0.8 + \cdots + 0.1$을 계산하는 다음의 코드를 생각해 보자.
>
> ```python
> item = 1
> sum = 0
>
> while item != 0:  # item이 0이 될 것이라는 보장이 없다
>     sum += item
>     item -= 0.1
> print(sum)
> ```
>
> 변수 item은 1에서 시작하고 루프 몸체가 실행될 때마다 0.1씩 감소한다. 루프는 item이 0이 될 때 종료되어야 한다. 그러나 부동소수점 연산은 근사치를 사용하기 때문에 item이 정확하게 0이 될 것이라고 보장할 수 없다. 이 루프는 겉으로 문제가 없는 것처럼 보이지만 실제로 무한루프이다.

5.2.6 입력 및 출력 재지정

코드 5.5에서 입력할 데이터가 많을 경우, 키보드로부터 모든 데이터를 일일이 타이핑하는 것은 귀찮은 일이다. 이 경우 텍스트 파일(예를 들어 input.txt)에 데이터를 저장하고 다음 명령어를 사용하여 프로그램을 실행할 수 있다.

```
python SentinelValue.py < input.txt
```

이 명령어를 입력 *재지정(input redirection)*이라고 한다. 사용자가 실행시간에 키보드를 통해 데이터를 타이핑하는 대신에, 프로그램은 파일 input.txt로부터 입력을 받는다. 파일은 다음과 같이 한 행에 한 숫자씩 저장되어 있다고 가정하자.

```
2
3
4
0
```

프로그램 실행 후, sum은 9가 될 것이다.

마찬가지로 출력 *재지정(output redirection)*은 출력을 화면에 출력하는 대신 파일로 내보낸다. 출력 재지정을 위한 명령문은 다음과 같다.

```
python Script.py > output.txt
```

입력과 출력 재지정은 한 명령문에서 동시에 사용될 수도 있다. 예를 들면, 다음 명령문은 input.txt로부터 입력을 받고 출력을 output.txt에 보낸다.

```
python SentinelValue.py < input.txt > output.txt
```

프로그램을 실행해보고 output.txt에 어떤 내용이 나타나는지 확인해 보자.

5.1 다음 코드를 분석하시오. A 지점, B 지점과 C 지점에서 count < 100는 항상 True인가? 아니면 항상 False인가? 또는 때로는 True인가? 때로는 False인가?

```
count = 0
while count < 100:
    # A 지점
    print("프로그래밍은 재미있습니다!")
    count += 1
    # B 지점

# C 지점
```

5.2 코드 5.3의 라인 8에서 guess가 0으로 초기화되면 어떤 문제가 발생하는가?

5.3 다음의 루프 몸체는 몇 번 반복되는가? 각 루프의 결과값은 무엇인가?

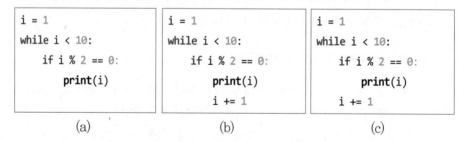

```
i = 1
while i < 10:
    if i % 2 == 0:
        print(i)
```
(a)

```
i = 1
while i < 10:
    if i % 2 == 0:
        print(i)
        i += 1
```
(b)

```
i = 1
while i < 10:
    if i % 2 == 0:
        print(i)
    i += 1
```
(c)

5.4 다음 코드의 오류를 보이시오.

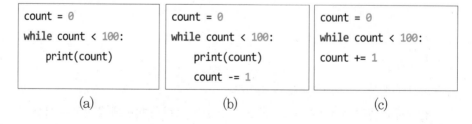

```
count = 0
while count < 100:
    print(count)
```
(a)

```
count = 0
while count < 100:
    print(count)
    count -= 1
```
(b)

```
count = 0
while count < 100:
    count += 1
```
(c)

5.5 입력은 2 3 4 5 0(한 행에 한 숫자씩)이라고 가정하자. 다음 코드의 출력값은 무엇인가?

```
number = eval(input("정수를 입력하세요: "))
max = number

while number != 0:
    number = eval(input("정수를 입력하세요: "))
    if number > max:
        max = number

print("최댓값은", max, "입니다.")
print("입력값은", number, "입니다.")
```

5.3 for 루프

파이썬의 for 루프는 시퀀스에 포함된 각각의 값을 통해 반복한다.

 키포인트

때에 따라서 여러분은 루프 몸체의 실행이 몇 번 반복되어야 하는지 그 횟수를 정확하게 알고 있을 때가 있다. 따라서 제어 변수(control variable)가 실행 횟수를 세기 위한 용도로 사용될 수 있다. 이러한 유형의 루프를 *계수-제어 루프 (counter-controlled loop)*라고 한다. 일반적으로 계수-제어 루프를 다음과 같이 작성된다.

```
i = initialValue # 루프 제어 변수를 초기화한다.
while i < endValue:
    # 루프 몸체
    ...
    i += 1 # 루프 제어 변수를 조정한다.
```

for 루프를 사용하여 위의 루프를 단순하게 만들 수 있다.

```
for i in range(initialValue, endValue):
    # 루프 몸체
```

일반적으로 for 루프의 문법은 다음과 같다.

```
for var in 시퀀스:
    # 루프 몸체
```

시퀀스(sequence)는 개별적으로 저장된 여러 개의 데이터 항목을 담고 있다. 이 책의 후반부에서 문자열, 리스트와 투플을 소개할 것이다. 파이썬에서 이들을 시퀀스 타입 객체(sequence type object)라고 한다. 시퀀스에 포함된 각각의 연속되는 값이 변수 var에 저장되고 각각의 값에 대해 루프의 몸체에 포함된 명령어가 한 번씩 실행된다.

range(a, b) 함수는 연속된 정수 a, a + 1, …, b − 2 및 b − 1을 반환한다. 예를 들면

```
>>> for v in range(4, 8):
...     print(v)
...
4
5
6
7
>>>
```

range 함수는 두 개의 버전이 더 있다. range(a) 또는 range(a, b, k) 형식도 가능하다. range(a)는 range(0, a)와 동일하다. k는 range(a, b, k)에서 *단계값 (step value)* 으로 사용된다. 시퀀스의 첫 번째 숫자는 a이다. 그리고 각각의 뒤따르는 숫자는 단계값 k만큼 증가하게 된다. b는 제한값이다. 시퀀스의 마지막 숫자는 반드시 b보다 작아야만 한다. 예를 들면,

```
>>> for v in range(3, 9, 2):
...     print(v)
...
3
5
7
>>>
```

range(3, 9, 2)에서 단계값은 2이고 제한값은 9이다. 따라서 시퀀스는 3, 5와 7이 된다. range(a, b, k) 함수는 k가 음수일 경우 역으로 계산된다. 이 경우 음수 k에 대해 시퀀스는 동일하게 a, a + k, a + 2k 순서를 갖는다. 시퀀스의 마지막 숫자는 반드시 b보다 커야 한다. 예를 들면,

```
>>> for v in range(5, 1, -1):
...     print(v)
...
5
4
3
2
>>>
```

노트

range 함수의 숫자는 반드시 정수이어야 한다. 예를 들면, range(1.5, 8.5), range(8.5) 또는
range(1.5, 8.5, 1)는 잘못된 방법이다.

5.6 입력은 2 3 4 5 0(한 행에 한 숫자씩)이라고 가정하자. 다음 코드의 출력값은 무엇
인가?

```
number = 0
sum = 0

for count in range(5):
    number = eval(input("정수를 입력하세요: "))
    sum += number

print("합계는", sum, "입니다.")
print("횟수는", count, "번 입니다.")
```

5.7 모든 for 루프를 while 루프로 변환할 수 있는가? for 루프 사용의 장점을 나열하
시오.

5.8 다음의 for 루프 명령문을 while 루프로 변환하시오.

```
sum = 0
for i in range(1001):
    sum = sum + i
```

5.9 어떤 while 루프라도 for 루프로 변환할 수 있는가? 다음 while 루프를 for 루프
로 변환하시오.

```
i = 1
sum = 0

while sum < 10000:
    sum = sum + i
    i += 1
```

5.10 다음 루프의 반복 횟수를 계산하시오.

```
count = 0
while count < n:
    count += 1
```

```
for count in range(n):
    print(count)
```

(a)   (b)

```
count = 5
while count < n:
    count += 1
```

(c)

```
count = 5
while count < n:
    count = count + 3
```

(d)

5.4 중첩 루프

키포인트

한 루프는 또 다른 루프의 내부에 중첩될 수 있다.

중첩 루프(*nested loop*)는 한 개의 외부 루프(outer loop)와 한 개 이상의 내부 루프(inner loop)로 구성된다. 외부 루프가 반복될 때마다, 내부 루프는 재진입되고 새롭게 시작된다.

코드 5.6은 구구단 표를 출력하기 위해 중첩 for 루프를 사용하는 프로그램을 제 시한다.

코드 5.6　　　MultiplicationTable.py

```python
1  print("       구구단 표")
2  # 표 머리글을 출력한다.
3  print(" |", end = ' ')
4  for j in range(1, 10):
5      print(" ", j, end = ' ')
6  print() # 새로운 행으로 건너뛴다.
7  print("————————————————————————————————————————")
8
9  # 표 몸체를 출력한다.
10 for i in range(1, 10):
11     print(i, "|", end = ' ')
12     for j in range(1, 10):
13         # 곱셈 결과를 출력하고 적절하게 정렬한다.
14         print(format(i * j, "4d"), end = ' ')
15     print() # 새로운 행으로 건너뛴다.
```

실행결과

	1	2	3	4	5	6	7	8	9
구구단 표
1 |	1	2	3	4	5	6	7	8	9
2 |	2	4	6	8	10	12	14	16	18
3 |	3	6	9	12	15	18	21	24	27
4 |	4	8	12	16	20	24	28	32	36
5 |	5	10	15	20	25	30	35	40	45
6 |	6	12	18	24	30	36	42	48	54
7 |	7	14	21	28	35	42	49	56	63
8 |	8	16	24	32	40	48	56	64	72
9 |	9	18	27	36	45	54	63	72	81

이 프로그램은 출력 첫 번째 행에 머리글을 출력한다(라인 1). 첫 번째 for 루프 (4-5 라인)는 1부터 9까지의 숫자를 두 번째 행에 출력한다. 대시(−) 줄이 세 번째 행에 출력된다(라인 7).

다음 루프(라인 10-15)는 외부 루프의 변수 i와 내부 루프의 변수 j로 제어되는 중첩 for 루프이다. 각각의 i에 대해서 내부 루프에서 1, 2, 3, …, 9로 변하는 j 에 대해 i * j의 계산 결과가 출력된다.

숫자를 적절히 정렬하기 위해 프로그램은 format(i * j, "4d")를 사용하여 i * j의 결과를 서식화한다(라인 14). "4d"는 폭이 4인 10진수로 서식화한다는 것을 기억하자.

print 함수는 자동적으로 다음 행으로 건너뛴다. print(item, end = '') 호출 하여 다음 행으로 진행하지 않고 item을 출력한다(라인 3, 5, 11과 14). end 인자를 사용하는 print 함수는 3.3.5절에 소개되었다.

> **노트**
> 중첩 루프는 실행하는 데 오랜 시간일 걸릴 수 있다는 것을 주의해야 한다. 다음 3단계의 중첩된 루프를 생각해 보자.
>
> ```
> for i in range(1000):
>     for j in range(1000):
>         for k in range(1000):
>             명령을 수행한다.
> ```
>
> 명령은 1,000,000,000번 수행된다. 한 명령을 수행하는 데 1밀리초가 걸린다면, 루프를 수행 하는 데 필요한 전체 시간은 277시간이 넘을 것이다.

5.11 다음 프로그램의 출력값을 보이시오(힌트: 이 프로그램을 추적하기 위해 표를 작성 하고 열에 변수를 나열하시오).

체크 포인트

```
for i in range(1, 5):
    j = 0
    while j < i:
        print(j, end = " ")
        j += 1
```

(a)

```
i = 0
while i < 5:
    for j in range(i, 1, -1):
        print(j, end = " ")
    print("****")
    i += 1
```

(b)

```
i = 5
while i >= 1:
    num = 1
    for j in range(1, i + 1):
        print(num, end = "xxx")
        num *= 2
    print()
    i -= 1
```

(c)

```
i = 1
while i <= 5:
    num = 1
    for j in range(1, i + 1):
        print(num, end = "G")
        num += 2
    print()
    i += 1
```

(d)

5.5 수치 오차 최소화하기

키포인트

루프–계속–조건에 부동소수점 숫자를 사용하면 수치 오류(numerical error)가 발생한다.

부동소수점 수의 수치 오류는 피할 수 없다. 이번 절에서는 이러한 오류를 어떻게 최소화할 수 있는지 보이기 위한 예제를 살펴본다.

코드 5.7의 프로그램은 0.01로 시작해서 1.0에서 끝나는 수열의 합을 구한다. 수열의 수는 0.01 + 0.02 + 0.03 등과 같이 0.01씩 증가한다.

코드 5.7	TestSum.py

```
1   # sum을 초기화한다.
2   sum = 0
3
4   # sum에 0.01, 0.02, …, 0.99, 1을 더한다.
5   i = 0.01
6   while i <= 1.0:
7       sum += i
8       i = i + 0.01
9
10  # 결과를 출력한다.
11  print("합계는", sum, "입니다.")
```

합계는 49.5 입니다.

    결과 49.5가 출력되었지만 정확한 결과는 실제 50.5이어야 한다. 무엇이 잘못되었는가? 루프의 각 반복에서 i는 0.01씩 증가하였다. 루프가 끝나면 i의 값이 1보다 조금(정확하게 1이 아닌) 더 커진다. 이러한 문제 때문에 마지막 i의 값은 sum에 더해지지 않는다. 근본적으로 이 문제의 원인은 부동소수점 수는 근사값으로 표현된다는 것이다.

    이를 해결하기 위해서는 모든 숫자가 합계에 더해질 수 있도록 정수 계수를 사용해야 한다. 다음 새로운 루프를 살펴보자.

```python
# sum을 초기화한다.
sum = 0

# 0.01, 0.02, …, 0.99, 1을 sum에 더한다.
count = 0
i = 0.01
while count < 100:
    sum += i
    i = i + 0.01
    count += 1 # 계수를 증가시킨다.

# 결과를 출력한다.
print("합계는", sum, "입니다. ")
```

또는 다음과 같이 for 루프를 사용한다.

```python
# sum을 초기화한다.
sum = 0

# 0.01, 0.02, …, 0.99, 1을 sum에 더한다.
i = 0.01
for count in range(100):
    sum += i
    i = i + 0.01

# 결과를 출력한다.
print("합계는", sum, "입니다. ")
```

이 루프 이후에, sum은 50.5가 된다.

5.6 사례 연구

루프는 프로그래밍의 기본 요소이다. 루프를 작성하는 능력은 프로그래밍을 학습하는 데 필수적이다.

키포인트

루프를 사용한 프로그램을 작성할 수 있다는 것은 끝 프로그래밍을 할 수 있다는 것을 의미한다! 이러한 이유 때문에 이번 절에서는 루프를 사용하여 문제를 해결하는 세 개의 추가적인 예제를 제시한다.

5.6.1 사례 연구: 최대공약수 찾기

4와 2의 최대공약수(GCD: Greatest Common Divisor)는 2이다. 16과 24의 최대공약수는 8이다. 어떻게 최대공약수를 구할 것인가? 입력된 두 정수를 n1과 n2라고 하자. 1이 공약수라는 것은 당연하지만 최대공약수가 아닐 수도 있다. 따라서 k(k는 2, 3, 4 등)가 n1과 n2의 공약수인지 아닌지를 n1과 n2보다 커지지 않을 때까지 검사해야 한다. gcd라는 이름의 변수에 공약수를 저장한다. 초기에 gcd는 1이다. 새로운 공약수를 찾을 때마다, 이 공약수는 새로운 gcd가 된다. 2에서 최대 n1 또는 n2까지 모든 가능한 공약수에 대한 검사가 끝나면 변수 gcd의 값은 최대공약수가 된다. 이 아이디어는 다음 루프와 같이 변환될 수 있다.

```
gcd = 1 # gcd를 1로 초기화한다.
k = 2 # 가능한 gcd
while k <= n1 and k <= n2:
    if n1 % k == 0 and n2 % k == 0:
        gcd = k
    k += 1 # 다음 가능한 gcd

# 루프 이후에 gcd는 n1와 n2의 최대공약수이다.
```

코드 5.8은 사용자로부터 두 개의 양의 정수를 입력받고 두 수의 최대공약수를 찾는 프로그램이다.

코드 5.8	GreatestCommonDivisor.py

```
1   # 사용자로부터 두 정수를 입력 받는다.
2   n1 = eval(input("첫 번째 정수를 입력하세요: "))
3   n2 = eval(input("두 번째 정수를 입력하세요: "))
4
5   gcd = 1
6   k = 2
7   while k <= n1 and k <= n2:
```

```
 8      if n1 % k == 0 and n2 % k == 0:
 9          gcd = k
10      k += 1
11
12  print(n1, "와/과", n2,
13      "의 최대공약수는", gcd, "입니다.")
```

첫 번째 정수를 입력하세요: 125 ↵Enter
두 번째 정수를 입력하세요: 2525 ↵Enter
125 와/과 2525 의 최대공약수는 25 입니다.

이 프로그램을 작성하려고 할 때 어떤 방식으로 접근할 것인가? 곧바로 코드를 작성하기 시작할 것인가? 아니다. *코드를 작성하기 전에 생각해보는 것이 중요하다.* 생각해보기는 어떻게 코드를 작성할 것인가 고민할 필요 없이 문제에 대한 논리적인 해결방법을 고안할 수 있도록 해준다. 일단 논리적인 해결방법이 마련되면 해결방법을 번역하여 프로그램 코드로 작성하라.

한 문제에 대하여는 여러 해결 방법이 있을 때도 있다. GCD 문제 또한 여러 해결 방법이 있다. 이 장 후반의 프로그래밍 연습문제 5.16은 GCD 문제에 대한 또 다른 해결 방법을 제시한다. 보다 효율적인 해결방법은 고전적인 유클리드 알고리즘을 사용하는 것이다. 자세한 내용은 www.cut-the-knot.org/blue/Euclid.shtml을 참조하기 바란다.

5.12 n1의 제수는 n1 / 2보다 클 수 없다는 것을 고려하면, 다음 루프를 사용하여 프로그램을 개선해 볼 수 있다.

체크
포인트

```
k = 2
while k <= n1 / 2 and k <= n2 / 2:
    if n1 % k == 0 and n2 % k == 0:
        gcd = k
    k += 1
```

그러나 이 개선방법은 오류가 있다. 이유는 무엇인가?

5.6.2 사례 연구: 미래의 등록금 예측하기

올해 대학 등록금이 1천만 원이고 매년 7%씩 증가한다고 하자. 몇 년 안에 등록금이 두 배가 되겠는가?

프로그램 작성을 시작하기 전에, 우선 손으로 이 문제를 어떻게 해결할 것인지 생각해 보자. 이듬해의 등록금은 첫해의 등록금 * 1.07이 된다. 어떤 해의 등록금은 전년도의 등록금 * 1.07이다. 따라서 매해마다 등록금은 다음과 같이 계산된다.

```python
year = 0 # 0년
tuition = 10000000

year += 1 # 1년
tuition = tuition * 1.07

year += 1 # 2년
tuition = tuition * 1.07

year += 1 # 3년
tuition = tuition * 1.07
...
```

따라서 등록금이 최소 2천만 원이 될 때까지 매해의 등록금을 계속 계산하면 된다. 이후 등록금이 두 배가 되는 데 몇 년이 걸릴지 알게 될 것이다. 이제 이 논리를 다음 루프와 같이 변환할 수 있다.

```python
year = 0 # 0년
tuition = 10000000
while tuition < 20000000:
    year += 1
    tuition = tuition * 1.07
```

완성된 프로그램은 코드 5.9와 같다.

코드 5.9   FutureTuition.py

```python
1   year = 0 # 첫 해
2   tuition = 10000000 # 두번째 해
3
4   while tuition < 20000000:
5       year += 1
6       tuition = tuition * 1.07
7
8   print("등록금은", year, "년 후에 두 배가 됩니다.")
9   print(year, "년 후의 등록금은 " + format(tuition, ".2f"),
10      "원입니다.")
```

등록금은 11 년후에 두 배가 됩니다.
11 년후에 등록금은 21048519.52 원입니다.

while 루프(라인 4-6)는 매해의 등록금을 반복적으로 계산한다. 그리고 루프는
tuition이 2천만 원보다 크거나 같으면 종료된다.

5.6.3 사례 연구: 몬테카를로 시뮬레이션

몬테카를로 시뮬레이션(Monte Carlo simulation)은 문제해결을 위해 랜덤 숫자와
확률을 사용한다. 몬테카를로 시뮬레이션은 계산 수학, 물리학, 화학 및 재무 분야
에서 널리 사용된다. 이제 원주율(π)을 추정하기 위해 몬테카를로 시뮬레이션을 사
용한 예제를 살펴보자.

우선 정사각형에 내포된 원을 그려보자.

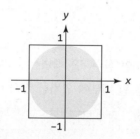

원의 반지름은 1이라고 가정한다. 그러면 원의 넓이는 π이고 사각형의 넓이는 4
이다. 사각형 내부에 랜덤으로 점을 생성한다. 점이 원 내부에 생성될 확률은 원 넓
이 / 사각형넓이 = π / 4이다.

사각형 내부에 무작위로 백만 개의 점을 생성하고 numberOfHits는 원 내부에
생성된 점의 개수를 나타내도록 프로그램을 작성한다. 따라서 numberOfHits는 약
1000000 * (π / 4)이 된다. π는 4 * numberOfHits/1000000로 근사된다. 완전한
프로그램은 코드 5.10과 같다.

코드 5.10   MonteCarloSimulation.py

```
1  import random
2
3  NUMBER_OF_TRIALS = 1000000 # 상수
4  numberOfHits = 0
5
6  for i in range(NUMBER_OF_TRIALS):
```

```
7        x = random.random() * 2 - 1
8        y = random.random() * 2 - 1
9
10       if x * x + y * y <= 1:
11           numberOfHits += 1
12
13   pi = 4 * numberOfHits / NUMBER_OF_TRIALS
14
15   print("PI는", pi, "입니다.")
```

 실행결과   PI는 3.14124 입니다.

프로그램은 라인 7-8에서 정사각형 안에 랜덤하게 점 (x, y)를 반복적으로 생성한다.

```
x = random.random() * 2 - 1
y = random.random() * 2 - 1
```

random()은 0 <= r < 1.0인 실수 r을 랜덤으로 반환한다는 것을 기억하자. 만약에 $x^2 + y^2 <= 1$이면, 점은 원 내부에 위치한 것이며, 따라서 numberOfHits는 1 증가된다. π는 대략적으로 4 * numberOfHits / NUMBER_OF_TRIALS이 된다(라인 13).

5.7 break와 continue 키워드

 키포인트   break와 continue 키워드는 루프를 추가적으로 제어할 수 있는 방법이다.

 노트
break와 continue 두 키워드는 루프 명령문에 추가적인 제어를 위해 사용된다. break와 continue를 사용하면 경우에 따라 프로그래밍을 간략화할 수 있다. 그러나 과도하거나 부적절하게 사용되면 프로그램의 가독성이 떨어지고 디버그하기 어려워질 수 있다.
(추가 노트: 이번 절을 생략하여도 책의 나머지 부분을 이해하는 데 아무런 문제가 없다.)

루프 내부에서 break 키워드를 사용하여 루프를 즉시 종료시킬 수 있다. 코드 5.11은 루프에서 break 사용의 효과를 설명하기 위한 프로그램을 제시한다.

코드 5.11   TestBreak.py

```
1        sum = 0
2        number = 0
```

```
3
4      while number < 20:
5          number += 1
6          sum += number
7          if sum >= 100:
8              break
9
10     print("마지막 숫자는", number, "입니다.")
11     print("합계는", sum, "입니다.")
```

```
마지막 숫자는 14 입니다.
합계는 105 입니다.
```

이 프로그램은 1에서 20까지의 정수를 sum이 100보다 작거나 같아질 때까지 sum
에 더한다. 라인 7-8이 없다면, 프로그램은 1부터 20까지의 숫자의 합을 계산한
다. 그러나 라인 7-8에 의해 sum이 100보다 크거나 같아지게 되면 루프가 종료된
다. 라인 7-8이 없다면, 결과는 다음과 같다.

```
마지막 숫자는 20 입니다.
합계는 210 입니다.
```

루프에 continue 키워드를 사용할 수도 있다. continue 키워드를 만나면, 현
재의 반복은 종료하고 프로그램 제어는 루프 몸체의 맨 끝으로 이동한다. 즉,
continue는 특정 반복을 중단시키는 반면 break 키워드는 전체 루프를 중단시킨
다. 코드 5.12의 프로그램은 루프에서 continue의 사용효과를 보여준다.

코드 5.12 TestContinue.py

```
1   sum = 0
2   number = 0
3
4   while number < 20:
5       number += 1
6       if number == 10 or number == 11:
7           continue
8       sum += number
9
10  print("합계는", sum, "입니다.")
```

실행결과   합계는 **189** 입니다.

이 프로그램은 10과 11을 제외하고 1부터 20까지의 정수를 sum에 더한다. continue 문은 number가 10과 11일 때 실행된다. continue 문은 현재의 반복을 끝내기 때문에 루프 몸체의 나머지 명령문은 실행되지 않는다. 따라서 number가 10 또는 11일 때 sum에 더해지지 않는다.

라인 6과 7이 없다면, 실행 결과를 다음과 같을 것이다.

실행결과   합계는 **210** 입니다.

이 경우 number가 10 또는 11일 때를 포함하여 모든 숫자가 sum에 더해진다. 따라서 결과는 210이 된다.

루프에 break와 continue 문을 사용하지 않고서도 프로그램을 작성할 수 있다 (중간점검 문제 5.15 참조하라). 일반적으로 break와 continue를 사용하여 코드를 간략화하고 프로그램을 읽기 쉽게 만들 수 있다면 두 키워드를 사용하는 것이 좋다.

정수 n(n >= 2)에 대한 1이 아닌 가장 작은 인수를 찾는 프로그램을 작성한다고 가정해 보자. break 문을 사용하여 다음과 같이 간결하고 직관적인 코드를 작성할 수 있다.

```
n = eval(input("2보다 큰 정수를 입력하세요: "))
factor = 2
while factor <= n:
    if n % factor == 0:
        break
    factor += 1
print(n, "의 1이 아닌 가장 작은 인수는", factor, "입니다.")
```

break를 사용하지 않고 코드를 다음과 같이 재작성할 수도 있다.

```
n = eval(input("2보다 큰 정수를 입력하세요: "))
found = False
factor = 2
while factor <= n and not found:
    if n % factor == 0:
        found = True
    else:
```

```
        factor += 1
print(n, "의 1이 아닌 가장 작은 인수는", factor, "입니다.")
```

이 예제에서 break 문은 프로그램을 간단하고 읽기 쉽게 만드는 것이 분명하다.
그러나 break와 continue는 주의해서 사용해야 한다. 너무 많은 break와 continue
문은 많은 탈출점이 있는 루프를 만들어 프로그램을 읽기 어렵게 만든다.

> **노트**
> 몇몇 프로그래밍 언어는 goto 문을 제공한다. goto 문은 무조건적으로 프로그램 내부의 어
> 떤 명령문에 제어를 넘기고 실행한다. 이는 프로그램이 오류에 취약하게 만든다. 파이썬에
> 서 break나 continue 문은 goto 문과는 다르다. 오직 루프문 내부에서만 동작한다. break
> 문은 루프를 끝내고, continue 문은 루프의 현재의 반복을 끝낸다.

5.13 break 키워드는 왜 사용하는가? continue 키워드는 왜 사용하는가? 다음 프로그
램은 종료되는가? 그렇다면 결과를 보이시오.

```
balance = 1000
while True:
    if balance < 9:
        break
    balance = balance - 9

print("잔액은", balance, "원 입니다.")
```
(a)

```
balance = 1000
while True:
    if balance < 9:
        continue
    balance = balance - 9

print("잔액은", balance, "원 입니다.")
```
(b)

5.14 왼쪽의 for 루프는 오른쪽의 while 루프로 변환된다. 무엇이 문제인가? 바르게 수
정하시오.

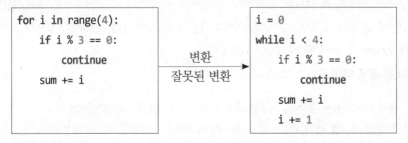

5.15 코드 5.11와 5.12의 TestBreak와 TestContinue 프로그램을 break와 continue 문
없이 재작성하시오.

5.16 (a)의 루프에서 break문이 실행된 후, 어떤 명령문이 실행되는가? 결과를 보이시
오. (b)의 루프에서 continue문이 실행된 후, 어떤 명령문이 실행되는가? 결과를
보이시오.

```
for i in range(1, 4):
    for j in range(1, 4):
        if i * j > 2:
            break
        print(i * j)

    print(i)
```

(a)

```
for i in range(1, 4):
    for j in range(1, 4):
        if i * j > 2:
            continue
        print(i * j)

    print(i)
```

(b)

5.8 사례 연구: 소수 출력하기

키포인트

이번 절에서는 첫 50개의 소수(prime number)를 한 행에 10개씩 5개의 행에 출력하는 프로그램을 살펴본다.

1보다 큰 정수 중 1과 자기 자신으로만 나누어지는 수를 소수(*prime number*)라고 한다. 예를 들어, 2, 3, 5와 7은 소수이나 4, 6, 8, 9는 소수가 아니다.

첫 50개의 소수를 한 행에 10개씩 5개의 행에 출력하는 문제는 다음과 같은 작업으로 분해될 수 있다.

- 주어진 수가 소수인지 결정한다.
- 2, 3, 4, 5, 6, …에 대하여 숫자가 소수인지 검사한다.
- 소수의 개수를 센다.
- 각 소수를 출력하고 한 행에 10개씩 숫자가 들어가도록 출력한다.

루프를 작성하여 각각의 숫자가 소수인지 반복적으로 검사해야하는 것은 분명하다. 만약 숫자가 소수일 경우, count의 값을 1 증가시킨다. count는 0으로 초기화된다. count가 50이 될 때 루프는 종료된다.

이 문제에 대한 알고리즘은 다음과 같다.

출력되어야 하는 소수의 개수를 상수 NUMBER_OF_PRIMES로 설정한다.
소수의 개수를 세기 위해 count 변수를 사용하고 초깃값을 0으로 설정한다.
초기의 number 값은 2로 설정한다.

while count < NUMBER_OF_PRIMES:
    number가 소수인지 검사한다.
    if number가 소수:

        소수를 출력하고 count를 증가시킨다.

    number의 값을 1 증가시킨다.

어떤 수가 소수인지 검사하기 위해서는 2, 3, 4, …, 최대 number/2의 수로 나
누어지는지 검사해야 한다. 만약에 약수가 발견되면, 그 숫자는 소수가 아니다. 이
알고리즘은 다음과 같이 설명될 수 있다.

> number가 소수인지 표시하기 위해 부울 변수 isPrime를 사용한다
> > 초기에 isPrime을 True로 설정한다
>
> for divisor in range(2, number / 2 + 1):
> > if number % divisor == 0:
> > > isPrime를 False로 설정한다
> > > 루프를 종료한다

완전한 프로그램은 코드 5.13과 같다.

코드 5.13 `PrimeNumber.py`

```
1  NUMBER_OF_PRIMES = 50 # 출력되어야 하는 소수의 개수
2  NUMBER_OF_PRIMES_PER_LINE = 10 # 한 행당 출력되는 소수의 개수
3  count = 0 # 소수의 개수를 센다.
4  number = 2 # 소수성을 검사해야 하는 숫자
5
6  print("첫 50개의 소수")
7
8  # 반복적으로 소수를 찾는다.
9  while count < NUMBER_OF_PRIMES:
10     # number가 소수라고 가정한다.
11     isPrime = True # 현재 number가 소수인가?
12
13     # number가 소수인지 검사한다.
14     divisor = 2
15     while divisor <= number / 2:
16         if number % divisor == 0:
17             # 참이라면 number는 소수가 아니다.
18             isPrime = False # isPrime을 거짓으로 설정한다.
19             break # while 루프를 종료한다.
20         divisor += 1
21
22     # 소수를 출력하고 count를 증가시킨다.
23     if isPrime:
24         count += 1 # count를 증가시킨다.
25
```

```
26              print(format(number, "5d"), end = ' ')
27          if count % NUMBER_OF_PRIMES_PER_LINE == 0:
28                  # number를 출력하고 다음 행으로 진행한다.
29                  print() # 다음 행으로 건너뛴다.
30
31          # 다음 number가 소수인지 검사한다.
32          number += 1
```

첫 50개의 소수									
2	3	5	7	11	13	17	19	23	29
31	37	41	43	47	53	59	61	67	71
73	79	83	89	97	101	103	107	109	113
127	131	137	139	149	151	157	163	167	173
179	181	191	193	197	199	211	223	227	229

이 문제는 초보 프로그래머에게 어려운 예제이다. 이 문제에 대한(다른 문제도 마찬가지지만) 계획적인 해결방법을 개발하기 위한 중요한 사항은 한 문제를 작은 하위문제로 나누고 각각의 하위문제에 대한 해결방법을 하나씩 하나씩 개발해 나가는 것이다. 처음부터 전체 해결방법을 개발하려고 시도할 필요가 없다. 대신 주어진 숫자가 소수인지 판별하는 코드를 개발하는 것을 시작으로, 루프에서 다른 숫자도 소수인지 검사하는 프로그램으로 확장한다.

어떤 수가 소수인지 판별하기 위해서 그 수가 2와 어떤 수/2 사이의 수로 나누어지는지 검사한다. 나누어진다면 그 수는 소수가 아니고, 그렇지 않다면 소수이다. 소수인 수에 대해서는 출력한다. 만약 count가 10으로 나누어 떨어지면, 새로운 행으로 진행시킨다. 프로그램은 count가 50이 될 때 종료된다.

프로그램은 라인 19에서 number가 소수가 아닌 것이 확인되는 순간 루프가 종료되도록 break 문을 사용한다. 라인 15-20의 루프를 break 문을 사용하지 않는 루프로 다음과 같이 재작성할 수도 있다.

```
while divisor <= number / 2 and isPrime:
    if number % divisor == 0:
        # 참이라면 number는 소수가 아니다.
        isPrime = False # isPrime을 거짓으로 설정한다.
    divisor += 1
```

그러나 이 경우에는 break 문을 사용하는 것이 프로그램을 간략하고 읽기 편하게 만든다.

5.9 사례 연구: 랜덤 워크

랜덤 워크(random walk)를 시뮬레이션에 turtle 그래픽을 사용할 수 있다.

키포인트

이번 절에서는 격자 공간에서 랜덤 워크(정원을 산책한다거나 어떤 꽃을 보기 위해 돌아다니는 것과 같이)를 시뮬레이션하는 turtle 프로그램을 작성할 것이다. 랜덤 워크는 그림 5.2와 같이 중앙에서 시작하고 경계선에서 종료된다.

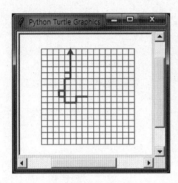 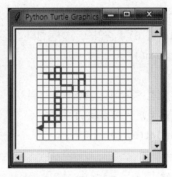 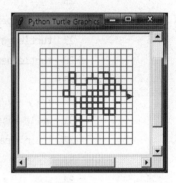

[그림 5.2] 프로그램은 격자에서 랜덤 워크를 시뮬레이션한다.

코드 5.14는 랜덤 워크 프로그램을 제시한다.

코드 5.14   RandomWalk.py

```
1   import turtle
2   from random import randint
3
4   turtle.speed(1) # turtle을 최저속도로 설정한다.
5
6   # 16X16 격자를 그린다.
7   turtle.color("gray") # 격자의 색상
8   x = -80
9   for y in range(-80, 80 + 1, 10):
10      turtle.penup()
11      turtle.goto(x, y) # 가로선을 그린다.
12      turtle.pendown()
13      turtle.forward(160)
14
15  y = 80
16  turtle.right(90)
```

```
17  for x in range(-80, 80 + 1, 10):
18      turtle.penup()
19      turtle.goto(x, y) # 세로선을 그린다.
20      turtle.pendown()
21      turtle.forward(160)
22
23  turtle.pensize(3)
24  turtle.color("red")
25
26  turtle.penup()
27  turtle.goto(0, 0) # 중앙으로 이동한다.
28  turtle.pendown()
29
30  x = y = 0 # 격장 중앙에서 현재 pen의 위치
31  while abs(x) < 80 and abs(y) < 80:
32      r = randint(0, 3)
33      if r == 0:
34          x += 10 # 오른쪽으로 걷는다.
35          turtle.setheading(0)
36          turtle.forward(10)
37      elif r == 1:
38          y -= 10 # 아래쪽으로 걷는다.
39          turtle.setheading(270)
40          turtle.forward(10)
41      elif r == 2:
42          x -= 10 # 왼쪽으로 걷는다.
43          turtle.setheading(180)
44          turtle.forward(10)
45      elif r == 3:
46          y += 10 # 위쪽으로 걷는다.
47          turtle.setheading(90)
48          turtle.forward(10)
49
50  turtle.done()
```

　　격자의 크기는 16 × 16이고 격자의 두 선 사이의 거리는 10 픽셀(라인 6−21)이라고 가정한다. 프로그램은 우선 회색선으로 격자를 그린다. 색상을 회색으로 설정(라인 7)하고 for 루프를 사용(라인 9−13)하여 가로선을 그린다. 그리고 다시 for 루프(라인 17−21)로 세로선을 그린다.

Randomwalk 프로그램은 펜을 중앙으로 옮긴다(라인 27). 그리고 while 루프(라인 31-48)에서 랜덤 워크를 시뮬레이션하기 시작한다. x와 y 변수는 격자 내에서 현재위치를 추적하는 데 사용된다. 초기에 x와 y는 (0, 0)이다 (라인 30). 0과 3 사이의 랜덤수가 라인 32에서 생성된다. 이 네 가지의 숫자는 동서남북 방향에 대응된다. 다음 4가지 경우를 생각해 보자.

- 걸음이 동쪽 방향이면, x는 10 증가(라인 34)하고 펜은 오른쪽으로 이동한다(라인 35-36).
- 걸음이 남쪽 방향이면, y는 10 감소(라인 38)하고 펜은 아래쪽으로 이동한다(라인 39-40).
- 걸음이 서쪽 방향이면, x는 10 감소(라인 42)하고 펜은 왼쪽으로 이동한다(라인 43-44).
- 걸음이 북쪽 방향이면, y는 10 증가(라인 46)하고 펜은 위쪽으로 이동한다(라인 47-48).

걸음은 abs(x) 또는 abs(y)가 80이면 종료된다(즉, 걸음이 격자의 경계에 도달할 때).

더욱 흥미로운 걸음은 *자기회피(self-avoiding)* 걸음이다. 자기회피 걸음이란 격자 내에서 같은 지점을 두 번 이상 방문하지 않는 랜덤 워크이다. 이 책의 뒷부분에서 자기회피 걸음을 시뮬레이션하는 프로그램을 어떻게 작성하는지 학습할 것이다.

주요용어

break 키워드	무한 루프
continue 키워드	반복
감시값	입력 재지정
계수-제어 루프	조건-제어 루프
루프-계속-조건	중첩 루프
루프	출력 재지정
루프 몸체	한끝 차이 오류

요약

1. 반복문에는 두 종류, while 루프와, for 루프가 있다.
2. 반복되어야 하는 명령문을 포함하는 루프 부분을 루프 몸체라고 한다.
3. 루프 몸체의 1회 실행을 루프의 *반복*이라고 한다.
4. 무한 루프란 무한히 실행되는 루프 명령문이다.
5. 루프 설계 과정에서 루프 제어 구조와 루프 몸체를 고려해야 한다.
6. while 루프는 루프-계속-조건을 우선 검사한다. 조건이 참이면, 루프 몸체가 실

행되고 그렇지 않을 경우 루프는 종료된다.

7. *감시값*은 입력의 끝을 지정하는 특별값이다.

8. for 루프는 *계수–제어* 루프이고 루프 몸체를 예상할 수 있는 횟수만큼 실행하는 데 사용된다.

9. 두 키워드 break와 continue는 루프에 사용된다.

10. break 키워드는 break를 포함하는 가장 내부의 루프를 즉시 종료시킨다.

11. continue 키워드는 현재의 반복만을 종료시킨다.

프로그래밍 연습문제

노트
각각의 문제에 대해, 이해가 될 때까지 여러 번 읽어라. 코딩을 시작하기 전에 문제를 어떻게 해결할지 생각하라. 그러고 나서 여러분의 논리를 프로그램으로 변환하라. 문제는 때때로 여러 가지 다른 방법으로 해결될 수 있다. 반드시 여러 가지 해결 방법을 경험해 봐야 한다.

5.2 – 5.7절

*5.1 (양수와 음수 개수 세기 및 평균 계산하기) 불특정 개수의 정수를 읽은 후, 양수와 음수가 몇 개씩 읽혔는지 결정하고, 입력값의 개수와 평균을 계산하는 프로그램을 작성하시오(0은 세지 않는다). 프로그램은 입력값 0으로 종료된다. 평균값을 부동 소수점 숫자로 출력한다. 실행 예는 다음과 같다.

정수를 입력하세요. 입력값이 0이면 종료됩니다: 1 [↵Enter]
정수를 입력하세요. 입력값이 0이면 종료됩니다: 2 [↵Enter]
정수를 입력하세요. 입력값이 0이면 종료됩니다: -1 [↵Enter]
정수를 입력하세요. 입력값이 0이면 종료됩니다: 3 [↵Enter]
정수를 입력하세요. 입력값이 0이면 종료됩니다: 0 [↵Enter]
양수의 개수는 3 개 입니다.
음수의 개수는 1 개 입니다.
총합은 5 입니다.
평균은 1.25 입니다.

정수를 입력하세요. 입력값이 0이면 종료됩니다: 0 [↵Enter]
아무 숫자도 입력하지 않았습니다.

5.2 (덧셈 반복하기) 코드 5.4 SubtractionQuizLoop.py는 다섯 개의 랜덤 뺄셈 문제를 생성한다. 이 프로그램을 1과 15 사이의 두 정수를 더하는 문제 10개를 랜덤으로 생성하는 프로그램으로 재작성하시오. 정답의 개수와 소요 시간을 출력하시오.

5.3 (킬로그램 → 파운드 변환) 다음 표를 출력하는 프로그램을 작성하시오(1킬로그램은 2.2 파운드이다).

킬로그램	파운드
1	2.2
3	6.6
...	
197	433.4
199	437.8

5.4 (마일 → 킬로미터 변환) 다음 표를 출력하는 프로그램을 작성하시오(1마일은 1.609 킬로미터이다).

마일	킬로미터
1	1.609
2	3.218
...	
9	14.481
10	16.090

*5.5 (킬로그램 → 파운드, 파운드 → 킬로그램 변환) 다음 두 표를 나란히 출력하는 프로그램을 작성하시오(1킬로그램은 2.2파운드이고 1파운드는 0.45킬로그램이다).

킬로그램	파운드	|	파운드	킬로그램
1	2.2	|	20	9.09
3	6.6	|	25	11.36
...		|		
197	433.4	|	510	231.82
199	437.8	|	515	234.09

*5.6 (마일 → 킬로미터, 킬로미터 → 마일 변환) 다음 두 테이블을 나란히 출력하는 프로그램을 작성하시오(1 마일은 1.609킬로미터이고, 1킬로미터는 0.621마일이다.)

마일	킬로미터	|	킬로미터	마일
1	1.609	|	20	12.430
2	3.218	|	25	15.538
...		|		
9	14.481	|	60	37.290
10	16.090	|	65	40.398

5.7 (삼각함수 사용하기) 다음과 같이 0도에서 360도까지 10도씩 증가하는 각도에 대한 sin과 cos 값을 출력하는 테이블을 출력하시오. 값을 소수점 이하 다섯째 자리에서 반올림하시오.

각도	sin	cos
0	0.0000	1.0000
10	0.1736	0.9848
...		
350	-0.1736	0.9848
360	0.0000	1.0000

5.8 (`math.sqrt` 함수 사용하기) `math` 모듈의 `sqrt` 함수를 사용하여 다음의 테이블을
출력하는 프로그램을 작성하시오.

숫자	제곱근
0	0.0000
2	1.4142
...	
18	4.2426
20	4.4721

**5.9 (금융 애플리케이션: 미래의 등록금 계산하기) 대학의 등록금이 올해 연 100만 원
이고 매년 5%씩 인상된다고 가정하자. 10년간 등록금을 계산하고 4년 간의 등록
금 합계를 현재부터 10년 동안 계산하는 프로그램을 작성하시오.

5.10 (최고 점수 찾기) 사용자로부터 학생의 수와 각 학생의 점수를 입력받고 최고 점
수를 출력하는 프로그램을 작성하시오. 프로그램은 파일 score.txt에 저장된 값을
입력받는다고 가정한다.

*5.11 (두 개의 최고 점수 찾기) 사용자로부터 학생의 수와 각 학생의 점수를 입력받고
최고 점수와 그 다음 높은 점수를 출력하는 프로그램을 작성하시오.

5.12 (5와 6의 배수 찾기) 100과 200 사이의 숫자 중 5와 6의 배수를 한 행당 10개씩 출
력하는 프로그램을 작성하시오. 숫자들은 정확히 한 개의 공백으로 구분된다.

5.13 (5와 6의 배수 찾기, 공배수 제외) 100과 200 사이의 숫자 중 5 또는 6의 배수이면
서 5와 6의 공배수는 아닌 수를 한 행당 10개씩 출력하는 프로그램을 작성하시오.
숫자들은 정확히 한 개의 공백으로 구분된다.

5.14 ($n^2 > 12000$인 가장 작은 n 찾기) while 루프를 사용하여 n^2이 12,000보다 큰 n 중
에서 가장 작은 정수 n을 찾으시오.

5.15 ($n^3 < 12000$인 가장 큰 n 찾기) while 루프를 사용하여 n^3이 12,000보다 작은 n 중
에서 가장 큰 정수 n을 찾으시오.

*5.16 (최대공약수 계산하기) 코드 5.8에 대해 두 정수 n1과 n2의 최대공약수를 찾는 또
다른 해결방법은 다음과 같다. 우선, n1과 n2 중 작은 수를 d라고 한 후, d, d - 1,
d - 2, …, 2, 1의 순서로 각각 d가 n1과 n2의 공약수인지 검사한다. 첫 번째로
나타난 공약수가 두 수 n1과 n2의 최대공약수이다.

5.8절

*5.17 (ASCII 문자표 출력하기) ASCII 문자표에 포함된 문자 !부터 ~까지 출력하는 프로그램을 작성하시오. 한 행 당 10개의 문자를 출력하시오. 문자들은 단 한 개의 공백으로 구분된다.

**5.18 (정수의 인수 찾기) 정수를 읽고 정수의 모든 소인수(prime factor)를 작은 인수부터 출력하는 프로그램을 작성하시오. 예를 들어, 입력된 정수가 120이면 출력값은 다음과 같다.

2, 2, 2, 3, 5

**5.19 (피라미드 출력) 사용자로부터 1과 15 사이의 정수를 입력받고 다음 실행 예와 같이 피라미드를 출력하는 프로그램을 작성하시오

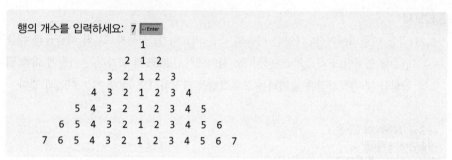

```
행의 개수를 입력하세요: 7 ↵Enter
              1
            2 1 2
          3 2 1 2 3
        4 3 2 1 2 3 4
      5 4 3 2 1 2 3 4 5
    6 5 4 3 2 1 2 3 4 5 6
  7 6 5 4 3 2 1 2 3 4 5 6 7
```

*5.20 (루프를 사용하여 네 가지 패턴 출력하기) 중첩 루프를 사용하여 다음의 패턴을 출력하는 4개의 서로 다른 프로그램을 작성하시오

패턴 A	패턴 B	패턴 C	패턴 D
1	1 2 3 4 5 6	1	1 2 3 4 5 6
1 2	1 2 3 4 5	2 1	1 2 3 4 5
1 2 3	1 2 3 4	3 2 1	1 2 3 4
1 2 3 4	1 2 3	4 3 2 1	1 2 3
1 2 3 4 5	1 2	5 4 3 2 1	1 2
1 2 3 4 5 6	1	6 5 4 3 2 1	1

**5.21 (피라미드 패턴으로 숫자 출력하기) 다음의 결과값을 출력하는 중첩 for 루프를 작성하시오.

```
                              1
                          1   2   1
                      1   2   4   2   1
                  1   2   4   8   4   2   1
              1   2   4   8  16   8   4   2   1
          1   2   4   8  16  32  16   8   4   2   1
      1   2   4   8  16  32  64  32  16   8   4   2   1
  1   2   4   8  16  32  64 128  64  32  16   8   4   2   1
```

*5.22 (2와 1,000 사이의 소수 출력하기) 2 이상 1,000 이하 사이에 포함된 모든 소수를 출력하도록 코드 5.13을 수정하시오. 한 행당 8개의 소수를 출력하시오.

종합문제

**5.23 (금융 애플리케이션: 다양한 이율의 대출 비교하기) 사용자로부터 대출금과 대출 년수를 입력받고 각각의 5%에서 8% 사이에서 0.125%씩 증가하는 이율에 대해 월 상환금 및 총상환금을 출력하는 프로그램을 작성하시오. 실행 예는 다음과 같다.

실행결과

```
대출금: 10000000 ↵Enter
대출년수: 5 ↵Enter
이율          월상환금         총상환금
5.000%       188712.34       11322740.19
5.125%       189285.55       11357133.12
5.250%       189859.84       11391590.31
...
7.875%       202166.24       12129974.48
8.000%       202763.94       12165836.57
```

월상환금을 계산하는 공식은 코드 2.8 ComputeLoan.py를 참조하시오.

**5.24 (금융 애플리케이션: 대출 분할상환 스케줄) 주어진 대출금에 대한 월상환금은 상환원금과 이자로 구성된다. 월이자는 월이율과 잔금(남아있는 원금)의 곱으로 계산된다. 따라서 매월에 상환되는 원금은 월상환금 − 월이자이다. 사용자로부터 대출금, 대출년수와 이율을 입력받은 후 대출에 대한 분할상환 스케줄을 출력하는 프로그램을 작성하시오. 실행 예는 다음과 같다.

실행결과

```
대출금(원): 10000000 ↵Enter
대출년수(년): 1 ↵Enter
연이율(%): 7 ↵Enter

월상환금: 865267.46
총상환금: 10383209.53
```

상환횟수	이자	원금	잔금
1	58333.33	806934.13	9193065.86
2	53626.21	811641.25	8381424.61
...			
11	10007.13	855260.33	860249.27
12	5018.12	860249.34	-0.06

노트

마지막 상환이 끝난 후 잔금은 0이 아닐 수도 있다. 따라서 마지막 원금은 월상환금에 최종 잔금의 합이 되어야만 한다.

힌트

표를 출력하기 위한 루프를 작성하라. 월상환금은 매달 동일하기 때문에 루프 전에 계산되어야 한다. 잔금은 초기에 총대출금과 동일하다. 루프의 각각의 반복에서 이자와 원금을 계산하고 잔금을 업데이트하라. 루프는 다음과 같이 작성될 수 있다.

```
for i in range(1, numberOfYears * 12 + 1):
    interest = monthlyInterestRate * balance
    principal = monthlyPayment - interest
    balance = balance - principal
    print(i, "\t\t", 이자, "\t\t", 원금, "\t\t", 잔금)
```

*5.25 (상쇄 오류 보이기) *상쇄* 오류는 매우 작은 숫자를 사용하여 매우 큰 숫자를 조작할 때 발생한다. 큰 숫자는 작은 숫자를 상쇄시킬 수도 있다. 예를 들어, 100000000.0 + 0.000000001의 결과는 100000000.0과 같다. 상쇄 오류를 피하고 보다 정확한 결과를 구하기 위해서는, 계산의 순서를 조심스럽게 선택해야 한다. 예를 들어, 다음 수열을 계산할 때, 왼쪽에서 오른쪽으로 계산할 때 보다 오른쪽에서 왼쪽으로 계산할 때 더 정확한 결과를 얻을 수 있다.

$$1 + \frac{1}{2} + \frac{1}{3} + \cdots + \frac{1}{n}$$

n = 50000일 때, 위 수열의 합을 왼쪽에서 오른쪽 방향으로, 오른쪽에서 왼쪽 방향으로 계산하여 결과를 비교하는 프로그램을 작성하시오.

*5.26 (수열의 합) 다음 수열을 더하는 프로그램을 작성하시오.

$$\frac{1}{3} + \frac{3}{5} + \frac{5}{7} + \frac{7}{9} + \frac{9}{11} + \frac{11}{13} + \cdots + \frac{95}{97} + \frac{97}{99}$$

**5.27 (π 계산하기) 다음 수열을 사용하여 π의 근사치를 계산할 수 있다.

$$\pi = 4\left(1 - \frac{1}{3} + \frac{1}{5} - \frac{1}{7} + \frac{1}{9} - \frac{1}{11} + \cdots + \frac{(-1)^{i+1}}{2i - 1}\right)$$

i = 10000, 20000, …, 100000일 때, π의 값을 출력하는 프로그램을 작성하시오.

**5.28 (e 계산하기) 다음 수열을 사용하여 e의 근사치를 계산할 수 있다.

$$e = 1 + \frac{1}{1!} + \frac{1}{2!} + \frac{1}{3!} + \frac{1}{4!} + \cdots + \frac{1}{i!}$$

i = 10000, 20000, …, 100000일 때, e의 값을 출력하는 프로그램을 작성하시오.

(힌트: $i! = i \times (i-1) \times \cdots \times 2 \times 1$이기 때문에, $\frac{1}{i!}$ 은 $\frac{1}{i(i-1)i}$ 이다.

e와 item을 1로 초기화하고 계속해서 새로운 item이 e에 더한다. i = 2, 3, 4, …에 대해 새로운 item은 이전 item/i이다.)

5.29 (윤년 출력하기) 21세기(2001년부터 2100년까지)의 모든 윤년을 한 행에 10개씩 출력하는 프로그램을 작성하시오. 연도는 단 공백 한 개로 구분된다.

**5.30 (매월의 1일 출력하기) 사용자로부터 연도와 그 해의 1월 1일의 요일을 입력받고 콘솔에 그 해 매월 1일의 요일을 출력하는 프로그램을 작성하시오. 예를 들어, 사용자가 연도 2013과 2013년 1월 1일이 화요일이라는 것을 나타내는 2를 입력하면 프로그램은 다음과 같은 결과값을 출력한다.

2013년 1월 1일은 화요일

…

2013년 12월 1일은 일요일

**5.31 (달력 출력하기) 사용자로부터 연도와 1월 1일의 요일을 입력받고 그 해의 달력을 콘솔에 출력하는 프로그램을 작성하시오. 예를 들어, 사용자는 연도 2005와 2005 년 1월 1일이 토요일이라는 것을 나타내는 5를 입력하면 프로그램은 다음과 같이 입력한 년도에 포함된 매월의 달력을 출력한다.

2005년 1월

일	월	화	수	목	금	토
						1
2	3	4	5	6	7	8
9	10	11	12	13	14	15
16	17	18	19	20	21	22
23	24	25	26	27	28	29
30	31					

…

2005년 12월

일	월	화	수	목	금	토
				1	2	3
4	5	6	7	8	9	10
11	12	13	14	15	16	17
18	19	20	21	22	23	24
25	26	27	28	29	30	31

*5.32 (금융 애플리케이션: 복리이자) 연이율이 5%인 계좌에 매월 100,000원씩을 저금한다고 가정하자. 그렇다면 월이율은 0.05/12 = 0.00417이다. 한 달 후에, 계좌의 잔고는 100,000 * (1 + 0.00417) = 100,417이 된다. 두 달 후에는, 계좌의 잔고는 (100,000 + 100,417) * (1 + 0.00417) = 201,252이 된다. 세 달 이후에는, 계좌의 잔고는 (100,000 + 201,252) * (1 + 0.00417) = 302,507이 되고 이러한 방식으로 계속 이자가 더해진다. 사용자로부터 금액(예, 100,000), 연이자율(예, 5)과 월 단위 기간(예, 6)을 입력받고 주어진 기간 후 계좌의 잔고를 출력하는 프로그램을 작성하시오.

*5.33 (금융 애플리케이션: CD[1] 가격 계산하기) 연이율이 5.75%인 액면이 10,000,000원인 CD를 발행했다고 가정하자. 한 달 후, CD의 가치는 10,000,000 + 10,000,000 * 5.75 / 1200 = 10047910이 된다. 두 달 후, CD의 가치는 10047910 + 10047910 * 5.75 / 1200 = 10096060이 된다. 세 달 후, CD의 가치는 10096060 + 10096060 * 5.75 / 1200 = 10144440이 되고 이러한 방식이 계속 적용된다. 사용자로부터 금액(예, 10,000,000), 연이율(예, 5.75)과 월 단위 기간(예, 18)을 입력받고 다음의 실행 예와 같이 표를 출력하는 프로그램을 작성하시오.

실행결과

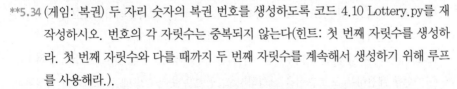

```
초기 발행 금액을 입력하세요: 10000000 ↵Enter
연이율을 입력하세요: 5.75 ↵Enter
만기 기간(월단위)을 입력하세요: 18 ↵Enter
월       CD 가치
1        10047916.67
2        10096062.93
...
17       10846569.85
18       10898542.99
```

**5.34 (게임: 복권) 두 자리 숫자의 복권 번호를 생성하도록 코드 4.10 Lottery.py를 재작성하시오. 번호의 각 자릿수는 중복되지 않는다(힌트: 첫 번째 자릿수를 생성하라. 첫 번째 자릿수와 다를 때까지 두 번째 자릿수를 계속해서 생성하기 위해 루프를 사용해라.).

**5.35 (완전수) 양수 중에서 자기 자신을 제외한 모든 양의 약수의 합이 자기 자신과 같은 수를 완전수(perfect number)라고 한다. 예를 들어, 6은 6 = 3 + 2 + 1이기 때문에 첫 번째 완전수이다. 다음 완전수는 28로 28 = 14 + 7 + 4 + 2 + 1이다. 10,000보다 작은 수 중에는 완전수가 네 개 있다. 이 네 개의 숫자를 찾기 위한 프로그램을 작성하시오.

***5.36 (게임: 가위바위보) 프로그래밍 연습문제 4.17에서 가위바위보 게임을 하는 프로

---

1) CD(Certificate of Deposit): 양도성 예금 증서

그램을 제시한다. 이 프로그램을 사용자 또는 컴퓨터가 두 번 이상 이길 때까지 계속 게임이 진행되도록 수정하시오.

*5.37 (합계) 다음의 합을 계산하는 프로그램을 작성하시오.

$$\frac{1}{1+\sqrt{2}} + \frac{1}{\sqrt{2}+\sqrt{3}} + \frac{1}{\sqrt{3}+\sqrt{4}} + \cdots + \frac{1}{\sqrt{624}+\sqrt{625}}$$

*5.38 (시뮬레이션: 카운트다운) 지정된 몇 초 동안 프로그램을 정지시키기 위해 time 모듈의 time.sleep(초)를 사용할 수 있다. 사용자로부터 초 단위의 시간을 입력받은 후, 매초마다 메시지를 출력하고 시간이 만료되었을 때 종료시키는 프로그램을 작성하시오. 실행 예는 다음과 같다.

실행결과

시간(초 단위)을 입력하세요: 3 ⏎Enter
2 초 남았습니다.
1 초 남았습니다.
정지되었습니다.

*5.39 (금융 애플리케이션: 매출액 구하기) 여러분이 방금 백화점에서 판매업을 시작했다고 가정하자. 급여는 기본급에 커미션의 합으로 정해진다. 기본급(연봉)은 5,000,000원이다. 다음의 정책은 커미션 비율이 어떻게 결정되는지 나타낸다.

매출액	커미션 비율
1 - 5,000,000원	8퍼센트
5,000,001 - 10,000,000원	10퍼센트
10,000,001원 이상	12퍼센트

여러분의 목표는 1년에 30,000,000원을 버는 것이다. 급여가 30,000,000원이 되기 위해서 도달해야하는 최소한의 매출액을 구하는 프로그램 작성하시오.

5.40 (시뮬레이션: 앞면 또는 뒷면) 동전 던지기를 백만 번 시뮬레이션하고 동전의 앞면과 뒷면이 나온 횟수를 출력하는 프로그램을 작성하시오.

**5.41 (가장 큰 수의 출현 빈도수) 정수를 읽은 후, 가장 큰 수를 찾고 그 수의 출현 빈도수를 계산하는 프로그램을 작성하시오. 입력은 숫자 0일 때 종료된다고 가정한다. 3 5 2 5 5 5 0이 입력되었다고 가정하면 프로그램은 가장 큰 수 5와 5가 출현한 빈도수 4를 찾는다(힌트: 두 변수 max와 count를 사용한다. 변수 max는 현재의 최대 숫자를 저장하고 count는 그 수의 출현 빈도수를 센다. 초기에 첫 번째 숫자를 max에 1을 count에 할당한다. 각각의 뒤따르는 숫자를 max와 비교하라. 만약 그 숫자가 max보다 크면, 그 숫자를 max에 할당하고 count를 1로 재설정한다. 만약 숫자가 max와 같으면, count의 값을 1 증가시킨다.).

숫자를 입력하세요(0은 입력 종료): 3 Enter
숫자를 입력하세요(0은 입력 종료): 5 Enter
숫자를 입력하세요(0은 입력 종료): 2 Enter
숫자를 입력하세요(0은 입력 종료): 5 Enter
숫자를 입력하세요(0은 입력 종료): 5 Enter
숫자를 입력하세요(0은 입력 종료): 5 Enter
숫자를 입력하세요(0은 입력 종료): 0 Enter
가장 큰 수는 5 입니다.
가장 큰 수가 나타난 빈도수는 4 번입니다.

**5.42 (몬테카를로 시뮬레이션) 사각형은 그림 (a)와 같이 4개의 작은 영역으로 나누어 진다. 나누어진 영역에 0부터 3까지의 번호를 붙이고 이 사각형에 다트를 백만 번 던진다면, 홀수 번호의 영역에 꽂힐 가능성은 얼마겠는가? 이 과정을 시뮬레이션 하고 결과를 출력하는 프로그램을 작성하시오(힌트: 그림 (b)와 같이 사각형의 중 심을 좌표계의 중심에 위치시키시오. 사각형 안에 무작위로 점을 생성하고 홀수 번 호의 사각형에 포함되는 점들의 개수를 세시오.).

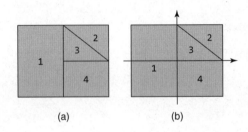

(a)   (b)

*5.43 (수학: 조합) 1부터 7 사이의 정수 중 두 숫자로 뽑을 수 있는 모든 가능한 조합을 출력하는 프로그램을 작성하시오. 또한 조합의 전체 개수를 출력하시오.

```
1   2
1   3
...
...
모든 조합의 개수는 21 개입니다.
```

**5.44 (10진수 → 2진수) 사용자로부터 10진수를 입력받고 이를 해당하는 2진수 값으로 출력하는 프로그램을 작성하시오.

**5.45 (10진수 → 16진수) 사용자로부터 10진수를 입력받고 이를 해당하는 16진수 값으 로 출력하는 프로그램을 작성하시오.

**5.46 (통계: 평균과 표준편차 계산하기) 업무 현장에서 여러분은 종종 데이터의 평균과

표준편차 계산해야 할 경우가 있다. 평균이란 단순히 숫자들의 산술적인 평균을 의미한다. 표준 편차는 통계적으로 한 데이터 집합의 모든 데이터가 얼마만큼 평균에 가까이 모여 있는가를 나타낸다. 예를 들어, 한 반에 학생의 평균 나이는 얼마인가? 나이 차이가 얼마나 나는가? 만약 모든 학생의 나이가 동일하면, 편차는 0이다. 사용자로부터 10개의 숫자를 입력받고 다음 공식을 사용하여 이들 숫자의 평균과 표준편차를 출력하는 프로그램을 작성하시오.

$$\text{평균} = \frac{\sum_{i-1}^{n} x_i}{n} = \frac{x_1 + x_2 + \cdots + x_n}{n} \qquad \text{편차} = \sqrt{\frac{\sum_{i-1}^{n} x_1^2 - \frac{\left(\sum_{i-1}^{n} x_i\right)^2}{n}}{n-1}}$$

실행예는 다음과 같다.

실행결과

```
10개의 숫자를 입력하세요: 1 ↵Enter
2 ↵Enter
3 ↵Enter
5.5 ↵Enter
5.6 ↵Enter
6 ↵Enter
7 ↵Enter
8 ↵Enter
9 ↵Enter
10 ↵Enter
평균은 5.61 입니다.
표준 편차는 2.99794 입니다.
```

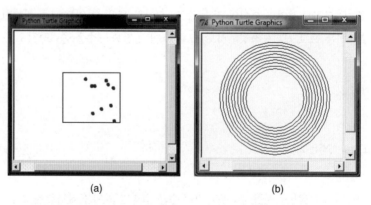

(a)　　　　　　　　　　　　　　　(b)

[그림 5.3] (a) 프로그램은 10개의 랜덤 볼을 그린다. (b) 10개의 원을 그린다.

**5.47 (Turtle: 랜덤 공 그리기) 그림 5.3(a)와 같이 중심이 (0, 0)이고 폭이 120, 높이가 100인 직사각형 안에 10개의 랜덤 공을 출력하는 프로그램을 작성하시오.

**5.48 (Turtle: 원 그리기) 그림 5.3(b)와 같이 중심이 (0, 0)인 10개의 원을 그리는 프로그램을 작성하시오.

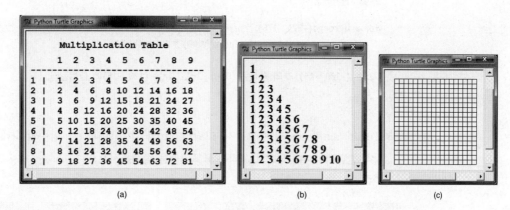

(a)　　　　　　　　　　(b)　　　　　　　　　　(c)

[그림 5.4] (a) 구구단 표를 출력한다. (b) 숫자를 삼각패턴으로 출력한다. (c) 18×18 격자를 출력한다.

**5.49 (Turtle: 구구단 표 출력하기) 그림 5.4(a)와 같이 구구단 표를 출력하는 프로그램을 작성하시오.

**5.50 (Turtle: 삼각 패턴으로 숫자 출력하기) 그림 5.4(b)와 같이 숫자를 삼각 패턴으로 출력하는 프로그램을 작성하시오.

**5.51 (Turtle: 격자 출력하기) 그림 5.4(c)와 같이 18×18 격자를 출력하는 프로그램을 작성하시오.

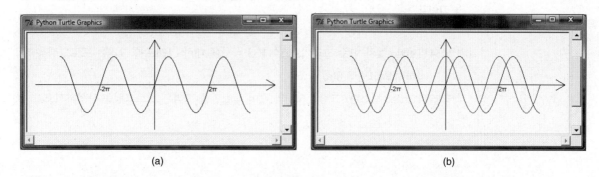

(a)　　　　　　　　　　　　　　(b)

[그림 5.5] (a) 프로그램은 sin 함수를 그린다. (b) 프로그램은 sin 함수를 빨간색으로 cos 함수를 파란색으로 그린다.

**5.52 (Turtle: sin 함수 그리기) 그림 5.5(a)와 같이 sin 함수를 그리는 프로그램을 작성하시오.

힌트

π의 유니코드는 \u03c0이다. -2π를 출력하기 위해 `turtle.write("-2\u03c0")`를 사용하라.
sin(x)와 같은 삼각함수에서 x는 라디안 값이다. sin 함수를 그리기 위해 다음과 같은 루프를 사용하라.

```
for x in range(-175, 176):
    turtle.goto(x, 50 * math.sin((x / 100) * 2 * math.pi))
```

-2π는 (-100, -15), 축의 중심은 (0, 0) 그리고 2π는 (100, -15)에 출력된다.

**5.53 (Turtle: sin과 cos 함수 그리기) 그림 5.5(b)와 같이 sin과 cos 함수의 그래프를 각각 빨간색과 파란색으로 그리는 프로그램을 작성하시오.

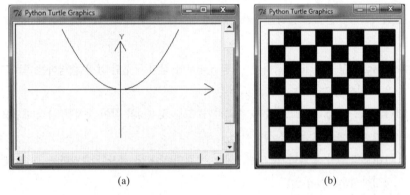

(a)   (b)

[그림 5.6] (a) 함수 $f(x) = x^2$에 대한 다이어그램을 제도하는 프로그램 (b) 프로그램은 체스판을 그린다.

**5.54 (Turtle: 2차 함수 그리기) 함수 $f(x) = x^2$에 대한 그래프를 그리는 프로그램을 작성하시오(그림 5.6(a) 참조).

**5.55 (Turtle: 체스판) 그림 5.6(b)와 같이 체스판을 그리는 프로그램을 작성하시오.

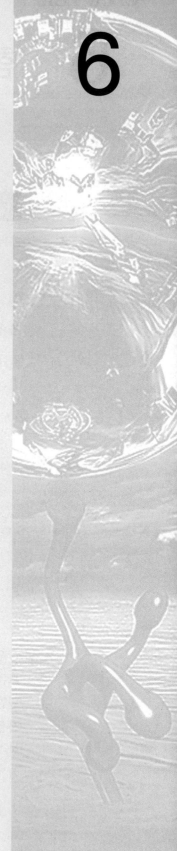

CHAPTER

6

함수

6 함수

6.1 들어가기

 키포인트 함수는 재사용 코드를 정의하여 코드를 단순화하는데 사용된다.

1부터 10까지의 정수 합, 20부터 37까지의 정수 합, 그리고 35부터 49까지의 정수 합을 구한다고 가정해 보자. 이들 세 정수 집합의 합을 구하는 프로그램을 다음과 같은 코드로 작성할 수 있다.

```
sum = 0
for i in range(1, 11):
    sum += i
print("1부터 10까지의 합은", sum, "입니다.")


sum = 0
for i in range(20, 38):
    sum += i
print("20부터 37까지의 합은", sum, "입니다.")


sum = 0
for i in range(35, 50):
    sum += i
print("35부터 49까지의 합은", sum, "입니다.")
```

위 코드를 살펴보면, 시작 정수와 끝 정수만 서로 다를 뿐 정수 합을 계산하는 코드는 서로 유사하다는 것을 관찰할 수 있다. 그러면, 공통으로 사용되는 코드를 한 번만 작성하고 그것을 재사용하는 것이 좋지 않을까? 이를 위해 함수(function)를 사용한다. 즉, 재사용 코드의 활용을 가능하게 해 주는 것이 함수이다. 예를 들어, 함수를 사용하여 위 코드를 다음과 같이 간결하게 만들 수 있다.

```
1    def sum(i1, i2):
2        result = 0
3        for i in range(i1, i2 + 1):
```

```
4            result += i
5
6        return result
7
8    def main():
9        print("1부터 10까지의 합은", sum(1, 10), "입니다.")
10       print("20부터 37까지의 합은", sum(20, 37), "입니다.")
11       print("35부터 49까지의 합은", sum(35, 49), "입니다.")
12
13   main() # main 함수를 호출한다.
```

라인 1-6에서 2개의 매개변수 i1과 i2를 가진 sum이라는 함수를 정의하고 있다. 라인 8-11에서 main 함수가 정의되어 있고, main 함수에서 1부터 10까지의 합을 계산하는 sum(1, 10), 20부터 37까지의 합을 계산하는 sum(20, 37), 그리고 35에서 49까지의 합을 계산하는 sum(35, 49)를 호출하고 있다.

함수(function)는 동작을 수행하기 위한 명령문들의 모음이다. 이전 장에서, eval("numericString")과 random.randint(a, b)와 같은 함수에 관해서 배웠다. 예를 들어, random.randint(a, b) 함수를 호출할 때, 시스템은 이 함수 내의 명령문들을 수행하고 결과를 반환한다. 이번 장에서는 함수 정의와 함수 사용법을 학습하고, 복잡한 문제의 해결을 위해 함수 추상화의 적용 방법을 학습한다.

6.2 함수 정의하기

함수는 함수 이름, 매개변수, 몸체로 이루어져 있다.

키포인트

함수를 정의하기 위한 문법은 다음과 같다.

```
def functionName(매개변수 리스트):
    # 함수 몸체
```

2개의 숫자 중에 어떤 숫자가 더 큰지를 알아내는 함수를 만들어 보자. max라는 이름의 이 함수는 2개의 매개변수로 num1과 num2를 가지고 있으며, 이들 중에 큰 값을 반환한다. 그림 6.1은 이 함수의 구성요소를 보여준다.

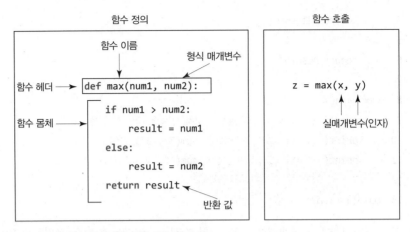

[그림 6.1] 함수 정의와 인자를 가진 함수의 호출

함수는 헤더와 몸체를 가지고 있다. *헤더(header)*는 def 키워드로 시작하며 그 다음에 함수의 이름과 매개변수가 나오며, 콜론(:)으로 끝난다.

함수 헤더 내의 변수들을 *형식 매개변수(formal parameter)* 또는 간략히 *매개 변수*라 한다. 함수가 호출될 때 값이 매개변수로 전달되는데, 이 값을 *실매개변수 (actual parameter)* 또는 *인자(argument)*라 한다. 매개변수는 옵션이다. 즉, 함수가 반드시 매개변수를 가져야 하는 것이 아니라, 매개변수를 갖지 않을 수도 있다. 예를 들어, random.random() 함수는 매개변수를 갖고 있지 않다.

값을 반환하는 함수도 있지만, 값을 반환하지 않고 연산만을 수행하는 함수도 있다. 값을 반환하는 함수를 *값-반환 함수(value-returning function)*라 한다.

함수 몸체는 함수가 무엇을 하는지를 정의하는 명령문들로 이루어져 있다. 예를 들어, max 함수의 함수 몸체는 어떤 숫자가 더 큰지를 결정하기 위해 if 명령문을 사용하고, 그 값을 반환한다. return 키워드를 사용하는 반환 명령문은 값-반환 함수에 필수적이다. return 명령문이 수행되면 함수가 종료된다.

6.3 함수 호출하기

키포인트

함수 호출은 함수 내부의 코드를 수행하는 것이다.

함수 정의는 함수가 무엇을 할지를 정의하는 것이다. 함수를 사용하기 위해서는 함수를 호출(call 또는 invoke)해야 한다. 함수를 호출하는 프로그램을 호출자 (caller)라 한다. 함수를 호출하는 방법은 함수가 값을 반환하는지 혹은 반환하지 않는지에 따라 두 가지 방법이 있다.

함수가 값을 반환하면, 이 함수의 호출은 일반적으로 값으로 취급된다. 예를 들어,

```
larger = max(3, 4)
```

는 max(3, 4)를 호출하고, 이 함수의 결과를 larger 변수에 할당한다.

함수 호출을 값으로 취급하는 함수 호출의 또 다른 예를 살펴보자.

```
print(max(3, 4))
```

는 함수 호출 max(3, 4)의 *결과값(return value)*을 출력한다.

함수가 값을 반환하지 않으면, 이 함수의 호출은 명령문이 된다. 다음 예와 같이, print 함수는 값을 반환하지 않는다.

```
print("프로그래밍은 재미있습니다!")
```

노트

값-반환 함수를 명령문으로 호출할 수도 있다. 이 경우, 반환 값은 무시된다. 이러한 경우는 거의 드물지만, 호출자가 반환 값에 관심이 없다면 허용될 수 있다.

어떤 프로그램이 함수를 호출할 때, 프로그램 제어는 호출된 함수로 넘어간다. 함수의 반환 명령문이 수행되거나 함수가 종료될 때, 호출된 함수는 호출자로 프로그램 제어를 반환한다.

코드 6.1은 max 함수의 테스트를 위한 전체 프로그램을 보여준다.

코드 6.1   TestMax.py

```
1  # 두 수 중에서 큰 수를 반환한다.
2  def max(num1, num2):
3      if num1 > num2:
4          result = num1
5      else:
6          result = num2
7
8      return result
9
10 def main():
11     i = 5
12     j = 2
13     k = max(i, j)    # max 함수를 호출한다.
14     print(i, "와/과", j, "중에서 큰 수는", k, "입니다.")
15
16 main() # main 함수를 호출한다.
```

실행결과   5 와/과 2 중에서 큰 수는 5 입니다.

	라인 번호	i	j	k	num1	num2	result
	11	5					
	12		2				
max 호출	2				5	2	
	4						5
	13			5			

이 프로그램은 max와 main 함수를 가지고 있다. 프로그램 스크립트는 라인 16
에서 main 함수를 호출한다. 편의상, 프로그램의 핵심 기능을 갖고 있다는 의미로
main 함수를 종종 정의하곤 한다.

이 프로그램은 어떻게 실행될까? 인터프리터(interpreter)가 라인 1부터 시작하
여 한 행 단위로 파일에서 코드를 읽는다. 라인 1은 주석이므로, 무시된다. 라인 2
의 함수 헤더를 읽을 때, 함수 몸체(라인 2-8)와 함께 함수를 메모리에 저장한다.
함수 정의는 함수를 정의하는 것이지 함수를 실행하는 것이 아니라는 점을 기억하
자. 그런 다음, 인터프리터는 메모리에서 main 함수(라인 10-14)의 정의를 읽는다.
마지막으로, main 함수를 호출하여 main 함수가 실행되도록 라인 16의 명령문을 읽
는다. 이때 프로그램 제어가 그림 6.2에서 볼 수 있듯이 main 함수로 넘어간다.

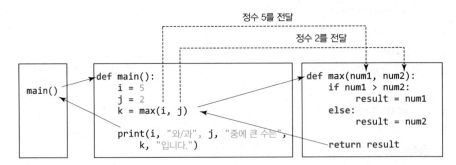

[그림 6.2] 함수가 호출되면, 제어는 호출된 함수로 넘어간다. 함수가 종료되면 함수를 호출했던
곳으로 제어가 반환된다.

main 함수의 수행은 라인 11에서 시작된다. 이 함수는 5를 i로, 2를 j로 할당한
후에 max(i, j)를 호출한다(라인 13).

max 함수가 호출될 때(라인 13), 변수 i의 값이 num1로 전달되고 변수 j의 값이

num2로 전달된다. 이때, 프로그램 제어가 max 함수로 넘어가고 max 함수가 수행된다. max 함수의 return 명령문이 수행될 때, max 함수는 프로그램 제어를 호출자(이 경우, 호출자는 main 함수임)로 넘겨준다.

　max 함수가 종료된 후에 max 함수에서 반환한 값이 k로 할당된다(라인 13). 라인 14에서 k의 값을 출력한다. main 함수가 이제 종료되고 프로그램 제어는 main 함수의 호출자로 반환된다(라인 16). 이제 프로그램이 종료된다.

> **노트**
> 코드 6.1의 프로그램에서 main은 max 다음에 정의되어 있다. 파이썬에서 함수가 호출될 때 호출된 함수는 메모리 내에 존재하기 때문에 소스 파일 내부에 임의의 순서로 함수를 정의할 수 있다. 그래서 max 이전에 main을 정의할 수도 있다.

6.3.1 호출 스택

함수가 호출될 때마다, 시스템은 그 함수에 대한 인자와 변수를 저장할 *활성 레코드*(activation record)를 생성하고 호출 스택(call stack)이라고 알려진 메모리 영역에 활성 레코드를 넣어 놓는다. 호출 스택을 수행 스택(execution stack), 실행시간 스택(runtime stack), 혹은 머신 스택(machine stack)이라 하며, 단순히 줄여서 "스택"이라 한다. 어떤 함수가 다른 함수를 호출할 때, 호출자의 활성 레코드는 그대로 유지되고 새로운 활성 레코드가 새로운 함수 호출을 위해 생성된다. 함수가 자신의 작업을 마치고 호출자로 제어를 반환할 때, 그 함수의 활성 레코드가 호출 스택에서 제거된다.

　호출 스택은 후입선출(last-in first-out) 방식으로 활성 레코드를 저장한다. 제일 마지막에 호출된 함수의 활성 레코드가 호출 스택에서 먼저 제거된다. 함수 m1이 함수 m2를 호출하고, 그런 다음 m3을 호출한다고 해보자. 시스템은 m1의 활성 레코드를 스택에 넣고, 그런 다음 m2의 활성 레코드를 넣고, 그 다음으로 m3의 활성 레코드를 넣는다. m3이 종료된 후, m3의 활성 레코드가 스택에서 제거된다. m2가 종료된 후에는 m2의 활성 레코드가 제거된다. m1이 종료되면, m1의 활성 레코드가 스택에서 제거된다.

　호출 스택을 이해하는 것은 함수가 어떻게 호출되는지를 파악하는데 도움이 된다. main 함수가 호출될 때, 그림 6.3(a)에서 볼 수 있듯이 변수 i와 j를 저장하기 위한 하나의 활성 레코드가 생성된다. 파이썬의 모든 데이터는 객체라는 점을 기억하자. 파이썬은 힙(heap)이라 불리는 개별 메모리 공간에 객체를 생성하고 저장한다. 그림 6.3(a)에서 볼 수 있듯이, 변수 i와 j는 실제로 int 객체인 5와 2에 대한 참조 값을 갖고 있다.

　max(i, j)를 호출하자마자, 변수 i와 j가 max 함수의 매개변수 num1과 num2로

전달된다. 따라서 num1과 num2는 그림 6.3(b)에서 볼 수 있듯이 int 객체인 5와 2
를 참조한다. max 함수는 최댓값을 찾고 그 값을 result에 할당한다. 따라서 그림
6.3(c)에서 볼 수 있듯이 result는 int 객체인 5를 참조한다. 이 결과가 main 함수
로 반환되고 변수 k에 할당된다. 이제 k는 그림 6.3(d)에서 볼 수 있듯이 int 객체
인 5를 참조한다. main 함수가 종료된 후에 그림 6.3(e)에서 볼 수 있듯이 스택은
비게 된다. 힙에 있는 객체가 더 이상 필요치 않을 때에는 인터프리터에 의해 자동
으로 파괴된다.

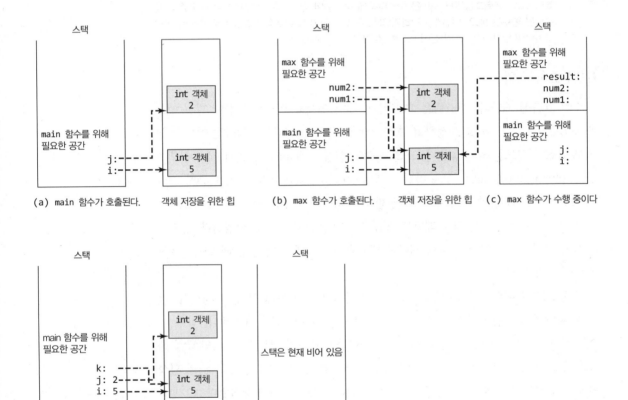

[그림 6.3] 함수가 호출되면, 함수의 변수들을 저장하기 위해 하나의 활성 레코드가 생성된다. 이 활성 레코드는 함수가 종료
된 후에 해제된다.

6.4 반환값이 있는 함수 혹은 반환값이 없는 함수

키포인트

함수가 반드시 값을 반환해야 하는 것은 아니다.

앞 절에서 값-반환 함수의 예를 살펴보았다. 이제 값을 반환하지 않는 함수를

정의하고 호출하는 방법을 살펴보자. 값을 반환하지 않는 함수를 프로그래밍 용어로 *void* 함수라고 한다.

코드 6.2의 프로그램은 printGrade라는 함수를 정의하고, 이 함수를 호출하여 주어진 점수에 대한 성적(학점)을 출력한다.

코드 6.2　　PrintGradeFunction.py

```python
1   # 점수에 대한 성적을 출력한다.
2   def printGrade(score):
3       if score >= 90.0:
4           print('A')
5       elif score >= 80.0:
6           print('B')
7       elif score >= 70.0:
8           print('C')
9       elif score >= 60.0:
10          print('D')
11      else:
12          print('F')
13
14  def main():
15      score = eval(input("점수를 입력하세요: "))
16      print("성적은", end = " ")
17      printGrade(score)
18      print("입니다.")
19
20  main() # main 함수를 호출한다.
```

점수를 입력하세요: 78.5 ↵Enter
성적은 C
입니다.

실행결과

printGrade 함수는 어떤 값도 반환하지 않는다. 그래서 라인 17에서 볼 수 있듯이 main 함수에서 하나의 명령어처럼 printGrade 함수가 호출되어 있다.

값을 반환하지 않는 함수와 값을 반환하는 함수 사이의 차이점을 알아보기 위해, 값을 반환하도록 printGrade 함수를 변경해 보자. 코드 6.3에서 볼 수 있듯이, 성적값을 반환하는 새로운 함수 getGrade를 호출해 보자.

코드 6.3	ReturnGradeFunction.py

```
1   # 점수에 대한 성적을 반환한다.
2   def getGrade(score):
3       if score >= 90.0:
4           return 'A'
5       elif score >= 80.0:
6           return 'B'
7       elif score >= 70.0:
8           return 'C'
9       elif score >= 60.0:
10          return 'D'
11      else:
12          return 'F'
13
14  def main():
15      score = eval(input("점수를 입력하세요: "))
16      print("성적은", getGrade(score), "입니다.")
17
18  main() # main 함수를 호출한다.
```

실행결과

점수를 입력하세요: 78.5 Enter
성적은 C 입니다.

라인 2-12에서 정의된 getGrade 함수는 수치 점수 값에 따라 문자 값으로 성적을 반환한다. 이 함수는 라인 16에서 호출된다.

getGrade 함수는 문자 하나를 반환하며, 마치 문자처럼 호출되고 사용되었다. 반면, printGrade 함수는 값을 반환하지 않으며, 명령문처럼 호출되었다.

> **노트**
> 기술적으로, 파이썬의 모든 함수는 return을 사용하든지 사용하지 않든 간에 값을 반환한다. 함수가 값을 반환하지 않으면, 특별한 값인 None을 기본적으로 반환한다. 이러한 이유 때문에 값을 반환하지 않는 함수를 None 함수라고 부른다. None 값은 변수가 어떤 객체도 참조하지 않는다는 것을 나타내기 위해 변수에 할당될 수 있다. 예를 들어, 다음 프로그램을 실행해 보자.
>
> ```
> def sum(number1, number2):
>     total = number1 + number2
>
> print(sum(1, 2))
> ```
>
> sum 함수가 return 명령문을 갖고 있지 않기 때문에 출력 값은 None이다. 그래서 기본 값으로 None이 반환된다.

return 명령문은 None 함수에서는 필요하지 않지만 함수를 종료하거나 함수 호출자에게
제어를 반환하기 위해 사용된다. 문법은 다음과 같이 간단하다.

```
return
혹은
return None
```

이러한 방식은 거의 사용되지 않지만, 어떤 값도 반환하지 않는 함수에서 제어의 정상 흐름
을 우회하는 데 때때로 유용하게 사용된다. 예를 들어, 다음 코드는 점수가 유효하지 않을
때 함수 종료를 위해 return 명령문을 사용하고 있다.

```
# 점수에 대한 성적을 출력한다.
def printGrade(score):
    if score < 0 or score > 100:
        print("잘못된 점수입니다.")
        return # return None과 동일하다.
    if score >= 90.0:
        print('A')
    elif score >= 80.0:
        print('B')
    elif score >= 70.0:
        print('C')
    elif score >= 60.0:
        print('D')
    else:
        print('F')
```

체크
포인트

6.1 함수를 사용하는 이점은 무엇인가?

6.2 함수의 정의 방법은? 함수의 호출 방법은?

6.3 코드 6.1의 max 함수를 조건식을 사용하여 간략히 작성하시오.

6.4 참인지 거짓인지 판별하시오. None 함수의 호출은 항상 명령문 그 자체이지만, 값-
반환 함수의 호출은 항상 표현식의 일부이다.

6.5 None 함수 내부에 return 명령문이 있을 수 있는가? 다음 함수의 return 명령문은
문법 오류를 발생시키는가?

```
def xFunction(x, y):
    print(x + y)
    return
```

6.6 함수 헤더, 매개변수, 인자를 정의하시오.

6.7 다음 함수에 대한 함수 헤더를 작성하시오(그리고 이 함수가 값을 반환하는지를 판
별하시오).

- 판매량과 커미션 비율을 주어지면, 판매 커미션을 계산한다.
- 월과 연도가 주어지면, 월 단위의 캘린더를 출력한다.
- 제곱근을 계산한다.

- 어떤 숫자가 짝수인지를 검사하고 짝수이면 참을 반환한다.
- 지정된 수만큼 메시지를 출력한다.
- 대출금, 상환년수, 연이율이 주어지면, 월 상환금을 계산한다.
- 주어진 소문자와 대응하는 대문자를 찾는다.

6.8 다음 프로그램에서 오류를 찾고 정정하시오.

```
1 def function1(n, m):
2 function2(3.4)
3
4 def function2(n):
5    if n > 0:
6        return 1
7    elif n == 0:
8        return 0
9    elif n < 0:
10        return -1
11
12 function1(2, 3)
```

6.9 다음 코드의 출력을 보이시오.

```
1 def main():
2    print(min(5, 6))
3
4 def min(n1, n2):
5    smallest = n1
6    if n2 < smallest:
7        smallest = n2
8
9 main() # main 함수를 호출한다.
```

6.10 다음 코드가 실행될 때 어떤 오류가 발생하는가?

```
def main():
    print(min(min(5, 6), min(51, 6)))

def min(n1, n2):
    smallest = n1
    if n2 < smallest:
        smallest = n2

main() # main 함수를 호출한다.
```

6.5 위치 인자와 키워드 인자

함수의 인자는 위치 인자 혹은 키워드 인자로서 전달될 수 있다.

키포인트

함수의 장점은 매개변수와 함께 작업을 할 수 있는 것이다. 함수가 호출될 때, 인자를 매개변수로 전달할 필요가 있는데, 2가지 종류의 인자 중에 하나를 사용할 수 있다. 2가지 종류의 인자로 *위치 인자(positional argument)*와 *키워드 인자(keyword argument)*가 있다. 위치 인자를 사용하면, 함수 헤더에 명시된 매개변수들과 동일한 순서로 인자들이 전달되어야 한다. 예를 들어, 다음 함수는 message를 n번 출력한다.

```
def nPrintln(message, n):
    for i in range (n):
        print(message)
```

a를 3번 출력해 주는 nPrintln('a', 3) 명령문을 예로서 살펴보자. nPrintln('a', 3) 명령문은 a를 message로, 3을 n으로 전달하고, a를 3번 출력한다. 그러나 nPrintln(3, 'a')는 다른 의미를 갖는다. 이 명령문은 3을 message로, a를 n으로 전달한다. 이와 같은 방식으로 함수를 호출할 때에는 *위치 인자(positional argument)*를 사용한다고 말한다. 즉, 인자는 함수 헤더의 매개변수와 순서, 개수, 타입이 반드시 동일해야 한다.

또한 *name = value*의 형태로 인자를 전달할 수 있는 *키워드 인자(keyword argument)*를 사용하여 함수를 호출할 수 있다. 예를 들어, nPrintln(n = 5, message = "good")은 5를 n으로 "good"를 message로 전달한다. 키워드 인자를 사용할 때, 인자들은 어떤 순서로 나와도 상관없다.

위치 인자와 키워드 인자를 혼용하여 사용하는 것이 가능하지만, 위치 인자는 키워드 인자가 나온 이후에는 사용할 수 없다. 다음의 함수 헤더를 살펴보자.

```
def f(p1, p2, p3):
```

다음과 같이 위 함수를 호출할 수 있다.

```
f(30, p2 = 4, p3 = 10)
```

그러나 위치 인자 10이 키워드 인자 p2 = 4 다음에 나왔기 때문에 다음의 함수 호출은 잘못된 것이다.

```
f(30, p2 = 4, 10)
```

6.11 위치 인자와 키워드 인자를 비교하여 설명하시오.

6.12 다음의 함수 헤더를 고려해 보자.

    def f(p1, p2, p3, p4):

다음의 함수 호출 중에 옳은 것은?

    f(1, p2 = 3, p3 = 4, p4 = 4)
    f(1, p2 = 3, 4, p4 = 4)
    f(p1 = 1, p2 = 3, 4, p4 = 4)
    f(p1 = 1, p2 = 3, p3 = 4, p4 = 4)
    f(p4 = 1, p2 = 3, p3 = 4, p1 = 4)

6.6 참조값에 의한 인자 전달

인자를 갖는 함수가 호출될 때, 각 인자의 참조가 값으로 함수의 매개변수로 전달된다.

파이썬에서 모든 데이터는 객체이기 때문에, 객체에 대한 변수는 실제로 그 객체에 대한 참조(reference)이다. 인자를 갖는 함수가 호출될 때, 각 인자의 참조값이 매개변수로 전달된다. 이것을 프로그래밍 용어로 *값에 의한 전달(pass-by-value)*이라 한다. 간단히 말해서, 함수가 호출될 때 인자의 값이 매개변수로 전달된다고 말할 수 있다. 이 값은 실제로는 객체의 참조값이다.

인자가 숫자나 문자열이면, 함수 내부에서 매개변수의 값이 수정되더라도 인자에는 아무런 영향을 주지 않는다. 코드 6.4의 예를 살펴보자.

코드 6.4   Increment.py

```
1   def main():
2       x = 1
3       print("함수 호출 전, x는", x, "입니다.")
4       increment(x)
5       print("함수 호출 후, x는", x, "입니다.")
6
7   def increment(n):
8       n += 1
9       print("\t함수 내부에서 n은", n, "입니다.")
10
11  main() # main 함수를 호출한다.
```

실행결과

    함수 호출 전, x는 1 입니다.
        함수 내부에서 n은 2 입니다.
    함수 호출 후, x는 1 입니다.

　　코드 6.4의 출력에서 볼 수 있듯이, increment 함수가 호출될 때 x의 값(1)이 매개변수 n으로 전달된다(라인 4). 매개변수 n은 increment 함수 내부에서 1 증가되지만, 그 함수 내부에서 무엇을 하든 간에 x의 값은 변경되지 않는다.

　　이러한 이유는 숫자와 문자열이 *변경불가능 객체(immutable object)*이기 때문이다. 변경불가능 객체의 내용은 변경될 수 없다. 새로운 숫자가 변수에 할당할 때마다 파이썬은 그 숫자에 대한 새로운 객체를 생성하고 이 객체의 참조를 변수에 할당한다.

　　다음 코드를 살펴보자.

```
>>> x = 4
>>> y = x
>>> id(x)   # x의 참조
505408920
>>> id(y)   # y의 참조는 x의 참조와 동일하다.
505408920
>>>
```

　　x를 y에 할당하면, 그림 6.4(a)-(b)에서 볼 수 있듯이 x와 y는 정수값 4에 대한 객체를 동일하게 가리키게 된다. 그러나 y에 1을 더하면, 그림 6.4(c)처럼 새로운 객체가 생성되고 y로 할당된다. 다음 코드에서 볼 수 있듯이, y는 새로운 객체를 참조한다.

```
>>> y = x + 1    # y는 현재 5 값을 가진 새로운 int 객체를 가리킨다.
>>> id(y)
505408936
>>>
```

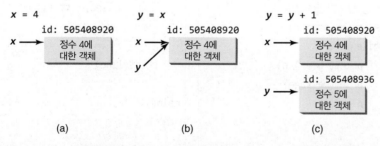

[그림 6.4] (a) 4가 x로 할당된다. (b) x가 y로 할당된다. (c) y + 1이 y로 할당된다.

6.13 값에 의한 전달(pass-by-value)이란?

6.14 인자가 매개변수와 동일한 이름을 가질 수 있는가?

6.15 다음 프로그램의 결과를 보이시오.

```python
def main():
    max = 0
    getMax(1, 2, max)
    print(max)


def getMax(value1, value2, max):
    if value1 > value2:
        max = value1
    else:
        max = value2


main()
```

(a)

```python
def main():
    i = 1
    while i <= 6
        print(function1(i, 2))
        i += 1


def function1(i, num):
    line = " "
    for j in range(1, i):
        line += str(num) + " "
        num *= 2
    return line


main()
```

(b)

```python
def main():
    # times를 초기화한다.
    times = 3
    print("함수 호출 전, 변수",
        "times는", times, "입니다.")

    #nPrint를 호출하고 times를 출력한다.
    nPrint("CS에 오신 것을 환영합니
    다!", times)
    print("함수 호출 후, 변수",
        "times는", times, "입니다.")

# message를 n번 출력한다.
def nPrint(message, n):
    while n > 0:
        print("n = ", n)
        print(message)
        n -= 1


main()
```

(c)

```python
def main():
    i = 1
    while i <= 4
        function1(i)
        i += 1

        print("i는", i, "입니다.")


def function1(i):
    line = " "
    while i >= 1:
        if i % 3 != 0:
            line += str(i) + " "
        i -= 1

    print(line)


main()
```

(d)

6.16 이전 문제의 (a)에 대해서, 함수 getMax가 호출되기 직전, getMax로 들어가기 직전, getMax가 반환되기 직전, getMax가 반환된 후의 스택 내용을 보이시오.

6.7 코드 모듈화하기

모듈화는 코드 관리를 용이하게 해주고 디버깅을 쉽게 해주며, 코드를 재사용할 수 있게 해준다.

키포인트

함수는 코드 중복을 줄여주고 코드 재사용을 위한 목적으로 사용된다. 또한 함수는 코드를 모듈화하고 프로그램의 품질을 향상시키기 위해 사용된다. 파이썬에서는 함수 정의를 파일 확장자 *.py*를 갖는 *모듈(module)* 파일에 넣어 놓을 수 있다. 이 모듈은 재사용을 위해 프로그램 내부로 임포트시킬 수 있다. 모듈 파일은 프로그램과 동일한 디렉터리에 있어야 한다. 하나의 모듈에 하나 이상의 함수를 가질 수 있으며, 모듈 내부의 각 함수는 서로 다른 이름을 가져야 한다. turtle, random, math 등은 파이썬 라이브러리에 정의된 모듈이다. 그래서 이들 모듈은 모든 파이썬 프로그램에 임포트될 수 있다.

코드 5.8의 GreatestCommonDivisor.py는 사용자로부터 두 개의 정수를 입력받고 이들 정수의 최대공약수(greatest common divisor)를 출력하는 프로그램이다. 코드 6.5에서 볼 수 있듯이, 코드 5.8의 프로그램을 함수 형태로 재작성할 수 있으며, 이 함수를 GCDFunction.py 모듈에 넣어보도록 하자.

| 코드 6.5 | GCDFunction.py |

```
1   # 두 정수의 최대공약수(gcd)를 반환한다.
2   def gcd(n1,n2):
3       gcd = 1 # gcd의 초깃값은 1이다.
4       k = 2   # 가능한 gcd
5
6       while k <= n1 and k <= n2:
7           if n1 % k == 0 and n2 % k == 0:
8               gcd = k  # gcd를 갱신한다.
9           k += 1
10
11      return gcd   # gcd를 반환한다.
```

코드 6.6과 같이, gcd 함수를 사용하는 프로그램을 작성할 수 있다.

| 코드 6.6 | TestGCDFunction.py |

```
1   from GCDFunction import gcd   # gcd 함수를 임포트한다.
2
3   # 사용자로부터 두 정수를 입력받는다.
4   n1 = eval(input("첫 번째 정수를 입력하세요: "))
```

```
5    n2 = eval(input("두 번째 정수를 입력하세요: "))
6
7    print(n1, "와/과", n2, "의 최대공약수는", gcd(n1, n2), "입니다.")
8
```

실행결과

첫 번째 정수를 입력하세요: 45 ↵Enter
두 번째 정수를 입력하세요: 75 ↵Enter
45 와/과 75 의 최대공약수는 15 입니다.

라인 1에서 GCDFunction 모듈의 gcd 함수를 임포트한다. 이렇게 함으로써 코드 6.6의 프로그램 내부에서 gcd를 호출할 수 있다(라인 7). 또한 다음 명령문을 사용하여 gcd 함수를 임포트할 수도 있다.

    import GCDFunction

이 명령문을 사용하면, GCDFunction.gcd 형식으로 gcd 함수를 호출할 수 있다.

최대공약수를 얻기 위한 코드를 함수로 캡슐화함으로써, 이 프로그램은 다음과 같은 장점을 가진다.

1. 최대공약수 계산 문제를 프로그램 내의 나머지 코드와 분리할 수 있다. 그래서 논리가 명확해지고 프로그램이 읽기 쉬워진다.
2. 최대공약수 계산에서 발생하는 오류를 gcd 함수로 한정시킬 수 있다. 이는 디버깅 범위를 좁혀준다.
3. gcd 함수를 다른 함수에서 재사용할 수 있다.

모듈 내부에 2개 함수가 동일한 이름으로 정의되면 어떻게 될까? 이 경우, 어떠한 문법 오류도 발생하지 않지만, 두 번째 함수 정의만이 유효하다.

코드 6.7은 코드 5.13의 PrimeNumber.py를 개선하기 위해 코드 모듈화 개념을 적용한 것이다. 이 프로그램은 새로운 두 함수 isPrime과 printPrimeNumbers를 정의하고 있다. isPrime은 어떤 숫자가 소수인지를 판별하는 함수이며, printPrimeNumbers는 소수를 출력하는 함수이다.

코드 6.7   PrimeNumberFunction.py

```
1    # number가 소수인지를 검사한다.
2    def isPrime(number):
3        divisor = 2
4        while divisor <= number / 2:
```

```
5          if number % divisor == 0:
6              # 참이면, number는 소수가 아니다.
7              return False # 소수가 아니다.
8          divisor += 1
9
10     return True # 소수이다.
11
12 def printPrimeNumbers(numberOfPrimes):
13     NUMBER_OF_PRIMES = 50  # 출력할 소수의 개수
14     NUMBER_OF_PRIMES_PER_LINE = 10  # 한 행당 10개씩 출력한다.
15     count = 0  # 소수 개수
16     number = 2  # 소수 검사를 위한 숫자
17
18     # 소수들을 반복적으로 찾는다.
19     while count < numberOfPrimes:
20         # 소수와 소수 개수를 출력한다.
21         if isPrime(number):
22             count += 1 # count를 1씩 증가시킨다.
23
24             print(number, end = " ")
25             if count % NUMBER_OF_PRIMES_PER_LINE == 0:
26                 # number 출력의 다음 행으로 넘어간다.
27                 print()
28
29         # 다음 숫자가 소수인지를 검사한다.
30         number += 1
31
32 def main():
33     print("첫 50개의 소수는")
34     printPrimeNumbers(50)
35
36 main() # main 함수를 호출한다.
```

실행결과

첫 50개의 소수는

2	3	5	7	11	13	17	19	23	29
31	37	41	43	47	53	59	61	67	71
73	79	83	89	97	101	103	107	109	113
127	131	137	139	149	151	157	163	167	173
179	181	191	193	197	199	211	223	227	229

앞 프로그램은 큰 프로그램을 2개의 하위 프로그램으로 나누었다. 결과적으로, 이 프로그램은 읽기도 디버깅하기가 쉽다. 또한 `printPrimeNumbers`와 `isPrime` 함수는 다른 프로그램에서 재사용될 수도 있다.

6.8 사례 연구: 10진수를 16진수로 변환하기

 키포인트

이번 절에서는 10진수를 16진수로 변환하는 프로그램을 살펴본다.

16진수(3장 참고) 숫자는 컴퓨터 시스템 프로그래밍에서 흔히 사용된다(숫자 시스템에 관한 사항은 부록 C를 참조). 10진수 숫자 d를 16진수 숫자로 변환하기 위해서는 다음 수식에서 16진수 자릿수인 $h_n, h_{n-1}, h_{n-2}, \cdots, h_2, h_1, h_0$을 찾아내야 한다.

$$d = h_n \times 16^n + h_{n-1} \times 16^{n-1} + h_{n-2} \times 16^{n-2} + \cdots$$
$$+ h_2 \times 16^2 + h_1 \times 16^1 + h_0 \times 16^0$$

이들 16진수 자릿수들은 몫이 0이 될 때까지 d를 16으로 매번 연속해서 나누어 줌으로써 찾아낼 수 있다. 이때, 각각의 나머지가 $h_0, h_1, h_2, \cdots, h_{n-2}, h_{n-1}, h_n$이 된다. 16진수 자릿수는 10진수 자릿수인 0,1,2,3,4,5,6,7,8,9와 더불어 10진수 10인 A, 11인 B, 12인 C, 13인 D, 14인 E, 15인 F로 나타낼 수 있다.

예를 들어, 10진수 123은 16진수로 7B가 되며, 다음과 같은 과정을 통해 변환된다.

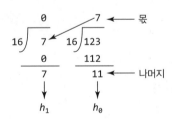

123을 16으로 나누면, 나머지는 16진수 B인 11이 된다. 여기서, 몫은 7이다. 7을 16으로 다시 나누면, 나머지는 7이고 몫은 0이 된다. 따라서 123에 대한 16진수 숫자는 7B가 된다.

코드 6.8은 사용자로부터 10진수 숫자를 입력받고 이 숫자를 16진수 문자열로 변환하는 프로그램을 보여준다.

| 코드 6.8 | Decimal2HexConversion.py |

```python
1   # 10진수를 문자열 형태의 16진수로 변환한다.
2   def decimalToHex(decimalValue):
3       hex = ""
4
5       while decimalValue != 0:
6           hexValue = decimalValue % 16
7           hex = toHexChar(hexValue) + hex
8           decimalValue = decimalValue // 16
9
10      return hex
11
12  # 정수를 문자 형태의 한 자릿수 16진수로 변환한다.
13  def toHexChar(hexValue):
14      if 0 <= hexValue <= 9:
15          return chr(hexValue + ord('0'))
16      else:  # 10 <= hexValue <= 15
17          return chr(hexValue - 10 + ord('A'))
18
19  def main():
20      # 사용자로부터 10진수 정수를 입력받는다.
21      decimalValue = eval(input("10진수를 입력하세요: "))
22
23      print("입력한 10진수",
24          decimalValue, "의 16진수 표현은", decimalToHex(decimalValue), "입니다.")
25
26  main() # main 함수를 호출한다.
```

 실행결과

10진수를 입력하세요: 1234
입력한 10진수 1234 의 16진수 표현은 4D2 입니다.

	라인 번호	decimalValue	hex	hexValue	toHexChar(hexValue)
	21	1234			
	3		""		
반복 1	6			2	
	7		"2"		"2"
	8	77			

반복 2	6			13	
	7		"D2"		"D"
	8	4			
반복 3	6			4	
	7		"4D2"		"4"
	8	0			

초기에, hex 문자열은 비어있다(라인 3). 이 프로그램은 10진수 정수 값 (decimalValue)을 문자열 형태의 16진수 값(hexValue)으로 변경하기 위해 decimalToHex 함수(라인 2-10)를 사용한다. 우선, 이 함수는 10진수 정수 값을 16 으로 나누어 나머지 값을 얻는다(라인 6). toHexChar 함수를 호출하여 나머지 값 을 문자로 변경하고 hex 문자열에 추가한다(라인 7). 10진수 숫자를 16으로 나눔으 로써 10진수 정수 값에서 16진수의 한 자릿수를 제거한다(라인 8). decimalToHex 함수는 몫이 0이 될 때까지 이들 연산을 루프 내부에서 반복하여 수행한다(라인 5-8).

toHexChar 함수(라인 13-17)는 0에서 15 사이의 hexValue를 16진수 문자로 변 환한다. hexValue가 0에서 9 사이의 값이면, 이 값은 char(hexValue + ord('0')) 을 사용하여 변환된다(라인 15). 예를 들어, hexValue가 5이면, char(hexValue + ord('0'))은 5를 반환한다. hexValue가 10과 15 사이의 값이면, 이 값은 char(hexValue - 10 + ord('A'))을 사용하여 변환된다(라인 17). 예를 들어, hexValue가 11이면, char(hexValue - 10 + ord('A'))는 B를 반환한다.

6.9 변수의 스코프

키포인트

변수의 스코프는 프로그램에서 변수가 참조할 수 있는 영역이다.

2장에서 변수의 스코프(scope)에 대해서 이미 살펴보았다. 이번 절에서는 함수 관점에서 변수의 스코프에 대해서 살펴본다. 함수 내부에서 생성된 변수를 *지역변 수(local variable)*라 한다. 지역변수는 함수 내부에서만 접근될 수 있다. 지역변수 의 스코프는 지역변수가 생성된 지점부터 그 변수를 포함하고 있는 함수의 끝까지 이다.

또한 파이썬에서 *전역변수(global variable)*를 사용할 수 있다. 전역변수는 모든 함수의 외부에 생성되며 모든 함수에서 접근가능하다. 다음 예제를 살펴보자.

예제 1

```
1 globalVar = 1
2 def f1():
3     localVar = 2
4     print(globalVar)
5     print(localVar)
6
7 f1()
8 print(globalVar)
9 print(localVar) # 스코프 밖이므로 오류가 발생한다.
```

하나의 전역변수가 라인 1에서 생성되었다. 이 변수는 함수 f1의 내부에서 접근되었고(라인 4), 라인 8에서는 함수 f1의 외부에서 접근되었다. 라인 3에서 하나의 지역변수가 생성되었다. 이 지역변수는 함수 f1의 내부에서 접근되었다(라인 5). f1 함수의 외부에서 이 지역변수에 접근하려 시도하면 오류가 발생한다(라인 9).

예제 2

```
1 x = 1
2 def f1():
3     x = 2
4     print(x)  # 2가 출력된다.
5
6 f1()
7 print(x)  # 1이 출력된다.
```

이 예제에서 전역변수 x가 라인 1에서 생성되었고 동일한 이름(x)의 지역변수가 라인 3에서도 생성되었다. 라인 3의 위치부터 전역변수 x는 f1 함수 내부에서는 접근될 수 없다. f1 함수의 외부에서 전역변수 x는 여전히 접근될 수 있다. 그래서 라인 7에서 1이 출력된다.

예제 3

```
1 x = eval(input("숫자를 입력하세요: ")
2 if x > 0:
3     y = 4
4
5 print(y)  # y가 생성되지 않으면, 오류가 발생한다.
```

예제 3에서는 변수 y가 x > 0일 때 생성된다. x의 값으로 양수를 입력하면(라인 1), 이 프로그램은 정상적으로 실행된다. 그러나 양수가 아닌 값을 입력하면 y가 생성되지 않기 때문에 라인 5에서 오류가 발생한다.

예제 4

```
1  sum = 0
2  for i in range(5):
3      sum += i
4
5  print(i)
```

여기서는 변수 i가 루프에서 생성된다. 루프가 종료된 후에 i는 4가 되기 때문에 라인 5에서 4가 출력된다.

지역변수를 전역 스코프로 사용할 수 있다. 또한 함수 내부에서 변수를 생성한 후에 그 변수를 함수 외부에서 사용할 수도 있다. 이 둘 중 하나를 하기 위해서는 다음 예제에서 볼 수 있듯이 global 명령문을 사용한다.

예제 5

```
1  x = 1
2  def increase():
3      global x
4      x = x + 1
5      print(x)  # 2가 출력된다.
6
7  increase()
8  print(x)  # 2가 출력된다.
```

여기서 전역변수 x가 라인 1에서 생성되었고 라인 3에서 x를 increase 함수 내부에서도 사용할 수 있도록 만들었다. 이것은 함수 내부의 x가 함수 외부의 x와 동일하다는 의미이다. 그래서 이 예제 프로그램은 라인 5와 라인 8에서 2를 출력한다.

주의
전역변수가 허용되고 다른 프로그램에서 사용된 전역변수를 참조할 수 있음에도 불구하고 전역변수를 함수 내부에서 수정하는 것은 좋은 습관이 아니다. 그 이유는 오류 발생 가능성이 높은 프로그램을 만들 수 있기 때문이다. 그러나 전역 상수를 정의하는 것은 모듈 내부의 모든 함수에서 그 전역 상수를 공유할 수 있으므로 괜찮다.

6.17 다음 코드의 출력 결과는?

```
def function(x):
    print(x)
    x = 4.5
    y = 3.4
    print(y)


x = 2
y = 4
function(x)
print(x)
print(y)
```

(a)

```
def f(x, y = 1, z = 2):
    return x + y + z


print(f(1, 1, 1))
print(f(y = 1, x = 2, z = 3))
print(f(1, z = 3))
```

(b)

6.18 다음 코드에서 잘못된 점은 무엇인가?

```
1  def function():
2      x = 4.5
3      y = 3.4
4      print(x)
5      print(y)
6
7  function()
8  print(x)
9  print(y)
```

6.19 다음 코드가 실행될 수 있을까? 그렇다면 출력 결과는?

```
x = 10
if x < 10:
    y = -1
else:
    y = 1

print("y는", y, "입니다.")
```

6.10 기본 인자

파이썬은 기본 인자 값을 가진 함수 정의를 허용한다. 함수가 인자 없이 호출될 때 기본 값이 매개변수로 전달된다.

코드 6.9는 기본 인자(*default argument*) 값을 가진 함수 정의와 호출 방법을 보여준다.

코드 6.9	DefaultArgumentDemo.py

```python
1   def printArea(width = 1, height = 2):
2       area = width * height
3       print("폭:", width, "\t높이:", height, "\t넓이:", area)
4
5   printArea()  # 기본 인자 값으로 width = 1이고 height = 2이다.
6   printArea(4, 2.5)  # 위치 인자 값으로 width = 4이고 height = 2.5이다.
7   printArea(height = 5, width = 3)  # 키워드 인자가 사용된다.
8   printArea(width = 1.2)  # 기본 인자 값으로 height = 2이다.
9   printArea(height = 6.2)  # 기본 인자 값으로 width = 1이다.
```

실행결과

```
폭: 1          높이: 2          넓이: 2
폭: 4          높이: 2.5        넓이: 10.0
폭: 3          높이: 5          넓이: 15
폭: 1.2        높이: 2          넓이: 2.4
폭: 1          높이: 6.2        넓이: 6.2
```

라인 1에서 매개변수 width와 height를 가진 printArea 함수를 정의하고 있다. width는 기본값 1을 갖고 height는 기본값 2를 가진다. 라인 5에서 인자 전달이 없이 함수를 호출하고 있다. 그래서 width에 할당된 기본값 1을 width 값으로, height에 할당된 기본값 2를 height 값으로 각각 사용한다. 라인 6에서 4를 width로, 2.5를 height로 전달하여 printArea 함수를 호출한다. 라인 7에서는 3을 width로, 5를 height로 전달하여 printArea 함수를 호출한다. 라인 8과 9에서 볼 수 있듯이, 매개변수 이름을 명시하여 인자를 전달할 수 있다는 점에 주의하자.

  노트
기본 인자와 비기본 인자를 가진 매개변수를 혼용하여 함수에 사용할 수도 있다. 이러한 경우, 비기본 매개변수는 기본 매개변수 이전에 정의되어야 한다.

  노트
대다수의 프로그래밍 언어는 모듈 내부에 동일한 이름을 가진 함수를 정의할 수 있지만, 파이썬에서는 이를 지원하지 않는다. 기본 인자를 사용하는 함수를 일단 정의하면, 다양한 방식으로 이 함수를 호출할 수 있다. 이것은 다른 프로그래밍 언어에서 동일한 이름을 가진 다중 함수를 정의하는 것과 같은 효과를 갖는다. 파이썬에서 다중 함수를 정의한다면, 마지막 정의가 이전 정의들을 대체한다.

6.20 다음 코드의 출력 결과를 보이시오.

체크
포인트

```python
def f(w = 1, h = 2):
    print(w, h)

f()
f(w = 5)
f(h = 24)
f(4, 5)
```

6.21 다음 프로그램에서 오류를 찾고 정확하게 수정하시오.

```python
1  def main():
2      nPrintln(5)
3
4  def nPrintln(message = "파이썬에 오신 것을 환영합니다!", n):
5      for i in range(n):
6          print(message)
7
8  main()  # main 함수를 호출한다.
```

6.22 하나의 모듈에서 동일한 이름을 가진 2개 함수가 정의되면 어떤 일이 발생하는가?

6.11 다중값 반환하기

파이썬의 return *명령문은 다중값을 반환할 수 있다.*

🗝 키포인트

파이썬은 함수가 다중값을 반환하는 것을 허용한다. 코드 6.10은 두 개의 숫자를 받아들여 이를 오름차순으로 반환하는 함수를 보여준다.

코드 6.10	MultipleReturnValueDemo.py

```python
1  def sort(number1, number2):
2      if number1 < number2:
3          return number1, number2
4      else:
5          return number2, number1
6
7  n1, n2 = sort(3, 2)
8  print("n1은", n1, "입니다.")
9  print("n2는", n2, "입니다.")
```

실행결과

```
n1은 2 입니다.
n2는 3 입니다.
```

코드 6.10의 sort 함수는 두 개의 값을 반환한다. 따라서 이들 반환 값은 동시 할 당으로 전달되어야 한다.

6.23 함수가 다중값을 반환할 수 있을까? 다음 코드의 출력 결과를 보이시오.

```
1 def f(x, y):
2     return x + y, x - y, x * y, x / y
3
4 t1, t2, t3, t4 = f(9, 5)
5 print(t1, t2, t3, t4)
```

6.12 사례 연구: 랜덤 ASCII 문자 생성하기

하나의 문자는 하나의 정수를 사용하여 코딩된다. 랜덤 문자를 생성하는 것은 1개의 정수를 생성하는 것이다.

컴퓨터 프로그램은 수치 데이터와 문자를 처리한다. 수치 데이터를 포함한 많은 예제를 살펴보았다. 문자를 이해하고 문자의 처리 방법을 아는 것이 중요하다. 이 절에서는 ASCII 문자를 랜덤하게 생성하는 예제를 살펴본다.

3.3절에서 살펴보았듯이, 모든 ASCII 문자는 0과 127 사이의 고유한 ASCII 코드를 가진다. ASCII 문자를 랜덤하게 생성하기 위해서는 우선 0과 127 사이의 랜덤 정수를 생성하고, 그 정수에 대한 문자를 얻기 위해 chr 함수를 사용해야 한다. 다음 코드를 살펴보자.

```
chr(randint(0, 127))
```

랜덤 소문자의 생성 방법을 살펴보자. 소문자 ASCII 코드는 a 코드에서 시작하여 z 코드까지 연속된 정수이다. a 코드는 다음과 같다.

```
ord('a')
```

그래서 ord('a')와 ord('z') 사이의 정수는 다음과 같다.

```
randint(ord('a'), ord('z'))
```

그러므로 랜덤 소문자는 다음과 같이 생성될 수 있다.

```
chr(randint(ord('a'), ord('z')))
```

따라서 ch1 < ch2의 관계를 갖도록 ch1과 ch2 사이의 랜덤 문자는 다음과 같이 생성될 수 있다.

```
chr(randint(ord(ch1), ord(ch2)))
```

앞 코드는 단순하지만 매우 유용하게 활용될 수 있다. 코드 6.11은 지정된 유형의 문자를 랜덤하게 생성해 주는 5개의 함수로 구성된 RandomCharacter.py 모듈을 보여준다.

코드 6.11   RandomCharacter.py

```python
1  from random import randint  # randint를 임포트한다.
2
3  # ch1와 ch2 사이의 랜덤 문자를 생성한다.
4  def getRandomCharacter(ch1, ch2):
5      return chr(randint(ord(ch1), ord(ch2)))
6
7  # 랜덤 소문자를 생성한다.
8  def getRandomLowerCaseLetter():
9      return getRandomCharacter('a', 'z')
10
11 # 랜덤 대문자를 생성한다.
12 def getRandomUpperCaseLetter():
13     return getRandomCharacter('A', 'Z')
14
15 # 랜덤 숫자 문자를 생성한다.
16 def getRandomDigitCharacter():
17     return getRandomCharacter('0', '9')
18
19 # 랜덤 문자를 생성한다.
20 def getRandomASCIICharacter():
21     return chr(randint(0, 127))
```

코드 6.12는 175개의 랜덤 소문자를 출력해 주는 테스트 프로그램을 보여준다.

코드 6.12   TestRandomCharacter.py

```python
1  import randomCharacter
2
3  NUMBER_OF_CHARS = 175  # 생성할 문자 수
4  CHARS_PER_LINE = 25  # 한 행당 출력할 문자 수
5
6  # 'a'와 'z' 사이의 랜덤 문자를 출력한다. 한 행당 25개 문자를 출력한다.
7  for i in range(NUMBER_OF_CHARS):
```

```
8        print(RandomCharacter.getRandomLowerCaseLetter(), end = "")
9        if (i + 1) % CHARS_PER_LINE == 0:
10           print()  # 새로운 행으로 이동한다.
```

실행결과

```
gmjsohezfkgtazqgmswfclrao
pnrunulnwmaztlfjedmpchcif
lalqdgivxkxpbzulrmqmbhikr
lbnrjlsopfxahssqhwuuljvbe
xbhdotzhpehbqmuwsfktwsoli
cbuwkzgxpmtzihgatdslvbwbz
bfesoklwbhnooygiigzdxuqni
```

라인 1에서 RandomCharacter 모듈을 임포트하는데, 프로그램에서 이 모듈 내부에 정의된 함수를 호출하기 위해서이다.

getRandomLowerCaseLetter()를 호출하여 소문자를 얻는다(라인 8).

getRandomLowerCaseLetter() 함수는 매개변수를 갖고 있지 않지만, 이 함수가 정의되고 호출될 때 여전히 괄호를 사용해야 한다는 점에 주의하자.

체크
포인트

6.24 34와 55 사이의 랜덤 정수를 반환하는 표현식을 작성하시오.

6.25 B와 M 사이의 랜덤 문자를 반환하는 표현식을 작성하시오.

6.26 6.5와 56.5 사이의 랜덤 숫자(56.5는 제외)를 반환하는 표현식을 작성하시오.

6.27 랜덤으로 영문 소문자 알파벳을 반환하는 표현식을 작성하시오.

6.13 함수 추상화와 단계적 개선

키포인트

함수 추상화는 함수 사용과 함수 구현을 분리함으로써 달성된다.

소프트웨어 개발의 핵심은 추상화의 개념을 적용하는 것이다. 이 책을 통해 추상화의 여러 단계들을 살펴볼 것이다. *함수 추상화(function abstraction)*는 함수 사용과 함수 구현을 분리시키는 것이다. 예를 들어, 축약해서 *클라이언트(client)*라 불리는 클라이언트 프로그램은 함수가 어떻게 구현되었는지 알 필요 없이 함수를 사용할 수 있다. 구현의 세부사항을 함수 내부로 캡슐화하고 이 함수를 호출하는 클라이언트에게 구현의 세부사항을 숨긴다. 이것을 *정보 은닉(information hiding)* 혹은 *캡슐화(encapsulation)*라 한다. 구현을 변경한 경우 함수 헤더가 변경되지 않았다면, 클라이언트 프로그램에 어떠한 영향도 끼치지 않는다. 함수 구현은 그림 6.5에서 볼 수 있듯이 "블랙박스"처럼 클라이언트에게 숨겨진다.

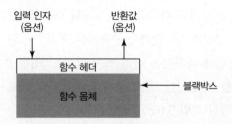

[그림 6.5] 함수 몸체는 세부 구현을 담고 있는 블랙박스로 간주될 수 있다.

이전까지 파이썬의 많은 내장 함수들을 이미 사용해 보았다. 사용자는 프로그램에서 내장 함수를 호출하기 위한 코드 작성 방법을 알고 있어야 하지만, 이 함수가 어떻게 구현되었는지는 알 필요가 없다.

함수 추상화의 개념은 프로그램의 개발 과정에 적용될 수 있다. 큰 프로그램을 작성할 때, 원래 문제를 하위 문제로 쪼개어 해결하는 "*분할 후 정복(divide-and-conquer)*" 전략을 사용할 수 있다. 이것을 *단계적 개선(stepwise refinement)*이라 한다. 분할된 하위 문제를 더 작은 하위 문제로 다시 분할하여 해결할 수 있다.

영문 달력을 출력하는 프로그램을 작성해 보자. 다음 실행 예에서 볼 수 있듯이, 이 프로그램은 사용자로부터 연도와 월을 입력받고 월별로 달력을 출력한다.

```
연도를 입력하세요(예. 2001): 2011 ⏎Enter
월을 입력하세요(1-12): 9 ⏎Enter
          September 2011
-------------------------------------------
Sun  Mon  Tue  Wed  Thu  Fri  Sat
                      1    2    3
 4    5    6    7    8    9   10
11   12   13   14   15   16   17
18   19   20   21   22   23   24
25   26   27   28   29   30
```

이 예제를 이용하여 분할후 정복 전략을 설명한다.

6.13.1 하향식 설계

프로그램 작성을 어떤 방식으로 시작할까? 바로 코딩으로 들어갈까? 초보 프로그래머는 흔히 모든 세부사항에 대한 문제해결을 하는 것부터 시작한다. 세부사항이 최종 프로그램의 작성에 중요할지라도 초기 단계부터 세부사항에 관심을 갖는 것은 문제해결 절차에 방해가 될 수 있다. 가급적 문제해결 절차가 매끄럽게 흘러가도록 이 예제는 설계와 세부사항을 분리한 함수 추상화를 사용하는 것부터 시작하며, 그런 후에 세부사항들을 구현해 간다.

이 예제에서는 원래 문제를 다음과 같이 2개의 하위 문제로 나눈다. (1) 사용자로부터 입력을 받는 부분과 (2) 달력을 출력하는 부분. 이 단계에서, 입력을 받는 방법과 달력 출력 방법에 대해서는 신경 쓰지 않아도 되며, 2개의 하위 문제가 무엇을 할지에만 신경을 써야 한다. 문제 분해의 시각화를 위해 구조 차트(structure chart)를 그릴 수도 있다(그림 6.6(a) 참조).

연도와 월의 입력을 읽기 위해 input 함수를 사용한다. 입력된 월에 대한 달력 출력 문제는 그림 6.6(b)에서 볼 수 있듯이 2개의 하위 문제로 더 분할될 수 있다. (1) 월 제목을 출력하는 부분과 (2) 월 몸체를 출력하는 부분. 월 제목은 3개의 행 (월과 연도, 점선, 주 단위 7일의 이름)으로 구성된다. 월(예를 들어, 1)에 대한 월 이름(예를 들어, January)을 얻기 위해 getMonthName이 필요하다(그림 6.7(a)를 보시오).

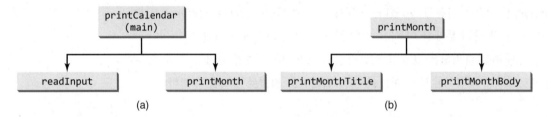

(a)　　　　　　　　　　　(b)

[그림 6.6] 이 구조 차트는 printCalendar 문제를 두 개의 하위 문제인 readInput과 printMonth로 분할한 것을 보여준다. printMonth는 두 개의 더 작은 하위 문제인 printMonthTitle과 printMonthBody로 분할된다.

월 몸체를 출력하기 위해서는 주의 어떤 날이 월의 첫째 날인지(getStartDay)와 월에 얼마나 많은 날짜가 있는지(getNumberOfDaysInMonth)를 파악할 필요가 있다 (그림 6.7(a)를 보시오). 예를 들어, 2005년 12월은 31일까지 있으며, 2005년 12월 1일은 목요일이다.

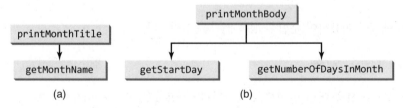

(a)　　　　　　　　　　　(b)

[그림 6.7] (a) printMonthTitle을 위해 getMonthName이 필요하다. (b) printMonthBody 문제는 여러 개의 더 작은 하위 문제로 분할된다.

월의 첫째 날에 대한 시작 일을 어떻게 얻을 수 있을까? 이를 계산하는 여러 가지 방법이 있다. 1800년 1월 1일에 대한 시작 일은 수요일(START_DAY_FOR_

JAN_1_1800 = 3)이라는 것을 알고 있다고 가정해 보자. 1800년 1월 1일과 캘린더 월의 첫째 날 사이의 전체 일수(totalNumberOfDays)를 계산할 수 있다. 모든 주가 7일로 구성되어 있기 때문에 캘린더 월의 시작 일은 (totalNumberOfDays + startDay1800) % 7이다. 그러므로 getStartDay 문제는 그림 6.8(a)에서 볼 수 있듯이 getTotalNumberOfDays를 고려하여 좀 더 정교하게 개선될 수 있다.

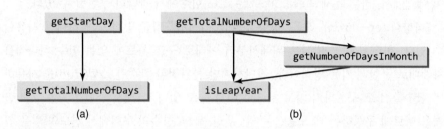

[그림 6.8] **(a)** getStartDay를 위해 getTotalNumberOfDays가 필요하다. **(b)** getTotalNumberOfDays 문제는 2개의 하위 문제로 더 분할된다.

전체 일수를 얻기 위해서는 입력된 연도가 윤년인지 그리고 월별 일수를 파악할 필요가 있다. 그러므로 getTotalNumberOfDays는 그림 6.8(b)에서 볼 수 있듯이 두 개의 하위문제인 isLeapYear와 getNumberOfDaysInMonth로 나누어 좀 더 정교하게 개선될 필요가 있다. 전체 구조 차트는 그림 6.9에서 보여준다.

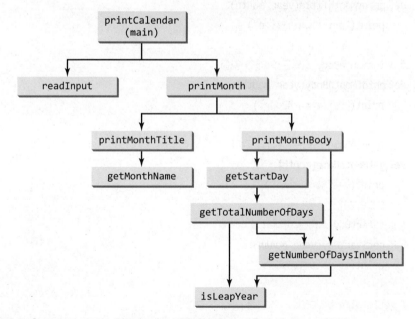

[그림 6.9] 이 구조 차트는 원래 문제를 하위 문제들의 계층적 관계로 보여준다.

6.13.2 하향식 그리고/혹은 상향식 구현

이제 구현으로 관심을 돌려보자. 어떤 하위 문제는 단순해서 불필요할 수도 있지만, 일반적으로 하나의 하위 문제는 구현 측면에서 하나의 함수와 대응된다. 함수 구현을 위해, 어떤 모듈을 사용하고 어떤 다른 함수와 조합할지를 결정해야 한다. 이에 대한 결정은 전체 프로그램의 파악을 손쉽게 할 수 있는 방향으로 해야 한다. 이 예제에서, 하위 문제인 readInput은 main 함수에서 간단히 구현될 수 있다.

"하향식(top-down)" 혹은 "상향식(bottom-up)" 접근 방식 중에 하나를 사용할 수 있다. 하향식 접근 방식은 위에서부터 아래로 구조 차트에 있는 함수 하나씩을 차례대로 구현해 가는 방식이다. 간단하지만 불완전한 함수인 스텁(stub)을 사용하여 함수를 바로 구현하지 않고 차후로 미룰 수도 있다. 그래서 스텁은 프로그램 골격을 빠르게 구성하는 데 도움을 준다. 우선, main 함수의 구현에서 연도와 월을 간략히 출력하는 printMonth 함수를 스텁으로 나타내 보자. 그러면 프로그램 작성을 다음과 같이 시작할 수 있다.

```python
# printMonth 스텁은 아래와 같다.
def printMonth(year, month):
    print(year, month)

# printMonthTitle 스텁은 아래와 같다.
def printMonthTitle(year, month):
    print("printMonthTitle")

# printMonthBody 스텁은 아래와 같다.
def printMonthBody(year, month):
    print("printMonthBody")

# getMonthName 스텁은 아래와 같다.
def getMonthName(month):
    print("getMonthName")

# getStartDay 스텁은 아래와 같다.
def getStartDay(year, month):
    print("getStartDay")

# getTotalNumberOfDays 스텁은 아래와 같다.
def getTotalNumberOfDays(year, month):
    print("getTotalNumberOfDays")
```

```
# getNumberOfDaysInMonth 스텁은 아래와 같다.
def getNumberOfDaysInMonth(year, month):
    print("getNumberOfDaysInMonth")

# isLeapYear 스텁은 아래와 같다.
def isLeapYear(year):
    print("isLeapYear")

def main():
    # 사용자로부터 연도와 월을 입력받는다.
    year = eval(input("연도를 입력하세요(예. 2001): "))
    month = eval(input((
        "월을 입력하세요(1-12): ")))
    # 입력 연도와 월에 대한 달력을 출력한다.
    printMonth(year, month)
main() # main 함수를 호출한다.
```

위 프로그램을 실행하고 테스트해 보고, 오류가 발생하면 수정하라. 이제, printMonth를 구현해 보자. printMonth 함수 내부에서 호출하는 함수에 대해 다시 스텁을 사용할 수 있다.

상향식 접근 방식은 아래에서 위로 구조 차트 내부의 함수 하나씩을 차례대로 구현해 나가는 방식이다. 구현된 각각의 함수마다 함수 테스트를 위해 *드라이버 (driver)*로 알려진 테스트 프로그램을 작성해야 한다.

하향식과 상향식 접근 방식 둘 다 좋은 방식이다. 두 접근 방식 모두, 함수들을 하나씩 점진적으로 구현하며, 구현과 프로그래밍 오류를 분리하는 데 도움을 주며, 디버깅을 쉽게 해준다. 또한 두 접근 방식을 함께 사용할 수도 있다.

6.13.3 구현 세부사항

isLeapYear(year) 함수는 다음 코드를 사용하여 구현될 수 있다(자세한 구현은 4.12절을 참조하시오).

```
return year % 400 == 0 or (year % 4 == 0 and year % 100 != 0)
```

getTotalNumberOfDaysInMonth(year, month)를 구현하기 위해 다음 정보를 이용해야 한다.

- 1월, 3월, 5월, 7월, 8월, 10월, 12월은 31일까지 있다.
- 4월, 6월, 9월, 11월은 30일까지 있다.

■ 2월은 일반적으로 28일까지 있지만, 윤년에는 29일까지 있다. 그러므로 1년
은 365일이지만, 윤년인 경우에는 366일이다.

getTotalNumberOfDaysInMonth(year, month)을 구현하기 위해서는 1800년 1
월 1일과 캘린더 월의 첫째 날 사이의 총 일수를 계산해야 한다. 1800년과 캘린더
연도 사이의 총 일수를 계산하고, 그런 다음 캘린더 연도의 캘린더 월 이전의 총 일
수를 찾아낸다. 이들 2개 일수의 합이 totalNumberOfDays이다.

달력의 몸체를 출력하기 위해 우선 시작일 이전에 몇 개의 공백을 채워 넣고 주
별로 한 행씩 출력한다.

전체 프로그램은 코드 6.13에서 보여준다.

코드 6.13   PrintCalendar.py

```
1   # 주어진 연도와 월에 대한 달력을 출력한다.
2   def printMonth(year, month):
3       # 달력 머리행을 출력한다.
4       printMonthTitle(year, month)
5
6       # 달력의 몸체를 출력한다.
7       printMonthBody(year, month)
8
9   # 달력의 제목을 출력한다. 예. May 1999
10  def printMonthTitle(year, month):
11      print("          ", getMonthName(month), " ", year)
12      print("—————————————————————————————————————————————")
13      print(" Sun Mon Tue Wed Thu Fri Sat")
14
15  # 달력의 몸체를 출력한다.
16  def printMonthBody(year, month):
17      # 주어진 월의 첫 번째 일에 대한 시작 요일을 구한다.
18      startDay = getStartDay(year, month)
19
20      # 월의 일수를 구한다.
21      numberOfDaysInMonth = getNumberOfDaysInMonth(year, month)
22
23      # 월의 첫째 날 앞에 공백을 삽입한다.
24      i = 0
25      for i in range(0, startDay):
26          print("          ", end = " ")
```

```
27
28        for i in range(1, numberOfDaysInMonth + 1):
29            print(format(i, "4d"), end = " ")
30
31            if (i + startDay) % 7 == 0:
32                print() # 새로운 행으로 이동한다.
33
34    # 월에 대한 영문 이름을 가져온다.
35    def getMonthName(month):
36        if month == 1:
37            monthName = "January"
38        elif month == 2:
39            monthName = "February"
40        elif month == 3:
41            monthName = "March"
42        elif month == 4:
43            monthName = "April"
44        elif month == 5:
45            monthName = "May"
46        elif month == 6:
47            monthName = "June"
48        elif month == 7:
49            monthName = "July"
50        elif month == 8:
51            monthName = "August"
52        elif month == 9:
53            monthName = "September"
54        elif month == 10:
55            monthName = "October"
56        elif month == 11:
57            monthName = "November"
58        else:
59            monthName = "December"
60
61        return monthName
62
63    # 주어진 년/월/일의 시작 요일을 구한다.
64    def getStartDay(year, month):
65        START_DAY_FOR_JAN_1_1800 = 3
66
```

```python
67      # 1800년 1월 1일부터 주어진 년/월/1까지 총 일수를 구한다.
68      totalNumberOfDays = getTotalNumberOfDays(year, month)
69
70      # 주어진 년/월/1의 시작 요일을 반환한다.
71      return (totalNumberOfDays + START_DAY_FOR_JAN_1_1800) % 7
72
73  # 1800년 1월 1일부터 총 일수를 계산한다.
74  def getTotalNumberOfDays(year, month):
75      total = 0
76
77      # 1800년부터 입력된 년도의 1월 1일까지 모든 일수를 계산한다.
78      for i in range(1800, year):
79          if isLeapYear(i):
80              total = total + 366
81          else:
82              total = total + 365
83
84      # 1월부터 입력된 월의 이전 월까지 모든 일수를 더한다.
85      for i in range(1, month):
86          total = total + getNumberOfDaysInMonth(year, i)
87
88      return total
89
90  # 해당 월의 총 일수를 구한다.
91  def getNumberOfDaysInMonth(year, month):
92      if (month == 1 or month == 3 or month == 5 or month == 7 or
93          month == 8 or month == 10 or month == 12):
94          return 31
95
96      if month == 4 or month == 6 or month == 9 or month == 11:
97          return 30
98
99      if month == 2:
100         return 29 if isLeapYear(year) else 28
101
102     return 0 # 잘못된 월 입력일 경우
103
104 # 입력된 연도가 윤년인지 결정한다.
105 def isLeapYear(year):
106     return year % 400 == 0 or (year % 4 == 0 and year % 100 != 0)
```

```
107
108 def main():
109     # 사용자로부터 년도와 월을 입력받는다.
110     year = eval(input("연도를 입력하세요(예. 2001): "))
111     month = eval(input(("월에 해당하는 숫자를 입력하세요(1-12): ")))
112
113     # 입력 연도와 월에 대한 달력을 출력한다.
114     printMonth(year, month)
115
116 main() # main 함수를 호출한다.
```

사용자 입력이 유효한 값이 아닐 수도 있다. 예를 들어, 사용자가 월에 대한 값으로 1과 12 사이에 해당하지 않은 값을 입력하거나 1800 이전 연도를 입력하면, 이 프로그램은 잘못된 달력을 출력한다. 이러한 오류를 피하기 위해서 달력 출력 이전에 입력값을 검사해 주는 if 명령문을 추가해야 한다.

이 프로그램은 월 단위의 달력을 출력하지만, 년 단위의 달력으로 출력하도록 쉽게 수정할 수 있다. 또한 이 프로그램은 1800년 1월 이후의 월만 출력할 수 있지만, 1800년 이전 월을 출력할 수 있도록 수정할 수도 있다.

6.13.4 점진적 개선의 이점

점진적 개선 방식은 큰 문제를 작은 하위 문제로 분할하며, 각각의 하위 문제는 하나의 함수로 구현된다. 이러한 접근 방식은 프로그램을 작성, 재사용, 디버깅, 검사, 수정, 관리하기 쉽게 해준다.

이해하기 쉬운 프로그램

달력 출력 프로그램은 매우 길다. 많은 명령문들을 하나의 함수로 작성하는 것 대신에 작은 하위 문제로 분할하여 문제해결을 하는 점진적 개선 방식은 문제를 이해하기 쉽게 해주며 전체 문제를 파악하는 데 도움을 준다.

함수 재사용

점진적 개선 방식은 프로그램에서 코드 재사용을 증진시켜 준다. isLeapYear 함수가 일단 정의되면, getTotalNumberOfDays와 getNumberOfDaysInMonth 함수에서 이 함수를 호출할 수 있다. 이렇게 함으로써 코드 중복을 줄일 수 있다.

더 쉬워진 개발, 디버깅, 그리고 테스팅

각각의 하위 문제가 하나의 함수로 해결되기 때문에, 각 함수는 개별적으로 개발되고, 디버깅되며, 테스팅될 수 있다. 이렇게 함으로써 함수들 사이의 오류를 서로 분리시켜 주고 개발, 디버깅, 테스팅을 쉽게 해준다.

큰 프로그램을 개발할 때에는 하향식 그리고/혹은 상향식 접근 방식을 사용해야 하고, 전체 프로그램을 한꺼번에 작성하지 말아야 한다. 이러한 접근 방식은 개발 시간이 좀 더 걸리는 것처럼 보이지만(프로그램을 반복해서 실행해야 하기 때문에), 실제로는 시간을 절약해 주고 디버깅을 쉽게 해준다.

팀웍의 촉진

큰 프로그램이 여러 개의 하위 프로그램으로 나누어지기 때문에, 하위 프로그램 별로 프로그래머에게 할당할 수 있다. 이렇게 함으로써 프로그래머들이 팀 단위로 작업하기 쉽다.

6.14 사례 연구: 재사용 가능한 그래픽 함수

키포인트

turtle 모듈의 코딩을 단순화하기 위해 재사용 함수를 개발할 수 있다.

두 점 사이에 직선을 그리거나 지정된 위치에 텍스트나 작은 점을 표시하고 싶을 때가 있다. 또한 지정된 중점과 반지름의 원을 그리거나 지정된 중점, 폭, 높이의 사각형을 생성할 수도 있다. 이들 함수를 재사용하여 이용할 수 있다면 프로그래밍하기가 훨씬 편리해진다. 코드 6.14는 이들 함수들을 UsefulTurtleFunctions 모듈에 정의한 것을 보여준다.

| 코드 6.14 | UsefulTurtleFunctions.py |

```
1   import turtle
2
3   # (x1, y1)에서 (x2, y2)까지 직선을 그린다.
4   def drawLine(x1, y1, x2, y2):
5       turtle.penup()
6       turtle.goto(x1, y1)
7       turtle.pendown()
8       turtle.goto(x2, y2)
9
10  # 지정된 위치 (x, y)에 문자열 s를 쓴다.
11  def writeText(s, x, y):
```

```
12        turtle.penup() # 펜을 위로 들어 올린다.
13        turtle.goto(x, y)
14        turtle.pendown() # 펜을 아래로 내린다.
15        turtle.write(s) # 문자열을 쓴다.
16
17    # 지정된 위치 (x, y)에 점을 그린다.
18    def drawPoint(x, y):
19        turtle.penup() # 펜을 위로 들어 올린다.
20        turtle.goto(x, y)
21        turtle.pendown() # 펜을 아래로 내린다.
22        turtle.begin_fill() # 도형을 색깔로 채우기 시작한다.
23        turtle.circle(3)
24        turtle.end_fill() # 도형을 색깔로 채운다.
25
26    # 지정된 반지름을 가진 원을 (x, y) 위치에 그린다.
27    def drawCircle(x = 0, y = 0, radius = 10):
28        turtle.penup() # 펜을 위로 들어 올린다.
29        turtle.goto(x, y - radius)
30        turtle.pendown() # 펜을 아래로 내린다.
31        turtle.circle(radius)
32
33    # 지정된 폭과 높이를 가진 사각형을 (x, y) 위치에 그린다.
34    def drawRectangle(x = 0, y = 0, width = 10, height = 10):
35        turtle.penup() # 펜을 위로 들어 올린다.
36        turtle.goto(x + width / 2, y + height / 2)
37        turtle.pendown() # 펜을 아래로 내린다.
38        turtle.right(90)
39        turtle.forward(height)
40        turtle.right(90)
41        turtle.forward(width)
42        turtle.right(90)
43        turtle.forward(height)
44        turtle.right(90)
45        turtle.forward(width)
```

앞의 코드를 이미 작성했다면, 도형을 그리기 위해 이들 함수를 사용할 수 있다. 코드 6.15는 직선을 그리고, 텍스트를 쓰고, 점, 원, 사각형을 생성하기 위해 UsefulTurtleFunctions 모듈에 정의된 함수를 사용한 테스트 프로그램을 보여준다.

코드 6.15	UsefulCustomTurtleFunctions.py

```
1   import turtle
2   from UsefulTurtleFunctions import *
3
4   # (-50, -50)에서 (50, 50)까지 직선을 그린다.
5   drawLine(-50, -50, 50, 50)
6
7   # (-50, -60) 위치에 텍스트를 쓴다.
8   writeText("유용한 Turtle 함수 테스트하기", -50, -60)
9
10  # (0, 0) 위치에 점을 그린다.
11  drawPoint(0, 0)
12
13  # (0, 0) 위치에 반지름 80을 가진 원을 그린다.
14  drawCircle(0, 0, 80)
15
16  # (0, 0) 위치에 폭 60과 높이 40을 가진 사각형을 그린다.
17  drawRectangle(0, 0, 60, 40)
18
19  turtle.hideturtle()
20  turtle.done()
```

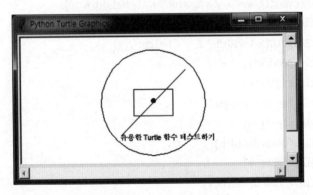

[그림 6.10] 이 프로그램은 맞춤 함수를 사용하여 도형을 그린다.

라인 2의 별표(*)는 UsefulTurtleFunctions 모듈의 모든 함수를 프로그램 내로 임포트하라는 것을 의미이다. 라인 5에서 직선을 그리기 위해 drawLine 함수를 호출하고, 라인 8에서 텍스트 문자열을 쓰기 위해 writeText 함수를 호출한다. drawPoint 함수(라인 11)는 점을 그리고, drawCircle 함수(라인 14)는 원을 그린다. 라인 17에서 사각형을 그리기 위해 drawRectangle 함수를 호출한다.

주요용어

None 함수   인자
값 전달   전역변수
기본 인자   점진적 개선
매개변수   정보 은닉
반환값   지역변수
변경불가능 객체   키워드 인자
변수의 스코프   함수
분할 후 정복   함수 추상화
스텁   함수 헤더
실매개변수   형식 매개변수(즉, 매개변수)
위치 인자   호출자

요약

1. 프로그램을 모듈화하여 재사용 가능하도록 만드는 것은 소프트웨어 공학의 주요 목표 중에 하나이다. *함수(function)*는 이러한 목표를 이루는 데 도움을 준다.

2. *함수 헤더(function header)*는 def 키워드로 시작하고 그 다음에 함수의 이름과 *매개변수(parameter)*가 나오고 콜론으로 끝난다.

3. 매개변수는 선택 사항이다. 즉, 함수가 반드시 매개변수를 가져야 하는 것은 아니다.

4. 값을 반환하지 않는 함수를 *void* 혹은 *None* 함수라 부른다.

5. return 명령문은 함수를 종료하고 함수의 호출자로 되돌아가기 위해 void 함수에서도 사용될 수 있다.

6. 함수로 전달되는 *인자(argument)*는 함수 헤더의 매개변수와 동일한 개수, 타입, 순서를 가져야 한다.

7. 프로그램이 함수를 호출할 때, 호출된 함수로 프로그램 제어가 전이된다. 호출된 함수는 return 명령문이 수행되거나 함수의 마지막 명령문이 수행될 때 제어를 호출자로 반환한다.

8. 값–반환 함수는 파이썬에서 명령문처럼 호출될 수도 있다. 이 경우, 함수의 반환 값은 무시된다.

9. 함수의 인자는 *위치 인자(positional argument)* 혹은 *키워드 인자(keyword argument)*로 전달될 수 있다.

10. 매개변수를 가진 함수가 호출될 때, 인자의 참조값이 매개변수로 전달된다. 이것을 프로그래밍 용어로 *값에 의한 전달(pass-by-value)*이라 한다.

11. 함수 내부에서 생성된 변수를 *지역변수(local variable)*라 부른다. 지역변수의 유효범위는 그 변수의 생성 지점부터 함수가 반환될 때까지이다. 변수는 그 변수가 사용되기 이전에 반드시 생성되어야 한다.

12. *전역변수(global variable)*는 모든 함수의 외부에 생성되며 전역변수의 스코프 내

에 있는 모든 함수에서 접근가능하다.

13. 파이썬은 *기본 인자(default argument)* 값을 가진 함수 정의를 허용한다. 어떤 함수가 인자 없이 호출될 때 기본 인자값이 매개변수로 전달된다.

14. 파이썬의 return 명령문은 다중값을 반환할 수 있다.

15. *함수 추상화(function abstraction)*는 함수 사용과 함수 구현을 서로 분리함으로써 이룰 수 있다. 함수 사용자는 함수가 어떻게 구현되었는지 알 필요 없이 함수를 사용할 수 있다. 함수의 자세한 구현은 함수 내부로 캡슐화되어 있어서 함수를 호출하는 함수 사용자에게 숨겨진다. 이것을 *정보 은닉(information hiding)* 혹은 *캡슐화(encapsulation)*라고 한다.

16. 함수 추상화는 프로그램을 계층적 방식으로 모듈화해 준다. 간단한 함수들로 작성된 프로그램은 쓰기 쉽고, 디버깅, 관리, 수정하기에 편하다. 이러한 프로그램 작성 스타일은 함수의 재사용 가능성을 증진시켜 준다.

17. 큰 프로그램을 개발할 때에는 하향식(top-down) 그리고/혹은 상향식(bottom-up) 접근 방식을 사용해야 하고, 전체 프로그램을 한꺼번에 작성하지 말아야 한다. 이러한 접근 방식은 개발 시간이 좀 더 걸리는 것처럼 보이지만(프로그램을 반복해서 실행해야 하기 때문에), 실제로는 시간을 절약해 주고 디버깅을 쉽게 해준다.

프로그래밍 연습문제

6.2–6.9절

6.1 (수학: 오각수) 오각수(pentagonal number)는 $n = 1, 2, \cdots$ 에 대해서 $n(3n - 1)/2$ 로 정의된다. 그래서 1, 5, 22, $\cdots$ 등의 숫자들로 나열된다. 오각수를 반환하는 함수를 작성하시오. 함수 헤더는 다음과 같다.

def getPentagonalNumber(n):

최초 100개의 오각수를 출력하기 위해 위 함수를 사용한 테스트 프로그램을 작성하시오. 한 행당 10개의 오각수를 출력하도록 한다.

*6.2 (정수 자릿수 합산하기) 정수의 자릿수 합을 계산하는 함수를 작성하시오. 다음의 함수 헤더를 사용하라.

def sumDigits(n):

예를 들어, sumDigits(234)는 9(2 + 3 + 4)를 반환한다(힌트: 자릿수 추출을 위해 % 연산자를 사용하며, 추출된 자릿수의 삭제를 위해 // 연산자를 사용하라. 예를 들어, 234에서 4를 추출하기 위해 234 % 10 (= 4)을 사용한다. 234에서 4를 삭제하기 위해 234 // 10 (= 23)을 사용한다. 모든 자릿수가 추출될 때까지 각 자리마다 자릿수를 반복적으로 추출하고 삭제하기 위해 루프를 사용하라.) 사용자로부터 하나의 정수를 입력받고 이 정수의 모든 자릿수의 합을 출력하는 프로그램을 작성하시오.

**6.3 (대칭수) 다음 헤더를 갖는 함수를 작성하시오.

# 정수의 역을 반환한다. 예를 들어, reverse(456)은 654를 반환한다.
def reverse(number):

# number가 대칭수이면 True를 반환한다.
def isPalindrome(number):

isPalindrome을 구현하기 위해 reverse 함수를 사용하라. 주어진 숫자와 그것의 역이 같다면, 그 숫자는 대칭수이다. 사용자로부터 정수를 입력받고 그 정수가 대칭수인지를 알려주는 테스트 프로그램을 작성하시오.

*6.4 (정수를 역순으로 출력하기) 정수를 역순으로 출력하는 다음의 함수를 작성하시오.

def reverse(number):

예를 들어, reverse(3456)은 6543을 출력한다. 사용자로부터 정수를 입력받고 그 정수의 역순을 출력하는 테스트 프로그램을 작성하시오.

*6.5 (3개 숫자를 정렬하기) 3개 숫자를 오름차순으로 출력하는 다음의 함수를 작성하시오.

def displaySortedNumbers(num1, num2, num3):

사용자로부터 3개 숫자를 입력받고 이들 숫자를 오름차순으로 출력하기 위해 위 함수를 호출하는 테스트 프로그램을 작성하시오.

세 수를 입력하세요: 3, 2.4, 5 ⏎Enter
정렬된 숫자는 2.4 3 5 입니다.

*6.6 (패턴 출력) 다음의 패턴을 출력하는 함수를 작성하시오.

```
        1
       2 1
      3 2 1
...
n n-1 ... 3 2 1
```

함수 헤더는 다음과 같다.

def displayPattern(n):

사용자로부터 숫자 n을 입력받고 앞서 보여준 패턴을 출력하기 위해 displayPattern(n)을 호출하는 테스트 프로그램을 작성하시오.

*6.7 (금융 애플리케이션: 미래 투자가치 계산하기) 지정된 년 수 동안 주어진 이자율에 대해 미래 투자가치를 계산하는 함수를 작성하시오. 미래 투자가치에 대한 계산식은 프로그래밍 연습문제 2.19에서 제시한 수식을 사용하라.
다음의 함수 헤더를 사용하라.

def futureInvestmentValue(
   investmentAmount, monthlyInterestRate, years):

예를 들어, futureInvestmentValue(10000, 0.05/12, 5)는 12833.59를 반환한다. 사용자로부터 투자금과 연이율(%)을 입력받고 1년에서 30년까지의 미래 투자가치를 표 형태로 출력하는 테스트 프로그램을 작성하시오.

실행결과

```
투자금: 1000000 ↵Enter
연이율: 9 ↵Enter

년 수              미래 투자가치
1                 1093806.90
2                 1196413.53
...
29                13467254.74
30                14730576.12
```

6.8 (섭씨 온도와 화씨 온도의 변환) 다음의 2개 함수를 포함하는 모듈을 작성하시오.

\# 섭씨 온도를 화씨 온도로 변환
def celsiusToFahrenheit(celsius):

\# 화씨 온도를 섭씨 온도로 변환
def fahrenheitToCelsius(fahrenheit):

변환 수식은 다음과 같다.

섭씨 = (5 / 9) * (화씨 - 32)
화씨 = (9 / 5) * 섭씨 + 32

다음 표를 출력하기 위해 앞의 두 함수를 호출하는 테스트 프로그램을 작성하시오.

섭씨	화씨	| 화씨	섭씨
40.0	104.0	| 120.0	48.89
39.0	102.2	| 110.0	43.33
...			
32.0	89.6	| 40.0	4.44
31.0	87.8	| 30.0	-1.11

6.9 (피트와 미터의 변환) 다음의 2개 함수를 포함하는 모듈을 작성하시오.

```
# 피트를 미터로 변환
def feetToMeter(feet):
```

```
# 미터를 피트로 변환
def meterToFeet(meter):
```

변환 수식은 다음과 같다.

```
feet = meter / 0.305
meter = 0.305 * feet
```

다음 표를 출력하기 위해 위의 두 함수를 호출하는 테스트 프로그램을 작성하시오.

피트	미터	| 미터	피트
10.0	0.305	| 20.0	66.574
2.0	0.610	| 25.0	81.967
...			
9.0	2.745	| 60.0	196.721
10.0	3.050	| 65.0	213.115

6.10 (isPrime 함수 사용하기) 어떤 숫자가 소수인지를 검사해 주는 isPrime(number) 함수를 코드 6.7의 PrimeNumberFunction.py에서 정의하였다. 이 함수를 사용하여 10,000 이하의 숫자 중에서 소수를 찾는 프로그램을 작성하시오.

6.11 (금융 애플리케이션: 커미션 계산) 프로그래밍 연습문제 5.39를 이용하여 커미션을 계산하는 함수를 작성하시오. 함수 헤더는 다음과 같다.

```
def computeCommission(salesAmount):
```

다음 표를 출력하는 테스트 프로그램을 작성하시오.

판매량	커미션
10,000,000	900,000
15,000,000	1,500,000
...	
95,000,000	11,100,000
100,000,000	11,700,000

6.12 (문자 출력하기) 다음 헤더를 사용하여 문자를 출력하는 함수를 작성하시오.

def printChars(ch1, ch2, numberPerLine):

위 함수는 한 행당 지정된 개수(numberPerLine)만큼 ch1과 ch2 사이의 문자들을 출력한다. 1부터 Z까지 한 행당 10개의 문자를 출력하는 테스트 프로그램을 작성하시오.

6.13 (합 급수) 다음의 급수를 계산하는 함수를 작성하시오.

$$m(i) = \frac{1}{2} + \frac{2}{3} + \cdots + \frac{i}{i+1}$$

다음 표를 출력하는 테스트 프로그램을 작성하시오.

i	m(i)
1	0.5000
2	1.1667
...	
19	16.4023
20	17.3546

*6.14 (π 값 추정하기) π는 다음의 급수를 사용하여 계산될 수 있다.

$$m(i) = 4\left(1 - \frac{1}{3} + \frac{1}{5} - \frac{1}{7} + \frac{1}{9} - \frac{1}{11} + \cdots + \frac{(-1)^{i+1}}{2i-1}\right)$$

주어진 i에 대해 m(i)를 반환하는 함수를 작성하고, 다음 표를 출력하는 테스트 프로그램을 작성하시오.

i	m(i)
1	4.0000
101	3.1515
201	3.1466
301	3.1449
401	1.1441

501	3.1436
601	3.1433
701	1.1430
801	3.1428
901	3.1427

*6.15 (금융 애플리케이션: 세율표 출력하기) 코드 4.7의 ComputeTax.py는 개인소득세 계산을 위한 프로그램이다. 다음 헤더를 사용하여 세금을 계산하는 함수를 작성하시오.

def computeTax(status, taxableIncome):

위 함수를 사용하여 5만 원 간격으로 5,000만 원에서 6,000만 원까지의 과세소득에 대한 세율표를 다음과 같이 출력하는 프로그램을 작성하시오.

과세 소득	1인 세대주	부부 공동	부부 개별	세대주
50000	8688	6665	8688	7352
50050	8700	6673	8700	7365
...				
59950	11175	8158	11175	9840
60000	11188	8165	11188	9852

*6.16 (1년의 총 일수) 다음 헤더를 사용하여 지정된 연도(year)의 총 일수를 반환하는 함수를 작성하시오.

def numberOfDaysInYear(year):

2010년부터 2020년까지 총 일수를 출력하는 테스트 프로그램을 작성하시오.

6.10-6.11절

*6.17 (MyTriangle 모듈) 다음과 같이 두 개의 함수를 갖는 MyTriangle 모듈을 생성하시오.

```
# 두 변의 합(side1+side2)이 나머지 한 변(side3)의 값보다 크면 참을 반환
def isValid(side1, side2, side3):
```

```
# 삼각형의 넓이를 반환
def area(side1, side2, side3):
```

삼각형의 세 변의 값을 읽고 그 값이 합당하다면 삼각형의 넓이를 계산하는 테스트 프로그램을 작성하시오. 그렇지 않으면, 입력된 세 변의 값이 부적절하다는 것을 출력하도록 한다. 삼각형의 넓이 계산식은 프로그래밍 연습문제 2.14를 참조하라.

다음은 프로그램의 실행 예이다.

세 변의 길이(실수)를 입력하세요: 1, 3, 1 ⏎ Enter
잘못된 입력입니다.

세 변의 길이(실수)를 입력하세요: 1, 1, 1 ⏎ Enter
삼각형의 넓이는 0.4330127018922193 입니다.

*6.18 (0과 1의 행렬 출력하기) n×n 행렬을 출력하는 함수를 작성하시오. 함수 헤더는 다음과 같다.

```python
def printMatrix(n):
```

각 원소는 0이나 1의 값을 가지며 랜덤하게 생성된다. 사용자로부터 n을 입력받고 n×n 행렬을 출력하는 테스트 프로그램을 작성하시오. 다음은 프로그램의 실행 예이다.

n을 입력하세요: 3 ⏎ Enter
0 1 0
0 0 0
1 1 1

*6.19 (기하: 점 좌표) 프로그래밍 연습문제 4.31은 점이 직선의 왼쪽에 있는지, 오른쪽에 있는지, 혹은 직선 위에 있는지의 검사 방법을 보여준다. 다음 함수를 작성하시오.

```python
# 점 (x2, x2)가 (x0, x0)에서 (x1, y1)의 직선의 왼쪽에 있으면, 참 값을 반환
def leftOfTheLine(x0, y0, x1, y1, x2, y2):
```

```python
# 점 (x2, x2)가 (x0, x0)에서 (x1, y1)의 직선과 동일 직선에 있으면, 참 값을 반환
def onTheSameLine(x0, y0, x1, y1, x2, y2):
```

```python
# 점 (x2, y2)가 (x0, y0)에서 (x1, y1)의 직선을 분리하고 있으면, 참 값을 반환
def onTheLineSegment(x0, y0, x1, y1, x2, y2):
```

사용자로부터 3개의 점 p0, p1, p2의 좌표를 입력받고 p2가 p0와 p1의 직선 왼쪽에 있는지, 오른쪽에 있는지, 동일 직선에 있는지, 혹은 직선을 분리하고 있는지를 출력하는 프로그램을 작성하시오. 이 프로그램의 실행 예는 프로그래밍 연습문제 4.31과 동일하다.

*6.20 (기하: 거리 출력하기) 두 점 사이의 거리를 계산하는 다음의 함수를 사용하여 코드 2.9의 ComputeDistance.py를 재작성하시오.

```
def distance(x1, y1, x2, y2):
```

**6.21 (수학: 제곱근 근사하기) math 모듈의 sqrt 함수를 구현할 수 있는 여러 가지 기법들이 있다. 이들 기법 중에 바빌로니아 함수(Babylonian function)라는 것이 있다. 이 함수는 다음 식을 사용하여 반복적으로 계산을 수행함으로써 n의 제곱근을 근사시킨다.

$$nextGuess = (lastGuess + (n\ /\ lastGuess))\ /\ 2$$

nextGuess와 lastGuess가 거의 같을 때, nextGuess는 근사 제곱근이 된다. 초깃값은 임의의 양수 값을 사용하며(예를 들어, 1), 이 값은 lastGuess의 시작 값으로 사용된다. nextGuess와 lastGuess의 차가 매우 작은 숫자(예를 들어, 0.0001)보다도 작다면, nextGuess가 n의 근사 제곱근이라 할 수 있다. 그렇지 않다면, nextGuess를 lastGuess로 대치하고 근사 과정을 계속 이어나간다. n의 제곱근을 반환하는 다음의 함수를 구현하시오.

```
def sqrt(n):
```

6.12–6.13절

**6.22 (현재 날짜와 시간 출력하기) 코드 2.7의 ShowCurrentTime.py는 현재 시간을 출력하는 파이썬 프로그램이다. 현재 날짜와 시간을 출력할 수 있도록 이 프로그램을 확장하시오(힌트: 코드 6.13의 PrintCalendar.py의 달력 예제에서 연, 월, 일을 찾는 방법을 활용해야 한다).

**6.23 (밀리초를 시, 분, 초로 변환하기) 다음의 헤더를 사용하여 밀리초를 시, 분, 초로 변환하는 함수를 작성하시오.

```
def convertMillis(millis):
```

위 함수는 시:분:초 서식의 문자열을 반환한다. 예를 들어, convertMillis(5500)는 문자열 0:0:5를 반환하며, convertMillis(100000)는 문자열 0:1:40을 반환한다. 그리고 convertMillis(555550000)는 문자열 154:19:10을 반환한다.
사용자로부터 밀리초 값을 입력받고 시:분:초 서식의 문자열을 출력하는 테스트 프로그램을 작성하시오.

**6.24 (대칭 소수) 대칭 소수(palindromic prime)는 대칭적인 특성을 가진 소수이다. 예를 들어, 131은 소수인 동시에 대칭 소수이다. 또한 313과 757도 마찬가지이다. 최초 100개의 대칭 소수를 출력하는 프로그램을 작성하시오. 한 행당 10개의 대칭 소수를 출력하고 다음과 같이 적절히 정렬하시오.

```
  2     3     5     7    11   101   131   151   181   191
313   353   373   383   727   757   787   797   919   929
```

6.25 (수소) 수소(emirp, 영문 prime의 역순)는 비대칭 소수(nonpalindromic prime number)이고 이 소수의 역순도 소수이다. 예를 들어, **17과 **71**은 소수인 동시에 수소이다. 최초 100개의 수소를 출력하는 프로그램을 작성하시오. 한 행당 10개의 수소를 출력하고 다음과 같이 적절히 정렬하시오.

```
 13    17    31    37    71    73    79    97    107    113
149   157   167   179   199   311   337   347   359    389
...
```

**6.26 (메르센 소수) 어떤 소수가 양수 p에 대해서 2^p-1의 형식으로 나타낼 수 있으면 그 소수를 메르센 소수(Mersenne prime)라 부른다. $p \leq 31$의 조건을 만족하는 모든 메르센 소수를 찾고 다음의 형태로 출력하는 프로그램을 작성하시오.

```
p          2^p - 1
2            3
3            7
5            31
...
```

**6.27 (쌍둥이 소수) *쌍둥이 소수(twin prime)*는 2 차이가 나는 한 쌍의 소수들을 의미한다. 예를 들어, 3과 5, 5와 7, 11과 13은 모두 쌍둥이 소수이다. 1,000 이하의 모든 쌍둥이 소수를 찾는 프로그램을 작성하시오. 출력 형식은 다음과 같다.

```
(3, 5)
(5, 7)
...
```

**6.28 (게임: 크랩스) 크랩스(craps)는 카지노에서 인기 있는 주사위 게임이다. 다음과 같이 크랩스 게임을 약간 변형한 프로그램을 작성하시오.

먼저, 2개의 주사위를 굴린다. 각 주사위는 1, 2, …, 6의 값을 각각을 나타내는 6개의 면을 가지고 있다. 두 주사위의 합을 검사한다. 두 주사위의 합이 2, 3, 혹은 12이면 지는 것이고, 7 또는 11이면 이기는 것이다. 이외의 합(즉, 4, 5, 6, 8, 9, 혹은 10)이 나오면, 점수를 만든다. 그런 다음, 7이 나오거나 같은 점수가 나올 때까지 주사위를 굴린다. 7이 나오면 지는 것이고, 같은 점수의 숫자가 나오면 이기는 것이다.

프로그램은 단일 플레이어로 작동된다. 다음은 프로그램의 실행 예이다.

실행결과

주사위 5 + 6 = 11 이/가 나왔습니다.
당신이 이겼습니다.

실행결과

주사위 1 + 2 = 3 이/가 나왔습니다.
당신이 졌습니다.

주사위 4 + 4 = 8 이/가 나왔습니다.
8 점입니다.
주사위 6 + 2 = 8 이/가 나왔습니다.
당신이 이겼습니다.

주사위 3 + 2 = 5 이/가 나왔습니다.
5 점입니다.
주사위 2 + 5 = 7 이/가 나왔습니다.
당신이 졌습니다.

**6.29 (금융: 신용카드 번호 확인) 신용카드 번호는 13자리에서 16자리의 숫자로 이루어
져 있으며, 다음과 같은 번호로 시작해야 한다.

- Visa 카드는 4
- Master 카드는 5
- American Express 카드는 37
- Discover 카드는 6

1954년 IBM의 Has Luhn은 신용카드 번호 확인을 위한 알고리즘을 제안하였다.
이 알고리즘은 신용카드 번호를 정확히 입력하였는지 혹은 스캐너가 정확하게 신
용카드 번호를 스캐닝했는지를 판단하는 데 유용하게 사용된다. 신용카드 번호는
Luhn check 혹은 *Mod 10 check*라 알려진 유효성 검사에 따라 생성된다. 카드
번호 4388576018402626을 일례로 들어 설명하면 다음과 같다.

1. 오른쪽에서 왼쪽으로 매 두 번째 자리의 값을 2배수로 만든다. 이 값이 두 자리
   의 수가 되면 한 자리 수로 만들기 위해 각 자리의 숫자를 서로 더한다.

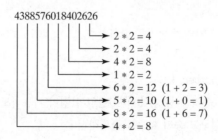

2. 단계 1에서 얻은 한 자리 숫자를 모두 더한다.

$$4 + 4 + 8 + 2 + 3 + 1 + 7 + 8 = 37$$

3. 카드 번호의 오른쪽부터 왼쪽까지 홀수 번째 자리의 숫자들을 모두 더한다.

$$6 + 6 + 0 + 8 + 0 + 7 + 8 + 3 = 38$$

4. 단계 2와 단계 3의 결과를 합한다.

$$37 + 38 = 75$$

5. 단계 4의 결과가 10으로 나누어지면, 카드 번호는 유효하다. 그렇지 않으면, 유효하지 않다. 예를 들어, 카드 번호 4388576018402626은 유효하지 않지만, 4388576018410707은 유효한 카드 번호이다.

사용자로부터 신용카드 번호를 정수 값으로 입력받는 프로그램을 작성하시오. 그리고 그 번호가 유효한지 혹은 유효하지 않은지를 화면에 출력하시오. 다음의 함수를 사용하여 프로그램을 작성해야 한다.

```
# 카드 번호가 유효하면 참을 반환
def isValid(number):
```

```
# 단계 2의 결과를 얻는다.
def sumOfDoubleEvenPlace(number):
```

```
# number가 한 자리 수이면 number 자체를 반환하고, 그렇지 않으면 각 자리의
# 숫자들을 서로 더한 값을 반환
def getDigit(number):
```

```
# 홀수 번째 자리 숫자들의 합을 반환
def sumOfOddPlace(number):
```

```
# 숫자 d가 number의 접두사라면 참을 반환
def prefixMatched(number, d):
```

```
# 숫자 d의 자릿수를 반환
def getSize(d):
```

```
# number의 k번째 자리의 숫자를 반환한다. 그 숫자가 k보다 작으면, number 자체
# 를 반환
def getPrefix(number, k):
```

**6.30 (게임: 크랩스의 승리 가능성) 10,000번의 실행이 가능하도록 프로그래밍 연습문제 6.28을 재작성하고 승리 횟수를 출력하시오.

**6.31 (현재 날짜와 시간) time.time()를 호출하면 1970년 1월 1일 자정 이후로 경과된 초 단위의 시간을 반환한다. 초 단위의 시간을 날짜와 시간 서식으로 출력하는 프로그램을 작성하시오. 다음은 프로그램의 실행 예이다.

 실행결과 현재 날짜와 시간은 2015년 6월 8일 10:34:33 입니다.

**6.32 (달력 출력하기) 프로그래밍 연습문제 4.21은 요일 계산을 위해 Zeller의 공식을 사용하였다. 월의 시작 날짜를 얻기 위해 코드 6.13의 PrintCalendar.py를 Zeller 의 공식을 이용하여 간결하게 재작성하시오.

**6.33 (기하: 오각형의 넓이) 오각형의 넓이를 반환하도록 다음 함수를 이용하여 프로그 래밍 연습문제 3.4를 재작성하시오.

```
def area(s):
```

**6.34 (기하: 정다각형의 넓이) 정다각형의 넓이를 반환하도록 다음 함수를 이용하여 프 로그래밍 연습문제 3.5를 재작성하시오.

```
def area(n, side):
```

**6.35 (확률 계산하기) 코드 6.11의 RandomCharacter에 정의된 함수를 사용하여 10,000 개의 대문자를 생성하고 이 중 A 문자의 개수를 세는 프로그램을 작성하시오.

**6.36 (랜덤 문자 생성하기) 코드 6.11의 RandomCharacter에 정의된 함수를 사용하여 한 행당 10개씩 100개의 대문자와 100개의 한 자릿수 숫자를 출력하는 프로그램을 작성하시오.

6.14절

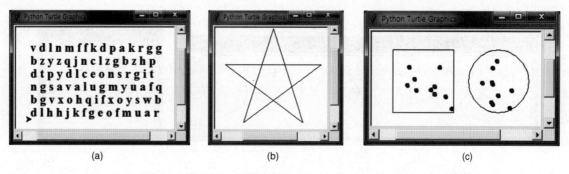

| (a) | (b) | (c) |

[그림 6.11] (a) 소문자를 랜덤하게 표시한다. (b) 별을 그린다. (c) 사각형과 원의 내부에 랜덤한 점을 그린다.

*6.37 (Turtle: 랜덤 문자 생성하기) 코드 6.11의 RandomCharacter에 정의된 함수를 사 용하여 그림 6.11(a)에서 볼 수 있듯이 한 행당 15개씩 100개의 소문자를 출력하는 프로그램을 작성하시오.

**6.38 (Turtle: 직선 그리기) 색상(기본값: black)과 직선 크기(기본값: 1)를 가진 점(x1, y1)에서 점 (x2, y2)까지의 직선을 그려주는 다음의 함수를 작성하시오.

```
def drawLine(x1, y1, x2, y2, color = "black", size = 1):
```

**6.39 (Turtle: 별 그리기) 그림 6.11(b)에서 볼 수 있듯이 별을 그리는 프로그램을 작성
하시오. 프로그래밍 연습문제 6.38에 정의된 drawLine 함수를 사용하시오.

**6.40 (Turtle: 사각형과 원의 내부 채우기) 색상, 중심, 폭, 높이를 가진 사각형의 내부
와 색상, 중심, 반지름을 가진 원의 내부를 채우는 다음의 함수를 작성하시오.

사각형의 내부 채우기

```
def drawRectangle(color = "black",
    x = 0, y = 0, width = 30, height = 30):
```

원의 내부 채우기

```
def drawCircle(color = "black", x = 0, y = 0, radius = 50):
```

**6.41 (Turtle: 점, 사각형, 원 그리기) 중심이 (−75, 0)이고 폭과 높이가 100인 사각형
과 중심이 (50, 0)이고 반지름이 50인 원을 출력하는 프로그램을 코드 6.14에 정
의된 함수를 사용하여 작성하시오. 그림 6.11(c)에서 볼 수 있듯이, 사각형과 원의
내부에 각각 10개의 점을 랜덤하게 넣어라.

**6.42 (Turtle: 사인 함수 그리기) 코드 6.14의 함수를 사용하여 프로그래밍 연습문제
5.52의 코드를 간결하게 재작성하시오.

**6.43 (Turtle: 사인 함수와 코사인 함수 그리기) 코드 6.14의 함수를 사용하여 프로그래
밍 연습문제 5.53의 코드를 간결하게 재작성하시오.

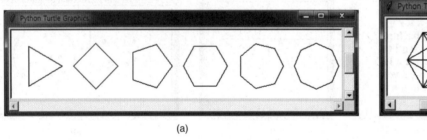 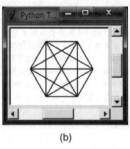

(a)   (b)

[그림 6.12] (a) n개의 변을 가진 다각형을 그린다. (b) 모든 꼭짓점들이 서로 연결된 육각형을 그린다.

**6.44 (Turtle: 이차 함수 그리기) 코드 6.14의 함수를 사용하여 프로그래밍 연습문제
5.54의 코드를 간결하게 재작성하시오.

**6.45 (Turtle: 정다각형 그리기) 정다각형을 그리는 다음의 함수를 작성하시오.

```
def drawPolygon(x = 0, y = 0, radius = 50, numberOfSides = 3):
```

이 정다각형은 중심이 (x, y)이고 지정된 반지름을 가진 원을 지정된 변의 수로
둘러 싸여지도록 그려진다. 그림 6.12(a)에서 볼 수 있듯이, 삼각형, 사각형, 오각

형, 육각형, 칠각형, 팔각형을 그리는 테스트 프로그램을 작성하시오.

*6.46 (Turtle: 육각형의 모든 점들 연결하기) 그림 6.12(b)에서 볼 수 있듯이, 육각형의 모든 꼭짓점들을 연결하여 그리는 프로그램을 작성하시오.

[그림 6.13] 2개의 체스판을 그린다.

*6.47 (Turtle: 2개의 체스판) 그림 6.13에서 볼 수 있듯이, 2개의 체스판을 그리는 프로그램을 작성하시오. 다음의 함수를 반드시 정의해야 한다.

# 왼쪽 상단이 (startx, starty)이고, 오른쪽 하단이 (endx, endy)인
# 체스판을 그린다.
def drawChessboard(starx, endx, starty, endy):

*6.48 (정수 서식화하기) 정수를 지정된 폭(width)으로 서식화해 주는 다음의 함수를 작성하시오.

def format(number, width):

위 함수는 앞쪽 부분이 0으로 채워진 문자열을 반환한다. 문자열 크기는 width로 지정된다. 예를 들어, format(34, 4)는 "0034"를 반환하며, format(34, 5)는 "00034"를 반환한다. number로 지정된 숫자가 지정된 width보다 길면, 위 함수는 이 숫자 자체를 문자열 서식으로 반환한다. 예를 들어, format(34, 1)은 "34"를 반환한다. 사용자로부터 숫자와 폭을 입력받고 format(number, width)을 호출하여 반환된 문자열을 출력해 주는 테스트 프로그램을 작성하시오. 다음은 프로그램의 실행 예이다.

정수를 입력하세요: 453
폭을 입력하세요: 6
서식화된 숫자는 000453 입니다.

객체와 클래스

- 객체와 클래스를 설명하고 객체를 설계하기 위해 클래스를 사용할 수 있다(7.2절).

- 데이터 필드와 메소드를 포함하여 클래스를 정의할 수 있다(7.2.1절).

- 데이터 필드를 생성하고 초기화하기 위한 초기자를 호출하는 생성자를 사용하여 객체를 구성할
  수 있다(7.2.2 절).

- 점 연산자(.)를 사용하여 객체의 멤버에 접근할 수 있다(7.2.3절).

- self 매개변수를 이용하여 객체 자기 자신을 참조할 수 있다(7.2.4절).

- 클래스와 객체를 설명하기 위해 UML 그래픽 표기법을 사용할 수 있다(7.3절).

- 변경가능 객체와 변경불가능 객체를 구분할 수 있다(7.4절).

- 데이터 오류를 방지하고 클래스 관리의 편의성을 위해 데이터 필드를 은닉시킬 수 있다(7.5절).

- 소프트웨어 개발에 클래스 추상화와 캡슐화 기법을 적용할 수 있다(7.6절).

- 절차적 패러다임과 객체지향 패러다임의 차이점에 대하여 설명할 수 있다(7.7절).

객체와 클래스

7.1 들어가기

객체지향 프로그래밍은 대규모의 소프트웨어와 GUI를 효과적으로 개발할 수 있게 한다.

여러분은 지금까지 학습한 선택문, 루프, 함수를 사용하여 여러 가지 프로그래밍 문제를 해결할 수 있다. 그러나 이러한 내용만으로 그래픽 사용자 인터페이스(GUI, 구이라고 발음한다)나 대규모 소프트웨어 시스템을 개발하기에는 충분하지 않다. 만약 여러분이 그림 7.1과 같은 GUI를 개발하려 한다고 하자. 어떻게 프로그래밍할 것인가?

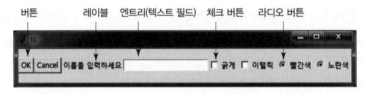

[그림 7.1] 객체지향 프로그래밍을 사용하여 이와 같이 GUI 객체를 생성할 수 있다.

이번 장에서는 추후에 살펴볼 GUI와 대규모 소프트웨어 시스템 개발에 기초가 되는 객체지향 프로그래밍을 소개한다.

7.2 객체를 위한 클래스 정의하기

클래스는 속성(property)과 객체의 행위(behavior)를 정의한다.

3.5절에서 객체와 메소드를 소개하고 객체를 어떻게 사용하는지 살펴보았다. 객체는 클래스로부터 생성되는데 이번 절에서는 사용자 정의 클래스를 어떻게 정의하는지 설명한다.

객체지향 프로그래밍(OOP: Object Oriented Programming)은 프로그램을 생성하기 위해 객체를 사용하는 것을 말한다. 객체(object)는 실세계에서 개별적으로 구분되는 개체를 표현한다. 예를 들면, 학생, 책상, 원, 버튼 그리고 심지어 대출까지도 객체로 볼 수 있다. 객체는 유일한 식별자, 상태 그리고 행동을 포함한다.

- 객체의 *식별자*(id)는 사람의 주민등록번호와 같다. 파이썬은 실행시간에 자동으로 각 객체에 id를 할당하여 객체를 식별한다.
- 객체의 *상태*(객체의 특성 또는 속성이라고 한다)는 *데이터 필드(data field)*라고 하는 변수로 표현된다. 예를 들면 circle 객체에서는 원을 묘사하는 특성인 데이터 필드 radius를 갖는다. rectangle 객체는 사각형을 묘사하는 특성인 데이터 필드 width와 height를 갖는다.
- 파이썬은 객체의 *행위*(또는 *행동*이라고도 하는)를 정의하는 메소드를 사용한다. 객체는 함수로 정의된다는 것을 기억하자. 객체에 대한 메소드를 호출함으로써 객체가 행동하도록 만든다. 예를 들면, circle 객체에 대해 getArea()와 getPerimeter()라는 이름의 메소드를 정의할 수 있다. 그러면 circle 객체는 넓이를 반환하는 getArea() 메소드를 호출하고 둘레는 반환하는 getPerimenter() 메소드를 호출할 수 있다.

같은 종류의 객체는 동일한 클래스를 사용하여 정의된다. 클래스와 객체의 관계는 애플파이 요리법과 애플파이의 관계와 동일하다. 하나의 요리법(클래스)을 사용하여 원하는 만큼 여러 개의 애플파이(객체)를 만들 수 있다.

파이썬 *클래스(closs)*는 데이터 필드를 저장하기 위해 변수를 사용하고 동작시키기 위해 메소드를 정의한다. 클래스는 계약(때로는 템플릿 또는 청사진이라고도 한다)으로서 객체의 데이터 필드와 메소드가 무엇인지 정의한다.

객체는 클래스의 인스턴스이고 클래스로부터 여러 개의 인스턴스를 생성할 수 있다. 클래스의 인스턴스를 생성하는 것을 *인스턴스화(instantiation)*라고 한다. *객체*와 *인스턴스*라는 용어는 때때로 혼용해 사용하기도 한다. 객체는 인스턴스이고 인스턴스는 곧 객체이다.

그림 7.2는 Circle이라는 클래스와 Circle의 객체를 나타내고 있다.

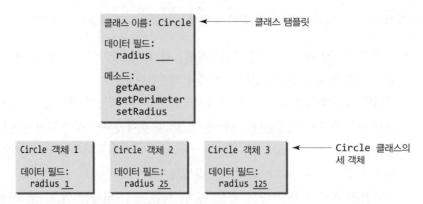

[그림 7.2] 클래스란 객체를 생성하기 위한 템플릿 또는 계약이다.

7.2.1 클래스 정의하기

클래스는 데이터 필드를 저장하기 위한 변수와 메소드를 정의할 뿐만 아니라, 특별 메소드 __init__을 제공한다. *초기자(initializer)*라고 하는 이 메소드는 새로운 객체가 생성될 때 객체의 상태를 초기화하기 위해 호출된다. 초기자는 어떠한 행동도 수행할 수 있으나, 생성하는 객체의 데이터 필드를 초깃값으로 설정하는 등의 초기화 작업을 수행하기 위하여 만들어졌다.

파이썬은 클래스를 정의하기 위해 다음과 같은 문법을 사용한다.

```
class 클래스이름:
    초기자
    메소드
```

코드 7.1은 Circle 클래스를 정의한다. 클래스의 이름은 class 키워드와 콜론(:) 사이에 위치한다. 초기자는 항상 __init__(라인 5)으로 이름 지어지는 특별한 메소드이다. *반드시 init의 앞과 뒤에 두 개의 밑줄(underscore)을 붙인다는 것에 유의해야 한다.* 데이터 필드 radius는 초기자에서 생성된다(라인 6). getPerimeter 와 getArea 메소드는 원의 둘레와 넓이를 반환하도록 정의된다(라인 8–12). 초기자, 데이터 필드 및 메소드에 대한 보다 자세한 사항은 다음 절에서 설명된다.

코드 7.1   Circle.py

```
1   import math
2
3   class Circle:
4       # circle 객체를 생성한다.
5       def __init__(self, radius = 1):
6           self.radius = radius
```

```
7
8       def getPerimeter(self):
9           return 2 * self.radius * math.pi
10
11      def getArea(self):
12          return self.radius * self.radius * math.pi
13
14      def setRadius(self, radius):
15          self.radius = radius
```

노트

파이썬 라이브러리에서 클래스 이름에 대한 이름 규칙(naming style)이 일관되지 않는다. 이 책에서는 클래스 이름에 포함된 각 단어의 첫 글자는 대문자로 쓰는 규칙을 사용한다. 예를 들면, Circle, LinearEquation, 및 LinkedList는 이 규칙을 따르는 클래스 이름이다.

7.2.2 객체 구성하기

일단 클래스가 정의되면, *생성자(constructor)*를 이용하여 클래스로부터 객체를 생성할 수 있다.

생성자는 두 가지의 작업을 수행한다.

- 클래스에 해당하는 객체를 메모리에 생성한다.
- 객체를 초기화하기 위해 클래스의 __init__ 메소드를 호출한다.

초기자를 포함한 모든 메소드는 첫 번째 매개변수로 self를 갖는다. self 매개변수는 메소드를 호출하는 객체를 가리킨다. __init__ 메소드의 self 매개변수는 자동으로 방금 생성된 객체의 레퍼런스로 설정된다. 이 매개변수를 어떠한 이름이라도 지정할 수 있지만 관례적으로 self가 일반적으로 사용된다. self의 보다 자세한 역할은 7.2.4절에서 논의할 것이다.

생성자의 문법은 다음과 같다.

클래스 이름(인자)

그림 7.3은 객체가 어떻게 생성되고 초기화되는지 보여준다. 객체가 생성된 이후 self는 그 객체를 참조하는 데 사용될 수 있다.

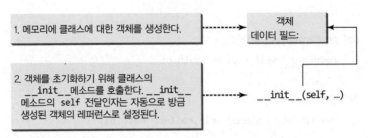

[그림 7.3] 객체 생성작업은 메모리에 객체를 생성하고 초기자를 호출하는 것이다.

생성자의 인자는 self를 제외한 __init__ 메소드의 매개변수와 일치한다. 예를 들면, 코드 7.1의 5번 라인에서 __init__ 메소드는 __init__(self, radius = 1) 로 정의되기 때문에 반지름이 5인 Circle 객체를 생성하기 위해서는 Circle(5)를 사용해야 한다. 그림 7.4는 Circle(5)를 사용하여 Circle 객체를 생성할 때의 효과를 보여준다. 첫째, Circle 객체가 메모리에 생성된 후 radius를 5로 설정하는 초기자가 호출된다.

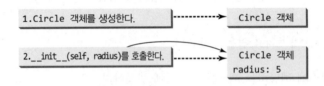

[그림 7.4] 원 객체는 Circle(5)를 사용하여 생성된다.

Circle 클래스의 초기자는 기본 radius 값을 1로 초기화한다. 다음의 생성자는 기본적으로 radius의 값이 1인 Circle 객체를 생성한다.

```
Circle()
```

7.2.3 객체의 멤버에 접근하기

객체의 멤버란 객체의 데이터 필드와 메소드를 말한다. 각 객체(인스턴스)는 데이터 필드에 특정 값을 가지고 있기 때문에 데이터 필드를 인스턴스 변수(instance variable)라고도 한다. 객체의 데이터 필드 값을 변경하는 등의 객체에 대한 행동을 수행하는 메소드는 객체(인스턴스)에 의해 호출되기 때문에 인스턴스 메소드(instance method)라고도 한다. 객체의 데이터 필드에 접근하고 객체의 메소드를 호출하기 위해서는 다음과 같은 문법을 사용하여 객체를 변수에 할당해야 한다.

객체 참조변수 = 클래스 이름(인자)

예를 들면,

```
c1 = Circle(5)
c2 = Circle()
```

*객체 멤버 접근 연산자(object member access operator)*라고 하는 *점 연산자(.)* 를 사용하여 객체의 데이터 필드에 접근하고 메소드를 호출할 수 있다. 점 연산자를 사용하는 문법은 다음과 같다.

객체 참조변수. 데이터 필드
객체 참조변수. 메소드(인자)

예를 들면, 다음 코드는 radius 데이터 필드(라인 3)에 접근한 후 getPerimeter 메소드(라인 5)와 getArea 메소드(라인 7)를 호출한다. 라인 1은 코드 7.1 Circle.py 에서 Circle 모듈에 정의된 Circle 클래스를 임포트하는 명령문인 것을 기억하자.

```
1 >>> from Circle import Circle
2 >>> c = Circle(5)
3 >>> c.radius
4 5
5 >>> c.getPerimeter()
6 31.41592653589793
7 >>> c.getArea()
8 78.53981633974483
9 >>>f
```

노트

보통 객체를 생성하고 생성된 객체를 변수에 할당한다. 나중에 객체를 참조하기 위해 변수를 사용한다. 때때로 나중에 객체가 참조될 필요가 없을 때도 있다. 이럴 경우, 아래와 같이 명시적으로 객체를 변수를 할당하지 않고 객체를 생성할 수도 있다.

print("넓이는", Circle(5).getArea(), "입니다.")

이 명령문은 Circle 객체를 생성하고 객체의 넓이를 반환하는 getArea 메소드를 호출한다. 이러한 방식으로 생성되는 객체를 *익명 객체(anonymous object)*라고 한다.

7.2.4 self 매개변수

앞서 설명한 바와 같이, 각각 정의된 메소드의 첫 번째 매개변수는 self이다. 이 매개변수는 메소드 구현에 사용되지만 메소드를 호출할 때는 사용되지 않는다. 그렇다면 self 매개변수는 용도는 무엇인가? 파이썬은 왜 이 매개변수가 필요한가?

self는 객체 자신을 참조하는 매개변수이다. self를 사용하여 클래스 정의에 포함된 객체의 멤버에 접근할 수 있다. 예를 들어, 그림 7.5에서와 같이 클래스 내부에서 객체 self로 self.x 문법을 사용하여 인스턴스 변수에 접근할 수 있으며 self.m1() 문법을 사용하여 인스턴스 메소드 m1을 호출할 수 있다.

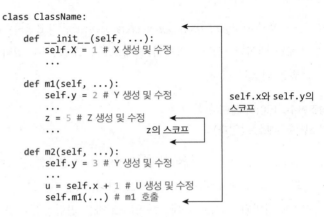

```
class ClassName:

    def __init__(self, ...):
        self.X = 1 # X 생성 및 수정
        ...

    def m1(self, ...):
        self.y = 2 # Y 생성 및 수정
        ...
        z = 5 # Z 생성 및 수정
        ...

    def m2(self, ...):
        self.y = 3 # Y 생성 및 수정
        ...
        u = self.x + 1 # U 생성 및 수정
        self.m1(...) # m1 호출
```

self.x와 self.y의 스코프

z의 스코프

[그림 7.5] 인스턴스 변수의 스코프는 전체 클래스이다.

일단 클래스가 생성되면 인스턴스 변수의 스코프(scope)[1]는 클래스 전체가 된다. 그림 7.5에서 self.x는 __init__ 메소드에서 생성되는 인스턴스 변수이다. self.x는 메소드 m2에서 접근된다. 인스턴스 변수 self.y는 메소드 m1에서 2로 설정되고 m2에서 3으로 설정된다. 메소드에서 지역변수(local variable) 또한 생성할 수 있다는 것에 주목해야 한다. 지역변수의 스코프는 생성된 메소드 내부로만 한정된다. 지역변수 z는 메소드 m1에서 생성되고 따라서 z의 스코프는 생성된 m1에서부터 m1 메소드의 끝으로 한정된다.

7.2.5 예제: 클래스 사용하기

앞 절에서 클래스와 객체의 개념에 대해서 설명하였다. 초기자, 데이터 필드와 메소드를 사용하여 클래스를 정의하는 방법과 생성자를 사용하여 객체를 생성하는 방법을 학습하였다. 이번 절에서는 지금까지 학습한 개념을 사용하는 예제 프로그램을 살펴본다. 코드 7.2의 프로그램에서는 반지름이 1, 25, 125인 세 개의 원 객체를 생성하고 각 원의 반지름과 넓이를 출력한다. 이 후 프로그램은 두 번째 객체의 반지름을 100으로 변경하고 새로운 반지름과 넓이를 출력한다.

---

1) 스코프(scope)란 변수가 유효하게 사용될 수 있는 범위, 즉 유효범위 또는 통용범위를 말한다.

코드 7.2   TestCircle.py

```python
1   from Circle import Circle
2
3   def main():
4       # 반지름이 1인 원을 생성한다.
5       circle1 = Circle()
6       print("반지름이 ", circle1.radius,
7           "인 원의 넓이는 ", circle1.getArea(), "입니다.")
8
9       # 반지름이 25인 원을 생성한다.
10      circle2 = Circle(25)
11      print("반지름이 ", circle2.radius,
12          "인 원의 넓이는 ", circle2.getArea(), "입니다.")
13
14      # 반지름이 125인 원을 생성한다.
15      circle3 = Circle(125)
16      print("반지름이 ", circle3.radius,
17          "인 원의 넓이는 ", circle3.getArea(), "입니다.")
18
19      # 원의 반지름을 변경한다.
20      circle2.radius = 100 # 또는 circle2.setRadius(100)
21      print("반지름이 ", circle2.radius,
22          "인 원의 넓이는 ", circle2.getArea(), "입니다.")
23
24  main() # main 함수를 호출한다.
```

 실행결과

```
반지름이 1 인 원의 넓이는 3.141592653589793 입니다.
반지름이 25.0 인 원의 넓이는 1963.4954084936207 입니다.
반지름이 125.0 인 원의 넓이는 49087.385212340516 입니다.
반지름이 100.0 인 원의 넓이는 31415.926535897932 입니다.
```

이 프로그램은 Circle 객체를 생성하기 위해 Circle 클래스를 사용한다. 클래스(Circle과 같은)를 사용하는 이러한 프로그램을 때때로 클래스의 *클라이언트 (client)*라고 한다.

Circle 클래스는 코드 7.1 Circle.py에서 정의된다. 이 프로그램은 from Circle import Circle 형식을 사용하는 라인 1에서 Circle 클래스를 임포트한다. 프로그램은 기본값 1로 Circle 객체를 생성(라인 5)하고 특정 반지름을 갖는 두 개의 Circle 객체를 생성(라인 10, 15)한다. 이 후 넓이를 계산하기 위해 객체에서 radius 속성을 읽고 getArea() 메소드를 호출한다(라인 7, 12, 17). 프로그램은 circle2에 대해 새로운 radius 속성을 설정한다(라인 20). radius 속성값은 circle2.setRadius(100)를 사용하여 설정할 수 있다.

노트

객체를 담기 위해 사용하는 변수는 실제로는 담으려는 객체의 레퍼런스를 저장한다. 직접적으로 말하면, 변수와 객체는 서로 다르지만 대부분의 경우 이러한 구분이 무시되기도 있다. 간단히 말해서 'circle1은 Circle 객체의 레퍼런스를 저장하는 변수이다'라고 장황하게 설명하는 것보다 'circle1은 Circle 객체이다'라고 말해도 무방하다.

체크
포인트

7.1 객체와 객체를 정의하는 클래스와의 관계를 설명하시오.

7.2 어떻게 클래스를 정의하는가?

7.3 어떻게 객체를 생성하는가?

7.4 초기자 메소드의 이름은 무엇인가?

7.5 초기자의 첫 번째 매개변수는 관례적으로 self라는 이름으로 명명된다. self의 역할은 무엇인가?

7.6 객체를 생성하는 문법은 무엇인가? 객체가 생성될 때 파이썬은 무엇을 하는가?

7.7 초기자와 메소드의 차이점은 무엇인가?

7.8 객체 멤버 접근 연산자는 무엇을 위한 것인가?

7.9 다음 프로그램 실행 시 어떤 문제가 발생하는가? 어떻게 수정해야 하는가?

```python
class A:
    def __init__(self, i):
        self.i = i
def main():
    a = A()
    print(a.i)

main() # main 함수를 호출한다.
```

7.10 다음 프로그램의 문제점은 무엇인가?

```python
1  class A:
2      # 이 클래스의 객체를 생성한다.
3      def A(self):
4          radius = 3
```
(a)

```python
1  class A:
2      # 이 클래스의 객체를 생성한다.
3      def __init__(self):
4          radius = 3
5
6      def setRadius(radius):
7          self.radius = radius
```
(b)

7.3 UML 클래스 다이어그램

UML 클래스 다이어그램은 클래스를 설명하는 그래픽 표기법을 사용한다.

키포인트

　그림 7.2의 클래스 템플릿과 객체의 표현은 UML(Unified Modeling Language, 통합 모델링 언어) 표기법을 사용하여 표준화될 수 있다. 그림 7.6과 같이 *UML 클래스 다이어그램* 또는 간단히 *클래스 다이어그램*이고 불리는 이 표기법은 언어 독립적이다. 즉, 다른 프로그래밍 언어도 동일한 작성법과 표기법을 사용할 수 있다. UML 클래스 다이어그램에서 데이터 필드는 다음과 같이 표기된다.

　데이터 필드 이름: 데이터 필드 타입

　생성자는 다음과 같이 표기된다.

　클래스 이름(매개변수 이름: 매개변수 타입)

　메소드는 다음과 같이 표현된다.

　메소드 이름(매개변수 이름: 매개변수 타입): 반환 타입

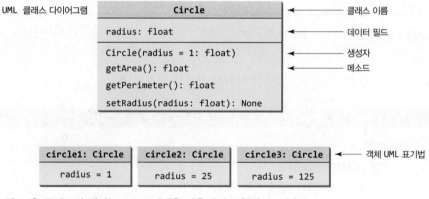

[그림 7.6] 클래스와 객체는 UML 표기법을 사용하여 표현될 수 있다.

　클래스의 메소드 정의는 항상 특수한 `self` 매개변수를 포함한다. 그러나 클라이언트가 `self` 매개변수를 알아야할 필요가 없으며 메소드를 호출하기 위해 이 매개변수를 사용하지 않기 때문에 UML 다이어그램에 포함되지 않는다.

　`__init__` 메소드는 생성자에 의해 호출되며 매개변수는 생성자의 매개변수와 동일하기 때문에 `__init__` 메소드 또한 UML 다이어그램에서 나열될 필요가 없다.

　UML 다이어그램은 클라이언트를 위한 계약(템플릿) 역할을 하여 클라이언트가 어떻게 클래스를 사용하는지 알려준다. 다이어그램은 클라이언트에게 어떻게 객체

를 생성하고 어떻게 객체의 메소드를 호출하는지 설명한다.

　예를 들어 TV 세트를 생각해 보자. 각각의 TV는 상태(즉, 현재 채널, 현재 음량, 전원 여부는 데이터 필드에 의해 표현되는 속성이다)와 행동(채널 변경, 음량 조절, 전원 on/off는 각각의 TV 객체가 메소드에 의해 구현되는 행위이다)으로 표현되는 객체이다. TV 세트를 정의하기 위해 클래스를 사용한다. TV 클래스에 대한 UML 다이어그램은 그림 7.7과 같다.

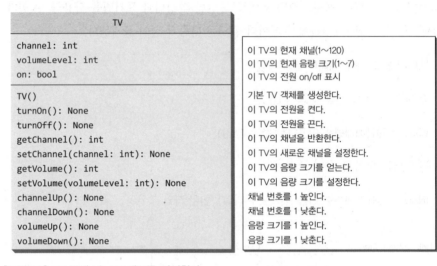

[**그림 7.7**] TV 클래스는 TV 세트를 정의한다.

　코드 7.3은 TV 클래스를 정의한 파이썬 코드를 제시한다.

코드 7.3	TV.py

```
1   class TV:
2       def __init__(self):
3           self.channel = 1 # 기본 채널은 1이다.
4           self.volumeLevel = 1 # 기본 음량 크기는 1이다.
5           self.on = False # 초기에 TV의 전원은 꺼져있다.
6
7       def turnOn(self):
8           self.on = True
9
10      def turnOff(self):
11          self.on = False
12
13      def getChannel(self):
```

```
14              return self.channel
15
16      def setChannel(self, channel):
17          if self.on and 1 <= self.channel <= 120:
18              self.channel = channel
19
20      def getVolumeLevel(self):
21          return self.volumeLevel
22
23      def setVolume(self, volumeLevel):
24          if self.on and \
25              1 <= self.volumeLevel <= 7:
26              self.volumeLevel = volumeLevel
27
28      def channelUp(self):
29          if self.on and self.channel < 120:
30              self.channel += 1
31
32      def channelDown(self):
33          if self.on and self.channel > 1:
34              self.channel -= 1
35
36      def volumeUp(self):
37          if self.on and self.volumeLevel < 7:
38              self.volumeLevel += 1
39
40      def volumeDown(self):
41          if self.on and self.volumeLevel > 1:
42              self.volumeLevel -= 1
```

초기자는 TV 객체(라인 2-5)의 데이터 필드에 channel, volumeLevel과 on 인스턴스 변수를 생성한다. 초기자는 self를 제외한 어떤 인자도 포함하지 않는다는 것에 유의해야 한다.

채널과 음량 크기는 TV가 켜있지 않다면 변경되지 않는다(라인 16-18과 23-26). 채널 또는 음량이 변경되기 전에 유효한 범위 내에 있는지 보장하기 위해 현재 값이 검사된다.

코드 7.4는 TV클래스를 사용하여 두 개의 객체를 생성하는 프로그램이다.

```
코드 7.4    TestTV.py
1    from TV import TV
2
3    def main():
4        tv1 = TV()
5        tv1.turnOn()
6        tv1.setChannel(30)
7        tv1.setVolume(3)
8
9        tv2 = TV()
10       tv2.turnOn()
11       tv2.channelUp()
12       tv2.channelUp()
13       tv2.volumeUp()
14
15       print("tv1의 채널은", tv1.getChannel(),
16           "이고 음량 크기는", tv1.getVolumeLevel(), "입니다.")
17       print("tv2의 채널은", tv2.getChannel(),
18           "이고 음량 크기는", tv2.getVolumeLevel(), "입니다.")
19
20   main() # main 함수를 호출한다.
```

실행결과

tv1의 채널은 30 이고 음량 크기는 3 입니다.
tv2의 채널은 3 이고 음량 크기는 2 입니다.

　　프로그램은 두 개의 TV 객체 tv1과 tv2를 생성(라인 4와 9)하고, 객체에 대한 채널과 음량 크기를 설정한 후, 채널과 음량 크기를 증가시키기 위해 동작하는 메소드를 호출한다. tv1은 라인 5에서 tv1.turnOn()을 호출하여 전원을 켜고, 라인 6에서 tv1.setChannel(30)을 호출하여 채널을 30으로 설정한다. 또한 라인 7에서 음량 크기를 3으로 설정한다. tv2는 라인 10에서 전원이 켜지고 라인 11에서 tv2.channelUp() 호출하여 채널이 1 증가되고 라인 12에서 채널이 추가적으로 1 증가된다. 초기 채널은 1로 설정(TV.py의 라인 3)되어 있었기 때문에, tv2의 채널은 이제 3이 된다. tv2의 음량은 라인 13에서 tv2.volumeUp()을 호출하여 1 증가된다. 초기 음량은 1로 설정(TV.py의 라인 4)되어 있기 때문에 tv2의 현재 음량은 2이다.

　　프로그램은 라인 15-18에서 객체의 상태를 출력한다. 데이터 필드는 getChannel()과 getVolumeLevel() 메소드를 사용하여 읽혀진다.

7.4 변경불가능 객체와 변경가능 객체

어떤 함수에 변경가능 객체가 전달되면, 그 함수는 객체의 내용을 변경할 수 있다.

키포인트

파이썬에서 숫자와 문자열은 변경불가능 객체(immutable object)라는 것을 상기하자. 이들의 내용은 변경될 수 없다. 어떤 함수에 변경불가능 객체가 전달되면, 객체는 절대 변경되지 않는다. 그러나 함수에 변경가능 객체(mutable object)가 전달되면, 객체의 내용은 변경될 수 있다.

코드 7.5의 예제는 함수의 변경불가능 객체 인자와 변경가능 객체 인자의 차이점을 보여준다.

코드 7.5   **TestPassMutableObject.py**

```
1   from Circle import Circle
2
3   def main():
4       # 반지름이 1인 Circle 객체를 생성한다.
5       myCircle = Circle()
6
7       # 반지름 1, 2, 3, 4, 5일 때, 원의 넓이를 출력한다.
8       n = 5
9       printAreas(myCircle, n)
10
11      # myCircle.radius와 times를 출력한다.
12      print("\n반지름은", myCircle.radius, "입니다.")
13      print("n은", n, "입니다.")
14
15  # 반지름에 따른 넓이를 표로 출력한다.
16  def printAreas(c, times):
17      print("반지름 \t\t넓이")
18      while times >= 1:
19          print(c.radius, "\t\t", c.getArea())
20          c.radius = c.radius + 1
21          times = times - 1
22
23  main() # main 함수를 호출한다.
```

실행결과

반지름	넓이
1	3.141592653589793
2	12.566370614359172
3	29.274333882308138
4	50.26548245743669
5	79.53981633974483

반지름은 6 입니다.
n은 5 입니다.

Circle 클래스는 코드 7.1에 정의되어 있다. TestPassMutableObject 프로그램은 Circle 객체 myCircle과 int 객체 n을 printAreas(myCirdle, n) 호출시 전달하여, 반지름 1, 2, 3, 4, 5에 대한 원의 넓이표를 위 실행결과와 같이 출력한다(라인 9).

함수에 객체를 전달하면, 함수에는 객체의 레퍼런스가 전달된다. 그러나 변경불가능 객체를 전달하는 것과 변경가능 객체를 전달하는 것은 중요한 차이가 있다.

■ 숫자와 문자열 같은 변경불가능 객체의 인자에 대해서는 함수 내부에서 변경된 객체의 원본값이 함수 외부에 반영되지 않는다.
■ Circle과 같은 변경가능 객체의 인자에 대해서는 함수 내부에서 객체의 내용이 변경되면 객체의 원본값이 변경된다.

라인 20에서 Circle 객체 c의 radius 속성 1이 증가된다. c.radius + 1은 새로운 int 객체를 생성하고 c.radius에 할당된다. myCircle과 c는 동일한 객체를 가리킨다. printArea 함수가 종료될 때, c.radius는 6이다. 따라서 라인 12에서 myCircle.radius에 대해 6을 출력한다.

라인 21에서 times - 1은 times에 할당되는 새로운 int 객체를 생성한다. printArea 함수의 외부에서 n은 아직도 5이다. 따라서 라인 13에서 n에 대한 출력값은 5가 된다.

체크
포인트

7.11 다음 프로그램의 결과를 보이시오.

```python
class Count:
    def __init__(self, count = 0):
        self.count = count

def main():
    c = Count()
    times = 0
    for i in range(100):
```

```
        increment(c, times)

    print("count는", c.count, "입니다.")
    print("times는", times, "입니다.")

def increment(c, times):
    c.count += 1
    times += 1

main() # main 함수를 호출한다
```

7.12 다음 프로그램의 결과를 보이시오.

```
class Count:
    def __init__(self, count = 0):
        self.count = count

def main():
    c = Count()
    n = 1
    m(c, n)

    print("count는", c.count, "입니다.")
    print("n은", n, "입니다.")

def m(c, n):
    c = Count(5)
    n = 3

main() # main 함수를 호출한다
```

7.5 데이터 필드 감추기

데이터 필드를 private으로 만들면 데이터를 보호하고 클래스를 관리하기 쉬워진다.

키포인트

    객체로부터 직접 인스턴스 변수를 통해 데이터 필드에 접근할 수 있다. 예를 들어, c.radius를 사용하여 원의 **radius**에 접근하도록 다음과 같이 코드를 작성할 수 있다.

실행결과

```
>>> c = Circle(5)
>>> c.radius = 5.4    # 인스턴스 변수에 직접 접근한다
>>> print(c.radius)   # 인스턴스 변수에 직접 접근한다
5.4
>>>
```

그러나 객체 내부의 데이터 필드에 직접 접근(direct access)하는 것은 두 가지 이유에서 좋은 습관이 아니다.

■ 첫째, 데이터가 부정하게 변경될 수 있다. 예를 들어. TV 클래스의 channel 의 값은 1부터 120 사이의 값을 가져야 한다. 그러나 실수로 임의의 값(예, tv1.channel = 125)으로 설정될 수 있다.

■ 둘째, 클래스를 관리하기가 어렵고 버그로부터 취약하게 만든다. 다른 프로 그램이 이미 Circle 클래스를 사용한 후, 반지름의 값이 음수가 되지 않도 록 Circle 클래스를 수정하려 한다고 가정해 보자. 이미 클라이언트가 반지 름의 값을 직접적으로 변경(예, myCircle.radius = -5)했을 수 있기 때문 에 Circle 클래스뿐만 아니라 Circle 클래스를 사용한 프로그램 또한 변경 해야만 한다.

데이터 필드의 직접 변경을 방지하기 위해서는 클라이언트가 데이터 필드에 직 접적으로 접근할 수 없게 해야 한다. 이를 *데이터 은닉(data hiding)*이라고 한 다. 데이터 은닉은 *private 데이터 필드*로 정의하여 수행할 수 있다. 파이썬에서 private 데이터 필드는 앞 밑줄 두 개로 정의된다. private 메소드는 또한 메소드 이름 앞 밑줄 두 개로 정의할 수 있다.

Private 데이터 필드와 메소드는 클래스 내부에서만 접근될 수 있다. 그러나 클 래스 외부에서는 접근이 불가능하다. 클라이언트가 데이터 필드에 접근될 수 있도 록 만들기 위해서는 데이터 필드의 값을 반환하는 *get* 메소드를 제공해야 한다. 데 이터 필드의 값을 변경할 수 있게 만들기 위해서는 새로운 값을 설정하는 *set* 메소 드를 제공해야 한다.

흔히 get 메소드를 *게터(getter)* 또는 *접근자(accessor)*, set 메소드를 *세터 (setter)* 또는 *변경자(mutator)*라고 한다.

get 메소드는 다음과 같은 헤더[2] (header)를 갖는다.

```
def getPropertyName(self):
```

만약에 반환 타입이 부울이면, get 메소드는 관례에 따라 다음과 같이 정의된다.

```
def isPropertyName(self):
```

set 메소드는 다음과 같은 헤더를 갖는다.

```
def setPropertyName(self, propertyValue):
```

---

2) 헤더(header)란 함수의 사용법을 말한다. 즉, 함수의 헤더는 함수의 이름, 인자의 개수, 인자의 이름을 포 함한다.

코드 7.6은 코드 7.1의 Circle 클래스를 수정한다. radius 속성 이름 앞 밑줄 두 개를 추가(라인 6)하여 private으로 정의한다.

코드 7.6	CircleWithPrivateRadius.py

```python
1  import math
2
3  class Circle:
4      # 원 객체를 생성한다.
5      def __init__(self, radius = 1):
6          self.__radius = radius
7
8      def getRadius(self):
9          return self.__radius
10
11     def getPerimeter(self):
12         return 2 * self.__radius * math.pi
13
14     def getArea(self):
15         return self.__radius * self.__radius * math.pi
```

radius 속성은 새로운 Circle 클래스에서 직접적으로 접근될 수 없다. 그러나 getRadius() 메소드를 사용하여 radius 속성의 값을 읽어 올 수 있다. 예를 들어,

실행결과

```python
1  >>> from CircleWithPrivateRadius import Circle
2  >>> c = Circle(5)
3  >>> c.__radius
4  AttributeError: no attribute '__radius'
5  >>> c.getRadius()
6  5
7  >>>
```

라인 1은 코드 7.6의 CircleWithPrivateRadius 모듈에서 정의된 Circle 클래스를 임포트한다. 라인 2는 Circle 객체를 생성한다. 라인 3은 __radius 속성에 접근을 시도한다. __radius는 private이므로 오류가 발생한다. 대신 radius 값을 가져오기 위해 getRadius() 메소드를 사용한다(라인 5).

팁
다른 프로그램을 위해 설계된 클래스를 사용할 때, 데이터가 부정하게 수정되는 것을 방지하고 클래스의 관리를 용이하게 만들기 위해 데이터 필드를 private로 정의하라. 여러분이 작성한 프로그램에서만 내부적으로 사용되는 클래스의 경우, 데이터 필드를 은닉할 필요는 없다.

노트
private 데이터 필드와 메소드의 이름은 앞 밑줄 두 개로 시작하지만 한 개 이상의 밑줄로 끝나서는 안 된다. 파이썬에서 앞 두 밑줄로 시작하고 뒤 두 밑줄로 끝나는 이름은 특별한 의미를 갖는다. 예를 들어, __radius는 private 데이터 필드이지만 __radius__는 private 데이터 필드가 아니다.

7.13 다음 프로그램 실행 시 어떤 문제가 발생하는가? 어떻게 수정해야 하는가?

```python
class A:
    def __init__(self, i):
        self.__i = i

def main():
    a = A(5)
    print(a.__i)

main() # main 함수를 호출한다
```

7.14 다음 코드는 정확한가? 그렇다면 무엇이 출력되는가?

```python
1 def main():
2     a = A()
3     a.print()
4
5 class A:
6     def __init__(self, newS = "환영합니다."):
7         self.__s = newS
8
9     def print(self):
10        print(self.__s)
11
12 main() # main 함수를 호출한다
```

7.15 다음 코드는 정확한가? 그렇지 않다면 오류를 수정하시오.

```python
class A:
    def __init__(self, on):
        self.__on = not on
```

```
def main():
    a = A(False)
    print(a.on)

main()  # main 함수를 호출한다.
```

7.16 데이터 은닉의 장점은 무엇인가? 파이썬에서는 어떻게 사용하는가?
7.17 어떻게 private 메소드를 정의하는가?

7.6 클래스 추상화와 캡슐화

클래스 추상화는 클래스의 사용으로부터 클래스의 구현을 분리하는 개념이다. 클래스의 구현에 대한
상세는 사용자에게 보이지 않는다. 이를 클래스 캡슐화라고 한다.
키포인트

소프트웨어 개발에는 여러 단계의 추상화가 있다. 6장에서 우리는 함수 추상화
에 대해서 학습하였고 단계적 개선(stepwise refinement)에 함수 추상화를 사용
하였다. *클래스 추상화(class abstraction)*는 클래스 사용으로부터 클래스의 구현
을 분리하는 것이다. 클래스 설계자는 클래스의 함수를 설명하고 클라이언트에 어
떻게 클래스가 사용될지 알려준다. 클래스의 메소드 집합은 이들 메소드가 어떻
게 동작되어야 하는지에 대한 설명과 함께 클라이언트와의 클래스의 *계약(class's
contract)* 역할을 한다.

그림 7.8과 같이 클래스 사용자는 클래스가 어떻게 구현되었는지 알아야 필요
가 없다. 구현에 대한 상세 사항은 사용자로부터 캡슐화되어 감춰져있다. 이를 클
래스 캡슐화(class encapsulation)라고 한다. 본질적으로 캡슐화는 데이터와 메소
드를 하나의 객체로 묶고 사용자로부터 데이터 필드와 메소드 구현을 감추는 것이
다. 예를 들어, Circle 객체를 생성하고 원의 넓이를 알아낼 수 있다. 어떻게 넓이
가 계산되었는지 알 필요가 없다. 이러한 이유로 클래스를 추상 데이터 타입(ADT:
Abstract Data Type)이라고도 한다.

[그림 7.8] 클래스 추상화는 클래스 사용으로부터 클래스 구현을 분리한다.

클래스 추상화와 캡슐화는 동전의 양면과 같다. 클래스 추상화의 개념은 실생활
에서 많이 찾아볼 수 있다. 예를 들어 컴퓨터 시스템을 구성한다고 생각해 보자. 여

러분의 개인용 컴퓨터는 CPU, 메모리, 디스크, 마더보드, 팬 등 여러 장치로 구성된다. 각각의 장치는 속성과 메소드가 있는 객체로 볼 수 있다. 여러 장치가 함께 동작하도록 만들기 위해서, 각각의 장치들이 어떻게 사용되고 어떻게 상호작용하는지 알기만 하면 된다. 장치들이 내부적으로 어떻게 동작하는지까지 알 필요는 없다. 내부적인 구현은 사용자로부터 캡슐화되고 감춰져 있다. 장치가 어떻게 구현되었는지 알지 못해도 컴퓨터를 구축할 수 있다.

　정확하게 컴퓨터 시스템은 객체지향적 접근에 비유된다. 각각의 장치는 장치에 대한 클래스의 객체로 볼 수 있다. 예를 들면, 컴퓨터에서 사용되는 팬에 대해 팬의 크기나 속도와 같은 속성 그리고 동작과 정지와 같은 메소드를 정의한 클래스를 사용할 수 도 있다. 특정 팬은 특정 속성 값을 갖는 팬 클래스의 인스턴스이다.

　또 다른 예제로 대출을 고려해 보자. 특정 대출(loan)은 Loan 클래스의 객체로 볼 수 있다. 이자율, 대출금과 대출기간은 대출의 데이터 속성이고 월상환금 및 총상환금 계산은 대출의 메소드이다. 자동차를 구입할 경우, 대출에 대한 이자율과 대출금 및 대출 기간으로 클래스를 인스턴스화하여 대출 객체를 생성할 수 있다. 대출의 월상환금과 총상환금을 알기 위해서 이 메소드들을 사용할 수 있다. Loan 클래스 사용자로서 메소드가 어떻게 구현되었는지 알 필요가 없다.

　코드 2.8의 ComputeLoan.py는 대출 상환금을 계산하기 위한 프로그램을 제시한다. 이 프로그램은 현재 작성된 상태로는 다른 프로그램에서 재사용될 수 없다. 이 문제를 해결하는 한 가지 방법은 월상환금과 총상환금을 계산하기 위한 함수를 정의하는 것이다. 그러나 이 해결방법에는 한계가 있다. 대출자와 대출을 연관 짓고 싶다고 가정해 보자. 객체를 사용하지 않고 대출자와 대출을 묶을 수 있는 좋은 방법은 없다. 전통적인 절차적 프로그래밍(procedural programming) 패러다임은 데이터와 행동이 분리되어 있는 행동 기반(action-driven) 방식이다. 객체지향 프로그래밍 패러다임은 객체에 대해 초점을 맞추기 때문에 행동은 객체 내부의 데이터와 함께 정의된다. 대출자와 대출을 묶기 위해 대출의 대출자와 다른 속성을 데이터 필드로 하여 대출 클래스를 정의하는 것이다. 그러면 대출에 대한 데이터와 행동은 하나의 객체에 통합되어 대출 객체는 데이터를 조작하고 처리하기 위한 데이터와 행동을 모두 포함하게 된다. 그림 7.9는 Loan 클래스에 대한 UML 클래스 다이어그램을 보여준다. UML 클래스 다이어그램에서 - (대시)는 클래스의 private 데이터 필드 또는 메소드를 나타내는 것에 유의해야 한다.

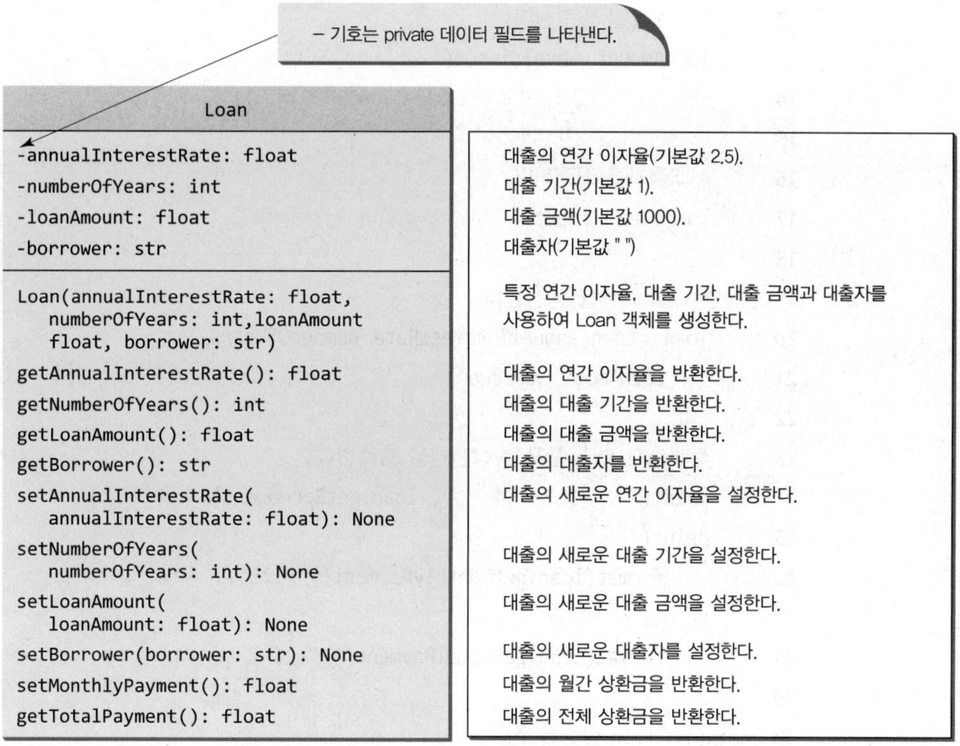

– 기호는 private 데이터 필드를 나타낸다.

Loan	
-annualInterestRate: float -numberOfYears: int -loanAmount: float -borrower: str	대출의 연간 이자율(기본값 2.5). 대출 기간(기본값 1). 대출 금액(기본값 1000). 대출자(기본값 " ")
Loan(annualInterestRate: float, 　numberOfYears: int,loanAmount 　float, borrower: str)	특정 연간 이자율, 대출 기간, 대출 금액과 대출자를 사용하여 Loan 객체를 생성한다.
getAnnualInterestRate(): float getNumberOfYears(): int getLoanAmount(): float getBorrower(): str setAnnualInterestRate(　annualInterestRate: float): None setNumberOfYears(　numberOfYears: int): None setLoanAmount(　loanAmount: float): None setBorrower(borrower: str): None setMonthlyPayment(): float getTotalPayment(): float	대출의 연간 이자율을 반환한다. 대출의 대출 기간을 반환한다. 대출의 대출 금액을 반환한다. 대출의 대출자를 반환한다. 대출의 새로운 연간 이자율을 설정한다. 대출의 새로운 대출 기간을 설정한다. 대출의 새로운 대출 금액을 설정한다. 대출의 새로운 대출자를 설정한다. 대출의 월간 상환금을 반환한다. 대출의 전체 상환금을 반환한다.

[그림 7.9] Loan 클래스의 UML 다이어그램은 대출의 속성과 행동을 보여준다.

그림 7.9의 UML 다이어그램은 Loan 클래스에 대한 계약과 같은 역할을 한다. 즉, 사용자는 클래스가 어떻게 구현되었는지 이해할 필요 없이 클래스를 사용할 수 있다. Loan 클래스가 사용가능하다고 가정하자. 그러면, 코드 7.7에서 Loan 클래스를 사용하는 테스트 프로그램을 작성하는 것부터 시작해 보자.

코드 7.7　　TestLoanClass.py

```python
1  from Loan import Loan
2
3  def main():
4      # 연이율을 입력한다.
5      annualInterestRate = eval(input
6          ("연이율을 입력하세요(예, 7.25): "))
7
8      # 대출년수를 입력한다.
9      numberOfYears = eval(input(
10         "대출년수(정수)를 입력하세요: "))
11
```

```
12      # 대출금을 입력한다.
13      loanAmount = eval(input(
14          "대출금을 입력하세요(예, 130000000): "))
15
16      # 대출자를 입력한다.
17      borrower = input("대출자의 이름을 입력하세요: ")
18
19      # 대출 객체를 생성한다.
20      loan = Loan(annualInterestRate, numberOfYears,
21          loanAmout, borrower)
22
23      # 대출자, 월상환금, 총상환금을 출력한다.
24      print("이 대출의 대출자는", loan.getBorrower(), "입니다.")
25      print("월상환금",
26          format(loan.getMonthlyPayment(), ".2f"), "원입니다.")
27      print("총상환금",
28          format(loan.getTotalPayment(), ".2f"), "원입니다.")
29
30  main() # main 함수를 호출한다.
```

 실행결과

```
연이율을 입력하세요(예, 7.25): 2.5 ↵Enter
대출년수(정수)를 입력하세요: 5 ↵Enter
대출금을 입력하세요(예, 130000000): 1000000 ↵Enter
대출자의 이름을 입력하세요: 홍길동 ↵Enter
이 대출의 대출자는 홍길동 입니다.
월상환금은 1775 입니다.
총상환금은 106484 입니다.
```

main 함수는 (1) 연이율과 대출년수와 대출금을 읽는다. (2) Loan 객체를 생성한다. 그리고 (3) Loan 클래스의 인스턴스 메소드를 사용하여 월상환금(라인 26)과 총상환금(라인 28)을 구한다.

Loan 클래스는 코드 7.8과 같이 구현될 수 있다.

코드 7.8   **Loan.py**

```
1  class Loan:
2      def __init__(self, annulInterestRate = 2.5,
3          numberOfYears = 1, loanAmount = 1000, borrower = " "):
4          self.__annualInterestRate = annualInterestRate
5          self.__numberOfYears = numberOfYears
6          self.__loanAmount = loanAmount
```

```
 7            self.__borrower = borrower
 8
 9     def getAnnualInterstRate(self):
10            return self.__annualInterestRate
11
12     def getNumberOfYears(self):
13            return self.__numberOfYears
14
15     def getLoanAmount(self):
16            return self.__loanAmount
17
18     def getBorrower(self):
19            return self.__borrower
20
21     def setAnnualInterestRate(self, annulInterestRate):
22            self.__annualInterestRate = annualInterestRate
23
24     def setNumberOfYears(self, numberOfYears):
25            self.__numberOfYears = numberOfYears
26
27     def setLoanAmount(self, loanAmount):
28            self.__loanAmount = loanAmount
29
30     def setBorrower(self, borrower):
31            self.__borrower = borrower
32
33     def getMonthlyPayment(self):
34            monthlyInterestRate = self.__annualInterestRate / 1200
35            monthlyPayment = \
36                self.__loanAmount * monthlyInterestRate / (1 - (1 /
37                (1 + monthlyInterestRate) ** (self.__numberOfYears * 12)))
38            return monthlyPayment
39
40     def getTotalPayment(self):
41            totalPayment = self.getMonthlyPayment() * \
42                self.__numberOfYears * 12
43            return totalPayment
```

annualInterestRate, numberOfYears, loanAmount, 및 borrower 데이터 필드
는 private(앞 밑줄 두 개와)으로 정의되기 때문에, 클라이언트 프로그램에 의해 클

래스 외부에서 접근될 수 없다. 클래스 개발자의 관점에서 클래스는 여러 다른 고객에 의해 사용될 수 있도록 설계된다. 광범위한 애플리케이션에서 유용하게 사용되기 위해서 클래스는 메소드를 사용하여 사용자에게 클래스를 개인화(customize)시킬 수 있는 여러 방법을 제공해야 한다.

7.7 객체지향적으로 생각하기

 키포인트   *절차적 패러다임(procedural paradigm)은 함수 설계에 초점을 맞춘다. 객체지향 패러다임(object-oriented paradigm)은 데이터와 메소드를 함께 객체에 결합시킨다. 객체지향 패러다임을 사용하는 소프트웨어 설계는 객체와 객체의 연산에 초점을 맞춘다.*

이 책은 객체지향 프로그래밍 이전에 문제 해결과 기본적인 프로그래밍 기술에 대해 가르친다. 이번 절은 절차적 프로그래밍과 객체지향 프로그래밍이 어떻게 다른지 보여준다. 여러분은 지금부터 객체지향 프로그래밍의 장점을 경험하고 효과적으로 사용하는 방법에 대해 학습하게 될 것이다. 이제 객체지향적 접근방법을 사용하여 4장에서 소개된 체질량지수(BMI) 문제를 위한 해결방법을 개선할 것이다. 개선작업으로부터 절차적 프로그래밍과 객체지향 프로그래밍의 차이점에 대한 통찰력을 얻고 객체와 클래스를 사용하여 재사용이 가능한 코드 개발의 장점을 경험하게 될 것이다.

코드 4.6 ComputeBMI.py는 BMI를 계산하는 프로그램을 제시한다. 코드는 그 자체로는 다른 프로그램에서 재사용될 수 없다. 코드를 재사용할 수 있도록 만들기 위해서는 다음과 같이 체질량지수를 계산하는 단독(standalone) 함수를 정의해야 한다.

```
def getBMI(weight, height):
```

이 함수는 특정 몸무게와 키에 대한 체질량지수 계산에 유용하다. 그러나 이 함수도 한계가 있다. 몸무게와 키를 한 사람의 이름 및 생일과 연결시켜야 한다고 가정해 보자. 값들을 저장하는 별도의 변수를 생성할 수 있으나 그럴 경우 값들은 강하게 결합되지 않는다. 값들을 결합하는 최상의 방법은 이들을 포함하는 객체를 생성하는 것이다. 이러한 값들은 별개의 객체에 묶이기 때문에 데이터 필드에 저장되어야만 한다. 그림 7.10과 같이 BMI라는 이름의 클래스를 정의할 수 있다.

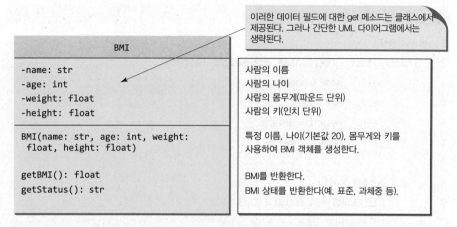

이러한 데이터 필드에 대한 get 메소드는 클래스에서 제공된다. 그러나 간단한 UML 다이어그램에서는 생략된다.

BMI	
-name: str	사람의 이름
-age: int	사람의 나이
-weight: float	사람의 몸무게(파운드 단위)
-height: float	사람의 키(인치 단위)
BMI(name: str, age: int, weight: float, height: float)	특정 이름, 나이(기본값 20), 몸무게와 키를 사용하여 BMI 객체를 생성한다.
getBMI(): float	BMI를 반환한다.
getStatus(): str	BMI 상태를 반환한다(예, 표준, 과체중 등).

[그림 7.10] BMI 클래스는 BMI 데이터와 메소드를 캡슐화한다.

BMI 클래스가 구현됐다고 가정하자. 코드 7.9는 BMI 클래스를 사용하는 테스트 프로그램이다.

코드 7.9   **UseBMIClass.py**

```
1  from BMI import BMI
2
3  def main():
4      bmi1 = BMI("홍길동", 18, 145, 70)
5      print(bmi1.getName(), "의 BMI 수치는",
6          bmi1.getBMI(), bmi1.getStatus(), "입니다.")
7
8      bmi2 = BMI("이영희", 50, 215, 70)
9      print(bmi2.getName(), "의 BMI 수치는",
10         bmi2.getBMI(), bmi2.getStatus(), "입니다.")
11
12 main() # main 함수를 호출한다.
```

실행결과

```
홍길동 의 BMI는 20.81 정상입니다.
이영희 의 BMI는 30.85 비만입니다.
```

라인 4는 홍길동에 대한 객체 bmi1을 생성하고 라인 8은 이영희에 대한 객체 bmi2를 생성한다. BMI 객체에 포함된 BMI 정보를 반환하기 위해서 getName(), getBMI()과 getStatus() 메소드를 사용할 수 있다(라인 5와 9).

BMI 클래스는 코드 7.10과 같이 구현될 수 있다.

코드 7.10   BMI.py

```python
1   class BMI:
2       def __init__(self, name, age, weight, height):
3           self.__name = name
4           self.__age = age
5           self.__weight = weight
6           self.__height = height
7
8       def getBMI(self):
9           KILOGRAMS_PER_POUND = 0.45359237
10          METERS_PER_INCH = 0.0254
11          bmi = self.__weight * KILOGRAMS_PER_POUND / \
12              ((self.__height * METERS_PER_INCH) * \
13              (self.__height * METERS_PER_INCH))
14          return round(bmi * 100) / 100
15
16      def getStatus(self):
17          bmi = self.getBMI()
18          if bmi < 18.5:
19              return "저체중"
20          elif bmi < 25:
21              return "정상"
22          elif bmi < 30:
23              return "과체중"
24          else:
25              return "비만"
26
27      def getName(self):
28          return self.__name
29
30      def getAge(self):
31          return self.__age
32
33      def getWeight(self):
34          return self.__weight
35
36      def getHeight(self):
37          return self.__height
```

몸무게와 키를 사용하여 BMI를 계산하는 수학적 공식은 4.9절에서 제시된다. getBMI() 메소드는 BMI 값을 반환한다. 몸무게와 키는 객체의 데이터 필드에 저장되어 있기 때문에 getBMI() 메소드는 객체의 BMI를 계산하기 위해 이 속성들을 사용할 수 있다.

getStatus() 메소드는 BMI를 해석한 문자열을 반환한다. 해석 방법은 4.9절에도 제시되어 있다.

이 예제는 절차적 패러다임보다 객체지향 패러다임이 갖는 장점을 보여준다. 객체지향적 접근방법은 절차적 패러다임의 강점에 데이터와 데이터에 대한 연산을 객체에 통합하는 새로운 차원을 추가해준다.

절차적 프로그래밍에서 데이터와 연산은 분리되어 있고 이러한 방법론은 데이터를 메소드에 전달하도록 요구한다. 객체지향 프로그래밍은 데이터와 데이터에 적용되는 작업을 객체 내부에 함께 위치시킨다. 이러한 접근방법은 절차적 프로그래밍으로부터 파생되는 여러 문제점을 해결한다. 객체지향 프로그래밍 접근방법은 모든 객체의 속성과 행동이 연결되어 있는 실세계를 반영하는 방식으로 프로그램을 구성한다. 객체의 사용은 소프트웨어의 재사용성을 높이고 프로그램 개발과 유지를 쉽게 만든다. 파이썬에서 프로그래밍은 객체에 관한 사고를 동반한다. 파이썬 프로그램은 상호 협력하는 객체의 집합으로 볼 수 있다.

7.18 절차적 패러다임과 객체지향 패러다임의 차이점을 설명하시오.

 체크
포인트

주요용어

private 데이터 필드	인스턴스 변수
private 메소드	인스턴스화
객체지향 프로그래밍(OOP: Object-Oriented Programming)	점 연산자(.)
	접근자(게터)
데이터 은닉	초기자
데이터 필드	추상 데이터 타입(ADT: Abstract Data Type)
변경자(세터)	클라이언트
상태	클래스
생성자	클래스 추상화
속성	클래스 캡슐화
속성	클래스의 계약
식별자	통합 모델링 언어(UML: Unified Modeling Language)
익명 객체	
인스턴스	행동
인스턴스 메소드	행위

요약

1. 클래스는 객체에 대한 템플릿, 설계도, 계약 및 데이터 타입이다. 클래스는 객체의 속성을 정의하고 객체를 초기화하기 위한 *초기자* 및 객체를 조작하기 위한 메소드를 제공한다.

2. 초기자는 항상 __init__으로 명명된다. 클래스의 초기자를 포함한 모든 메소드의 첫 번째 매개변수는 메소드를 호출하는 객체를 참조한다. 관례적으로 이 매개변수는 self로 명명된다.

3. 객체는 클래스의 인스턴스이다. 객체를 생성하기 위해 *생성자*를 사용하고 *점 연산자*(.)를 사용하여 참조변수를 통해 객체의 멤버에 접근한다.

4. 인스턴스 변수 또는 메소드는 클래스의 인스턴스에 소유된다. 이들을 사용하는 것은 개개의 인스턴스와 연관되어 있다.

5. 클래스의 *데이터 필드*는 부당한 데이터 조작을 방지하고 클래스의 유지 보수를 쉽게 만들기 위해서 반드시 은닉되어야 한다.

6. 클라이언트가 데이터를 확인하고 수정할 수 있도록 get 메소드 또는 set 메소드를 제공할 수 있다. 흔히 get 메소드는 게터(또는 접근자)와 set 메소드는 세터(또는 수정자)로 불린다.

프로그래밍 연습문제

7.2 - 7.3절

7.1 (Rectangle 클래스) 7.2절의 Circle 클래스 예제를 참조하여 사각형을 표현하는 Rectangle이라는 클래스를 설계하시오. Rectangle 클래스는 다음을 포함한다.

- 두 데이터 필드: width와 height
- 특정 폭(width)과 높이(height)를 갖는 사각형을 생성하는 생성자. 폭과 높이의 기본값은 각각 1과 2이다.
- 사각형의 넓이를 반환하는 getArea() 메소드
- 사각형의 둘레를 반환하는 getPerimeter() 메소드

이 클래스에 대한 UML 다이어그램을 작성한 후 클래스를 구현하시오. 하나는 폭 4, 높이 10, 다른 하나는 폭 3.5, 높이 35.7인 두 사각형을 생성하는 테스트 프로그램을 작성하시오. 각 사각형의 폭, 높이, 넓이 및 둘레 순으로 출력하시오.

7.4–7.7절

7.2 (Stock 클래스) 회사의 주식(stock)을 표현하는 Stock이라는 클래스를 설계하시오. Stock 클래스는 다음을 포함한다.

- 주식의 코드를 위한 private string 데이터 필드 symbol
- 주식의 종목명을 위한 private string 데이터 필드 name
- 전일 주식 마감 가격(전일종가)을 저장하는 private float 데이터 필드 previousClosingPrice
- 현재 시각의 주식 가격(현재가)을 저장하는 private float 데이터 필드 currentPrice
- 특정 코드, 종목명, 전일종가, 현재가의 주식을 생성하는 생성자
- 종목명을 반환하는 get 메소드
- 주식 코드를 반환하는 get 메소드
- 전일종가를 반환하고 설정하기 위한 get과 set 메소드
- 현재가를 반환하고 설정하기 위한 get과 set 메소드
- previousClosingPrice에서 currentPrice로 변화된 비율을 반환하는 getChangePercent() 메소드

Stock 클래스에 대한 UML 다이어그램을 작성한 후, Stock 클래스를 구현하시오. 주식 코드가 INTC, 종목명은 Intel Corporation, 전일종가가 20500이고 현재가가 20350인 Stock 객체를 생성하고 가격변동률을 출력하는 테스트 프로그램을 작성하시오.

7.3 (Account 클래스) 다음을 표현하는 Account라는 이름의 클래스를 설계하시오.

- 계좌번호를 위한 private int 데이터 필드 id
- 계좌의 잔고를 위한 private float 데이터 필드 balance
- 현재 연이율을 저장하는 private float 데이터 필드 annualInterestRate
- 특정 id(기본값 0), 초기 잔고(기본값 100,000)와 연간이율(기본값 0)을 갖는 계좌를 생성하는 생성자
- id, balance 및 annualInterestRate에 대한 접근자와 변경자
- 월이율을 반환하는 getMonthlyInterestRate() 메소드
- 월이자를 반환하는 getMonthlyInterest() 메소드
- 계좌에서 특정 금액을 출금하는 withdraw 메소드
- 계좌에 특정 금액을 입금하는 deposit 메소드

Account 클래스에 대한 UML 다이어그램을 작성한 후, 클래스를 구현하시오.
(힌트: getMonthlyInterest() 메소드는 연이율이 아닌 월이자를 반환하기 위한 것이다. 월이자를 계산하기 위해 balance * monthlyInterestRate 공식을 사용하시오. monthlyInterestRate은 annualInterestRate/12이다. annualInterestRate의 값은 퍼센트(4.5%와 같이)라는 것에 주의해야 한다. 따라서 100으로 나누어야 한다.)

계좌 id는 1122, 잔고는 20,000,000원이고 연이율은 4.5%인 Account 객체를 생성하는 테스트 프로그램을 작성하시오. 2,500,000원을 출금하기 위해 withdraw 메소드를 사용하고, 3,000,000원을 입금하기 위해 deposit 메소드를 사용하시오. 또한 계좌번호, 잔고, 월이율과 월이자를 출력하시오.

7.4 (Fan 클래스) 팬을 표현하는 Fan 클래스를 설계하시오. Fan 클래스는 다음을 포함한다.

- 팬의 속도를 나타내는 각각의 값이 1, 2, 3인 세 상수 SLOW, MEDIUM과 FAST
- 팬의 속도를 명시하는 private int 데이터 필드 speed
- 팬의 전원이 켜져 있는지 나타내는 private bool 데이터 필드 on(기본값 False).
- 팬의 반지름(크기)을 나타내는 private float 데이터 필드 radius
- 팬의 색상을 나타내는 private string 데이터 필드 color
- 모든 데이터 필드에 대한 접근자와 변경자
- 특정 속도(기본값 SLOW), 반지름(기본값 5), 색상(기본값 blue), 그리고 전원(기본값 False)에 대한 선풍기를 생성하는 생성자

Fan 클래스에 대한 UML 다이어그램을 작성한 후 클래스를 구현하시오. 두 개의 Fan 객체를 생성하는 테스트 프로그램을 작성하시오. 첫 번째 객체에 대해 최대 속도, 크기 10, 색상 노란색 그리고 전원 켜짐을 할당하시오. 두 번째 객체에 대해 중간 속도, 크기 5, 색상 파란색 그리고 전원은 꺼짐을 할당하시오. 각 객체의 속도, 반지름, 색상 및 전원 속성을 출력하시오.

*7.5 (기하학: 정다각형) 정다각형은 모든 변의 길이가 동일하고 모든 각의 각도가 동일하다(즉, 정다각형은 등변이면서 등각이다). 다음과 같은 RegularPolygon이라는 클래스를 설계하시오.

- 다각형 변의 개수를 정의하는 private int 데이터 필드 n
- 변의 길이를 저장하는 private float 데이터 필드 side
- 기본값이 0인 다각형 중심의 x 좌표를 정의하는 private float 데이터 필드 x
- 기본값이 0인 다각형 중심의 y 좌표를 정의하는 private float 데이터 필드 y
- 특정 n(기본값 3), side(기본값 1), x(기본값 0)와 y(기본값 0)에 대한 정다각형을 생성하는 생성자
- 모든 데이터 필드에 대한 접근자와 변경자 메소드.
- 다각형의 둘레는 반환하는 getPerimeter() 메소드
- 다각형의 넓이를 반환하는 getArea() 메소드. 정다각형의 넓이를 계산하는 공식은 넓이 = $\dfrac{n \times s^2}{4 \times \tan\left(\dfrac{\pi}{n}\right)}$ 이다.

RegularPolygon 클래스에 대한 UML 다이어그램을 작성한 후, 클래스를 구현하시오. RegularPolygon(), RegularPolygon(6, 4)와 RegularPolygon(10, 4, 5.6, 7.8)을 사용하여 생성되는 세 개의 RegularPolygon 객체를 생성하는 테스트 프로그램을 작성하시오. 각 객체에 대한 둘레와 넓이를 출력하시오.

*7.6 (대수학: 2차 방정식) 2차 방정식 $ax^2 + bx + c = 0$에 대한 QuadraticEquation 클래스를 설계하시오. 클래스는 다음과 같이 구성된다.

- 세 개의 계수를 표현하는 private 데이터 필드 a, b, c
- a, b, c에 대한 인자를 받는 생성자
- a, b, c에 대한 세 개의 get 메소드
- 판별식 $b^2 - 4ac$를 반환하는 getDiscriminant() 메소드
- 다음 공식을 사용하여 방정식의 두 해를 반환하기 위한 getRoot1()과 getRoot2() 메소드

$$r_1 = \frac{-b + \sqrt{b^2 - 4ac}}{2a} \quad 와 \quad r_2 = \frac{-b - \sqrt{b^2 - 4ac}}{2a}$$

두 메소드는 오직 판별식이 음수가 아닐 때만 유효하다. 판별식이 음수이면 두 메소드는 0을 반환한다. QuadraticEquation 클래스의 UML 다이어그램을 작성한 후 클래스를 구현하시오.

사용자로부터 a, b와 c의 값을 입력받고 판별식에 기반하여 결과를 출력하는 테스트 프로그램 작성하시오. 판별식이 양수이면 두 해를 출력하시오. 판별식이 0이면, 하나의 해를 출력하시오. 그렇지 않으면 "이 방정식은 해가 없습니다."를 출력하시오. 프로그래밍 연습문제 4.1의 실행 예를 참조하시오.

*7.7 (대수학: 2×2 연립방정식) 연립방정식에 대한 LinearEquation 클래스를 설계하시오.

$$\begin{matrix} ax + by = e \\ cx + dy = f \end{matrix} \quad x = \frac{ed - bf}{ad - bc} \quad y = \frac{af - ec}{ad - bc}$$

클래스는 다음과 같이 구성된다.

- private 데이터 필드 a, b, c, d, e와 f
- a, b, c, d, e와 f에 대한 인자를 받는 생성자
- a, b, c, d, e와 f에 대한 6개의 get 메소드
- ad - bc가 0이 아닐 경우 True를 반환하는 isSolvable() 메소드
- 방정식의 해를 반환하는 getX()와 getY() 메소드

LinearEquation에 대한 UML 다이어그램을 작성한 후 클래스를 구현하시오. 사

용자로부터 a, b, c, d, e와 f를 입력받고 결과를 출력하는 테스트 프로그램을 작성하시오. ad – bc가 0이면, "이 방정식은 해가 없습니다."를 출력하시오. 프로그래밍 연습문제 4.3의 실행 예를 참조하시오.

*7.8 (스톱워치) StopWatch 클래스를 설계하시오. 클래스는 다음을 포함한다.

- private 데이터 필드 startTime과 endTime 및 get 메소드
- 현재시간으로 startTime을 초기화하는 생성자
- 현재시간으로 startTime을 재설정하는 start() 메소드
- 현재시간을 endTime으로 설정하는 stop() 메소드
- 스톱워치의 경과시간을 밀리초 단위로 반환하는 getElapsedTime() 메소드

StopWatch 클래스의 UML 다이어그램을 작성한 후 클래스를 구현하시오. 1부터 1,000,000까지 숫자를 더하는 데 소요되는 실행 시간을 측정하는 테스트 프로그램을 작성하시오.

**7.9 (기하학: 교차) 두 선분이 교차한다고 가정하자. 첫 번째 선분의 양 끝은 (x1, y1)과 (x2, y2)이고 두 번째 선분은 (x3, y3)와 (x4, y4)이다. 사용자로부터 두 선분의 네 끝 좌표를 입력받고 교점을 출력하는 프로그램을 작성하시오(힌트: 연습문제 7.7의 LinearEquation 클래스를 사용하시오.).

실행결과

```
첫 번째 선분의 양 끝점을 입력하세요: 2.0, 2.0, 0, 0  ↵Enter
두 번째 선분의 양 끝점을 입력하세요: 0, 2.0, 2.0, 0  ↵Enter
교점: (1.0, 1.0)
```

*7.10 (Time 클래스) Time라는 이름의 클래스를 설계하시오. 클래스는 다음을 포함한다.

- 시간을 표현하는 hour, minute 및 second private 데이터 필드
- 현재 시간을 사용하여 hour, minute 및 second를 초기화하는 Time 객체를 생성하는 생성자
- 각각의 hour, minute 및 second 데이터 필드에 대한 get 메소드
- 초단위의 소요 시간을 사용하여 객체의 새로운 시간을 설정하는 setTime(elapseTime) 메소드. 예를 들어 소요 시간 555550초는 10시간, 19분 12초이다.

Time 클래스에 대한 UML 다이어그램을 작성한 후 클래스를 구현하시오. Time 객체를 생성하는 테스트 프로그램을 작성하고 시, 분, 초를 출력하시오. 프로그램은 사용자로부터 소요 시간을 입력받고 Time 객체에 입력받은 소요 시간을 설정하고 시, 분, 초를 출력한다. 실행 예는 다음과 같다.

현재 시간은 12:41:6 입니다.
소요 시간을 입력하세요: 55550505 ←Enter
소요 시간의 시:분:초는 22:41:45 입니다.

(힌트: 초기자는 소요 시간에서 시, 분 및 초를 추출한다. 현재의 소요 시간은 코드 2.7 ShowCurrentTime.py와 같이 time.time()을 사용하여 구할 수 있다.)

CHAPTER

8

문자열과 특수 메소드

문자열과 특수 메소드

8.1 들어가기

키포인트

이번 장에서는 파이썬의 str 클래스를 이용한 예제를 중심으로 클래스 설계에 대해서 살펴보고 파이썬에서 특수 메소드의 역할을 알아본다.

앞 장에서 객체와 클래스의 주요 개념에 대해서 살펴보았다. 클래스를 정의하는 방법뿐 아니라 객체의 생성과 이용 방법에 대해서도 배웠다. str 클래스는 문자열 처리에 유용할 뿐만 아니라 클래스 설계의 좋은 실례이다. 이미 이 클래스를 3장에서 살펴보았으나, 이번 장에서 str 클래스에 대해 좀 더 자세히 살펴본다.

특수 메소드는 파이썬에서 중요한 역할을 한다. 이번 장에서 특수 메소드와 연산자 오버로딩에 대해서 소개하고, 특수 메소드를 이용한 클래스를 설계해 본다.

8.2 str 클래스

키포인트

str 객체는 변경불가능이다. 즉, 문자열이 일단 생성되면, 객체의 내용은 변경될 수 없다.

7장에서 Loan과 BMI 클래스의 정의 방법과 이들 클래스로부터 객체를 생성하는 방법에 대해서 배웠다. 프로그램을 개발할 때, 파이썬 라이브러리에 있는 클래스를 자주 사용한다. 이 절에서는 파이썬의 str 클래스에 대해서 살펴본다.

문자열은 컴퓨터과학에서 기본이 되며, 문자열 처리는 프로그래밍에서 흔히 다루어지는 일이다. 문자열은 str 클래스의 객체이다. 이제까지, 입출력 용도로 문자열을 사용해 왔다. 예를 들어, input 함수는 키보드에서 입력된 문자열을 반환하며, print 함수는 문자열을 모니터로 출력한다.

8.2.1 문자열 생성하기

생성자를 이용하여 다음과 같이 문자열을 생성할 수 있다.

```
s1 = str()          # 빈 문자열 객체를 생성한다.
s2 = str("Welcome")   # Welcome 문자열 객체를 생성한다.
```

문자열 값을 이용하여 문자열 객체를 생성할 수 있는데, 이에 대한 파이썬 문법은 다음과 같다.

```
s1 = ""    # s1 = str()와 같다.
s2 = "Welcome"  # s2 = str("Welcome")과 같다.
```

문자열 객체는 변경불가능이다. 즉, 문자열 객체가 일단 생성되면, 그 객체의 내용은 변경될 수 없다. 성능 최적화를 위해서 파이썬은 동일한 내용을 가진 여러 문자열에 대해 하나의 객체를 사용한다. 그림 8.1에서 볼 수 있듯이, s1과 s2는 동일한 문자열 객체를 참조하고 동일한 식별 번호(id number)를 가진다.

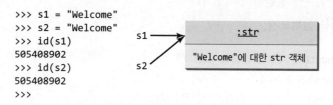

[그림 8.1] 동일한 내용을 가진 문자열은 실제로는 동일한 객체이다.

이러한 특징은 파이썬 라이브러리에 있는 모든 변경불가능 객체에 대해서도 마찬가지이다. 예를 들어, int도 변경불가능 클래스이므로, 그림 8.2에서 볼 수 있듯이 동일한 값을 가진 두 개의 int 객체는 실제로 하나의 객체를 공유한다.

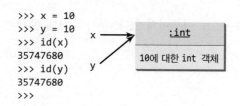

[그림 8.2] 동일한 내용을 가진 모든 변경불가능 객체는 하나의 객체로 저장된다.

8.2.2 문자열을 위한 함수

파이썬의 내장 함수 중 일부는 문자열과 함께 사용될 수 있다. len 함수는 문자열 내에 있는 문자들의 개수를 반환한다. max와 min 함수는 문자열 내에서 가장 큰 문자와 가장 작은 문자를 반환한다. 다음 예를 살펴보자.

실행결과

```
1  >>> s = "Welcome"
2  >>> len(s)
3  7
4  >>> max(s)
5  'o'
6  >>> min(s)
7  'W'
8  >>>
```

s가 7개의 문자를 갖고 있기 때문에, len(s)는 7을 반환한다(라인 3). 소문자가 대문자보다 더 큰 ASCII 값을 갖고 있음에 주목하자. 그래서 max(s)는 o를 반환하고, min(s)는 W를 반환한다(라인 7).

다른 예를 살펴보자.

```
s = input("문자열을 입력하세요: ")
if len(s) % 2 == 0:
    print(s, "에는 짝수 개의 문자가 포함되어 있습니다.")
else:
    print(s, "에는 홀수 개의 문자가 포함되어 있습니다.")
```

위 코드에서 computer를 입력하면, 다음과 같은 결과가 출력된다.

computer 에는 짝수 개의 문자가 포함되어 있습니다.

8.2.3 인덱스 연산자 [ ]

문자열은 연속된 문자들로 이루어져 있다. 문자열 내의 문자는 인덱스 연산자를 통해 접근될 수 있다. 그 문법은 다음과 같다.

```
s[index]
```

인덱스는 0부터 시작한다. 그림 8.3에서 볼 수 있듯이, 인덱스 범위는 0부터 len(s)-1이다.

[그림 8.3] 문자열 내의 문자는 인덱스 연산자를 통해서 접근될 수 있다.

예를 들어, 다음을 살펴보자.

```
>>> s = "Welcome"
>>> for i in range(0, len(s), 2):
...     print(s[i], end = '')
Wloe
>>>
```

for 루프에서 i는 0, 2, 4, 6이 된다. 따라서 s[0], s[2], s[4], s[6]이 출력된다.

또한 파이썬은 문자열 끝을 기준으로 한 상대적 위치를 참조하는 인덱스로서 음수 값의 사용을 허용한다. 실제 위치는 문자열 길이와 음수 인덱스를 더하여 얻어진다. 예를 들어, 다음을 살펴보자.

```
1  >>> s = "Welcome"
2  >>> s[-1]
3  'e'
4  >>> s[-2]
5  'm'
6  >>>
```

라인 2에서, 문자열의 마지막 문자를 나타내는 s[-1]은 s[-1 + len(s)]와 동일하다. 라인 4에서, 문자열의 마지막에서 두 번째 문자를 나타내는 s[-2]는 s[-2 + len(s)]와 동일하다.

문자열은 변경불가능이므로 문자열의 내용을 변경할 수 없다는 점에 주목하자. 예를 들어, 다음 코드는 허용되지 않는다.

```
s[2] = 'A'
```

8.2.4 슬라이싱 연산자 [start : end]

슬라이싱 연산자(slicing operator)는 s[start : end] 문법을 사용하며 문자열의 조각을 반환한다. 반환되는 조각은 인덱스 start에서 인덱스 end - 1까지의 부분 문자열이다. 다음의 예를 살펴보자.

```
1  >>> s = "Welcome"
2  >>> s[1 : 4]
3  'elc'
```

s[1 : 4]는 인덱스 1에서 인덱스 3까지의 부분 문자열을 반환한다.

시작 인덱스나 끝 인덱스는 생략될 수도 있다. 이러한 경우, 시작 인덱스는 기본 값으로 0이고 끝 인덱스는 마지막 인덱스이다. 다음의 예를 살펴보자.

```
1  >>> s = "Welcome"
2  >>> s[ : 6]
3  'Welcom'
4  >>> s[4 : ]
5  'ome'
6  >>> s[1 : -1]
7  'elcom'
8  >>>
```

라인 2에서 s[: 6]은 인덱스 0에서 인덱스 5까지의 부분 문자열을 나타내며, s[0 : 6]과 동일하다. 라인 4에서 s[4 :]는 인덱스 4에서 인덱스 6까지의 부분 문자열을 나타내며, s[4 : 7]과 동일하다. 또한 음수 인덱스를 사용할 수 있다. 예를 들어, s[1 : -1]은 s[1 : -1 + len(s)]와 동일하다.

노트

슬라이싱 연산 s[i : j]에서 인덱스 i 또는 j가 음수값을 가지면 len(s) + i 혹은 len(s) + j로 대치된다. 만일 j > len(s)이면, j는 len(s)로 대치된다. i >= j이면, 빈 문자열이 반환된다.

8.2.5 연결 연산자(+)와 반복 연산자(*)

연결 연산자(concatenation operator)(+)를 사용하여 두 개의 문자열을 합치거나 혹은 서로 연결할 수 있다. *반복 연산자(repetition operator)*(*)를 사용하여 동일 문자열을 여러 번 연결시킬 수도 있다. 다음 예를 살펴보자.

```
1  >>> s1 = "Welcome"
2  >>> s2 = "Python"
3  >>> s3 = s1 + " to " + s2
4  >>> s3
5  'Welcome to Python'
6  >>> s4 = 3 * s1
7  >>> s4
8  'WelcomeWelcomeWelcome'
9  >>> s5 = s1 * 3
10 >>> s5
11 'WelcomeWelcomeWelcome'
12 >>>
```

3 * s1과 s1 * 3은 동일한 결과를 가져온다는 점에 주목하자(라인 6-11).

8.2.6 in과 not in 연산자

문자열이 다른 문자열 내에 있는지를 검사하기 위해서 in과 not in 연산자를 사용할 수 있다. 다음 예를 살펴보자.

```
>>> s = "Welcome"
>>> "come" in s1
True
>>> "come" not in s1
False
>>>
```

다른 예제를 살펴보자.

```
s = input("문자열을 입력하세요: ")
if "Python" in s:
    print("Python이", s, "안에 있습니다.")
else:
    print("Python이", s, "안에 있지 않습니다.")
```

Welcome to Python 문자열을 입력하여 위 프로그램을 실행하면, 다음과 같은 결과가 화면에 나타난다.

Python이 Welcome to Python 안에 있습니다.

8.2.7 문자열 비교하기

4.2절에서 설명한 비교 연산자(==, !=, >, >=, <, <=)를 사용하여 문자열을 비교할 수 있다. 파이썬은 문자열 내의 문자들을 하나씩 비교해 가면서 문자의 수치 코드를 평가하여 이를 수행한다. 예를 들어, a는 A보다 크다. 그 이유는 a의 수치 코드가 A의 수치 코드보다 크기 때문이다. 문자의 수치 코드 값은 부록 B(ASCII 문자 집합)를 참조하시오.

문자열 s1("Jane")과 문자열 s2("Jake")를 비교해 보자. 먼저, 두 문자열의 첫 번째 문자(J와 J)를 비교한다. 이들 문자는 서로 같기 때문에, 이어서 두 번째 문자(a와 a)를 비교한다. 이들 문자도 또한 같기 때문에, 세 번째 문자(n과 k)를 비교한다. ASCII 값으로 n이 k보다 크기 때문에, s1이 s2보다 크다.

다음 예를 살펴보자.

```
>>> "green" == "glow"
False
>>> "green" != "glow"
True
>>> "green" > "glow"
True
>>> "green" >= "glow"
True
>>> "green" < "glow"
False
>>> "green" <= "glow"
False
>>> "ab" <= "abc"
True
>>>
```

다른 예를 살펴보자.

```
1   s1 = input("첫 번째 문자열을 입력하세요: ")
2   s2 = input("두 번째 문자열을 입력하세요: ")
3   if s2 < s1:
4       s1, s2 = s2, s1
5
6   print("두 문자열의 순서는 다음과 같습니다:", s1, s2)
```

Peter를 입력한 다음 John을 입력하여 위 프로그램을 실행해 보자. s1은 Peter
가 되고 s2는 John이 된다(라인 1-2). s2 < s1이 True이므로(라인 3), 두 문자열은
라인 4에서 서로 교환된다. 그러므로 이 프로그램은 라인 6에서 다음과 같은 메시
지를 출력한다.

두 문자열의 순서는 다음과 같습니다: John Peter

8.2.8 문자열 반복하기

문자열은 *반복가능(iterable)*이다. 이는 루프를 사용하여 문자열 내의 모든 문자들
을 순차적으로 순회할 수 있다는 의미이다. 예를 들어, 다음 코드는 문자열 s 안에
있는 모든 문자들을 화면에 출력한다.

```
for ch in s:
    print(ch)
```

위 코드는 "s 내의 각 문자 ch를 출력하라"라고 해석할 수 있다.

위 코드의 **for** 루프에서는 문자 접근을 위해 인덱스를 사용하지 않았다. 그러나

문자열 내의 문자들을 다른 순서로 순회하기를 원한다면 여전히 인덱스를 사용해야 한다. 예를 들어, 다음 코드는 문자열에서 홀수 위치의 문자를 출력한다.

```
for i in range(0, len(s), 2):
    print(s[i])
```

이 코드는 문자열 s에 대한 인덱스로서 변수 i를 사용한다. i는 초기에 0이고, i가 len(s)에 이르거나 혹은 초과하기 전까지 2씩 증가된다. i 값 각각에 대해서, s[i]가 출력된다.

8.2.9 문자열 검사하기

str 클래스는 여러 가지 유용한 메소드를 가지고 있다. 그림 8.4의 메소드들은 문자열 내의 문자 검사를 위해 사용된다.

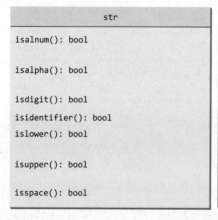

str	
isalnum(): bool	문자열 내의 문자들이 영숫자이고 최소한 하나 이상의 문자가 있다면, True를 반환
isalpha(): bool	문자열 내의 문자들이 알파벳이고 최소한 하나 이상의 문자가 있다면, True를 반환
isdigit(): bool	문자열이 숫자 문자만을 가지고 있으면, True를 반환
isidentifier(): bool	문자열이 파이썬 식별자이면, True를 반환
islower(): bool	문자열 내의 모든 문자들이 소문자이고 최소한 하나 이상의 문자가 있다면, True를 반환
isupper(): bool	문자열 내의 모든 문자들이 대문자이고 최소한 하나 이상의 문자가 있다면, True를 반환
isspace(): bool	문자열이 공백문자만을 가지고 있으면, True를 반환

[그림 8.4] str 클래스는 문자 검사를 위한 유용한 메소드를 가지고 있다.

다음은 문자열 검사 메소드의 사용 예를 보여준다.

```
1  >>> s = "welcome to python"
2  >>> s.isalnum()
3  False
4  >>> "Welcome".isalpha()
5  True
6  >>> "2012".isdigit()
7  True
8  "first Number".isidentifier()
9  False
10 >>> s.islower()
```

```
11  True
12  >>> s.isupper()
13  False
14  >>> s.isspace()
15  False
16  >>>
```

라인 2에서, s는 문자나 숫자가 아닌 공백을 포함하고 있으므로, s.isalnum()
는 False를 반환한다. Welcome은 모두 문자로만 구성되어 있다(라인 4). 따라서
"Welcome".isalpha()는 True를 반환한다. 2012는 모두 숫자로 구성되어 있으므
로, "2012".isdigit()는 True를 반환한다(라인 6). first Number는 한 개의 공백
을 포함하고 있으므로, 식별자가 아니다. 그래서 "first Number".isidentifier()
는 False를 반환한다(라인 8).

다른 예제를 살펴보자.

```
s = "2011"
if s.isdigit():
    print(s, "은/는 숫자 문자열입니다.")
```

위 코드의 출력 결과는 다음과 같다.

2011 은/는 숫자 문자열입니다.

8.2.10 부분 문자열 검색하기

문자열 내의 부분 문자열 검색을 위해 그림 8.5의 메소드들을 사용할 수 있다.

str
endswith(s1: str): bool
startswith(s1: str): bool
find(s1): int
rfind(): int
count(substring): int

문자열이 부분 문자열 s1으로 끝나면, True를 반환
문자열이 부분 문자열 s1으로 시작하면, True를 반환
문자열에 s1이 있으면, 가장 낮은 인덱스를 반환. 없으면, −1을 반환
문자열에 s1이 있으면, 가장 높은 인덱스를 반환. 없으면, −1을 반환
substring의 빈도 수를 반환

[그림 8.5] str 클래스는 부분 문자열 검색을 위한 유용한 메소드를 가지고 있다.

다음은 문자열 검색 메소드의 사용 예를 보여준다.

```
 1  >>> s = "welcome to python"
 2  >>> s.endswith("thon")
 3  True
 4  >>> s.startswith("good")
 5  False
 6  >>> s.find("come")
 7  3
 8  >>> s.find("become")
 9  -1
10  >>> s.rfind("o")
11  15
12  >>> s.count("o")
13  3
14  >>>
```

come은 문자열 s의 인덱스 3에서 발견되므로, s.find("come")은 3을 반환한다 (라인 7). 부분 문자열 o는 오른쪽을 기준으로 인덱스 15에서 첫 번째로 나오므로, s.rfind("o")는 15를 반환한다(라인 11). 라인 8에서, s.find("become")은 -1을 반환하는데, s에 become이 없기 때문이다. o가 s에 3번 나오므로, s.count("o")는 3을 반환한다(라인 12).

다른 예를 살펴보자.

```
s = input("문자열을 입력하세요: ")
if s.startswith("comp"):
    print(s, "은/는 comp로 시작합니다.")
if s.endswith("er"):
    print(s, "은/는 er로 끝납니다.")

print(s, "에", 'e', "가", s.count('e'), "번 나타납니다.")
```

위 코드가 실행될 때 computer를 입력하면, 다음과 같은 결과가 화면에 출력된다.

```
computer 은/는 comp로 시작합니다.
computer 은/는 er로 끝납니다.
computer 에 e 가 1 번 나타납니다.
```

8.2.11 문자열 변환하기

문자열의 복사본을 만들기 위해 그림 8.6의 메소드들을 사용할 수 있다. 이들 메소드를 사용하여 문자열의 복사본에 있는 문자들의 대소문자 제어와 문자열 전체를 교체할 수 있다.

str
capitalize(): str
lower(): str
upper(): str
title(): str
swapcase(): str
replace(old, new): str

첫 문자만 대문자를 가진 문자열의 복사본을 반환
모든 문자가 소문자로 변경된 문자열의 복사본을 반환
모든 문자가 대문자로 변경된 문자열의 복사본을 반환
각 단어의 첫 문자가 대문자인 문자열의 복사본을 반환
소문자는 대문자로 변경되고 대문자는 소문자로 변경된
문자열의 복사본을 반환
부분 문자열 old를 부분 문자열 new로 대체한 새로운
문자열을 반환

[그림 8.6] str 클래스는 문자열 내에 있는 문자들의 대소문자 변환과 다른 문자열로 교체하기
위한 다양한 메소드를 가지고 있다.

capitalize() 메소드는 문자열의 첫 번째 문자가 대문자인 문자열 복사본을 반
환한다. lower()와 upper() 메소드는 모든 문자를 대문자나 소문자로 각각 변환한
문자열 복사본을 반환한다. title() 메소드는 각 단어의 첫 번째 문자가 대문자인
문자열 복사본을 반환한다. swapcase() 메소드는 소문자를 대문자로 바꾸고 대문
자는 소문자로 변환한 문자열 복사본을 반환한다. replace(old, new) 메소드는 부
분 문자열 old를 부분 문자열 new로 대체한 새로운 문자열을 반환한다. 이들 메소
드들의 사용 예는 다음과 같다.

실행결과

```
1   >>> s = "welcome to python"
2   >>> s1 = s.capitalize()
3   >>> s1
4   'Welcome to python'
5   >>> s2 = s.title()
6   >>> s2
7   'Welcome To Python'
8   >>> s = "New England"
9   >>> s3 = s.lower()
10  >>> s3
11  'new england'
12  >>> s4 = s.upper()
13  >>> s4
14  'NEW ENGLAND'
15  >>> s5 = s.swapcase()
16  >>> s5
17  'nEW eNGLAND'
18  >>> s6 = s.replace("England", "Haven")
19  >>> s6
20  'New Haven'
21  >>> s
22  'New England'
23  >>>
```

노트

앞서 설명하였듯이, 문자열 객체는 변경불가능이다. str 클래스의 어떠한 메소드도 문자열의 내용을 변경할 수는 없다. 대신, 새로운 문자열을 생성한다. 앞의 예에서 볼 수 있듯이, s.lower(), s.upper(), s.swapcase(), s.replace("England", "Haven") 메소드가 적용된 후에도 s는 여전히 New England이다(라인 21-22).

8.2.12 문자열에서 공백문자 제거하기

그림 8.7의 메소드를 사용하여 문자열의 왼쪽, 문자열의 오른쪽, 또는 문자열의 왼쪽과 오른쪽 모두에서 *공백문자(whitespace character)*를 제거할 수 있다. ' ', \t, \f, \r, \n 문자들을 공백문자라 한다(3.5절).

str	
lstrip(): str	왼쪽 공백문자가 제거된 문자열을 반환
rstrip(): str	오른쪽 공백문자가 제거된 문자열을 반환
strip(): str	왼쪽과 오른쪽 모두 공백문자가 제거된 문자열을 반환

[그림 8.7] str 클래스는 문자열의 왼쪽과 오른쪽에 있는 공백문자를 제거하기 위한 다양한 메소드를 가지고 있다.

문자열에서 공백문자 제거 메소드의 사용 예는 다음과 같다.

```
1  >>> s = "  Welcome to python\t"
2  >>> s1 = s.lstrip()
3  >>> s1
4  'Welcome to python\t'
5  >>> s2 = s.rstrip()
6  >>> s2
7  '  Welcome to python'
8  >>> s3 = s.strip()
9  >>> s3
10 'Welcome to python'
11 >>>
```

라인 2에서, s.lstrip()는 문자열 왼쪽에 있는 공백문자를 제거한다. 라인 5에서, s.rstrip()는 문자열 오른쪽에 있는 공백문자를 제거한다. 라인 8에서, s.strip()는 문자열의 왼쪽과 오른쪽 모두에서 공백문자를 제거한다.

노트

공백문자 제거 메소드는 단지 문자열 왼쪽과 오른쪽의 공백문자만을 제거한다. 일반 문자로 둘러싸여진 공백문자는 제거하지 않는다.

팁.
strip() 메소드의 좋은 적용 사례로, 문자열의 입력 후 입력된 문자열의 오른쪽 끝에 원하지 않게 들어간 공백문자를 제거하기 위해 strip() 메소드를 사용한다.

8.2.13 문자열 서식화하기

그림 8.8의 메소드들은 서식화된 문자열을 반환한다.

Rational	
center(width): str	주어진 폭 영역에 가운데 정렬된 문자열의 복사본을 반환
ljust(width): str	주어진 폭 영역에 왼쪽 정렬된 문자열을 반환
rjust(width): str	주어진 폭 영역에 오른쪽 정렬된 문자열을 반환
format(items): str	문자열을 서식화

[그림 8.8] str 메소드는 문자열 서식화를 위한 유용한 메소드를 가지고 있다.

center, ljust, rjust 메소드를 사용한 예제를 살펴보자.

실행결과

```
1  >>> s = "Welcome"
2  >>> s1 = s.center(11)
3  >>> s1
4  '  Welcome  '
5  >>> s2 = s.ljust(11)
6  >>> s2
7  'Welcome    '
8  >>> s3 = s.rjust(11)
9  >>> s3
10 '    Welcome'
11 >>>
```

라인 2의 s.center(11)은 11개 문자를 가진 문자열의 가운데에 s를 위치시킨다. 라인 5의 s.ljust(11)은 11개 문자를 가진 문자열의 왼쪽에 맞추어 s를 위치시킨다. 라인 8의 s.rjust(11)은 11개 문자를 가진 문자열의 오른쪽에 맞추어 s를 위치시킨다.

3.6절에서 숫자나 문자열을 서식화하는 format 함수에 대해서 배웠다. str 클래스는 format 메소드를 가지고 있으며, str 클래스의 format 메소드는 3.6절에서 배운 format 함수와 매우 유사하다.

체크
포인트

8.1 네 개의 문자열 s1, s2, s3, s4가 다음과 같이 주어졌다.

```
s1 = "Welcome to Python"
s2 = s1
s3 = "Welcome to Python"
s4 = "to"
```

다음 표현식의 결과는?

a. s1 == s2   l. 4 * s4
b. s2.count('o')   m. len(s1)
c. id(s1) == id(s2)   n. max(s1)
d. id(s1) == id(s3)   o. min(s1)
e. s1 <= s4   p. s1[-4]
f. s2 >= s4   q. s1.lower()
g. s1 != s4   r. s1.rfind('o')
h. s1.upper()   s. s1.startswith("o")
i. s1.find(s4)   t. s1.endswith("o")
j. s1[4]   u. s1.isalpha()
k. s1[4 : 8]   v. s1 + s1

8.2 두 개의 문자열 s1과 s2가 다음과 같이 주어졌다. 다음 명령문이나 표현식 중에 올
바르지 않은 것은?

```
s1 = "programming 101"
s2 = "programming is fun"
s3 = s1 + s2
s3 = s1 - s2
s1 == s2
s1 >= s2
i = len(s1)
c = s1[0]
t = s1[  : 5]
t = s1[5 :  ]
```

8.3 다음 코드의 출력 결과는?

```
s1 = "Welcome to Python"
s2 = s1.replace("o", "abc")
print(s1)
print(s2)
```

8.4 s1는 " Welcome "이고 s2를 " welcome "이라 하자. 다음 명령문에 대한 코드를 작
성하시오.

(a) s1과 s2가 같은지를 검사하고, 그 결과를 부울 변수 isEqual에 할당하시오.

(b) 대소문자 구별 없이 s1과 s2가 같은지를 검사하고, 그 결과를 부울 변수

isEqual에 할당하시오.

(c) s1이 접두사 AAA를 가지고 있는지를 검사하고, 그 결과를 부울 변수 b에 할당
하시오.

(d) s1이 접미사 AAA를 가지고 있는지를 검사하고, 그 결과를 부울 변수 b에 할당
하시오.

(e) s1의 길이를 변수 x에 할당하시오.

(f) s1의 첫 문자를 변수 x에 할당하시오.

(g) s1과 s2를 조합한 새로운 문자열 s3을 생성하시오.

(h) 인덱스 1로 시작하는 s1의 부분 문자열을 생성하시오.

(i) 인덱스 1에서 시작하여 4로 끝나는 s1의 부분 문자열을 생성하시오.

(j) s1을 소문자로 변환한 새로운 문자열 s3을 생성하시오.

(k) s1을 대문자로 변환한 새로운 문자열 s3을 생성하시오.

(l) s1의 양 끝에 공백문자를 제거한 새로운 문자열 s3을 생성하시오.

(m) s1에서 e를 E로 대체하시오.

(n) s1에서 문자 e가 첫 번째로 나온 위치의 인덱스를 변수 x에 할당하시오.

(o) s1에서 문자열 abc가 마지막으로 나온 위치의 인덱스를 변수 x에 할당하시오.

8.5 문자열 객체의 메소드가 문자열의 내용을 변경할 수 있는가?

8.6 문자열 s는 빈 문자열이다. len(s)의 결과는?

8.7 어떤 문자가 대문자인지 소문자인지를 어떻게 결정하는가?

8.8 어떤 문자가 영숫자(alphanumeric) 문자인지를 어떻게 결정하는가?

8.3 사례 연구: 회문 검사하기

키포인트

이번 절에서는 문자열이 회문인지를 검사하는 프로그램에 대하여 살펴본다.

문자열을 앞으로 읽으나 뒤로 읽으나 서로 같으면, 그 문자열은 회문
(palindrome)이다. 예를 들어, "mom", "dad", "noon"은 모두 회문이다.

회문 검사 문제는 사용자로부터 문자열을 입력받고 입력된 문자열이 회문인지를
알려주는 프로그램을 작성하는 것이다. 이 문제의 해결을 위해 우선 문자열의 첫
문자와 마지막 문자가 서로 일치하는지를 검사해 본다. 만일 일치한다면, 두 번째
문자가 마지막에서 두 번째 문자와 서로 일치하는지를 검사한다. 문자열이 홀수 개
의 문자를 가진 경우 중간 문자는 제외하고, 이 과정은 불일치가 발생하거나 문자
열 내의 모든 문자들이 검사될 때까지 반복된다.

이와 같은 아이디어를 구현하기 위해, 코드 8.1에서 볼 수 있듯이 문자열 s 내에
서 시작과 끝 문자의 위치를 나타내는 low와 high라는 두 개의 변수를 사용한다(라
인 13-16). 초기에, low는 0이고, high는 len(s) - 1이다. 이들 두 위치의 문자가

서로 일치한다면, low는 1 증가시키고 high는 1 감소시킨다(라인 22와 23). 이 과정은 (low >= high)이거나 불일치가 발생할 때까지 계속된다.

코드 8.1 CheckPalindrom.py

```
1   def main():
2       # 사용자로부터 문자열을 입력받는다.
3       s = input("문자열을 입력하세요: ").strip()
4
5       if isPalindrome(s):
6           print(s, "은/는 회문입니다.")
7       else:
8           print(s, "은/는 회문이 아닙니다.")
9
10  # 문자열이 회문인지 검사한다.
11  def isPalindrome(s):
12      # 문자열의 첫 문자 인덱스
13      low = 0
14
15      # 문자열의 마지막 문자 인덱스
16      high = len(s) - 1
17
18      while low < high:
19          if s[low] != s[high]:
20              return False # 회문이 아님.
21
22          low += 1
23          high -= 1
24
25      return True # 회문임.
26
27  main() # main 함수를 호출한다.
```

문자열을 입력하세요: noon `←Enter`
noon 은/는 회문입니다.

실행결과

문자열을 입력하세요: moon `←Enter`
moon 은/는 회문이 아닙니다.

실행결과

앞 프로그램은 우선 사용자로부터 문자열을 입력받고 그것을 s에 넣는다(라인 3). 여기서, 문자열의 왼쪽과 오른쪽에 있는 공백문자를 제거하기 위해 strip() 메소드를 사용한다. 그런 다음, s가 회문인지를 결정하기 위해 isPalindrome(s)를 호출한다(라인 5).

8.4 사례 연구: 16진수를 10진수로 변환하기

이번 절에서는 16진수 숫자를 10진수 숫자로 변환해 주는 프로그램을 살펴본다.

6.8절에서 10진수를 16진수 형식으로 변환하는 프로그램을 살펴보았다. 그러면, 16진수 숫자를 10진수 숫자로 어떻게 변환할까?

16진수 숫자 $h_n h_{n-1} h_{n-2} \cdots h_2 h_1 h_0$ 에 대한 10진수 숫자는 다음과 같이 계산된다.

$$h_n \times 16^n + h_{n-1} \times 16^{n-1} + h_{n-2} \times 16^{n-2} + \cdots + h_2 \times 16^2 + h_1 \times 16^1 + h_0 \times 16^0$$

예를 들어, 16진수 숫자 AB8C는 다음과 같이 변환된다.

$$10 \times 16^3 + 11 \times 16^2 + 8 \times 16^1 + 12 \times 16^0 = 43916$$

이 프로그램은 사용자가 16진수 숫자를 문자열 형태로 입력하고 다음 함수를 사용하여 입력된 16진수 숫자를 10진수 숫자로 변환한다.

```
def hexToDecimal(hex):
```

위 함수의 구현을 위해, 먼저 16진수 문자 각각을 10진수 숫자로 변경하고, i번째 자리의 16진수 숫자에 16^i를 곱한 후, 각 자리마다 계산된 항목들 모두를 서로 더한다. 이러한 방식으로 표현된 수식은 다음과 같다.

$$h_n \times 16^n + h_{n-1} \times 16^{n-1} + h_{n-2} \times 16^{n-2} + \cdots + h_1 \times 16^1 + h_0 \times 16^0$$
$$= (\cdots((h_n \times 16 + 16_{n-1}) \times 16 + h_{n-2}) \times 16 + \cdots + h_1) \times 16 + h_0$$

위 방식은 Honor 알고리즘으로 알려져 있으며, 다음 코드에 의해 16진수 문자열을 10진수 숫자로 변환한다.

```
decimalValue = 0
for i in range(len(hex)):
    hexChar = hex[i]
    decimalValue = decimalValue * 16 + hexCharToDecimal(hexChar)
```

다음은 16진수 숫자 AB8C에 대한 이 알고리즘의 추적도를 보여준다.

	i	hexChar	hexCharToDecimal (hexChar)	DecimalValue
루프 전				0
1번째 반복 후	0	A	10	10
2번째 반복 후	1	B	11	10 * 16 + 11
3번째 반복 후	2	8	8	(10 * 16 + 11) * 16 + 8
4번째 반복 후	3	C	12	((10 * 16 + 11) * 16 + 8) * 16 + 12

코드 8.2는 전체 프로그램을 보여준다.

코드 8.2   `HexToDecimalConversion.py`

```python
1  def main():
2      # 사용자로부터 16진수 숫자를 입력받는다.
3      hex = input("16진수 숫자를 입력하세요: ").strip()
4
5      decimal = hexToDecimal(hex.upper())
6      if decimal == None:
7          print("잘못된 16진수 숫자입니다.")
8      else:
9          print("입력된 16진수 숫자",
10             hex, "에 대한 10진수 표현은", decimal, "입니다.")
11
12 def hexToDecimal(hex):
13     decimalValue = 0
14     for i in range(len(hex)):
15         ch = hex[i]
16         if 'A' <= ch <= 'F' or '0' <= ch <= '9':
17             decimalValue = decimalValue * 16 + \
18                 hexCharToDecimal(ch)
19         else:
20             return None
21
22     return decimalValue
23
24 def hexCharToDecimal(ch):
25     if 'A' <= ch <= 'F':
26         return 10 + ord(ch) - ord('A')
27     else:
```

```
28          return ord(ch) - ord('0')
29
30  main() # main 함수를 호출한다.
```

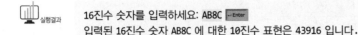

실행결과   16진수 숫자를 입력하세요: AB8C ↵Enter
입력된 16진수 숫자 AB8C 에 대한 10진수 표현은 43916 입니다.

실행결과   16진수 숫자를 입력하세요: af71 ↵Enter
입력된 16진수 숫자 af71 에 대한 10진수 표현은 44913 입니다.

실행결과   16진수 숫자를 입력하세요: ax71 ↵Enter
잘못된 16진수 숫자입니다.

앞 프로그램은 콘솔에서 문자열을 읽어 들이고(라인 3) 16진수 문자열을 10진수 숫자로 변환해 주는 hexToDecimal 함수를 호출한다. 문자들은 대소문자 구별 없이 입력되나, hexToDecimal 함수를 호출하기 전에 입력된 문자들을 모두 대문자로 변경한다.

hexToDecimal 함수는 한 개의 정수를 반환하며 라인 12-22에 정의되어 있다. 문자열의 길이는 라인 14의 len(hex)를 호출함으로써 결정된다. 이 함수는 부정확한 16진수 숫자에 대해서는 None을 반환한다(라인 20).

hexCharToDecimal 함수는 16진수 문자에 대한 10진수 숫자를 반환하며 라인 24-28에 정의되어 있다. hex.upper()를 호출하여 우선 문자들을 대문자로 변경한다. 따라서 hexCharToDecimal(ch)가 호출될 때, 문자 ch는 이미 대문자이다. ch가 A와 F 사이에 있으면, 10 + ord(ch) - ord('A')를 반환한다(라인 26). ch가 숫자이면, 10 + ord(ch) - ord('0')를 반환한다(라인 28).

8.5 연산자 오버로딩과 특수 메소드

키포인트

파이썬은 연산자와 동일한 결과를 산출하는 함수인 특수 메소드의 정의를 허용한다. 이러한 메소드는 파이썬이 연산자와의 관련성을 인식할 수 있도록 특별한 방식으로 이름 지어진다.

이전 절에서 문자열 연산을 위한 연산자의 사용 방법에 대하여 학습하였다. 두 개의 문자열을 연결하기 위해 + 연산자를 사용하며, 동일한 문자열을 여러 번 연결하기 위해 * 연산자를 사용한다. 두 개의 문자열을 비교하기 위해 비교 연산자(==, !=, <, <=, >, >=)를 사용하며, 문자열 내의 문자에 접근하기 위해 인덱스 연산자 [ ]를 사용한다. 다음 예를 살펴보자.

```
1   s1 = "Washington"
2   s2 = "California"
3   print("s1의 첫 번째 문자는", s1[0], "입니다.")
4   print("s1 + s2는", s1 + s2, "입니다.")
5   print("s1 < s2?", s1 < s2)
```

실제로 이들 연산자들은 str 클래스에 정의된 메소드이다. 연산자를 메소드로 정의하는 것을 *연산자 오버로딩(operator overloading)*이라 한다. 연산자 오버로딩은 프로그래머가 사용자 정의 메소드로 파이썬의 내장 연산자를 사용할 수 있도록 해준다. 표 8.1은 연산자와 메소드 사이의 매핑을 보여준다. 이들 메소드는 시작과 끝에 두 개의 밑줄이 덧붙여진 이름으로 설정된다. 예를 들어, + 연산자를 메소드로 사용하기 위해서는 __add__ 라는 이름의 메소드로 정의한다. 이러한 메소드는 두 개의 시작 밑줄과 더불어 두 개의 끝 밑줄을 가지므로 private가 아니라는 점에 주목하자. 객체 초기화를 위한 특수 메소드인 클래스 초기자(initializer)는 __init__로 이름이 지어졌다는 점에 주목하자.

예를 들어, 연산자 오버로딩을 사용하여 이전 코드를 다음과 같이 재작성할 수 있다.

```
1   s1 = "Washington"
2   s2 = "California"
3   print("s1의 첫 번째 문자는", s1.__getitem__(0), "입니다.")
4   print("s1 + s2는", s1.__add__(s2), "입니다.")
5   print("s1 < s2?", s1.__lt__(s2))
```

〈표 8.1〉 연산자 오버로딩: 연산자와 특수 메소드

연산자/함수	메소드	설명
+	__add__(self, other)	덧셈
*	__mul__(self, other)	곱셈
-	__sub__(self, other)	뺄셈
/	__truediv__(self, other)	나눗셈
%	__mod__(self, other)	나머지
<	__lt__(self, other)	작다
<=	__le__(self, other)	작거나 같다
==	__eq__(self, other)	같다
!=	__ne__(self, other)	같지 않다
>	__gt__(self, other)	크다
>=	__ge__(self, other)	크거나 같다

[index]	__getitem__(self, index)	인덱스 연산자
in	__contains__(self, value)	멤버 검사
len	__len__(self)	원소 개수
str	__str__(self)	문자열 표현

s1.__getitem__(0)는 s1[0]과 동일하며, s1.__add__(s2)는 s1 + s2와 동일하다. 그리고 s1.__lt__(s2)는 s1 < s2와 동일하다. 이제, 연산자 오버로딩의 장점을 이해할 수 있을 것이다. 연산자 오버로딩을 사용하면 프로그램을 단순화시킬 수 있으며 읽기 쉽게 해줄 뿐 아니라 관리도 편하게 해준다.

파이썬은 in 연산자를 지원한다. 이 연산자는 어떤 문자가 문자열 내에 존재하는지의 여부 혹은 어떤 원소가 컨테이너의 멤버인지를 결정하기 위해 사용된다. in 연산자에 대응하는 메소드는 __contains__(self, s)이다. 다음 코드에서 볼 수 있듯이, __contains__ 메소드 혹은 in 연산자를 사용하여 어떤 문자가 문자열 내에 있는지를 검사할 수 있다.

```
1   s1 = "Washington"
2   print("W가 s1 안에 있습니까?", 'W' in s1)
3   print("W가 s1 안에 있습니까?", s1.__contains__('W'))
```

'W' in s1은 s1.__contains__('W')와 동일하다.

클래스에 __len__(self) 메소드가 정의되어 있다면, 파이썬은 함수 호출과 동일한 구문을 사용하여 이 메소드를 호출하도록 해준다. 예를 들어, 문자열 내의 문자 개수를 반환하는 __len__ 메소드가 str 클래스에 정의되어 있다. 문자열 내의 문자 개수를 얻기 위해 다음과 같이 __len__ 메소드 혹은 len 함수를 사용할 수 있다.

```
1   s1 = "Washington"
2   print("s1의 길이는", len(s1), "입니다.")
3   print("s1의 길이는", s1.__len__(), "입니다.")
```

len(s1)은 s1.__len__()와 동일하다.

많은 특수 메소드들이 int와 float와 같이 파이썬의 내장 타입(built-in type)으로 정의되어 있다. 예를 들어, i가 3이고, j는 4라고 하자. i.__add__(j)는 i + j와 동일하며, i.__sub__(j)는 i - j와 동일하다.

노트
print(x)의 호출 시에 객체를 매개변수로 전달할 수도 있다. 즉, print(x)는 print(x.__
str__()) 혹은 print(str(x))을 호출하는 것과 동일하다.

노트
비교 연산자 ==, !=, <, <=, >, >=는 __cmp__(self, other) 메소드를 사용하여 구현될 수
있다. 이 메소드는 self < other이면 음수를 반환하고, self == other이면 0을 반환하며,
self > other이면 양수를 반환한다. 두 객체 a와 b에 대해서, __lt__을 활용할 수 있다면,
a < b는 a.__lt__(b)를 호출한다. 만일 그렇지 않다면, __cmp__ 메소드가 순서 결정을
위해 호출된다.

8.9 연산자 오버로딩이란?
8.10 +, -, *, /, %, ==, !=, <, <=, >, >= 연산자를 위한 특수 메소드는?

체크
포인트

8.6 사례 연구: Rational 클래스

이번 절에서는 유리수 표현과 처리를 위한 Rational 클래스의 설계 방법을 살펴본다.

키포인트

유리수는 a/b의 형식(여기서, a는 분자, b는 분모이다)을 가지며 분자와 분모를 갖는다. 예를 들어, 1/3, 3/4, 10/4는 모두 유리수이다.

유리수는 분모 값으로 0이 될 수 없지만, 분자 값으로 0이 될 수는 있다. 모든 정수 i는 유리수 i/1과 동일하다. 유리수는 분수까지 포함하여 정확한 계산을 위해 사용된다. 예를 들어, 1/3 = 0.33333…이다. 0.33333…은 실수 형태로 float 데이터 타입을 사용해서는 정확하게 나타낼 수 없다. 정확한 표현을 위해서는 결국 유리수를 사용해야 한다.

파이썬은 정수와 실수에 대한 데이터 타입은 제공하지만, 유리수에 대해서는 제공하지 않는다. 이 절에서는 유리수 클래스의 설계 방법을 살펴본다.

유리수는 두 개의 데이터 필드를 사용하여 표현될 수 있다. 그 필드는 numerator와 denominator이다. 지정된 분자와 분모를 가진 유리수를 생성할 수도 있고, 혹은 분자 0과 분모 1을 가진 기본 유리수를 생성할 수도 있다. 유리수를 더하고, 빼고, 곱하고, 나누고, 비교도 할 수 있다. 또한 유리수를 정수, 실수, 혹은 문자열로 변환할 수도 있다. 그림 8.9는 Rational 클래스의 UML 클래스 다이어그램을 나타낸다.

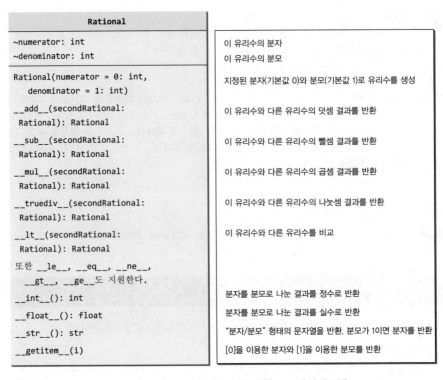

Rational	
~numerator: int	이 유리수의 분자
~denominator: int	이 유리수의 분모
Rational(numerator = 0: int, denominator = 1: int)	지정된 분자(기본값 0)와 분모(기본값 1)로 유리수를 생성
__add__(secondRational: Rational): Rational	이 유리수와 다른 유리수의 덧셈 결과를 반환
__sub__(secondRational: Rational): Rational	이 유리수와 다른 유리수의 뺄셈 결과를 반환
__mul__(secondRational: Rational): Rational	이 유리수와 다른 유리수의 곱셈 결과를 반환
__truediv__(secondRational: Rational): Rational	이 유리수와 다른 유리수의 나눗셈 결과를 반환
__lt__(secondRational: Rational): Rational	이 유리수와 다른 유리수를 비교
또한 __le__, __eq__, __ne__, __gt__, __ge__도 지원한다.	
__int__(): int	분자를 분모로 나눈 결과를 정수로 반환
__float__(): float	분자를 분모로 나눈 결과를 실수로 반환
__str__(): str	"분자/분모" 형태의 문자열을 반환. 분모가 1이면 분자를 반환
__getitem__(i)	[0]을 이용한 분자와 [1]을 이용한 분모를 반환

[그림 8.9] Rational 클래스의 속성, 초기자, 메소드를 위한 UML 다이어그램

서로 동치인 유리수는 무수히 많이 존재한다. 예를 들어, 1/3 = 2/6 = 3/9 = 4/12 등이 있다. 편의상, 1/3을 이와 동치인 모든 유리수를 표현하기 위해 사용된다. 1/3의 분자와 분모는 1을 제외하고는 어떠한 공통 제수도 없다. 그래서 1/3이 가장 낮은 항이라고 말할 수 있다.

유리수를 가장 낮은 항으로 나타내기 위해서는 분자와 분모의 절댓값에 대한 최대공약수(GCD, Greatest Common Divisor)를 구해야 한다. 그런 다음, 이 값으로 분자와 분모를 나누면 된다. 코드 5.8의 GreatestCommonDivisor.py는 두 개의 정수 n와 d에 대한 GCD를 계산하는 함수이다. 그런 다음, Rational 객체 내의 분자와 분모를 가장 낮은 항으로 축소한다.

이전과 마찬가지로, 먼저 Rational 객체 생성을 위한 테스트 프로그램을 작성하고 Rational 클래스 내의 함수들을 테스트한다. 코드 8.3은 테스트 프로그램을 보여준다.

코드 8.3   TestRationalClass.py

```python
1   import Rational
2
3   # 유리수 r1과 r2를 생성하고 초기화한다.
4   r1 = Rational.Rational(4, 2)
5   r2 = Rational.Rational(2, 3)
6
7   # 결과를 출력한다.
8   print(r1, "+", r2, "=", r1 + r2)
9   print(r1, "-", r2, "=", r1 - r2)
10  print(r1, "*", r2, "=", r1 * r2)
11  print(r1, "/", r2, "=", r1 / r2)
12
13  print(r1, ">", r2, "의 결과는", r1 > r2)
14  print(r1, ">=", r2, "의 결과는", r1 >= r2)
15  print(r1, "<", r2, "의 결과는", r1 < r2)
16  print(r1, "<=", r2, "의 결과는", r1 <= r2)
17  print(r1, "==", r2, "의 결과는", r1 == r2)
18  print(r1, "!=", r2, "의 결과는", r1 != r2)
19
20  print("int(r2)는", int(r2))
21  print("float(r2)는", float(r2))
22
23  print("r2[0]은", r2[0])
24  print("r2[1]은", r2[1])
```

실행결과

```
2 + 2/3 = 8/3
2 - 2/3 = 4/3
2 * 2/3 = 4/3
2 / 2/3 = 3
2 > 2/3 의 결과는 True
2 >= 2/3 의 결과는 True
2 < 2/3 의 결과는 False
2 <= 2/3 의 결과는 False
2 == 2/3 의 결과는 False
2 != 2/3 의 결과는 True
int(r2)는 0
float(r2)는 0.6666666666666666
r2[0]은 2
r2[1]은 3
```

앞 프로그램은 두 개의 유리수 r1과 r2를 생성하고(라인 4–5), r1 + r2, r1 – r2, r1 * r2, r1 / r2의 결과를 출력한다(라인 8–11). r1 + r2은 r1.__add__(r2)와 동일한 결과를 산출한다.

print(r1) 함수는 str(r1)에서 반환된 문자열을 출력한다. str(r1)을 호출하면 유리수 r1에 대한 문자열 표현을 반환하며, r1.__str__()을 호출하는 것과 동일한 결과를 산출한다.

int(r2)를 호출하면, 유리수 r2에 대한 정수를 반환하며(라인 20), r2.__int__()를 호출하는 것과 동일한 결과를 산출한다.

float(r2)를 호출하면, 유리수 r2에 대한 실수를 반환하며(라인 21), r2.__float__()를 호출하는 것과 동일한 결과를 산출한다.

r2[0]를 호출하면, r2의 분자를 반환하며(라인 23), r2.__getitem__(0)을 호출하는 것과 같다.

코드 8.4는 Rational 클래스의 구현을 보여준다.

코드 8.4   Rational.py

```python
1   class Rational:
2       def __init__(self, numerator = 1, denominator = 0):
3           divisor = gcd(numerator, denominator)
4           self.__numerator = (1 if denominator > 0 else -1) \
5               * int(numerator / divisor)
6           self.__denominator = int(abs(denominator) / divisor)
7
8       # 자신의 유리수에 지정된 유리수를 더한다.
9       def __add__(self, secondRational):
10          n = self.__numerator * secondRational[1] + \
11              self.__denominator * secondRational[0]
12          d = self.__denominator * secondRational[1]
13          return Rational(n, d)
14
15      # 자신의 유리수에서 지정된 유리수를 뺀다.
16      def __sub__(self, secondRational):
17          n = self.__numerator * secondRational[1] - \
18              self.__denominator * secondRational[0]
19          d = self.__denominator * secondRational[1]
20          return Rational(n, d)
21
22      # 자신의 유리수와 지정된 유리수를 곱한다.
```

```
23      def __mul__(self, secondRational):
24          n = self.__numerator * secondRational[0]
25          d = self.__denominator * secondRational[1]
26          return Rational(n, d)
27
28      # 자신의 유리수를 지정된 유리수로 나눈다.
29      def __truediv__(self, secondRational):
30          n = self.__numerator * secondRational[1]
31          d = self.__denominator * secondRational[0]
32          return Rational(n, d)
33
34      # 자신의 유리수를 실수 값으로 반환한다.
35      def __float__(self):
36          return self.__numerator / self.__denominator
37
38      # 자신의 유리수를 정수 값으로 반환한다.
39      def __int__(self):
40          return int(self.__float__())
41
42      # 문자열 표현을 반환한다.
43      def __str__(self):
44          if self.__denominator == 1:
45              return str(self.__numerator)
46          else:
47              return str(self.__numerator) + "/" + self.__denominator)
48
49      def __lt__(self, secondRational):
50          return self.__cmp__(secondRational) < 0
51
52      def __le__(self, secondRational):
53          return self.__cmp__(secondRational) <= 0
54
55      def __gt__(self, secondRational):
56          return self.__cmp__(secondRational) > 0
57
58      def __ge__(self, secondRational):
59          return self.__cmp__(secondRational) >= 0
60
61      # 두 숫자를 비교한다.
62      def __cmp__(self, secondRational):
```

```
63          temp = self.__sub__(secondRational)
64          if temp[0] > 0:
65              return 1
66          elif temp[0] < 0:
67              return -1
68          else:
69              return 0
70
71      # 인덱스 연산자를 사용하여 분자와 분모를 반환한다.
72      def __getitem__(self, index):
73          if index == 0:
74              return self.__numerator
75          else:
76              return self.__denominator
77
78  def gcd(n, d):
79      n1 = abs(n)
80      n2 = abs(d)
81      gcd = 1
82
83      k = 1
84      while k <= n1 and k <= n2:
85          if n1 % k == 0 and n2 % k == 0:
86              gcd = k
87          k += 1
88
89      return gcd
```

위 프로그램에서 유리수는 Rational 객체로 캡슐화된다. 초기에 유리수는 가장 낮은 항으로 표현되며(라인 4-6), 분자가 부호를 결정한다(라인 4). 그래서 분모는 항상 양수이다(라인 6). 데이터 필드 numerator와 denominator는 앞 밑줄 두 개를 가진 private로 정의된다.

gcd()는 Rational 클래스의 멤버 메소드는 아니지만, Rational 모듈(Rational. py) 내에 정의된 함수이다(라인 78-89).

두 Rational 객체를 대상으로 덧셈, 뺄셈, 곱셈, 나눗셈 연산을 수행할 수 있다. 이들 연산에 매핑되는 메소드들은 연산 수행의 결과로 새로운 Rational 객체를 반환한다(라인 9-32). secondRational[0]은 secondRational의 분자를 참조하며, secondRational[1]은 secondRational의 분모를 참조한다. 인덱스 연산자는

__getitem(i)__ 메소드와 매핑되며(라인 72-76), 인덱스 값에 따라 유리수의 분자 혹은 분모를 반환한다.

__cmp__(secondRational) 메소드는 자신의 유리수와 secondRational을 비교한다(라인 62-69). 우선 자신의 유리수에서 secondRational을 빼고, 그 결과를 temp에 저장한다(라인 63). temp의 분자가 0보다 작은지, 같은지, 큰지에 따라 -1, 0, 1 값을 각각 반환한다.

비교 메소드인 __lt__, __le__, __gt__, __ge__ 는 __cmp__ 메소드를 활용하여 구현된다(라인 49-59). __ne__와 __eq__ 메소드는 구현되지 않았지만, __cmp__ 메소드를 활용하면 충분히 구현할 수 있을 것이다.

어떤 객체를 str, int, float로 변환하기 위해 str, int, float 함수를 각각 사용할 수 있다. 이들 함수에 대응하는 __str__(), __int__(), __float__() 메소드가 Rational 클래스에 구현되어 있으며, Rational 객체에 대한 str 객체, int 객체, float 객체를 각각 반환한다.

8.11 Rational.py의 라인 63을 다음 코드로 교체할 경우, 프로그램의 실행 여부를 판단하시오.

```
temp = self - secondRational
```

8.12 라인 43-47의 __str__ 메소드를 다음 코드로 교체할 경우, 프로그램의 실행 여부를 판단하시오.

```
def __str__(self):
    if self.__denominator == 1:
        return str(self[0])
    else:
        return str(self[0]) + "/" + str(self[1])
```

주요용어

반복가능	연결 연산자
반복 연산자	연산자 오버로딩
슬라이싱 연산자	인덱스 연산자

요약

1. 문자열 객체는 변경불가능이다. 문자열의 내용은 변경될 수 없다.
2. 파이썬 함수인 len, min, max는 문자열의 길이, 문자열에서 가장 큰 항목과 가장 작은 항목을 각각 반환한다.

3.   인덱스 연산자 []는 문자열의 개별 문자를 참조하기 위해 사용될 수 있다.

4.   연결 연산자 +는 두 문자열을 연결하는 데 사용된다. 반복 연산자 *는 문자열을 중
     복시키기 위해 사용되며, 슬라이싱 연산자 [:]는 부분 문자열을 얻기 위해 사용
     된다. in과 not in 연산자는 문자열 내에 어떤 문자가 존재하는지의 여부를 검사
     하는 데 사용된다.

5.   비교 연산자(==, !=, <, <=, >, >=)는 두 문자열을 비교하기 위해 사용된다.

6.   문자열 내의 모든 문자들을 *반복하여* 하나씩 순회하기 위해 *for* 루프를 사용할 수
     있다.

7.   문자열 객체에서 endswith, startswith, isalpha, islower, isupper, lower,
     upper, find, count, replace, strip과 같은 메소드들을 사용할 수 있다.

8.   연산자 *오버로딩(operator overloading)*을 위해 특수 메소드를 정의할 수 있다.

프로그래밍 연습문제

8.2–8.4절

*8.1 (주민번호 검사하기) 사용자로부터 dddddd-ddddddd 서식(여기서, d는 한 자리
    숫자)으로 주민번호를 입력받는 프로그램을 작성하시오. 이 프로그램은 올바른 형
    태의 주민번호인 경우에는 "올바른 주민번호입니다."를 출력하고, 그렇지 않으면
    "주민번호가 올바르지 않습니다."를 출력한다.

**8.2 (부분 문자열 검사하기) str 클래스의 find 메소드를 사용하여 어떤 문자열이 다
    른 문자열의 부분 문자열인지를 검사할 수 있다. find 기능을 가진 자신만의 함수
    를 작성하시오. 사용자로부터 두 문자열을 입력받고 첫 번째 문자열이 두 번째 문
    자열의 부분 문자열인지를 검사하는 프로그램을 작성하시오.

**8.3 (패스워드 검사하기) 몇몇 웹 사이트는 패스워드 생성 규칙을 가지고 있다. 어떤
    문자열이 합당한 패스워드인지를 검사하는 함수를 작성하시오. 패스워드 생성 규
    칙은 다음과 같다.

    ■ 패스워드는 최소한 8개의 문자를 가져야 한다.
    ■ 패스워드는 문자와 숫자로 구성되어야 한다.
    ■ 패스워드는 최소한 두 개의 숫자를 가지고 있어야 한다.

    사용자로부터 패스워드를 입력받고, 패스워드가 위 규칙을 따른다면 올바른 패스
    워드입니다를 출력하고 그렇지 않으면 올바르지 않은 패스워드입니다를 출력하는
    프로그램을 작성하시오.

8.4 (지정된 문자의 빈도수) 어떤 문자열에서 지정된 문자의 빈도수를 찾는 함수를 작
    성하시오. 함수 헤더는 다음과 같다.

```
def count(s, ch):
```

str 클래스는 count 메소드를 이미 가지고 있다. str 클래스의 count 메소드를 사용하지 않고 자신만의 메소드를 구현하여 사용하시오. 예를 들어, count("Welcome", 'e')는 2를 반환한다. 사용자로부터 하나의 문자열과 하나의 문자를 입력받고 그 문자열 내에 입력된 문자의 빈도수를 출력하는 테스트 프로그램을 작성하시오.

**8.5 (지정된 문자열의 빈도수) 문자열 s1에서 문자열 s2의 빈도수를 세는 함수를 작성하시오. 함수 헤더는 다음과 같다.

```
def count(s1, s2):
```

예를 들어, count("system error, syntax error", "error")는 2를 반환한다. 사용자로부터 두 문자열을 입력받고 첫 번째 문자열에서 두 번째 문자열의 빈도수를 출력하는 테스트 프로그램을 작성하시오.

*8.6 (문자열 내의 문자 수 세기) 문자열 내의 문자 수를 세는 함수를 작성하시오. 함수 헤더는 다음과 같다.

```
def countLetters(s):
```

사용자로부터 하나의 문자열을 입력받고 그 문자열 내의 문자 수를 출력하는 테스트 프로그램을 작성하시오.

*8.7 (전화 키패드) 전화기의 국제 표준 문자/숫자 매핑은 다음 그림과 같다.

대문자가 주어지면 그 문자와 매핑된 숫자를 반환하는 다음 함수를 작성하시오.

```
def getNumber(uppercaseLetter):
```

사용자로부터 문자열 형태로 전화번호를 입력받는 테스트 프로그램을 작성하시오. 일부 입력 번호는 문자일 수도 있다. 이 경우, 문자(대문자 혹은 소문자)를 숫자로 바꾸고 숫자에 해당하는 부분은 그대로 둔다. 다음은 프로그램의 실행 예이다.

문자열을 입력하세요: **1-800-Flowers** `⏎Enter`
1-800-3569377

 문자열을 입력하세요: **1800flowers** `⏎Enter`
18003569377

*8.8 (2진수를 10진수로 변환) 문자열 형태의 2진수를 10진수로 변환하는 함수를 작성하시오. 다음의 함수 헤더를 사용하라.

def binaryToDecimal(binaryString):

예를 들어, 2진 문자열 10001은 $17(1×2^4+0×2^3+0×2^2+0×2+1)$이다. 그래서 binaryToDecimal("10001")은 17을 반환한다.
사용자로부터 2진 문자열을 입력받고 이에 대응하는 10진수 값을 출력하는 테스트 프로그램을 작성하시오.

**8.9 (2진수를 16진수로 변환) 2진수를 16진수로 변환하는 함수를 작성하시오. 함수 헤더는 다음과 같다.

def binaryToHex(binaryValue):

사용자로부터 2진수를 입력받고 이에 대응하는 16진수 값을 출력하는 테스트 프로그램을 작성하시오.

**8.10 (10진수를 2진수로 변환) 10진수를 문자열 형태의 2진수로 변환하는 함수를 작성하시오. 다음의 함수 헤더를 사용하라.

def decimalToBinary(value):

사용자로부터 10진수 정수 값을 입력받고 이에 대응하는 2진수 값을 출력하는 테스트 프로그램을 작성하시오.

8.5절

*8.11 (문자열의 역순) 문자열을 역순으로 만드는 함수를 작성하시오. 함수 헤더는 다음과 같다.

def reverse(s):

사용자로부터 문자열을 입력받아 reverse 함수를 호출하고 역순으로 된 문자열을 출력하는 테스트 프로그램을 작성하시오.

*8.12 (생물정보학: 유전자 발견하기) 생물학자들은 *게놈(genome)*을 모델링하기 위해

A, C, T, G로 구성되는 일련의 문자열을 사용한다. 하나의 유전자는 ATG가 나온 이후로 시작하여 TAG, TAA, TGA 중에 하나로 끝나는 게놈의 부분 문자열이다. 게다가, 유전자 문자열의 길이는 3의 배수이고, 유전자는 ATG, TAG, TAA, TGA 중에 어떤 것도 포함하고 있지 않다. 사용자로부터 게놈을 입력받고 게놈 내의 모든 유전자를 출력하는 프로그램을 작성하시오. 어떠한 유전자도 발견하지 못하면, "어떤 유전자도 발견되지 않았습니다."를 출력한다. 다음은 프로그램의 실행 예이다.

```
게놈 문자열을 입력하세요: TTATGTTTTAAGGATGGGGCGTTAGTT ⏎Enter
TTT
GGGCGT
```

```
게놈 문자열을 입력하세요: TGTGTGTATAT ⏎Enter
어떤 유전자도 발견되지 않았습니다.
```

*8.13 (최장 공통 접두어) 두 문자열의 최장 공통 접두어를 반환하는 메소드를 작성하시오. 예를 들어, distance와 disinfection의 최장 공통 접두어는 dis이다. 이 메소드의 헤더는 다음과 같다.

def prefix(s1, s2):

두 문자열에 공통 접두어가 없다면, 빈 문자열을 반환한다.
사용자로부터 두 문자열을 입력받고 이들의 최장 공통 접두어를 출력하는 main 메소드를 작성하시오.

**8.14 (금융: 신용카드 번호 유효성) 신용카드 번호를 문자열로 입력받도록 프로그래밍 연습문제 6.29를 재작성하시오.

**8.15 (기업 업무: ISBN-10 검사) ISBN-10은 10자리 숫자, $d_0d_1d_2d_3d_4d_5d_6d_7d_8d_9d_{10}$로 이루어져 있다. 마지막 자리 숫자 d_{10}은 체크섬이며, 나머지 9자리 숫자를 이용하여 다음 수식에 의해서 계산된다.

$$(d_1 \times 1 + d_1 \times 2 + d_3 \times 3 + d_4 \times 4 + d_5 \times 5 \\ + d_6 \times 6 + d_7 \times 7 + d_8 \times 8 + d_9 \times 9)\%11$$

체크섬이 10이면, ISBN 협정에 따라 마지막 자리를 X로 나타낸다. 사용자로부터 첫 9자리 숫자를 문자열로 입력받고 10자리 ISBN(앞부분 0을 포함)을 출력하는 프로그램을 작성하시오. 입력값은 문자열로 읽어야 한다. 다음은 프로그램의 실행 예이다.

ISBN-10의 첫 9자리 문자열을 입력하세요: 013601267 ↵Enter
ISBN-10 번호는 0136012671 입니다.

ISBN-10의 첫 9자리 문자열을 입력하세요: 013031997 ↵Enter
ISBN-10 번호는 013031997X 입니다.

**8.16 (기업 업무: ISBN-13 검사) ISBN-13은 도서 식별을 위한 새로운 표준이다. 이 표준은 13자리 숫자, $d_0d_1d_2d_3d_4d_5d_6d_7d_9d_{10}d_{11}d_{12}d_{13}$을 사용한다. 마지막 자리 숫자 d_{13}은 체크섬이며, 다른 자리의 숫자들을 이용하여 다음의 수식에 의해서 계산된다.

$$10 - (d_1 + 3d_2 + d_3 + 3d_4 + d_5 + 3d_6 + d_7 + 3d_8 + d_9 + 3d_{10} + d_{11} + 3d_{12}) \% 10$$

체크섬이 10이면, 마지막 자리를 0으로 설정한다. 입력값은 문자열로 읽어야 한다. 다음은 프로그램의 실행 예이다.

ISBN-13의 첫 12자리를 문자열로 입력하세요: 978013213080 ↵Enter
ISBN-13 번호는 9780132130806 입니다.

ISBN-13의 첫 12자리를 문자열로 입력하세요: 978013213079 ↵Enter
ISBN-13 번호는 9780132130790 입니다.

8.6절

**8.17 (Point 클래스) x와 y 좌표를 가진 점을 표현하는 Point 클래스를 설계하시오. 이 클래스는 다음의 항목들을 포함하고 있다.

- 좌표를 나타내는 두 개의 private 데이터 필드 x와 y
- 기본 점은 (0, 0)이고 지정된 좌표로 점을 생성해 주는 생성자
- Point 타입의 현재 점에서 다른 점까지의 거리를 반환해 주는 distance 메소드
- 점 p1이 현재 점과 가까우면 참을 반환하는 isNearBy(p1) 메소드. 두 점 사이의 거리가 5 이하이면, 이들 점은 서로 가까운 것으로 한다.
- (x, y) 서식의 문자열을 반환하는 __str__ 메소드를 구현한다.

Point 클래스의 UML 다이어그램을 작성한 후에 이 클래스를 구현하시오. 사용자로부터 두 점을 입력받고 이들 점 사이의 거리를 출력하며, 두 점이 서로 가까운지를 나타내는 테스트 프로그램을 작성하시오. 다음은 프로그램의 실행 예이다.

두 점 x1, y1, x2, y2를 입력하세요: 2.1 2.3 19.1 19.2 ⏎Enter
두 점 사이의 거리는 23.97 입니다.
두 점은 서로 가까이에 있지 않습니다.

두 점 x1, y1, x2, y2를 입력하세요: 2.1 2.3 2.3 4.2 ⏎Enter
두 점 사이의 거리는 1.91 입니다.
두 점은 서로 가까이에 있습니다.

**8.18 (기하: Circle2D 클래스) 다음의 항목들을 포함하고 있는 Circle2D 클래스를 정의하시오.

- 원의 중심을 나타내는 두 개의 private 데이터 필드 x와 y
- get/set 메소드를 갖고 있는 private 데이터 필드 radius
- x, y, radius를 이용하여 원을 생성해 주는 생성자. 기본값은 모두 0이다.
- 원의 넓이를 반환하는 getArea() 메소드
- 원의 둘레를 반환하는 getPerimeter() 메소드
- 점 (x, y)가 원의 내부에 있으면(그림 8.10(a) 참조), True를 반환하는 containsPoint(x, y) 메소드
- 지정된 원이 현재 원의 내부에 있으면(그림 8.10(b) 참조), True를 반환하는 contains(circle2D) 메소드
- 지정된 원이 현재 원과 겹쳐져 있으면(그림 8.10(c) 참조), True를 반환하는 overlaps(circle2D) 메소드
- 현재 원이 다른 원에 포함되어 있으면, True를 반환하는 __contains__ (another) 메소드를 구현한다.
- 반지름 값에 기반하여 두 원을 비교하는 __cmp__, __lt__, __le__, __eq__, __ne__, __gt__, __ge__ 메소드를 구현한다.

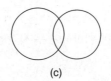

(a)   (b)   (c)

[그림 8.10] (a) 점이 원의 내부에 있다. (b) 원이 다른 원의 내부에 있다. (c) 원이 다른 원과 겹쳐져 있다.

Circle2D 클래스에 대한 UML 다이어그램을 그린 후에 이 클래스를 구현하시오. 사용자로부터 x, y 좌표와 반지름을 가진 두 원을 입력받고 Circle2D 객

체 c1과 c2를 생성한 후, 이들 원의 넓이와 둘레를 출력하는 프로그램을 작성
하시오. 또한 c1.containsPoint(c2.getX(), c2.getY()), c1.contains(c2),
c1.overlaps(c2)의 결과를 출력하시오. 다음은 프로그램의 실행 예이다.

```
x1, y1, radius1을 입력하세요: 5, 5.5, 10 ↵Enter
x2, y2, radius2를 입력하세요: 9, 1.3, 10 ↵Enter
c1의 넓이는 314.1592653589793 입니다.
c1의 둘레는 62.83185307179586 입니다.
c2의 넓이는 314.1592653589793 입니다.
c2의 둘레는 62.83185307179586 입니다.
c10l c2의 중심을 포함합니까? True
c10l c2를 포함합니까? False
c1은 c2와 겹칩니까? True
```

**8.19 (기하: Rectangle2D 클래스) 다음을 포함하는 Rectangle2D 클래스를 정의하시오.

- 사각형의 중심을 나타내는 두 실수 데이터 필드 x와 y(사각형의 변은 x축과 y축
  에 각각 평행하다고 가정함)
- get/set 메소드를 갖고 있는 데이터 필드 width와 height
- 지정된 x, y, width, height를 이용하여 사각형을 생성해 주는 생성자. 기본값
  은 모두 0이다.
- 사각형의 넓이를 반환하는 getArea() 메소드
- 사각형의 둘레를 반환하는 getPerimeter() 메소드
- 지정된 점 (x, y)이 현재 사각형의 내부에 있으면(그림 8.11(a) 참조), True를 반
  환하는 containsPoint(x, y) 메소드
- 지정된 사각형이 현재 사각형의 내부에 있으면(그림 8.11(b) 참조), True를 반환
  하는 contains(Rectangle2D) 메소드
- 지정된 사각형이 현재 사각형과 겹쳐져 있으면(그림 8.11(c) 참조), True를 반환
  하는 overlaps(Rectangle2D) 메소드
- 현재 사각형이 다른 사각형에 포함되어 있으면, True를 반환하는 __
  contains__(another) 메소드를 구현하라.
- 넓이에 기반하여 두 사각형을 비교하는 __cmp__, __lt__, __le__, __eq__,
  __ne__, __gt__, __ge__ 메소드를 구현하라.

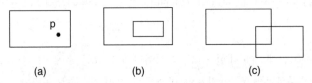

(a)   (b)   (c)

[그림 8.11] (a) 점이 사각형의 내부에 있다. (b) 사각형이 다른 사각형의 내부에 있다. (c) 사각
형이 다른 사각형과 겹쳐져 있다.

Rectangle2D 클래스에 대한 UML 다이어그램을 작성한 후에 이 클래스를 구현하시오. 사용자로부터 두 사각형의 중심 x, y 좌표값, 폭, 높이를 각각 입력받고, Rectangle2D 객체 r1과 r2를 생성하며 이들 사각형의 넓이와 둘레를 출력하는 프로그램을 작성하시오. 또한 r1.containsPoint(r2.getX(), r2.getY()), r1.contains(r2), r1.overlaps(r2)의 결과를 출력하시오. 다음은 프로그램의 실행 예이다.

실행결과

```
x1, y1, width1, height2: 5, 1.3, 10, 35.3 ↵Enter
x2, y2, width2, height2: 1.3, 4.3, 4, 5.3 ↵Enter
r1의 넓이는 353.0 입니다.
r2의 둘레는 90.6 입니다.
r2의 넓이는 21.2 입니다.
r2의 둘레는 18.6 입니다.
r1은 r2의 중심을 포함합니까? False
r1은 r2를 포함합니까? False
r1은 r2와 겹칩니까? False
```

8.20 (Rational 클래스 사용하기) Rational 클래스를 사용하여 다음의 합 급수를 계산하는 프로그램을 작성하시오.

$$\frac{1}{2} + \frac{2}{3} + \frac{3}{4} + \cdots + \frac{8}{9} + \frac{9}{10}$$

*8.21 (수학: Complex 클래스) 파이썬은 복소수 연산을 위한 complex 클래스를 가지고 있다. 이 프로그래밍 연습문제에서는 자기 자신만의 Complex 클래스를 설계하고 구현해 본다. 파이썬의 complex 클래스는 소문자로 이름이 붙여져 있지만, 설계·구현할 Complex 클래스는 첫 문자가 대문자 C로 시작한다.

복소수는 $a + bi$ 형태의 숫자이다. 여기서, a와 b는 실수이고 i는 $\sqrt{(-1)}$ 이다. 실수 a와 b를 각각 실수부와 허수부라 한다. 다음 방정식을 사용하여 복소수의 덧셈, 뺄셈, 곱셈, 나눗셈 연산을 수행할 수 있다.

$$(a + bi) + (c + di) = (a + c) + (b + d)i$$
$$(a + bi) - (c + di) = (a - c) + (b - d)i$$
$$(a + bi) * (c + di) = (ac - bd) + (bc + ad)i$$
$$(a + bi)/(c + di) = (ac + bd)/(c^2 + d^2) + (bc - ad)i/(c^2 + d^2)$$

또한 다음 방정식을 사용하여 복소수의 절댓값을 구할 수 있다.

$$|a + bi| = \sqrt{a^2 + b^2}$$

(복소수 a, b의 값을 좌표값 (a, b)로 나타냄으로써 평면 위의 점으로 해석될 수 있다. 복소수의 절댓값은 그림 8.12에서 볼 수 있듯이 원점과 점 (a, b) 사이의 거리로 대응된다.)

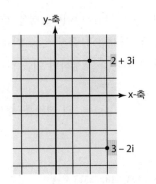

[**그림 8.12**] 점 (2, 3)은 복소수 (2+3i)로 쓸 수 있고, 점 (3, -2)는 복소수 (3-2i)로 쓸 수 있다.

복소수 표현을 위한 Complex 클래스와 복소수 연산을 위한 __add__, __sub__, __mul__, __truediv__, __abs__ 메소드를 설계하시오. 그리고 복소수의 문자열 표현을 반환하도록 __str__ 메소드를 오버라이딩하시오. __str__ 메소드는 문자열로 (a+bi)를 반환한다. b가 0이면, 단순히 a만을 반환한다.

복소수 $a + bi$를 생성해 주는 생성자 Complex(a, b)를 구현하시오(a와 b의 기본값은 0). 또한 복소수의 실수부와 허수부를 각각 반환하는 getRealPart()와 getImaginaryPart() 메소드를 구현하시오.

사용자로부터 두 복소수를 입력받고, 이들의 덧셈, 뺄셈, 곱셈, 나눗셈의 결과를 출력하는 테스트 프로그램을 작성하시오. 다음은 프로그램의 실행 예이다.

실행결과
```
첫 번째 복소수를 입력하세요: 3.5, 6.5 ⏎Enter
두 번째 복소수를 입력하세요: -3.5, 1 ⏎Enter
(3.5 + 6.5i) + (-3.5 + 1i) = (0.0 + 7.5i)
(3.5 + 6.5i) - (-3.5 + 1i) = (7.0 + 5.5i)
(3.5 + 6.5i) * (-3.5 + 1i) = (-18.75 - 19.25i)
(3.5 + 6.5i) / (-3.5 + 1i) = (-0.43396226415 - 1.981132075547i)
|(3.5 + 6.5i)| = 4.47213595499958
```

Tkinter를 이용한 GUI 프로그래밍

CHAPTER 9

Tkinter를 이용한 GUI 프로그래밍

9.1 들어가기

키포인트

Tkinter는 GUI 프로그램 개발을 가능하게 할 뿐만 아니라 객체지향 프로그래밍을 학습하기 위한 훌륭한 교육적 도구이다.

파이썬에는 GUI 프로그램을 개발하기 위해 사용할 수 있는 다양한 GUI 모듈이 있다. 여러분은 이미 기하도형을 그리기 위해 turtle 모듈을 사용해 보았다. Turtle는 사용하기 쉬워 초보자에게 프로그래밍의 기초를 소개하기 위한 효과적인 교육 도구이다. 그러나 그래픽 사용자 인터페이스를 생성하기 위해 turtle을 사용할 수는 없다. 이번 장에서는 GUI 프로젝트를 개발할 수 있는 Tkinter를 소개한다. Tkinter는 GUI 프로젝트를 개발하기 위한 유용한 도구일 뿐만 아니라 객체지향 프로그래밍을 학습하기 위한 중요한 교육 도구이기도 하다.

노트
Tkinter(티-케이-인터라고 읽는다)는 "Tk interface(Tk 인터페이스)"의 줄임말이다. Tk는 GUI 라이브러리로 윈도우, 맥 및 유닉스에서 GUI 프로그램을 개발하기 위해 여러 프로그래밍 언어에서 사용된다. Tkinter는 Tk GUI 라이브러리를 사용하려는 파이썬 프로그래머에게 인터페이스를 제공한다. 또한 파이썬에서 GUI 프로그램을 개발하기 위한 사실상의 표준이다.

9.2 Tkinter 시작하기

키포인트

Tkinter 모듈은 GUI를 생성하기 위한 클래스를 포함한다. Tk 클래스는 GUI 위젯(즉, 비주얼 컴포넌트)을 수용하는 창을 생성한다.

코드 9.1은 Tkinter의 간단한 예제를 소개한다.

코드 9.1   SimpleGUI.py

```
1  from tkinter import * # tkinter의 모든 정의를 임포트한다.
2
3  window = Tk() # 창을 생성한다.
4  label = Label(window, text = "파이썬에 오신 것을 환영합니다.") # 레이블을 생성한다.
```

```
5    button = Button(window, text = "저를 클릭해주세요") # 버튼을 생성한다.
6    label.pack() # 창 내부에 레이블을 배치한다.
7    button.pack() # 창 내부에 버튼을 배치한다.
8
9    window.mainloop() # 이벤트 루프를 생성한다.
```

이 프로그램을 실행하면, 그림 9.1과 같이 Tkinter 창에 레이블(label)과 버튼 (button)이 나타난다.

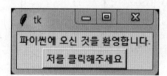

[그림 9.1] 코드 9.1에서 레이블과 버튼이 생성된다.

Tkinter에서 GUI 기반의 프로그램을 생성할 때마다, tkinter 모듈(라인 1)을 임 포트하고 Tk 클래스를 사용하여 창을 생성한다(라인 3). 라인 1에서 애스터리스크 (*)는 tkinter 모듈에 포함된 클래스, 함수 및 상수에 대한 모든 정의를 프로그램에 임포트한다는 것을 의미한다. Tk()는 창의 인스턴스를 생성한다. Label과 Button 은 레이블과 버튼을 생성하기 위한 파이썬 Tkinter *위젯 클래스(widget class)*이 다. 위젯 클래스의 첫 번째 인자는 항상 *부모 컨테이너(parent container*, 즉 위젯 이 위치하게 될 컨테이너)가 된다.

```
label=Label(window, text = "파이썬에 오신 것을 환영합니다.")
```

위의 명령문(라인 4)은 파이썬에 오신 것을 환영합니다. 문자열로 이루어진 레이블을 창 내부에 생성한다.

```
label.pack()
```

명령문(라인 6)은 팩 관리자(pack manager)를 사용하여 컨테이너에 레이블을 위치시킨다. 이 예제에서 팩 관리자는 창에 위젯을 한 행씩 배치한다. 팩 관리자에 대한 자세한 사항은 9.6.2절에서 소개될 것이다. 이제 팩 관리자의 상세사항을 모 르더라도 팩 관리자를 쓸 수 있다.

Tkinter GUI 프로그래밍은 이벤트 구동(event driven) 방식이다. 사용자 인터 페이스가 출력된 후 프로그램은 마우스 클릭과 키 누름과 같은 사용자 반응을 대기 한다. 이는 다음의 명령문(라인 9)에서 구체화된다.

```
window.mainloop()
```

이 명령문은 이벤트 루프(event loop)를 생성한다. 이벤트 루프는 그림 9.2와 같이 사용자가 main 창을 닫을 때까지 계속해서 이벤트를 처리한다.

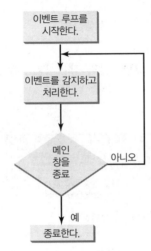

[그림 9.2] Tkinter GUI 프로그램은 연속적인 루프를 통해 이벤트를 감지하고 처리한다.

 체크 포인트

9.1 turtle과 Tkinter는 무엇을 하기에 적합한가?

9.2 어떻게 창을 생성하는가?

9.3 window.mainloop()는 무엇을 위한 것인가?

9.3 이벤트 처리하기

 키포인트

Tkinter 위젯은 이벤트가 발생할 때 호출되는 함수에 연결될 수 있다.

Button 위젯은 이벤트 구동 방식 프로그래밍의 기초를 보여주기 위한 좋은 기법이므로 다음 예제에서 사용할 것이다.

사용자가 버튼을 클릭하면, 프로그램은 이 이벤트를 처리해야 한다. 처리 함수를 정의하고 함수를 버튼에 연결하여 코드 9.2에서와 같이 동작하게 할 수 있다.

코드 9.2 ProcessButtonEvent.py

```
1  from tkinter import * # tkinter로부터 모든 정의를 임포트한다.
2
3  def processOK():
4      print("OK 버튼이 클릭되었습니다.")
5
6  def processCancel():
```

```
7        print("Cancel 버튼이 클릭되었습니다.")
8
9    window = Tk() # 창을 생성한다.
10   btOK = Button(window, text = "OK", fg = "red", command = processOK)
11   btCancel = Button(window, text = "Cancel", bg = "yellow",
12                       command = processCancel)
13   btOK.pack() # OK 버튼을 창 내부에 배치한다.
14   btCancel.pack() # Cancel 버튼을 창 내부에 배치한다.
15
16   window.mainloop() # 이벤트 루프를 생성한다.
```

프로그램을 실행하면, 그림 9.3(a)와 같이 두 개의 버튼이 나타난다. 그림 9.3(b) 와 같이 명령 창에서 처리되고 있는 이벤트와 이와 연관된 메시지를 확인할 수 있다.

[그림 9.3] (a) 코드 9.2는 창에 두 개의 버튼을 출력한다. (b) 명령 창에서 처리되고 있는 이벤트 감시를 본다.

프로그램은 processOK와 processCancel 함수(라인 3-7)를 정의한다. 이 함수 는 버튼이 생성되면 버튼에 연결된다. 이러한 함수를 콜백 함수(*callback function*) 또는 *핸들러*(handler)라고 한다. 다음의 명령문(라인 10)은

```
btOK = Button(window, text = "OK", fg = "red", command = processOK)
```

OK 버튼이 클릭될 때 호출될 processOK 함수를 *OK* 버튼에 연결한다. **fg** 옵션 은 버튼의 전경 색상을 명시하고 bg 옵션은 버튼의 배경 색상을 명시한다. 모든 위 젯에 대해 fg는 검은색, bg는 회색이 기본값이다.

이 프로그램을 코드 9.3과 같이 한 클래스 내부에 모든 함수를 위치시키는 형식 으로 작성할 수도 있다.

코드 9.3   ProcessButtonEventAlternativeCode.py

```
1   from tkinter import * # tkinter의 모든 정의를 임포트한다.
2
3   class ProcessButtonEvent:
4       def __init__(self):
```

```
5          window = Tk() # 창을 생성한다.
6          btOK = Button(window, text = "OK", fg = "red",
7              command = self.processOK)
8          btCancel = Button(window, text = "Cancel", bg = "yellow",
9              command = self.processCancel)
10         btOK.pack() # OK 버튼을 창 내부에 위치시킨다.
11         btCancel.pack() # Cancel 버튼을 창 내부에 위치시킨다.
12
13         window.mainloop() # 이벤트 루프를 생성한다.
14
15     def processOK(self):
16         print("OK 버튼이 클릭되었습니다.")
17
18     def processCancel(self):
19         print("Cancel 버튼이 클릭되었습니다.")
20
21 ProcessButtonEvent() # __init__ 메소드를 호출하기 위해 객체를 생성한다.
```

이 프로그램은 __init__ 메소드(라인 4)에서 GUI를 생성하기 위한 클래스를 정의한다. processOK와 processCancel 함수는 이제 클래스의 인스턴스 메소드이기 때문에 self.processOK(라인 7)와 self.processCancel(라인 9)로 호출된다.

GUI를 생성하고 GUI 이벤트를 처리하기 위한 클래스를 정의하는 것은 두 가지 장점이 있다. 첫째, 추후에 클래스를 재활용할 수 있다. 둘째, 모든 함수를 메소드로 정의하면 클래스 내부에서 메소드가 인스턴스 데이터 필드에 접근할 수 있다.

체크 포인트

9.4 위젯 클래스로부터 위젯 객체를 생성할 때, 첫 번째 인자는 무엇이어야 하는가?
9.5 위젯의 command 옵션의 역할은 무엇인가?

9.4 위젯 클래스

키포인트

Tkinter의 GUI 클래스는 버튼, 레이블, 라디오 버튼, 체크 버튼, 엔트리, 캔버스 등등 공통 GUI 위젯을 정의한다.

표 9.1은 Tkinter가 제공하는 중요 위젯 클래스를 설명한다.

〈표 9.1〉 Tkinter 위젯 클래스

위젯 클래스	설명
Button	명령을 실행하기 위해 사용되는 일반 버튼
Canvas	그래프 및 도안 작성, 그래픽 에디터 생성, 및 사용자 정의 위젯을 구현하는 데 사용되는 구조화된 그래픽
Checkbutton	버튼을 클릭하여 여러 값 중 하나를 선택
Entry	텍스트 입력 필드, 텍스트 필드 또는 텍스트 박스라고도 부름
Frame	다른 위젯을 수용하는 컨테이너 위젯
Label	텍스트나 이미지를 출력
Menu	풀다운 메뉴와 팝업 메뉴를 구현하는 데 사용되는 메뉴 팬
Menubutton	풀다운 메뉴를 구현하는 사용되는 메뉴 버튼
Message	텍스트를 출력. 레이블 위젯과 유사하나 정해진 폭이나 비율에 자동적으로 텍스트를 맞출 수 있음
Radiobutton	라디오 버튼을 클릭하여 연결된 변수에 값을 설정하고 모든 다른 라디오 버튼과 연결된 동일 변수값을 삭제
Text	서식화된 문자열 출력. 사용자가 다양한 스타일과 속성으로 텍스트를 수정하고 출력할 수 있음. 또한 내장 이미지나 창을 지원

이 클래스로부터 위젯을 생성하기 위한 다양한 옵션이 있다. 첫 번째 인자는 항상 부모 컨테이너이다. 위젯을 생성할 때 전경색, 배경색, 폰트 및 커서 스타일을 지정할 수 있다.

색상은 색상의 이름(예를 들면 빨간색, 노란색, 초록색, 파란색, 하얀색, 검은색, 보라색)을 사용하거나 #RRGGBB 문자열을 사용하여 빨강, 초록, 및 파랑(RGB) 색상 요소를 명시적으로 지정할 수 있다. 여기서 RR, GG와 BB는 각각, 빨강, 초록 및 파랑을 표현하는 16진수값이다.

문자열에 대해서는 폰트의 이름, 크기, 스타일을 사용하여 폰트(font)를 지정할 수 있다. 몇가지 예제를 살펴보자.

```
Times 10 bold
Helvetica 10 bold italic
맑은 고딕 20 bold italic
굴림체 20 bold italic overstrike underline
```

기본적으로 레이블 또는 버튼의 텍스트는 중앙정렬된다. 정렬 기준은 LEFT, CENTER 또는 RIGHT로 명명된 상수를 justify 옵션과 함께 사용하여 변경할 수 있다 (2.6절에서 설명한 바와 같이 이름 상수(constants)는 모두 대문자인 것을 기억하자). 또한 구분하는 행에 행바꿈 문자 \n을 삽입하여 여러 행의 문자열을 출력할 수 있다.

cursor 옵션에 cross(기본값), circle, cross, plus 또는 여러 다른 모양의 문자열 값을 사용하여 마우스 커서의 스타일은 지정할 수 있다.

위젯을 생성할 때 생성자 내부에 **fg**, **bg**, **font**, **cursor**, **text** 및 **command**와 같은 속성을 지정할 수 있다. 프로그램 후반에서는 다음과 같은 문법을 사용하여 위젯의 속성을 변경한다.

위젯이름["속성이름"] = 새로운 속성값

예를 들어, 다음의 코드는 버튼을 생성하고 버튼의 text 속성은 Hide로, bg 속성은 red로, fg는 #AB84F9로 변경한다. #AB84F9는 RRGGBB 형식으로 색상을 지정한다.

```
btShowOrHide = Button(window, text = "Show", bg = "white")
btShowOrHide["text"] = "Hide"
btShowOrHide["bg"] = "red"
btShowOrHide["fg"] = "#AB84F9" # fg 색상을 #AB84F9로 변경한다
btShowOrHide["cursor"] = "plus" # 마우스 커서를 십자가 모양으로 변경한다
btShowOrHide["justify"] = LEFT # 정렬기준을 LEFT로 설정한다
```

각각의 클래스는 많은 수의 메소드를 포함한다. 이 클래스들의 모든 기능에 대한 정보는 이 책에서 다루고자 하는 내용의 범위를 넘는다. Tkinter에 대한 좋은 참고 자료는 www.pythonware.com/library/tkinter에서 찾아 볼 수 있다. 이번 장에서는 이러한 위젯을 사용하는 방법을 보여줄 수 있는 예제를 제공한다.

코드 9.4는 Frame, Button, Checkbutton, Radiobutton, Label, Entry(텍스트 필드라고도 한다), Message, 및 Text(텍스트 영역이라고도 한다) 위젯을 사용하는 프로그램 예제이다.

코드 9.4   WidgetsDemo.py

```
1   from tkinter import * # tkinter의 모든 정의를 임포트한다.
2
3   class WidgetsDemo:
4       def __init__(self):
5           window = Tk() # 창을 생성한다.
6           window.title("위젯 데모") # 제목을 설정한다.
7
8           # 체크 버튼과 라디오 버튼을 frame1에 추가한다.
9           frame1 = Frame(window) # 프레임을 생성하고 창에 추가한다.
10          frame1.pack()
```

```python
11          self.v1 = IntVar()
12        cbtBold = Checkbutton(frame1, text = "굵게",
13            variable = self.v1, command = self.processCheckbutton)
14        self.v2 = IntVar()
15        rbRed = Radiobutton(frame1, text = "빨간색", bg = "red",
16            variable = self.v2, value = 1,
17            command = self.processRadiobutton)
18        rbYellow = Radiobutton(frame1, text = "노란색",
19            bg = "yellow", variable = self.v2, value = 2,
20            command = self.processRadiobutton)
21        cbtBold.grid(row = 1, column = 1)
22        rbRed.grid(row = 1, column = 2)
23        rbYellow.grid(row = 1, column = 3)
24
25        # 레이블, 엔트리, 버튼, 메시지를 frame2에 추가한다.
26        frame2 = Frame(window) # 프레임을 생성하고 창에 추가한다.
27        frame2.pack()
28        label = Label(frame2, text = "이름을 입력하세요: ")
29        self.name = StringVar()
30        entryName = Entry(frame2, textvariable = self.name)
31        btGetName = Button(frame2, text = "이름 가져오기",
32            command = self.processButton)
33        message = Message(frame2, text = "위젯 데모입니다.")
34        label.grid(row = 1, column = 1)
35        entryName.grid(row = 1, column = 2)
36        btGetName.grid(row = 1, column = 3)
37        message.grid(row = 1, column = 4)
38
39        # 텍스트를 추가한다.
40        text = Text(window) # 텍스트를 생성하고 창에 추가한다.
41        text.pack()
42        text.insert(END,
43            "팁\nTkinter를 학습하는 최고의 방법은 잘 짜여진 ")
44        text.insert(END,
45            "예제를 세세히 읽고 애플리케이션을 생성하는데 ")
46        text.insert(END, "직접 사용해 보는 것이다.")
47
48        window.mainloop() # 이벤트 루프를 생성한다.
49
50    def processCheckbutton(self):
```

```
51        print("체크 버튼이 "
52            + ("선택되었습니다." if self.v1.get() == 1 else "해제되었습니다."))
53
54    def processRadiobutton(self):
55        print(("빨간색" if self.v2.get() == 1 else "노란색")
56            + " 이 선택되었습니다." )
57
58    def processButton(self):
59        print("당신의 이름은 " + self.name.get() + "입니다.")
60
61  WidgetsDemo() # GUI를 생성한다.
```

프로그램을 실행하면 그림 9.4(a)와 같은 위젯이 출력된다. *굵게* 버튼을 클릭하고 노란색 라디오 버튼을 선택한 후 '홍길동'을 입력하면, 그림 9.4(b)의 명령창에서와 같이 이벤트가 처리되는 과정과 관련 메시지를 확인할 수 있다.

프로그램은 창(라인 5)을 생성하고 제목을 설정하는 창의 title 메소드를 호출(라인 6)한다. Frame 클래스는 frame1이라는 프레임을 생성하기 위해 사용되고 frame1의 부모 컨테이너는 현재 창이 된다(라인 9). frame1은 라인 12, 15와 18에서 생성된 체크 버튼과 두 개의 라디오 버튼을 위한 부모 컨테이너로 사용된다.

값을 입력할 때는 엔트리(텍스트 필드)를 사용한다. 입력되는 값은 각각 정수, 실수 또는 문자열을 표현하는 IntVar, DoubleVar 또는 StringVar 객체이어야 한다. IntVar, DoubleVar과 StringVar은 tkinter 모듈에서 정의된다.

프로그램은 체크 버튼을 생성하고 변수 v1과 연결한다. v1은 IntVar의 인스턴스이다(라인 11). 체크 버튼이 체크되면 v1은 1이 되고 해제되면 0이 된다. 체크 버튼이 선택될 때, 파이썬은 processCheckbutton 메소드를 호출한다(라인 13).

이 후 프로그램은 라디오 버튼을 생성하고 이 라디오 버튼을 IntVar 변수 v2와 연결한다. 빨간색 라디오 버튼이 선택되면 v2는 1이 되고 노란색 라디오 버튼이 체크되면 2가 된다. 라디오 버튼을 생성할 때 어떤 정수 또는 문자열 값으로도 정의할 수 있다. 두 버튼 중 하나가 선택되면, processRadioButton 메소드가 호출된다.

그리드 *기하 관리자*는 frame1의 체크 버튼과 라디오 버튼을 배치하는 데 사용된다. 이 세 개의 위젯은 각각 같은 행의 첫 번째, 두 번째 및 세 번째 열에 배치된다(라인 22-23).

프로그램은 레이블, 엔트리, 버튼 및 메시지 위젯을 수용하는 또 다른 프레임 frame2를 생성(라인 26)한다. frame1과 마찬가지로 frame2는 창의 내부에 배치된다.

라인 29에서 엔트리가 생성되고 엔트리 내부에 값을 저장하기 위한 StringVar 타입의 변수 name과 연결된다. *이름 가져오기* 버튼이 선택되면, processButton 메소드는 엔트리 내부의 값을 출력한다(라인 59). Message 위젯은 자동적으로 문자열을 행바꿈하여 여러 행에 걸쳐 출력하는 것을 제외하고는 레이블과 동일하다.

그리드 기하 관리자는 frame2에서 위젯을 배치하는 데 사용된다. 이 위젯들은 각각 같은 행의 첫 번째, 두 번째, 세 번째와 네 번째 열에 배치된다(라인 34–37).

프로그램은 문자열을 출력하고 수정하기 위한 text 위젯을 생성한다(라인 40). text 위젯은 창 내부에 배치된다(라인 41). text 위젯에 문자열을 삽입하기 위해 insert 메소드를 사용할 수 있다. END 옵션은 현재 내용의 끝에 삽입되는 문자열을 지정한다.

[그림 9.4] (a) 위젯은 사용자 인터페이스에 출력된다. (b) 처리되고 있는 이벤트를 파악한다.

코드 9.5는 사용자가 그림 9.5와 같이 레이블의 색상, 폰트 및 문자열을 변경하는 프로그램이다.

코드 9.5 ChangeLabelDemo.py

```
1   from tkinter import * # tkinter의 모든 정의를 임포트한다.
2
3   class ChangeLabelDemo:
4       def __init__(self):
5           window = Tk() # 창을 생성한다.
6           window.title("레이블 변경하기 데모") # 제목을 설정한다.
7
8           # 레이블을 frame1에 추가한다.
9           frame1 = Frame(window) # 프레임을 생성하고 창에 추가한다.
10          frame1.pack()
11          self.lbl = Label(frame1, text = "프로그래밍은 재미있습니다.")
12          self.lbl.pack()
13
14          # frame2에 레이블, 엔트리, 버튼과 두 라디오 버튼을 추가한다.
15          frame2 = Frame(window) # 프레임을 생성하고 창에 추가한다.
```

```
16        frame2.pack()
17        label = Label(frame2, text = "텍스트를 입력하세요: ")
18        self.msg = StringVar()
19        entry = Entry(frame2, textvariable = self.msg)
20        btChangeText = Button(frame2, text = "텍스트를 변경한다",
21            command = self.processButton)
22        self.v1 = StringVar()
23        rbRed = Radiobutton(frame2, text = "빨간색", bg = "red",
24            variable = self.v1, value = 'R',
25            command = self.processRadiobutton)
26        rbYellow = Radiobutton(frame2, text = "노란색",
27            bg = "yellow", variable = self.v1, value = 'Y',
28            command = self.processRadiobutton)
29
30        label.grid(row = 1, column = 1)
31        entry.grid(row = 1, column = 2)
32        btChangeText.grid(row = 1, column = 3)
33        rbRed.grid(row = 1, column = 4)
34        rbYellow.grid(row = 1, column = 5)
35
36        window.mainloop() # 이벤트 루프를 생성한다.
37
38    def processRadiobutton(self):
39        if self.v1.get() == 'R':
40            self.lbl["fg"] = "red"
41        elif self.v1.get() == 'Y':
42            self.lbl["fg"] = "yellow"
43
44    def processButton(self):
45        self.lbl["text"] = self.msg.get() # 레이블의 새로운 텍스트
46
47 ChangeLabelDemo() # GUI를 생성한다.
```

[그림 9.5] 프로그램은 동적으로 레이블의 text와 fg 속성을 변경한다.

라디오 버튼을 선택하면, 레이블의 전경 색상이 변경된다. 엔트리 필드에 새로운 문자열을 입력하고 *텍스트를 변경한다* 버튼을 클릭하면, 입력한 문자열이 레이블에 나타난다.

프로그램은 창을 생성(라인 5)하고 제목을 설정하기 위해 title 메소드를 호출한다(라인 6). Frame 클래스를 사용하여 frame1 프레임을 생성하고 frame1의 부모 컨테이너를 라인 5에서 생성한 창으로 설정한다(라인 9). frame1은 라인 11에서 생성된 레이블의 부모 컨테이너로 사용된다. 레이블은 클래스의 데이터 필드이기 때문에, 콜백 함수에서 참조될 수 있다.

프로그램은 레이블, 엔트리, 버튼 및 두 라디오 버튼을 수용하는 또 다른 프레임 frame2를 생성(라인 15)한다. frame1과 마찬가지로 frame2는 창 내부에 배치된다.

엔트리가 생성된 후 엔트리의 값을 저장하기 위한 StringVar 타입의 msg 변수와 연결된다. *텍스트 변경한다* 버튼이 클릭되면 processButton 메소드는 엔트리의 텍스트를 사용하여 frame1 내부의 레이블에 새로운 문자열 엔트리를 설정(라인 45)한다.

두 라디오 버튼은 생성된 후, StringVar 변수 v2와 연결된다. *빨간색* 라디오 버튼이 선택되면 v2는 R로 설정되고 *노란색* 라디오 버튼이 클릭되면 Y로 설정된다. 두 버튼 중 한 버튼을 사용자가 클릭하면, 파이썬은 processRadiobutton 메소드를 호출하여 frame1에 포함된 레이블의 전경 색상을 변경(라인 38-42)한다.

체크
포인트

9.6 텍스트 환영합니다, 하얀색 전경 및 빨간색 배경을 갖는 레이블을 어떻게 생성하는가?

9.7 텍스트 OK, 하얀색 전경, 빨간색 배경을 갖고 processOK 콜백 함수와 연결되는 버튼을 어떻게 생성하는가?

9.8 텍스트 apple, 하얀색 전경, 빨간색 배경을 갖고 v1 변수 및 processApple 콜백 함수와 연결되는 체크 버튼을 어떻게 생성하는가?

9.9 텍스트 senior, 하얀색 전경, 빨간색 배경을 갖고 v1 변수 및 processSenior 콜백 함수와 연결되는 라디오 버튼을 어떻게 생성하는가?

9.10 하얀색 전경, 빨간색 배경을 갖고 v1 변수와 연결된 엔트리를 어떻게 생성하는가?

9.11 텍스트 프로그래밍은 재밌습니다. 하얀색 전경 및 빨간색 배경을 갖는 메시지를 어떻게 생성하는가?

9.12 LEFT, CENTER, 및 RIGHT는 tkinter 모듈에서 정의된 명명 상수이다. LEFT, CENTER, RIGHT에 의해 정의된 값을 출력하는 print문을 작성하시오.

9.5 캔버스

키포인트

도형을 출력하기 위해서 Canvas 위젯을 사용할 수 있다.

캔버스에 사각형, 타원, 호, 다각형 또는 선을 그리기 위해서는 create_ rectangle, create_oval, create_arc, create_polygon 또는 create_line 메소드 를 사용한다.

코드 9.6은 Canvas 위젯을 어떻게 사용하는지 보여주는 프로그램이다. 이 프로 그램은 사각형, 타원, 호, 다각형, 선 및 텍스트 문자열을 출력한다. 모든 객체는 그 림 9.6과 같이 버튼으로 제어된다.

코드 9.6	CanvasDemo.py

```python
1  from tkinter import * # tkinter의 모든 정의를 임포트한다.
2
3  class CanvasDemo:
4      def __init__(self):
5          window = Tk() # 창을 생성한다.
6          window.title("캔버스 데모") # 제목을 설정한다.
7
8          # 창에 캔버스를 배치한다.
9          self.canvas = Canvas(window, width = 200, height = 100,
10             bg = "white")
11         self.canvas.pack()
12
13         # 프레임에 버튼을 배치한다.
14         frame = Frame(window)
15         frame.pack()
16         btRectangle = Button(frame, text = "직사각형",
17             command = self.displayRect)
18         btOval = Button(frame, text = "타원",
19             command = self.displayOval)
20         btArc = Button(frame, text = "호",
21             command = self.displayArc)
22         btPolygon = Button(frame, text = "다각형",
23             command = self.displayPolygon)
24         btLine = Button(frame, text = "선분",
25             command = self.displayLine)
26         btString = Button(frame, text = "문자열",
```

```
27                command = self.displayString)
28           btClear = Button(frame, text = "삭제하기",
29                command = self.clearCanvas)
30           btRectangle.grid(row = 1, column = 1)
31           btOval.grid(row = 1, column = 2)
32           btArc.grid(row = 1, column = 3)
33           btPolygon.grid(row = 1, column = 4)
34           btLine.grid(row = 1, column = 5)
35           btString.grid(row = 1, column = 6)
36           btClear.grid(row = 1, column = 7)
37
38           window.mainloop() # 이벤트 루프를 생성한다.
39
40      # 직사각형을 출력한다.
41      def displayRect(self):
42           self.canvas.create_rectangle(10, 10, 190, 90, tags = "rect")
43
44      # 타원을 출력한다.
45      def displayOval(self):
46           self.canvas.create_oval(10, 10, 190, 90, fill = "red",
47                tags = "oval")
48
49      # 호를 출력한다.
50      def displayArc(self):
51           self.canvas.create_arc(10, 10, 190, 90, start = 0,
52                extent = 90, width = 8, fill = "red", tags = "arc")
53
54      # 다각형을 출력한다.
55      def displayPolygon(self):
56           self.canvas.create_polygon(10, 10, 190, 90, 30, 50,
57                tags = "polygon")
58
59      # 선분을 출력한다.
60      def displayLine(self):
61           self.canvas.create_line(10, 10, 190, 90, fill = "red",
62                tags = "line")
63           self.canvas.create_line(10, 90, 190, 10, width = 9,
64                arrow = "last", activefill = "blue", tags = "line")
65
66      # 문자열을 출력한다.
```

```
67      def displayString(self):
68          self.canvas.create_text(85, 40, text = "안녕, 나는 문자열이야",
69              font = "굴림체 10 bold underline", tags = "string")
70
71      # 도형을 삭제한다.
72      def clearCanvas(self):
73          self.canvas.delete("rect", "oval", "arc", "polygon",
74              "line", "string")
75
76  CanvasDemo() # GUI를 생성한다.
```

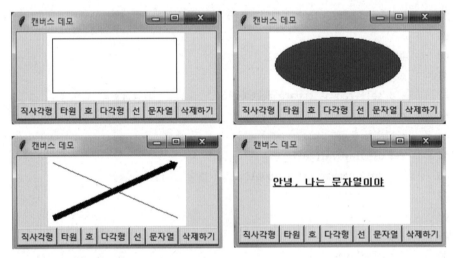

[그림 9.6] 기하 도형 및 문자열은 캔버스에 그려진다.

이 프로그램은 창을 생성하고(라인 5) 제목을 설정한다(라인 6). Canvas 위젯은 창 내부에 가로 200 픽셀, 세로 100 픽셀 크기 및 white 색상 배경으로 생성된다(라인 9-10).

7개의 버튼(*직사각형, 타원, 호, 다각형, 선, 문자열과 삭제하기* 이름이 붙은)이 생성된다(라인 16-29). *그리드 관리자*는 프레임에 한 행으로 버튼을 배치한다(라인 30-36).

그래픽을 그리기 위해서는 위젯에 그림을 어디에 그려야 하는지 지정해줘야 한다. 각각의 위젯은 좌측상단 모서리를 원점 (0, 0)으로 하는 독자적인 좌표계를 가지고 있다. x 좌표는 오른쪽 방향으로 좌표값이 증가하고 y 좌표는 아래 방향으로 증가한다. Tkinter 좌표계는 그림 9.7과 같이 일반적인 좌표계와는 다르다는 것에 유의해야 한다.

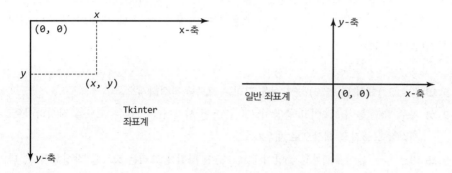

[그림 9.7] Tkinter 좌표계는 좌상단 코너를 (0, 0)으로 픽셀단위로 특정된다.

create_rectangle, create_oval, create_arc, create_polygon과 create_line 메소드(라인 42, 46, 51, 56 및 61)는 그림 9.8과 같이 사각형, 타원, 호, 다각형 및 선을 그리는 데 사용된다.

create_text 메소드는 텍스트 문자열을 그린다(라인 68). create_text(x, y, 텍스트)는 그림 9.8과 같이 텍스트의 가로와 세로의 중앙이 (x, y)인 곳에 텍스트를 출력한다.

모든 그리기 메소드는 도형을 식별하기 위해 tags 인자를 사용한다. 이 **tag**는 캔버스에 작성된 도형을 삭제하기 위한 delete 메소드에도 사용된다(라인 73–74).

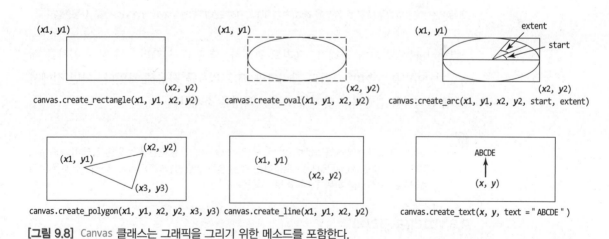

[그림 9.8] Canvas 클래스는 그래픽을 그리기 위한 메소드를 포함한다.

width 인자는 도형 작성에 사용되는 펜의 크기를 픽셀 단위로 지정한다(라인 52 및 63).

arrow 인자는 create_line과 함께 화살촉이 있는 선을 그리는 데 사용된다(라인 64). 화살촉은 first, end 또는 both의 인자 값에 따라 선의 시작, 끝 또는 양쪽에 나타낼 수 있다.

activefill 인자는 사용자가 마우스를 도형의 위로 옮길 때 도형의 색상을 변경시킨다(라인 64).

 체크 포인트

9.13 (34, 50)에서 (50, 90)까지 선을 그리는 코드를 작성하시오.

9.14 가로 100, 높이 100이고 중앙이 (70, 70)인 사각형을 그리는 코드를 작성하시오. 사각형을 빨간색 색상으로 채우시오.

9.15 가로 200, 높이 100이고 중앙이 (70, 70)인 타원을 그리는 코드를 작성하시오. 타원을 빨간색 색상으로 채우시오.

9.16 시작 각이 30도, 확장 각이 45도이고 좌측상단 모서리가 (10, 10), 우측하단 코너가 (80, 80)인 사각형에 내포되는 호를 그리는 코드를 작성하시오.

9.17 점 (10,10), (15,30), (140,10) 및 (10,100)으로 이루어진 다각형을 그리는 코드를 작성하시오. 도형을 빨간색 색상으로 채우시오.

9.18 어떻게 펜의 크기가 큰 펜으로 도형을 그리는가?

9.19 화살촉이 있는 선을 어떻게 그리는가?

9.20 마우스가 도형 위로 옮겨질 때 도형의 색상을 어떻게 변경시키는가?

9.6 기하 관리자

 키포인트

Tkinter는 컨테이너의 내부에 위젯을 배치하기 위해 기하 관리자(geometry manager)를 사용한다.

Tkinter는 세 기하 관리자, 그리드 관리자, 팩 관리자 그리고 위치 관리자를 제공한다. 여러분은 이미 그리드 관리자와 팩 관리자를 사용해 보았다. 이번 절에서는 세 관리자를 설명하고 몇몇 추가적인 특징을 소개한다.

 팁
각각의 관리자는 위젯을 배치하는 독자적인 스타일이 있기 때문에 동일한 컨테이너에서 위젯 배치를 위해 여러 관리자를 혼용하는 것은 좋은 연습방법이 아니다. 의도한 배치를 얻기 위해서는 프레임을 하위 컨테이너로 사용할 수 있다.

9.6.1 그리드 관리자

*그리드 관리자(grid manager)*는 컨테이너의 보이지 않는 격자 셀에 위젯을 배치한다. 위젯을 특정 행과 열에 지정하여 배치할 수 있다. 또한 rowspan과 columnspan을 사용하여 위젯을 여러 행과 열에 걸쳐 배치할 수도 있다. 코드 9.7은 그리드 관리자를 사용하여 그림 9.9와 같이 여러 위젯을 배치한다.

코드 9.7	GridManagerDemo.py

```python
1   from tkinter import * # tkinter의 모든 정의를 임포트한다.
2
3   class GridManagerDemo:
4       window = Tk() # 창을 생성한다.
5       window.title("그리드 관리자 데모") # 제목을 설정한다.
6
7       message = Message(window, text =
8           "이 메시지 위젯은 3개의 행과 2개의 열을 차지한다.")
9       message.grid(row = 1, column = 1, rowspan = 3, columnspan = 2)
10      Label(window, text = "이름:").grid(row = 1, column = 3)
11      Entry(window).grid(row = 1, column = 4, padx = 5, pady = 5)
12      Label(window, text = "성:").grid(row = 2, column = 3)
13      Entry(window).grid(row = 2, column = 4)
14      Button(window, text = "이름 가져오기").grid(row = 3,
15          padx = 5, pady = 5, column = 4, sticky = E)
16
17      window.mainloop() # 이벤트 루프를 생성한다.
18
19  GridManagerDemo() # GUI를 생성한다.
```

[그림 9.9] 그리드 관리자는 이러한 위젯을 배치하는 데 사용된다.

Message 위젯은 첫 번째 행과 첫 번째 열에 배치되고 세 개의 행과 두 개의 열로 확장된다(라인 9). *이름 가져오기*버튼을 셀의 동쪽에 붙이기 위한 sticky = E 옵션 (라인 15)을 사용하기 때문에 Entry 위젯과 함께 같은 열의 오른쪽으로 정렬된다. sticky 옵션은 결과 셀이 위젯 자체보다 클 경우 어떻게 위젯을 확장할 것인가를 정의한다. sticky 옵션은 상수 S, N, E 및 W의 조합 또는 NW, NE, SW 및 SE가 될 수 있다.

padx와 pady 옵션은 셀의 보조적인 가로 및 세로 공백을 끼워넣는다(라인 11과 15). 또한 ipadx와 ipady 옵션은 위젯의 경계 안쪽에 보조적인 가로 및 세로 공백을 삽입하기 위해 사용한다.

9.6.2 팩 관리자

*팩 관리자(pack manager)*는 여러 위젯을 세로로 배치하거나 나란히 배치시킬 수 있다. 또한 위젯의 전체 컨테이너를 채우기 위해 fill 옵션을 사용할 수도 있다.

코드 9.8은 그림 9.10(a)에서 보이는 바와 같이 세 개의 레이블을 출력한다. 이 세 개의 레이블은 일렬로 배치된다. 빨간색 레이블은 fill이 BOTH, expand가 1인 옵션을 사용한다. fill 옵션은 가로, 세로 또는 양쪽으로 채우기 위한 상수 X, Y 또는 BOTH를 사용한다. expand 옵션은 팩 관리자가 위젯 박스에 추가적인 공간을 할당하도록 지시한다. 만약 부모 위젯의 공간이 배치된 모든 위젯을 담기 위해 필요 공간보다 크다면, expand 옵션이 0이 아닌 값으로 설정된 위젯에 추가적인 공간이 배분된다.

코드 9.8   PackManagerDemo.py

```python
1   from tkinter import * # tkinter의 모든 정의를 임포트한다.
2
3   class PackManagerDemo:
4       def __init__(self):
5           window = Tk() # 창을 생성한다.
6           window.title("팩 관리자 데모 1") # 제목을 설정한다.
7
8           Label(window, text = "파랑", bg = "blue").pack()
9           Label(window, text = "빨강", bg = "red").pack(
10              fill = BOTH, expand = 1)
11          Label(window, text = "초록", bg = "green").pack(
12                  fill = BOTH)
13
14          window.mainloop() # 이벤트 루프를 생성한다.
15
16  PackManagerDemo() # GUI를 생성한다.
```

(a)   (b)

[그림 9.10] (a) 팩 관리자는 컨테이너를 채우기 위해 fill 옵션을 사용한다. (b) 위젯을 나란히 배치할 수 있다.

코드 9.9는 그림 9.10(b)에서와 같이 세 개의 레이블을 출력한다. 이 세 개의 레이블은 side 옵션을 사용하여 나란히 채워진다. side 옵션은 LEFT, RIGHT, TOP 또는 BOTTOM이 될 수 있다. 기본값은 TOP으로 설정된다.

코드 9.9	PackManagerDemoWithSide.py

```
1   from tkinter import * # tkinter의 모든 정의를 임포트한다.
2
3   class PackManagerDemoWithSide:
4       window = Tk() # 창을 생성한다.
5       window.title("팩 관리자 데모 2") # 제목을 설정한다.
6
7       Label(window, text = "파랑", bg = "blue").pack(side = LEFT)
8       Label(window, text = "빨강", bg = "red").pack(
9           side = LEFT, fill = BOTH, expand = 1)
10      Label(window, text = "초록", bg = "green").pack(
11          side = LEFT, fill = BOTH)
12
13      window.mainloop() # 이벤트 루프를 생성한다.
14
15  PackManagerDemoWithSide() # GUI를 생성한다.
```

9.6.3 위치 관리자

*위치 관리자(place manager)*는 절대 위치를 사용하여 위젯을 배치한다. 코드 9.10은 그림 9.11과 같이 세 개의 레이블을 출력한다.

코드 9.10	PlaceManagerDemo.py

```
1   from tkinter import * # tkinter의 모든 정의를 임포트한다.
2
3   class PlaceManagerDemo:
4       def __init__(self):
5           window = Tk() # 창을 생성한다.
6           window.title("위치 관리자 데모") # 제목을 설정한다.
7
8           Label(window, text = "파랑", bg = "blue").place(
9               x = 20, y = 20)
10          Label(window, text = "빨강", bg = "red").place(
11              x = 50, y = 50)
12          Label(window, text = "초록", bg = "green").place(
13              x = 80, y = 80)
```

```
14
15        window.mainloop() # 이벤트 루프를 생성한다.
16
17   PlaceManagerDemo() # GUI를 생성한다.
```

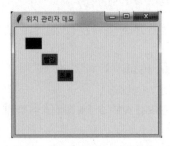

[그림 9.11] 위치 관리자는 절대 위치를 사용하여 위젯을 배치한다.ww

파란 레이블의 좌상단 코너의 좌표는 (20, 20)이다. 세 개의 레이블 모두 위치 관리자를 사용하여 배치된다.

노트

위치 관리자는 일부 컴퓨터에서 호환되지 않는다. 이 프로그램을 1024×768 해상도의 모니터를 사용하는 윈도우 운영체제에서 실행하면, 레이아웃 크기가 정확하게 맞는다. 그러나 이 프로그램이 높은 해상도의 모니터를 사용하는 윈도우 운영체제에서 실행되는 경우, 구성요소들이 매우 작고 조밀하게 모여 나타난다. 낮은 해상도의 모니터와 윈도우 운영체제에서 실행할 경우, 전체 위젯이 표시되지 않을 수 있다. 이러한 호환성 문제 때문에, 일반적으로 위치 관리자 사용을 피하는 것이 좋다.

9.21 버튼에 대한 팩 관리자를 사용하여 버튼에 다음과 같은 코드를 작성하면 어떤 문제가 발생하는가?

```
button.pack(LEFT)
```

9.22 위젯 사이에 공간을 끼워넣기 위해서는 어떤 기하 관리자를 사용하여야 하는가?

9.23 왜 위치 관리자를 사용하는 것을 피해야 하는가?

9.24 X, Y, BOTH, S, N, E 및 W, 또는 NW, NE, SW, 및 SE는 tkinter에서 정의된 상수이다. print 명령문을 사용하여 이들 상수의 정의된 값을 출력하시오.

9.7 사례 연구: 대출 계산기

이번 절에서는 GUI 위젯, 기하 관리자 및 이벤트를 사용한 예제를 살펴본다.

코드 2.8에서 대출상환금 계산을 위한 콘솔 기반의 프로그램을 개발하였다. 이번 절에서는 그림 9.12(a)에서 보이는 바와 같이 대출 상환금을 계산하기 위한 GUI 애플리케이션을 개발한다.

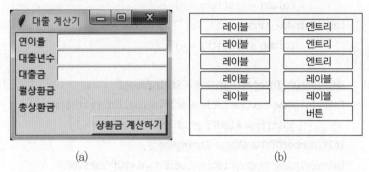

(a)   (b)

[그림 9.12] 프로그램은 대출 상환금을 계산하고 그래픽 사용자 인터페이스를 제공한다.

GUI 애플리케이션 개발에는 사용자 인터페이스 설계와 이벤트를 처리하는 코드를 작성하는 것이 포함된다. 이제 프로그램 작성의 주요 절차를 알아보자

1. 그림 9.12(b)와 같이 스케치를 그려 사용자 인터페이스(UI: User Interface)를 디자인한다. UI는 레이블, 텍스트 엔트리 상자 및 버튼으로 구성된다. 그리드 관리자를 사용하여 창에서 이 위젯들의 위치를 결정할 수 있다.
2. 이벤트를 처리한다. 버튼이 클릭되면, 프로그램은 텍스트 엔트리로부터 연이율, 대출년수, 대출금에 대한 사용자 입력을 읽고 월상환금과 총상환금을 계산하여 결과를 레이블에 출력하기 위한 콜백 함수를 호출한다.

완전한 프로그램은 코드 9.11과 같다.

코드 9.11	LoanCalculator.py

```python
1   from tkinter import * # tkinter의 모든 정의를 임포트한다.
2
3   class LoanCalculator:
4       def __init__(self):
5           window = Tk() # 창을 생성한다.
6           window.title("대출 계산기") # 제목을 설정한다.
7
8           Label(window, text = "연이율").grid(row = 1,
9                   column = 1, sticky = W)
10          Label(window, text = "대출년수").grid(row = 2,
11                  column = 1, sticky = W)
```

```
12          Label(window, text = "대출금").grid(row = 3,
13                  column = 1, sticky = W)
14          Label(window, text = "월상환금").grid(row = 4,
15                  column = 1, sticky = W)
16          Label(window, text = "총상환금").grid(row = 5,
17                  column = 1, sticky = W)
18
19          self.annualInterestRateVar = StringVar()
20          Entry(window, textvariable = self.annualInterestRateVar,
21                  justify = RIGHT).grid(row = 1, column = 2)
22          self.numberOfYearsVar = StringVar()
23          Entry(window, textvariable = self.numberOfYearsVar,
24                  justify = RIGHT).grid(row = 2, column = 2)
25          self.loanAmountVar = StringVar()
26          Entry(window, textvariable = self.loanAmountVar,
27                  justify = RIGHT).grid(row = 3, column = 2)
28
29          self.monthlyPaymentVar = StringVar()
30          lblMonthlyPayment = Label(window, textvariable =
31              self.monthlyPaymentVar).grid(row = 4, column = 2,
32                  sticky = E)
33          self.totalPaymentVar = StringVar()
34          lblTotalPayment = Label(window, textvariable =
35              self.totalPaymentVar).grid(row = 5,
36                  column = 2, sticky = E)
37          btComputePayment = Button(window, text = "상환금 계산하기",
38              command = self.computePayment).grid(
39                  row = 6, column = 2, sticky = E)
40
41          window.mainloop() # 이벤트 루프를 생성한다.
42
43      def computePayment(self):
44          monthlyPayment = self.getMonthlyPayment(
45              float(self.loanAmountVar.get()),
46              float(self.annualInterestRateVar.get()) / 1200,
47              int(self.numberOfYearsVar.get()))
48          self.monthlyPaymentVar.set(format(monthlyPayment, "10.2f"))
49          totalPayment = float(self.monthlyPaymentVar.get()) * 12 \
50              * int(self.numberOfYearsVar.get())
51          self.totalPaymentVar.set(format(totalPayment, "10.2f"))
```

```
52
53      def getMonthlyPayment(self,
54              loanAmount, monthlyInterestRate, numberOfYears):
55          monthlyPayment = loanAmount * monthlyInterestRate / (1
56              - 1 / (1 + monthlyInterestRate) ** (numberOfYears * 12))
57          return monthlyPayment
58
59  LoanCalculator() # GUI를 생성한다.
```

이 프로그램은 그리드 관리자를 사용하여 창에 레이블과 엔트리 및 버튼이
배치된 사용자 인터페이스를 생성한다(라인 8-39). 버튼의 command 옵션은
computePayment 메소드로 설정된다(라인 38). *상환금 계산하기* 버튼이 클릭되면
computePayment 메소드가 호출되어 사용자 입력으로부터 연이율, 대출년수, 대출
금을 읽고 월상환금과 총상환금을 계산한다(라인 43-51).

9.8 이미지 출력하기

레이블, 버튼, 체크 버튼, 또는 라디오 버튼에 이미지를 추가할 수 있다.

키포인트

이미지를 생성하기 위해서 다음과 같이 PhotoImage 클래스를 사용한다.

> photo = PhotoImage(file = 이미지 파일명)

이미지 파일은 반드시 GIF 형식으로 작성되어야만 한다. 다른 형식으로 작성된
이미지 파일을 GIF 형식으로 변환하기 위해서는 변환 유틸리티를 사용해야 한다.
코드 9.12는 레이블, 버튼, 체크 버튼 및 라디오 버튼에 어떻게 이미지를 추가
할 수 있는지 보여준다. 또한 그림 9.13과 같이 캔버스에 이미지를 출력하기 위해
create_image를 사용할 수도 있다.

코드 9.12 **ImageDemo.py**

```
1   from tkinter import * # tkinter의 모든 정의를 임포트한다.
2
3   class ImageDemo:
4       def __init__(self):
5           window = Tk() # 창을 생성한다.
6           window.title("이미지 데모") # 제목을 설정한다.
7
8           # PhotoImage 객체를 생성한다.
```

```
9      koreaImage = PhotoImage(file = "image/korea.gif")
10     chinaImage = PhotoImage(file = "image/china.gif")
11     leftImage = PhotoImage(file = "image/left.gif")
12     rightImage = PhotoImage(file = "image/right.gif")
13     usImage = PhotoImage(file = "image/usIcon.gif")
14     ukImage = PhotoImage(file = "image/ukIcon.gif")
15     crossImage = PhotoImage(file = "image/x.gif")
16     circleImage = PhotoImage(file = "image/o.gif")
17
18     # frame1은 레이블과 캔버스를 포함한다.
19     frame1 = Frame(window)
20     frame1.pack()
21     Label(frame1, image = koreaImage).pack(side = LEFT)
22     canvas = Canvas(frame1)
23     canvas.create_image(90, 50, image = chinaImage)
24     canvas["width"] = 200
25     canvas["height"] = 100
26     canvas.pack(side = LEFT)
27
28     # frame2는 버튼, 체크 버튼, 라디오 버튼을 포함한다.
29     frame2 = Frame(window)
30     frame2.pack()
31     Button(frame2, image = leftImage).pack(side = LEFT)
32     Button(frame2, image = rightImage).pack(side = LEFT)
33     Checkbutton(frame2, image = usImage).pack(side = LEFT)
34     Checkbutton(frame2, image = ukImage).pack(side = LEFT)
35     Radiobutton(frame2, image = crossImage).pack(side = LEFT)
36     Radiobutton(frame2, image = circleImage).pack(side = LEFT)
37
38     window.mainloop() # 이벤트 루프를 생성한다.
39
40  ImageDemo() # GUI를 생성한다.
```

[그림 9.13] ImageDemo 프로그램은 이미지를 사용한 위젯을 출력한다.

ImageDemo 프로그램은 라인 9–16에서 현재 프로그램 디렉터리 내부의 image 폴더에 이미지 파일의 위치시킨 후, 여러 개의 이미지를 위한 PhotoImage 객체를 생성한다. 이 객체는 위젯에서 사용된다. 이미지는 Label, Button, Checkbutton 및 RadioButton의 속성(라인 21, 31–36)으로 사용된다. 이미지가 Canvas의 속성은 아니지만 캔버스에 이미지를 출력하기 위해 create_image 메소드를 사용할 수 있다(라인 23). 실제로 하나의 캔버스에 여러 개의 이미지를 출력할 수 있다.

9.25 파이썬에서 지원되는 이미지 형식은 무엇인가?

9.26 PhotoImage를 생성하기 위한 다음의 명령문은 무엇이 문제인가?

```
image = PhotoImage("image/us.gif")
```

9.27 경로가 c:\pybook\image\korea.gif인 이미지를 보여주는 버튼을 어떻게 생성하는가?

9.9 메뉴

메뉴, 팝업 메뉴 및 툴바를 생성할 수 있다.

Tkinter는 그래픽 사용자 인터페이스 생성을 위한 종합적인 해결방법을 제공한다. 이번 절에서는 메뉴, 팝업 메뉴 및 툴바를 소개한다.

메뉴(menu)는 선택을 간편하게 만들기 때문에 윈도우 운영체제에서 폭넓게 사용된다. 메뉴 바와 메뉴를 생성하기 위해 Menu 클래스를 사용하고 메뉴에 항목을 추가하기 위해서 add_command 메소드를 사용한다.

코드 9.13은 그림 9.14와 같은 메뉴를 어떻게 생성하는지 보여준다.

코드 9.13   MenuDemo.py

```
1   from tkinter import *
2
3   class MenuDemo:
4       def __init__(self):
5           window = Tk()
6           window.title("메뉴 데모")
7
8           # 메뉴 바를 생성한다.
9           menubar = Menu(window)
10          window.config(menu = menubar) # 메뉴 바를 출력한다.
11
```

```
12      # 풀다운 메뉴를 생성하고, 메뉴바에 추가한다.
13      operationMenu = Menu(menubar, tearoff = 0)
14      menubar.add_cascade(label = "연산", menu = operationMenu)
15      operationMenu.add_command(label = "더하기",
16          command = self.add)
17      operationMenu.add_command(label = "빼기",
18          command = self.subtract)
19      operationMenu.add_separator()
20      operationMenu.add_command(label = "곱하기",
21          command = self.multiply)
22      operationMenu.add_command(label = "나누기",
23          command = self.divide)
24
25      # 추가적인 풀다운 메뉴를 생성한다.
26      exitmenu = Menu(menubar, tearoff = 0)
27      menubar.add_cascade(label = "나가기", menu = exitmenu)
28      exitmenu.add_command(label = "종료하기", command = window.quit)
29
30      # 툴바 프레임을 추가한다.
31      frame0 = Frame(window) # 프레임을 생성하고 창에 추가한다.
32      frame0.grid(row = 1, column = 1, sticky = W)
33
34      # 이미지를 생성한다.
35      plusImage = PhotoImage(file = "image/plus.gif")
36      minusImage = PhotoImage(file = "image/minus.gif")
37      timesImage = PhotoImage(file = "image/times.gif")
38      divideImage = PhotoImage(file = "image/divide.gif")
39
40      Button(frame0, image = plusImage, command =
41          self.add).grid(row = 1, column = 1, sticky = W)
42      Button(frame0, image = minusImage,
43          command = self.subtract).grid(row = 1, column = 2)
44      Button(frame0, image = timesImage,
45          command = self.multiply).grid(row = 1, column = 3)
46      Button(frame0, image = divideImage,
47          command = self.divide).grid(row = 1, column = 4)
48
49      # 레이블과 엔트리를 frame1에 추가한다.
50      frame1 = Frame(window)
51      frame1.grid(row = 2, column = 1, pady = 10)
```

```
52        Label(frame1, text = "숫자 1:").pack(side = LEFT)
53        self.v1 = StringVar()
54        Entry(frame1, width = 5, textvariable = self.v1,
55            justify = RIGHT).pack(side = LEFT)
56        Label(frame1, text = "숫자 2:").pack(side = LEFT)
57        self.v2 = StringVar()
58        Entry(frame1, width = 5, textvariable = self.v2,
59            justify = RIGHT).pack(side = LEFT)
60        Label(frame1, text = "결과:").pack(side = LEFT)
61        self.v3 = StringVar()
62        Entry(frame1, width = 5, textvariable = self.v3,
63            justify = RIGHT).pack(side = LEFT)
64
65        # 버튼을 frame2에 추가한다.
66        frame2 = Frame(window) # 프레임을 생성하고 창에 추가한다.
67        frame2.grid(row = 3, column = 1, pady = 10, sticky = E)
68        Button(frame2, text = "더하기", command = self.add).pack(
69            side = LEFT)
70        Button(frame2, text = "빼기",
71            command = self.subtract).pack(side = LEFT)
72        Button(frame2, text = "곱하기",
73            command = self.multiply).pack(side = LEFT)
74        Button(frame2, text = "나누기",
75            command = self.divide).pack(side = LEFT)
76
77        mainloop()
78
79    def add(self):
80        self.v3.set(eval(self.v1.get()) + eval(self.v2.get()))
81
82    def subtract(self):
83        self.v3.set(eval(self.v1.get()) - eval(self.v2.get()))
84
85    def multiply(self):
86        self.v3.set(eval(self.v1.get()) * eval(self.v2.get()))
87
88    def divide(self):
89        self.v3.set(eval(self.v1.get()) / eval(self.v2.get()))
90
91 MenuDemo() # GUI를 생성한다.
```

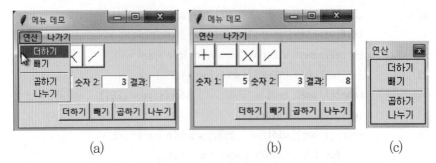

[그림 9.14] 프로그램 메뉴 명령어, 툴바 버튼 및 버튼을 사용하여 산술 연산을 수행한다.

이 프로그램은 라인 9에서 메뉴 바를 생성하고 창에 생성된 메뉴 바를 추가한다. 메뉴를 출력하기 위해, `config` 메소드를 사용하여 컨테이너에 메뉴 바를 추가(라인 10)한다. 메뉴 바 내부에 메뉴를 생성하기 위해 메뉴 바를 부모 컨테이너로 사용(라인 13)하고 메뉴 레이블을 설정하기 위해 메뉴 바의 `add_cascade` 메소드를 호출(라인 14)한다. 이 후에 메뉴에 메뉴 항목을 추가하기 위해 `add_command` 메소드를 사용한다(라인 15-23). 메뉴가 창 밖으로 옮겨질 수 없도록 `tearoff`는 0으로 설정된다는 것에 유의해야 한다. `tearoff` 옵션이 설정되지 않으면, 그림 9.14(c)에서 보이는 바와 같이 메뉴가 창 외부로 옮겨질 수 있다.

프로그램은 Exit라는 또 다른 메뉴를 생성(라인 26-27)하고 `Quit` 메뉴 항목을 Exit 메뉴에 추가(라인 28)한다.

또한 프로그램은 프레임 `frame0`을 생성(라인 31-32)하고 툴바 버튼을 담기 위해 사용한다. 툴바 버튼은 이미지가 있는 버튼으로 `PhotoImage` 클래스를 사용하여 생성(라인 35-38)된다. 버튼의 `command` 옵션은 툴바 버튼이 클릭되었을 때 호출되는 콜백 함수를 지정한다(라인 40-47).

프로그램은 프레임 `frame1`을 생성(라인 50-51)하고 숫자를 입력하기 위한 레이블과 엔트리를 수용하기 위해 사용된다. 변수 `v1`, `v2` 및 `v3`는 엔트리에 연결된다(라인 53, 57 및 61).

프로그램은 프레임 `frame2`를 생성(라인 66-67)하고 *더하기*, *빼기*, *곱하기* 및 *나누기*에 대한 4개의 버튼을 담기 위해 사용한다. 더하기 버튼, 더하기 메뉴 항목 및 더하기 툴바 버튼은 동일한 콜백 함수 `add`에 연결(라인 79-80)되어 버튼, 메뉴 항목, 툴바 버튼 중에 하나가 클릭되면 호출된다.

9.10 팝업 메뉴

컨텍스트 메뉴(context menu)라고도 불리는 팝업 메뉴는 일반적인 메뉴와 유사하지만 메뉴 바가 없고 스크린 어느 곳에서도 위치할 수 있다.

키포인트

    팝업 메뉴(popup menu)를 생성하는 것은 일반 메뉴를 생성하는 것과 유사하다. 첫째 Menu의 인스턴스를 생성한 후에 항목을 추가한다. 마지막으로 메뉴를 팝업시키기 위한 이벤트를 위젯에 연결한다.

    코드 9.14의 예제는 그림 9.15에서 보이는 바와 같이 캔버스에 출력될 도형을 선택하기 위해 팝업 메뉴 명령을 사용한다.

코드 9.14	PopupMenuDemo.py

```
1   from tkinter import * # tkinter의 모든 정의를 임포트한다.
2
3   class PopupMenuDemo:
4       def __init__(self):
5           window = Tk() # 창을 생성한다.
6           window.title("팝업 메뉴 데모") # 제목을 설정한다.
7
8           # 팝업 메뉴를 생성한다.
9           self.menu = Menu(window, tearoff = 0)
10          self.menu.add_command(label = "선 그리기",
11              command = self.displayLine)
12          self.menu.add_command(label = "타원 그리기",
13              command = self.displayOval)
14          self.menu.add_command(label = "사각형 그리기",
15              command = self.displayRect)
16          self.menu.add_command(label = "지우기",
17              command = self.clearCanvas)
18
19          # 창에 캔버스를 배치한다.
20          self.canvas = Canvas(window, width = 200,
21              height = 100, bg = "white")
22          self.canvas.pack()
23
24          # 팝업을 캔버스에 연결한다.
25          self.canvas.bind("<Button-3>", self.popup)
26
```

```
27          window.mainloop() # 이벤트 루프를 생성한다.
28
29      # 사각형을 출력한다.
30      def displayRect(self):
31          self.canvas.create_rectangle(10, 10, 190, 90, tags = "rect")
32
33      # 타원을 출력한다.
34      def displayOval(self):
35          self.canvas.create_oval(10, 10, 190, 90, tags = "oval")
36
37      # 두 개의 선을 출력한다.
38      def displayLine(self):
39          self.canvas.create_line(10, 10, 190, 90, tags = "line")
40          self.canvas.create_line(10, 10, 190, 90, tags = "line")
41
42      # 도형을 삭제한다.
43      def clearCanvas(self):
44          self.canvas.delete("rect", "oval", "line")
45
46      def popup(self, event):
47          self.menu.post(event.x_root, event.y_root)
48
49  PopupMenuDemo() # GUI를 생성한다.
```

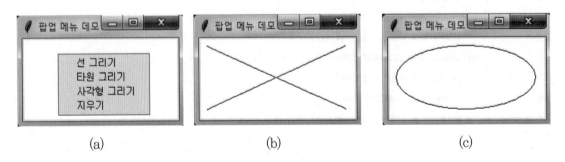

(a)   (b)   (c)

[그림 9.15] 프로그램은 캔버스가 클릭되면 팝업 메뉴를 출력한다.

이 프로그램은 메뉴 항목을 포함하는 메뉴를 생성한다(라인 9-17). 그리고 도형을 출력하기 위해 캔버스를 생성한다. 메뉴 항목은 캔버스가 도형을 그리도록 지시하는 콜백 함수를 사용한다.

관례적으로 위젯을 지정하고 오른쪽 마우스 버튼을 클릭하여 팝업 메뉴를 출력한다. 따라서 프로그램은 canvas에 오른쪽 마우스 버튼 클릭과 popup 콜백 함수를

연결한다(라인 25). 오른쪽 마우스 버튼이 클릭되면, popup 콜백 함수가 호출되어
마우스가 클릭된 위치에 메뉴가 출력된다.

9.28 메뉴 바를 출력하기 위해 어떠한 메소드를 사용하는가?
9.29 어떻게 팝업 메뉴를 출력하는가?

체크
포인트

9.11 마우스, 키보드 이벤트와 바인딩

마우스와 키 이벤트를 위젯에 연결하기 위해 bind 메소드를 사용한다.

키포인트

앞선 예제에서는 마우스 이벤트와 콜백 함수를 연결하기 위해 다음과 같은 문법
으로 위젯의 bind 메소드를 사용하였다.

위젯.**bind**(이벤트, 핸들러)

지정된 이벤트와 일치하는 이벤트가 발생하면, 핸들러(handler)가 호출된다. 앞
선 예제에서 이벤트는 <Button-3>이고 핸들러 함수는 popup이다. 이벤트(event)란
어떤 사건이 발생하면 자동적으로 생성되는 표준 Tkinter 객체이다. 모든 핸들러는
이벤트를 인자로 갖는다. 다음 예제는 이벤트를 인자로 사용하는 핸들러를 정의한
다.

```
def popup(event):
    menu.post(event.x_root, event.y_root)
```

event 객체는 이벤트와 관련하여 이벤트를 설명하는 여러 개의 속성을 갖는다.
예를 들면, 마우스 이벤트에 대해 event 객체는 픽셀 단위로 현재 마우스 위치를
얻기 위해 x, y 속성을 사용한다.

표 9.2는 자주 사용되는 이벤트를 나열하고 표 9.3은 몇몇 이벤트의 속성을 나열
하고 있다.

코드 9.15의 프로그램은 마우스와 키 이벤트를 처리한다. 이 프로그램은 그림
9.16(a)와 같은 창을 출력한다. 마우스와 키 이벤트가 처리되면 처리 과정의 정보가
그림 9.16(b)에서와 같이 명령 창에 출력된다.

〈표 9.2〉 이벤트

이벤트	설명
`<Bi-Motion>`	마우스 버튼이 위젯 위에서 눌린 상태에서 움직였을 때 발생하는 이벤트
`<Button-i>`	Button-1, Button-2와 Button-3은 왼쪽, 가운데와 오른쪽 버튼을 나타낸다. 위젯 위에서 마우스 버튼이 눌렸을 때, Tkinter는 자동적으로 마우스 포인터의 위치를 확보한다. ButtonPressed-i는 Button-i와 동일하다.
`<ButtonReleased-i>`	마우스 버튼이 해제되었을 때 발생하는 이벤트
`<Double-Button-i>`	마우스 버튼이 두 번 클릭되었을 때 발생하는 이벤트
`<Enter>`	마우스 포인터가 위젯에 들어왔을 때 발생하는 이벤트
`<Key>`	키가 눌렸을 때 발생하는 이벤트
`<Leave>`	마우스 포인터가 위젯을 벗어날 때 발생하는 이벤트
`<Return>`	*Enter* 키가 눌렸을 때 발생하는 이벤트. 이 이벤트와 키보드의 A, B, 위, 아래, 왼쪽, 오른쪽 등과 같은 어떤 키와도 결합시킬 수 있다.
`<Shift+A>`	*Shift*+A 키가 눌렸을 때 발생하는 이벤트. *Alt*, *Shift* 또는 *Control*과 다른 키와의 조합이 가능하다.
`<Triple-Button-i>`	마우스 버튼이 세 번 클릭되었을 때 발생하는 이벤트

〈표 9.3〉 이벤트 속성

이벤트 속성	설명
char	키 이벤트에 대해 키보드로부터 입력된 문자
keycode	키 이벤트에 대해 키보드로부터 입력된 문자의 키 코드(즉, 유니코드)
keysym	키 이벤트에 대해 키보드로부터 입력되는 키에 대한 키의 기호(즉, 문자)
num	어떤 마우스 버튼이 클릭되었는지 나타내는 버튼 번호(1, 2, 3)
widget	이 이벤트를 발생시킨 위젯 객체
x, y	위젯 내부의 픽셀 단위의 현재 마우스의 위치
x_root, y_root	스크린의 좌측상단 모서리를 기준으로 픽셀 단위의 현재 마우스의 위치

코드 9.15   MouseKeyEventDemo.py

```
1  from tkinter import * # tkinter의 모든 정의를 임포트한다.
2
3  class MouseKeyEventDemo:
4      def __init__(self):
5          window = Tk() # 창을 생성한다.
6          window.title("이벤트 데모") # 제목을 설정한다.
7          canvas = Canvas(window, bg = "white", width = 200, height = 100)
8          canvas.pack()
9
10         # <Button-1> 이벤트를 연결한다.
```

```
11          canvas.bind("<Button-1>", self.processMouseEvent)
12
13          # <Key> 이벤트를 연결한다.
14          canvas.bind("<Key>", self.processKeyEvent)
15          canvas.focus_set()
16
17          window.mainloop() # 이벤트 루프를 생성한다.
18
19      def processMouseEvent(self, event):
20          print(event.x, event.y, "에서 클릭되었습니다.")
21          print("스크린에서의 위치는", event.x_root, event.y_root, "입니다.")
22          print("어떤 버튼을 클릭되었습니까? ", event.num)
23
24      def processKeyEvent(self, event):
25          print("키 심볼? ", event.keysym)
26          print("문자? ", event.char)
27          print("키 코드? ", event.keycode)
28
29  MouseKeyEventDemo() # GUI를 생성한다.
```

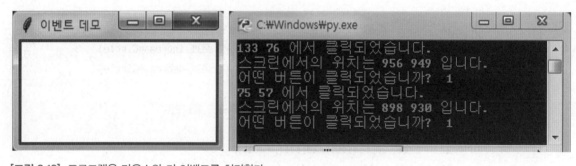

[그림 9.16] 프로그램은 마우스와 키 이벤트를 처리한다.

이 프로그램은 캔버스를 생성(라인 7)하고 마우스 이벤트 <Button-1>을 캔버스의 콜백 함수 processMouseEvent(라인 11)와 연결한다. 캔버스에는 아무것도 그려져 있지 않기 때문에 그림 9.16(a)와 같은 백지상태이다. 캔버스 위에서 왼쪽 마우스 버튼이 클릭되면, 이벤트가 생성된다. 캔버스상(라인 20)에서, 스크린상(라인 21)에서의 마우스의 위치와 어떤 마우스 버튼이 클릭되었는지(라인 22)를 출력하는 이벤트를 처리하기 위해 processMouseEven가 호출된다.

또한 Canvas 위젯은 키 이벤트에 대한 출처가 된다. 프로그램은 캔버스에서 키 이벤트와 processKeyEvent 콜백 함수를 연결(라인 14)하고 캔버스에 초점을 설정하여 캔버스가 키보드로부터 입력값을 받을 수 있게 한다(라인 15).

코드 9.16은 캔버스에 한 개의 원을 출력한다. 원의 반지름은 그림 9.17과 같이 왼쪽 마우스 클릭으로 증가되고 오른쪽 마우스 클릭으로 감소된다.

코드 9.16   EnlargeShrinkCircle.py

```python
1   from tkinter import * # tkinter의 모든 정의를 임포트한다.
2
3   class EnlargeShrinkCircle:
4       def __init__(self):
5           self.radius = 50
6
7           window = Tk() # 창을 생성한다.
8           window.title("원 제어 데모") # 제목을 설정한다.
9           self.canvas = Canvas(window, bg = "white",
10              width = 200, height = 200)
11          self.canvas.pack()
12          self.canvas.create_oval(
13              100 - self.radius, 100 - self.radius,
14              100 + self.radius, 100 + self.radius, tags = "oval")
15
16          # 캔버스와 마우스 이벤트를 연결한다.
17          self.canvas.bind("<Button-1>", self.increaseCircle)
18          self.canvas.bind("<Button-3>", self.decreaseCircle)
19
20          window.mainloop() # 이벤트 루프를 생성한다.
21
22      def increaseCircle(self, event):
23          self.canvas.delete("oval")
24          if self.radius < 100:
25              self.radius += 2
26          self.canvas.create_oval(
27              100 - self.radius, 100 - self.radius,
28              100 + self.radius, 100 + self.radius, tags = "oval")
29
30      def decreaseCircle(self, event):
31          self.canvas.delete("oval")
32          if self.radius > 2:
33              self.radius -= 2
34          self.canvas.create_oval(
```

```
35              100 - self.radius, 100 - self.radius,
36              100 + self.radius, 100 + self.radius, tags = "oval")
37
38  EnlargeShrinkCircle() # GUI를 생성한다.
```

이 프로그램은 캔버스를 생성(라인 9)하고 초기 반지름이 50인 원을 출력(라인 5와 12-14)한다. 캔버스는 마우스 이벤트 <Button-1>을 핸들러 *increaseCircle*(라인 17)에 마우스 이벤트 <Button-3>을 *decreaseCircle*(라인18)에 연결한다. 따라서 왼쪽 마우스 버튼이 눌려지면, 반지름을 증가시키는 increaseCircle 함수가 호출(라인 24-25)되고 원이 재출력(라인 26-28)된다. 오른쪽 마우스 버튼이 눌려지면, 반지름은 감소(라인 32-33)시키고 원을 재출력(라인 34-36)하는 decreaseCircle 함수가 호출된다.

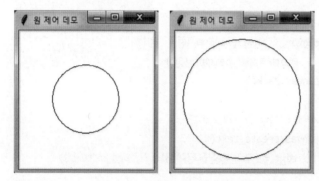

[그림 9.17] 프로그램은 원의 크기를 제어하기 위해 마우스 이벤트를 사용한다.

9.30 캔버스에 왼쪽 마우스 클릭과 콜백 함수 p를 어떻게 연결하는가?

9.31 오른쪽 마우스 버튼이 눌려 있는 상태에서 움직이는 마우스에 대한 이벤트는 무엇인가?

9.32 왼쪽 마우스 버튼 두 번 클릭했을 때 발생하는 이벤트는 무엇인가?

9.33 가운데 마우스 버튼을 세 번 클릭했을 때 발생하는 이벤트는 무엇인가?

9.34 이벤트 핸들링 함수에 자동으로 전달되는 인자는 무엇인가?

9.35 이벤트 객체로부터 어떻게 현재 마우스 위치를 구하는가?

9.36 이벤트 객체로부터 어떻게 키의 문자를 구하는가?

체크
포인트

9.12 애니메이션

애니메이션(animation)은 연속된 그림을 출력하여 생성한다.

키포인트

Canvas 클래스는 애니메이션 개발에도 사용될 수 있다. 캔버스상에 그래픽과 텍스트를 출력하고 move(tags, dx, dy) 메소드를 사용하여 특정 태그가 붙은 그래픽을 dx가 양수이면 dx 픽셀만큼 오른쪽으로, dy가 양수이면 아래쪽으로 이동시킬 수 있다. dx 또는 dy가 음수이면, 그래픽은 왼쪽 또는 위로 이동시킬 수 있다.

코드 9.17의 프로그램은 그림 9.18에서 보이는 바와 같이 왼쪽에서 오른쪽으로 반복적으로 움직이는 메시지를 출력한다.

코드 9.17   AnimationDemo.py

```python
1   from tkinter import * # tkinter의 모든 정의를 임포트한다.
2
3   class AnimationDemo:
4       def __init__(self):
5           window = Tk() # 창을 생성한다.
6           window.title("애니메이션 데모") # 제목을 설정한다.
7
8           width = 250 # 캔버스의 폭
9           canvas = Canvas(window, bg = "white",
10              width = 250, height = 50)
11          canvas.pack()
12
13          x = 0 # 시작 위치의 x 좌표
14          canvas.create_text(x, 30,
15              text = "메시지가 움직이나요?", tags = "text")
16
17          dx = 3
18          while True:
19              canvas.move("text", dx, 0) # dx 단위만큼 텍스트를 움직인다.
20              canvas.after(100) # 100 밀리초 동안 슬립한다.
21              canvas.update() # 캔버스를 업데이트한다.
22              if x < width:
23                  x += dx # 문자열의 현재 위치를 가져온다.
24              else:
25                  x = 0 # 문자열을 시작 위치로 재설정한다.
26                  canvas.delete("text")
27                  # 시작 위치에 문자열을 다시 그린다.
28                  canvas.create_text(x, 30, text = "메시지가 움직이나요?",
29                                      tags = "text")
30
31          window.mainloop() # 이벤트 루프를 생성한다.
32
33  AnimationDemo() # GUI 생성한다.
```

[그림 9.18] 프로그램은 이동 메시지를 애니메이션화한다.

프로그램은 캔버스를 생성(라인 9)하고 캔버스의 특정 초기 위치에 텍스트를 출력(라인 13-15)한다. 애니메이션은 기본적으로 다음의 세 명령문을 반복하여 생성할 수 있다(라인 19-21)

```
canvas.move("text", dx, 0) # text를 dx 단위만큼 옮긴다
canvas.after(100) # 100 밀리초 동안 멈춘다
canvas.update() # 캔버스 업데이트
```

초기 위치의 x 좌표값은 canvas.move를 호출(라인 19)하여 오른쪽 dx 단위만큼 이동된다. canvas.after(100)를 호출하여 프로그램을 100 밀리초 동안 멈추게 한다(라인 20). 그리고 canvas.update()를 호출하여 캔버스를 재출력(라인 21)한다.

애니메이션의 속도, 정지, 재시작을 제어하기 위한 도구를 추가할 수 있다. 코드 9.18은 그림 9.19와 같이 애니메이션을 제어하는 네 개의 버튼을 추가하여 코드 9.17을 재작성한 프로그램이다.

코드 9.18	ControlAnimation.py

```python
1   from tkinter import * # tkinter의 모든 정의를 임포트한다.
2
3   class ControlAnimation:
4       def __init__(self):
5           window = Tk() # 창을 생성한다.
6           window.title("애니메이션 제어 데모") # 제목을 설정한다.
7
8           self.width = 250 # self.canvas의 폭
9           self.canvas = Canvas(window, bg = "white",
10              width = self.width, height = 50)
11          self.canvas.pack()
12
13          frame = Frame(window)
14          frame.pack()
15          btStop = Button(frame, text = "정지", command = self.stop)
16          btStop.pack(side = LEFT)
```

```
17        btResume = Button(frame, text = "재시작",
18            command = self.resume)
19        btResume.pack(side = LEFT)
20        btFaster = Button(frame, text = "빠르게",
21            command = self.faster)
22        btFaster.pack(side = LEFT)
23        btSlower = Button(frame, text = "느리게",
24            command = self.slower)
25        btSlower.pack(side = LEFT)
26
27        self.x = 0 # 시작 위치의 x 좌표
28        self.sleepTime = 100 # 슬립 시간을 설정한다.
29        self.canvas.create_text(self.x, 30,
30            text = "메시지가 움직이나요?", tags = "text")
31
32        self.dx = 3
33        self.isStopped = False
34        self.animate()
35
36        window.mainloop() # 이벤트 루프를 생성한다.
37
38    def stop(self): # 애니메이션을 정지한다.
39        self.isStopped = True
40
41    def resume(self): # 애니메이션을 재시작한다.
42        self.isStopped = False
43        self.animate()
44
45    def faster(self): # 애니메이션의 속도를 높인다.
46        if self.sleepTime > 5:
47            self.sleepTime -= 20
48
49    def slower(self): # 애니메이션의 속도를 늦춘다.
50        self.sleepTime += 20
51
52    def animate(self): # 메시지를 옮긴다.
53        while not self.isStopped:
54            self.canvas.move("text", self.dx, 0) # text를 옮긴다.
55            self.canvas.after(self.sleepTime) # 슬립
56            self.canvas.update() # 캔버스를 업데이트한다.
```

```
57          if self.x < self.width:
58              self.x += self.dx # 새로운 위치 설정
59          else:
60              self.x = 0 # 문자열의 위치를 시작위치로 재설정한다.
61              self.canvas.delete("text")
62              # 시작위치에 문자열을 다시 그린다.
63              self.canvas.create_text(self.x, 30,
64                  text = "메시지가 움직이나요?", tags = "text")
65
66  ControlAnimation() # GUI를 생성한다.
```

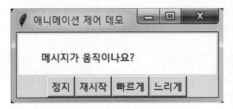 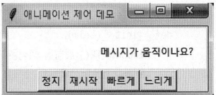

[그림 9.19] 프로그램은 애니메이션을 제어하기 위해 버튼을 사용한다.

이 프로그램은 `animate()`를 호출하여 애니메이션을 시작시킨다(라인 34). `isStopped` 변수는 애니메이션이 계속 움직여야 하는지 결정한다. 초기에 이 변수 값을 False로 설정된다(라인 33). `isStopped` 변수가 False이면, `animate` 메소드의 루프는 계속 실행된다(라인 53-64).

정지, *재시작*, *빠르게* 또는 *느리게* 버튼을 클릭하면 애니메이션이 정지 또는 재시작되거나 빠르게 또는 느리게 실행된다. *정지* 버튼이 클릭되면, `isStopped`를 True로 설정하는 Stop 함수가 호출된다(라인 39). 따라서 애니메이션 루프가 종료된다(라인 53). *재시작* 버튼이 클릭되면, `isStopped`을 False로 설정하는 resume 함수가 호출(라인 42)되고 애니메이션이 재시작된다(라인 43).

애니메이션의 속도는 처음에는 100 밀리초로 설정되는 sleepTime 변수에 의해 제어된다. *빠르게* 버튼이 클릭되면, sleepTime을 20만큼 줄이는 `faster` 메소드가 호출된다(라인 47). *느리게* 버튼이 클릭되면, sleepTime이 20만큼 증가시키는 `slower` 함수가 호출된다(라인 50).

9.37 프로그램을 멈추게 하는 데 사용하는 메소드는 무엇인가?

9.38 그림을 업데이트하는 데 사용하는 메소드는 무엇인가?

 체크
포인트

9.13 스크롤바

키포인트   Scrollbar 위젯은 Text, Canvas 또는 ListBox 위젯 내부에 입력된 내용을 세로 또는 가로로 스크롤 (scroll)하는 데 사용될 수 있다.

코드 9.19는 그림 9.20에서 보이는 바와 같이 Text 위젯에서 스크롤하는 예제를 제공한다.

코드 9.19   ScrollText.py

```
1   from tkinter import * # tkinter의 모든 정의를 임포트한다.
2
3   class ScrollText:
4       def __init__(self):
5           window = Tk() # 창을 생성한다.
6           window.title("텍스트 스크롤 데모") # 제목을 설정한다.
7
8           frame1 = Frame(window)
9           frame1.pack()
10          scrollbar = Scrollbar(frame1)
11          scrollbar.pack(side = RIGHT, fill = Y)
12          text = Text(frame1, width = 40, height = 10, wrap = WORD,
13              yscrollcommand = scrollbar.set)
14          text.pack()
15          scrollbar.config(command = text.yview)
16
17          window.mainloop() # 이벤트 루프를 생성한다.
18
19  ScrollText() # GUI를 생성한다.
```

[그림 9.20] Text 위젯에서 현재 보이지 않는 텍스트를 보기 위해 스크롤바(맨 오른쪽)를 사용할 수 있다.

코드 9.18의 프로그램은 Scrollbar를 생성(라인 10)하고 텍스트의 오른쪽에 위 치시킨다(라인 11). 스크롤바는 Text 위젯에 묶여(라인 15)있기 때문에 Text 위젯의 내용이 스크롤된다.

9.39 스크롤바와 함께 사용될 수 있는 위젯은 무엇인가?

9.40 스크롤바와 뷰를 어떻게 연결하는가?

 체크
포인트

9.14 표준 다이얼로그 박스

메시지 박스를 출력하거나 사용자로부터 숫자와 문자열을 입력받기 위해 표준 다이얼로그 박스를 사용한다.

 키포인트

　마지막으로, Tkinter의 표준 다이얼로그 박스(때때로 간단히 줄여 *다이얼로그*라고도 한다.)에 대해 살펴보자. 코드 9.20은 표준 다이얼로그 박스를 사용한 예제를 제공한다. 이 프로그램의 실행 예는 그림 9.21에서 보여주고 있다.

코드 9.20	DialogDemo.py

```python
1  import tkinter.messagebox
2  import tkinter.simpledialog
3  import tkinter.colorchooser
4
5  tkinter.messagebox.showinfo("showinfo", "이것은 알림 메시지입니다.")
6
7  tkinter.messagebox.showwarning("showwarning", "이것은 경고 메시지입니다.")
8
9  tkinter.messagebox.showerror("showerror", "이것은 에러 메시지입니다.")
10
11 isYes = tkinter.messagebox.askyesno("askyesno", "계속?")
12 print(isYes)
13
14 isOK = tkinter.messagebox.askokcancel("askokcancel", "OK?")
15 print(isOK)
16
17 isYesNoCancel = tkinter.messagebox.askyesnocancel(
18     "askyesnocancel", "예, 아니오, 취소?")
19 print(isYesNoCancel)
20
21 name = tkinter.simpledialog.askstring(
22     "askstring", "이름을 입력하세요")
23 print(name)
24
25 age = tkinter.simpledialog.askinteger(
```

```
26      "askinteger", "나이를 입력하세요")
27  print(age)
28
29  weight = tkinter.simpledialog.askfloat(
30      "askfloat", "몸무게를 입력하세요")
31  print(weight)
```

프로그램은 알림 메시지(라인 5), 경고(라인 7) 및 오류(라인 9)를 출력하는 showinfo, showwarning과 showerror 함수를 호출한다. 이 함수들은 tkinter.messagebox 모듈(라인 1)에서 정의된다.

askyesno 함수는 다이얼로그 박스에 *예*와 *아니오* 버튼을 출력한다(라인 11). *예* 버튼이 클릭되면 askyesno 함수는 True를 반환하고 *아니오* 버튼이 클릭되면 False를 반환한다.

[그림 9.21] 메시지 박스를 출력하고 입력을 받기 위한 표준 다이얼로그를 사용할 수 있다.

askokcancel 함수는 다이얼로그 박스에 *OK*와 *Cancel* 박스를 출력(라인 14)한다. *OK* 버튼이 클릭되면 askokcancel 함수는 True를 반환하고, *Cancel* 버튼이 클릭되면 False를 반환한다.

askyesnocancel 함수는 다이얼로그 박스에 *예*, *아니오*와 *취소*버튼을 출력(라인 17)한다. *예* 버튼이 클릭되면 askyesnocancel 함수는 True를, *아니오* 버튼이 클릭되면 False를, 취소 버튼이 클릭되면 None을 반환한다.

askstring 함수(21번 라인)는 *OK* 버튼이 클릭되면 다이얼로그 박스로부터 입력받은 문자열을 반환하고 *Cancel* 버튼이 클릭되면 None을 반환한다.

askinteger 함수(25번 라인)는 *OK* 버튼이 클릭되면 다이얼로그 박스로부터 입력받은 정수를 반환하고 *Cancel* 버튼이 클릭되면 None을 반환한다.

askfloat 함수(29번 라인)는 *OK* 버튼이 클릭되면 다이얼로그 박스로부터 입력받은 실수를 반환하고 *Cancel* 버튼이 클릭되면 None을 반환한다.

모달 모든 다이얼로그 박스는 *모달 창(modal window)*이기 때문에 다이얼로그가 닫히기 전까지 프로그램을 계속 진행할 수 없다.

9.41 메시지 다이얼로그에 "파이썬에 오신 것을 환영합니다"를 출력하는 명령문을 작성하시오.

체크
포인트

9.42 다이얼로그 박스를 사용하여 사용자가 정수, 실수 및 문자열을 입력하도록 명령문을 작성하시오.

주요용어

그리드 관리자	위치 관계자
기하 관리자	콜백 함수
부모 컨테이너	팩 관리자
위젯 클래스	핸들러

요약

1. Tkinter에서 GUI 애플리케이션을 개발하기 위해서는 우선 창 생성을 위한 Tk 클래스를 사용한 후, 위젯을 생성하고 창 내부에 위치시킨다. 각 *위젯 클래스*의 첫 번째 인자는 반드시 *부모 컨테이너*이어야 한다.

2. 컨테이너에 위젯을 배치하기 위해서 *기하 관리자*를 지정해야 한다.

3. Tkinter는 세 가지 기하 관리자: 팩, 그리드와 위치 관리자를 지원한다. *팩 관리자*는 위젯을 가로로 또는 세로로 배치한다. *그리드 관리자*는 위젯을 격자에 배치한다. *위치 관리자*는 위젯을 절대 위치에 배치한다.

4. 많은 위젯이 이벤트와 *콜백 함수*를 연결하기 위한 command 옵션을 가지고 있다. 이벤트가 발생할 때, 콜백 함수가 호출된다.

5. Canvas 위젯은 선, 사각형, 타원, 호 및 다각형을 그리는 데 사용되고 또한 이미지와 텍스트 문자열을 출력하는 데에도 사용될 수 있다.

6. 이미지는 레이블, 버튼, 체크 버튼, 라디오 버튼 및 캔버스와 같은 다양한 위젯에서 사용될 수 있다.

7.　메뉴 바, 메뉴 항목, 팝업 메뉴를 생성하기 위해 Menu 클래스를 사용한다.

8.　마우스와 키 이벤트를 위젯의 콜백 함수에 연결한다.

9.　애니메이션 개발에 캔버스를 사용한다.

10.　메시지를 출력하고 입력을 받기 위해 표준 다이얼로그 박스를 사용한다.

프로그래밍 연습문제

노트
이 책의 프로그래밍 연습문제에서 사용되는 이미지 아이콘은 http://www.cs.armstrong.edu/
liang/py/book.zip의 image 폴더에서 제공된다.

9.2–9.8절

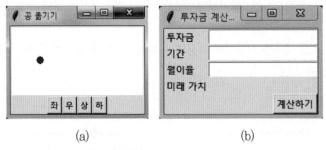

(a)　　　　　　　　　　　　　　(b)

[그림 9.22] (a) 볼을 옮기기 위해 버튼을 클릭한다. (b) 투자금, 기간과 연이율을 입력하여 미래
가치를 구할 수 있다.

*9.1　(공 옮기기) 패널 내부에서 공이 움직이는 프로그램을 작성하시오. 그림 9.22(a)와
　　　같이 공을 출력도록 패널 클래스를 정의하고 반드시 공을 상, 하, 좌, 우로 움직이
　　　게 하기 위한 메소드를 정의하시오. 공이 화면에서 완전히 사라지는 것을 방지하
　　　기 위해 경계를 검사하시오.

*9.2　(투자금 계산기 생성하기) 특정 기간 동안 주어진 연이율에 따라 투자금의 미래 가
　　　치를 계산하는 프로그램을 작성하시오. 미래 가치를 계산하는 공식은 다음과 같다.

$$\text{미래 가치} = \text{투자금} * (1 + \text{월이율})^{\text{기간} * 12}$$

사용자가 투자금, 기간과 연이율을 입력하도록 텍스트 필드를 사용하시오. 그림
9.22(b)와 같이 사용자가 *계산하기* 버튼을 클릭하면, 텍스트 필드에 미래 가치가
출력된다.

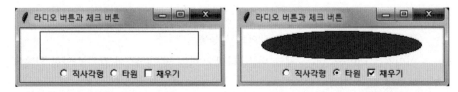

[그림 9.23] 프로그램은 사용자가 도형타입과 채움을 선택할 때 직사각형 또는 사각형을 출력한다.

*9.3 (기하도형 선택하기) 그림 9.23과 같이 직사각형 또는 타원을 그리는 프로그램을
작성하시오. 사용자는 라디오 버튼으로 도형을 선택하고 체크 버튼으로 도형을 채
울 것인지 결정한다.

*9.4 (직사각형 출력하기) 그림 9.24와 같이 20개의 직사각형을 출력하는 프로그램을
작성하시오.

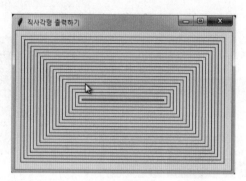

[그림 9.24] 이 프로그램은 20개의 직사각형을 출력한다.

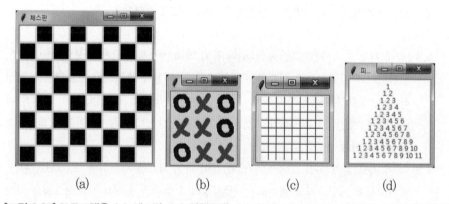

[그림 9.25] 프로그램은 (a) 체스판, (b) 틱택토판, (c) 격자, (d) 피라미드 형태로 숫자를 출력한다.

9.5 (게임: 체스판 출력하기) 그림 9.25(a)와 같이 캔버스의 검은색 또는 하얀색 배경
을 사용하여 검은색과 하얀색 칸으로 구성된 체스판을 출력하는 프로그램을 작성
하시오.

9.6 (게임: 틱택토판 출력하기) 9개의 레이블을 출력하는 프로그램을 작성하시오. 각
각의 레이블은 그림 9.25(b)와 같이 X 또는 O에 대한 이미지 아이콘을 출력한다.
무엇이 출력될지는 랜덤으로 결정된다. 곱하기 이미지(X)와 원 이미지(O) 아이콘
출력에 대응하는 0 또는 1을 랜덤으로 생성하기 위해 random.randint(0, 1) 함
수를 사용하시오. 십자와 원 이미지는 x.gif와 o.gif 파일을 사용한다.

9.7   (8×8 격자 출력하기) 그림 9.25(c)와 같이 8×8 격자를 출력하는 프로그램을 작성하시오. 세로 선은 빨간색을 가로 선은 파란색을 사용하시오.

**9.8 (피라미드 형태로 숫자 출력하기) 그림 9.25(d)와 같이 피라미드 형태로 숫자를 출력하는 프로그램을 작성하시오. 출력되는 라인의 개수는 창의 크기가 변할 때마다 창에 맞게 변경된다.

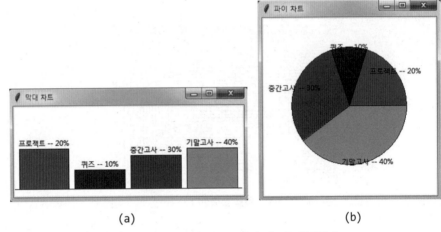

         (a)   (b)

[그림 9.26] 프로그램은 (a) 막대 차트를 출력 (b) 파이 차트를 출력한다.

**9.9 (막대 차트 출력하기) 그림 9.26(a)와 같이 막대 차트를 사용하여 프로젝트, 퀴즈, 중간고사와 기말고사로 평가되는 전체 성적의 비율을 출력하는 프로그램을 작성하시오. 프로젝트는 성적의 20%이고 그 값은 빨간색으로, 퀴즈는 10%이고 값은 파란색으로, 중간고사는 30%이고 값은 초록색으로, 기말고사는 40%이고 오렌지색으로 출력되어야 한다.

**9.10 (파이 차트 출력하기) 그림 9.26(b)와 같이 파이 차트를 사용하여 프로젝트, 퀴즈, 중간고사와 기말고사로 평가되는 전체 성적의 비율을 출력하는 프로그램을 작성하시오. 프로젝트는 성적의 20%이고 그 값은 빨간색으로, 퀴즈는 10%이고 값은 파란색으로, 중간고사는 30%이고 값은 초록색으로, 기말고사는 40%이고 오렌지색으로 출력되어야 한다.

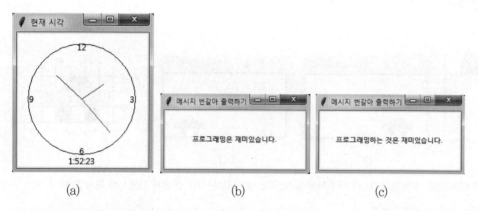

[그림 9.27] (a) 프로그램은 현재 시각을 나타내는 시계를 출력한다. (b)-(c) 프로그램은 두 메시지를 번갈아 출력한다.

**9.11 (시계 출력하기) 그림 9.27(a)와 같이 현재 시각을 나타내는 시계를 출력하는 프로그램을 작성하시오. 현재 시간을 구하기 위해 보충자료 II.B에서 제시된 `datetime` 클래스를 사용하시오.

9.9 – 9.14절

**9.12 (두 개의 메시지 번갈아 출력하기) 왼쪽 마우스 클릭을 사용하여 그림 9.27(b)–(c)와 같이 캔버스에 두 메시지 "프로그래밍은 재미있습니다."와 "프로그래밍하는 것은 재미있습니다."를 번갈아 출력하는 프로그램을 작성하시오.

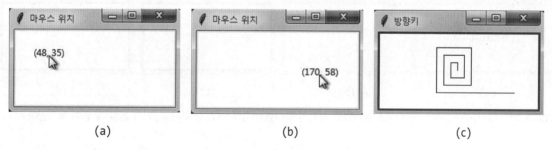

[그림 9.28] (a-b) 프로그램은 마우스가 클릭되면 마우스 포인터의 위치가 출력된다. (c) 프로그램은 위, 아래, 왼쪽과 오른쪽 방향키가 눌려질 때 선을 그린다.

*9.13 (마우스 위치 출력하기) 두 프로그램을 작성하시오. 하나는 마우스가 클릭될 때 마우스의 위치를 출력(그림 9.28(a)–(b)참조)하고 다른 하나는 마우스 버튼이 눌려 있을 때 마우스의 위치를 출력하고 마우스 버튼이 풀리면 삭제한다.

*9.14 (방향키를 사용하여 선 그리기) 방향키를 사용하여 선분을 그리는 프로그램을 작성하시오. 그림 9.28(c)와 같이 선은 프레임의 중앙에서 시작하고 오른쪽, 위쪽, 왼쪽 또는 아래쪽 방향키가 눌릴 때 동쪽, 북쪽, 서쪽 또는 남쪽 방향으로 그려진다.

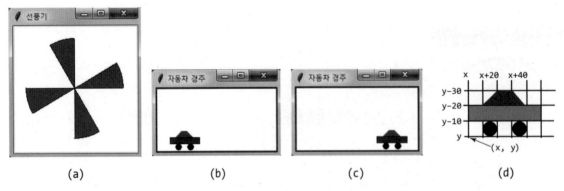

[그림 9.29] (a) 프로그램은 팬을 출력하고 (b-c) 자동차를 움직인다. (d) 새로운 기준점에서 자동차를 다시 그린다.

**9.15 (멈춰있는 팬 출력하기) 그림 9.29(a)와 같이 멈춰 있는 팬을 출력하는 프로그램을 작성하시오.

**9.16 (작동하고 있는 팬 출력하기) 그림 9.29(a)와 같이 돌아가는 팬을 출력하는 프로그램을 작성하시오.

**9.17 (자동차 경주) 그림 9.29(b)-(d)와 같이 자동차 경주를 시뮬레이션하는 프로그램을 작성하시오. 자동차는 왼쪽에서 오른쪽으로 움직인다. 자동차가 오른쪽 끝에 다다르면 왼쪽에서부터 다시 시작하고, 같은 과정이 반복된다. 사용자가 *위쪽*과 *아래쪽* 방향키를 사용하여 자동차의 속도를 증가 또는 감소시키도록 하시오.

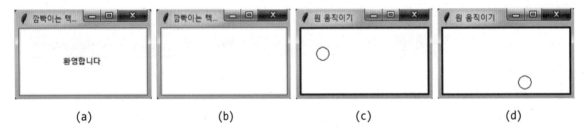

[그림 9.30] (a-b) 프로그램은 번쩍이는 문자열을 사용한 레이블을 출력한다. (c-d) 방향키가 눌릴 때 원이 움직인다.

*9.18 (깜빡이는 텍스트 출력하기) 그림 9.30(a)-(b)와 같이 "환영합니다"라는 깜빡이는 텍스트를 출력하는 프로그램을 작성하시오(힌트: 텍스트를 깜빡이게 만들기 위해, 캔버스에 문자열을 썼다 지웠다를 번갈아 반복시키시오. 깜빡임을 제어하기 위해 부울 변수를 사용하시오).

*9.19 (키를 사용하여 원 움직이기) 그림 9.30(c)-(d)와 같이 방향키를 사용하여 원을 위쪽, 아래쪽, 왼쪽 또는 오른쪽으로 움직이는 프로그램을 작성하시오.

**9.20 (기하학: 원의 내부?) 반지름이 50이고 중심이 (100, 60)에 고정된 원을 그리는 프로그램을 작성하시오. 그림 9.31과 같이 마우스 왼쪽 버튼이 눌러져 있는 상태에

서 마우스가 움직일 때마다, 마우스 포인터가 원의 내부에 있는지 가리키는 메시지를 출력하시오.

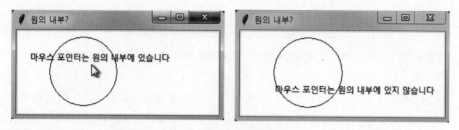

[그림 9.31] 마우스 포인터가 원 내부에 위치했는지 검사한다.

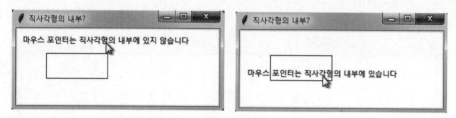

[그림 9.32] 마우스 포인터가 직사각형 내부에 위치하는지 검사한다.

**9.21 (기하학: 직사각형의 내부?) 가로가 100, 높이가 40이고 중심이 (100, 60)에 고정된 직사각형을 출력하는 프로그램을 작성하시오. 마우스가 움직일 때마다, 그림 9.32와 같이 마우스 포인터가 직사각형의 내부에 위치하는지 나타내는 메시지를 출력하시오. 마우스 포인터가 직사각형의 내부에 위치하는지 판별하기 위해, 프로그래밍 연습문제 8.19에서 정의된 Rectangle2D 클래스를 사용하시오.

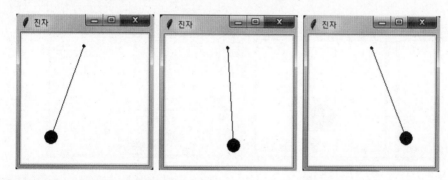

[그림 9.33] 프로그램은 진자를 흔들리게 한다.

**9.22 (기하학: 진자) 그림 9.33과 같이 진자가 흔들리는 프로그램을 작성하시오. *위쪽* 방향키는 진자의 속도를 증가시키고 *아래쪽* 방향키는 속도를 감소시킨다. *S* 키는 움직임을 중지시키고 *R* 키는 다시 움직이게 한다.

[**그림 9.34**] <=와 => 버튼은 패널에서 메시지를 옮기고 메시지의 배경색을 설정할 수도 있다.

*9.23 (버튼과 라디오 버튼) 그림 9.34와 같이 텍스트의 배경색을 선택하기 위해 라디오 버튼을 사용하는 프로그램을 작성하시오. 가능한 색상은 빨간색, 노란색, 하얀색, 회색과 초록색이다. 프로그램은 텍스트를 왼쪽 또는 오른쪽으로 움직이기 위해 〈=과 =〉 버튼을 사용한다.

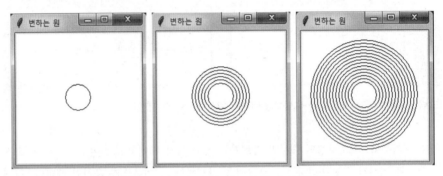

[**그림 9.35**] 프로그램은 왼쪽/오른쪽 마우스 클릭으로 원을 추가/삭제한다.

9.24 (원 출력하기) 그림 9.35와 같이 왼쪽 마우스 버튼으로 새로운 큰 원을 생성하고 오른쪽 마우스로 가장 큰 원을 제거하는 프로그램을 작성하시오.

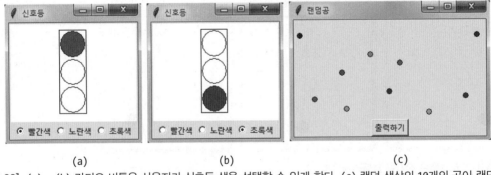

(a)　　　　　　　　　　　　(b)　　　　　　　　　　　　(c)

[**그림 9.36**] (a) - (b) 라디오 버튼은 사용자가 신호등 색을 선택할 수 있게 한다. (c) 랜덤 색상의 10개의 공이 랜덤 위치에 출력된다.

**9.25 (신호등) 신호등을 시뮬레이션하는 프로그램을 작성하시오. 프로그램은 사용자가 빨강색, 노랑색 또는 초록색의 세 신호 중 하나를 선택할 수 있게 한다. 라디오 버

튼이 선택되면, 해당 신호가 켜진다. 반드시 한 번에 한 신호만 켜질 수 있다(그림 9.36(a)–(b) 참조). 프로그램이 시작될 때는 모든 신호는 꺼져 있다.

*9.26 (랜덤 색상의 공 출력하기) 그림 9.36(c)와 같이 랜덤 색상과 랜덤 위치에 배치된 10개의 공을 출력하는 프로그램을 작성하시오.

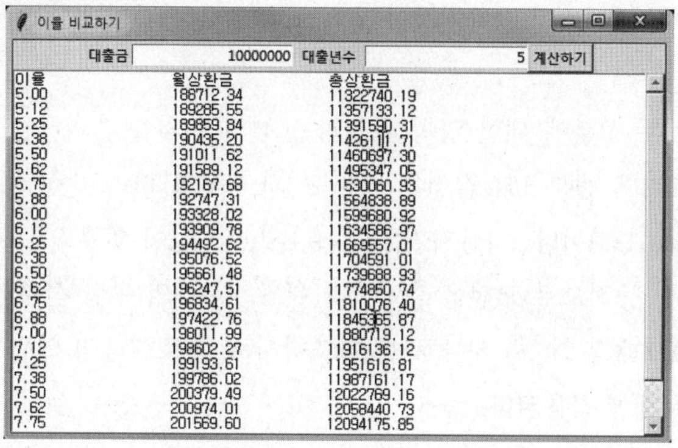

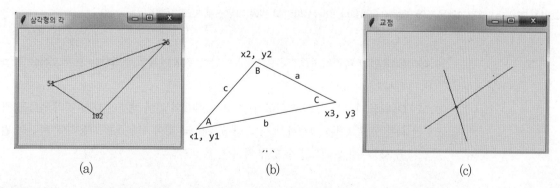

[그림 9.37] 프로그램은 주어진 대출금에 대해 다양한 이자율에 따른 월상환금과 총상환금에 대한 표를 출력한다.

*9.27 (여러 이율로 대출 비교하기) 그림 9.37과 같은 사용자 인터페이스 생성하기 위해 프로그래밍 연습문제 5.23을 재작성하시오. 프로그램은 반드시 사용자가 텍스트 필드에 대출금과 대출년수를 입력하고 텍스트 영역에 5%에서 8%까지 0.125%씩 증가하는 각각의 이율(소숫점 셋째자리에서 반올림)에 대한 월상환금과 총상환금을 출력한다.

[그림 9.38] (a-b) 프로그램은 사용자가 꼭짓점을 드래그할 수 있게 하고 동적으로 내각을 출력한다. (c) 프로그램은 끝점을 끌 수 있게 하고 동적으로 선과 그 교차점을 출력한다.

**9.28 (기하학: 내각 출력하기) 사용자가 삼각형의 꼭짓점을 드래그할 수 있게 하고 그림 9.38(a)와 같이 동적으로 내각을 출력하는 프로그램을 작성하시오. 마우스가 꼭짓점의 근처로 옮겨지면 마우스 커서의 모양을 십자선 모양으로 변경하시오. 삼각형

의 꼭짓점 A, B, C(그림 9.38(b) 참조)의 내각을 계산하는 공식은 코드 3.2에서 제시된다.

힌트: 꼭짓점을 표현하기 위해 프로그래밍 연습문제 8.17에서 설명된 Point 클래스를 사용하시오. 초기에는 랜덤 위치에 세 꼭짓점을 생성하시오. 마우스가 꼭짓점의 근처로 옮겨지면, 커서를 십자선 포인터(+)로 변경하고 마우스가 위치한 곳으로 꼭짓점을 재설정하시오. 그리고 꼭짓점이 옮겨질 때마다, 삼각형과 내각을 다시 출력하시오.

**9.29 (기하학: 교점) 두 선분에 대한 양쪽 끝점과 교점의 위치를 출력하는 프로그램을 작성하시오. 초기에 선분 1의 끝점은 (20, 20)과 (56, 130)이고 선분 2의 끝점은 (100, 20)과 (16, 130)이다. 사용자가 그림 9.38(c)와 같이 마우스를 사용하여 끝점을 드래그하면 동적으로 교점을 출력한다(힌트: 두 개의 무한 선분의 교점을 구하기 위해 프로그래밍 연습문제 4.25를 참조하시오. 프로그래밍 연습문제 9.28의 힌트 또한 이 문제에 적용된다).

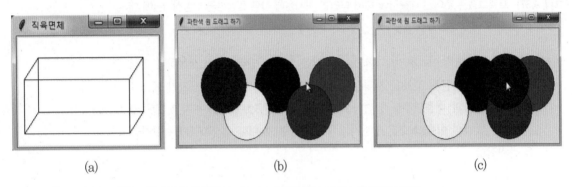

(a)	(b)	(c)

[그림 9.39] (a) 프로그램을 직육면체를 출력한다. (b-c) 파란색 원은 마우스로 드래그된다.

9.30 (직육면체 출력하기) 그림 9.39(a)와 같이 직육면체를 출력하는 프로그램을 작성하시오.

9.31 (채워진 다섯 개의 원 출력하기) 그림 9.39(b)와 같이 채워진 다섯 개의 원을 출력하는 프로그램을 작성하시오. 그림 9.39(c)와 같이 마우스를 사용하여 파란색 원을 사용자가 드래그할 수 있게 하시오.

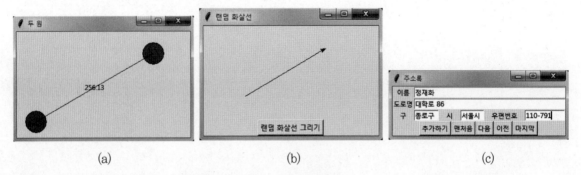

(a) (b) (c)

[그림 9.40] (a) 사용자는 원을 드래그하고 프로그램은 거리를 재출력한다. (b) 이 프로그램은 화살표를 랜덤하게 그린다. (c)이 프로그램은 주소를 출력하기 위한 사용자 인터페이스를 생성한다.

*9.32 (움직일 수 있는 두 원과 원 사이의 거리) 그림 9.40(a)와 같이 선으로 연결된 반지름이 20이고 중점의 위치가 (20, 20)과 (120, 50)인 두 개의 원을 출력하는 프로그램을 작성하시오. 두 원 사이의 거리는 선을 따라 출력된다. 사용자는 원을 드래그할 수 있으며, 원이 드래그되면, 원과 연결된 선 또한 이동하고 원 사이의 거리가 재계산된다. 프로그램은 두 원이 너무 가깝게 놓이지 않게 한다. 두 원의 중심은 적어도 70픽셀 이상 떨어져 있도록 유지시킨다.

**9.33 (화살선 그리기) 그림 9.40(b)와 같이 "랜덤 화살선 그리기" 버튼이 클릭될 때 무작위로 화살선을 그리는 프로그램을 작성하시오.

**9.34 (주소록) 그림 9.40(c)와 같이 주소록을 출력하기 위한 사용자 인터페이스를 생성하는 프로그램을 작성하시오.

CHAPTER

10

리스트

10.1 들어가기

 키포인트

리스트는 서로 다른 크기의 데이터의 집합체를 저장할 수 있다.

일반적으로 프로그램은 많은 값들을 저장하고 사용할 필요가 있다. 예를 들어, 100개의 숫자를 읽어 이들의 평균을 계산하고 이 숫자 중에 평균 이상인 숫자가 얼마나 되는지를 출력한다고 해보자. 우선 100개의 숫자를 읽고 평균을 계산하는 프로그램을 작성해야 할 것이다. 그런 다음, 각각의 숫자가 평균 이상인지를 결정하기 위해 각 숫자와 평균값을 비교한다. 이를 위해, 100개의 변수를 프로그램에 생성해야 하는데, 동일 코드를 100번 반복해서 써야 한다. 그러나 이러한 방식으로 프로그램을 작성하는 것은 비현실적이다. 그러면, 이 문제를 어떻게 해결해야 할까?

효율적이고 조직적인 접근 방식이 필요하다. 파이썬은 원소의 순서화된 집합체를 저장할 수 있는 리스트(list)라는 타입을 제공한다. 앞서 보여준 예에서, 100개의 숫자 모두를 하나의 리스트에 저장할 수 있고, 하나의 리스트 변수를 통해 100개의 숫자에 접근할 수 있다. 코드 10.1의 프로그램을 살펴보자.

코드 10.1   DataAnalysis.py

```
1   NUMBER_OF_ELEMENTS = 5 # 간단히 5개만 입력받는다.
2   numbers = [] # 빈 리스트를 생성한다.
3   sum = 0
4
5   for i in range(NUMBER_OF_ELEMENTS):
6       value = eval(input("새로운 숫자를 입력하세요: "))
7       numbers.append(value)
8       sum += value
9
10  average = sum / NUMBER_OF_ELEMENTS
11
12  count = 0 # 평균 이상인 항목의 개수
13  for i in range(NUMBER_OF_ELEMENTS):
```

```
14      if numbers[i] > average:
15          count += 1
16
17  print("평균은", average, "입니다.")
18  print("평균 이상인 항목의 개수는", count, "개 입니다.")
```

새로운 숫자를 입력하세요: 1 ⏎Enter
새로운 숫자를 입력하세요: 2 ⏎Enter
새로운 숫자를 입력하세요: 3 ⏎Enter
새로운 숫자를 입력하세요: 4 ⏎Enter
새로운 숫자를 입력하세요: 5 ⏎Enter
평균은 3.0 입니다.
평균 이상인 항목의 개수는 2 개 입니다.

앞 프로그램은 우선 빈 리스트를 생성한다(라인 2). 하나의 숫자를 반복해서 읽고(라인 6), 읽어 들인 숫자를 리스트에 추가하며(라인 7), sum에 각각의 숫자를 반복해서 더한다(라인 8). 라인 10에서 average를 계산한다. 그런 다음, 평균 이상인 숫자들의 개수를 얻기 위해 리스트 내의 각 숫자와 average를 비교한다(라인 12-15).

노트
다른 프로그래밍 언어에서는 연속적인 데이터를 저장하기 위해 *배열(array)*이라는 타입을 사용한다. 배열은 고정 크기를 가지고 있다. 파이썬에서 리스트는 가변 크기이며 요구에 따라 확대되거나 축소될 수 있다.

10.2 리스트 기초

리스트는 list 클래스에 의해 정의된 일종의 시퀀스이다. 이 클래스는 리스트를 생성하고, 조작하고, 처리할 수 있는 메소드를 갖고 있다. 리스트 내의 원소들은 인덱스를 통해 접근된다.

키포인트

10.2.1 리스트 생성하기

다음과 같이 list 클래스의 생성자를 이용하여 리스트를 생성할 수 있다.

```
list1 = list()   # 빈 리스트를 생성한다.
list2 = list([2, 3, 4]) # 원소 2, 3, 4를 가진 리스트를 생성한다.
list3 = list(["red", "green", "blue"]) # 문자열을 가진 리스트를 생성한다.
list4 = list(range(3, 6))     # 원소 3, 4, 5를 가진 리스트를 생성한다.
list5 = list("abcd")   # 문자 a, b, c, d를 가진 리스트를 생성한다.
```

또한 좀 더 간결한 문법을 사용하여 다음과 같이 리스트를 생성할 수 있다.

```
list1 = []                      # list()와 동일하다.
list2 = [2, 3, 4]               # list([2, 3, 4])와 동일하다.
list3 = ["red", "green")        # list(["red", "green")와 동일하다.
```

리스트 내의 원소들은 쉼표로 구분되며, 꺾쇠괄호(〔 〕)에 의해 감싸진다.

노트
다음 리스트에서 볼 수 있듯이, 동일한 타입뿐만 아니라 서로 다른 타입의 원소를 리스트에
포함시킬 수 있다.

```
list4 = [2, "three", 4]
```

10.2.2. 리스트는 시퀀스 타입이다.

파이썬에서 문자열과 리스트는 시퀀스 타입(sequence type, 순서 타입)[1]이다. 문
자열은 문자들의 시퀀스이고 리스트는 원소들의 시퀀스이다. 표 10.1은 문자열과
리스트에서 공통적으로 사용되는 시퀀스 연산을 요약하여 보여준다. 문자열의 시
퀀스 연산들은 8장에서 이미 학습하였다. 리스트의 시퀀스 연산은 문자열의 시퀀스
연산과 동일하다. 다음의 10.2.3절에서 10.2.8절까지 리스트의 시퀀스 연산을 예제
를 통해 살펴본다.

〈표 10.1〉 시퀀스에 대한 공통 연산

연산	설명
x in s	원소 x가 시퀀스 s에 있으면, 참
x not in s	원소 x가 시퀀스 s에 없으면, 참
s1 + s2	두 시퀀스 s1과 s2를 연결
s * n, n * s	시퀀스 s를 n번 복사하여 연결
s[i]	시퀀스 s에서 i번째 원소
s[i : j]	인덱스 i에서 j-1까지 시퀀스 s의 슬라이스
len(s)	시퀀스 s의 길이, 즉 s 내의 원소 개수
min(s)	시퀀스 s에서 가장 작은 원소
max(s)	시퀀스 s에서 가장 큰 원소
sum(x)	시퀀스 s의 모든 숫자들의 합
for loop	for 루프로 왼쪽에서 오른쪽으로 원소들을 순회
<, <=, >, >=, =, !=	두 시퀀스를 비교

---

1) 시퀀스(sequence)란 원소가 차례로 나열된 상태를 의미한다.

10.2.3 리스트를 위한 함수

리스트와 함께 파이썬의 내장 함수를 사용할 수 있다. len 함수는 리스트 내의 원소 개수를 반환하며, max와 min 함수는 리스트 내에서 가장 큰 값과 가장 작은 값을 가진 원소를 각각 반환한다. sum 함수는 리스트 내의 모든 원소들의 합을 반환한다. 리스트 내의 원소들을 뒤섞기 위해 random 모듈의 shuffle 함수를 사용할 수도 있다. 다음 예를 살펴보자.

실행결과

```
 1 >>> list1 = [2, 3, 4, 1, 32]
 2 >>> len(list1)
 3 5
 4 >>> max(list1)
 5 32
 6 >>> min(list1)
 7 1
 8 >>> sum(list1)
 9 42
10 >>> import random
11 >>> random.shuffle(list1) # list1 내의 원소들을 뒤섞는다.
12 >>> list1
13 [4, 1, 2, 32, 3]
14 >>>
```

   random.shuffle(list1)을 호출하면(라인 11), list1 내의 원소들이 랜덤하게 뒤섞여진다.

10.2.4 인덱스 연산자 []

리스트 내의 하나의 원소는 다음과 같이 인덱스 연산자를 통해 접근될 수 있다.

   myList[index]

   리스트의 인덱스는 기본이 0이다. 즉, 그림 10.1에서 볼 수 있듯이, 리스트의 인덱스는 0에서 len(myList)-1의 범위를 가진다.

   myList = [5.6, 4.5, 3.3, 13.2, 4.0, 34.33, 34.0, 45.45, 99.993, 11123]

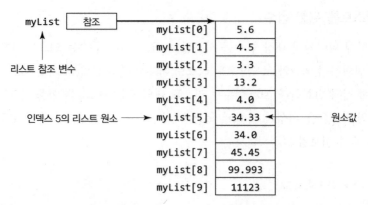

[그림 10.1] myList 리스트는 인덱스 0에서 9까지 10개의 원소를 가지고 있다.

myList[index]는 마치 하나의 변수처럼 사용될 수 있으며, 그래서 이것을 인덱스 변수(indexed variable)라 한다. 예를 들어, 다음 코드는 myList[0]와 myList[1]의 값을 더한 후에 myList[2]에 할당한다.

```
myList[2] = myList[0] + myList[1]
```

다음 루프는 0을 myList[0]에, 1을 myList[1]에, …, 그리고 9를 myList[9]에 할당한다.

```
for i in range(len(myList)):
    myList[i] = i
```

주의
리스트의 범위를 벗어난 접근은 프로그래밍 오류이며, 실행시간 오류인 IndexError를 발생시킨다. 이 오류를 피하기 위해, 인덱스가 0에서 len(myList) - 1의 범위 내에서 사용되고 있는지 확인해야 한다.
프로그래머는 흔히 리스트의 첫 번째 원소의 인덱스를 1로 착각하는 실수를 한다. 리스트의 첫 번째 원소의 인덱스는 0이다. 이와 같이 한 끝 차이의 실수로 인한 논리적 오류를 *한 끗 차이(off-by-one)* 오류라 한다. 루프 내에서 <을 사용해야 하는 곳에서 <=을 사용함으로써 오류가 자주 발생한다. 예를 들어, 다음 코드는 잘못된 것이다.

```
i=0
while i <= len(myList):
    print(myList[i])
    i += 1
```

위 코드에서 <=은 <으로 수정되어야 한다.

파이썬은 또한 리스트의 끝을 상대적 위치로 참조하는 인덱스로서 음수값을 사용하도록 허용한다. 실제 위치는 리스트의 길이와 음수 인덱스를 더하여 계산된다. 예를 들어, 다음 코드를 살펴보자.

```
1  >>> list1 = [2, 3, 5, 2, 33, 21]
2  >>> list1[-1]
3  21
4  >>> list1[-3]
5  2
6  >>>
```

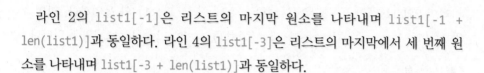
실행결과

라인 2의 `list1[-1]`은 리스트의 마지막 원소를 나타내며 `list1[-1 + len(list1)]`과 동일하다. 라인 4의 `list1[-3]`은 리스트의 마지막에서 세 번째 원소를 나타내며 `list1[-3 + len(list1)]`과 동일하다.

10.2.5 리스트 슬라이싱 [start : end]

인덱스 연산자는 지정된 인덱스에 해당하는 원소를 선택할 수 있도록 해준다. 슬라이싱 연산자(*slicing operator*)는 [start : end] 문법을 사용하여 리스트의 조각을 반환한다. 반환되는 조각은 start 인덱스에서 end - 1 인덱스까지의 부분 리스트이다. 다음 예를 살펴보자.

```
1  >>> list1 = [2, 3, 5, 7, 9, 1]
2  >>> list1[2 : 4]
3  [5, 7]
4  >>>
```

실행결과

시작 인덱스나 끝 인덱스는 생략될 수도 있다. 이 경우, 시작 인덱스는 0이고, 끝 인덱스는 마지막 인덱스가 된다. 다음 예를 살펴보자.

```
1  >>> list1 = [2, 3, 5, 2, 33, 21]
2  >>> list1[ : 2]
3  [2, 3]
4  >>> list1[3 : ]
5  [2, 33, 21]
6  >>>
```

실행결과

`list1[ : 2]`는 `list1[0 : 2]`와 동일하고(라인 2), `list1[3 : ]`은 `list1[3 : len(list1)]`과 동일하다는 점(라인 4)에 주목하자.

리스트 슬라이싱에서도 음수 인덱스를 사용할 수 있다. 다음 예를 살펴보자.

```
1  >>> list1 = [2, 3, 5, 2, 33, 21]
2  >>> list1[1 : -3]
3  [3, 5]
4  >>> list1[-4 : -2]
5  [5, 2]
6  >>>
```

라인 2의 list1[1 : -3]는 list1[1 : -3 + len(list1)]와 동일하다. 라인 4의 list1[-4 : -2]는 list1[-4 + len(list1) : -2 + len(list1)]와 동일하다.

노트

start >= end인 경우, list[start : end]는 빈 리스트를 반환한다. end가 리스트의 끝 범위를 넘어선 위치로 지정되면, 파이썬은 end 대신에 리스트의 길이를 사용한다.

10.2.6 +, *, in/not 연산자

두 리스트를 합치기 위해 연결 연산자(+)를 사용하며, 리스트 내의 원소들을 반복하기 위해 반복 연산자(*)를 사용한다. 다음 예제를 살펴보자.

```
1   >>> list1 = [2, 3]
2   >>> list2 = [1, 9]
3   >>> list3 = list1 + list2
4   >>> list3
5   [2, 3, 1, 9]
6   >>>
7   >>> list4 = 3 * list1
8   >>> list4
9   [2, 3, 2, 3, 2, 3]
10  >>>
```

list1과 list2를 연결함으로써 새로운 리스트가 생성된다(라인 3). 라인 7은 list1이 3번 반복된 새로운 리스트를 생성한다. 3 * list1은 list1 * 3과 동일하다는 점에 주의하자.

in이나 not in 연산자를 사용하여 리스트 내에 어떤 원소가 있는지를 검사할 수 있다. 다음 예를 살펴보자.

```
>>> list1 = [2, 3, 5, 2, 33, 21]
>>> 2 in list1
True
>>> 2 not in list1
False
>>>
```

10.2.7 for 루프로 원소 순회하기

파이썬 리스트 내의 원소들은 반복가능(iterable)이다. 파이썬은 인덱스 변수를 사용하지 않고도 리스트를 순차적으로 순회할 수 있도록 for 루프를 지원한다. 예를 들어, 다음 코드는 myList 리스트 내의 모든 원소들을 출력한다.

```
for u in myList:
    print(u)
```

이 코드는 "myList 내의 각 원소 u를 출력하라"라고 해석할 수 있다.

리스트를 다른 순서로 순회하거나 리스트 내의 원소를 바꾸고 싶을 때는 여전히 인덱스 변수를 사용해야 한다. 예를 들어, 다음 코드는 **myList**에서 홀수 위치의 원소들을 출력한다.

```
for i in range(0, len(myList), 2):
    print(myList[i])
```

10.2.8 리스트 비교하기

비교 연산자(>, >=, <, <=, ==, !=)를 사용하여 리스트들을 서로 비교할 수 있다. 비교를 위해서는 우선, 두 리스트가 동일한 타입의 원소들을 가지고 있어야 한다. 리스트 비교는 *사전식 순서(lexicographical ordering)*에 기반한다. 즉, 두 리스트의 첫 번째 원소가 서로 비교되며, 이들이 서로 다르면 비교 결과를 출력한다. 첫 번째 원소가 서로 같으면, 두 번째 원소가 서로 비교된다. 이러한 과정은 두 리스트의 원소 모두가 비교될 때까지 반복 수행된다. 다음 예를 살펴보자.

실행결과

```
1 >>> list1 = ["green", "red", "blue"]
2 >>> list2 = ["red", "blue", "green"]
3 >>> list2 == list1
4 False
5 >>> list2 != list1
6 True
7 >>> list2 >= list1
8 True
9 >>> list2 > list1
10 True
11 >>> list2 < list1
12 False
13 >>> list2 <= list1
14 False
15 >>>
```

10.2.9 리스트 컴프리헨션

리스트 컴프리헨션(list comprehension)은 리스트의 순차 원소를 생성할 수 있는 간편한 방법을 제공한다. 꺾쇠괄호 안에 표현식을 먼저 작성하고 그 다음에 for 절을 넣고, 그 이후로 for나 if 절을 넣거나 생략하는 형태로 리스트 컴프리헨션을 구성할 수 있다. 리스트 컴프리헨션은 표현식의 결과에 따라 리스트를 만든다. 다음의 예를 살펴보자.

실행결과

```
1  >>> list1 = [x for x in range(5)] # 0, 1, 2, 3, 4의 리스트를 반환한다.
2  >>> list1
3  [0, 1, 2, 3, 4]
4  >>>
5  >>> list2 = [0.5 * x for x in list1]
6  >>> list2
7  [0.0, 0.5, 1.0, 1.5, 2.0]
8  >>>
9  >>> list3 = [x for x in list2 if x < 1.5]
10 >>> list3
11 [0.0, 0.5, 1.0]
12 >>>
```

라인 1에서, list1은 for 절을 사용한 표현식으로부터 생성되며, 생성 결과 list1은 0, 1, 2, 3, 4의 숫자를 가진다. list2의 숫자 값은 list1 숫자 값의 반이다(라인 5). 라인 9의 list3은 1.5보다 작은 list2의 숫자들로 구성되어 있다.

10.2.10 리스트 메소드

리스트가 일단 생성되면, list 클래스의 메소드(그림 10.2 참조)를 이용하여 리스트를 다룰 수 있다.

list	
append(x: object): None	원소 x를 리스트의 끝에 추가한다.
count(x: object): int	리스트 내에서 원소 x의 개수를 반환한다.
extend(l: list): None	리스트 l의 모든 원소를 리스트에 추가한다.
index(x: object): int	리스트에서 원소 x가 첫 번째로 나온 위치의 인덱스를 반환한다.
insert(index: int, x: object): None	원소 x를 지정된 인덱스에 삽입한다. 리스트의 첫 번째 원소는 인덱스 0을 가진다는 점에 유의해야 한다.

pop(i): object	지정된 위치의 원소를 제거하고 그 원소를 반환한다. 매개변수 i는 옵션이다. i가 지정되지 않으면, list.pop()은 리스트의 마지막 원소를 제거하고 그 원소를 반환한다.
remove(x: object): None	리스트에서 원소 x를 제거한다. 원소 x가 두 개 이상이 있다면, 첫 번째로 나오는 원소 x를 제거한다.
reverse(): None	리스트 내의 원소들을 역순으로 만든다.
sort(): None	리스트 내의 원소들을 오름차순으로 정렬한다.

[그림 10.2] list 클래스는 리스트를 다루기 위한 메소드를 가지고 있다.

다음은 append, count, extend, index, insert 메소드의 사용 예를 보여준다.

```
 1  >>> list1 = [2, 3, 4, 1, 32, 4]
 2  >>> list1.append(19)
 3  >>> list1
 4  [2, 3, 4, 1, 32, 4, 19]
 5  >>> list1.count(4) # 원소 4의 빈도수를 반환한다.
 6  2
 7  >>> list2 = [99, 54]
 8  >>> list1.extend(list2)
 9  >>> list1
10  [2, 3, 4, 1, 32, 4, 19, 99, 54]
11  >>> list1.index(4) # 원소 4의 인덱스를 반환한다.
12  2
13  >>> list1.insert(1, 25) # 인덱스 1의 위치에 25를 삽입한다.
14  >>> list1
15  [2, 25, 3, 4, 1, 32, 4, 19, 99, 54]
16  >>>
```

라인 2는 list1 리스트에 19를 추가하며, 라인 5는 list1 내에서 원소 4의 빈도수를 반환한다. list1.extend()를 호출하여(라인 8) list2를 list1에 추가한다. 라인 11은 list1에서 원소 4의 인덱스를 반환하며, 라인 13은 list1의 인덱스 1 위치에 25를 삽입한다.

다음은 insert, pop, remove, reverse, sort 메소드의 사용 예를 보여준다.

```
 1  >>> list1 = [2, 25, 3, 4, 1, 32, 4, 19, 99, 54]
 2  >>> list1.pop(2)
 3  3
 4  >>> list1
 5  [2, 25, 4, 1, 32, 4, 19, 99, 54]
 6  >>> list1.pop()
```

```
 7  54
 8  >>> list1
 9  [2, 25, 4, 1, 32, 4, 19, 99]
10  >>> list1.remove(32) # 원소 32를 제거한다.
11  >>> list1
12  [2, 25, 4, 1, 4, 19, 99]
13  >>> list1.reverse() # 리스트의 원소들을 역순으로 만든다.
14  >>> list1
15  [99, 19, 4, 1, 4, 25, 2]
16  >>> list1.sort() # 리스트의 원소들을 정렬한다.
17  >>> list1
18  [1, 2, 4, 4, 19, 25, 99]
19  >>>
```

라인 2는 list1 리스트에서 인덱스 2의 원소를 제거한다. list1.pop()를 호출하여(라인 6) list1에서 마지막 원소를 제거하고 그 원소를 반환한다. 라인 10은 list1에서 원소 32를 삭제하며, 라인 13은 list1의 원소들을 역순으로 만든다. 라인 16은 list1 리스트의 원소들을 오름차순으로 정렬한다.

10.2.11 문자열을 리스트로 분할하기

str 클래스는 문자열을 분할하여 리스트로 만들어 주는 split 메소드를 가지고 있다. 예를 들어, 다음 명령문을 살펴보자.

    items = "용제 용호 길동 영희".split()

위 명령문은 문자열 "용제 용호 길동 영희"를 분할하여 리스트 ['용제', '용호', '길동', '영희']로 만들어 준다. 이 경우, 문자열 내의 각 항목은 공백으로 구분된다. 공백 이외에 다른 구분자(delimiter)를 사용할 수도 있다. 예를 들어, 다음 명령문을 살펴보자.

    items = "09/20/2012".split("/")

위 명령문은 문자열 "09/20/2012"를 /으로 분할하여 리스트 ['09', '20', '2012']로 만든다.

> **노트**
> 파이썬은 문자열을 패턴에 의해 매칭 및 분할하는 데 매우 유용하게 활용될 수 있는 정규 표현식(regular expression)을 지원한다. 정규 표현식은 초보자들에게는 다소 생소한 내용이기 때문에 보조자료 II.A에서 다룬다.

10.2.12 리스트 입력하기

콘솔로부터 데이터를 읽어서 리스트에 입력하는 코드가 종종 필요하다. 행 단위로 데이터 항목들을 입력하고 루프를 이용하여 각 항목들을 리스트에 추가할 수 있다. 예를 들어, 다음은 한 행당 10개의 숫자를 입력하고 그것들을 리스트에 추가하는 코드이다.

```python
lst = []   # 리스트 생성
print("숫자 10개를 입력하세요: ")
for i in range(10):
    lst.append(eval(input()))
```

때때로, 공백으로 구분된 데이터를 한 행 단위로 입력하는 것이 좀 더 편리할 때가 있다. 이때, 한 행 단위의 입력에서 데이터를 추출하기 위해 `str` 클래스의 `split` 메소드를 사용한다. 예를 들어, 다음은 공백으로 구분된 10개의 숫자를 한 행에 입력하고 그 숫자들을 리스트에 넣는 코드이다.

```python
# 콘솔로부터 문자열 형태로 숫자를 읽어 들인다.
s = input("한 행에 공백으로 구분된 숫자 10개를 입력하세요: ")
items = s.split()       # 문자열에서 항목들을 추출한다.
lst = [eval(x) for x in items]     # 각 항목을 숫자로 변환하여 리스트에 넣는다.
```

`input()`을 호출하면, 문자열을 읽어 들인다. `s.split()`를 사용하여 문자열 s에서 항목들을 공백으로 구분하여 추출하고 이들 항목들로 구성된 리스트를 반환한다. 마지막 라인은 항목을 숫자로 변환한 숫자 리스트를 생성한다.

10.2.13 리스트 시프트하기

때때로, 원소들을 왼쪽이나 오른쪽으로 시프트(shift)할 필요가 있다. 파이썬의 `list` 클래스는 이러한 메소드를 제공하지는 않지만, 왼쪽 시프트를 수행하기 위해 다음과 같은 함수를 작성할 수 있다.

```python
def shift(lst):
    temp = lst[0]  # 첫 번째 원소를 임시로 저장한다.

    # 원소들을 왼쪽으로 시프트한다.
    for i in range(1, len(lst)):
        lst[i - 1] = lst[i]

    # 마지막 원소를 채우기 위해 첫 번째 원소를 이동한다.
    lst[len(lst) - 1] = temp
```

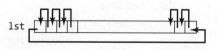

10.2.14 코딩 단순화하기

리스트는 코딩을 단순화시킬 때 매우 유용하게 사용된다. 예를 들어, 숫자로 주어진 월(month)의 영문 이름을 얻기 원한다고 해보자. 월의 영문 이름이 리스트에 저장되어 있다면, 인덱스를 통해 간단히 얻어낼 수 있다. 다음은 사용자로부터 숫자월을 입력받고 그것에 대한 영문 이름을 출력하는 코드이다.

```python
months = ["January", "February", "March", ..., "December"]
monthNumber = eval(input("월을 입력하세요(1-12): "))
print("입력된 월은", months[monthNumber - 1], "입니다.")
```

위의 months 리스트를 사용하지 않으면, 다음과 같이 꽤 긴 다중 if-else 명령문을 사용해야 한다.

```python
if monthNumber == 0:
    print("입력된 월은 January 입니다.")
elif monthNumber == 1:
    print("입력된 월은 February 입니다.")
...
else:
    print("입력된 월은 December 입니다.")
```

체크
포인트

10.1 빈 리스트와 세 정수 1, 32, 2를 가진 리스트를 생성하시오.

10.2 lst = [30, 1, 12, 14, 10, 0]가 주어졌을 때, lst에 몇 개의 원소가 있는가? lst의 첫 번째 원소의 인덱스는? lst의 마지막 원소의 인덱스는? lst[2]의 값은? lst[-2]의 값은?

10.3 lst = [30, 1, 2, 1, 0]가 주어졌을 때, 다음 명령문을 각각 적용한 후에 생성되는 리스트는? 코드의 각 라인은 서로 독립적이라고 가정한다.

```python
lst.append(40)
lst.insert(1, 43)
lst.extend([1, 43])
lst.pop(1)
lst.pop()
lst.sort()
lst.reverse()
random.shuffle(lst)
```

10.4 lst = [30, 1, 2, 1, 0]가 주어졌을 때, 다음 명령문 각각의 반환값은?

```python
lst.index(1)
lst.count(1)
```

```
len(lst)
max(lst)
min(lst)
sum(lst)
```

10.5 list1 = [30, 1, 2, 1, 0]와 list2 = [1, 21, 13]이 주어졌을 때, 다음 명령문 각각의 반환값은?

```
list1 + list2
2 * list1
list2 * 2
list1[1 : 3]
list1[3]
```

10.6 list1 = [30, 1, 2, 1, 0]가 주어졌을 때, 다음 명령문 각각의 반환값은?

```
[x for x in list1 if x > 1]
[x for x in range(0, 10, 2)]
[x for x in range(10, 0, -2)]
```

10.7 list1 = [30, 1, 2, 1, 0]와 list2 = [1, 21, 13]이 주어졌을 때, 다음 명령문 각각의 반환값은?

```
list1 < list2
list1 <= list2
list1 == list2
list1 != list2
list1 > list2
list1 >= list2
```

10.8 다음 명령문이 참인지 거짓인지 나타내시오.

(a) 리스트 내의 모든 원소는 동일한 타입을 가져야만 한다.
(b) 리스트가 생성된 후에 리스트의 크기는 변하지 않는다.
(c) 리스트는 중복 원소를 가질 수 있다.
(d) 리스트 내의 원소들은 인덱스 연산자를 통해 접근될 수 있다.

10.9 다음 코드가 수행된 후에 list1과 list2의 값은?

```
list1 = [1, 43]
list2 = list1
list1[0] = 22
```

10.10 다음 코드가 수행된 후에 list1과 list2의 값은?

```
list1 = [1, 43]
list2 = [x for x in list1]
list1[0] = 22
```

10.11 문자열로부터 리스트를 어떻게 얻을 수 있을까? s1이 welcome이라 할 때, s1.split('o')의 값은?

10.12 다음을 수행하는 명령문을 작성하시오.

(a) **100**개의 부울 False 값을 가진 리스트를 생성하시오.

(b) 리스트의 마지막 원소에 5.5 값을 할당하시오.

(c) 첫 두 원소의 합을 출력하시오.

(d) 리스트의 첫 다섯 원소의 합을 계산하시오.

(e) 리스트에서 최솟값 원소를 찾으시오.

(f) 랜덤하게 인덱스를 생성하고 이 인덱스에 해당하는 리스트의 원소를 출력하시오.

10.13 부절적한 인덱스 값을 이용하여 리스트에 접근한다면 어떤 일이 발생하는가?

10.14 다음 코드의 출력을 보이시오.

```python
lst = [30, 1, 2, 1, 0]
for i in range(1, 6):
    lst[i] = lst[i - 1]
print(lst)
```

10.3 사례 연구: 로또 번호 생성기

키포인트

이번 장에서는 입력된 번호가 1에서 99까지 모두 있는지를 판별하는 프로그램을 학습한다.

Pick-10 로또의 각 티켓은 1부터 99 사이의 서로 다른 번호를 10개씩 가지고 있다. 여러 장의 티켓을 구매했다고 가정하고, 이들 티켓에 1부터 99까지의 모든 번호가 있기를 바랄 것이다. 하나의 파일에서 모든 티켓의 번호를 읽고 1부터 99까지 모든 번호가 있는지를 판별하는 프로그램을 작성해 보자. 파일에서 마지막 번호는 0이라고 가정하고 다음과 같은 번호들을 가지고 있다고 해보자(파일에서 한 줄의 번호 10개가 하나의 티켓을 의미함).

```
80 3 87 62 30 90 10 21 46 27
12 40 83 9 39 88 95 59 20 37
80 40 87 67 31 90 11 24 56 77
11 48 51 42 8 74 1 41 36 53
52 82 16 72 19 70 44 56 29 33
54 64 99 14 23 22 94 79 55 2
60 86 34 4 31 63 84 89 7 78
43 93 97 45 25 38 28 26 85 49
47 65 57 67 73 69 32 71 24 66
92 98 96 77 6 75 17 61 58 13
35 81 18 15 5 68 91 50 76
0
```

1부터 99까지 모든 번호가 있으면, 프로그램은 다음과 같은 문자열을 출력한다.

티켓에 모든 번호가 포함되어 있습니다.

예를 들어, 파일에 다음과 같은 번호들이 있으면,

```
11 48 51 42 8 74 1 41 36 53
52 82 16 72 19 70 44 56 29 33
0
```

프로그램은 다음과 같은 문자열을 출력한다.

티켓에 모든 번호가 포함되어 있지 않습니다.

각 번호의 포함 여부를 어떻게 표시할 수 있을까? 99개의 부울 원소를 갖는 리스트를 생성하고 이 리스트의 각 원소는 해당 번호의 포함 여부를 표시한다. 이 리스트를 isCovered라고 하자. 초기에, 그림 10.3(a)에서 볼 수 있듯이 모든 원소의 값은 False이다. 번호를 읽을 때마다 그 번호에 해당하는 원소의 값을 True로 설정한다. 예를 들어, 입력 번호가 1, 2, 3, 99, 0이라 해보자. 번호 1을 읽을 때, isCovered[0]을 True로 설정한다(그림 10.3(b) 참조). 번호 2를 읽을 때, isCovered[2 - 1]을 True로 설정한다(그림 10.3(c) 참조). 번호 3을 읽을 때, isCovered[3 - 1]을 True로 설정한다(그림 10.3(d) 참조). 번호 99를 읽을 때, isCovered[98]을 True로 설정한다(그림 10.3(e) 참조).

이 프로그램에 대한 알고리즘은 다음과 같다.

```
for 파일에서 읽은 각 번호 k에 대해
    isCovered[k - 1]을 True로 설정하여 번호 k가 포함된 것으로 표시한다.
if 모든 isCovered[i]가 True:
    티켓에 모든 번호가 포함되어 있습니다.
else:
    티켓에 모든 번호가 포함되어 있지 않습니다.
```

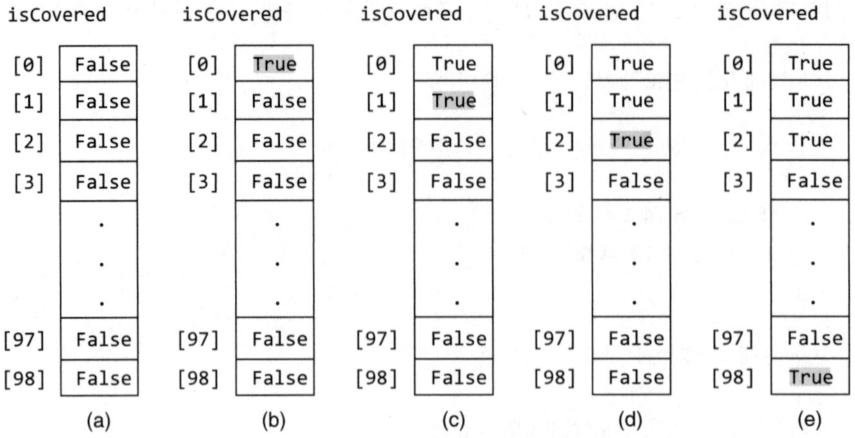

[그림 10.3] 번호 i가 로또 티켓이 나오면, isCovered[i − 1]를 True로 설정한다.

코드 10.2는 앞의 알고리즘을 구현한 전체 프로그램이다.

코드 10.2	LottoNumbers.py

```
1    # False 값으로 설정된 99개의 부울 원소를 갖는 리스트를 생성한다.
2    isCovered = 99 * [False]
3    endOfInput = False
4    while not endOfInput:
5        # 콘솔로부터 번호를 문자열로 읽는다.
6        s = input("공백으로 구분된 번호를 한 행에 입력하세요: ")
7        items = s.split() # 입력된 문자열에서 항목을 추출한다.
8        lst = [eval(x) for x in items] # 각 항목을 숫자로 변환한다.
9
10       for number in lst:
11           if number == 0:
12               endOfInput = True
13           else:
14               # 번호에 해당하는 원소를 포함으로 표시한다.
15               isCovered[number - 1] = True
16
17   # 모든 번호(1~99)가 포함되어 있는지를 검사한다.
18   allCovered = True # 초기에 모든 번호가 포함되었다고 가정한다.
19   for i in range(99):
20       if not isCovered[i]:
21           allCovered = False # 한 번호가 포함되지 않았음을 발견한다.
22           break
```

```
23
24   # 결과를 출력한다.
25   if allCovered:
26       print("티켓에 모든 번호가 포함되어 있습니다.")
27   else:
28       print("티켓에 모든 번호가 포함되어 있지 않습니다.")
```

공백으로 구분하여 번호를 한 행에 입력하세요: 2 5 6 5 4 3 [↵Enter]
공백으로 구분하여 번호를 한 행에 입력하세요: 23 43 2 0 [↵Enter]
티켓에 모든 번호가 포함되어 있지 않습니다.

공백으로 구분하여 번호를 한 행에 입력하세요: 1 2 3 4 5 6 [↵Enter]
공백으로 구분하여 번호를 한 행에 입력하세요: 7 8 9 10 11 [↵Enter]
...
티켓에 모든 번호가 포함되어 있습니다.

입력 데이터 2 5 6 5 4 3 23 43 2 0으로 구성된 LottoNumber.txt라는 텍스트 파일이 있다고 해보자.

명령어 창에서 다음 명령어를 사용하여 프로그램을 실행시킬 수 있다.

```
python LottoNumbers.py < LottoNumbers.txt
```

이 프로그램은 99개의 부울 값을 가진 리스트(각 원소의 초깃값은 모두 False이다)를 생성한다(라인 2). 그리고 반복해서 한 행 단위로 번호를 읽어 들이고(라인 6), 번호를 추출한다(라인 7-8). 루프를 이용하여, 각 번호에 대해서 다음의 연산을 수행한다.

- 번호가 0이면, endOfInput을 True로 설정한다(라인 12).
- 번호가 0이 아니면, isCovered에서 해당 번호의 원소값을 True로 설정한다 (라인 15).

번호가 0일 때, 입력이 종료된다(라인 4). 라인 18-22는 모든 번호의 포함 여부를 결정하며, 라인 25-28에서 그 결과를 출력한다.

10.4 사례 연구: 카드팩

키포인트

이 문제는 52장의 카드로 구성된 카드팩에서 4장의 카드를 랜덤하게 뽑는 프로그램을 작성하는 것이다.

모든 카드는 deck 리스트로 표현되며, 다음과 같이 0에서 51까지의 초깃값으로 채워져 있다.

```
deck = [x for x in range(52)]
```

혹은 다음과 같이 작성할 수도 있다.

```
deck = list[range(52)]
```

그림 10.4에서 볼 수 있듯이, 0에서 12까지의 카드는 13개의 스페이드(spade)로, 13부터 25까지는 13개의 하트(heart)로, 26에서 38까지는 13개의 다이아몬드(diamond)로, 39에서 51까지는 13개의 클로버(clover)로 표시되어 있다. 그림 10.5에서 볼 수 있듯이, cardNumber // 13은 카드 종류를 결정하며, cardNumber % 13은 카드 순위를 결정한다. 카드팩에서 카드들을 섞은 후에 카드팩에서 처음으로 나오는 네 장의 카드를 골라보자. 이 프로그램은 이들 네 장의 카드를 출력한다.

코드 10.3은 카드팩 프로그램을 보여준다.

코드 10.3   DeckOfCards.py

```
1   # 한 팩의 카드를 생성한다.
2   deck = [x for x in range(52)]
3
4   # 종류와 순위 리스트를 생성한다.
5   suits = ["스페이드", "하트", "다이아몬드", "클로버"]
6   ranks = ["A", "2", "3", "4", "5", "6", "7", "8", "9",
7       "10", "J", "Q", "K"]
8
9   # 카드를 섞는다.
10  import random
11  random.shuffle(deck)
12
13  # 처음 4장의 카드를 출력한다.
14  for i in range(4):
15      suit = suits[deck[i] // 13]
16      rank = ranks[deck[i] % 13]
17      print("카드 번호", deck[i], "은/는", suit, rank, "입니다.")
```

카드 번호 6 은/는 스페이드 7 입니다.
카드 번호 48 은/는 클로버 10 입니다.
카드 번호 11 은/는 스페이드 Q 입니다.
카드 번호 24 은/는 하트 Q 입니다.

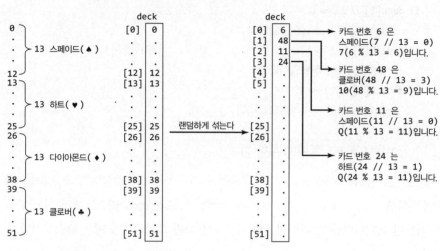

[그림 10.4] 52장의 카드가 deck 리스트에 저장되어 있다.

$$cardNumber \text{ // } 13 = \begin{cases} 0 \longrightarrow 스페이드 \\ 1 \longrightarrow 하트 \\ 2 \longrightarrow 다이아몬드 \\ 3 \longrightarrow 클로버 \end{cases}$$

$$cardNumber \text{ \% } 13 = \begin{cases} 0 \longrightarrow A \\ 1 \longrightarrow 2 \\ \vdots \\ 10 \longrightarrow J \\ 11 \longrightarrow Q \\ 12 \longrightarrow K \end{cases}$$

[그림 10.5] 카드 번호는 카드를 식별한다.

코드 10.3의 프로그램은 52장의 카드로 구성된 카드팩을 생성하고(라인 2), 네 가지 카드 종류를 나타내는 suits 리스트를 생성하며(라인 5), 하나의 카드 종류 내에서 13개의 카드를 나타내는 ranks 리스트를 생성한다(라인 6-7). suits와 ranks 내의 원소들은 모두 문자열이다.

deck 리스트는 0부터 51까지의 값으로 초기화되어 있다. deck 리스트에서 0 값은 스페이드 A를, 1은 스페이드 2를, 13은 하트 A를, 14는 하트 2를 각각 나타낸다.

라인 10-11은 카드팩의 카드들을 랜덤하게 섞는다. 카드팩이 섞여진 후에 deck[i]는 임의 값을 갖게 된다. deck[i] // 13은 0, 1, 2, 3 중에 하나의 값이 되

며, 카드 종류를 결정한다(라인 15). deck[i] % 13은 0에서 12까지의 값 중에 하나
가 되며, 카드 순위를 결정한다(라인 16).

suits 리스트가 정의되어 있지 않으면, 다음과 같이 다소 긴 if 명령문을 사용하
여 카드 종류를 결정해야 한다.

```python
if deck[i] // 13 == 0:
    print("종류는 스페이드입니다.")
elif deck[i] // 13 == 1:
    print("종류는 하트입니다.")
elif deck[i] // 13 == 2:
    print("종류는 다이아몬드입니다.")
else:
    print("종류는 클로버입니다.")
```

리스트로 정의된 suits = ["스페이드", "하트", "다이아몬드", "클로버"]를
활용한다면, suits[deck[i] // 13]은 주어진 카드가 deck 리스트에서 어떤 종류
의 카드인지를 나타낸다. 따라서 리스트를 사용하면 프로그램을 매우 단순화시킬 수
있다.

10.5 카드팩 GUI

키포인트

이 프로그램은 52장의 카드를 구성된 카드팩에서 4장의 카드를 랜덤하게 뽑고 그 카드를 화면에 출력한다.

이 절에서는 사용자가 *섞기* 버튼을 누르면 랜덤하게 뽑아진 4장의 카드를 그래
픽으로 출력하는 GUI 프로그램을 살펴본다.

[그림 10.6] 섞기 버튼을 클릭하면 랜덤하게 뽑아진 4장의 카드가 화면에 출력된다.

파이썬 GUI 프로그램을 개발하기 위해서는 Turtle이나 Tkinter를 사용해야 한
다. Turtle은 프로그래밍 기초를 배울 때 유용한 초보자용 도구이지만, Turtle의
기능은 선, 도형, 텍스트 문자열을 그리는 것으로 제한되어 있다. 좀 더 포괄적인

GUI 프로젝트를 개발하기 위해서는 Tkinter를 사용해야 한다. 지금부터 제시하는 GUI 예제부터는 Tkinter를 사용할 것이다. 코드 10.4는 섞기 버튼을 생성하고 랜덤하게 뽑아진 4장의 카드를 출력하는 GUI 프로그램을 보여준다.

코드 10.4   DeckOfCardsGUI.py

```python
1  from tkinter import * # tkinter의 모든 정의를 임포트한다.
2  import random
3
4  class DeckOfCardsGUI:
5      def __init__(self):
6          window = Tk() # 윈도우를 생성한다.
7          window.title("네 장의 카드를 랜덤하게 뽑는다.") # 윈도우 제목을 설정한다.
8
9          self.imageList = [] # 카드의 이미지를 저장한다.
10         for i in range(1, 53):
11             self.imageList.append(PhotoImage(file = "image/card/"
12                 + str(i) + ".gif"))
13
14         frame = Frame(window) # 4장의 카드 라벨을 담을 수 있는 프레임을 만든다.
15         frame.pack()
16
17         self.labelList = [] # 4장의 카드 라벨 리스트
18         for i in range(4):
19             self.labelList.append(Label(frame,
20                 image = self.imageList[i]))
21             self.labelList[i].pack(side = LEFT)
22
23         Button(window, text = "섞기",
24             command = self.shuffle).pack()
25
26         window.mainloop() # 이벤트 루프를 생성한다.
27
28     # 4장의 카드를 랜덤하게 선택한다.
29     def shuffle(self):
30         random.shuffle(self.imageList)
31         for i in range(4):
32             self.labelList[i]["image"] = self.imageList[i]
33
34 DeckOfCardsGUI() # GUI를 생성한다.
```

코드 10.4의 라인 9-12는 현재 디렉터리의 **image/card** 폴더에 저장된 이미지 파일로부터 52개의 이미지를 생성한다. 이들 파일은 1.gif, 2.gif, …, 52.gif로 이름이 부여되어 있다. 각각의 이미지는 PhotoImage 클래스의 인스턴스로 생성되고 imageList에 추가된다.

라인 14-15에서 네 장의 카드 라벨을 넣을 수 있는 프레임이 생성된다. 이들 라벨들은 labelList에 추가된다(라인 17-21).

라인 23에서 버튼이 생성된다. 이 버튼을 클릭하면 shuffle 함수가 호출되는데, 이 함수는 imageList 리스트의 이미지들을 랜덤하게 섞고 이 리스트에서 처음 네 개의 이미지를 labelList에 넣는다(라인 31-32).

10.6 리스트 복사하기

키포인트

리스트의 데이터를 다른 리스트로 복사하기 위해서는 원시 리스트의 개별 원소들을 목적 리스트로 복사해야 한다.

프로그램에서 리스트 전체 또는 그 일부를 중복하여 복사할 필요가 종종 있다. 이러한 경우, 다음과 같이 할당 명령문(=)을 사용하여 시도할 수 있다.

    list2 = list1

그러나 위 명령문은 list1이 참조하고 있는 리스트의 내용을 list2로 복사하지는 않는다. 대신, list1의 참조값이 단순히 list2로 복사된다. 위 명령문이 수행된 후에, 그림 10.7에서 볼 수 있듯이 list1과 list2는 같은 리스트를 참조한다. list2가 이전에 참조했던 리스트는 더 이상 참조되지 않는다. 그래서 이 리스트는 결국 *쓰레기(garbage)*가 된다. list2가 이전에 점유했던 메모리 공간은 파이썬 인터프리터에 의해 자동으로 수집되고 재사용된다.

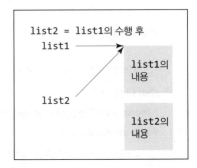

[그림 10.7] 할당 명령문이 수행되기 전에는 list1과 list2는 각기 다른 메모리 위치를 가리킨다. 할당 명령문의 수행으로 list1의 참조값이 list2로 전달된다.

다음은 이러한 개념을 설명하는 예이다.

실행결과

```
 1  >>> list1 = [1, 2]
 2  >>> list2 = [3, 4, 5]
 3  >>> id(list1)
 4  36207312
 5  >>> id(list2)
 6  36249848
 7  >>>
 8  >>> list2 = list1
 9  >>> id(list2)
10  36207312
11  >>>
```

두 리스트가 생성되고(라인 1-2), 각각의 리스트는 서로 다른 id를 가진 독립적인 객체이다(라인 4와 6). list1을 list2로 할당한 후에, list2의 id는 list1의 id와 같아진다(라인 10). 이제부터 list1과 list2는 같은 객체를 참조한다.

list1의 내용을 list2로 복사하는 코드를 다음과 같이 작성할 수 있다.

```
list2 = [x for x in list1]
```

혹은 간략히 다음과 같이 작성할 수도 있다.

```
list2 = [] + list1
```

10.15 다음 코드의 출력을 보이시오.

체크
포인트

```
list1 = list(range(1, 10, 2))
list2 = list1
list1[0] = 111
print(list1)
print(list2)
```

10.16 다음 코드의 출력을 보이시오.

```
list1 = list(range(1, 10, 2))
list2 = [] + list1
list1[0] = 111
print(list1)
print(list2)
```

10.7 함수에 리스트 전달하기

키포인트

리스트가 함수로 전달될 때, 리스트는 변경가능 객체이므로 함수 호출 후 리스트의 내용은 변경될 수도 있다.

리스트는 객체이므로, 리스트를 함수로 전달하는 것은 객체를 함수로 전달하는 것과 동일한 의미이다. 예를 들어, 리스트의 원소를 출력하는 다음의 함수를 살펴보자.

```
def printList(lst):
    for element in lst:
        print(element)
```

위 함수에 리스트를 전달하여 호출할 수 있다. 예를 들어, 다음 명령문은 3, 1, 2, 6, 4, 2를 출력하기 위해 printList 함수를 호출한다.

```
printList([3, 1, 2, 6, 4, 2])
```

노트
위 명령문은 하나의 리스트를 생성하고 그 리스트를 함수로 전달한다. 명시적으로 이 리스트에 대한 참조 변수는 없다. 이러한 리스트를 *무명 리스트(anonymous list)*라고 한다.

리스트는 변경가능 객체(mutable object)이므로, 리스트의 내용이 **printList** 함수 내부에서 변경될 수 있다. 예를 들어, 코드 10.5를 살펴보자.

코드 10.5   PassListArgument.py

```
1   def main():
2       x = 1 # x는 int 변수이다.
3       y = [1, 2, 3] # y는 리스트이다.
4
5       m(x, y) # x, y 인자를 사용하여 m을 호출한다.
6
7       print("x는", x, "입니다.")
8       print("y[0]은", y[0], "입니다.")
9
10  def m(number, numbers):
11      number = 1001 # number에 새로운 값을 할당한다.
12      numbers[0] = 5555 # numbers[0]에 새로운 값을 할당한다.
13
14  main() # main 함수를 호출한다.
```

> x는 1 입니다.
> y[0]은 5555 입니다.

앞 예제 실행에서, 함수 m이 호출된 후에(라인 5) x는 1로 여전히 남아 있지만 y[0]은 5555로 변경된다는 것을 볼 수 있다. 이는 y와 numbers가 동일한 리스트 객체를 참조하기 때문이다. m(x, y)가 호출될 때, x와 y의 참조값이 number와 numbers로 각각 전달된다. y가 [1, 2, 3] 리스트의 참조값을 갖고 있으므로, numbers도 이 리스트의 참조값을 동일하게 갖게 된다. number는 변경불가능이므로, 함수 내부에서 그것을 변경하면 함수 내부에서 새로운 인스턴스가 생성되고, 함수 외부의 원래 인스턴스는 변하지 않는다. 그래서 함수 외부에서 x는 여전히 1이다.

리스트를 기본 인자(default argument)로 사용하는 것에 관해서 살펴볼 필요가 있다. 코드 10.6을 살펴보자.

코드 10.6   DefaultListArgument.py

```
1   def add(x, lst = []):
2       if x not in lst:
3           lst.append(x)
4
5       return lst
6
7   def main():
8       list1 = add(1)
9       print(list1)
10
11      list2 = add(2)
12      print(list2)
13
14      list3 = add(3, [11, 12, 13, 14])
15      print(list3)
16
17      list4 = add(4)
18      print(list4)
19
20  main()
```

실행결과

```
[1]
[1, 2]
[11, 12, 13, 14, 3]
[1, 2, 4]
```

add 함수는 x가 1st 리스트 내에 없으면 x를 1st 리스트에 추가한다(라인 1-5). 이 함수가 최초로 수행될 때, 1st 인자로 기본값 []이 생성된다. 이 기본값은 단 한 번만 생성된다. add(1)은 1을 1st에 추가한다.

이 함수가 다시 호출될 때(라인 11), 1st는 이미 생성되었기 때문에 []이 아니라 [1]이 되어 있다. add(2)가 수행된 후에, 1st는 [1, 2]가 된다.

라인 14에서 리스트 인자로 [11, 12, 13, 14]가 사용되고, 이 리스트가 1st로 전달된다.

라인 17에서 1st에 대해 기본 인자가 사용되었다. 현재 1st는 [1, 2]이므로, add(4)가 호출된 후에 1st는 [1, 2, 4]가 된다.

모든 호출에 대해서 기본 리스트가 []이 되게 하고 싶으면, 코드 10.7처럼 add 함수를 수정해야 한다.

코드 10.7   DefaultNoneListArgument.py

```python
1   def add(x, lst = None):
2       if lst == None:
3           lst = []
4       if x not in lst:
5           lst.append(x)
6
7       return lst
8
9   def main():
10      list1 = add(1)
11      print(list1)
12
13      list2 = add(2)
14      print(list2)
15
16      list3 = add(3, [11, 12, 13, 14])
17      print(list3)
18
19      list4 = add(4)
```

```
20      print(list4)
21
22  main()
```

```
[1]
[2]
[11, 12, 13, 14, 3]
[4]
```

add 함수가 리스트 인자 없이 호출될 때마다 새로운 리스트가 매번 생성된다(라인 3). add 함수가 호출될 때 리스트 인자가 주어지면, 기본 리스트는 사용되지 않는다.

10.8 함수에서 리스트 반환하기

함수가 리스트를 반환할 때, 리스트의 참조값이 반환된다.

키포인트

함수가 호출될 때, 리스트를 인자로 전달할 수 있다. 또한 함수는 리스트를 반환할 수도 있다. 예를 들어, 다음 함수는 리스트의 원소를 역순으로 만든 새로운 리스트를 반환한다.

```
1  def reverse(lst):
2      result = []
3
4      for element in lst:
5          result.insert(0, element)
6
7      return result
```

라인 2에서 새로운 리스트인 result가 생성된다. 라인 4-5에서 lst 리스트의 원소들이 result 리스트로 복사된다. 라인 7에서 result 리스트가 반환된다. 예를 들어, 다음 명령문은 6, 5, 4, 3, 2, 1 원소들로 구성된 새로운 리스트 list2를 반환한다.

```
list1 = [1, 2, 3, 4, 5, 6]
list2 = reverse(list1)
```

list 클래스에는 리스트의 원소들을 역순으로 만들어 주는 reverse() 메소드를 갖고 있음에 주목하자.

체크
포인트

10.17 다음 문장이 참인지 거짓인지 판별하시오. 리스트가 함수로 전달될 때, 새로운 리스트가 생성되고 함수로 전달된다.

10.18 다음 두 프로그램의 결과를 보이시오.

```python
def main():
    number = 0
    numbers = [10]

    m(number, numbers)

    print("number는", number,
        "이고 numbers[0]는",
        numbers[0], "입니다.")

def m(x, y):
    x = 3
    y[0] = 3
main()
```
(a)

```python
def main():
    lst = [1, 2, 3, 4, 5]
    reverse(lst)
    for value in lst:
        print(value, end = ' ')

def reverse(lst):
    newLst = len(lst) * [0]

    for i in range(len(lst)):
        newLst[i] = lst[len(lst) - 1 - i]

    lst = newLst
main()
```
(b)

10.19 다음 두 프로그램의 결과를 보이시오.

```python
def main():
    list1 = m(1)
    print(list1)
    list2 = m(1)
    print(list2)

def m(x, lst = [1, 1, 2, 3]):
    if x in lst:
        lst.remove(x)
    return lst
main()
```
(a)

```python
def main():
    list1 = m(1)
    print(list1)
    list2 = m(1)
    print(list2)

def m(x, lst = None):
    if lst == None:
        lst = [1, 1, 2, 3]

    if x in lst:
        lst.remove(x)
    return lst
main()
```
(b)

10.9 사례 연구: 문자 빈도수 세기

이번 절에서는 100개의 문자 집합에서 각 문자의 개수를 세는 프로그램을 살펴본다.

코드 10.8은 문자들로 이루어진 리스트에서 각 문자의 개수를 세는 프로그램이며, 다음과 같다.

1. 100개의 소문자를 랜덤하게 생성하고 이들 문자를 chars라 하는 문자 리스트에 할당한다(그림 10.8(a) 참조). 코드 6.11에 있는 RandomCharacter 모듈의 getRandomLowerCaseLetter() 함수를 사용하여 랜덤한 문자를 얻을 수 있다.
2. chars 리스트에 있는 각 문자의 개수를 센다. 이를 위해 26개의 int 값을 갖는 counts라는 리스트를 생성한다. counts의 각 원소는 그림 10.8(b)에서 볼 수 있듯이 각 문자의 개수를 저장한다. 즉, count[0]는 chars 리스트에 있는 문자 a의 개수를 저장하고, count[1]은 문자 b의 개수를 저장한다.

```
chars[0]           counts[0]
chars[1]           counts[1]
  …      …           …      …
  …      …           …      …
chars[98]          counts[24]
chars[99]          counts[25]
   (a)                 (b)
```

[그림 10.8] chars 리스트는 100개 문자를 저장하고, counts 리스트는 각 문자의 개수를 저장할 수 있는 26개 원소로 구성되어 있다.

코드 10.8 CountLettersInList.py

```
1   import RandomCharacter # 코드 6.11에서 정의하였다.
2
3   def main():
4       # 문자 리스트를 생성한다.
5       chars = createList()
6
7       # 리스트를 출력한다.
8       print("소문자:")
9       displayList(chars)
10
11      # 각 문자의 빈도수를 센다.
12      counts = countLetters(chars)
```

```
13
14      # 빈도수를 출력한다.
15      print("각 문자의 빈도수는:")
16      displayCounts(counts)
17
18  # 문자 리스트를 생성한다.
19  def createList():
20      # 빈 리스트를 생성한다.
21      chars = []
22
23      # 소문자를 랜덤하게 생성하고 리스트에 추가한다.
24      for i in range(100):
25          chars.append(RandomCharacter.getRandomLowerCaseLetter())
26
27      # 리스트를 반환한다.
28      return chars
29
30  # 문자 리스트를 출력한다.
31  def displayList(chars):
32      # 리스트에 포함된 문자를 한 행에 20개씩 출력한다.
33      for i in range(len(chars)):
34          if (i + 1) % 20 == 0:
35              print(chars[i])
36          else:
37              print(chars[i], end = ' ')
38
39  # 각 문자의 빈도수를 센다.
40  def countLetters(chars):
41      # 0으로 초기화된 26개의 정수 리스트를 생성한다.
42      counts = 26 * [0]
43
44      # 리스트의 각 소문자를 센다.
45      for i in range(len(chars)):
46          counts[ord(chars[i]) - ord('a')] += 1
47
48      return counts
49
50  # 빈도수를 출력한다.
51  def displayCounts(counts):
52      for i in range(len(counts)):
```

```
53              if (i + 1) % 10 == 0:
54                  print(counts[i], chr(i + ord('a')))
55              else:
56                  print(counts[i], chr(i + ord('a')), end = ' ')
57
58  main() # main 함수를 호출한다.
```

```
소문자:
e y l s r i b k j v j h a b z n w b t v
s c c k r d w a m p w v u n q a m p l o
a z g d e g f i n d x m z o u l o z j v
h w i w n t g x w c d o t x h y v z y z
q e a m f w p g u q t r e n n w f c r f
각 문자의 빈도수:
5 a 3 b 4 c 4 d 4 e 4 f 4 g 3 h 3 i 3 j
2 k 3 l 4 m 6 n 4 o 3 p 3 q 4 r 2 s 4 t
3 u 5 v 8 w 3 x 3 y 6 z
```

createList 함수(라인 19-28)는 100개의 랜덤 소문자를 갖는 리스트를 생성한다. 라인 5에서 createList 함수가 호출되고 생성된 리스트가 chars에 할당된다. 다음과 같이 코드를 재작성한다면 무엇이 잘못된 것일까?

```
chars = 100 * [' ']
chars = createList()
```

아마도 두 리스트가 생성되어 있을 것이다. 첫 번째 행에서 100 * [' ']에 의해 하나의 리스트가 생성되며, 두 번째 행에서 createList()을 호출함으로써 또 다른 리스트가 생성되고 이 리스트의 참조가 chars에 할당된다. 첫 번째 행에서 생성된 리스트는 더 이상 참조되지 않기 때문에 쓰레기가 될 것이다. 파이썬은 자동으로 이러한 쓰레기를 수집한다. 이 코드는 정상적으로 컴파일되고 실행되지만, 불필요한 리스트를 생성한다.

getRandomLowerCaseLetter() 함수는 하나의 소문자를 랜덤하게 생성하고 그 소문자를 반환한다(라인 25). 이 함수는 코드 6.11의 RandomCharacter 클래스에 정의되어 있다.

countLetters 함수는 26개의 int 값을 갖는 리스트를 반환하는데 이 리스트의 각 원소는 개별 문자의 개수를 저장한다. 이 함수는 리스트 내의 각 문자를 살펴보고 해당 문자의 개수를 1씩 증가시킨다. 각 문자의 개수를 세는 일반적인 접근 방식은 다음과 같다.

```
for i in range(len(chars)):
    if char[i] == 'a':
        count[0] += 1
    elif char[i] == 'b':
        count[1] += 1
    ...
```

그러나 더 나은 방법은 라인 45-46의 코드이다.

```
for i in range(len(chars)):
    counts[ord(chars[i]) - ord('a')] += 1
```

문자(chars[i])가 a이면, 이 문자의 개수는 counts[ord('a') - ord('a')]을 사용하여 구할 수 있다(즉, counts[0]). 또한 문자 b의 개수는 counts[ord('b') - ord('a')]을 사용하여 얻을 수 있다(즉, b의 유니코드는 a의 유니코드보다 1 크므로, counts[1]이다). 문자 z의 개수는 counts[ord('z') - ord('a')]을 사용하여 얻을 수 있다(즉, z의 유니코드는 a의 유니코드보다 25 크므로, counts[25]임).

10.10 리스트 검색하기

키포인트

리스트가 정렬되어 있으면, 리스트에서 어떤 원소를 찾고자 할 때 이진 검색을 사용하는 것이 선형 검색을 사용하는 것보다 좀 더 효율적이다.

*검색(searching)*이란 리스트에서 특정 원소를 찾는 과정이다. 즉, 점수 리스트에 원하는 점수가 있는지를 찾는 것이 하나의 예이다. list 클래스는 리스트에서 찾고자 하는 원소의 인덱스를 검색하고 반환해 주는 index 메소드를 제공한다. 또한 list 클래스는 어떤 원소가 리스트에 있는지를 판별해 주는 in과 not in 연산자를 제공한다.

검색은 컴퓨터 프로그래밍에서 흔한 작업이며, 많은 알고리즘들이 검색을 위해 개발되어 왔다. 이 절에서는 가장 일반적인 두 가지 검색 방법으로 *선형 검색(linear search)*과 *이진 검색(binary search)*에 대해서 살펴본다.

10.10.1 선형 검색 방식

선형 검색(linear search)은 키 원소 key와 리스트의 각 원소를 순차적으로 비교한다. 키와 일치하는 원소를 리스트에서 찾을 때까지 혹은 발견된 원소 없이 리스트의 모든 원소를 전부 비교할 때까지 반복된다. 일치하는 원소를 찾으면, 선형 검색은 이 원소의 인덱스를 반환한다. 만일, 찾지 못하면 -1을 반환한다. 코드 10.9의

linearSearch 함수는 선형 검색 방식을 보여준다.

코드 10.9	LinearSearch.py

```
1   # 리스트에서 key를 찾는 함수
2   def linearSearch(lst, key):
3       for i in range(len(lst)):
4           if key == lst[i]:
5               return i
6
7       return -1
```

[0][1][2] …

i번째 ▭▭▭▭▭▭▭▭

key i = 0, 1, … 에 대해 lst[i]와 key를 비교한다.

위 함수를 좀 더 자세히 살펴보기 위해 다음 명령문들을 실행해 보고 결과를 확인해 보자.

```
lst = [1, 4, 4, 2, 5, -3, 6, 2]
i = linearSearch(lst, 4)      # 1을 반환
j = linearSearch(lst, -4)     # -1을 반환
k = linearSearch(lst, -3)     # 5를 반환
```

linearSearch 함수는 키와 리스트 내의 각 원소를 비교한다. 리스트의 원소들이 어떤 순서로 있어도 상관없다. 선형 검색 알고리즘은 리스트에서 키와 동일한 원소를 발견하기까지 평균적으로 리스트 절반을 검사해야 한다. 선형 검색의 실행 시간은 리스트 원소의 개수가 증가할수록 선형적으로 증가한다. 그래서 선형 검색은 큰 리스트의 경우에는 비효율적이다.

10.10.2 이진 검색 방식

이진 검색(binary search)은 또 다른 검색 방식 중에 하나이다. 이진 검색을 수행하기 위해서는 리스트의 원소들이 먼저 정렬되어 있어야 한다. 리스트가 오름차순으로 정렬되어 있다고 가정해 보자. 이진 검색은 우선 리스트의 중간 원소와 키를 비교한다. 다음과 같이 3가지 경우를 고려해 볼 수 있다.

- 키가 리스트의 중간 원소보다 작으면, 리스트의 첫 번째 절반(즉, 중앙에서 왼쪽 부분)만을 대상으로 키 검색을 해야 한다.
- 키가 리스트의 중간 원소와 같으면, 일치한 것이므로 검색을 마친다.
- 키가 리스트의 중간 원소보다 크다면, 리스트의 두 번째 절반(즉, 중앙에서 오른쪽 부분)만을 대상으로 키 검색을 해야 한다.

노트
이진 검색은 한 번의 비교 후에 리스트의 절반을 검색 대상에서 제외시킨다. 리스트가 n개의 원소로 이루어져 있다고 해보자. 편의를 위해, n이 2의 거듭제곱이라 하자. 첫 번째 비교 후에 리스트에 n/2개의 원소가 남게 된다. 두 번째 비교 후에는 (n/2)/2개의 원소가 남게 된다. k번째 비교 후에는 $n/2^k$개의 원소가 남게 된다. $k=\log_2 n$일 때, 단지 하나의 원소만이 리스트에 남게 되고, 한 번 더 비교만 하면 된다. 그러므로 이진 검색을 사용하여, 정렬된 리스트에서 원소를 찾기 위해 최악의 경우 $\log_2 n+1$번의 비교가 필요하다. $1024(2^{10})$개의 원소를 가진 리스트에 대해서 이진 검색은 최악의 경우에 11번의 비교를 수행해야 한다. 반면, 선형 검색은 최악의 경우에 1,023번의 비교를 수행해야 한다.

검색해야 할 부분이 매 비교마다 절반씩 줄어든다. low와 high를 검색해야 할 부분의 첫 번째 인덱스와 마지막 인덱스라 하자. 초기에, low는 0이고 high는 len(lst)-1이다. 그리고 mid를 중간 원소의 인덱스라 하자. 그러면 mid는 (low + high) // 2가 된다. 그림 10.9는 이진 검색을 사용하였을 때 리스트 [2, 4, 10, 11, 45, 50, 59, 60, 66, 69, 70, 79]에서 키 값 11을 찾는 방법을 보여준다.

이제까지 이진 탐색의 동작 방식에 대해서 알아보았다. 다음으로 이진 탐색을 파이썬으로 구현할 차례이다. 완벽한 구현을 한꺼번에 만들 생각을 하지 말자. 한 번에 하나씩 점진적으로 개발해 보자. 그림 10.10(a)에서 볼 수 있듯이, 이진 검색의 첫 번째 반복부터 시작해 보자. 첫 번째 반복에서 low 인덱스는 0이고 high 인덱스가 len(lst) - 1인 리스트의 중간 원소를 키 값과 비교한다. key < lst[mid]이면, high 인덱스를 mid - 1로 설정한다. key == lst[mid]가 참이면 키를 발견한 것이고 프로그램은 mid를 반환한다. key > lst[mid]이면, low 인덱스를 mid + 1로 설정한다.

다음으로, 그림 10.10(b)에서 볼 수 있듯이, 루프를 추가하여 검색을 반복적으로 수행하는 함수를 구현해 보자. 키를 발견하거나 혹은 low > high일 때 키를 발견하지 못하면 검색은 종료된다.

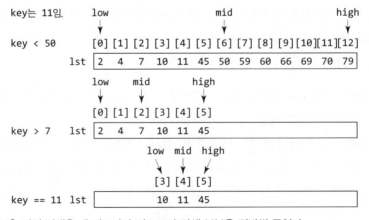

[**그림 10.9**] 이진 검색은 매 비교마다 리스트의 검색 부분을 절반씩 줄인다.

```
def binarySearch(lst, key):
    low = 0
    high = len(lst) - 1


    mid = (low + high) // 2
    if key < lst[mid]:
        high = mid - 1
    elif key == lst[mid]:
        return mid
    else:
        low = mid + 1
```

```
def binarySearch(lst, key):
    low = 0
    high = len(lst) - 1


    while high >= low:
        mid = (low + high) // 2
        if key < lst[mid]:
            high = mid - 1
        elif key == lst[mid]:
            return mid
        else:
            low = mid + 1
    return -1   # 발견하지 못하는 경우
```

(a) 버전 1   (b) 버전 2

[그림 10.10] 이진 검색의 구현

키가 발견되지 않을 때, low는 리스트 순서를 유지하기 위해 키가 삽입되어질 위치가 된다. -1을 반환하는 것보다는 이러한 삽입 위치를 값으로 반환하는 것이 좀더 유용하다. 이 함수는 키가 리스트 내에 존재하지 않음을 나타내기 위해 음수값을 반환해야 한다. 단순히 -low를 반환할 수 있을까? 키가 lst[0]보다 작으면, low는 0이 될 것이다. -0은 0이다. 이것은 키가 lst[0]와 일치한다는 것을 나타낸다. 그래서 키가 리스트 내에 존재하지 않는다면 -low - 1을 반환하도록 하는 것이 좋은 선택일 것이다. -low - 1의 반환은 키가 리스트 내에 존재하지 않음을 나타내는 것뿐만 아니라 키가 삽입되어질 위치를 나타낸다.

코드 10.10은 완성된 프로그램을 보여준다.

코드 10.10　　BinarySearch.py

```
1   # 리스트에서 키를 찾기 위해 이진 검색을 사용한다.
2   def binarySearch(lst, key):
3       low = 0
4       high = len(lst) - 1
5
6       while high >= low:
7           mid = (low + high) // 2
8           if key < lst[mid]:
9               high = mid - 1
10          elif key == lst[mid]:
```

```
11                    return mid
12            else:
13                    low = mid + 1
14
15      return -low - 1  # 현재 high < low이므로, 키는 발견되지 않음
```

위 코드에서 원소가 리스트에 있으면, 그 원소의 인덱스를 반환한다(라인 11). 그렇지 않으면, -low - 1을 반환한다(라인 15).

라인 6의 (high >= low)를 (high > low)로 바꾼다면 어떤 현상이 발생할까? 아마도 일치하는 원소를 찾지 못할 것이다. 단 하나의 원소만을 가진 리스트가 있다고 해보자. 이 경우 검색 과정에서 이 원소와의 비교가 누락된다.

리스트 내에 중복 원소가 있어도 이 함수가 여전히 동작할까? 원소들이 오름차순으로 정렬되어 있는 한, 중복 원소 중에 한 원소의 인덱스를 반환하게 된다.

이 함수를 좀 더 이해하기 위해, 다음의 명령문들을 추적해 보자. 그리고 이 함수가 반환하는 low와 high 값이 무엇인지 살펴보자.

```
lst = [2, 4, 7, 10, 11, 45, 50, 60, 66, 69, 70, 79]
i = binarySearch(lst, 2)   # 0을 반환한다.
j = binarySearch(lst, 11)  # 4를 반환한다.
k = binarySearch(lst, 12)  # -6을 반환한다.
l = binarySearch(lst, 1)   # -1을 반환한다.
m = binarySearch(lst, 3)   # -2를 반환한다.
```

다음의 표는 위 코드에서 각각의 함수가 종료될 때 low와 high 값과 반환값을 보여준다.

함수	Low	High	반환 값
binarySearch(lst, 2)	0	1	0
binarySearch(lst, 11)	3	5	4
binarySearch(lst, 12)	5	4	-6
binarySearch(lst, 1)	0	-1	-1
binarySearch(lst, 3)	1	0	-2

노트
선형 검색은 정렬되어 있지 않고 작은 리스트에서 원소를 찾는 데 유용하다. 그러나 큰 리스트에 대해서는 비효율적이다. 이 경우, 이진 검색이 좀 너 효율적이시만 리스트의 원소들이 미리 정렬되어 있어야 한다.

10.11 리스트 정렬하기

리스트 내의 원소들을 정렬하기 위한 많은 전략들이 있다. 선택 정렬과 삽입 정렬이 가장 일반적인 방식이다.

키포인트

검색과 마찬가지로 정렬도 컴퓨터 프로그래밍에서 흔한 작업이다. list 클래스는 리스트 내의 원소들을 정렬해 주는 sort 메소드를 제공한다.

정렬을 위한 다양한 알고리즘이 개발되어 왔다. 이 절에서는 간단하고 직관적인 두 가지 알고리즘으로 *선택 정렬(selection sorting)*과 *삽입 정렬(insert sorting)*을 살펴본다. 이들 알고리즘을 살펴봄으로써 다른 알고리즘을 개발하고 구현할 때 필요한 유용한 기술을 배운다.

10.11.1 선택 정렬

리스트를 오름차순으로 정렬해 보자. 선택 정렬은 리스트 내에서 가장 작은 원소를 찾고 그것을 첫 번째 원소와 교환한다. 그런 다음, 남은 원소 중에 가장 작은 원

리스트에서 1(가장 작은)을 선택하고
2(첫 번째에 위치한)와 교환한다.

교환
2 9 5 4 8 1 6

숫자 1은 현재 정확한 위치에
놓여있기 때문에 더 이상 고려될 필요가 없다.

교환
1 9 5 4 8 2 6   남은 리스트에서 2(가장 작은)를 9(첫 번째)와 교환한다.

숫자 2는 현재 정확한 위치에
놓여있기 때문에 더 이상 고려될 필요가 없다.

교환
1 2 5 4 8 9 6   남은 리스트에서 4(가장 작은)를 5(첫 번째)와 교환한다.

숫자 4는 현재 정확한 위치에
놓여있기 때문에 더 이상 고려될 필요가 없다.

1 2 4 5 8 9 6   5가 가장 작고 올바른 위치에 놓여 있다. 교환은 필요없다.

숫자 5는 현재 정확한 위치에
놓여있기 때문에 더 이상 고려될 필요가 없다.

교환
1 2 4 5 8 9 6   남은 리스트에서 6(가장 작은)을 8(첫 번째)과 교환한다.

숫자 6은 현재 정확한 위치에
놓여있기 때문에 더 이상 고려될 필요가 없다.

교환
1 2 4 5 6 9 8   남은 리스트에서 8(가장 작은)을 9(첫 번째)와 교환한다.

숫자 8은 현재 정확한 위치에
놓여있기 때문에 더 이상 고려될 필요가 없다.

1 2 4 5 6 8 9   남은 리스트에 원소가 한 개밖에 없으므로
정렬이 완료된다.

[그림 10.11] 선택 정렬은 가장 작은 원소를 반복적으로 찾고 그것을 리스트의 남은 원소의 첫 번째 원소와 교환한다.

소를 찾고 그것을 남은 원소들 중에 첫 번째 원소와 교환한다. 이러한 과정은 한 개의 원소가 남을 때까지 반복한다. 그림 10.11은 선택 정렬을 사용할 때 리스트 [2, 9, 5, 4, 8, 1, 6]의 정렬 과정을 보여준다.

한 번의 시도로 선택 정렬을 완벽하게 이해한다는 것은 매우 어렵다. 첫 번째 반복에서 리스트에서 가장 작은 원소를 찾고 그것을 첫 번째 원소와 교환하는 코드를 먼저 작성해 보자. 그런 다음, 두 번째, 세 번째 등의 반복과 어떤 차이가 있는지를 살펴본다. 이렇게 함으로써 모든 반복마다 일반화되는 루프를 작성하는 것이 가능해진다.

이에 대한 알고리즘을 다음과 같이 작성할 수 있다.

```
for i in range(len(lst)-1):
    lst[i : len(lst)] 내에서 가장 작은 원소를 선택한다.
    필요하다면, 가장 작은 원소를 lst[i]와 교환한다.
    # lst[i]는 정확한 위치에 놓이게 된다.
    # 다음 반복은 lst[i+1 : len(lst)]을 대상으로 적용한다.
```

코드 10.11은 위 알고리즘을 파이썬으로 구현한 것이다.

코드 10.11   SelectionSort.py

```
1   # 원소를 오름차순으로 정렬하기 위한 함수
2   def selectionSort(lst):
3       for i in range(len(lst) - 1):
4           # lst[i : len(lst)]에서 가장 작은 원소를 찾는다.
5           currentMin = lst[i]
6           currentMinIndex = i
7
8           for j in range(i + 1, len(lst)):
9               if currentMin > lst[j]:
10                  currentMin = lst[j]
11                  currentMinIndex = j
12
13          # 필요한 경우, lst[i]와 lst[currentMinIndex]를 교환한다.
14          if currentMinIndex != i:
15              lst[currentMinIndex] = lst[i]
16              lst[i] = currentMin
```

코드 10.11의 selectionSort(lst) 함수는 리스트의 원소들을 정렬한다. 이 함수는 중첩 for 루프를 사용하여 구현되었다. 외부 루프(루프 제어 변수 i를 갖고 있

음)(라인 3)는 lst[i]에서 lst[len(lst) - 1]까지의 범위를 가진 리스트에서 가장 작은 원소를 찾고 이를 lst[i]와 교환하기 위해 반복된다.

변수 i는 초깃값으로 0을 가진다. 외부 루프의 매 반복이 수행된 후에, lst[i]는 남은 리스트에서 가장 작은 값을 갖게 된다. 이렇게 반복함으로써 전체 리스트가 정렬된다.

selectionSort 함수를 좀 더 이해하기 위해, 다음 명령문의 중간 결과들을 추적해 보아라.

    lst = [1, 9, 4.5, 10.6, 5.7, -4.5]
    selectionSort(lst)

10.11.2 삽입 정렬

리스트를 오름차순으로 정렬해 보자. 삽입 정렬 알고리즘은 새로운 원소를 정렬된 부분 리스트에 삽입하는 과정을 전체 리스트가 정렬될 때까지 반복함으로써 리스트를 정렬한다. 그림 10.12는 삽입 정렬을 사용하였을 때 리스트 [2, 9, 5, 4, 8, 1, 6]의 정렬 과정을 보여준다.

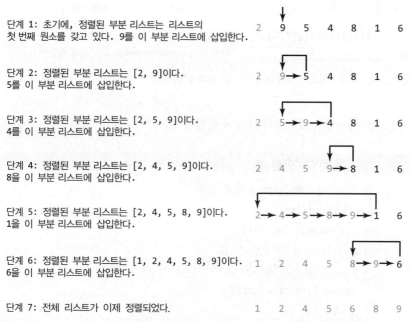

[그림 10.12] 삽입 정렬은 새로운 원소를 정렬된 부분 리스트에 반복적으로 삽입한다.

삽입 정렬 알고리즘은 다음과 같이 기술된다.

```
for i in range(1, len(lst)):
        lst[i]를 정렬된 부분 리스트 lst[0 : i]에 삽입하여 lst[0..i+ 1]이 정렬되도록 한다.
```

lst[i]를 lst[0..i-1]에 삽입하기 위해, lst[i]를 임시 변수에 저장한다. 이 임시 변수를 currentElement라 하자. 만약 lst[i-1] > currentElement이면, lst[i-1]을 lst[i]로 이동시키며, 이어서 lst[i-2] > currentElement이면, lst[i-2]을 lst[i-1]로 이동시킨다. 이러한 과정은 lst[i-k] <= currentElement이거나 k > i 일 때까지 반복한다. 마지막으로, currentElement를 lst[i-k+1]에 할당한다. 예를 들어, 그림 10.13의 단계 3에서 4를 [2, 5, 9]에 삽입하는 과정을 살펴보자. 9 > 4이므로 lst[2](9)를 lst[3]으로 이동시키고, 5 > 4이므로 lst[1](5)를 lst[2]로 이동시킨다. 마지막으로, currentElement(4)를 lst[1]로 이동시킨다.

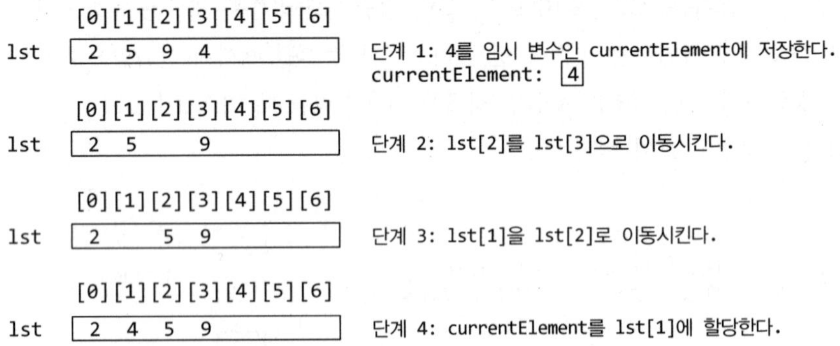

```
       [0][1][2][3][4][5][6]
lst    | 2   5   9   4 |              단계 1: 4를 임시 변수인 currentElement에 저장한다.
                                     currentElement: 4

       [0][1][2][3][4][5][6]
lst    | 2   5       9 |              단계 2: lst[2]를 lst[3]으로 이동시킨다.

       [0][1][2][3][4][5][6]
lst    | 2       5   9 |              단계 3: lst[1]을 lst[2]로 이동시킨다.

       [0][1][2][3][4][5][6]
lst    | 2   4   5   9 |              단계 4: currentElement를 lst[1]에 할당한다.
```

[그림 10.13] 새로운 원소가 정렬된 부분 리스트에 삽입된다.

위 알고리즘은 코드 10.12와 같이 구현될 수 있다.

코드 10.12 **InsertionSort.py**

```python
1   # 원소를 오름차순으로 정렬하기 위한 함수
2   def insertionSort(lst):
3       for i in range(1, len(lst)):
4           # lst[0 : i+1]가 정렬되도록
5           # lst[i]를 정렬된 부분 리스트 lst[0 : i]에 삽입한다.
6           currentElement = lst[i]
7           k = i - 1
8           while k >= 0 and lst[k] > currentElement:
9               lst[k + 1] = lst[k]
10              k -= 1
11
```

```
12          # 현재 원소를 lst[k+1]에 삽입한다.
13          lst[k + 1] = currentElement
```

코드 10.12의 insertionSort(lst) 함수는 리스트의 원소들을 삽입 정렬 방식을 이용하여 정렬한다. 이 함수는 중첩 for 루프를 사용하여 구현되었다. 외부 루프(루프 제어 변수 i를 갖고 있음)(라인 3)는 lst[0]에서 lst[i]까지의 범위를 가진 정렬된 리스트를 얻기 위해 반복된다. 내부 루프(루프 제어 변수 k를 갖고 있음)는 lst[i]를 lst[0]에서 lst[i-1]까지의 범위를 갖는 부분 리스트에 삽입한다.

insertionSort 함수를 좀 더 이해하기 위해, 다음 명령문의 중간 결과들을 추적해 보아라.

```
lst = [1, 9, 4.5, 10.6, 5.7, -4.5]
insertionSort(lst)
```

10.20 이진 검색을 적용하여 리스트 [2, 4, 7, 10, 11, 45, 50, 59, 60, 66, 69, 70, 79]에서 키 10과 12에 대한 각각의 검색 과정을 그림 **10.8**을 사용하여 보이시오.

10.21 이진 검색 함수가 -4를 반환한다면, 리스트 내에 키가 있는 것일까? 키를 리스트에 삽입하고자 한다면, 그 키를 어떤 위치에 삽입해야 하는가?

10.22 선택 정렬을 적용하여 리스트 [3, 4, 5, 3, 3.5, 2.2, 1.9, 2]의 정렬 과정을 그림 **10.10**을 사용하여 보이시오.

10.23 삽입 정렬을 적용하여 리스트 [3, 4, 5, 3, 3.5, 2.2, 1.9, 2]의 정렬 과정을 그림 **10.11**을 사용하여 보이시오.

10.24 내림차순으로 원소들을 정렬한다면 코드 **10.11**의 selectionSort 함수를 어떻게 수정해야 하는가?

10.25 내림차순으로 원소들을 정렬한다면 코드 **10.12**의 insertionSort 함수를 어떻게 수정해야 하는가?

10.12 사례 연구: 공 튕기기

이번 절에서는 리스트에 저장된 공을 화면에서 튕기도록 하는 프로그램을 개발한다.

키포인트

이제까지 배웠던 것들을 흥미로운 프로젝트 개발에 적용해 보자. 이번 절에서 작성할 프로그램은 그림 10.14에서 볼 수 있듯이 공 튕기기를 화면에 보여주는 것이다.

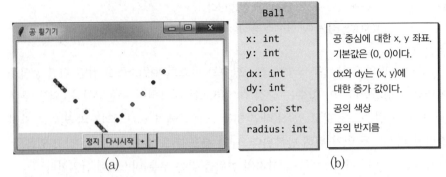

[**그림 10.14**] (a) 이 프로그램은 제어 버튼을 이용하여 공 튕기기를 화면에 보여준다. (b) Ball 클래스는 공의 정보를 캡슐화한다.

캔버스에 공의 추가와 삭제를 위해 +, − 버튼을 클릭하며, 공의 움직임을 멈추거나 혹은 다시 움직이게 하기 위해 *정지*와 *다시시작* 버튼을 클릭한다.

각각의 공은 자신의 중심 위치 (x, y), radius, color 정보를 가지고 있으며, 중심 위치에서 다음 위치로 이동하기 위한 증가값 dx와 dy 정보를 가지고 있다. 그림 10.14(a)에서 볼 수 있듯이, 이러한 모든 정보는 클래스로 정의하여 캡슐화되어 있다. 초기에 공의 중심 위치는 (0, 0)으로 설정되어 있으며, 증가값은 dx = 2와 dy = 2로 설정되어 있다. 애니메이션이 진행되면서 (x + dx, y + dy) 위치로 이동한다. 공이 오른쪽 경계에 다다르면, dx는 −2로 변경된다. 공이 위쪽 경계에 다다르면, dy는 2로 변경된다. 이 프로그램은 공이 캔버스 경계에 닿을 때 dx, dy의 값을 변경함으로써 공의 튕김을 흉내낸다.

+ 버튼을 클릭하면, 새로운 공이 생성된다. 프로그램에서 공을 어떻게 저장할 것인가? 리스트에 공을 저장한다. − 버튼을 클릭하면, 리스트에서 마지막 공이 제거된다.

코드 10.13은 공 튕기기 프로그램을 보여준다.

코드 10.13   BounceBalls.py

```python
1  from tkinter import * # tkinter의 모든 정의를 임포트한다.
2  from random import randint
3
4  # RRGGBB 형식의 랜덤 색상 문자열을 반환한다.
5  def getRandomColor():
6      color = "#"
7      for j in range(6):
8          color += toHexChar(randint(0, 15)) # 랜덤 숫자를 더한다.
9      return color
```

```
10
11  # 정수를 16진수 한 자리 문자로 변환한다.
12  def toHexChar(hexValue):
13      if 0 <= hexValue <= 9:
14          return chr(hexValue + ord('0'))
15      else: # 10 <= hexValue <= 15
16          return chr(hexValue - 10 + ord('A'))
17
18  # Ball 클래스를 정의한다.
19  class Ball:
20      def __init__(self):
21          self.x = 0 # 시작 중심 위치
22          self.y = 0
23          self.dx = 2 # 기본값 만큼 오른쪽으로 이동한다.
24          self.dy = 2 # 기본값 만큼 아래로 이동한다.
25          self.radius = 3 # 반지름은 고정되어 있다.
26          self.color = getRandomColor() # 랜덤 색상을 얻는다.
27
28  class BounceBalls:
29      def __init__(self):
30          self.ballList = [] # 공 리스트를 생성한다.
31
32          window = Tk() # 윈도우를 생성한다.
33          window.title("공 튀기기") # 윈도우의 제목을 설정한다.
34
35          self.width = 350 # self.canvas의 폭
36          self.height = 150 # self.canvas의 높이
37          self.canvas = Canvas(window, bg = "white",
38              width = self.width, height = self.height)
39          self.canvas.pack()
40
41          frame = Frame(window)
42          frame.pack()
43          btStop = Button(frame, text = "정지", command = self.stop)
44          btStop.pack(side = LEFT)
45          btResume = Button(frame, text = "다시시작",
46              command = self.resume)
47          btResume.pack(side = LEFT)
48          btAdd = Button(frame, text = "+", command = self.add)
49          btAdd.pack(side = LEFT)
```

```
50          btRemove = Button(frame, text = "-", command = self.remove)
51          btRemove.pack(side = LEFT)
52
53          self.sleepTime = 100 # 슬립 시간을 설정한다.
54          self.isStopped = False
55          self.animate()
56
57          window.mainloop() # 이벤트 루프를 생성한다.
58
59      def stop(self): # 애니메이션을 정지한다.
60          self.isStopped = True
61
62      def resume(self): # 애니메이션을 다시시작한다.
63          self.isStopped = False
64          self.animate()
65
66      def add(self): # 새로운 공을 추가한다.
67          self.ballList.append(Ball())
68
69      def remove(self): # 마지막 공을 제거한다.
70          self.ballList.pop()
71
72      def animate(self): # 공의 움직임을 애니메이션한다.
73          while not self.isStopped:
74              self.canvas.after(self.sleepTime) # 슬립
75              self.canvas.update() # self.canvas를 업데이트한다.
76              self.canvas.delete("ball")
77
78              for ball in self.ballList:
79                  self.redisplayBall(ball)
80
81      def redisplayBall(self, ball):
82          if ball.x > self.width or ball.x < 0:
83              ball.dx = -ball.dx
84
85          if ball.y > self.height or ball.y < 0:
86              ball.dy = -ball.dy
87
88          ball.x += ball.dx
89          ball.y += ball.dy
```

```
90          self.canvas.create_oval(ball.x - ball.radius,
91              ball.y - ball.radius, ball.x + ball.radius,
92          ball.y + ball.radius, fill = ball.color, tags = "ball")
93
94  BounceBalls() # GUI를 생성한다.
```

이 프로그램은 화면에 공을 표시하기 위한 캔버스를 생성하고(라인 35-39), *정지, 다시시작, +, −* 버튼을 생성하며(라인 43-51), 애니메이션을 시작한다(라인 57).

animate 메소드는 100밀리초마다 캔버스를 다시 그린다(라인 72-79). 이 메소드는 공 리스트 내의 모든 공들을 다시 그린다(라인 78-79). redisplayBall 메소드는 공이 캔버스의 경계에 닿으면 dx와 dy의 방향을 바꾸며(라인 82-86), 공의 새로운 중심 위치를 설정하며(라인 88-89), 캔버스에 그 공을 다시 그린다(라인 90-92).

정지 버튼을 클릭하면, stop 메소드가 호출된다. 이 메소드는 isStopped 변수를 True로 설정하고(라인 60), 애니메이션을 중지시킨다(라인 73). *다시시작* 버튼을 클릭하면, resume 메소드가 호출된다. 이 메소드는 isStopped 변수를 False로 설정하고(라인 63), 애니메이션을 재개시킨다(라인 73).

+ 버튼을 클릭하면, add 메소드가 호출된다. 이 메소드는 새로운 공을 공 리스트에 추가한다(라인 67). *−* 버튼을 클릭하면, remove 메소드가 호출된다. 이 메소드는 공 리스트에서 마지막 공을 제거한다(라인 70).

공이 생성될 때(라인 67), Ball의 __init__ 메소드가 호출된다. 이 메소드는 x, y, dx, dy, radius, color 속성을 생성하고 초기화한다. color 속성은 #RRGGBB의 형식을 가진다. 여기서, R, G, B는 16진수 숫자이다. 각각의 16진수 숫자는 랜덤하게 생성된다(라인 26). toHexChar(hexValue) 메소드는 0에서 15 사이의 값을 16진수 문자로 반환한다(라인 12-16).

주요용어

무명 리스트	쓰레기 수집
삽입 정렬	이진 검색
선택 정렬	인덱스
선형 검색	

요약

1. 파이썬의 내장 함수인 len, max, min, sum은 리스트의 길이, 리스트의 최댓값 원소와 최솟값 원소, 리스트 내의 모든 원소의 합을 각각 반환한다.

2. 리스트의 원소들을 뒤섞기 위해 random 모듈의 shuffle 함수를 사용할 수 있다.

3. 리스트의 개별 원소를 참조하기 위해 인덱스 연산자 []을 사용할 수 있다.

4. 프로그래머는 종종 리스트의 첫 번째 원소 인덱스를 1로 착각하여 참조한다. 리스트의 첫 번째 원소 인덱스는 0이다. 이것을 인덱스의 *한 끗 차이 오류(index off-by-one error)*라 한다.

5. 두 리스트를 연결하기 위해 연결 연산자 +를 사용하며, 원소를 중복하기 위해 반복 연산자 *를 사용하며, 부분 리스트를 얻기 위해 *슬라이싱 연산자(slicing operator)* [:]를 사용한다. in과 not in 연산자는 원소가 리스트 내에 있는지를 검사한다.

6. 리스트 내의 모든 원소들을 순회하기 위해 for 루프를 사용할 수 있다.

7. 두 리스트의 원소들을 비교하기 위해 비교 연산자를 사용할 수 있다.

8. 리스트 객체는 변경가능(mutable)이다. 리스트에 원소를 추가하거나 혹은 리스트에서 원소를 제거하기 위해 append, extend, insert, pop, remove 등의 메소드를 사용할 수 있다.

9. 리스트 내에 있는 특정 원소의 인덱스를 얻기 위해 index 메소드를 사용하며, 리스트 내에 있는 특정 원소의 개수를 얻기 위해 count 메소드를 사용할 수 있다.

10. 리스트의 원소들을 정렬하거나 역순으로 바꾸기 위해 sort와 reverse 메소드를 각각 사용할 수 있다.

11. 문자열을 문자로 분할하고 분할된 문자들을 리스트에 저장하기 위해 split 메소드를 사용할 수 있다.

12. 리스트 인자를 가진 함수가 호출된다면, 리스트의 참조가 함수에 전달된다.

13. 리스트가 정렬되어 있다면, 이진 검색이 선형 검색보다 좀 더 효율적이다.

14. 선택 정렬은 리스트 내에서 가장 작은 원소를 찾고 그 원소를 첫 번째 원소와 교환한다. 그런 다음, 남은 부분에서 가장 작은 원소를 찾고 그 원소를 남은 부분의 첫 번째 원소와 교환한다. 이 과정은 1개의 원소가 남을 때까지 반복된다.

15. *삽입 정렬 알고리즘(insertion-sort algorithm)*은 전체 리스트가 정렬될 때까지 새로운 원소를 정렬된 부분 리스트에 반복적으로 추가함으로써 리스트의 원소들을 정렬한다.

프로그래밍 연습문제

10.2-10.3절

*10.1 (성적 힐딩하기) 점수 리스트를 읽고 다음 조건에 따라 성적을 할당하는 프로ㄱ램을 작성하시오.

점수가 (최고점수 − **10**)보다 크거나 같으면, 성적에 A를 할당한다.

점수가 (최고점수 − **20**)보다 크거나 같으면, 성적에 B를 할당한다.

점수가 (최고점수 − **30**)보다 크거나 같으면, 성적에 C를 할당한다.

점수가 (최고점수 − **40**)보다 크거나 같으면, 성적에 D를 할당한다.

그렇지 않으면, F를 할당한다.

다음은 프로그램의 실행 예이다.

실행결과

```
점수를 입력하세요: 40 55 70 58 ⏎Enter
학생 0의 점수는 40 이고 성적은 C 입니다.
학생 1의 점수는 55 이고 성적은 B 입니다.
학생 2의 점수는 70 이고 성적은 A 입니다.
학생 3의 점수는 58 이고 성적은 B 입니다.
```

10.2 (입력된 숫자 역순 정렬하기) 정수 리스트를 읽고, 읽은 순서의 역순으로 정수를 출력하는 프로그램을 작성하시오.

**10.3 (숫자의 빈도수) 1과 100 사이의 정수들을 입력받고 각 정수의 빈도수를 세는 프로그램을 작성하시오. 다음은 프로그램 실행 예이다.

실행결과

```
1과 100 사이의 정수를 입력하세요: 2 5 6 5 4 3 23 43 2 ⏎Enter
2 - 2 번 나타납니다.
3 - 1 번 나타납니다.
4 - 1 번 나타납니다.
5 - 2 번 나타납니다.
6 - 1 번 나타납니다.
23 - 1 번 나타납니다.
43 - 1 번 나타납니다.
```

10.4 (점수 분석하기) 지정되지 않는 개수만큼 점수를 읽어 들이고 얼마나 많은 점수가 평균보다 크거나, 같은지 또는 얼마나 많은 점수가 평균 미만인지를 판단하는 프로그램을 작성하시오. 입력할 숫자는 한 칸씩 띄어서 한 행에 입력한다.

**10.5 (고유 숫자 출력하기) 한 칸씩 띄어서 한 행으로 숫자들을 읽어 들이고, 중복 없는 고유 숫자만을 출력해 주는 프로그램을 작성하시오(예를 들어, 숫자가 여러 번 나타나면, 단 한 번만 출력한다). (힌트: 모든 숫자들을 읽고 그것들을 list1에 저장한다. 그리고 새로운 리스트인 list2를 생성한다. list1에 있는 숫자를 list2에 추가하는데, 만일 어떤 숫자가 list2에 이미 존재하면 그 숫자는 추가하지 않는다.) 다음은 프로그램의 실행 예이다.

실행결과

*10.6 (코드 5.13의 PrimeNumber.py 수정하기) 코드 5.13은 2, 3, 4, 5, 6, …, n/2 가 숫자 n의 제수인지를 검사하여 n이 소수인지를 판별하는 프로그램이다. 제수 가 발견되면, n은 소수가 아니다. 소수인지를 판별하는 좀 더 효율적인 방식은 숫자 n에 대해서 $\sqrt{n}$ 보다 작거나 같은 임의의 소수가 n을 고르게 나눌 수 있는지를 검사하는 것이다. 만일 그렇지 않다면, n은 소수이다. 이 접근 방식을 이용하여 최초 50개의 소수가 출력되도록 코드 5.13을 재작성하시오. 소수들의 저장을 위 해 리스트를 사용하며, 이들 소수들이 n의 가능한 제수인지를 검사해야 한다.

*10.7 (한 자리수 세기) 0과 9 사이의 정수를 랜덤하게 1,000개 생성하고, 각 숫자의 개 수를 출력하는 프로그램을 작성하시오(힌트: 10개 원소를 가진 리스트를 사용하 시오. 이 리스트를 counts라 하고, 0, 1, …, 9 숫자에 대한 개수를 각 원소에 저 장하시오).

10.4 – 10.7절

*10.8 (가장 작은 원소의 인덱스 찾기) 정수 리스트에서 가장 작은 원소의 인덱스를 반 환하는 함수를 작성하시오. 만약 그러한 원소가 두 개 이상이라면, 그 중에 가장 작은 인덱스를 반환한다. 다음의 헤더를 사용하라.

def indexOfSmallestElement(lst):

사용자로부터 정수 리스트를 입력받고, 위 함수를 호출하여 가장 작은 원소의 인 덱스를 찾아서 그 인덱스를 출력하는 테스트 프로그램을 작성하시오.

*10.9 (통계: 편차 계산하기) 프로그래밍 연습문제 5.46은 숫자들의 표준편차 (standard deviation)를 계산한다. 이 문제에서는 n개 숫자의 표준편차를 계산하 기 위해 다음의 공식을 사용한다.

$$\text{평균} = \frac{\sum_{i=1}^{n}x_i}{n} = \frac{x_1 + x_2 + \cdots + x_n}{n} \qquad \text{표준편차} = \sqrt{\frac{\sum_{i=1}^{n}(x_i - \text{평균})^2}{n-1}}$$

위 공식을 이용하여 표준편차를 계산하기 위해서는 리스트를 이용하여 각각의 숫자들을 저장해야 한다. 평균(mean)을 먼저 계산한 후에 표준편차를 계산한다. 다음의 함수들을 반드시 포함해야 한다.

```
# 표준편차를 계산한다.
def deviation(x):
```

\# 리스트를 활용하여 평균을 계산한다.

def mean(x):

사용자로부터 숫자 리스트를 입력받고, 다음의 실행 예에서 볼 수 있듯이 평균과
표준편차를 출력하는 테스트 프로그램을 작성하시오.

실행결과

숫자를 입력하세요: **1.9 2.5 3.7 2 1 6 3 4 5 2** ←Enter
평균은 **3.11** 입니다.
표준편차는 **1.55738** 입니다.

*10.10 (리스트 역순 정렬하기) 10.8절의 reverse 함수는 주어진 리스트를 역순으로
정렬하기 위해 그 리스트를 새로운 리스트에 복제하는 방식을 사용하였다. 인
자로 전달된 리스트를 역순으로 정렬하고 정렬된 숫자의 리스트를 반환하도록
reverse 함수를 재작성하시오. 사용자로부터 숫자 리스트를 입력받고 이 함수를
이용하여 역순으로 정렬된 숫자들을 출력하는 테스트 프로그램을 작성하시오.

10.8절

*10.11 (랜덤 숫자 선택기) random.shuffle(lst)를 사용하여 리스트 내의 숫자들을 랜
덤하게 섞을 수 있다. random.shuffle(lst)를 사용하지 않고 리스트 내의 숫자
들을 랜덤하게 섞고 그 리스트를 반환하는 자신만의 함수를 작성하시오. 다음의
함수 헤더를 사용하라.

def shuffle(lst):

사용자부터 숫자 리스트를 입력받고, 위 함수를 이용하여 랜덤하게 섞어진 숫자
들을 출력하는 테스트 프로그램을 작성하시오.

*10.12 (최대공약수 계산하기) 리스트 내의 정수들에 대한 최대공약수(GCD)를 반환하는
함수를 작성하시오. 다음의 함수 헤더를 사용하라.

def gcd(number):

사용자로부터 5개의 정수를 입력받고, 위 함수를 이용하여 이들 정수들의 최대공
약수를 찾고 이를 출력하는 테스트 프로그램을 작성하시오.

10.9 - 10.12절

10.13 (중복값 제거하기) 주어진 리스트에 대해서 중복값이 제거된 새로운 리스트를 반
환하는 함수를 작성하시오. 다음의 함수 헤더를 사용하라.

def eliminateDuplicates(lst):

사용자로부터 정수 리스트를 입력받고, 위 함수를 호출하여 얻은 결과를 출력하는 테스트 프로그램을 작성하시오. 다음은 프로그램의 실행 예이다.

 실행결과

10개의 숫자를 입력하세요: 1 2 3 2 1 6 3 4 5 2 `↵Enter`
중복을 제거한 고유한 숫자: 1 2 3 6 4 5

*10.14 (선택 정렬 수정하기) 10.11.1절에서 리스트의 정렬을 위해 선택 정렬을 사용하였다. 선택 정렬 함수는 반복적으로 현재 리스트 내에서 가장 작은 숫자를 찾고 그 숫자를 리스트 내의 첫 번째 값과 교환한다. 리스트 내에서 가장 큰 숫자를 찾고 그 값을 리스트 내의 마지막 값과 교환하는 함수로 재작성하시오. 10개의 숫자를 읽어 들이고, 이 함수에 의해 정렬된 숫자를 출력하는 테스트 프로그램을 작성하시오.

**10.15 (정렬되었는가?) 리스트 내의 원소들이 이미 오름차순으로 정렬되어 있다면 True 값을 반환하는 다음의 함수를 작성하시오.

```
def isSorted(lst):
```

사용자로부터 정수 리스트를 입력받고, 이 리스트 내의 정수들의 정렬 여부를 출력하는 테스트 프로그램을 작성하시오

 실행결과

리스트를 입력하세요: 1 1 3 4 4 5 7 9 10 30 11 `↵Enter`
리스트는 정렬되어 있지 않습니다.

 실행결과

리스트를 입력하세요: 1 1 3 4 4 5 7 9 10 30 `↵Enter`
리스트는 이미 정렬되어 있습니다.

**10.16 (버블 정렬) 버블 정렬(bubble sort) 알고리즘에 기반한 정렬 함수를 작성하시오. 버블 정렬 알고리즘은 리스트를 이용하여 다음 과정을 거친다. 각 과정마다 연속인 인접 숫자 쌍들이 비교된다. 숫자 쌍이 내림차순으로 되어 있다면, 값을 서로 교환하고, 그렇지 않다면 교환하지 않는다. 이 방법을 *버블 정렬* 혹은 *싱킹 정렬(sinking sort)*이라 부르는데, 그 이유는 작은 값들이 "거품(bubble)"과 같이 리스트의 가장 위로 올라오고 큰 값들은 아래로 "가라앉기(sink)" 때문이다. 10개의 숫자를 읽어 들이고, 이 함수를 의해 정렬된 숫자를 출력하는 테스트 프로그램을 작성하시오.

**10.17 (애너그램) 두 단어가 애너그램(anagram, 철자 순서를 바꾼 말)인지를 검사하는 함수를 작성하시오. 두 단어가 서로 동일한 문자를 포함하고 있다면 애너그램 관

계에 있다. 예를 들어, `silent`와 `listen`은 애너그램 관계가 성립한다. 함수 헤더는 다음과 같다.

def isAnagram(s1, s2):

(힌트: 두 문자열에 대해서 각각의 리스트를 생성한다. 이들 리스트 내의 원소들을 정렬한 후, 두 리스트가 서로 동일한지를 검사한다.)

사용자로부터 두 문자열을 입력받고, 이들이 애너그램이면 "애너그램입니다."를 출력하고, 그렇지 않다면 "애너그램이 아닙니다."를 출력하는 테스트 프로그램을 작성하시오.

***10.18 (게임: 8퀸) 8퀸 퍼즐(Eight Queens puzzle)은 두 퀸이 서로 공격할 수 없도록 (예를 들어, 같은 행, 같은 열, 동일한 대각선에 두 퀸이 올 수 없음) 8명의 퀸을 체스판 위에 배치하는 게임이다. 수많은 해가 있을 수 있다. 하나의 해를 출력하는 프로그램을 작성하시오. 다음은 프로그램의 출력 예이다.

```
|Q| | | | | | | |
| | | | |Q| | | |
| | | | | | | |Q|
| | | | | |Q| | |
| | |Q| | | | | |
| | | | | | |Q| |
| |Q| | | | | | |
| | | |Q| | | | |
```

***10.19 (게임: 콩 기계) 오엽배열(quincunx) 혹은 골턴 박스(Galton box)로 알려진 콩 기계(bean machine)는 영국의 과학자 Francis Galton 경의 이름을 딴 통계 실험기구이다. 이 실험기구는 그림 10.15에서 볼 수 있듯이 삼각형 보드와 이 보드에 골고루 분포된 못들로 구성되어 있다.

보드 입구에서 공을 떨어뜨리면, 공이 내려가면서 못을 건드리게 되는데 50%의 기회로 왼쪽 혹은 오른쪽으로 떨어진다. 내려간 공은 결국 보드 바닥 부분의 슬롯에 쌓이게 된다.

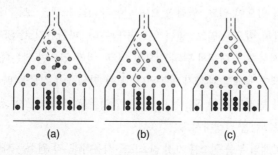

(a)   (b)   (c)

[그림 10.15] 각 공들은 랜덤하게 경로를 선택하여 슬롯으로 떨어진다.

콩 기계를 시뮬레이션하는 프로그램을 작성하시오. 사용자로부터 공의 수와 기계 내의 슬롯 수를 입력받아야 한다. 공의 경로를 출력하면서 공이 떨어지는 과정을 시뮬레이션하시오. 예를 들어, 그림 10.15(b)에서 공의 경로는 LLRRLLR이고, 그림 10.15(c)에서 공의 경로는 RLRRLRR이다. 슬롯 내 공들의 최종 축적 상태를 막대그래프로 출력하시오. 다음은 프로그램의 실행 예이다.

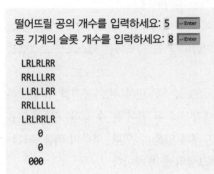

```
떨어뜨릴 공의 개수를 입력하세요: 5  ↵ Enter
콩 기계의 슬롯 개수를 입력하세요: 8  ↵ Enter

LRLRLRR
RRLLLRR
LLRLLRR
RRLLLLL
LRLRRLR
      0
      0
    000
```

(힌트: slots라는 이름의 리스트를 생성하시오. slots 내의 각 원소는 슬롯 내 공의 개수를 저장한다. 각각의 공은 경로를 따라서 슬롯으로 떨어진다. 어떤 경로에서 R의 개수는 볼이 떨어지는 슬롯 위치와 같다. 예를 들어, LRLRLRR 경로는 R이 4번 나왔으므로 공은 slots[4]로 떨어지며, RRLLLLL 경로는 slots[2]로 공이 떨어진다.)

***10.20 (게임: 8퀸 퍼즐의 다중 해) 프로그래밍 연습문제 10.18은 8퀸 퍼즐에 대해서 단지 한 개의 해만을 찾았다. 가능한 모든 해를 찾고 이들 해들을 출력하는 프로그램을 작성하시오.

**10.21 (게임: 사물함 퍼즐) 학교에 100개의 사물함과 100명의 학생들이 있다. 모든 사물함은 학생들의 등교 첫 날에는 잠겨 있다. S1이라고 하는 첫 번째 학생이 등교할 때, 이 학생은 모든 사물함을 연다. 그런 다음, S2 학생이 등교하고, 이 학생은 모든 두 번째 사물함(즉, L2, L4, L6, ...)을 닫는다. 다음 학생인 S3 학생은 모든 세 번째 사물함의 상태를 반대로 바꾼다. 즉, L3, L6, L9 ... 사물함에 대해서 닫혀 있으면 열고, 열려 있으면 닫는다. S4 학생은 모든 네 번째 사물함에 대해서 닫혀 있으면 열고, 열려 있으면 닫는다. 마찬가지로, S5 학생은 모든 다섯 번째 사물함에 대해서 닫혀 있으면 열고, 열려 있으면 닫는다. 이러한 과정은 S100 학생이 등교할 때까지 반복된다. 모든 학생들이 건물을 빠져나가고 사물함의 상태가 변경되고 난 후, 어떤 사물함만이 열려 있을까? 이 질문에 대한 해를 찾는 프로그램을 작성하시오.

(힌트: 100개의 부울 원소를 가진 리스트를 사용하라. 각 원소는 사물함이 열려 있는지(True) 혹은 닫혀 있는지(False)를 나타낸다. 초기에 모든 사물함은 닫혀 있다.)

**10.22 (시뮬레이션: 쿠폰 수집가 문제) 쿠폰 수집가 문제는 다양한 실전 응용을 가진 고전적인 통계 문제이다. 이 문제는 객체 집합에서 반복적으로 객체를 뽑고, 모든 객체가 적어도 한 번씩 선택되기 위해 얼마나 많은 시도가 필요한지를 알아내는 것이다. 이 문제를 52장의 뒤섞여진 카드로 구성된 카드팩에서 반복해서 카드를 뽑고 모든 종류의 카드가 선택되기까지 얼마나 많은 시도가 필요한지를 알아내는 문제로 변형해 보자. 뽑은 카드는 카드팩에 다시 넣는다고 가정한다. 4장의 카드를 얻기 위해 시도한 횟수를 시뮬레이션하며 뽑은 4장의 카드를 출력하는 프로그램을 작성하시오(1장의 카드가 두 번 뽑힐 수도 있다). 다음은 프로그램의 실행 예이다.

```
스페이드 Q
클로버 5
하트 Q
다이아몬드 4
뽑은 횟수: 12
```

10.23 (대수: 이차방정식 풀기) 이차방정식을 해결하는 함수를 작성하시오. 함수 헤더는 다음과 같다.

def solveQuadratic(eqn, roots):

이차방정식 $ax^2 + bx + c = 0$의 계수가 eqn 리스트로 전달되고 비복소수근(noncomplex root)은 roots에 저장된다. 이 함수는 근의 개수를 반환한다. 이차방정식을 해결하는 방법에 관해서는 프로그래밍 연습문제 4.1을 참조하시오.

*10.24 (수학: 조합) 사용자로부터 정수 10개를 입력받고, 10개의 정수에서 두 개를 뽑을 경우에 이에 대한 모든 조합을 출력하는 프로그램을 작성하시오.

*10.25 (게임: 4장의 카드 뽑기) 52장의 카드로 구성된 카드팩에서 4장의 카드를 뽑고 이들 카드의 합을 계산하는 프로그램을 작성하시오. A, K, Q, J는 각각 1, 13, 12, 11로 나타낸다. 카드 4장의 합이 **24**가 될 때까지 시도한 횟수를 출력해야 한다.

**10.26 (정렬된 두 리스트 병합하기) 정렬된 두 리스트를 병합하여 새로운 정렬 리스트로 만들어 주는 함수를 작성하시오. 함수 헤더는 다음과 같다.

def merge (list1, list2):

len(list1) + len(list2)의 비교 방식으로 위 함수를 구현하시오. 사용자로부터 정렬된 두 리스트를 입력받고, 병합된 리스트를 출력하는 테스트 프로그램을 작성하시오. 다음은 프로그램의 실행 예이다.

실행결과

> 리스트 1을 입력하세요: **1 5 16 61 111** ⏎Enter
> 리스트 2를 입력하세요: **2 4 5 6** ⏎Enter
> 병합된 리스트는 1 2 4 5 5 6 16 61 111 입니다.

*10.27 (패턴 인식: 연속된 네 개의 동일 숫자) 어떤 리스트가 동일한 네 숫자를 연속으로 갖고 있는지를 검사하는 함수를 작성하시오. 함수 헤더는 다음과 같다.

def isConsecutiveFour(values):

사용자로부터 일련의 정수들을 입력받고, 동일한 네 숫자를 연속으로 갖고 있는지를 검사하는 테스트 프로그램을 작성하시오.

**10.28 (리스트 분할) 리스트의 첫 번째 원소를 피봇(pivot)으로 지정하여 리스트를 분할하는 함수를 작성하시오. 함수 헤더는 다음과 같다.

def partition(lst):

분할 후에, 리스트 내의 모든 원소들은 피봇 이전 위치의 원소들은 피봇보다 작거나 같은 값을 갖고 피봇 이후 위치의 원소들은 피봇보다 큰 값을 갖도록 재정렬된다. 또한 이 함수는 새로운 리스트에서 피봇이 위치한 인덱스를 반환한다. 예를 들어, 리스트가 [5, 2, 9, 3, 6, 8]이라고 해보자. 분할 후에, 이 리스트는 [3, 2, 5, 9, 6, 8]이 된다. len(lst) 비교 방식으로 이 함수를 구현하시오. 사용자로부터 리스트를 입력받고, 분할 후의 리스트를 출력하는 테스트 프로그램을 작성하시오. 다음은 프로그램의 실행 예이다.

 실행결과

> 리스트를 입력하세요: **10 1 5 16 61 9 11 1** ⏎Enter
> 분할 후, 리스트는 9 1 5 1 10 61 11 16 입니다.

***10.29 (게임: 행맨) 프로그램 실행 예에서 볼 수 있듯이, 하나의 단어를 랜덤하게 생성하고, 사용자로부터 한 번에 한 문자씩 추측 값을 입력받는 행맨(hangman) 게임을 작성하시오. 단어 내의 각 문자를 우선 별표(*)로 표시한다. 사용자가 정확하게 추측했다면, 실제 문자로 바꾸어 출력한다. 한 단어의 게임이 종료되었을 때, 틀린 횟수를 출력하고 사용자에게 게임을 계속할지를 물어 본다. 다음과 같이 단어들을 저장할 리스트를 생성하여 프로그램을 작성한다.

# 원하는 단어를 넣으시오.
words = ["write", "that", "program", ...]

(추측) 단어 ****** 에 포함되는 문자를 입력하세요 > p [Enter]
(추측) 단어 p***** 에 포함되는 문자를 입력하세요 > r [Enter]
(추측) 단어 pr**r** 에 포함되는 문자를 입력하세요 > p [Enter]
 p 은/는 이미 포함되어 있습니다.
(추측) 단어 pr**r** 에 포함되는 문자를 입력하세요 > o [Enter]
(추측) 단어 pro*r** 에 포함되는 문자를 입력하세요 > g [Enter]
(추측) 단어 progr** 에 포함되는 문자를 입력하세요 > n [Enter]
 n 은/는 포함되어 있지 않습니다.
(추측) 단어 progr** 에 포함되는 문자를 입력하세요 > m [Enter]
(추측) 단어 progr*m 에 포함되는 문자를 입력하세요 > a [Enter]
정답은 program 입니다. 1 번 실패했습니다.

다른 단어 맞추기를 하시겠습니까? y 또는 n을 입력하세요. >

*10.30 (문화: 12지신) 동물 이름을 저장한 문자열 리스트를 사용하여 코드 4.5 ChineseZodiac.py을 간략하게 재작성하시오.

*10.31 (문자열 내 각 숫자의 빈도수) 다음의 함수 헤더를 사용하여 문자열 내 각 숫자의 빈도수를 세는 함수를 작성하시오.

def count(s):

위 함수는 문자열 내 각 숫자가 얼마나 많이 나오는지를 센다. 이 함수의 반환 값은 10개 원소를 가진 리스트이며, 각 원소는 인덱스에 해당하는 숫자마다 빈도수를 가지고 있다. 예를 들어, counts = count("12203AB3")를 수행한 후에 counts[0]는 1, counts[1]는 1, counts[2]는 2, counts[3]는 2가 된다.
사용자로부터 문자열을 입력받고, 입력받은 문자열에서 각 숫자의 빈도수를 세는 테스트 프로그램을 작성하시오. 다음은 프로그램의 실행 예이다.

문자열을 입력하세요: 232534312 [Enter]
1 - 1 번 나타납니다.
2 - 3 번 나타납니다.
3 - 3 번 나타납니다.
4 - 1 번 나타납니다.
5 - 1 번 나타납니다.

10.32 (Turtle: 직선 그리기) 점 p1([x1,y1])에서 점 p2([x2,y2])까지 직선을 그리는 다음의 함수를 작성하시오.

직선을 그린다.
def drawLine(p1, p2):

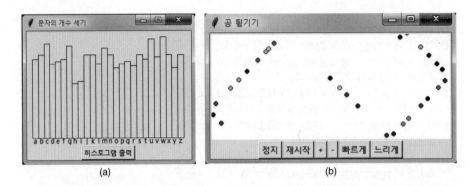

(a)   (b)

[그림 10.16] (a) 막대그래프는 각 문자의 개수를 나타낸다. (b) 공의 이동 속도를 조절하기 위해 두 버튼이 추가된다.

10.33 (Tkinter: 막대그래프) 그림 10.16(a)와 같이 소문자 1,000개를 랜덤하게 생성하고, 각 문자의 개수를 센 후에 그 결과를 막대그래프로 출력하는 프로그램을 작성하시오.

10.34 (Turtle: 막대그래프 그리기) Turtle를 이용하여 이전 프로그램을 재작성하시오.

*10.35 (Tkinter: 공 튕기기) 그림 10.16(b)와 같이 공의 이동 속도를 빠르게 하거나 느리게 하도록 코드 10.13에 *빠르게*와 *느리게* 버튼을 추가하여 재작성하시오.

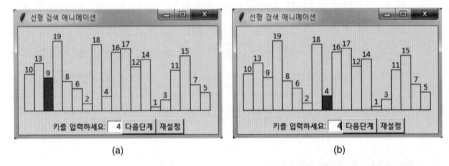

(a)   (b)

[그림 10.17] 이 프로그램은 선형 검색 알고리즘의 동작 과정을 애니메이션으로 나타낸다.

**10.36 (Tkinter: 선형 검색 애니메이션) 선형 검색 알고리즘의 동작 과정을 애니메이션으로 나타내는 프로그램을 작성하시오. 1부터 20까지의 숫자를 중복 없이 랜덤한 순서로 생성하고 이를 리스트에 저장한다. 그림 10.17에서 볼 수 있듯이, 각 원소를 하나의 막대그래프로 나타낸다. 텍스트 필드에 검색 키를 입력하도록 한다. *다음단계* 버튼을 클릭하면, 프로그램은 선형 검색 알고리즘의 동작 과정에서 한 번의 비교를 수행하고 검색 위치를 나타내는 마대와 함께 막대그래프를 다시 그린다. 선형 검색 알고리즘의 동작이 종료되면 이를 사용자에게 알리기 위해 대화 상자를 출력한다. *재설정* 버튼을 클릭하면, 새로운 시작을 위해 새로운 리스트를 생성한다.

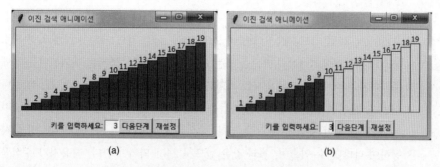

[그림 10.18] 이 프로그램은 이진 검색 과정을 애니메이션으로 나타낸다.

**10.37 (Tkinter: 이진 검색 애니메이션) 이진 검색 알고리즘의 동작 과정을 애니메이션으로 나타내는 프로그램을 작성하시오. 1부터 20까지의 숫자를 중복 없이 랜덤한 순서로 생성하고 이를 리스트에 저장한다. 그림 10.18에서 볼 수 있듯이, 각 원소를 하나의 막대그래프로 나타낸다. 텍스트 필드에 검색 키를 입력하도록 한다. *다음단계* 버튼을 클릭하면, 프로그램은 이진 검색 알고리즘의 동작 과정에서 한 번의 비교를 수행한다. 또한 밝은 회색을 사용하여 현재 검색 범위 내에 있는 숫자들의 막대를 색칠하고, 빨간색을 사용하여 검색 범위 내의 중간 숫자의 막대를 색칠한다. 이진 검색 알고리즘의 동작이 종료되면, 이를 사용자에게 알리기 위해 대화상자를 출력한다. *재설정* 버튼을 클릭하면 새로운 검색이 시작되며, 사용자가 텍스트 필드의 검색 키 값을 수정할 수 있다.

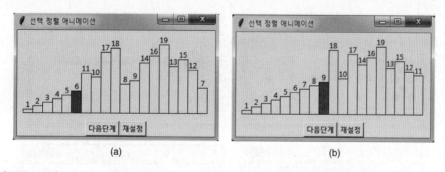

[그림 10.19] 이 프로그램은 선택 정렬 알고리즘의 동작 과정을 애니메이션으로 나타낸다.

*10.38 (Tkinter: 선택 정렬 애니메이션) 선택 정렬 알고리즘의 동작 과정을 애니메이션으로 나타내는 프로그램을 작성하시오. 1부터 20까지의 숫자를 중복 없이 랜덤한 순서로 생성하고 이를 리스트에 저장한다. 그림 10.19에서 볼 수 있듯이, 리스트의 각 원소를 막대그래프로 나타낸다. *다음단계* 버튼을 클릭하면, 프로그램은 선택 정렬 알고리즘에서 외부 루프의 반복 하나를 수행하며 새로운 리스트에 대해 막대그래프를 다시 그린다. 또한 정렬된 부분 리스트의 마지막 막대를 색칠한다. 알고리즘의 수행이 종료되면, 이를 사용자에게 알리기 위해 대화상자를 출력한

다. *재설정* 버튼을 클릭하면, 새로운 시작을 위해 새로운 랜덤 리스트를 생성한다.

*10.39 (Tkinter: 24점 카드 게임) 그림 10.20과 같이 24점 카드 게임은 52장의 카드로 구성된 카드팩에서 4장의 카드를 뽑는 것부터 시작된다. 조커는 제외된다는 점에 주의하자. 각각의 카드는 숫자를 의미한다. A, K, Q, J는 각각 1, 13, 12, 11로 나타낸다. 선택된 4장의 카드의 숫자들을 이용한 수식을 입력한다. 각 카드의 숫자는 오직 한 번만 수식에 나올 수 있다. 수식은 연산자(+, −, *, /)와 괄호만을 사용하여 나타낼 수 있으며, 결과 값은 반드시 24가 되어야 한다. 사용자가 수식을 입력한 후 *확인* 버튼을 클릭하면, 수식의 숫자들이 뽑혀진 카드의 숫자들과 정확히 일치하는지를 검사하고 수식의 결과 값이 24인지를 검사한다. 또한 대화상자에 검사 결과를 출력한다. *새로고침* 버튼을 클릭하면, 4장의 카드를 다시 뽑아온다. 카드 이미지는 1.gif, 2.gif, …, 52.gif라는 파일명으로 저장되어 있으며, 순서는 스페이드, 하트, 다이아몬드, 클로버 순이다. 그래서 처음 13개의 이미지는 스페이드 1, 2, 3, …, 13이다.

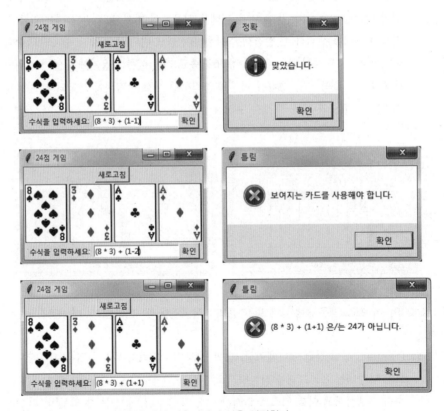

[그림 10.20] 카드 숫자를 이용하여 사용자가 수식을 입력한다.

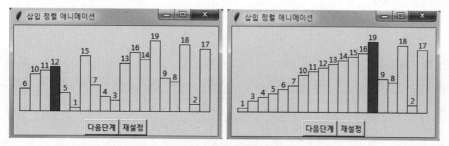

[그림 10.21] 이 프로그램은 삽입 정렬 알고리즘의 동작 과정을 애니메이션으로 나타낸다.

*10.40 (Tkinter: 삽입 정렬 애니메이션) 삽입 정렬 알고리즘의 동작 과정을 애니메이션
으로 보여주는 프로그램을 작성하시오. 1부터 20까지의 숫자를 랜덤한 순서로 생
성하고 이를 리스트를 저장한다. 그림 10.21에서 볼 수 있듯이, 리스트의 각 원소
를 하나의 막대그래프로 나타낸다. *다음단계* 버튼을 클릭하면, 프로그램은 삽입
정렬 알고리즘에서 외부 루프의 반복 하나를 수행하며 새로운 리스트에 대해 막
대그래프를 다시 그린다. 또한 정렬된 서브리스트의 마지막 막대를 색칠한다. 알
고리즘의 수행이 종료되면, 이를 사용자에게 알리기 위해 대화상자를 출력한다.
재설정 버튼을 클릭하면, 새로운 시작을 위해 새로운 랜덤 리스트를 생성한다.

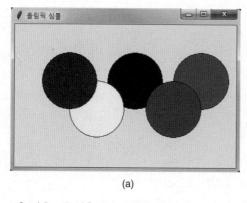
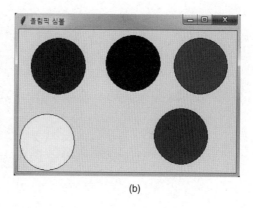

(a)   (b)

[그림 10.22] 마우스를 이용하여 각 원을 드래그할 수 있다.

10.41 (5개의 원 출력하기) 그림 10.22(a)에서 볼 수 있듯이, 5개의 원을 출력하는 프로
그램을 작성하시오. 그림 10.22(b)와 같이 사용자가 마우스를 이용하여 원을 드래그할 수
있어야 한다.

다차원 리스트

• 2차원 리스트가 어떻게 2차원 데이터를 표현할 수 있는지 이해할 수 있다(11.1절).

• 행과 열 인덱스를 사용하여 2차원 리스트의 원소에 접근할 수 있다(11.2절).

• 리스트 출력, 전체 원소의 합계, **가장 작은**(min) 또는 **가장 큰**(max) 원소 검색, 랜덤 섞기 및 정렬 등 2차원 리스트의 기본 연산을 프로그래밍할 수 있다(11.2절).

• 함수에 2차원 리스트를 전달할 수 있다(11.3절).

• 2차원 리스트를 사용하여 객관식 문제를 평가하는 프로그램을 작성할 수 있다(11.4절).

• 2차원 리스트를 사용하여 가장 가까운 짝을 찾는 문제를 해결할 수 있다(11.5–11.6절).

• 2차원 리스트를 사용하여 스도쿠 풀이를 검사할 수 있다(11.7–11.8절).

• 다차원 리스트를 사용할 수 있다(11.9절).

다차원 리스트

11.1 들어가기

키포인트

표 또는 행렬의 데이터는 2차원 리스트에 저장될 수 있다.

   *2차원 리스트(two-dimensional list)*는 또 다른 리스트를 원소(element)로 저장하는 리스트이다. 이전 장에서 1차원 원소집합을 저장하기 위해 리스트를 어떻게 사용하는지 소개하였다. 행렬 또는 표와 같은 2차원 데이터를 저장하기 위해서도 리스트를 사용할 수 있다. 예를 들어 도시 간의 거리를 나타내는 다음의 표는 distance라는 이름의 리스트에 저장될 수 있다.

거리표 (단위: 킬로미터)

	서울	대전	광주	대구	울산	전주	순천	부산
서울	0	151	290	282	396	210	320	390
대전	151	0	178	148	259	90	235	260
광주	290	178	0	219	327	105	93	267
대구	282	148	219	0	87	198	218	130
울산	396	259	327	87	0	308	199	65
전주	210	90	105	198	308	0	141	265
순천	320	235	93	218	199	141	0	199
부산	390	260	267	130	65	265	199	0

```
distance = [
    [0, 151, 290, 282, 396, 210, 320, 390],
    [151, 0, 178, 148, 259, 90, 235, 260],
    [290, 178, 0, 219, 327, 105, 93, 267],
    [282, 148, 219, 0, 87, 198, 218, 130],
    [396, 259, 327, 87, 0, 308, 199, 65],
    [210, 90, 105, 198, 308, 0, 141, 265],
    [320, 235, 93, 218, 199, 141, 0, 199],
    [390, 260, 267, 130, 65, 265, 199, 0]
]
```

distance 리스트에 포함된 각각 원소는 또 다른 리스트이기 때문에 distance 리스트는 *중첩 리스트(nested list)*로 생각될 수 있다. 이 예제에서 2차원 리스트는 2차원 데이터를 저장하는 데 2차원 리스트가 사용되었다.

11.2 2차원 리스트 처리하기

2차원 리스트의 값은 행과 열 인덱스를 통해 접근된다.

키포인트

2차원 리스트는 행으로 이루어진 리스트라고 생각할 수 있다. 각각의 행은 여러 개의 값을 포함하는 또 다른 리스트이다. 행은 인덱스를 사용하여 접근될 수 있는데, 관례적으로 이 인덱스를 *행 인덱스(row index)*라고 한다. 행의 각 값들은 *열 인덱스(column index)*라고 하는 또 다른 인덱스를 통해 접근될 수 있다. matrix라는 이름의 2차원 리스트는 그림 11.1에서 설명된다.

```
matrix = [
    [1, 2, 3, 4, 5],
    [6, 7, 0, 0, 0],
    [0, 1, 0, 0, 0],
    [1, 0, 0, 0, 8],
    [0, 0, 9, 0, 3],
]
```

```
        [0][1][2][3][4]
[0]    1  2  3  4  5
[1]    6  7  0  0  0
[2]    0  1  0  0  0
[3]    1  0  0  0  8
[4]    0  0  9  0  3
```

matrix[0]은 [1, 2, 3, 4, 5]이다
matrix[1]은 [6, 7, 0, 0, 0]이다
matrix[2]은 [0, 1, 0, 0, 0]이다
matrix[3]은 [1, 0, 0, 0, 8]이다
matrix[4]은 [0, 0, 9, 0, 3]이다

matrix[0][0]은 1이다
matrix[4][4]은 3이다

[그림 11.1] 2차원 리스트의 값은 행과 열 인덱스를 통해 접근될 수 있다.

행렬의 각 값은 matrix[i][j]를 통해 접근될 수 있다. 이때 i와 j는 행과 열 인덱스이다.

다음 절에서 2차원 리스트를 사용하는 다양한 예제가 제공된다.

11.2.1 입력값으로 리스트 초기화하기

다음 루프는 사용자 입력 값으로 행렬을 초기화한다.

```python
matrix = [] # 비어있는 리스트를 생성한다

numberOfRows = eval(input("행의 개수를 입력하세요: "))
numberOfColumns = eval(input("열의 개수를 입력하세요: "))
for row in range(numberOfRows):
    matrix.append([]) # 새로운 빈 행을 추가한다
    for column in range(numberOfColumns):
        value = eval(input("원소를 입력하고 엔터를 누르세요: "))
        matrix[row].append(value)

print(matrix)
```

11.2.2 랜덤 값으로 리스트 초기화하기

다음 루프는 0과 99 사이의 랜덤 값을 저장하도록 리스트를 초기화한다.

```python
import random

matrix = [] # 비어있는 리스트를 생성한다.

numberOfRows = eval(input("행의 개수를 입력하세요: "))
numberOfColumns = eval(input("열의 개수를 입력하세요: "))
for row in range(numberOfRows):
    matrix.append([]) # 새로운 빈 행을 추가한다.
    for column in range(numberOfColumns):
        matrix[row].append(random.randint(0, 99))

print(matrix)
```

11.2.3 리스트 출력하기

2차원 리스트를 출력하기 위해 다음과 같은 루프를 사용하여 리스트에 존재하는 각각의 원소를 출력하여야 한다.

```python
matrix = [[1, 2, 3], [4, 5, 6], [7, 8, 9]] # 리스트는 주어진다.

for row in range(len(matrix)):
    for column in range(len(matrix[row])):
        print(matrix[row][column], end = " ")
    print() # 새로운 행을 출력한다.
```

또는 다음과 같이 작성할 수 있다.

```python
matrix = [[1, 2, 3], [4, 5, 6], [7, 8, 9]] # 리스트는 주어진다.

for row in matrix:
    for value in row:
        print(value, end = " ")
    print() # 새로운 행을 출력한다.
```

11.2.4 모든 원소 합계 구하기

total이라는 변수에 합계를 저장한다. 초기에 total은 0이다. 다음과 같은 루프를 사용하여 total에 리스트의 각 원소를 더한다.

```python
matrix = [[1, 2, 3], [4, 5, 6], [7, 8, 9]] # 리스트는 주어진다.
```

```
total = 0
for row in matrix:
    for value in row:
        total += value

print("합계는", total, "입니다.") # 합계를 출력한다.
```

11.2.5 열의 원소 합계 구하기

각 열에 대하여, total이라는 이름의 변수에 열의 합계를 저장한다. 열의 각 원소를 다음과 같은 루프를 사용하여 total에 더한다.

```
matrix = [[1, 2, 3], [4, 5, 6], [7, 8, 9]] # 리스트는 주어진다.

for column in range(len(matrix[0])):
    total = 0
    for row in range(len(matrix)):
        total += matrix[row][column]
    print(column, "번째 열의 합계는", total, "입니다.")
```

11.2.6 합계가 가장 큰 행 찾기

가장 큰 합계 값을 갖는 행을 찾기 위해서 maxRow와 indexOfMaxRow 변수를 사용하여 가장 큰 합계 값과 행의 인덱스를 추적할 수 있다. 각 행에 대하여, 합을 구하고 새로운 행의 합이 더 클 경우, maxRow와 indexOfMaxRow를 업데이트한다.

```
matrix = [[1, 2, 3], [4, 5, 6], [7, 8, 9]] # 리스트는 주어진다고 가정한다.

maxRow = sum(matrix[0]) # maxRow에 첫 번째 행의 합계를 저장한다.
indexOfMaxRow = 0

for row in range(1, len(matrix)):
    if sum(matrix[row]) > maxRow:
        maxRow = sum(matrix[row])
        indexOfMaxRow = row

print(indexOfMaxRow, "번째 행의 합계", maxRow "가 가장 큽니다.")
```

11.2.7 무작위로 섞기

10.2.3절에서 소개된 random.suffle(list) 함수를 사용하여 1차원 리스트의 원소를 무작위로 섞을 수 있다. 2차원 리스트의 모든 원소를 어떻게 무작위로 섞을 수 있는가? 이 작업은 다음과 같이 각 원소 matrix[row][column]에 대해서 랜덤으로

인덱스 i와 j를 생성하고 matrix[row][column]과 matrix[i][j]를 교환하는 방식으로 수행할 수 있다.

```python
import random

matrix = [[1, 2, 3], [4, 5, 6], [7, 8, 9]] # 리스트는 주어진다.

for row in range(len(matrix)):
    for column in range(len(matrix[row])):
        i = random.randint(0, len(matrix) - 1)
        j = random.randint(0, len(matrix[row]) - 1)

        # matrix[row][column]와 matrix[i][j]를 교환한다.
        matrix[row][column], matrix[i][j] = \
            matrix[i][j], matrix[row][column]

print(matrix)
```

11.2.8 정렬하기

2차원 리스트를 정렬하기 위해 sort 메소드를 적용할 수 있다. sort 메소드는 각 행의 첫 번째 원소를 기준으로 행을 정렬한다. 동일한 첫 번째 원소를 갖는 행에 대해서는 두 번째 원소를 사용하여 정렬한다. 만약에 첫 번째, 두 번째 원소의 값이 같다면 세 번째 원소로 정렬하고 이러한 방식으로 계속 확장된다. 예를 들면,

```python
points = [[4, 2], [1, 7], [4, 5], [1, 2], [1, 1], [4, 1]]
points.sort()
print(points)
```

[[1, 1], [1, 2], [1, 7], [4, 1], [4, 2], [4, 5]]을 출력한다.

체크 포인트

11.1 0으로 채워진 세 개 행과 네 개 열로 이루어진 2차원 데이터 집합을 위한 리스트를 어떻게 생성하는가?

11.2 행마다 서로 다른 개수의 원소로 이루어진 2차원 데이터를 위한 리스트를 생성할 수 있는가?

11.3 다음 코드의 출력값은 무엇인가?

```python
matrix = []
matrix.append(3 * [1])
matrix.append(3 * [1])
matrix.append(3 * [1])
```

```
        matrix[0][0] = 2

        print(matrix)
```

11.4 다음 코드의 출력값은 무엇인가?

```
        matrix = []
        matrix.append([3 * [1]])
        matrix.append([3 * [1]])
        matrix.append([3 * [1]])
        print(matrix)
        matrix[0] = 3
        print(matrix)
```

11.5 다음 코드의 출력값은 무엇인가?

```
        matrix = []
        matrix.append([1, 2, 3])
        matrix.append([4, 5])
        matrix.append([6, 7, 8, 9])
        print(matrix)
```

11.3 2차원 리스트 함수에 전달하기

함수에 2차원 리스트를 전달하면, 리스트의 레퍼런스가 함수에 전달된다.

키포인트

1차원 리스트를 전달하는 것과 동일하게 2차원 리스트도 함수에 전달할 수 있다. 또한 함수로부터 2차원 리스트를 반환할 수도 있다. 코드 11.1은 두 개의 함수를 사용하는 예제이다. 첫 번째 함수, getMatrix()는 2차원 리스트를 반환하고 두 번째 함수, accumulate(m)은 행렬 안의 모든 원소의 합계를 반환한다.

코드 11.1   PassTwoDimensionalList.py

```
1  def getMatrix():
2      matrix = [] # 비어있는 리스트를 생성한다.
3
4      numberOfRows = eval(input("행의 개수를 입력하세요: "))
5      numberOfColumns = eval(input("열의 개수를 입력하세요: "))
6      for row in range(numberOfRows):
7          matrix.append([]) # 새로운 공백을 추가한다.
8          for column in range(numberOfColumns):
```

```
9                    value = eval(input("값을 입력하고 엔터를 누르세요: "))
10                   matrix[row].append(value)
11
12        return matrix
13
14  def accumulate(m):
15        total = 0
16        for row in m:
17            total += sum(row)
18
19        return total
20
21  def main():
22        m = getMatrix() # 리스트를 가져온다.
23        print(m)
24
25        # 원소의 합계를 출력한다.
26        print("\n모든 원소의 총 합은", accumulate(m), "입니다.")
27
28  main() # main 함수를 호출한다.
```

실행결과

행의 개수를 입력하세요: 2 ↵Enter
열의 개수를 입력하세요: 2 ↵Enter
값을 입력하고 엔터를 누르세요: 1 ↵Enter
값을 입력하고 엔터를 누르세요: 2 ↵Enter
값을 입력하고 엔터를 누르세요: 3 ↵Enter
값을 입력하고 엔터를 누르세요: 4 ↵Enter
[[1, 2], [3, 4]]
모든 원소의 총 합은 10 입니다.

   함수 getMatrix(라인 1–12)는 사용자로부터 행렬(라인 9)의 값을 입력받고 리스트(라인 12)를 반환한다.
   함수 accumulate(라인 14–19)는 2차원 리스트를 인자로 갖는다. accumulate 함수는 리스트 내부의 모든 원소의 합계를 반환한다(라인 26).

11.6 다음 코드의 출력값을 보이시오.

```
def f(m):
    for i in range(len(m)):
        for j in range(len(m[i])):
```

```
                    m[i][j] += 1

    def printM(m):
        for i in range(len(m)):
            for j in range(len(m[i])):
                print(m[i][j], end = "")
            print()

    m = [[0, 0], [0, 1]]

    printM(m)
    f(m)
    printM(m)
```

11.4 사례 연구: 객관식 문제 평가하기

이번 문제는 객관식 문제를 평가하는 프로그램을 작성하는 것이다.

키포인트

　8명의 학생과, 10개의 문제, 그리고 답안은 2차원 리스트에 저장되어 있다고 가정한다. 다음 그림과 같이 각 행은 문제에 대한 학생의 답안을 저장하고 있다.

질문에 대한 학생의 답:

	0	1	2	3	4	5	6	7	8	9
학생 0	A	B	A	C	C	D	E	E	A	D
학생 1	D	B	A	V	C	A	E	E	A	D
학생 2	E	D	D	A	C	B	E	E	A	D
학생 3	C	B	A	E	D	C	E	E	A	D
학생 4	A	B	D	C	C	D	E	E	A	D
학생 5	B	B	E	C	C	D	E	E	A	D
학생 6	B	B	A	C	C	D	E	E	A	D
학생 7	E	B	E	C	C	D	E	E	A	D

정답은 1차원 리스트에 저장된다.

질문에 대한 정답:

	0	1	2	3	4	5	6	7	8	9
정답	D	B	D	C	C	D	A	E	A	D

　이 프로그램은 시험을 평가하고 결과를 출력한다. 이를 위해, 프로그램은 각 학

생의 답안을 정답과 비교하고, 정확한 답안의 개수를 세어 출력한다. 전체 프로그램은 코드 11.2와 같다.

코드 11.2 GradeExam.py

```python
1   def main():
2       # 문제에 대한 학생의 답안
3       answers = [
4           ['A', 'B', 'A', 'C', 'C', 'D', 'E', 'E', 'A', 'D'],
5           ['D', 'B', 'A', 'B', 'C', 'A', 'E', 'E', 'A', 'D'],
6           ['E', 'D', 'D', 'A', 'C', 'B', 'E', 'E', 'A', 'D'],
7           ['C', 'B', 'A', 'E', 'D', 'C', 'E', 'E', 'A', 'D'],
8           ['A', 'B', 'D', 'C', 'C', 'D', 'E', 'E', 'A', 'D'],
9           ['B', 'B', 'E', 'C', 'C', 'D', 'E', 'E', 'A', 'D'],
10          ['B', 'B', 'A', 'C', 'C', 'D', 'E', 'E', 'A', 'D'],
11          ['E', 'B', 'E', 'C', 'C', 'D', 'E', 'E', 'A', 'D']]
12
13      # 문제의 정답
14      keys = ['D', 'B', 'D', 'C', 'C', 'D', 'A', 'E', 'A', 'D']
15
16      # 모든 답안을 평가한다.
17      for i in range(len(answers)):
18          # 한 학생에 대한 답안을 평가한다.
19          correctCount = 0
20          for j in range(len(answers[i])):
21              if answers[i][j] == keys[j]:
22                  correctCount += 1
23
24          print(i, "번 학생의 정답 문항의 개수는", correctCount, "개입니다.")
25
26  main() # main 함수를 호출한다.
```

실행결과
```
0 번 학생의 정답 문항의 개수는 7 개입니다.
1 번 학생의 정답 문항의 개수는 6 개입니다.
2 번 학생의 정답 문항의 개수는 5 개입니다.
3 번 학생의 정답 문항의 개수는 4 개입니다.
4 번 학생의 정답 문항의 개수는 8 개입니다.
5 번 학생의 정답 문항의 개수는 7 개입니다.
6 번 학생의 정답 문항의 개수는 7 개입니다.
7 번 학생의 정답 문항의 개수는 7 개입니다.
```

라인 3–11의 명령문은 문자열 타입의 2차원 리스트를 생성하고 answers에 레퍼런스를 할당한다.

라인 14의 명령문은 정답 리스트를 생성하고 keys에 레퍼런스를 할당한다.

answers 리스트의 각 행에 저장된 학생의 답안과 keys 리스트의 정답을 비교하여 평가한다. 학생의 답안이 평가된 후, 즉시 결과가 출력된다(라인 19–22).

11.5 사례 연구: 가장 가까운 짝 찾기

이번 절에서는 가장 가까운 점의 짝을 찾는 기하학적 문제를 해결한다.

키포인트

주어진 점의 집합에 대해 가장 가까운 짝 문제(closest-pair problem)는 서로 가장 근접한 두 점을 찾는 것이다. 예를 들어, 그림 11.2에서와 같이 점 (1, 1)과 (2, 0.5)는 서로 가장 가깝다. 가장 가까운 짝 문제를 해결하기 위한 여러 가지 방법이 존재한다. 직관적인 접근방식은 코드 11.3에서 구현된 것과 같이 모든 점의 짝 사이의 거리를 계산하고 그 중에서 가장 작은 거리를 찾는 것이다.

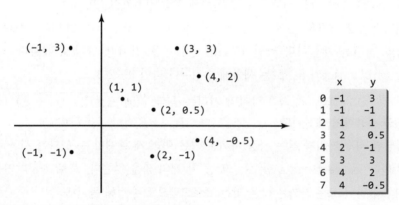

[그림 11.2] 점은 중첩 리스트로 표현될 수 있다.

코드 11.3 NearestPoints.py

```
1  # 두 점 (x1, y1)과 (x2, y2) 사이의 거리를 계산한다.
2  def distance(x1, y1, x2, y2):
3      return ((x2 - x1) * (x2 - x1) + (y2 - y1) * (y2 - y1)) ** 0.5
4
5  def nearestPoints(points):
6      # p1과 p2는 points 리스트의 인덱스이다.
7      p1, p2 = 0, 1 # 두 점을 초기화한다.
8
9      shortestDistance = distance(points[p1][0], points[p1][1],
```

```
10              points[p2][0], points[p2][1]) # shortestDistance를 초기화한다.
11
12      # 모든 두 점 사이의 거리를 계산한다.
13      for i in range(len(points)):
14          for j in range(i + 1, len(points)):
15              d = distance(points[i][0], points[i][1],
16                           points[j][0], points[j][1]) # 거리를 계산한다.
17
18          if shortestDistance > d:
19              p1, p2 = i, j # p1, p2의 값을 업데이트한다.
20              shortestDistance = d # 새로운 shortestDistance
21
22      return p1, p2
```

NestestPoints 모듈은 2차원 리스트 points에서 가장 가까운 점의 인덱스를 반환하는 nearestPoints(points) 함수를 정의한다. 이 모듈에서 가장 가까운 두 점 사이의 거리를 저장하는 변수 shortestDistance(라인 9)를 사용하고 points 리스트에 저장된 이 두 점은 인덱스는 p1과 p2에 저장된다(라인 19).

인덱스 i의 각각의 점에 대해, 모듈은 j > i인 모든 point[i]와 point[j] 사이의 거리를 계산한다(라인 15-16). 더 짧은 거리가 나타날 때마다, 변수 shortestDistnace와 p1, p2는 새롭게 수정된다(라인 19-20).

두 점 (x1, y1)과 (x2, y2) 사이의 거리는 공식 $\sqrt{(x_2 - x_1)^2 + (y_2 - y_1)^2}$ (라인 2-3)을 사용하여 계산된다.

동일한 최소 거리를 갖는 가장 가까운 짝은 여러 개 존재할 수 있다는 것을 주의해야 한다. nearestPoints 함수는 그 중 한 개의 짝을 찾는다. 프로그래밍 연습문제 11.8과 같이 모든 가까운 짝을 찾는 프로그램으로 수정해 볼 수도 있다.

코드 11.4의 프로그램은 사용자로부터 점의 위치를 입력받은 후 가장 가까운 두 점을 출력한다.

코드 11.4   FindNearestPoints.py

```
1   import NearestPoints
2
3   def main():
4       numberOfPoints = eval(input("점의 개수를 입력하세요: "))
5
6       # 점을 저장하기 위한 리스트를 생성한다.
7       points = []
```

```
 8      print(numberOfPoints, "개 점의 위치를 입력하세요.:", end = ' ')
 9      for i in range(numberOfPoints):
10          point = 2 * [0]
11          point[0], point[1] = \
12              eval(input("콤마로 분리하여 점의 좌표값을 입력하세요: "))
13          points.append(point)
14
15      # p1와 p2는 points 리스트의 인덱스이다.
16      p1, p2 = NearestPoints.nearestPoints(points)
17
18      # 결과를 출력한다.
19      print("가장 가까운 두 점은 (" +
20          str(points[p1][0]) + ", " + str(points[p1][1]) + ")과/와 (" +
21          str(points[p2][0]) + ", " + str(points[p2][1]) + ")", "입니다.")
22
23  main() # main 함수를 호출한다.
```

점의 개수를 입력하세요: 8 ↵ Enter
8개 점의 위치를 입력하세요: 콤마로 분리하여 좌표값을 입력하세요: -1, 3 ↵ Enter
콤마로 분리하여 좌표값을 입력하세요: -1, -1 ↵ Enter
콤마로 분리하여 좌표값을 입력하세요: 1, 1 ↵ Enter
콤마로 분리하여 좌표값을 입력하세요: 2, 0.5 ↵ Enter
콤마로 분리하여 좌표값을 입력하세요: 2, -1 ↵ Enter
콤마로 분리하여 좌표값을 입력하세요: 3, 3 ↵ Enter
콤마로 분리하여 좌표값을 입력하세요: 4, 2 ↵ Enter
콤마로 분리하여 좌표값을 입력하세요: 4, 0.5 ↵ Enter
가장 가까운 두 점은 (1, 1)과/와 (2, 0.5) 입니다.

FindNearestPoints 프로그램은 사용자로부터 점의 개수를 입력받는다(라인 4). 점은 콘솔로부터 입력되고 2차원 리스트 points에 저장된다(라인 11). 프로그램은 리스트에서 가장 가까운 두 점의 인덱스를 반환하는 nearestPoints(points) 함수를 호출한다.

FindNearestPoints 프로그램은 평면 위에 최소 두 개 이상의 점이 있다고 가정한다. 평면 위에 한 개의 점 또는 점이 없는 경우에 대해서 고려하도록 프로그램으로 간단히 수정할 수도 있다.

노트

키보드를 사용하여 모든 점을 일일이 입력하는 것은 매우 귀찮은 작업이다. 입력값을 FindNearestPoint.txt와 같은 이름의 파일에 저장하고 명령 창에서 다음과 같은 명령어를 사용하여 프로그램을 실행할 수 있다.

python FindNearestPoints < FindNearestPoints.txt

11.6 GUI: 가까운 짝 찾기

이번 절에서는 캔버스에 여러 점을 출력하고, 점들 사이의 가장 가까운 짝을 찾아 이 두 점의 연결선을
그리는 프로그램을 작성한다.

이전 절에서 사용자로부터 점을 입력받은 후 가장 가까운 점의 짝을 찾는 프로그
램을 설명하였다. 이번 절에서는 사용자가 왼쪽 마우스 클릭으로 캔버스에 점을 생
성하게 한 후 동적으로 캔버스 위에서 가장 가까운 점의 짝을 찾고 그림 11.3과 같
이 이 두 점을 선으로 연결하는 GUI 프로그램(코드 11.5)을 제공한다.

코드 11.5	NearestPointsGUI.py

```python
1   import NearestPoints
2   from tkinter import * # tkinter의 모든 정의를 임포트한다.
3
4   RADIUS = 2 # 점의 반지름
5
6   class NearestPointsGUI:
7       def __init__(self):
8           self.points = [] # self.points를 저장한다.
9           window = Tk() # 윈도우를 생성한다.
10          window.title("가장 가까운 점 찾기") # 윈도우 제목을 설정한다.
11
12          self.canvas = Canvas(window, width = 400, height = 200)
13          self.canvas.pack()
14
15          self.canvas.bind("<Button-1>", self.addPoint)
16
17          window.mainloop() # 이벤트 루프를 생성한다.
18
19      def addPoint(self, event):
20          if not self.isTooCloseToOtherPoints(event.x, event.y):
21              self.addThisPoint(event.x, event.y)
22
23      def addThisPoint(self, x, y):
24          # 이 점을 출력한다.
25          self.canvas.create_oval(x - RADIUS, y - RADIUS,
26              x + RADIUS, y + RADIUS)
27          # 이 점을 self.points 리스트에 추가한다.
28          self.points.append([x, y])
```

```
29          if len(self.points) > 2:
30              p1, p2 = NearestPoints.nearestPoints(self.points)
31              self.canvas.delete("line")
32              self.canvas.create_line(self.points[p1][0],
33                  self.points[p1][1], self.points[p2][0],
34                  self.points[p2][1], tags = "line")
35
36      def isTooCloseToOtherPoints(self, x, y):
37          for i in range(len(self.points)):
38              if NearestPoints.distance(x, y,
39                  self.points[i][0], self.points[i][1]) <= RADIUS + 2:
40                  return True
41
42          return False
43
44  NearestPointsGUI() # GUI를 생성한다.
```

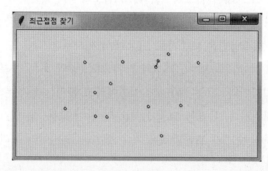

[그림 11.3] 왼쪽 마우스 버튼을 클릭하여 점을 추가할 수 있다. 가장 가까운 두 점은 선으로 연결된다.

NearestPointsGUI 프로그램은 캔버스를 생성한 후 출력(라인 12-13), 왼쪽 마우스 클릭 이벤트를 addPoint 콜백 함수에 연결(라인 15)한다. 사용자가 캔버스 위에서 왼쪽 마우스 버튼을 클릭하면, addPoint 핸들러가 호출된다(라인 19-21). isTooCloseToOtherPoints(x, y) 메소드는 마우스 포인트가 이미 캔버스에 존재하는 점과 너무 가깝지 않은지 확인한다(라인 20). 그렇지 않다면, addThisPoint(x, y)가 호출되어 새로운 점이 캔버스에 추가된다(라인 21).

isTooCloseToOtherPoints(x, y) 메소드(라인 36-42)는 점 (x, y)가 캔버스 내의 다른 점과 너무 가깝지 않은지 검사한다. 그렇다면, 프로그램은 True를 반환(라인 40)하고, 그렇지 않다면 False를 반환(라인 42)한다.

addThisPoint(x, y) 메소드 (라인 23-34)는 캔버스 위에 점을 출력(라인 25-

26)하고, points 리스트에 새로운 점을 추가(라인 28)한다. 또한 새로운 가장 가까운 점을 검색(라인 30)하고 이 두 점을 선으로 연결(라인 32–34)한다.

새로운 점이 추가될 때마다, 가장 가까운 짝을 찾기 위해 nearestPoints 함수가 호출된다는 것을 주목해야 한다. nearestPoints 함수는 두 점으로 짝지을 수 있는 모든 조합의 짝에 대한 거리를 계산한다. 이 작업은 새로운 점이 추가될수록 많은 시간을 소비할 것이다. 보다 효율적인 해결방법을 위해, 프로그래밍 연습문제 11.50을 참조한다.

11.7 사례 연구: 스도쿠

이번 사례 연구는 주어진 스도쿠의 풀이가 정확한지 검사하는 것이다.

이번 절에서는 신문에 흔하게 게재되는 '스도쿠(*sudoku*)'라고 알려진 숫자배치 퍼즐이라는 흥미로운 문제가 제시된다. 스도쿠는 매우 높은 난이도의 프로그래밍 문제이다. 초보 프로그래머가 보다 접근하기 쉽도록 이번 절에서는 풀이가 정확한지 검증하는 스도쿠 문제의 간략화된 버전의 해결방법을 제시한다. 스도쿠 문제를 해결하는 완벽한 해결방법은 보충자료 III.A에서 제시된다.

스도쿠는 그림 11.4(a)와 같이 3×3의 작은 박스(영역 또는 블록이라고 한다)로 나누어진 9×9 격자이다. *고정 셀(fixed cell)*이라고 불리는 일부분의 셀은 1부터 9 사이의 숫자로 채워진다. 목표는 그림 11.4(b)와 같이 모든 행, 열, 그리고 3×3 박스가 1부터 9까지의 숫자가 포함되도록 *자유 셀(free cell)*이라 불리는 비어있는 셀을 채우는 것이다.

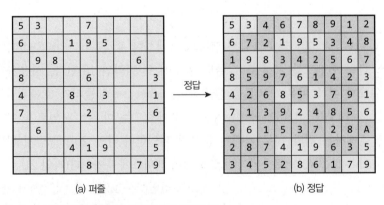

(a) 퍼즐   (b) 정답

[그림 11.4] (a)의 스도쿠 퍼즐은 (b)와 같이 해결된다.

편의상, 그림 11.5(a)와 같이 자유 셀은 0 값을 사용하여 나타낸다. 그림 11.5(b)

에서 보이는 바와 같이 그리드는 자연스럽게 2차원 리스트로 표현된다.

스도쿠 퍼즐에 대한 풀이를 찾기 위해 그리드의 각각의 0을 1에서 9 사이의 적절한 숫자로 교체해야 한다. 그림 11.5(b)의 풀이를 위해 grid 리스트는 그림 11.6과 같다.

5	3	0	0	7	0	0	0	0
6	0	0	1	9	5	0	0	0
0	9	8	0	0	0	0	6	0
8	0	0	0	6	0	0	0	3
4	0	0	8	0	3	0	0	1
7	0	0	0	2	0	0	0	6
0	6	0	0	0	0	0	0	0
0	0	0	4	1	9	0	0	5
0	0	0	0	8	0	0	7	9

(a)

```
grid =
      [[5,3,0,0,7,0,0,0,0],
       [6,0,0,1,9,5,0,0,0],
       [0,9,8,0,0,0,0,6,0],
       [8,0,0,0,6,0,0,0,3],
       [4,0,0,8,0,3,0,0,1],
       [7,0,0,0,2,0,0,0,6],
       [0,6,0,0,0,0,0,0,0],
       [0,0,0,4,1,9,0,0,5],
       [0,0,0,0,8,0,0,7,9]
      ]
```

(b)

[그림 11.5] 그리드는 2차원 리스트를 사용하여 표현될 수 있다.

```
grid에 대한 해답은
  [[5,3,4,6,7,8,9,1,2],
   [6,7,2,1,9,5,3,4,8],
   [1,9,8,3,4,2,5,6,7],
   [1,9,8,3,4,2,5,6,7],
   [8,5,9,7,6,1,4,2,3],
   [4,2,6,8,5,3,7,9,1],
   [7,1,3,9,2,4,8,5,6],
   [9,6,1,5,3,7,2,8,4],
   [2,8,7,4,1,9,6,3,5],
   [3,4,5,2,8,6,1,7,9]
]
```

[그림 11.6] 풀이는 grid에 저장된다.

스도쿠 퍼즐에 대한 풀이가 입력되었다고 가정하자. 입력된 풀이가 정확한지 어떻게 판별할 수 있는가? 이에 대한 두 가지 접근방법이 있다.

- 한 가지 방법은 입력된 풀이의 모든 행, 열, 및 박스가 1에서 9 사이의 숫자로 구성되었는지 검증하는 것이다.
- 다른 방법은 각각의 셀을 검사하는 것이다. 각 셀은 1에서 9 사이의 숫자 중의 하나를 포함하고 셀은 모든 행, 열 및 박스에서 유일하다.

코드 11.6의 프로그램은 사용자로부터 풀이를 입력받고 풀이가 유효한지 알려준다. 풀이가 정확한지 검사하는 방법으로는 두 번째 방법을 사용한다. 코드 11.7에서

isValue 함수를 독립된 모듈에 위치시켜 다른 프로그램에서도 사용할 수 있도록 한다.

코드 11.6   TestCheckSudokuSolution.py

```python
1   from CheckSudokuSolution import isValid
2
3   def main():
4       # 스도쿠 풀이를 읽어들인다.
5       grid = readASolution()
6
7       if isValid(grid):
8           print("유효한 풀이입니다.")
9       else:
10          print("유효하지 않은 풀이입니다.")
11
12  # 콘솔로부터 스도쿠 풀이를 읽어들인다.
13  def readASolution():
14      print("스도쿠 퍼즐의 풀이를 입력하세요:")
15      grid = []
16      for i in range(9):
17          line = input().strip().split()
18          grid.append([eval(x) for x in line])
19
20      return grid
21
22  main() # main 함수를 호출하시오.
```

실행결과

스도쿠 퍼즐의 풀이를 입력하세요:
9 6 3 1 7 4 2 5 8 ↵Enter
1 7 8 3 2 5 6 4 9 ↵Enter
2 5 4 6 8 9 7 3 1 ↵Enter
8 2 1 4 3 7 5 9 6 ↵Enter
4 9 6 8 5 2 3 1 7 ↵Enter
7 3 5 9 6 1 8 2 4 ↵Enter
5 8 9 7 1 3 4 6 2 ↵Enter
3 1 7 2 4 6 9 8 5 ↵Enter
6 4 2 5 9 8 1 7 3 ↵Enter
유효한 풀이입니다.

```python
1   # 풀이가 유효한지 검사한다.
2   def isValid(grid):
3       for i in range(9):
4           for j in range(9):
5               if grid[i][j] < 1 or grid[i][j] > 9 \
6                   or not isValidAt(i, j, grid):
7                       return False
8       return True # 고정 셀은 유효하다.
9
10  # 그리드에서 grid[i][j]이 유효한지 검사한다.
11  def isValidAt(i, j, grid):
12      # i번 행에서 grid[i][j]가 유효한지 검사한다.
13      for column in range(9):
14          if column != j and grid[i][column] == grid[i][j]:
15              return False
16
17      # j번 열에서 grid[i][j]가 유효한지 검사한다.
18      for row in range(9):
19          if row != i and grid[row][j] == grid[i][j]:
20              return False
21
22      # 3 × 3에서 grid[i][j]가 유효한지 검사한다.
23      for row in range((i // 3) * 3, (i // 3) * 3 + 3):
24          for col in range((j // 3) * 3, (j // 3) * 3 + 3):
25              if row != i and col != j and \
26                      grid[row][col] == grid[i][j]:
27                  return False
28
29      return True # grid[i][j]의 현재값은 유효하다.
```

코드 11.6에서 TestCheckSudokuSolution 프로그램은 스도쿠 풀이를 읽고 스도쿠 그리드를 표현한 2차원 리스트를 반환하기 위해 readASolution() 함수(라인 5)를 호출한다.

isValid(grid) 함수는 그리드 내부의 값이 유효한지 확인한다. 각각의 값이 1부터 9 사이의 숫자인지, 그리드에서 유효한지 검사한다(라인 7–10).

코드 11.7의 isValidAt(i, j, grid) 함수는 grid[i][j]의 값이 유효한지 검사한다. isValidAt(i, j, grid) 함수는 grid[i][j]가 i번 행에서, j번 열에서 그리

고 해당 박스에서 두 번 이상 나타나는지 검사한다(라인 23–27).

같은 박스에 존재하는 모든 셀의 위치를 어떻게 파악할 수 있을까? 임의의 셀 grid[i][j]에 대해, 그림 11.7에서 보여주는 바와 같이 grid[i][j]를 포함하는 박스의 시작 셀의 위치는 grid[(i // 3) * 3][(j // 3) * 3]이다.

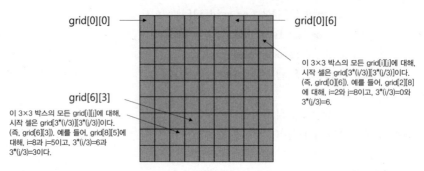

grid[0][0]

grid[0][6]

이 3×3 박스의 모든 grid[i][j]에 대해, 시작 셀은 grid[3*(i/3)][3*(j/3)]이다. (즉, girid[0][6]). 예를 들어, grid[2][8]에 대해, i=2와 j=8이고, 3*(i/3)=0와 3*(j/3)=6.

grid[6][3]

이 3×3 박스의 모든 grid[i][j]에 대해, 시작 셀은 grid[3*(i/3)][3*(j/3)]이다. (즉, grid[6][3]). 예를 들어, grid[8][5]에 대해, i=8과 j=5이고, 3*(i/3)=6과 3*(j/3)=30이다.

[그림 11.7] 한 3×3 박스의 첫 번째 셀의 위치는 같은 박스의 다른 셀의 위치를 결정한다.

이러한 논리로, 쉽게 같은 박스의 모든 셀의 위치를 파악할 수 있다. 예를 들면, 어떤 박스의 시작 셀이 grid[r][c]일 경우, 같은 박스의 다른 셀은 다음과 같은 중첩 루프를 사용하여 탐색될 수 있다.

```
# grid[r][c]에서 시작하는 3 × 3 박스의 모든 셀을 가져온다
for row in range(r, r + 3):
    for col in range(c, c + 3):
        # grid[row][col]은 박스 내부에 위치한다
```

콘솔로부터 81개의 숫자를 입력하는 것은 정말 귀찮은 작업이다. TestCheckSudokuSolution 프로그램을 테스트할 때, 입력값을 파일, CheckSudokuSolution.txt라고 하자(www.cs.armstrong.edu/liang/data/CheckSudokuSolution.txt 참조)에 저장하고 명령창에서 다음 명령문을 사용하여 프로그램을 실행할 수 있다.

python TestCheckSudokuSolution.py < CheckSudokuSolution.txt

11.8 사례 연구: 스도쿠 GUI

키포인트

이번 절은 입력된 스도쿠 풀이가 정확한지 검사하는 GUI 프로그램을 어떻게 작성하는지 제시한다.

이전 절의 프로그램은 콘솔로부터 스도쿠 풀이를 읽고 풀이가 정확한지 검사한다. 이번 절은 그림 11.8과 같이 사용자가 Entry 위젯에 풀이를 입력하고 입력된 풀이가 정확한지 *검사* 버튼을 클릭하여 확인하는 GUI 프로그램을 제공한다.

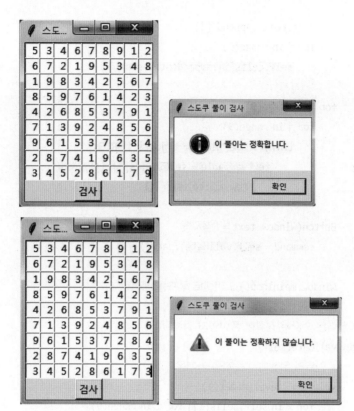

[그림 11.8] Entry 위젯에 숫자를 입력하고 답이 정확한지 보기 위해 '*검사*' 버튼을 클릭한다.

완전한 프로그램은 코드 11.8에서 제공된다.

코드 11.8	SudokuGUI.py

```python
1  from tkinter import * # tkinter의 모든 정의를 임포트한다.
2  import tkinter.messagebox # tkinter.messagebox를 임포트한다.
3  from CheckSudokuSolution import isValid # 코드 11.7에서 정의된다.
4
5  class SudokuGUI:
6      def __init__(self):
7          window = Tk() # 윈도우를 생성한다.
8          window.title("스도쿠 풀이를 검사한다") # 윈도우 제목을 설정한다.
9
10         frame = Frame(window) # 엔트리 위젯을 수용한다.
11         frame.pack()
12
13         self.cells = [] # 엔트리에 연결되는 변수 리스트
14         for i in range(9):
```

```
15                 self.cells.append([])
16             for j in range(9):
17                 self.cells[i].append(StringVar())
18
19         for i in range(9):
20             for j in range(9):
21                 Entry(frame, width = 2, justify =RIGHT,
22                     textvariable = self.cells[i][j]).grid(
23                         row = i, column = j)
24
25         Button(window, text = "검사",
26             command = self.validate).pack()
27
28         window.mainloop() # 이벤트 루프를 생성한다.
29
30     # 입력된 숫자가 정확한 풀이인지 검사한다.
31     def validate(self):
32         # 엔트리 위젯에서 숫자를 가져온다.
33         values = [[eval(x.get())
34             for x in self.cells[i]] for i in range(9)]
35
36         if isValid(values):
37             tkinter.messagebox.showinfo("스도쿠 풀이 검사",
38                                 "이 풀이는 정확합니다.")
39         else:
40             tkinter.messagebox.showwarning("스도쿠 풀이 검사",
41                                 "이 풀이는 정확하지 않습니다.")
42
43  SudokuGUI() # GUI를 생성한다.
```

이 프로그램은 2차원 리스트 cells를 생성한다(라인 13-17). cells의 각 원소는 엔트리의 값에 대응된다(라인 19-23). 엔트리는 생성된 후 프레임의 그리드 관리자를 사용하여 배치된다. 버튼은 생성되어 프레임 안에 배치된다(라인 25-26). 버튼이 클릭되면, 콜백 핸들러 validate가 호출된다(라인 31-41). validate 함수는 엔트리로부터 값을 가져오고 2차원 리스트 values에 넣는다. 이 후 엔트리로부터 입력된 숫자가 유효한 풀이인지 검사하기 위해 isValid 함수(코드 11.7에서 정의된)를 호출한다(라인 36). Tkinter의 표준 다이얼로그 박스는 풀이가 유효한지 출력하기 위해 사용된다(라인 36-41).

11.9 다차원 리스트

2차원 리스트는 1차원 리스트의 리스트로 구성되고 3차원 리스트는 2차원 리스트의 리스트로 이루어진다.

이전 절에서 행렬이나 표를 표현하기 위해 2차원 리스트를 사용하였다. 상황에 따라 n차원 데이터를 표현해야할 필요가 있다. 임의의 정수 n에 해당하는 n차원 리스트를 생성할 수 있다. 예를 들어, 한 반에 포함된 6명의 학생에 대한 다섯 번의 시험 그리고 두 종류(객관식과 주관식)로 구성되어 있는 시험 점수를 저장하기 위해서는 3차원 리스트를 사용해야 한다. 다음 형식은 scores라는 이름의 3차원 리스트를 생성한다.

```
scores = [
 [[11.5, 20.5], [11.0, 22.5], [15, 33.5], [13, 21.5], [15, 2.5]],
 [[4.5, 21.5], [11.0, 22.5], [15, 34.5], [12, 20.5], [14, 115]],
 [[6.5, 30.5], [11.4, 11.5], [11, 33.5], [11, 23.5], [10, 2.5]],
 [[6.5, 23.5], [11.4, 32.5], [13, 34.5], [11, 20.5], [16, 11.5]],
 [[8.5, 26.5], [11.4, 52.5], [13, 36.5], [13, 24.5], [16, 2.5]],
 [[11.5, 20.5], [11.4, 42.5], [13, 31.5], [12, 20.5], [16, 2.5]]]
```

scores[0][1][0]은 첫 번째 학생의 두 번째 시험에 대한 객관식 시험의 점수 11.0을 나타낸다. scores[0][1][1]은 첫 번째 학생의 두 번째 시험에 대한 주관식 점수 22.5를 가리킨다. 아래의 그림은 리스트 값의 의미를 나타낸다.

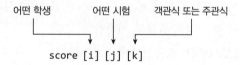

*다차원 리스트(multidimensional list)*는 각각의 원소가 또 다른 리스트인 리스트이다. 보다 구체적으로, *3차원 리스트*는 2차원 리스트의 리스트로 구성되고 *2차원 리스트*는 1차원 리스트의 리스트로 구성된다. 예를 들어, scores[0]과 scores[1]은 2차원 리스트인 반면, scores[0][0], scores[0][1], scores[1][0] 및 scores[1][1]은 1차원 리스트이고 각각은 두 개의 원소를 저장한다. len(scores)는 6, len(scores[0])은 5이고 len(scores[0][0])은 2가 된다.

11.9.1 문제: 일간 온도와 습도

기상청은 하루의 매 시간마다 온도와 습도를 기록한 과거 10일간의 데이터를 weather.txt(www.cs.armstrong.edu/liang/data/weather.txt)라는 텍스트 파일에 저장한다고 가정한다. 파일의 각각의 행은 일, 시, 온도 및 습도를 가리키는 네 개의 숫자로 이루어진다. 파일의 내용은 (a)의 한 행처럼 나타내진다.

```
1   1    76.4   0.92
1   2    77.7   0.93
...
10  23   97.7   0.71
10  24   98.7   0.74
```
(a)

```
10  24   98.7   0.74
1    2   77.7   0.93
...
10  23   97.7   0.71
1    1   76.4   0.92
```
(b)

파일의 각 행은 반드시 정렬될 필요가 없다는 것에 주의해야 한다. 예를 들어 파일은 (b)와 같이 나타날 수도 있다.

수행해야 할 작업은 10일 동안의 일간 평균 온도와 습도를 계산하는 프로그램을 작성하는 것이다. 파일로부터 데이터를 읽고 data라는 이름의 3차원 리스트에 데이터를 저장하도록 입력 재지정을 사용할 수 있다. data의 첫 번째 인덱스의 범위는 0 ~ 9이며 10일을 나타낸다. 두 번째 인덱스의 범위는 0 ~ 23이고 24시간을 표현한다. 세 번째 인덱스의 범위는 0 ~ 1이고 각각 온도와 습도를 표현한다. 파일에서 일은 1 ~ 10, 시간은 1 ~ 24로 숫자가 매겨져 있는 것에 주의해야 한다. 리스트의 인덱스는 0부터 시작하기 때문에, data[0][0][0]은 1일 1시의 온도를 저장하고 data[9][23][1]은 10일 24시의 습도를 저장한다.

이 문제에 대한 프로그램은 코드 11.9에서 제시된다.

코드 11.9	Weather.py

```
1   def main():
2       NUMBER_OF_DAYS = 10
3       NUMBER_OF_HOURS = 24
4
5       # 데이터를 초기화한다.
6       date = []
7       for i in range(NUMBER_OF_DAYS):
8           data.append([])
9           for j in range(NUMBER_OF_HOURS):
```

```
10              data[i].append([])
11              data[i][j].append(0) # 온도 값
12              data[i][j].append(0) # 습도 값
13
14      # 입력 재지정을 사용하여 파일로부터 입력을 받아들인다.
15      for k in range(NUMBER_OF_DAYS * NUMBER_OF_HOURS):
16          line = input().strip().split()
17          day = eval(line[0])
18          hour = eval(line[1])
19          temperature = eval(line[2])
20          humidity = eval(line[3])
21          data[day - 1][hour - 1][0] = temperature
22          data[day - 1][hour - 1][1] = humidity
23
24      # 일간 평균 온도와 습도를 계산한다.
25      for i in range(NUMBER_OF_DAYS):
26      dailyTemperatureTotal = 0
27      dailyHumidityTotal = 0
28          for j in range(NUMBER_OF_HOURS):
29              dailyTemperatureTotal += data[i][j][0]
30              dailyHumidityTotal += data[i][j][1]
31
32          # 결과를 출력한다.
33          print(str(i) + "일의 평균 온도는 "
34              + str(dailyTemperatureTotal / NUMBER_OF_HOURS) + "입니다.")
35          print(str(i) + "일의 평균 습도는 "
36              + str(dailyHumidityTotal / NUMBER_OF_HOURS) + "입니다.")
37
38  main() # main 함수를 호출한다.
```

```
0 일의 평균 온도는 25.4282 입니다.
0 일의 평균 습도는 0.929583 입니다.
1 일의 평균 온도는 25.1736 입니다.
1 일의 평균 습도는 0.929583 입니다.
...

9 일의 평균 온도는 26.3078 입니다.
9 일의 평균 습도는 0.9125 입니다.
```

실행결과

다음 명령을 사용하여 프로그램을 실행할 수 있다.

```
python Weather.py < Weather.txt
```

온도와 습도를 저장하기 위해 0으로 초기화된 3차원 리스트가 라인 6-12에서 생성된다. 라인 15-22의 루프는 입력을 읽어 리스트에 저장한다. 입력값을 키보드를 통해 입력할 수도 있지만 이럴 경우 매우 불편해진다. 편의를 위해 데이터를 파일에 저장하고 입력 재지정을 사용해 파일로부터 데이터를 읽는다. 프로그램은 한 행씩 문자열로 읽고 일, 시, 온도 및 습도로 분할(라인 16)하여 리스트에 저장한다(라인 17-20). 라인 25-30의 루프는 일별 매 시간의 모든 온도를 dailyTemperatureTotal에, 매 시간의 모든 습도를 dailyHumidityTotal에 더한다. 일간 평균 온도 및 습도는 라인 33-36에서 출력된다.

11.9.2 사례 연구: 생일 맞히기

코드 4.3, GuessBirthday.py는 생일을 맞히는 프로그램이다. 코드 11.10과 같이 숫자를 3차원 리스트에 저장하고 루프를 사용하여 사용자의 응답을 입력하게 하는 방식으로 프로그램을 간소화시킬 있다. 프로그램은 실행 예는 코드 4.3과 같다.

코드 11.10	GuessBirthdayUsingList.py

```
1   def main():
2       day = 0 # 생일 저장
3
4       dates = [
5            [[ 1,  3,  5,  7],
6             [ 9, 11, 13, 15],
7             [17, 19, 21, 23],
8             [25, 27, 29, 31]],
9            [[ 2,  3,  6,  7],
10            [10, 11, 14, 15],
11            [18, 19, 22, 23],
12            [26, 27, 30, 31]],
13           [[ 4,  5,  6,  7],
14            [12, 13, 14, 15],
15            [20, 21, 22, 23],
16            [28, 29, 30, 31]],
17           [[ 8,  9, 10, 11],
18            [12, 13, 14, 15],
19            [24, 25, 26, 27],
```

```
20            [28, 29, 30, 31]],
21           [[16, 17, 18, 19],
22            [20, 21, 22, 23],
23            [24, 25, 26, 27],
24            [28, 29, 30, 31]]]
25
26       for i in range(5):
27           print("생일이 집합?" + str(i + 1) + "에 존재하나요?")
28           for j in range(4):
29               for k in range(4):
30                   print(format(dates[i][j][k], "4d"), end = " ")
31               print()
32
33           answer = eval(input("No이면 0, Yes이면 1을 입력하세요: "))
34
35           if answer == 1:
36               day += dates[i][0][0]
37
38       print("당신의 생일은" + str(day) + "입니다.")
39
40   main() # main 함수를 호출한다.
```

3차원 리스트 dates는 라인 4–24에서 생성된다. dates 리스트는 날짜를 저장하는 다섯 개의 2차원 리스트를 저장한다. 각각의 리스트는 4×4의 2차원 리스트이다.

라인 26에서 시작하는 루프는 각각의 2차원 리스트의 숫자를 출력하고 생일이 리스트에 있는지 사용자에게 묻는다(라인 33). 어떤 세트에 날짜가 있으면, 그 세트의 첫 번째 숫자(dates[i][0][0])가 변수 day에 추가된다(라인 36). GuessBirthdayUsingList 프로그램은 리스트에 다섯 개의 데이터 집합을 저장하여 사용하는 것 이외에 코드 4.3의 프로그램과 동일하다. 이러한 방법은 데이터를 재사용할 수 있고 루프를 통해 처리할 수 있기 때문에 데이터를 조작하는 데 유용하게 사용된다.

11.7 다음 코드의 결과를 보이시오.

```
def f(m):
    for i in range(len(m)):
        for j in range(len(m[i])):
            for k in range(len(m[j])):
                m[i][j][k] += 1
```

```
def printM(m):
    for i in range(len(m)):
        for j in range(len(m[i])):
            for k in range(len(m[j])):
                print(m[i][j][k], end = "")
        print()
m = [[[0, 0], [0, 1]], [[0, 0], [0, 1]]]
printM(m)
f(m)
printM(m)
```

주요용어

2차원 리스트	중첩 리스트
다차원 리스트	행 인덱스
열 인덱스	

요약

1. *2차원 리스트*는 표 및 행렬과 같은 2차원 데이터를 저장하는 데 사용된다.

2. 2차원 리스트는 리스트이다. 리스트의 각 원소가 리스트이다.

3. 2차원 리스트의 한 원소는 다음과 같은 형식을 사용하여 접근될 수 있다.

    ```
    listName[rowIndex][columnIndex]
    ```

4. 다차원 데이터를 저장하기 위한 *다차원 리스트* 구성에 리스트의 리스트를 사용할 수 있다.

프로그래밍 연습문제

11.2-11.3절

*11.1 (열별 원소 합하기) 다음 함수 헤더를 사용하여 행렬의 특정 열에 포함된 모든 원소의 합계를 반환하는 함수를 작성하시오.

```
def sumColumn(m, columnIndex):
```

3×4 행렬 값을 읽고 각 열의 합계를 출력하는 예제 프로그램을 작성하시오. 실행 예는 다음과 같다.

```
3×4 행렬의 행 0 번에 대한 원소를 입력하세요: 1.5 2 3 4  ⏎Enter
3×4 행렬의 행 1 번에 대한 원소를 입력하세요: 5.5 6 7 8  ⏎Enter
3×4 행렬의 행 2 번에 대한 원소를 입력하세요: 9.5 1 3 1  ⏎Enter
열 0 번 원소의 총 합은 16.5 입니다.
열 1 번 원소의 총 합은 9.0 입니다.
열 2 번 원소의 총 합은 13.0 입니다.
열 3 번 원소의 총 합은 13.0 입니다.
```

*11.2 (행렬의 주대각선 합하기) 다음 헤더를 사용하여 정수로 이루어진 n×n 행렬의
주대각선에 포함된 모든 숫자의 합을 구하는 함수를 작성하시오.

```
def sumMajorDiagonal(m):
```

주대각선이란 정방행렬의 왼쪽 위 모서리에서 오른쪽 아래 모서리를 가로지르는
대각선을 말한다. 4×4 행렬을 읽고 주대각선에 있는 모든 원소의 합계를 출력하
는 프로그램을 작성하시오. 실행 예는 다음과 같다.

```
4×4 행렬의 1 번 행에 대한 원소를 입력하세요: 1 2 3 4  ⏎Enter
4×4 행렬의 2 번 행에 대한 원소를 입력하세요: 5 6.5 7 8  ⏎Enter
4×4 행렬의 3 번 행에 대한 원소를 입력하세요: 9 10 11 12  ⏎Enter
4×4 행렬의 4 번 행에 대한 원소를 입력하세요: 13 14 15 16  ⏎Enter
주대각선에 포함된 원소의 합계는 34.5 입니다.
```

*11.3 (성적순으로 학생 정렬하기) 정답의 개수에 따라 오름차순으로 학생을 출력하도
록 코드 11.2 GradeExam.py을 재작성하시오.

**11.4 (사원별 주당근무시간 계산하기) 표에 모든 사원의 주당근무시간이 기록되어있
다고 가정하자. 각각의 행에 사원의 7일 동안의 근무시간이 7개의 열에 저장된
다. 예를 들어, 다음 표는 8명의 사원에 대한 근무시간을 저장한다. 사원과 사원
의 총근무시간을 총근무시간의 내림차순으로 출력하는 프로그램을 작성하시오.

	일	월	화	수	목	금	토
사원 0	2	4	3	4	5	8	8
사원 1	7	3	4	3	3	4	4
사원 2	3	3	4	3	3	2	2
사원 3	9	3	4	7	3	4	1
사원 4	3	5	4	3	6	3	8
사원 5	3	4	4	6	3	4	4
사원 6	3	7	4	8	3	8	4
사원 7	6	3	5	9	2	7	9

11.5 (대수학: 두 행렬의 합) 두 행렬을 더하는 함수를 작성하시오. 함수의 헤더는 다음과 같다.

def addMatrix(a, b):

행렬이 더해지기 위해서 두 행렬은 반드시 크기가 같고 원소의 데이터 타입이 같거나 호환이 가능해야 한다. c를 결과 행렬이라고 하자. c_{ij}의 각 원소는 $a_{ij} + b_{ij}$이다. 예를 들어, 두 3×3 행렬 a와 b에 대해 c는 다음과 같다.

$$\begin{pmatrix} a_{11} & a_{12} & a_{13} \\ a_{21} & a_{22} & a_{23} \\ a_{31} & a_{32} & a_{33} \end{pmatrix} + \begin{pmatrix} b_{11} & b_{12} & b_{13} \\ b_{21} & b_{22} & b_{23} \\ b_{31} & b_{32} & b_{33} \end{pmatrix} = \begin{pmatrix} a_{11} + b_{11} & a_{12} + b_{12} & a_{13} + b_{13} \\ a_{21} + b_{21} & a_{22} + b_{22} & a_{23} + b_{23} \\ a_{31} + b_{31} & a_{32} + b_{32} & a_{33} + b_{33} \end{pmatrix}$$

사용자로부터 두 행렬을 입력받고 두 행렬의 합을 출력하는 예제 프로그램을 작성하시오. 실행 예는 다음과 같다.

실행결과

```
행렬1을 입력하세요: 1 2 3 4 5 6 7 8 9 ↵Enter
행렬2를 입력하세요: 0 2 4 1 4.5 2.2 1.1 4.3 5.2 ↵Enter
두 행렬은 다음과 같이 더해집니다.
1.0 2.0 3.0        0.0 2.0 4.0        1.0 4.0 11.0
4.0 5.0 6.0   +    1.0 4.5 2.2    =   5.0 11.5 8.2
11.0 8.0 11.0      1.1 4.3 5.2        8.1 12.3 14.2
```

**11.6 (대수학: 행렬의 곱) 두 행렬을 곱하는 함수를 작성하시오. 함수의 헤더는 다음과 같다.

def multiplyMatrix(a, b)

행렬 a와 행렬 b를 곱하기 위해서, 행렬 a의 열의 개수와 행렬 b의 행의 개수가 같아야 하고 두 행렬의 원소는 동일한 또는 호환 가능한 데이터 타입이어야 한다. c를 행렬 곱의 결과라고 하자. 행렬 a의 열의 크기는 n이라고 가정한다. 각 원소 c_{ij}는 $a_{i1} \times b_{1j} + a_{i2} \times b_{2j} + \cdots + a_{in} \times b_{nj}$이다. 예를 들어 3×3 행렬 a와 b에 대한 c는 다음과 같다.

$$\begin{pmatrix} a_{11} & a_{12} & a_{13} \\ a_{21} & a_{22} & a_{23} \\ a_{31} & a_{32} & a_{33} \end{pmatrix} + \begin{pmatrix} b_{11} & b_{12} & b_{13} \\ b_{21} & b_{22} & b_{23} \\ b_{31} & b_{32} & b_{33} \end{pmatrix} = \begin{pmatrix} c_{11} & c_{12} & c_{13} \\ c_{21} & c_{22} & c_{23} \\ c_{31} & c_{32} & c_{33} \end{pmatrix}$$

단, $c_{ij} = a_{i1} \times b_{1j} + a_{i2} \times b_{2j} + a_{i3} \times b_{3j}$이다.

사용자로부터 두 행렬을 입력받고 두 행렬의 곱을 출력하는 예제 프로그램을 작성하시오. 실행 예는 다음과 같다.

실행결과

```
행렬1을 입력하세요: 1 2 3 4 5 6 7 8 9 ⏎Enter
행렬2를 입력하세요: 0 2 4 1 4.5 2.2 1.1 4.3 5.2 ⏎Enter
두 행렬의 곱은 다음과 같습니다.
1 2 3          0 2.0 4.0        5.3 23.9 24
4 5 6    *    1 4.5 2.2    =    11.6 56.3 58.2
7 8 9         1.1 4.3 5.2       111.9 88.7 92.4
```

*11.7 (가장 가까운 두 점) 코드 11.3의 프로그램은 2차원 공간에서 서로 가장 가까운 두 점을 찾는다. 프로그램을 3차원 공간에서 서로 가장 가까운 두 점을 찾도록 수정하시오. 점을 표현하기 위해 2차원 리스트를 사용하시오. 다음의 `points`를 사용하여 프로그램을 테스트 하시오.

```
points = [[-1, 0, 3], [-1, -1, -1], [4, 1, 1],
          [2, 0.5, 9], [3.5, 2, -1], [3, 1.5, 3], [-1.5, 4, 2],
          [5.5, 4, -0.5]]
```

3차원 공간에서 두 점 (x_1, y_1, z_1)과 (x_2, y_2, z_2) 사이의 거리를 계산하는 공식은 $\sqrt{(x_2 - x_1)^2 + (y_2 - y_1)^2 + (z_2 - z_1)^2}$ 이다.

**11.8 (모든 최근접쌍 찾기) 같은 최소거리를 갖는 모든 최근접쌍(nearest pair)을 찾도록 코드 11.4 FindNearestPoints.py를 수정하시오.

***11.9 (게임: 틱택토 게임하기) 틱택토(tic-tac-toe) 게임에서는 두 플레이어가 번갈아 가면서 자신들의 토큰(× 또는 O)을 3×3 격자의 비어있는 셀에 표시한다. 한 플레이어가 격자의 가로, 세로 또는 대각선 줄에 세 개의 토큰을 놓으면, 게임은 종료되고 그 플레이어가 승자가 된다. 그리드의 모든 셀이 토큰으로 채워지고 어느 플레이어도 이기지 못하면 게임은 비기게 된다. 틱택토 게임을 할 수 있는 프로그램을 작성하시오.

프로그램은 두 플레이어가 번갈아 × 토큰과 O 토큰을 입력하게 한다. 토큰이 입력될 때마다, 프로그램은 콘솔에 보드를 재출력하고 게임의 상태(승리, 비김, 또는 계속)를 결정한다. 실행 예를 다음과 같다.

실행결과

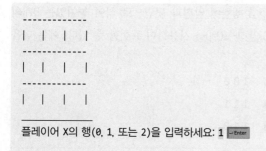

```
플레이어 X의 열(0, 1, 또는 2)을 입력하세요: 1 ↵Enter
-------------
|   |   |   |
-------------
|   | X |   |
-------------
|   |   |   |
-------------
플레이어 O의 행(0, 1, 또는 2)을 입력하세요: 1 ↵Enter
플레이어 O의 열(0, 1, 또는 2)을 입력하세요: 2 ↵Enter
-------------
|   |   |   |
-------------
|   | X | O |
-------------
|   |   |   |
-------------
플레이어 X의 행(0, 1, 또는 2)을 입력하세요:
...
-------------
| X |   |   |
-------------
| O | X | O |
-------------
|   |   | X |
-------------
플레이어 X가 이겼습니다.
```

*11.10 (가장 큰 행과 열) 행렬을 무작위로 0과 1로 채운 후에, 행렬을 출력하고 가장 많은 1로 채워진 행과 열을 찾는 프로그램을 작성하시오. 실행 예는 다음과 같다.

```
0011
0011
1101
1010
가장 큰 행 번호: 2
가능 큰 열 번호: 2, 3
```

**11.11 (게임: 9개의 앞면과 뒤면) 3×3 행렬에 앞면과 뒷면으로 섞여 놓여있는 9개의 동전이 있다. 동전의 상태를 0(앞)과 1(뒤)을 사용하여 표현할 수 있다. 예는 다음과 같다.

```
000   101   110   101   100
010   001   100   110   111
000   100   001   100   110
```

각각의 상태는 2진수를 사용하여 표현될 수도 있다. 예를 들어, 앞 행렬은 다음 숫자에 대응된다.

000010000 101001100 110100001 101110100 100111110

동전이 놓일 수 있는 경우의 수는 총 512개이다. 따라서 행렬의 모든 상태를 표현하기 위해서 10진수 0, 1, 2, 3, … , 511을 사용할 수 있다. 사용자로부터 0부터 511 사이의 수를 입력받고 문자 H와 T를 사용하여 해당하는 3×3 행렬을 출력하는 프로그램을 작성하시오. 실행 예는 다음과 같다.

실행결과

```
0과 511 사이의 숫자를 입력하세요: 7 ↵Enter
H H H
H H H
T T T
```

사용자가 000000111에 해당하는 7을 입력한다. 0은 H과 1은 T를 의미하기 때문에, 결과는 정확하다.

**11.12 (금융 애플리케이션: 세금 계산하기) 리스트를 사용하여 코드 4.7 ComputeTax. py를 재작성하시오. 미국의 연방 개인소득세는 각 납세자 구분에 대해, 6개의 세율로 정해진다. 각각의 세율은 특정 과세소득구간에 적용된다. 예를 들어, 1인 세대주의 과세소득 400,000달러에 대해, 8,350달러까지는 과세율 10% 적용, (8,350달러-33,950달러)은 과세율 15% 적용, (33,950달러-82,250달러)은 과세율 25% 적용, (82,250달러-171,550달러)은 과세율 28% 적용, (171,550달러-372,950달러)은 과세율 33% 적용, 그리고 (372,950달러-400,000달러)은 과세율 35%가 적용된다.

모든 납세자 구분에 대한 6개의 세율은 동일하며 다음과 같은 리스트로 표현될 수 있다.

rates = [0.10, 0.15, 0.25, 0.28, 0.33, 0.35]

모든 납세자 구분의 각 세율에 대한 과세등급(brackets)은 다음과 같이 2차원 리스트로 표현될 수 있다.

```
brackets = [
    [8350, 33950, 82250, 171550, 372950], # 1인 세대주
    [16700, 67900, 137050, 208850, 372950], # 부부 공동 신고자
    [8350, 33950, 68525, 104425, 186475], # 부부 개별 신고자
    [11950, 45500, 117450, 190200, 372950] # 세대주
]
```

1인 세대주의 과세소득이 400,000달러라고 가정하면, 개인소득세는 다음과 같이 계산된다.

```
tax = brackets[0][0] * rates[0] +
      (brackets[0][1] - brackets[0][0]) * rates[1] +
      (brackets[0][2] - brackets[0][1]) * rates[2] +
      (brackets[0][3] - brackets[0][2]) * rates[3] +
      (brackets[0][4] - brackets[0][3]) * rates[4] +
      (400000 - brackets[0][4]) * rates[5]
```

*11.13 (가장 큰 원소 찾기) 2차원 리스트에서 가장 큰 값이 있는 원소의 위치를 반환하는 다음의 함수를 작성하시오.

def locateLargest(a):

반환 값은 두 개의 원소를 저장하는 1차원 리스트이다. 1차원 리스트의 두 원소는 2차원 리스트에서 가장 큰 값이 있는 원소의 행과 열에 대한 인덱스를 나타낸다. 사용자로부터 2차원 리스트를 입력받고 리스트에서 가장 큰 원소의 위치를 출력하는 예제 프로그램을 작성하시오. 실행 예는 다음과 같다.

실행결과

```
리스트에 포함된 행의 개수를 입력하세요: 3 ⏎Enter
행을 입력하세요: 23.5 35 2 10 ⏎Enter
행을 입력하세요: 4.5 3 45 3.5 ⏎Enter
행을 입력하세요: 35 44 5.5 11.6 ⏎Enter
가장 큰 값이 있는 원소의 위치는 (1, 2) 입니다.
```

**11.14 (행렬 탐색) 사용자로부터 정방행렬(square matrix)의 크기를 입력받고 행렬을 0과 1로 무작위로 채운 행렬을 출력한 후, 모두 0 또는 모두 1로 채워진 행, 열 또는 주대각선을 찾는 프로그램을 작성하시오. 프로그램의 실행 예는 다음과 같다.

실행결과

```
행렬의 크기를 입력하세요: 4 ⏎Enter
0111
0000
0100
1111
1 번 행은 모두 0 입니다.
3 번 행은 모두 0 입니다.
같은 숫자로 이루어진 열은 없습니다.
같은 숫자로 이루어진 주대각선은 없습니다.
```

11.4–11.9절

*11.15 (기하학: 같은 직선?) 프로그래밍 연습문제 6.19는 세 점이 같은 직선 위에 놓여 있는지 검사하는 함수를 제공한다. 리스트 points에 포함된 모든 점이 같은 직선에 놓여있는지 검사하는 다음 함수를 작성하시오.

```
def sameLine(points):
```

사용자로부터 다섯 개의 점을 입력받고 같은 직선 위에 놓여있는지 검사하는 프로그램을 작성하시오. 실행 예는 다음과 같다.

다섯 개의 점을 입력하세요: 3.4 2 6.5 11.5 2.3 2.3 5.5 5 -5 4 ↵Enter
다섯 개의 점은 같은 직선 위에 있지 않습니다.

실행결과

다섯 개의 점을 입력하세요: 1 1 2 2 3 3 4 4 5 5 ↵Enter
다섯 개의 점은 같은 직선 위에 있습니다.

실행결과

*11.16 (y축 좌표값을 기준으로 점 리스트 정렬하기) 점 리스트를 y축 좌표값을 기준으로 정렬하는 다음의 함수를 작성하시오. 각각의 점은 x 좌표와 y 좌표에 대한 두 값의 리스트이다.

```
# y 좌표값을 기준으로 정렬된 새로운 점 리스트를 반환한다.
def sort(points):
```

예를 들어, 점 [[4, 2], [1, 7], [4, 5], [1, 2], [1, 1], [4, 1]]은 [[1, 1], [4, 1], [1, 2], [4, 2], [4, 5], [1, 7]]로 정렬된다. print(list)를 사용하여 점 [[4, 34], [1, 7.5], [4, 8.5], [1, -4.5], [1, 4.5], [4, 6.6]]에 대한 정렬 결과를 출력하는 예제 프로그램을 작성하시오.

***11.17 (금융 쓰나미) 은행은 상호 자금을 대출한다. 금융위기에, 은행이 파산하면, 대출금을 반환하지 못할 수도 있다. 은행의 전체 자산은 현재 잔고와 타은행에 대출해준 대출금의 합이다. 그림 11.9의 다이어그램은 다섯 개의 은행과 은행 간 대출관계를 나타낸다. 은행의 현재 잔고는 각각 250억 원, 1250억 원, 1750억 원, 750억 원과 1810억 원이다. 노드 1에서 노드 2로의 방향 간선은 은행 1이 은행 2에 400억 원을 빌려주었다는 것을 나타낸다.

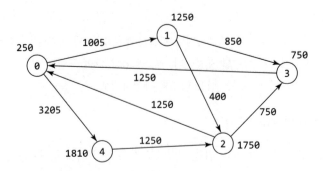

[그림 11.9] 은행은 상호 대출을 한다.

만약 은행 A의 전체 자산이 특정 한도 아래가 되면, 은행 A는 위험하게 된다. 은행 A가 대출한 대출금이 대출은행에 상환될 수 없고, 대출은행은 대출금을 자신의 전체 자산으로 계산할 수 없게 된다. 그 결과, 대출을 해준 은행의 전체 자산이 특정 한도 아래가 되고, 이 은행 또한 위험하게 될 수 있다. 이러한 관계를 파악하여 모든 위험한 은행을 찾는 프로그램을 작성하시오. 프로그램은 다음과 같은 입력값을 읽어야 한다. 우선 두 정수 n과 limit을 읽는다. n은 은행의 개수, limit은 은행을 안전하게 유지하기 위한 최소한의 전체 자산을 나타낸다. 이 후에 n개의 은행에 대해 0부터 n - 1 사이의 id에 대한 정보를 설명하는 n개의 행을 읽는다. 각각의 행에서 첫 번째 숫자는 은행의 잔고, 두 번째 숫자는 은행으로부터 대출한 은행의 개수, 그리고 나머지는 두 숫자쌍이다. 각각의 숫자쌍은 대출자를 설명한다. 숫자쌍의 첫 번째 숫자는 대출자의 id이고 두 번째는 대출된 금액을 나타낸다. 예를 들어, 그림 11.9의 다섯 개의 은행에 대한 입력은 다음과 같다(단, 자산 한도는 2010억이다).

```
5 2010
250 2 1 1005 4 3205
1250 2 2 400 3 850
1750 2 0 1250 3 750
750 1 0 1250
1810 1 2 1250
```

은행 3의 전체 자산은 (750 + 1250)이다. 2010억 원 이하가 되기 때문에 은행 3은 위험하다. 은행 3이 위험하게 지정된 이후에, 은행 1의 전체 자산은 (1250 + 400)으로 한도 아래로 떨어지기 때문에 은행 1도 위험하게 된다. 프로그램의 결과는 다음과 같다.

위험한 은행은 3 1 입니다.

(힌트: 대출금을 표현하기 위한 2차원 리스트 borrowers를 사용하시오. borrowers[i][j]는 은행 i가 은행 j에 대출해준 대출금을 나타낸다. 은행 j가 위험하게 되면, borrowers[i][j]는 0으로 설정된다.)

*11.18 (행 섞기) 다음 함수 헤더를 사용하여 2차원 리스트의 행 순서를 섞는 함수를 작성하시오.

def shuffle(m):

다음 행렬을 섞는 예제 프로그램을 작성하시오.

m = [[1, 2], [3, 4], [5, 6], [7, 8], [9, 10]]

**11.19 (패턴 인식: 네 개의 연속된 같은 숫자) 2차원 리스트에 가로, 세로 또는 대각선 방향으로 네 개의 동일한 연속된 숫자가 있는지 검사하는 다음의 함수를 작성하시오.

def isConsecutiveFour(values):

사용자로부터 2차원 리스트의 행과 열의 개수와 리스트의 값을 입력받는 예제 프로그램을 작성하시오. 프로그램은 리스트가 네 개의 연속된 동일한 숫자를 포함하고 있으면 True를 출력한다. 그렇지 않으면 False를 출력한다. True가 출력되는 몇몇 예는 다음과 같다.

```
0 1 0 3 1 6 1      0 1 0 3 1 6 1      0 1 0 3 1 6 1      0 1 0 3 1 6 1
0 1 6 8 6 0 1      0 1 6 8 6 0 1      0 1 6 8 6 0 1      0 1 6 8 6 0 1
5 6 2 1 8 2 9      5 5 2 1 8 2 9      5 6 2 1 6 2 9      9 6 2 1 8 2 9
6 5 6 1 1 9 1      6 5 6 1 1 9 1      6 5 6 6 1 9 1      6 9 6 1 1 9 1
1 3 6 1 4 0 7      1 5 6 1 4 0 7      1 3 6 1 4 0 7      1 3 9 1 4 0 7
3 3 3 3 4 0 7      3 5 3 3 4 0 7      3 6 3 3 4 0 7      3 3 3 9 4 0 7
```

***11.20 (게임: 사목게임) 사목게임은 http://cs.armstrong.edu/liang/ConnectFour/ConnectFour.html에서 보여주는 것과 같이 2인용 보드 게임으로 6행 7열의 세로로 고정된 격자에 플레이어가 번갈아 유색의 디스크를 떨어뜨리는 방식으로 진행된다. 게임의 목적은 상대 플레이어보다 먼저 같은 색상의 디스크를 가로, 세로 또는 대각선으로 네 개를 연결하는 것이다. 사목게임 프로그램은 두 사용자가 빨간색 또는 노란색 디스크를 번갈아 떨어트리게 한다. 디스크가 떨어질 때마다, 프로그램은 콘솔에 보드를 재출력하고 게임의 상태(이김, 비김, 또는 계속)를 결정한다. 실행 예는 다음과 같다.

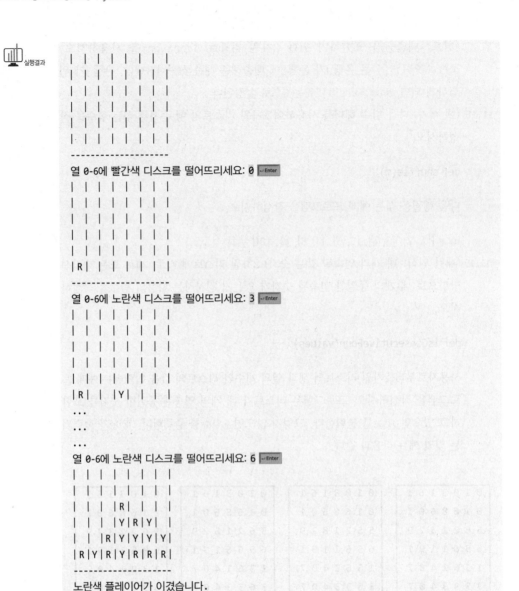

실행결과

```
| | | | | | | |
| | | | | | | |
| | | | | | | |
| | | | | | | |
| | | | | | | |
| | | | | | | |
---------------------
열 0-6에 빨간색 디스크를 떨어뜨리세요: 0 ↵Enter
| | | | | | | |
| | | | | | | |
| | | | | | | |
| | | | | | | |
| | | | | | | |
|R| | | | | | |
---------------------
열 0-6에 노란색 디스크를 떨어뜨리세요: 3 ↵Enter
| | | | | | | |
| | | | | | | |
| | | | | | | |
| | | | | | | |
| | | | | | | |
|R| | |Y| | | |
...
...
...
열 0-6에 노란색 디스크를 떨어뜨리세요: 6 ↵Enter
| | | | | | | |
| | | | | | | |
| | | |R| | | |
| | | |Y|R|Y| |
| | |R|Y|Y|Y|
|R|Y|R|Y|R|R|R|
---------------------
노란색 플레이어가 이겼습니다.
```

***11.21 (게임: 다중 스도쿠 풀이) 스도쿠 문제에 대한 완전한 풀이법은 보충자료 Ⅲ.A에서 제공된다. 어떤 스도쿠 문제에 한 개 이상의 정답이 있을 수 있다. 정답의 전체 개수를 출력하도록 보충자료 Ⅲ.A의 Sudoku.py를 수정하시오. 만약에 복수 개의 정답이 있을 경우, 그 중 두 개의 정답을 출력하시오.

**11.22 (짝수개의 1) 0과 1로 채워진 6×6의 2차원 행렬을 생성하고, 행렬을 출력한 후, 모든 행과 열에 짝수 개의 1이 존재하는지 검사하는 프로그램을 작성하시오.

*11.23 (게임: 뒤집어진 셀 찾기) 0과 1로 채워진 6×6 행렬이 주어졌다고 가정하자. 모든 행과 열에는 짝수 개의 1이 있다. 사용자가 한 개의 셀을 뒤집으면(즉, 1에서 0으로 또는 0에서 1로 뒤집는다), 어떤 셀이 뒤집혔는데 찾는 프로그램을 작성하

시오. 프로그램은 사용자로부터 0과 1로 이루어진 2차원 리스트를 입력받고 '짝수 개의 1' 규칙이 위반된 첫 번째 행 r과 첫 번째 열 c를 찾는다. 뒤집힌 셀은 (r, c)이다.

*11.24 (스도쿠 풀이 검사) 코드 11.7은 그리드의 모든 숫자가 유효한지 검사하여 풀이가 유효한 것인지 검사한다. 모든 행, 열과 박스가 1부터 9까지의 숫자로 구성되어 있는지 검사하도록 프로그램을 재작성하시오.

*11.25 (마르코프 행렬) 각 원소가 양수이고 각 열에 포함된 원소의 합이 1인 $n \times n$행렬을 양의 마르코프 행렬(*Markov matrix*)이라고 한다. 행렬이 마르코프 행렬인지 검사하는 다음의 함수를 작성하시오.

```
def isMarkovMatrix(m):
```

사용자로부터 3×3 행렬에 해당하는 숫자를 입력받고 이 행렬이 마르코프 행렬인지 검사하는 예제 프로그램을 작성하시오. 실행 예는 다음과 같다.

```
3×3 행렬을 한 행씩 입력하세요:
0.15 0.875 0.375 ↵Enter
0.55 0.005 0.225 ↵Enter
0.30 0.12 0.4 ↵Enter
이 행렬은 마르코프 행렬입니다.
```

```
3×3 행렬을 한 행씩 입력하세요:
0.95 -0.875 0.375 ↵Enter
0.65 0.005 0.225 ↵Enter
0.30 0.22 -0.4 ↵Enter
이 행렬은 마르코프 행렬이 아닙니다.
```

*11.26 (행 정렬하기) 2차원 리스트의 행을 정렬하는 다음 함수를 구현하시오. 원래의 리스트는 그대로 두고 새로운 리스트를 반환한다.

```
def sortRows(m):
```

사용자로부터 3×3 행렬에 해당하는 숫자를 입력받고 행이 정렬된 새로운 행렬을 출력하는 테스트 프로그램을 작성하시오. 실행 예는 다음과 같다.

```
3×3 행렬을 한 행씩 입력하세요:
0.15 0.875 0.375 ↵Enter
0.55 0.005 0.225 ↵Enter
0.30 0.12 0.4 ↵Enter
```

행 정렬된 리스트는 다음과 같습니다.
```
0.15 0.375 0.875
0.005 0.225 0.55
0.12 0.30 0.4
```

*11.27 (열 정렬하기) 2차원 리스트의 열을 정렬하는 다음의 함수를 구현하시오. 원래의 리스트는 그대로 두고 새로운 리스트가 반환된다.

def sortColumns(m):

사용자로부터 3×3 행렬에 해당하는 숫자를 입력받고 열이 정렬된 새로운 행렬을 출력하는 테스트 프로그램을 작성하시오. 실행 예는 다음과 같다.

3×3 행렬을 한 행씩 입력하세요:
```
0.15 0.875 0.375  ⏎Enter
0.55 0.005 0.225  ⏎Enter
0.30 0.12 0.4  ⏎Enter
```

열 정렬된 리스트는 다음과 같습니다.
```
0.15 0.005 0.225
0.3  0.12  0.375
0.55 0.875 0.4
```

11.28 (완벽하게 동일한 리스트) 2차원 리스트 m1과 m2는 같은 위치의 원소가 모두 같을 경우 m1과 m2는 '완벽하게 동일하다'라고 한다. 다음 함수의 헤더를 사용하여 m1과 m2가 완벽하게 동일하면 True를 반환하는 함수를 작성하시오.

def equals(m1, m2):

사용자로부터 두 3×3 정수 리스트를 입력받고 두 리스트가 완벽하게 동일한지 출력하는 예제 프로그램을 작성하시오. 실행 예는 다음과 같다.

m1을 입력하세요: 51 22 25 6 1 4 24 54 6 ⏎Enter
m2를 입력하세요: 51 22 25 6 1 4 24 54 6 ⏎Enter
두 리스트는 완벽하게 동일합니다.

m1을 입력하세요: 51 25 22 6 1 4 24 54 6 ⏎Enter
m2를 입력하세요: 51 22 25 6 1 4 24 54 6 ⏎Enter
두 리스트는 완벽하게 동일하지 않습니다.

11.29 (동일한 리스트) 2차원 리스트 m1과 m2은 같은 값을 가지고 있을 경우, m1과 m2는 '동일하다'라고 한다. 다음 함수 헤더를 사용하여 m1과 m2가 동일하면 True를 반환하는 함수를 작성하시오.

def equals(m1, m2):

사용자로부터 두 정수 리스트를 입력받고 두 리스트가 동일한지 출력하는 예제 프로그램을 작성하시오. 실행 예는 다음과 같다.

m1을 입력하세요: 51 25 22 6 1 4 24 54 6 ↵Enter
m2를 입력하세요: 51 22 25 6 1 4 24 54 6 ↵Enter
두 리스트는 동일합니다.

실행결과

m1을 입력하세요: 51 5 22 6 1 4 24 54 6 ↵Enter
m2를 입력하세요: 51 22 25 6 1 4 24 54 6 ↵Enter
두 리스트는 동일하지 않습니다.

실행결과

*11.30 (대수학: 방정식 해결하기) 다음 연립방정식을 해결하는 함수를 작성하시오.

$$a_{00}x + a_{01}y = b_0 \qquad x = \frac{b_0 a_{11} - b_1 a_{01}}{a_{00}a_{11} - a_{01}a_{10}} \qquad y = \frac{b_1 a_{00} - b_0 a_{10}}{a_{00}a_{11} - a_{01}a_{10}}$$
$$a_{10}x + a_{11}y = b_1$$

함수의 헤더는 다음과 같다.

def linearEquation(a, b):

이 함수는 $a_{00}a_{11} - a_{01}a_{10}$가 0이면 None을 반환한다. 그렇지 않으면 x와 y의 해를 반환한다. 사용자로부터 a_{00}, a_{01}, a_{10}, a_{11}, b_0과 b_1을 입력받고 결과를 출력하는 예제 프로그램을 작성하시오. $a_{00}a_{11} - a_{01}a_{10}$가 0이면, 방정식의 해가 없습니다.를 보고한다. 실행 예는 다음과 같다.

a00, a01, a10, a11, b0, b1을 입력하세요: 9, 4, 3, -5, -6, -21 ↵Enter
x는 -2.0 이고 y는 3.0 입니다.

실행결과

a00, a01, a10, a11, b0, b1을 입력하세요: 1, 2, 2, 4, 40, 5 ↵Enter
방정식의 해가 없습니다.

실행결과

*11.31 (기하학: 교점) 두 직선의 교점을 반환하는 함수를 작성하시오. 두 직선의 교점은 프로그래밍 연습문제 4.25의 공식을 사용하여 계산할 수 있다. 직선 1의 두 점은

(x1, y2)과 (x2, y2)이고 직선 2의 두 점은 (x3, y3)와 (x4, y4)라고 가정한다. 함수의 헤더는 다음과 같다.

def getIntersectingPoint(points):

점은 4×2 2차원 리스트 points에 저장된다. (x1, y1)에 대한 점은 (points[0][0], points[0][1])이다. 함수는 리스트에 저장된 직선의 교점 (x, y)를 반환하고 직선이 평행할 경우 None 반환한다. 사용자로부터 네 개의 점을 입력받고 교점을 출력하는 프로그램을 작성하시오. 실행 예로 프로그래밍 연습문제 4.25를 참조하시오.

*11.32 (기하학: 삼각형의 넓이) 다음 함수의 헤더를 사용하여 삼각형의 넓이를 반환하는 함수를 작성하시오.

def getTriangleArea(points):

점은 3×2 2차원 리스트 points에 저장된다. (x1, y1)에 대한 점은 (points[0][0], points[0][1])이다. 삼각형의 넓이는 프로그래밍 연습문제 2.14의 공식을 사용하여 계산될 수 있다. 세 점이 한 직선 위에 있을 경우 함수는 None을 반환한다. 사용자로부터 세 점을 입력받고 삼각형의 넓이를 출력하는 프로그램을 작성하시오. 실행 예는 다음과 같다.

 x1, y1, x2, y2, x3, y3을 입력하세요: 2.5 2 5 -1.0 4.0 2.0 ↵Enter
삼각형의 넓이는 2.25 입니다.

 x1, y1, x2, y2, x3, y3을 입력하세요: 2 2 4.5 4.5 6 6 ↵Enter
세 점은 한 직선 위에 존재합니다.

*11.33 (기하학: 다각형의 부분넓이) 네 정점을 갖는 볼록 다각형은 그림 11.10과 같이 네 개의 삼각형으로 나누어진다.

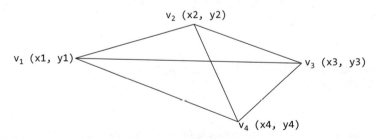

[그림 11.10] 네 정점 다각형은 네 개의 점정에 의해 정의된다.

사용자로부터 네 정점의 좌표를 입력받고 네 삼각형의 넓이를 넓이의 오름차순으로 출력하는 프로그램을 작성하시오. 실행 예는 다음과 같다.

```
x1, y1, x2, y2, x3, y3, x4, y4을 입력하세요: -2.5 2 4 4 3 -2 -2 3.5 [↵Enter]
넓이는 6.17 7.96 8.08 10.42 입니다.
```

*11.34 (기하학: 최우하단 점) 계산기하학에서 점의 집합 중 최우측 최하단의 점을 찾는 경우가 있다. 점의 집합에서 최우하단 점을 반환하는 다음의 함수를 작성하시오.

점의 두 값에 대한 리스트를 반환한다

def getRightmostLowestPoint(points):

사용자로부터 6개 점의 좌표를 입력받고 최우하단 점을 출력하는 예제 프로그램을 작성하시오. 실행 예는 다음과 같다.

```
6개의 점을 입력하세요: 1.5 2.5 -3 4.5 5.6 -7 6.5 -7 8 1 10 2.5 [↵Enter]
최우측하단의 점은 (6.5, -7) 입니다.
```

*11.35 (중심 도시) 주어진 여러 도시 중, 중심 도시는 다른 모든 도시까지의 도달거리가 가장 짧은 도시를 말한다. 사용자로부터 도시의 수와 도시의 위치(즉, 도시의 좌표)를 입력받고 중심 도시를 찾는 프로그램을 작성하시오.

```
도시의 개수를 입력하세요: 5 [↵Enter]
도시의 좌표를 입력하세요: 2.5 5 5.1 3 1 9 5.4 54 5.5 2.1 [↵Enter]
중심 도시는 (2.5, 5) 에 있습니다.
```

**11.36 (Turtle 사용한 시뮬레이션: 자기회피 랜덤 걸음) 격자에서 자기회피 걸음(self-avoiding walk)는 한 점에서 다른 점까지 동일한 점을 두 번 방문하지 않은 경로를 말한다. 자기회피 걸음은 물리학, 화학, 수학 분야에서 응용된다. 자기회피 걸음은 솔벤트나 폴리머와 같은 체인형태의 고분자를 모델링하는 데 사용되기도 한다. 그림 11.11(a)와 같이 중심에서 시작하여 경계점에서 끝나거나 또는 그림 11.11(b)와 같이 막다른 점(즉, 이미 방문한 네 점에 의해 둘러싸여진)에서 끝나는 랜덤 경로를 출력하는 Turtle 프로그램을 작성하시오. 격자의 크기는 16×16이라고 가정한다.

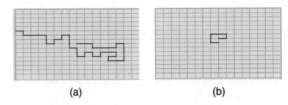

(a)　　　　　　　　　　(b)

[그림 11.11] (a) 경로는 경계점에서 끝난다. (b) 경로는 막다른 점에서 끝난다.

**11.37 (시뮬레이션: 자기회피 랜덤 걸음) 격자의 크기가 증가할 때 막다른 경로가 증가할 확률을 보여주는 시뮬레이션 프로그램을 작성하시오. 프로그램은 격자의 크기가 10에서 80일 때까지 시뮬레이션한다. 각 격자의 크기에 대해 자기 회피 랜덤 걸음을 10,000번 시뮬레이션하고 다음 실행 결과의 예와 같이 막다른 경로의 확률을 출력하시오.

크기가 10 인 격자에서 막다른 경로의 확률은 11.6% 입니다.
크기가 11 인 격자에서 막다른 경로의 확률은 14.0% 입니다.
…
크기가 80 인 격자에서 막다른 경로의 확률은 99.5% 입니다.

**11.38 (Turtle: 다각형/다중선 그리기) 리스트의 모든 점을 연결하는 다각형/다중선을 그리는 다음의 함수를 작성하시오. 리스트의 각각의 원소는 두 좌표값의 리스트이다.

```python
# 리스트의 모든 점을 연결하는 다중선을 그린다
def drawPolyline(points):
```

```python
# 리스트의 모든 점을 연결하는 다각형을 그리고
# 첫 번째 점과 마지막 점을 연결하여 다각형을 닫는다
def drawPolygon(points):
```

```python
# 리스트의 모든 점을 연결하고 다각형을 채운다
def fillPolygon(points):
```

[그림 11.12] '*해결*' 버튼을 클릭하면 대각선, 가로 또는 세로 방향으로 연속된 네 개의 숫자를 하이라이트한다.

**11.39 (Tkinter: 연속된 네 개의 같은 숫자) 그림 11.12와 같이 프로그래밍 연습문제 11.19에 대한 GUI 프로그램을 작성하시오. 사용자가 6개의 행과 7개의 열로 이루어진 그리드의 텍스트 필드에 숫자를 입력하게 한다. 사용자가 *해결*버튼을 누르면 존재하는 모든 연속된 네 개의 숫자가 하이라이트 된다.

**11.40 (수도 맞히기) 사용자로부터 반복적으로 나라의 수도를 입력받는 프로그램을 작성하시오. 사용자로부터 입력을 받으면, 프로그램은 응답이 정확한지 알려준다. 50개의 나라와 그 나라의 수도가 그림 11.13과 같이 2차원 리스트에 저장되어 있다고 가정한다. 프로그램은 사용자로부터 모든 나라의 수도를 묻고 전체 정답의 개수를 출력한다. 다음 표의 데이터를 표현하기 위해 리스트를 사용하여 프로그램을 구현하시오.

네덜란드	암스테르담
뉴질랜드	웰링턴
독일	베를린
...	...
...	...
헝가리	부다페스트

[그림 11.13] 2차원 리스트는 나라와 수도를 저장한다.

실행 예는 다음과 같다.

네델란드의 수도는 무엇입니까? 암스테르담 ⏎Enter
정답은 암스테르담입니다.
뉴질랜드의 수도는 무엇입니까? 웰링턴 ⏎Enter
정답입니다.
독일의 수도는 무엇입니까? ...
...
정답의 개수는 35 개입니다.

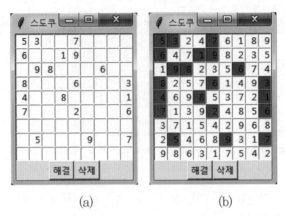

(a)　　　　　　　　(b)

[그림 11.14] 사용자는 (a)에서 스도쿠 퍼즐을 입력하고 (b)에서 버튼 클릭하여 해결방법을 출력한다.

***11.41 (Tkinter: 스도쿠 풀이) 스도쿠 문제에 대한 완전한 해결방법은 보충자료 III.A에서 제공된다. 사용자로부터 스도쿠 퍼즐을 입력받고 그림 11.14와 같이 '해결' 버튼을 통해 정답을 출력하는 GUI 프로그램을 작성하시오.

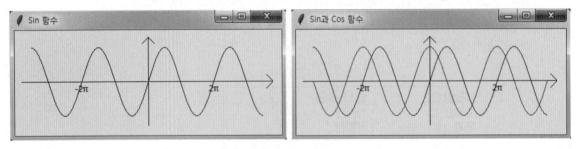

[그림 11.15] (a) 이 프로그램은 sin 함수를 작도한다. (b) 프로그램은 sin 함수는 진한 색으로, cos 함수는 흐린 색으로 작도한다.

*11.42 (Tkinter: sin 함수 작도하기) 프로그래밍 연습문제 5.52는 Turtle을 사용하여 sin 함수를 작성한다. Tkinter를 사용하여 그림 11.15(a)와 같이 sin 함수를 그리도록 프로그램을 재작성하시오.

(힌트)

π에 대한 유니코드는 \u03c0. −2π를 출력하기 위해서 turtle.write("-2\u03c0")를 사용한다. sin(x)와 같은 삼각함수에서 x는 라디언값이다. 다각형 p에 점을 추가하기 위해 다음의 루프를 사용하시오.

```
p = []
for x in range(-175, 176):
    p.append([x, -50 * math.sin((x / 100.0) * 2 *
    math.pi)])
```

-2π는 (-100, -15)에, 축의 중심은 (0, 0)에, 2π는 (100, -15)에 출력된다.

*11.43 (Tkinter: sin과 cos 함수 작도하기) 프로그래밍 연습문제 5.53은 Turtle을 사용하여 sin과 cos 함수를 작성한다. Tkinter를 사용하여 그림 11.15(b)와 같이 sin과 cos 함수를 그리도록 프로그램을 재작성하시오.

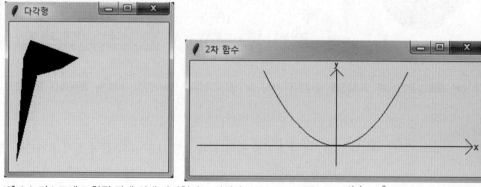

[그림 11.16] (a) 리스트에 포함된 값에 의해 다각형이 그려진다. (b) 프로그램은 함수 $f(x)=x^2$에 대한 다이어그램을 작도한다.

11.44 (Tkinter: 다각형 그리기) 사용자로부터 여섯 개의 점에 대한 좌표값을 입력받고 그림 11.16(a)와 같이 점으로 연결된 다각형을 채우는 프로그램을 작성하시오. canvas.create_polygon(points)를 사용하여 다각형을 그릴 수 있다는 점을 기억하시오. points는 점의 x와 y축 좌표가 저장된 2차원 리스트이다.

*11.45 (Tkinter: 2차 함수 작도하기) 프로그래밍 연습문제 5.54는 2차 함수를 그린다. Tkinter를 사용하여 그림 11.16(b)와 같이 2차 함수를 그리도록 프로그램을 재작성하시오.

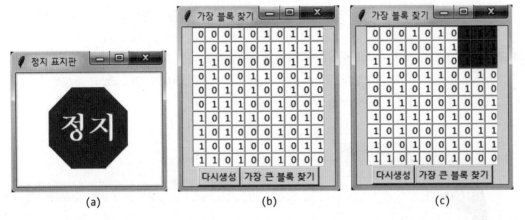

[그림 11.17] (a) 프로그램은 정지 표지판을 출력한다. (b)-(c) 프로그램은 '*다시생성*' 버튼을 클릭하여 랜덤으로 0과 1을 생성한다.

*11.46 (Tkinter: 정지 표지판 출력하기) 그림 11.17(a)와 같이 정지 표지판을 출력하는 프로그램을 작성하시오. 육각형은 빨간색이고 텍스트는 검은색이다.

*11.47 (Tkinter: 가장 큰 블록) 그림 11.17(b)와 같이 10×10 정방행렬을 출력하는 프로그램을 작성하시오. 행렬의 각 원소는 '*다시생성*' 버튼을 클릭하여 무작위로 생성된 0과 1로 구성된다. 각각의 숫자를 텍스트 상자의 중앙에 출력하고 사용자가 각 원소의 값을 변경할 수 있게 허용하시오. 1로 구성된 가장 큰 부분 정방 행렬을 찾기 위해 '*가장 큰 블록 찾기*' 버튼을 클릭하시오. 그림 11.17(c)와 같이 블록의 숫자를 하이라이트하시오.

[그림 11.18] 프로그램은 사용자가 동적으로 점을 추가 또는 제거할 수 있게 하고 경계 사각형을 출력한다.

**11.48 (기하학: 경계 사각형 찾기) 사용자가 그림 11.18과 같이 2차원 평면에 동적으로 점을 생성 또는 제거할 수 있는 프로그램을 작성하시오. 점이 추가 또는 제거될 때마다 최소 경계 사각형(minimum bounding rectangle)을 재출력하시오. 각 점의 반지름은 10 픽셀로 가정하시오.

11.49 (게임: 틱택토판 출력하기) 그림 11.19와 같이 '*다시 생성*' 버튼을 클릭하여 새로
운 틱택토판이 출력되도록 프로그래밍 연습문제 9.6을 수정하시오.

[그림 11.19] 프로그램은 '*다시생성*' 버튼이 클릭되면 새로운 틱택토판을 출력한다.

11.50 (기하학: 가장 가까운 점 찾기) 평면에 새로운 점이 추가될 때 코드 11.5는 모든
두 점 사이의 거리를 계산하여 가장 가까운 두 점을 찾는다. 그러나 이 방법은 정
확하지만 효율적이지는 않다. 보다 효율적인 알고리즘은 다음과 같다.

> 가장 가까운 두 점 p1과 p2의 현재 최소 거리를 d라고 한다
> 평면에 새롭게 추가되는 점을 p라고 한다
> 각각의 존재하는 점 t에 대해서:
>   if distance(p, t) < d:
>   d = distance(p, t)
>   p1, p2 = p, t

새로운 접근방법을 사용하여 코드 11.5를 재작성하시오.

**11.51 (학생 정렬하기) 사용자로부터 학생의 이름과 그들의 점수를 한 행에 입력받고
점수의 오름차순으로 정렬하여 학생의 이름을 출력하는 프로그램을 작성하시오.
(힌트: 리스트를 생성하라. 리스트의 각 원소는 두 원소(점수와 이름)의 부분 리
스트이다. 리스트를 정렬하기 위해 sort 메소드를 적용하시오. sort 메소드는 점
수를 기준으로 리스트를 정렬할 것이다.)

```
학생의 이름과 점수를 입력하세요: 길동 34 철수 45 영희 59 지수 45  ↵Enter
길동    34
철수    45
영희    45
지수    59
```
실행결과

11.52 (라틴 방진) 라틴 방진은 각 행과 각 열에서 정확히 한 번씩만 나타나는 서로 다른 n개의 문자로 채워진 n×n 리스트이다. 실행 예와 같이 사용자로부터 숫자 n과 문자열 리스트를 입력받고 입력된 리스트가 라틴 방진인지 검사하는 프로그램을 작성하시오. 문자는 A에서 시작하여 n번째까지의 문자로 구성된다.

실행결과

n의 값을 입력하세요: 4
공백으로 분리된 4 개의 문자 행을 입력하세요:
A B C D ↵Enter
B A D C ↵Enter
C D B A ↵Enter
D C A B ↵Enter
입력된 리스트는 라틴 방진입니다.

실행결과

n의 값을 입력하세요: 3
공백으로 분리된 3 개의 문자 행을 입력하세요:
A F D ↵Enter
잘못된 입력입니다. 문자는 A 에서 C 까지만 사용할 수 있습니다.

CHAPTER
12

상속과 다형성

학습 목표

- 상속을 통해 슈퍼 클래스로부터 서브 클래스를 정의할 수 있다(12.1절).

- 서브 클래스의 메소드를 오버라이딩할 수 있다(12.3절).

- object 클래스와 이 클래스의 메소드를 이해할 수 있다(12.4절).

- 다형성과 동적 바인딩을 이해할 수 있다(12.5절).

- isinstance 함수를 사용하여 객체가 특정 클래스의 인스턴스인지를 결정할 수 있다(12.6절).

- 재사용 시계를 그리기 위한 GUI 클래스를 설계할 수 있다(12.7절).

- 클래스 사이의 관계를 파악할 수 있다(12.8절).

- 복합과 상속 관계를 사용하여 클래스를 설계할 수 있다(12.9–12.11절).

상속과 다형성

12.1 들어가기

객체지향 프로그래밍(object-oriented programming, OOP)에서는 기존 클래스로부터 새로운 클래스를 정의할 수 있으며, 이를 상속이라 한다.

이 책의 앞부분에서 논의하였듯이, 절차적 패러다임은 함수 정의에 초점이 맞추어져 있다. 객체지향 패러다임은 데이터와 메소드를 객체로 결합시켜 준다. 그래서 객체지향 패러다임에 기반을 둔 소프트웨어 설계는 객체와 객체 연산에 초점이 맞추어져 있다. 이러한 객체지향 접근 방식은 절차적 패러다임과 더불어 데이터와 연산을 객체로 통합해 주는 추가적인 기능을 갖고 있다.

상속(inheritance)은 소프트웨어 재사용이라는 중요한 특징이 추가됨으로써 객체지향 패러다임의 능력을 확장시켜 준다. 원, 사각형, 삼각형을 모델링하기 위한 클래스를 정의한다고 해보자. 이들 클래스는 여러 가지 공통적인 특징을 가지고 있다. 중복을 피하고 시스템의 이해와 관리를 손쉽게 해주는 설계 방식은 무엇일까? 그 해답은 상속을 사용하는 것이다.

12.2 슈퍼 클래스와 서브 클래스

상속은 일반 클래스(슈퍼 클래스)를 정의한 후에 상세 클래스(서브 클래스)로 확장할 수 있도록 해준다.

동일한 유형의 객체를 모델링하기 위해 클래스를 사용한다. 서로 다른 클래스들은 몇 가지 공통적인 속성과 행위를 가질 수 있으며, 이러한 공통적인 속성과 행위는 하나의 클래스로 일반화될 수 있고 이를 다른 클래스가 공유할 수 있다. 상속은 일반 클래스를 정의한 후에 상세 클래스로 확장하여 정의하는 것이다. 그래서 상세 클래스는 일반 클래스의 속성과 메소드를 상속받는다.

원과 사각형과 같은 기하 객체에 대한 클래스를 설계한다고 해보자. 기하 객체는 많은 공통 속성과 행위를 가진다. 예를 들어, 특정한 색상으로 그릴 수 있다든지 혹은 내부를 채우거나 채우지 않게 할 수 있다. 그러므로 일반 클래스인 GeometricObject는 모든 기하 객체를 모델링하는 데 사용될 수 있다. 이 클래스는 color와 filled 속성과 get과 set 메소드를 가진다. 또한 dateCreated 속성과 getDateCreated()와 __str()__ 메소드를 가지고 있다. 참고로 __str__() 메소드는 객체에 대한 설명을 문자열로 반환한다.

　원은 기하 객체의 특별한 형태이기 때문에, 원은 다른 기하 객체와 마찬가지로 기하 객체의 공통 속성과 메소드를 공유한다. 이러한 이유 때문에, GeometricObject 클래스를 확장하여 Circle 클래스를 정의하면 의미가 통한다. 유사하게, GeometricObject의 서브 클래스로 Rectangle 클래스를 정의할 수 있다. 그림 12.1은 이들 클래스 사이의 관계를 보여준다. 슈퍼 클래스를 가리키는 삼각형 화살표는 두 클래스 사이의 상속 관계를 나타낸다.

> **노트**
> OOP 용어로 C2 클래스로부터 확장된 C1 클래스를 *파생 클래스(derived class)*, *자식 클래스(child class)*, 혹은 *서브 클래스(subclass)*라 한다. C2를 *기본 클래스(base class)*, *부모 클래스(parent class)*, 혹은 *슈퍼 클래스(superclass)*라 한다. 일관성을 위해, 이 책에서는 "서브 클래스"와 "슈퍼 클래스" 용어를 사용한다.

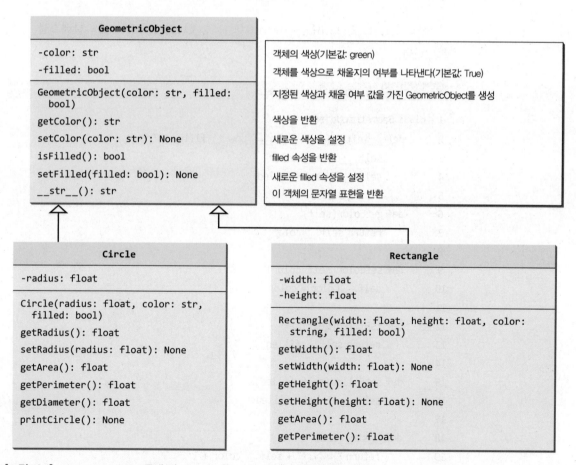

[그림 12.1] GeometricObject 클래스는 Circle과 Rectangle의 슈퍼 클래스이다.

서브 클래스는 슈퍼 클래스의 접근 가능한 데이터 필드를 상속받고, 또한 이와 다른 데이터 필드와 메소드를 가질 수 있다. 예를 들어 설명하면, 다음과 같다.

- Circle 클래스는 GeometricObject 클래스의 접근 가능한 모든 데이터 필드와 메소드를 상속받는다. 게다가, 새로운 데이터 필드인 radius와 이와 관련된 get과 set 메소드를 가지고 있다. 또한 원의 넓이를 반환하는 getArea(), 원의 둘레를 반환하는 getPerimeter(), 원의 지름을 반환하는 getDiameter() 메소드를 포함하고 있다. printCircle() 메소드는 원의 정보를 출력하기 위해 정의되어 있다.

- Rectangle 클래스는 GeometricObject 클래스의 접근 가능한 모든 데이터 필드와 메소드를 상속받는다. 게다가, 새로운 데이터 필드인 width와 height를 가지고 있으며, 이와 관련된 get과 set 메소드를 가지고 있다. 또한 사각형의 넓이를 반환하는 getArea()와 사각형의 둘레를 반환하는 getPerimeter() 메소드를 포함하고 있다.

코드 12.1, 12.2, 12.3은 GeometricObject, Circle, Rectangle 클래스를 각각 보여준다.

코드 12.1 GeometricObject.py

```python
1  class GeometricObject:
2      def __init__(self, color = "green", filled = True):
3          self.__color = color
4          self.__filled = filled
5
6      def getColor(self):
7          return self.__color
8
9      def setColor(self, color):
10         self.__color = color
11
12     def isFilled(self):
13         return self.__filled
14
15     def setFilled(self, filled):
16         self.__filled = filled
17
18     def __str__(self):
19         return "색상: " + self.__color + \
20             "채우기: " + str(self.__filled)
```

코드 12.2   CirdeFromGeometricObject.py

```python
1   from GeometricObject import GeometricObject
2   import math # math.pi를 GeometricObject 클래스에서 사용한다.
3
4   class Circle(GeometricObject):
5       def __init__(self, radius):
6           super().__init__()
7           self.__radius = radius
8
9       def getRadius(self):
10          return self.__radius
11
12      def setRadius(self, radius):
13          self.__radius = radius
14
15      def getArea(self):
16          return self.__radius * self.__radius * math.pi
17
18      def getDiameter(self):
19          return 2 * self.__radius
20
21      def getPerimeter(self):
22          return 2 * self.__radius * math.pi
23
24      def printCircle(self):
25          print(self.__str__() + " 반지름: " + str(self.__radius))
```

다음 문법은 Circle 클래스가 GeometricObject 클래스(코드 12.1)로부터 파생
되었다는 것을 나타낸다.

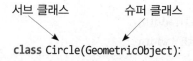

위 문법은 Circle 클래스가 GeometricObject 클래스를 상속한다는 것을 파이썬
에 알려주며, 더욱이 getColor, setColor, isFilled, setFilled, __str__ 메소드
들도 Circle 클래스로 상속되었다는 것을 파이썬에 알려준다. printCircle 메소드
는 슈퍼 클래스인 GeometricObject에 정의된 속성을 얻기 위해 __str__() 메소
드를 호출하고 있다(라인 25).

super().__init__()는 슈퍼 클래스의 __init__ 메소드를 호출한다. 이 메소드는 슈퍼 클래스에 정의된 데이터 필드의 생성을 위해 필요하다.

 노트
슈퍼 클래스의 __init__ 메소드를 다음과 같이 호출할 수도 있다.

`GeometricObject.__init__(self)`

앞 코드는 파이썬이 여전히 지원하고 있는 구식 문법이고 현재 선호하는 유형은 아니다. super()는 슈퍼 클래스를 지칭한다. super()를 사용한다면, 슈퍼 클래스를 명시적으로 언급하는 것을 피할 수 있게 해준다. super()를 사용하여 메소드를 호출할 때에는 self를 매개변수로 전달할 필요가 없다. 예를 들어, super().__init__(self) 대신에 super().__init__()를 사용한다.

코드 12.3은 GeometricObject 클래스(코드 12.1)로부터 파생된 Rectangle 클래스를 보여준다.

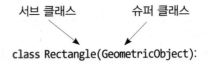

서브 클래스　　　　　슈퍼 클래스

`class Rectangle(GeometricObject):`

| 코드 12.3 | RectangleFromGeometricObject.py |

```
1   from GeometricObject import GeometricObject
2
3   class Rectangle(GeometricObject):
4       def __init__(self, width = 1, height = 1):
5           super().__init__()
6           self.__width = width
7           self.__height = height
8
9       def getWidth(self):
10          return self.__width
11
12      def setWidth(self, width):
13          self.__width = width
14
15      def getHeight(self):
16          return self.__height
17
18      def setHeight(self, height):
19          self.__height = self.__height
```

```
20
21      def getArea(self):
22          return self.__width * self.__height
23
24      def getPerimeter(self):
25          return 2 * (self.__width + self.__height)
```

코드 12.4는 Circle과 Rectangle 객체를 생성하고 이들 객체에서 getArea()와 getPerimeter() 메소드를 호출한다. __str__() 메소드는 GeometricObject 클래스로부터 상속되었으며 Circle 객체(라인 5)와 Rectangle 객체(라인 11)에서 호출된다.

코드 12.4   TestCircleRectangle.py

```
1   from CircleFromGeometricObject import Circle
2   from RectangleFromGeometricObject import Rectangle
3
4   def main():
5       circle = Circle(1.5)
6       print("원", circle)
7       print("반지름은", circle.getRadius(),"입니다.")
8       print("넓이는", circle.getArea(),"입니다.")
9       print("지름은", circle.getDiameter(),"입니다.")
10
11      rectangle = Rectangle(2, 4)
12      print("\n사각형", rectangle)
13      print("넓이는", rectangle.getArea(),"입니다.")
14      print("둘레는", rectangle.getPerimeter(),"입니다.")
15
16  main() # main 함수를 호출한다.
```

 실행결과

```
원 색상: green 채우기: True
반지름은 1.5 입니다.
넓이는 7.06858347058 입니다.
지름은 3.0 입니다.

사각형 색상: green 채우기: True
넓이는 8 입니다.
둘레는 12 입니다.
```

라인 6에서 원을 출력해 주는 print 함수를 호출한다. 8.5절에서 살펴보았듯이, 라인 6의 명령문은 다음의 명령문과 동일하다.

```
print("원", circle.__str__())
```

__str__() 메소드는 Circle 클래스에 정의되어 있지 않고 GeometricObject 클래스에 정의되어 있다. Circle은 GeometricObject의 서브 클래스이므로, __str__()가 Circle 객체에서 호출될 수 있다.

__str__() 메소드는 GeometricObject의 color와 filled 속성을 출력한다(코드 12.1의 라인 11-20). GeometricObject 객체의 기본 color는 green이고 filled의 기본값은 True이다(코드 12.1의 라인 2). Circle이 GeometricObject로부터 상속되었기 때문에, Circle 객체의 기본 color는 green이 되고 filled의 기본값은 True가 된다.

상속에 관한 다음 사항들에 대해서 살펴보자.

- 일반적인 해석과 달리, 서브 클래스는 슈퍼 클래스의 부분 집합이 아니다. 사실, 서브 클래스는 슈퍼 클래스보다 더 많은 정보와 메소드를 포함하고 있다.
- 상속은 is-a 관계를 모델링하지만, 모든 is-a 관계가 상속을 사용하여 모델링되는 것은 아니다. 예를 들어, 정사각형은 일종의 사각형이다. 하지만, Rectangle 클래스로부터 Square 클래스를 확장할 수는 없다. 그 이유는 width와 height 속성이 정사각형에서는 적절치 않기 때문이다. 대신, GeometricObject 클래스를 확장하여 Square 클래스를 정의할 수 있고, 정사각형의 변을 나타내는 side 속성을 정의할 수 있다.
- 메소드 재사용을 위해 맹목적으로 클래스를 확장하지 말아야 한다. 예를 들어, Tree와 Person 클래스가 height와 weight라는 공통 속성을 갖고 있지만, Tree 클래스로부터 Person 클래스를 확장하는 것은 이치에 맞지 않는다. 서브 클래스와 슈퍼 클래스는 반드시 is-a 관계를 가져야 한다.
- 파이썬은 여러 개의 클래스로부터 서브 클래스를 파생하는 것을 허용한다. 이것을 *다중 상속(multiple inheritance)*이라 한다. 여러 개의 클래스로부터 파생된 클래스를 정의하기 위해 다음과 같은 문법을 사용한다.

```
class Subclass(SuperClass1, SuperClass2, ...):
    초기자(initialize)
    메소드(methods)
```

12.1 슈퍼 클래스를 확장하는 클래스를 어떻게 정의하는가? super( )는 무엇인가? 슈퍼 클래스의 초기자를 어떻게 호출하는가?

12.2 다음 프로그램을 수행하면 어떤 문제가 발생하는가? 문제가 발생한다면 수정하시오.

```python
class A:
    def __init__(self, i = 0):
        self.i = i
class B(A):
    def __init__(self, j = 0):
        self.j = j
def main():
    b = B()
    print(b.i)
    print(b.j)
main() # main 함수를 호출한다.
```

12.3 참인지 거짓인지 판별하시오. 서브 클래스는 슈퍼 클래스의 부분 집합이다.

12.4 파이썬은 다중 상속을 지원하는가? 여러 개의 클래스로부터 확장한 클래스를 어떻게 정의하는가?

12.3 메소드 오버라이딩

메소드를 오버라이딩하기 위해서는 서브 클래스의 메소드를 슈퍼 클래스의 메소드와 동일한 헤더를 사용하여 정의해야 한다.

서브 클래스는 슈퍼 클래스의 메소드를 상속받는다. 때때로, 슈퍼 클래스의 메소드 구현을 서브 클래스에서 수정할 필요가 있다. 이것을 *메소드 오버라이딩(method overriding)*이라 한다.

GeometricObject 클래스의 __str__ 메소드는 기하 객체를 설명하는 문자열을 반환한다. 원을 설명하는 문자열을 반환하도록 이 메소드를 오버라이딩할 수 있다. 이와 같은 오버라이딩을 위해 코드 12.2(CircleFromGeometricObject.py)에 다음과 같은 새로운 메소드가 추가된다.

```python
1   class Circle(GeometricObject):
2       # 다른 메소드는 생략되었다.
3
4       # GeometricObject에 정의된 __str__ 메소드를 오버라이딩한다.
```

```
5        def __str__(self):
6            return super().__str__() + " 반지름: " + str(self.__radius)
```

`__str__()` 메소드는 `GeometricObject` 클래스에 정의되어 있고 `Circle` 클래스에서 수정된다. 이들 두 메소드 모두는 `Circle` 클래스에서 사용될 수 있다. `GeometricObject`에 정의된 `__str__()` 메소드를 `Circle` 클래스에서 호출하기 위해서는 `super().__str__()`을 사용한다(라인 6).

유사하게, 다음과 같이 `Rectangle` 클래스에서 `__str__` 메소드를 오버라이딩할 수 있다.

```
def __str__(self):
    return super().__str__() + "폭: " + \
        str(self.__width) + " 높이: " + str(self.__height)
```

이 책의 나머지 부분에서 `GeometricObject` 클래스의 `__str__()` 메소드는 `Circle`과 `Rectangle` 클래스에서 오버라이딩되었다고 가정한다.

노트

파이썬에서 메소드 이름에 앞 두 밑줄을 덧붙임으로써 private 메소드를 정의할 수 있다는 점을 상기하자(7장 참조). private 메소드는 오버라이딩될 수 없다. 만일 서브 클래스에 정의된 메소드가 그것의 슈퍼 클래스에서 private로 되어 있다면, 두 메소드가 동일한 이름을 갖더라도 완전히 다른 메소드이다. 즉, 서로 간에 관련이 없다.

 12.5 참인지 거짓인지 판별하시오.

(a) 슈퍼 클래스에 정의된 **private**가 아닌 메소드는 오버라이딩될 수 있다.

(b) 슈퍼 클래스에 정의된 private 메소드는 오버라이딩될 수 있다.

(c) 슈퍼 클래스에 정의된 초기자는 오버라이딩될 수 있다.

(d) 슈퍼 클래스로부터 객체가 생성될 때, 슈퍼 클래스의 초기자는 자동으로 호출된다.

12.6 다음 프로그램의 출력 결과를 보이시오.

```
class A:
    def __init__(self, i = 0):
        self.i = i
    def m1(self):
        self.i += 1
class B(A):
    def __init__(self, j = 0):
        super().__init__(3)
        self.j = j
```

```
        def m1(self):
            self.i += 1
    def main():
        b = B()
        b.m1()
        print(b.i)
        print(b.j)
    main() # main 함수를 호출한다.
```

12.4 object 클래스

파이썬의 모든 클래스는 object 클래스의 후손이다.
키포인트

파이썬 라이브러리에 object 클래스가 정의되어 있다. 클래스를 정의할 때 상속을 명시하지 않으면, 그 클래스의 슈퍼 클래스는 기본적으로 object이다. 예를 들어, 다음 두 개의 클래스 정의는 서로 동일하다.

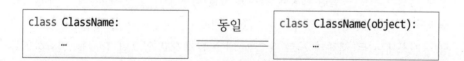

Circle 클래스는 GeometricObject 클래스로부터 파생되며, Rectangle 클래스 또한 GeometricObject 클래스로부터 파생되었다. 실제로 GeometricObject 클래스는 object로부터 파생된다. object 클래스가 제공하는 메소드는 사용자가 작성한 클래스에서 유용하게 활용될 수 있어서 object 클래스의 메소드에 익숙해지는 것이 중요하다. object 클래스에 정의된 모든 메소드는 앞 두 밑줄과 뒤 두 밑줄을 가진 특수 메소드이다. 이 절에서는 __new__(), __init__(), __str__(), __eq__(other) 메소드에 대해서 살펴본다.

__new__() 메소드는 객체가 생성될 때 자동으로 호출된다. 그런 다음, 이 메소드는 객체 초기화를 위해 __init__() 메소드를 호출한다. 일반적으로 새로운 클래스에 정의된 데이터 필드를 초기화하기 위해서는 __init__() 메소드만 오버라이딩하면 된다.

__str__() 메소드는 객체에 대한 설명을 문자열로 반환한다. 기본적으로 객체의 클래스 이름과 객체의 메모리 주소(16진수 형식)로 구성된 문자열을 반환한다. 예를 들어, 코드 7.8에 정의된 Loan 클래스에 대해서 다음의 코드를 살펴보자.

```
loan = Loan(1, 1, 1, "홍길동")
print(load) # print(loan.__str__())와 동일함.
```

위 코드는 `<Loan.Loan object at 0x01B99C10>`과 같은 문자열을 화면에 출력한다. 이 메시지는 상세 정보를 담고 있지 않다. 객체에 대한 상세 정보를 반환하도록 하기 위해서는 `__str__()` 메소드를 오버라이딩해야 한다. 예를 들어, `object` 클래스의 `__str__()` 메소드는 코드 12.1의 라인 18-20에서 볼 수 있듯이 `GeometricObject` 클래스에서 다음과 같이 오버라이딩되었다.

```
def __str__(self):
    return "색상: " + self.__color + \
        "채우기: " + str(self.__filled)
```

`__eq__(other)` 메소드는 두 객체가 서로 동일하다면 `True`를 반환한다. 따라서 `x.__eq__(x)`는 `True`이다. 반면, `x.__eq__(y)`는 x와 y가 동일한 내용을 갖고 있을지라도 서로 다른 객체이므로 `False`를 반환한다. `x.__eq__(y)`는 `x == y`와 동일하다는 것에 주목하자(8.5절 참조).

두 객체가 서로 동일한 내용을 가지고 있을 경우 `True`를 반환하도록 `__eq__` 메소드를 오버라이딩할 수 있다. `int`, `float`, `bool`, `str`, `list` 등의 많은 파이썬 내장 클래스에는 두 객체가 서로 동일한 내용을 가지고 있으면 `True`를 반환하도록 `__eq__` 메소드가 오버라이딩되어 있다.

12.7 참인지 거짓인지 판별하시오.

(a) 모든 객체는 `object` 클래스의 인스턴스이다.

(b) 어떤 클래스가 슈퍼 클래스를 명시적으로 확장하지 않더라도 그 클래스는 기본적으로 `object`를 확장한다.

12.8 다음 코드의 출력 결과를 보이시오.

```
class A:
    def __init__(self, i = 0):
        self.i = i
    def m1(self):
        self.i += 1
    def __str__(self):
        return str(self.i)
x - A(8)
print(x)
```

12.9 다음 코드의 출력 결과를 보이시오.

```python
class A:
    def __new__(self):
        print("A의 __new__()가 호출됨")
    def __init__(self):
        print("A의 __init__()이 호출됨")
class B(A):
    def __new__(self):
        print("B의 __new__()가 호출됨")
    def __init__(self):
        print("B의 __init__()이 호출됨")
def main():
    b = B()
    a = A()
main()   # main 함수를 호출한다.
```

12.10 다음 코드의 출력 결과를 보이시오.

```python
class A:
    def __new__(self):
        self.__init__(self)
        print("A의 __new__()가 호출됨")
    def __init__(self):
        print("A의 __init__()이 호출됨")
class B(A):
    def __new__(self):
        self.__init__(self)
        print("B의 __new__()가 호출됨")
    def __init__(self):
        print("B의 __init__()이 호출됨")
def main():
    b = B()
    a = A()
main()   # main 함수를 호출한다.
```

12.11 다음 코드의 출력 결과를 보이시오.

```python
class A:
    def __init__(self):
        print("A의 __init__()이 호출됨")
class B(A):
    def __init__(self):
        print("B의 __init__()이 호출됨")
def main():
```

```
        b = B()
        a = A()
    main() # main 함수를 호출한다.
```
12.12 다음 코드의 출력 결과를 보이시오.
```
    class A:
        def __init__(self, i):
            self.i = i
        def __str__(self):
            return "A"
    class B(A):
        def __init__(self, i, j):
            super().__init__(i)
            self.j = j
    def main():
        b = B(1, 2)
        a = A(1)
        print(a)
        print(b)
    main() # main 함수를 호출한다.
```
12.13 다음 코드의 출력 결과를 보이시오.
```
    class A:
        def __init__(self, i):
            self.i = i
        def __str__(self):
            return "A"
        def __eq__(self, other):
            return self.i == other.i
    def main():
        x = A(1)
        y = A(1)
        print(x == y)
    main() # main 함수를 호출한다.
```

12.5 다형성과 동적 바인딩

다형성은 슈퍼 클래스의 객체가 서브 클래스 타입의 매개변수로 전달될 수 있다는 것을 의미한다. 동일한 메소드가 상속 계층 상의 어느 클래스에서나 구현될 수 있다. 어느 클래스의 메소드가 호출될지는 파이썬이 실행시간에 결정하는데, 이것을 동적 바인딩이라 한다.

객체 지향 프로그래밍의 세 가지 특징은 *캡슐화(encapsulation)*, *상속 (inheritance)*, *다형성(polymorphism)*이다. 이미 앞의 두 가지 특징은 배웠다. 이 절에서는 다형성에 관해서 자세히 살펴본다.

상속 관계는 서브 클래스가 슈퍼 클래스의 속성을 상속받고 자신만의 고유한 속성을 추가하는 것을 가능하게 해준다. 서브 클래스는 슈퍼 클래스의 상세화이다. 서브 클래스의 각 인스턴스는 슈퍼 클래스의 인스턴스가 되지만, 그 반대는 아니다. 예를 들어, 모든 원은 기하 객체가 되지만, 모든 기하 객체가 원이 되는 것은 아니다. 그러므로 서브 클래스의 인스턴스를 슈퍼 클래스 타입의 매개변수로 전달할 수 있다. 코드 12.5의 코드를 살펴보자.

코드 12.5   `PolymorphismDemo.py`

```python
1   from CircleFromGeometricObject import Circle
2   from RectangleFromGeometricObject import Rectangle
3
4   def main():
5       # 원과 사각형의 속성을 출력한다.
6       c = Circle(4)
7       r = Rectangle(1, 3)
8       displayObject(c)
9       displayObject(r)
10      print("원과 사각형의 크기가 같습니까?",
11          isSameArea(c, r))
12
13  # 기하 객체 속성을 출력한다.
14  def displayObject(g):
15      print(g.__str__())
16
17  # 두 기하 객체의 넓이를 비교한다.
18  def isSameArea(g1, g2):
19      return g1.getArea() == g2.getArea()
20
21  main() # main 함수를 호출한다.
```

실행결과

```
색상: green 채우기: True 반지름: 4
색상: green 채우기: True 폭: 1 높이: 3
원과 사각형의 크기가 같습니까? False
```

displayObject 메소드(라인 14)는 GeometricObject 타입의 매개변수를 받아들인다. GeometricObject 인스턴스를 전달함으로써 displayObject를 호출할 수 있다(예를 들어, 라인 8-9에서 Circle(4)와 Rectangle(1, 3)). 서브 클래스의 객체는 슈퍼 클래스의 객체가 사용되는 곳 어디든지 사용될 수 있다. 이것을 *다형성 (polymorphism)*이라 한다(다형성은 "many form"을 뜻하는 그리스어 단어에서 유래됨).

이 예제에서 볼 수 있듯이, c는 Circle 클래스의 객체이며 Circle은 GeometricObject의 서브 클래스이다. __str__() 메소드는 두 클래스 모두에서 정의되어 있다. 그러면, displayObject 메소드에서 g를 호출하면, 어떤 클래스에 정의된 __str__() 메소드가 호출될까(라인 15)? 호출될 __str__() 메소드는 *동적 바인딩(dynamic binding)*에 의해서 결정된다.

동적 바인딩은 다음과 같이 동작한다. o 객체가 클래스 C_1, C_2, ..., C_{n-1}, C_n의 인스턴스이고, 그림 12.2와 같이 C_1은 C_2의 서브 클래스, C_2는 C_3의 서브 클래스, ..., C_{n-1}은 C_n의 서브 클래스라고 가정해 보자. 즉, C_n이 가장 일반적인 클래스이고, C_1이 가장 상세화된 클래스이다. 파이썬에서 C_n은 object 클래스이다. o가 p 메소드를 호출한다면, 파이썬은 p 메소드를 C_1, C_2, ..., C_{n-1}, C_n의 순서로 검색한다. 일단 p 메소드를 찾으면, 검색은 중단되고 최초로 찾은 p 메소드가 호출된다.

코드 12.6은 동적 바인딩을 나타내는 예제를 보여준다.

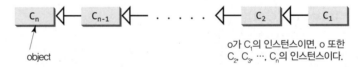

object

o가 C_1의 인스턴스이면, o 또한 C_2, C_3, ..., C_n의 인스턴스이다.

[그림 12.2] 호출될 메소드는 실행시간에 동적으로 결정된다.

코드 12.6　　DynamicBindingDemo.py

```python
1  class Student:
2      def __str__(self):
3          return "대학생"
4
5      def printStudent(self):
6          print(self.__str__())
7
8  class GraduateStudent(Student):
9      def __str__(self):
10         return "대학원생"
11
```

```
12  a = Student()
13  b = GraduateStudent()
14  a.printStudent()
15  b.printStudent()
```

대학생
대학원생

 실행결과

a가 Student의 인스턴스이므로, a.printStudent()의 호출에 대해서 Student 클래스의 printStudent 메소드가 호출된다(라인 14). 여기서, a.printStudent()는 "대학생" 값을 반환하기 위해 Student 클래스의 __str__() 메소드가 호출된다.

GraduateStudent 내부에 printStudent 메소드가 정의되어 있지 않다. 그러나 이 메소드는 Student 클래스에 정의되어 있고 GraduateStudent가 Student의 서브 클래스이므로, b.printStudent()에 대해서 Student 클래스의 printStudent 메소드가 호출된다(라인 15). 이 printStudent 메소드는 "대학원생"을 출력하기 위해 GraduateStudent의 __str__() 메소드를 호출하는데, 그 이유는 printStudent를 호출하는 b 객체가 GraduateStudent이기 때문이다(라인 6과 10).

12.6 isinstance 함수

isinstance 함수는 객체가 클래스의 인스턴스인지를 판별하는 데 사용될 수 있다.

 키포인트

다음을 수행하도록 코드 12.5의 displayObject 함수를 수정해 보자.

- GeometricObject 인스턴스의 넓이와 둘레를 출력하라.
- 인스턴스가 Circle이면 지름을 출력하고, Rectangle이면 폭과 높이를 출력하라.

위 일을 수행하도록 다음과 같이 displayObject 함수를 작성할 수 있다.

```
def displayObject(g):
    print("넓이는", g.getArea(), "입니다.")
    print("둘레는", g.getPerimeter(), "입니다.")
    print("지름은", g.getDiameter(), "입니다.")
    print("폭은", g.getWidth(), "입니다.")
    print("높이는", g.getHeight(), "입니다.")
```

그러나 위 코드는 모든 GeometricObject 인스턴스들이 getDiamenter(),

getWidth(), 혹은 getHeight() 메소드를 갖고 있지 않기 때문에 작동되지 않는다. 예를 들어, displayObject(Circle(5))를 호출하면 Circle에 getWidth()와 getHeight() 메소드가 없기 때문에 실행시간 오류가 발생한다. 마찬가지로 displayObject(Rectangle(2, 3))를 호출하면 Rectangle에 getDiameter() 메소드가 없기 때문에 실행시간 오류가 발생한다.

이 문제를 해결하기 위해 파이썬의 내장 함수인 isinstance 함수를 사용할 수 있다. 이 함수는 객체가 특정 클래스의 인스턴스인지를 판별하며, 문법은 다음과 같다.

isinstance(객체, 클래스 이름)

예를 들어, isinstance("abc", str)은 "abc"가 str 클래스의 인스턴스이므로 True를 반환한다. 그러나 isinstance(12, str)은 12가 str 클래스의 인스턴스가 아니므로 False를 반환한다.

코드 12.7은 isinstance 함수를 사용하여 구현된 displayObject 함수를 보여준다.

코드 12.7 IsinstanceDemo.py

```python
1  from CircleFromGeometricObject import Circle
2  from RectangleFromGeometricObject import Rectangle
3
4  def main():
5      # 원과 사각형의 속성을 출력한다.
6      c = Circle(4)
7      r = Rectangle(1, 3)
8      print("원...")
9      displayObject(c)
10     print("사각형...")
11     displayObject(r)
12
13 # 기하 객체의 속성을 출력한다.
14 def displayObject(g):
15     print("넓이는", g.getArea(), "입니다.")
16     print("둘레는", g.getPerimeter(), "입니다.")
17
18     if isinstance(g, Circle):
19         print("지름은", g.getDiameter(), "입니다.")
20     elif isinstance(g, Rectangle):
```

```
21          print("폭은", g.getWidth(), "입니다.")
22          print("높이는", g.getHeight(), "입니다.")
23
24  main() # main 함수를 호출한다.
```

원...
넓이는 50.26548245743669 입니다.
둘레는 25.132741228718345 입니다.
지름은 8 입니다.
사각형...
넓이는 3 입니다.
둘레는 8 입니다.
폭은 1 입니다.
높이는 3 입니다.

displayObject(c)를 호출하면 c가 g로 전달된다(라인 9). g는 Circle의 인스턴스이므로(라인 18), 라인 19에서 원의 지름이 출력된다.

displayObject(r)를 호출하면 r이 g로 전달된다(라인 11). g는 Rectangle의 인스턴스이므로(라인 20), 라인 21-22에서 사각형의 폭과 높이가 출력된다.

12.14 캡슐화, 상속, 다형성에 대해서 설명하시오.

12.15 다음 코드의 출력 결과를 보이시오.

```
class Person:
    def getInfo(self):
        return "사람"
    def printPerson(self):
        print(self.getInfo())
class Student(Person):
    def getInfo(self):
        return "학생"
Person().printPerson()
Student().printPerson()
```
(a)

```
class Person:
    def __getInfo(self):
        return "사람"
    def printPerson(self):
        print(self.__getInfo())
class Student(Person):
    def __getInfo(self):
        return "학생"
Person().printPerson()
Student().printPerson()
```
(b)

12.16 Fruit, Apple, Orange, GoldenDelicious, McIntosh가 다음과 같은 상속 계층으로 이루어져 있다고 가정해 보자.

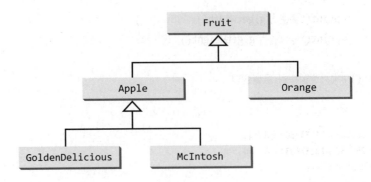

다음 명령문이 주어졌을 때, 질문에 답하시오.

goldenDelicious = GoldenDelicious()
orange = Orange()

(a) goldenDelicious가 Fruit의 인스턴스인지 판별하시오.
(b) goldenDelicious가 Orange의 인스턴스인지 판별하시오.
(c) goldenDelicious가 Apple의 인스턴스인지 판별하시오.
(d) goldenDelicious가 GoldenDelicious의 인스턴스인지 판별하시오.
(e) goldenDelicious가 McIntosh의 인스턴스인지 판별하시오.
(f) orange가 Orange의 인스턴스인지 판별하시오.
(g) orange가 Fruit의 인스턴스인지 판별하시오.
(h) orange가 Apple의 인스턴스인지 판별하시오.
(i) makeAppleCider 메소드가 Apple 클래스에 정의되어 있다고 가정해 보자. goldenDelicious가 이 메소드를 호출할 수 있는지를 판별하시오. 또한 orange 가 이 메소드를 호출할 수 있는지를 판별하시오.
(j) makeOrangeJuice 메소드가 Orange 클래스에 정의되어 있다고 가정해 보자. orange가 이 메소드를 호출할 수 있는지를 판별하시오. 또한 goldenDelicious 가 이 메소드를 호출할 수 있는지를 판별하시오.

12.7 사례 연구: 재사용 가능 시계

키포인트

이 절에서는 시계를 출력하는 GUI 클래스를 설계한다.

캔버스상에 시계를 출력하는 프로그램과 이후에 다른 프로그램에서 이 시계를 재사용하는 프로그램을 작성해 보자. 시계의 재사용을 위해서는 우선 시계 클래스를 정의해야 한다. 또한 시계를 그래픽으로 출력하기 위해 위젯으로 시계를 정의해야 한다. Canvas를 확장한 시계 클래스를 정의하고, Canvas 객체와 같은 방법으로 시계 객체를 사용할 수 있게 하는 것이 최선의 방법일 것이다.

그림 12.3은 시계 클래스의 템플릿을 나타낸다.

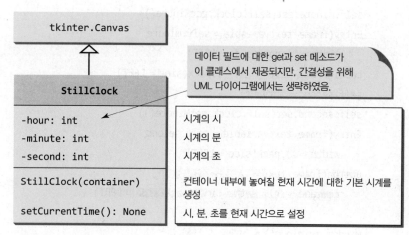

[**그림 12.3**] StillClock은 아날로그 시계를 출력한다.

코드 12.8은 아날로그 시계의 출력을 위해 StillClock 클래스를 사용한 테스트 프로그램이다. 이 프로그램은 그림 12.4(a)에서 볼 수 있듯이 사용자가 Entry 필드에 시, 분, 초를 입력할 수 있게 해준다.

코드 12.8 | DisplayClock.py

```python
1  from tkinter import * # tkinter의 모든 정의를 임포트한다.
2  from StillClock import StillClock
3
4  class DisplayClock:
5      def __init__(self):
6          window = Tk() # 윈도우를 생성한다.
7          window.title("시계 시간 변경하기") # 윈도우 제목을 설정한다.
8
9          self.clock = StillClock(window) # 시계를 생성한다.
10         self.clock.pack()
11
12         frame = Frame(window)
13         frame.pack()
14         Label(frame, text = "시: ").pack(side = LEFT)
15         self.hour = IntVar()
16         self.hour.set(self.clock.getHour())
17         Entry(frame, textvariable = self.hour,
18             width = 2).pack(side = LEFT)
```

```
19          Label(frame, text = "분: ").pack(side = LEFT)
20          self.minute = IntVar()
21          self.minute.set(self.clock.getMinute())
22          Entry(frame, textvariable = self.minute,
23              width = 2).pack(side = LEFT)
24          Label(frame, text = "초: ").pack(side = LEFT)
25          self.second = IntVar()
26          self.second.set(self.clock.getMinute())
27          Entry(frame, textvariable = self.second,
28              width = 2).pack(side = LEFT)
29          Button(frame, text = "새로운 시각 설정",
30              command = self.setNewTime).pack(side = LEFT)
31
32          window.mainloop() # 이벤트 루프를 생성한다.
33
34      def setNewTime(self):
35          self.clock.setHour(self.hour.get())
36          self.clock.setMinute(self.minute.get())
37          self.clock.setSecond(self.second.get())
38
39  DisplayClock() # GUI를 생성한다.
```

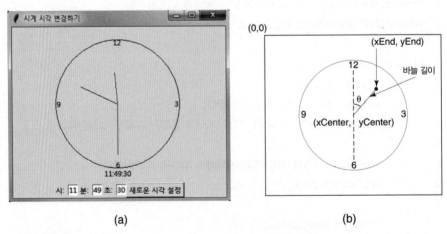

(a)   (b)

[그림 12.4] (a) DisplayClock 프로그램은 시계를 출력하고 사용자가 시간을 변경하도록 해준다.
(b) 회전 각, 바늘 길이, 중점이 주어지면 시계 바늘의 위치를 결정할 수 있다.

이 절의 나머지는 StillClock 클래스의 구현 방법에 대해서 설명한다.
StillClock 클래스가 어떻게 구현되었는지에 대한 사전지식 없이도 StillClock
클래스를 사용할 수 있으므로, 원한다면 구현 설명은 건너뛰어도 괜찮다.

현재 시간을 어떻게 얻을 수 있을까? 파이썬은 현재 컴퓨터 시간을 얻고자 할 때 사용할 수 있는 datetime 클래스를 제공한다. now() 함수를 이용하여 현재 시간에 대한 datetime 인스턴스를 얻을 수 있으며, 다음 코드에서 볼 수 있듯이 이 객체에서 날짜와 시간 정보의 추출을 위해 year, month, day, hour, minute, second 데이터 필드를 사용한다.

```python
from datetime import datatime

d = datetime.now()
print("현재는", d.year, "년 입니다.")
print("현재는", d.month, "월 입니다.")
print("현재는", d.day, "일 입니다."))
print("현재는", d.hour, "시 입니다."))
print("현재는", d.minute, "분 입니다."))
print("현재는", d.second, "초 입니다."))
```

시계를 그리기 위해서는 우선 원을 먼저 그리고 초, 분, 시를 나타내는 세 시계 바늘을 그리는 것이 필요하다. 시계 바늘을 그리기 위해 직선의 양 끝 좌표를 알아야 한다. 그림 12.4(b)에서 볼 수 있듯이, 한쪽 끝은 시계의 중점인 (xCenter, yCenter)이며, 다른 쪽 끝인 (xEnd, yEnd)는 다음 수식에 의해서 결정된다.

xEnd = xCenter + handLength × sin(θ)
yEnd = yCenter - handLength × cos(θ)

1분은 60초이므로 초 바늘의 각도 θ는 다음과 같이 계산된다.

θ = second × (2π/60)

분 바늘의 위치는 분과 초에 의해서 결정된다. 초값과 조합된 정확한 분값은 minute + second/60이다. 예를 들어, 3분 30초를 분으로 나타내면 3.5가 된다. 1시간은 60분이므로, 분 바늘의 각도는 다음과 같이 계산된다.

θ = (minute × second/60) × (2π/60)

원 하나는 12시간으로 나누어지므로, 시 바늘의 각도는 다음과 같이 계산된다.

θ = (hour + minute/60 + second/(60 × 60)) × (2π/12)

초값은 무시할 정도로 작아서, 분 바늘과 시 바늘의 각도 계산에서 초값은 생략이 가능하다. 그러므로 초 바늘, 분 바늘, 시 바늘의 끝 위치는 다음과 같이 계산될 수 있다.

$$xSecond = xCenter + secondHandLength \times \sin(second \times (2\pi/60))$$
$$ySecond = yCenter - secondHandLength \times \cos(second \times (2\pi/60))$$
$$xMinute = xCenter + minuteHandLength \times \sin(minute \times (2\pi/60))$$
$$yMinute = yCenter - minuteHandLength \times \cos(minute \times (2\pi/60))$$
$$xHour = xCenter + hourHandLength \times \sin((hour + minute/60) \times (2\pi/12))$$
$$yHour = yCenter - hourHandLength \times \cos((hour + minute/60) \times (2\pi/12))$$

코드 12.9는 StillClock 클래스의 구현을 보여준다.

코드 12.9 StillClock.py

```python
1  from tkinter import * # tkinter의 모든 정의를 임포트한다.
2  import math
3  from datetime import datetime
4
5  class StillClock(Canvas):
6      def __init__(self, container):
7          super().__init__(container)
8          self.setCurrentTime()
9
10     def getHour(self):
11         return self.__hour
12
13     def setHour(self, hour):
14         self.__hour = hour
15         self.delete("clock")
16         self.drawClock()
17
18     def getMinute(self):
19         return self.__minute
20
21     def setMinute(self, minute):
22         self.__minute = minute
23         self.delete("clock")
24         self.drawClock()
25
26     def getSecond(self):
27         return self.__second
28
29     def setSecond(self, second):
30         self.__second = second
```

```
31          self.delete("clock")
32          self.drawClock()
33
34      def setCurrentTime(self):
35          d = datetime.now()
36          self.__hour = d.hour
37          self.__minute = d.minute
38          self.__second = d.second
39          self.delete("clock")
40          self.drawClock()
41
42      def drawClock(self):
43          width = float(self["width"])
44          height = float(self["height"])
45          radius = min(width, height) / 2.4
46          secondHandLength = radius * 0.8
47          minuteHandLength = radius * 0.65
48          hourHandLength = radius * 0.5
49
50          self.create_oval(width / 2 - radius, height / 2 - radius,
51              width / 2 + radius, height / 2 + radius, tags = "clock")
52          self.create_text(width / 2 - radius + 5, height / 2,
53                              text = "9", tags = "clock")
54          self.create_text(width / 2 + radius - 5, height / 2,
55                              text = "3", tags = "clock")
56          self.create_text(width / 2, height / 2 - radius + 5,
57                              text = "12", tags = "clock")
58          self.create_text(width / 2, height / 2 + radius - 5,
59                              text = "6", tags = "clock")
60
61          xCenter = width / 2
62          yCenter = height / 2
63          second = self.__second
64          xSecond = xCenter + secondHandLength \
65              * math.sin(second * (2 * math.pi / 60))
66          ySecond = yCenter - secondHandLength \
67              * math.cos(second * (2 * math.pi / 60))
68          self.create_line(xCenter, yCenter, xSecond, ySecond,
69                              fill = "red", tags = "clock")
70
```

```
71          minute = self.__minute
72          xMinute = xCenter + \
73              minuteHandLength * math.sin(minute * (2 * math.pi / 60))
74          yMinute = yCenter - \
75              minuteHandLength * math.cos(minute * (2 * math.pi / 60))
76          self.create_line(xCenter, yCenter, xMinute, yMinute,
77                          fill = "blue", tags = "clock")
78
79          hour = self.__hour % 12
80          xHour = xCenter + hourHandLength * \
81              math.sin((hour + minute / 60) * (2 * math.pi / 12))
82          yHour = yCenter - hourHandLength * \
83              math.cos((hour + minute / 60) * (2 * math.pi / 12))
84          self.create_line(xCenter, yCenter, xHour, yHour,
85                          fill = "green", tags = "clock")
86
87          timestr = str(hour) + ":" + str(minute) + ":" + str(second)
88          self.create_text(width / 2, height / 2 + radius + 10,
89                          text = timestr, tags = "clock")
```

StillClock 클래스는 Canvas 위젯을 확장하므로 StillClock은 Canvas의 일종이다. 그래서 캔버스처럼 StillClock을 사용할 수 있다.

StillClock 클래스의 초기자는 Canvas 초기자를 호출하며(라인 7), 그런 다음 setCurrentTime 메소드를 호출하여 얻은 현재 시간을 이용하여 hour, minute, second 데이터 필드를 설정한다(라인 8).

hour, minute, second 데이터 필드의 값을 얻고 설정하기 위해 get과 set 메소드를 사용한다(라인 10-32). 시, 분, 초를 새로운 값으로 설정할 때마다(라인 10-32) 시계를 다시 그려야 하는데, 이때 drawClock 메소드가 호출된다(라인 16, 24, 32).

setCurrentTime 메소드는 현재 시, 분, 초의 값을 반환하는 datetime.now()를 호출하여 현재 시간을 얻어내며(라인 36-38), 시계를 다시 그리기 위해 drawClock 메소드를 호출한다(라인 40).

drawClock 메소드는 캔버스의 폭과 높이를 얻어내고(라인 43-44), 시 바늘, 분 바늘, 초 바늘을 적당한 크기로 설정한다(라인 45-48). 그런 다음, 원, 선, 문자열을 시계에 표시하기 위해 Canvas의 그리기 메소드들을 사용한다(라인 50-89).

12.8 클래스 관계

클래스 설계를 위해, 클래스 사이의 관계를 분석할 필요가 있다. 클래스 사이의 관계로 연관 (association), 집합(aggregation), 복합(composition), 상속(inheritance)이 있다.
키포인트

is-a 관계의 모델링에 사용되는 상속에 대해서는 이미 배웠다. 상속 이외의 다른 관계들에 대해서 살펴보자.

12.8.1 연관

*연관(association)*은 두 클래스 사이의 활동을 서술하는 일반적인 이항관계이다. 예를 들어, 과목을 수강하고 있는 학생은 Student 클래스와 Course 클래스와 서로 연관 관계에 있고, 과목을 강의하고 있는 교수는 Faculty 클래스와 Course 클래스와 서로 연관되어 있다. 이러한 연관 관계는 UML 표기법으로 그림 12.5와 같이 표현될 수 있다.

[그림 12.5] 이 UML 다이어그램은 학생들이 여러 과목을 수강하고 교수는 최대 세 개의 과목을 강의할 수 있다는 것을 보여준다. 또한 각 과목은 5-60명의 학생이 수강할 수 있으며, 과목당 교수 한 명이 담당하고 있음을 보여준다.

연관은 관계를 나타내는 레이블과 함께 두 클래스 사이를 직선으로 나타낸다. 레이블은 선택적(즉, 있어도 되고 없어도 된다)이며, 그림 12.5에서 *Take*와 *Teach* 레이블이 이를 나타낸다. 각각의 관계는 관계의 방향을 나타내는 검은색 삼각형을 선택적으로 가질 수 있다. 이 그림에 표시된 관계의 방향은 학생이 과목을 수강하고 있다는 것을 나타낸다(학생이 수강한 과목과는 반대 의미이다).

그림 12.5의 관계에 포함된 각 클래스는 관계 내에서 역할을 나타내는 역할 이름 (role name)을 가질 수 있다. 그림 12.5에서 *Teacher*는 Faculty에 대한 역할 이름이다.

연관에 포함된 각 클래스는 *다중도(multiplicity)*를 명시할 수 있다. 다중도는 클래스의 객체가 이 관계에 얼마나 많이 포함될지를 나타내는 개수를 의미한다. * 문자는 객체 개수에 제한이 없다는 것을 의미하며, m..n은 객체 개수가 m과 n 사이에 있다는 것을 의미한다(m과 n 값을 포함). 그림 12.5에서 학생 각각은 여러 과목을 수강할 수 있는데, 각 과목별로 최소 5명에서 최대 60명까지의 학생이 수강할 수 있다. 그리고 과목당 한 명의 교수만이 가르칠 수 있고, 교수는 학기당 0에서 3개까지의 과목을 가르칠 수 있다.

파이썬 코드로 데이터 필드와 메소드를 사용하여 연관 관계를 구현할 수 있다. 예를 들어, 그림 12.5의 관계는 그림 12.6의 클래스를 사용하여 구현될 수 있다. "학생이 과목을 수강한다"라는 관계는 Student 클래스의 addCourse 메소드와 Course 클래스의 addStudent 메소드를 사용하여 구현된다. "교수가 과목을 담당한다"라는 관계는 Faculty 클래스의 addCourse 메소드와 Course 클래스의 setFaculty 메소드를 사용하여 구현된다. Student 클래스는 학생의 수강 과목을 저장하기 위해 리스트를 사용할 수 있다. Faculty 클래스는 교수의 담당 과목을 저장하기 위해 리스트를 사용할 수 있다. 또한 Course 클래스는 과목을 수강하고 있는 학생들을 저장하기 위해 리스트를 사용할 수 있고 과목을 담당하고 있는 교수를 저장하기 위해 데이터 필드를 사용할 수 있다.

```
class Student:
    # 과목을 리스트에 추가
    def addCourse(self,
        course):
```

```
class Course:
    # 학생을 리스트에 추가
    def addStudent(self,
        student):
    def setFaculty(self, Faculty):
```

```
class Faculty:
    # 과목을 리스트에 추가
    def addCourse(self,
        course):
```

[그림 12.6] 연관 관계는 클래스의 데이터 필드와 메소드를 사용하여 구현된다.

12.8.2 집합과 복합

*집합(aggregation)*은 두 객체 사이의 소유 관계를 표현하는 연관 관계의 특별한 형태이다. 집합은 *has-a* 관계를 모델링한다. *소유 객체(owner object)*를 *집합 객체(aggregating object)*라고 하며, 이 객체의 클래스를 *집합 클래스(aggregating class)*라 한다. *피소유 객체(subject object)*를 *집합화 객체(aggregated object)*라고 하며, 이 객체의 클래스를 *집합화 클래스(aggregated class)*라 한다.

하나의 객체는 다른 집합 객체에 의해 소유될 수 있다. 객체가 집합 객체에 의해 배타적으로 소유되어 있다면, 그 객체와 집합 객체 사이의 관계를 복합 *(composition)*이라 한다. 예를 들어, "학생은 이름을 가지고 있다"는 Student 클래스와 Name 클래스 사이에 복합 관계가 있다. 반면, "학생은 주소를 가지고 있다"는 하나의 주소가 여러 학생들에 의해 공유될 수 있기 때문에, Student 클래스와 Address 클래스 사이에 집합 관계가 있다. 그림 12.7의 UML에서, 검은 다이아몬드(색칠된 다이아몬드)가 집합화 클래스(이 경우, Name)와 함께 복합 관계를 나타내기 위해 집합 클래스에 붙여질 수 있으며(이 경우, Student), 흰 다이아몬드(색칠되지 않은 다이아몬드)가 집합화 클래스(Address)와 함께 집합 관계를 나타내기 위해 집합 클래스(Student)에 붙여질 수 있다.

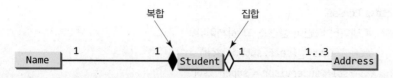

[그림 12.7] 학생 각각은 이름과 주소를 가진다.

그림 12.7에서 학생 각각은 주소를 한 개의 다중도로 가지며, 각 주소는 세 명의 학생까지 공유할 수 있다. 학생 각각은 한 개의 이름을 가지며, 이름은 각 학생별로 고유하다.

집합 관계는 일반적으로 집합 클래스의 데이터 필드로 표현된다. 예를 들어, 그림 12.7의 관계는 그림 12.8의 클래스를 사용하여 구현될 수 있다. "학생은 이름을 가지고 있다"와 "학생은 주소를 가지고 있다"라는 관계는 Student 클래스의 name 과 address 데이터 필드로 구현된다.

class Name:	class Student:	class Address:
...	def _init_(self, name, address)	...
	self.name = name	
	self.address = address	
	...	
집합화 클래스	집합 클래스	집합화 클래스

[그림 12.8] 복합 관계는 클래스의 데이터 필드를 사용하여 구현된다.

집합 관계는 동일 클래스의 객체 사이에도 존재할 수 있다. 예를 들어, 그림 12.9(a)는 개인별로 한 명의 지도교수를 가질 수 있다는 것을 나타낸다.

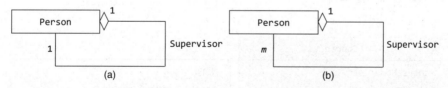

[그림 12.9] (a) 개인별로 한 명의 지도교수를 가질 수 있다. (b) 개인별로 여러 명의 지도교수를 가질 수 있다.

"개인별로 한 명의 지도교수를 가질 수 있다"라는 관계는 다음과 같이 Person 클래스의 데이터 필드로 표현될 수 있다.

```
class Person:
    # 데이터 타입이 클래스 그 자체이다.
    def __init__(self, supervisor)
        self.supervisor = supervisor
        ...
```

개인마다 여러 명의 지도교수가 있다면, 그림 12.9(b)에서 볼 수 있듯이 여러 명의 지도교수를 저장하기 위해 리스트를 사용해야 한다.

노트
집합과 복합 관계는 유사한 방식으로 구현된다. 단순하게, 이 책에서는 두 관계 모두를 복합 관계로 언급한다.

체크 포인트

12.17 클래스 사이의 관계로 무엇이 있는가? 클래스 사이의 관계를 모델링하기 위한 UML 표기법을 기술하시오.

12.18 다음 클래스는 어떤 관계로 표현되는가? UML 다이어그램을 사용하여 관계를 그리시오.
- 회사(company)와 고용인(employee)
- 과목(course)과 교수(faculty)
- 학생(student)과 개인(person)
- 집(house)과 창문(window)
- 계좌(account)와 예금계좌(saving account)

12.9 사례 연구: Course 클래스 설계하기

키포인트

이번 절에서는 강의 모델링을 위한 클래스를 설계한다.

강의 정보를 처리해야 한다고 해보자. 강의 정보로 강의명과 수강 학생을 가진다. 학생은 강의를 신청할 수도 있고 취소할 수도 있다. 그림 12.10은 강의 모델링을 위한 클래스를 보여준다.

Course
-courseName: str
-students: list

Course(courseName: str)
getCourseName(): str
addStudent(student: str): None
dropStudent(student: str): None
getStudents(): list
getNumberOfStudents(): int

강의명
수강 학생을 저장하기 위한 리스트
특정된 이름의 강의 생성
강의명을 반환
새로운 학생을 강의에 추가
학생의 강의 수강 취소
수강 학생들을 반환
수강 학생 수를 반환

[그림 12.10] Course 클래스는 강의를 모델링한다.

Course 객체는 강의명을 매개변수로 하는 Course(name) 생성자를 사용하여 생성된다. addStudent(student) 메소드를 사용하여 학생을 강의에 추가할 수 있고, dropStudent(student) 메소드를 사용하여 학생의 강의 수강을 취소할 수 있다. getStudents() 메소드는 모든 수강 학생의 이름을 반환한다. 코드 12.10은 두 개의 강의를 생성하고 학생들이 강의에 추가되는 테스트 프로그램이다.

코드 12.10   TestCourse.py

```
1   from Course import Course
2
3   def main():
4       course1 = Course("데이터 구조")
5       course2 = Course("데이터베이스 시스템")
6
7       course1.addStudent("현경석")
8       course1.addStudent("정용호")
9       course1.addStudent("장홍준")
10
11      course2.addStudent("현경석")
12      course2.addStudent("정용민")
13
14      print("course1을 수강하는 학생의 수:",
15          course1.getNumberOfStudents())
16      students = course1.getStudents()
17      for student in students:
18          print(student, end = ", ")
19
20      print("\ncourse2를 수강하는 학생의 수:",
21          course2.getNumberOfStudents())
22
23  main() # main 함수를 호출한다.
```

실행결과

```
course1을 수강하는 학생의 수: 3
현경석, 정용호, 장홍준
course2을 수강하는 학생의 수:  2
```

코드 12.11은 Course 클래스의 구현 코드를 보여준다. 이 코드의 라인 4에서 수강 학생을 저장하기 위해 리스트를 사용하고 있다. addStudent 메소드(라인 6)는 학생을 이 리스트에 추가한다. getStudents 메소드는 이 리스트를 반환한다(라인

9). dropStudent 메소드(라인 18)는 프로그래밍 연습문제로 남겨 둔다.

코드 12.11 Course.py

```
1   class Course:
2       def __init__(self, courseName):
3           self.__courseName = courseName
4           self.__students = []
5
6       def addStudent(self, student):
7           self.__students.append(student)
8
9       def getStudents(self):
10          return self.__students
11
12      def getNumberOfStudents(self):
13          return len(self.__students)
14
15      def getCourseName(self):
16          return self.__courseName
17
18      def dropStudents(student):
19          print("프로그래밍 연습문제로 남겨 둔다.")
```

Course 객체가 생성될 때 리스트 객체도 함께 생성된다. Course 객체는 이 리스트에 대한 참조를 포함하고 있다. 그래서 Course 객체가 이 리스트를 포함하고 있다고 말할 수 있다.

사용자는 Course 객체를 생성할 수 있으며, public 메소드인 addStudent, dropStudent, getNumberOfStudents, getStudents를 통해 Course 객체를 활용할 수 있다. 그러나 사용자는 이들 메소드가 어떻게 구현되었는지 알 필요는 없다. Course 클래스는 내부 구현을 캡슐화하고 있다. 이 예제에서는 학생 이름을 저장하기 위해 리스트를 사용하고 있으며, 학생 이름을 서로 다른 데이터 타입으로 저장할 수도 있다. 이들 public 메소드들의 설계가 바뀌지 않는 한, Course를 사용하는 프로그램이 수정될 필요는 없다.

12.10 스택 클래스 설계하기

이 절은 스택 모델링을 위한 클래스를 설계한다.

키포인트

스택(stack)은 그림 12.11에서 볼 수 있듯이 후입선출(last-in first-out) 방식으로 데이터를 저장한다(6장 참조).

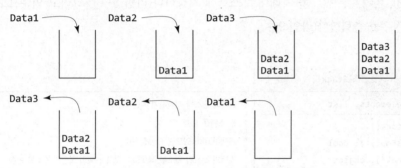

[그림 12.11] Data1, Data2, Data3의 순서로 스택에 들어가면, 반대 순서로 꺼내어진다.

스택은 여러 부분에서 응용되고 있다. 예를 들어, 컴퓨터는 함수 호출을 처리하기 위해 스택을 사용한다. 함수가 호출될 때, 함수의 매개변수와 지역변수를 저장하고 있는 활성 레코드(activation record)가 스택에 넣어진다. 어떤 함수에서 다른 함수를 호출할 때, 새로운 함수의 활성 레코드가 스택에 넣어진다. 함수가 자신의 작업을 마치고 호출된 곳으로 되돌아갈 때, 이 함수의 활성 레코드가 스택에서 꺼내지고 삭제된다.

스택 모델링을 위한 클래스를 정의해 보고 스택에 원소를 저장하기 위해 리스트를 사용해 보자. 다음의 두 가지 설계 방식으로 스택 클래스를 설계할 수 있다.

- 그림 12.12(a)에서 볼 수 있듯이, 상속을 사용하여 `list`를 확장한 스택 클래스를 정의한다.
- 그림 12.12(b)에서 볼 수 있듯이, 복합을 사용하여 `Stack` 클래스의 데이터 필드로 리스트를 생성한다.

[그림 12.12] `Stack`은 상속 혹은 복합을 사용하여 구현될 수 있다.

앞의 두 가지 설계 방식 모두 괜찮으나, list 클래스로부터 불필요하고 부적당한 메소드를 상속받을 필요 없이 새로운 스택 클래스를 완벽하게 정의할 수 있으므로 복합 설계 방식이 더 좋다. 이 절에서는 복합 방식을 사용하며, 상속 방식의 구현은 프로그래밍 연습문제 12.16으로 남겨 둔다. 그림 12.13은 Stack 클래스의 UML 다이어그램은 보여준다.

코드 12.12의 테스트 프로그램은 스택 생성을 위해 Stack 클래스를 사용하며(라인 3), 0, 1, 2, …, 9를 차례대로 스택에 저장한다(라인 5-6). 그리고 역순으로 이들 정수를 출력한다(라인 9).

Stack	
-elements: list	스택에 원소를 저장하기 위한 리스트
Stack()	빈 스택을 생성
isEmpty(): bool	스택이 비어 있으면 True를 반환
peek(): object	스택의 최상위 원소를 삭제하지 않고 스택의 최상위 원소를 반환
push(value: object): None	스택의 최상위에 원소를 저장
pop(): object	스택의 최상위 원소를 삭제하고 그 원소를 반환
getSize(): int	스택의 크기(원소 개수)를 반환

[그림 12.13] Stack 클래스는 스택 저장소를 캡슐화하고 스택 연산을 제공한다.

코드 12.12   TestStack.py

```
1    from Stack import Stack
2
3    stack = Stack()
4
5    for i in range(10):
6        stack.push(i)
7
8    while not stack.isEmpty():
9        print(stack.pop(), end = " ")
```

실행결과   9 8 7 6 5 4 3 2 1 0

Stack 클래스를 어떻게 구현할까? 코드 12.13에서 볼 수 있듯이, 스택에 원소를 저장하기 위해 리스트를 사용한다.

코드 12.13	Stack.py

```python
1  class Stack:
2      def __init__(self):
3          self.__elements = []
4
5      # 스택이 비어 있으면 True를 반환한다.
6      def isEmpty(self):
7          return len(self.__elements) == 0
8
9      # 스택의 최상위 원소를
10     # 삭제하지 않고 그 원소를 반환한다.
11     def peek(self):
12         if self.isEmpty():
13             return None
14         else:
15             return self.__elements[len(elements) - 1]
16
17     # 스택의 최상위에 원소를 저장한다.
18     def push(self, value):
19         self.__elements.append(value)
20
21     # 스택의 최상위 원소를 삭제하고 그 원소를 반환한다.
22     def pop(self):
23         if self.isEmpty():
24             return None
25         else:
26             return self.__elements.pop()
27
28     # 스택의 크기(원소 개수)를 반환한다.
29     def getSize(self):
30         return len(self.__elements)
```

라인 3에서, elements 데이터 필드가 앞 두 밑줄과 함께 private로 정의된다. elements는 리스트이지만, 스택 사용자는 스택의 원소가 리스트에 저장되어 있는지 알지 못한다. 스택 사용자는 isEmpty(), peek(), push(element), pop(), getSize() 메소드를 사용하여 스택에 접근할 수 있다.

12.11 사례 연구: FigureCanvas 클래스

 키포인트

이 사례 연구는 다양한 그림을 그리기 위해 FigureCanvas *클래스를 개발한다.*

FigureCanvas 클래스는 사용자가 그림 유형을 설정하고, 그림의 채움 여부를 지정하며, 캔버스에 그림을 그리도록 해준다. 그림 12.14는 선, 사각형, 타원, 원호를 그릴 수 있는 FigureCanvas 클래스에 대한 UML 다이어그램을 보여준다. figureType 속성은 어떤 그림을 그릴지를 결정한다. filled 속성이 True이면, 사각형, 타원, 원호 등의 도형이 지정된 색상으로 채워진다.

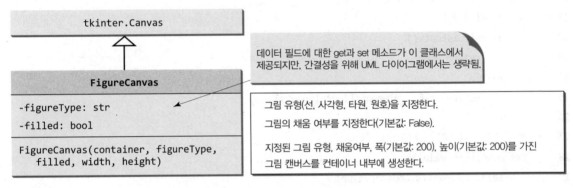

[그림 12.14] FigureCanvas 클래스는 판넬 위에 다양한 형태의 그림을 그려준다.

위 UML 다이어그램은 FigureCanvas 클래스에 대한 설계도를 제공한다. 사용자는 FigureCanvas 클래스가 어떻게 구현되는지 알 필요 없이 FigureCanvas 클래스를 사용할 수 있다. 그림 12.15에서 볼 수 있듯이, 판넬에 7개의 그림을 출력하는 프로그램(코드 12.14)을 작성하는 것부터 시작해 보자.

코드12.14   DisplayFigures.py

```
1   from tkinter import * # tkinter의 모든 정의를 임포트한다.
2   from FigureCanvas import FigureCanvas
3
4   class DisplayFigures:
5       def __init__(self):
6           window = Tk() # 윈도우를 생성한다.
7           window.title("도형 출력하기") # 윈도우의 제목을 설정한다.
8
9           figure1 = FigureCanvas(window, "line", width = 100, height = 100)
10          figure1.grid(row = 1, column = 1)
```

```
11          figure2 = FigureCanvas(window, "rectangle", False, 100, 100)
12          figure2.grid(row = 1, column = 2)
13          figure3 = FigureCanvas(window, "oval", False, 100, 100)
14          figure3.grid(row = 1, column = 3)
15          figure4 = FigureCanvas(window, "arc", False, 100, 100)
16          figure4.grid(row = 1, column = 4)
17          figure5 = FigureCanvas(window, "rectangle", True, 100, 100)
18          figure5.grid(row = 1, column = 5)
19          figure6 = FigureCanvas(window, "oval", True, 100, 100)
20          figure6.grid(row = 1, column = 6)
21          figure7 = FigureCanvas(window, "arc", True, 100, 100)
22          figure7.grid(row = 1, column = 7)
23
24      window.mainloop() # 이벤트 루프를 생성한다.
25
26  DisplayFigures() # GUI를 생성한다.
```

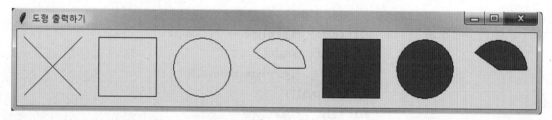

[**그림 12.15**] 7개의 FigureCanvas 객체가 7개의 그림을 그리기 위해 생성된다.

코드 12.15는 FigureCanvas 클래스의 구현을 보여준다. 네 가지 유형의 그림이 figureType 속성에 따라 그려진다(라인 26-34).

코드 12.15   FigureCanvas.py

```
1   from tkinter import * # tkinter의 모든 정의를 임포트한다.
2
3   class FigureCanvas(Canvas):
4       def __init__(self, container, figureType, filled = False,
5                   width = 100, height = 100):
6           super().__init__(container,
7           width = width, height = height)
8           self.__figureType = figureType
9           self.__filled = filled
10          self.drawFigure()
```

```
11
12      def getFigureType(self):
13          return self.__figureType
14
15      def getFilled(self):
16          return self.__filled
17
18      def setFigureType(self, figureType):
19          self.__figureType = figureType
20          self.drawFigure()
21
22      def setFilled(self, filled):
23          self.__filled = filled
24          self.drawFigure()
25
26      def drawFigure(self):
27          if self.__figureType == "line":
28              self.line()
29          elif self.__figureType == "rectangle":
30              self.rectangle()
31          elif self.__figureType == "oval":
32              self.oval()
33          elif self.__figureType == "arc":
34              self.arc()
35
36      def line(self):
37          width = int(self["width"])
38          height = int(self["height"])
39          self.create_line(10, 10, width - 10, height - 10)
40          self.create_line(width - 10, 10, 10, height - 10)
41
42      def rectangle(self):
43          width = int(self["width"])
44          height = int(self["height"])
45          if self.__filled:
46              self.create_rectangle(10, 10, width - 10, height - 10,
47                                      fill = "red")
48          else:
49              self.create_rectangle(10, 10, width - 10, height - 10)
50
```

```
51      def oval(self):
52          width = int(self["width"])
53          height = int(self["height"])
54          if self.__filled:
55              self.create_oval(10, 10, width - 10, height - 10,
56                                  fill = "red")
57          else:
58              self.create_oval(10, 10, width - 10, height - 10)
59
60      def arc(self):
61          width = int(self["width"])
62          height = int(self["height"])
63          if self.__filled:
64              self.create_arc(10, 10, width - 10, height - 10,
65                          start = 0, extent = 145, fill = "red")
66          else:
67              self.create_arc(10, 10, width - 10, height - 10,
68                          start = 0, extent = 145)
```

FigureCanvas 클래스는 Canvas 위젯을 확장한다(라인 3). 따라서 FigureCanvas 는 일종의 캔버스이며, 캔버스를 사용하는 것처럼 FigureCanvas를 사용할 수 있다. 그림 유형, 그림의 채움 여부, 캔버스의 폭과 높이를 지정함으로써 FigureCanvas를 구성할 수 있다(라인 4-5).

FigureCanvas 클래스의 초기자는 Canvas 초기자를 호출하며(라인 6-7), figureType과 filled 속성을 설정한다(라인 8-9). 아울러, 그림을 그리기 위해 drawFigure 메소드를 호출한다(라인 10).

drawFigure 메소드는 figureType와 filled 속성에 기반하여 그림을 그린다(라인 26-34).

line, rectangle, ovel, arc 메소드는 선, 사각형, 타원, 원호를 그린다(라인 36-68).

주요용어

is-a 관계	상속
다중 상속	연관(association)
다형성	오버라이딩
동적 바인딩	집합(aggregation)
복합(composition)	

요약

1. 새로운 클래스는 기존 클래스로부터 파생될 수 있다. 이것을 *클래스 상속(class inheritance)*이라 한다. 새로운 클래스를 *서브 클래스(subclass), 자식 클래스(child class)*, 혹은 *확장 클래스(extended class)*라 한다. 기존 클래스를 *슈퍼 클래스(superclass), 부모 클래스(parent class)*, 혹은 *기본 클래스(base class)*라 한다.

2. 메소드 오버라이딩을 위해서는 서브 클래스의 메소드를 슈퍼 클래스의 메소드와 동일한 헤더를 사용하여 정의해야 한다.

3. object 클래스는 모든 파이썬 클래스의 루트 클래스이다. __str__()와 __eq__ (other) 메소드가 object 클래스에 정의되어 있다.

4. *다형성(polymorphism)*은 서브 클래스의 객체가 슈퍼 클래스 타입의 매개변수로 전달될 수 있다는 것을 의미한다. 동일한 이름의 메소드가 상속 계층의 여러 클래스에서 구현될 수 있다. 어떤 메소드가 호출될지는 실행시간에 결정된다. 이것을 *동적 바인딩(dynamic binding)*이라 한다.

5. isinstance 함수는 객체가 클래스의 인스턴스인지를 판별하기 위해 사용할 수 있다.

6. 클래스 사이의 관계로 *연관(association), 집합(aggregation), 복합(composition), 상속(inheritance)*이 있다.

프로그래밍 연습문제

12.2–12.6절

12.1 (Triangle 클래스) GeometircObject 클래스를 확장한 Triangle 클래스를 설계하시오. Triangle 클래스는 다음의 항목들을 포함해야 한다.

- 삼각형의 세 변을 나타내는 실수타입 데이터 필드인 side1, side2, side3
- 지정된 side1, side2, side3(기본값은 1.0)를 이용하여 삼각형을 만들어 주는 생성자
- side1, side2, side3 데이터 필드 모두에 대한 접근자 메소드
- 삼각형의 넓이를 반환하는 getArea() 메소드
- 삼각형의 둘레를 반환하는 getPerimeter() 메소드
- 삼각형의 설명을 문자열로 반환하는 __str__() 메소드

삼각형의 넓이 계산을 위한 수식은 프로그래밍 연습문제 2.14를 참조하시오.
__str__() 메소드는 다음과 같이 구현된다.

```
return "Triangle: side1 = " + str(side1) + "side2 = " +
    str(side2) + "side3 = " + str(side3)
```

Triangle과 GeometricObject 클래스에 관한 UML 다이어그램을 그리시오. 아울러, Triangle 클래스를 구현하시오. 사용자로부터 삼각형의 세 변의 값, 색상값, 삼각형 내부의 채움 여부를 나타내는 1 또는 0의 값을 입력받는 테스트 프로그램을 작성하시오. 이들 입력값을 이용하여 Triangle 객체를 생성하고 삼각형의 넓이, 둘레, 색상을 출력해야 한다. 또한 삼각형 내부가 색상으로 채워져 있는지의 여부를 True 혹은 False로 출력해야 한다.

**12.2 (Location 클래스) 2차원 리스트에서 최댓값 원소와 그 값의 위치를 찾는 Location 클래스를 설계하시오. 이 클래스는 최댓값 저장을 위한 maxValue, 2차원 리스트 내에서 최댓값 원소의 인덱스 저장을 위한 row와 column을 public 데이터 필드로 갖고 있어야 한다. row와 column은 정수 타입이고, maxValue는 실수 타입이다.

2차원 리스트에서 최댓값 원소의 위치를 반환하는 다음의 메소드를 작성하시오.

```
def Location locateLargest(a):
```

위 메소드의 반환값은 Location 인스턴스이다. 사용자로부터 2차원 리스트를 입력받고 이 리스트에서 최댓값 원소의 위치를 출력하는 테스트 프로그램을 작성하시오. 다음은 프로그램의 실행 예이다.

실행결과

리스트의 행과 열의 개수를 입력하시오: 3 4 ⏎Enter
0 번 행을 입력하시오: 23.5 35 2 10 ⏎Enter
1 번 행을 입력하시오: 4.5 3 45 3.5 ⏎Enter
2 번 행을 입력하시오: 35 44 5.5 12.6 ⏎Enter
최댓값 원소의 위치는 (1, 2)이고 최댓값은 45 입니다.

**12.3 (게임: ATM 기계) 프로그래밍 연습문제 7.3에서 만든 Account 클래스를 사용하여 ATM 기계를 시뮬레이션하시오. 계좌번호로 0, 1, …, 9를 갖는 10개의 계좌와 각 계좌당 초기 잔금으로 100,000원을 가진 리스트를 생성하시오. 시스템은 사용자로부터 하나의 계좌번호를 입력받고, 입력받은 계좌번호가 부정확하면 정확한 계좌번호를 입력하도록 사용자에게 요청한다. 정확한 계좌번호이면 다음의 실행 예와 같이 주메뉴를 보여준다. 주메뉴에서 사용자로부터 입력받을 직업 선택은 다음과 같다. 1은 잔액 확인을 나타낸다. 2는 출금을 나타낸다. 3은 예금을

나타낸다. 마지막으로 4는 종료를 나타낸다. 일단 종료되면, 시스템은 사용자로부터 다시 계좌번호를 입력받는다. 그래서 시스템이 일단 시작되면, 멈추지 않고 계속 실행된다.

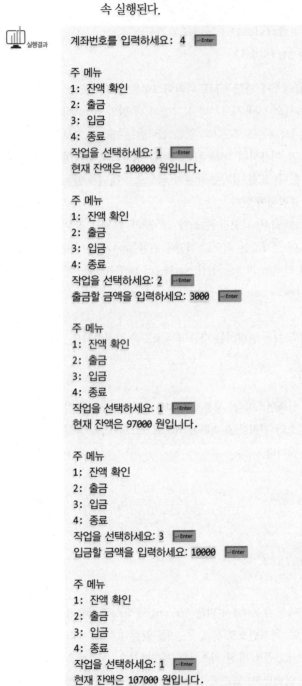

실행결과

계좌번호를 입력하세요: **4** ⏎ Enter

주 메뉴
1: 잔액 확인
2: 출금
3: 입금
4: 종료
작업을 선택하세요: 1 ⏎ Enter
현재 잔액은 100000 원입니다.

주 메뉴
1: 잔액 확인
2: 출금
3: 입금
4: 종료
작업을 선택하세요: **2** ⏎ Enter
출금할 금액을 입력하세요: **3000** ⏎ Enter

주 메뉴
1: 잔액 확인
2: 출금
3: 입금
4: 종료
작업을 선택하세요: 1 ⏎ Enter
현재 잔액은 97000 원입니다.

주 메뉴
1: 잔액 확인
2: 출금
3: 입금
4: 종료
작업을 선택하세요: **3** ⏎ Enter
입금할 금액을 입력하세요: **10000** ⏎ Enter

주 메뉴
1: 잔액 확인
2: 출금
3: 입금
4: 종료
작업을 선택하세요: 1 ⏎ Enter
현재 잔액은 107000 원입니다.

주 메뉴
1: 잔액 확인

2: 출금
3: 입금
4: 종료
작업을 선택하세요: 4

계좌번호를 입력하세요.

*12.4 (기하: 한정 직사각형 찾기) 한정 직사각형(bounding rectangle)은 그림 12.16
에서 볼 수 있듯이, 2차원 평면에서 주어진 점들을 감싸는 최소 사각형을 의미한
다. 2차원 평면에 주어진 점들에 대한 한정 직사각형을 반환하는 다음의 메소드
를 작성하시오.

def getRectangle(points):

프로그래밍 연습문제 8.19에서 Rectangle2D 클래스를 정의했다. 사용자로부터
한 행에 x1, y1, x2, y2, x3, y3, …과 같이 점들을 입력받고, 한정 직사각형의 중
심, 폭, 높이를 출력하는 테스트 프로그램을 작성하시오. 다음은 프로그램의 실
행 예이다.

점을 입력하세요: 1.0 2.5 3 4 5 6 7 8 9 10
한정 직사각형의 중심은 (5.0, 6.25) 이고 폭은 8.0 그리고 높이는 7.5 입니다.

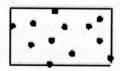

[그림 12.16] 점들이 사각형 내부로 감싸져 있다.

12.7–12.11절

*12.5 (게임: 틱-택-토) 틱-택-토(tic-tac-toe) 게임을 플레이하는 프로그램을 작성
하시오. 2명의 플레이어가 각 셀마다 하나의 토큰(X 혹은 O)을 가진 3 × 3 격자
내에 가능한 셀을 교대로 클릭한다. 어떤 플레이어가 그 격자 위에 수평, 수직,
혹은 대각선 줄로 동일한 세 개의 토큰을 놓을 때, 게임은 끝나고 그 플레이어가
승리한다. 격자 내의 모든 셀들이 토큰으로 채워지고 어느 플레이어도 승리하지
못할 때, 승자 없이 비긴다. 그림 12.17은 실행 예를 보여준다.

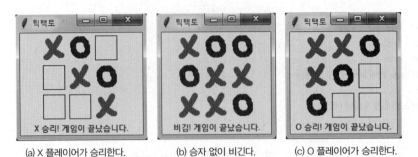

(a) X 플레이어가 승리한다.　　　　　(b) 승자 없이 비긴다.　　　　　(c) O 플레이어가 승리한다.

[그림 12.17] 2명의 플레이어가 틱-택-토 게임을 플레이한다.

모든 셀들은 초기에 비어 있고 첫 번째 플레이어가 X 토큰을 놓으면 두 번째 플레이어는 O 토큰을 놓는다고 가정한다. 한 셀을 토큰으로 표시하기 위해, 플레이어는 마우스를 셀에 놓고 클릭한다. 셀이 비어 있으면, 토큰(X 혹은 O)이 출력된다. 셀이 이미 채워져 있으면, 이미 토큰이 표시되어 있으므로 무시된다.

토큰을 출력하고 버튼-클릭(button-click) 이벤트에 반응하도록 Label을 확장한 맞춤형 Cell 클래스를 정의하시오. 이 클래스는 세 개의 값(' ', X, O) 중 하나를 갖는 토큰 데이터 필드를 포함하고 있어야 한다. 토큰 데이터 필드의 값은 토큰이 현재 셀을 점유하고 있고 어떤 토큰이 셀에 사용되었는지를 나타낸다.

세 개의 이미지 파일을 cs.armstrong.edu/liang/py/book.zip의 image 폴더에서 얻을 수 있다. X, O, 빈 셀을 출력하기 위해 이들 세 개의 이미지 파일을 사용하라.

*12.6 (Tkinter: 두 원의 교차?) 프로그래밍 연습문제 8.18에서 정의한 Circle2D를 사용하여, 사용자가 어떤 원의 내부를 마우스로 누른 상태에서 그것을 드래그할 수 있는 프로그램을 작성하시오. 원을 드래그하면서 두 원의 교차 여부를 그림 12.18과 같이 출력한다.

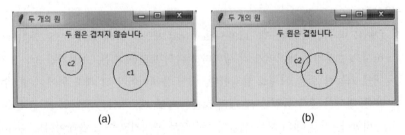

(a)　　　　　　　　　　　　　　　(b)

[그림 12.18] 두 원의 교차 여부를 검사한다.

**12.7 (Tkinter: 두 사각형의 교차?) 프로그래밍 연습문제 8.19에서 정의한 Rectangle2D 클래스를 사용하여, 사용자가 어떤 사각형의 내부를 마우스로 누른 상태에서 그것을 드래그할 수 있는 프로그램을 작성하시오. 사각형을 드래그하면서 두 사각형의 교차 여부를 그림 12.19와 같이 출력한다.

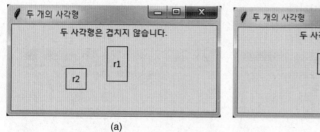
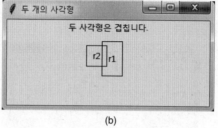

[그림 12.19] 두 사각형의 교차 여부를 검사한다.

**12.8 (Tkinter: 두 원의 교차?) 프로그래밍 연습문제 8.18에서 정의한 Circle2D 클래스를 사용하여, 사용자로부터 두 원의 중심 좌표와 반지름을 입력받고 그림 12.20과 같이 원의 교차 여부를 출력하는 프로그램을 작성하시오. 사용자가 원의 내부를 마우스로 누른 상태에서 그 원을 드래그할 수 있어야 한다. 원을 드래그하면서 프로그램은 텍스트 필드에 원의 중심 좌표와 반지름을 갱신한다.

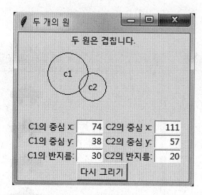

[그림 12.20] 두 원의 교차 여부를 검사한다.

**12.9 (Tkinter: 두 사각형의 교차?) 프로그래밍 연습문제 8.19에서 정의한 Rectangle2D 클래스를 사용하여, 사용자로부터 두 사각형의 위치와 크기를 입력 받고 그림 12.21과 같이 사각형의 교차 여부를 출력하는 프로그램을 작성하시오. 사용자가 사각형의 내부를 마우스로 누른 상태에서 그 사각형을 드래그할 수 있어야 한다. 사각형을 드래그하면서 프로그램은 텍스트 필드에 사각형의 중심 좌표, 폭, 높이를 갱신한다.

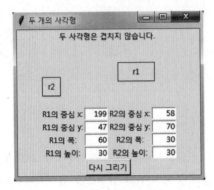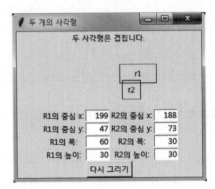

[그림 12.21] 두 사각형의 교차 여부를 검사한다.

**12.10 (Tkinter: 네 대의 자동차) 그림 12.22와 같이 자동차 네 대의 경주를 시뮬레이션 하는 프로그램을 작성하시오. 자동차를 그리기 위해 Canvas의 서브 클래스를 정의해야 한다.

[그림 12.22] 자동차 경주를 시뮬레이션한다.

**12.11 (Tkinter: 생일 맞히기) 코드 4.3의 GuessBirthday.py는 생일을 추측하기 위한 프로그램이다. 이 프로그램을 참조하여, 그림 12.23에서 보는 바와 같이 생일 맞히기 프로그램을 재작성하시오. 이 프로그램은 사용자로부터 5가지 집합 중에 날짜가 있는지를 체크하도록 하며, 사용자가 생일 맞히기 버튼을 클릭하면 메시지 박스에 날짜를 출력하도록 한다.

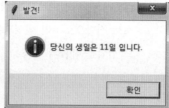

[그림 12.23] 이 프로그램은 생일을 알아맞힌다.

*12.12 (Tkinter: 시계 그룹) 그림 12.24에서 볼 수 있듯이, 네 개의 시계를 출력하는 프로그램을 작성하시오.

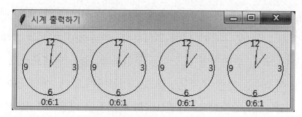

[그림 12.24] 이 프로그램은 네 개의 시계를 출력한다.

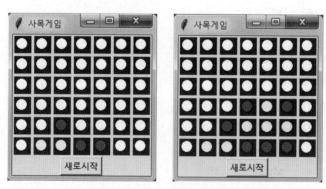

[그림 12.25] 이 프로그램은 두 플레이어가 사목 게임을 플레이할 수 있다.

***12.13 (Tkinter: 사목 게임) 프로그래밍 연습문제 11.20에서 두 플레이어가 콘솔 상에서 플레이하는 사목 게임을 만들었다. 그림 12.25에서 볼 수 있듯이, GUI 프로그램을 사용하여 사목 게임을 재작성하시오. 이 프로그램은 두 플레이어가 번갈아가며 빨간색과 노란색 디스크를 셀에 놓을 수 있도록 한다. 셀에 디스크를 놓기 위해 플레이어는 가능한 셀을 클릭해야 한다. 여기서, *가능한 셀(available cell)*이란 점유되지 않은 셀로서 이 셀의 아래쪽 이웃은 점유된 상태를 의미한다. 플레이어가 승리하면 네 개의 승리 셀을 반짝이게 하고, 승자 없이 모든 셀이 점유된다면 승자가 없음을 보여준다.

**12.14 (Tkinter: 만델브로트 프랙탈) 만델브로트 프랙탈(Mandelbrot fractal)은 만델브로트 집합으로부터 생성되는 이미지이다(그림 12.26(a)를 참고하시오). 만델브로트 집합은 다음의 반복을 사용하여 정의된다.

$$z_{n+1} = z_n^2 + c$$

여기서, c는 복소수이며, 위 반복은 $z_0 = 0$부터 시작한다(복소수에 관한 자세한 사항은 프로그래밍 연습문제 8.21을 참조하라). 주어진 c에 대해서 위 반복은 연속적인 복소수 값인 $[z_0, z_1, \cdots, z_n, \cdots]$를 생성한다. 이 복소수 값은 c 값에 따라 무한하거나(반복 패턴이 없거나) 유한할 수 있다(반복 패턴이 있다). 예를 들어, c가 0이면, 연속적인 복소수는 $[0, 0, \cdots]$가 되고 유한하다. c가 i이면, $[0, i, -1+i, -i, -1+i, i, \cdots]$가 되며 유한하다. c가 $1+i$이면, $[0, 1+i, 1+3i, \cdots]$가 되며 무한하다. 연속적인 복소수 값에서 z_i의 절댓값이 2보다 크면, 연속적인 복소수는 무한하게 된다. 만델브로트 집합은 유한한 연속적인 복소수를 만들어 주는 c값으로 이루어져 있다. 예를 들어, 0과 i는 만델브로트 집합 내에 존재한다. 만델브로트 이미지는 다음 코드를 사용하여 생성될 수 있다.

```
1  COUNT_LIMIT = 60
2
3  # 캔버스에 만델브로트 이미지를 그린다.
4  def paint():
5      x = -2.0
6      while x < 2.0:
7          y = -2.0
8          while y < 2.0:
9              c = count(complex(x, y))
10             if c == COUNT_LIMIT:
11                 color = "red" # c는 만델브로트 집합 중에 하나이다.
12             else:
13                 # c에 따라 RRGGBB에 대한 16진수 값을 구한다.
14                 color = "#RRGGBB"
15
16             # 지정된 색상으로 작은 사각형을 채운다.
17             canvas.create_rectangle(x * 100 + 200, y * 100 + 200,
18                 x * 100 + 200 + 5, y * 100 + 200 + 5, fill = color)
```

```
19              y += 0.05
20           x += 0.05
21
22  # 반복 횟수를 반환한다.
23  def count(c):
24      z = complex(0, 0) # z0
25
26      for i in range(COUNT_LIMIT):
27          z = z * z + c # z1, z2, … 을 구한다.
28          if abs(z) > 2: return i # 연속적인 복소수가 무한하다.
29
30      return COUNT_LIMIT # 연속적인 복소수가 유한하다는 것을 나타낸다.
```

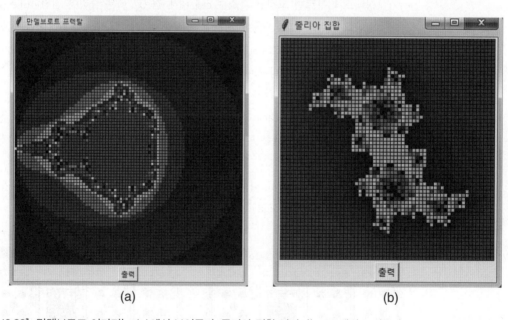

(a)   (b)

[그림 12.26] 만델브로트 이미지는 (a)에서 보여주며, 줄리아 집합 이미지는 (b)에서 보여준다.

count(c) 함수(라인 23-28)는 z_1, z_2, …, z_{60} 을 계산한다. 이들의 절댓값 중에
어떤 것도 2를 초과하지 않으면, c는 만델브로트 집합 내에 존재한다고 가정한
다. 물론, 오류가 있을 가능성도 있지만, 60회(COUNT_LIMIT) 반복으로 충분하다.
일단 연속적인 복소수가 무한하다라는 것을 발견하면, 이 함수는 현재 반복 횟수
를 반환한다(라인 28). 연속적인 복소수가 유한하다면, 이 함수는 COUNT_LIMIT
를 반환한다(라인 30).

라인 6-20의 루프는 $-2 < x < 2$이고 $-2 < y < 2$에 대해서 간격 0.01을 가진 각 점 (x, y)에 해당하는 복소소 $c = x + yi$가 만델브로트 집합 내에 존재하는지를 알아보기 위해 각 점을 검사한다. 하나의 점이 만델브로트 집합 내에 존재한다면, 그 점을 빨간색으로 색칠한다(라인 11). 그렇지 않으면, 반복 횟수에 따라 각기 다른 색상으로 색칠한다(라인 14). 각 점은 폭과 높이가 각각 5인 정사각형이다. 모든 점들은 400×400 픽셀 격자로 확대되고 매핑된다(라인 17-18). 그림 12.26(a)와 같이 만델브로트 이미지를 그리기 위한 프로그램을 완성하시오.

**12.15 (Tkinter: 줄리아 집합) 이전 프로그래밍 연습문제는 만델브로트 프랙탈에 대해서 설명하였다. 만델브로트 집합은 고정 값인 z_0와 변동 값인 c에 대해 연속적인 복소소 $z_{n+1} = z_n^2 + c$를 한정시킬 수 있는 복소소 c 값으로 이루어져 있다. c를 고정시키고 $z_0(= x + yi)$ 값을 변동시킨 경우, 함수 $z_{n+1} = z_n^2 + c$가 한정된 상태로 머무르면 고정된 복소소 c에 대해 점 (x, y)은 줄리아 집합(Julia set)에 있다고 말한다. 그림 12.26(b)처럼 줄리아 집합을 그리는 프로그램을 작성하시오. 고정된 c값($-0.3 + 6i$)을 사용하여 프로그래밍 연습문제 12.14의 count 메소드만을 수정해야 함에 주목하자.

*12.16 (상속을 사용하여 Stack 구현하기) 코드 12.13은 복합을 사용하여 Stack 클래스를 구현하였다. list를 확장한 상속을 사용하여 새로운 Stack 클래스를 정의하시오.

새로운 클래스의 UML 다이어그램을 그리시오. 사용자로부터 5개의 문자열을 입력받고 그것을 역순으로 출력하는 테스트 프로그램을 작성하시오.

[그림 12.27] 프로그램은 24점 게임의 정답이 존재하면 자동으로 찾을 수 있다.

***12.17 (Tkinter: 24점 카드 게임) 그림 12.27에서 볼 수 있듯이, 컴퓨터가 24점 게임의 정답을 출력할 수 있도록 프로그래밍 연습문제 10.39를 개선시켜라. 24점이 되지 않으면, 답이 없음을 출력하라.

**12.18 (Tkinter: BarChart 클래스) 막대 차트가 출력되도록 Canvas를 확장한 BarChart
클래스를 개발하시오.

BarChart(parent, data, width = 400, height = 300)

여기서, data는 리스트이고 리스트의 각 원소는 막대 차트 내의 각 막대의 제목
과 색상으로 이루어진 중첩 리스트(nested list)이다. 예를 들어, data = [[40,
"CS", "red"], [30, "IS", "blue"], [[50, "IT", "yellow"]]에 대한 막
대 차트는 그림 12.28의 왼쪽 부분에서 볼 수 있다. data = [[140, "1학년",
"red"], [130, "2학년", "blue"], [150, "3학년", "yellow"], [80, "4학
년", "green"]]에 대한 막대 차트는 그림 12.28의 오른쪽 부분에서 볼 수 있다.
그림 12.28와 같은 막대 차트를 출력하는 테스트 프로그램을 작성하시오.

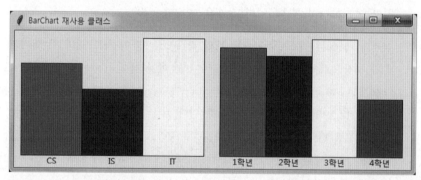

[그림 12.28] 이 프로그램은 막대 차트의 출력을 위해 BarChart 클래스를 사용한다.

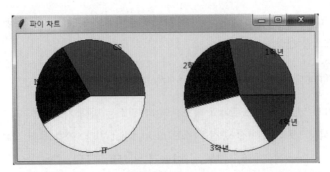

[그림 12.29] 이 프로그램은 파이 차트의 출력을 위해 PieChart 클래스를 사용한다.

**12.19 (Tkinter: PieChart 클래스) 다음 생성자를 이용하여 파이 차트를 출력하도록 Canvas를 확장한 PieChart 클래스를 개발하시오.

PieChart(parent, data, width = 400, height = 300)

여기서, data는 리스트이고 리스트의 각 원소는 파이 차트 내의 각 쐐기의 제목과 색상으로 이루어진 중첩 리스트이다. 예를 들어, data = [[40, "CS", "red"], [30, "IS", "blue"], [[50, "IT", "yellow"]]에 대한 파이 차트는 그림 12.29의 왼쪽 부분에서 볼 수 있다. data = [[140, "1학년", "red"], [130, "2학년", "blue"], [150, "3학년", "yellow"], [80, "4학년", "green"]]에 대한 파이 차트는 그림 12.29의 오른쪽 부분에서 볼 수 있다. 그림 12.29와 같은 파이 차트를 출력하는 테스트 프로그램을 작성하시오.

**12.20 (Tkinter: RegularPolygonCanvas 클래스) n개의 변을 갖는 정다각형의 내부 색칠을 위해 Canvas의 서브 클래스인 RegularPolygonCanvas를 정의하시오. 이 클래스는 정다각형의 변의 개수를 지정하는 numberOfSides 속성을 가진다. 정다각형을 캔버스 중앙에 위치하도록 있고, 정다각형의 크기는 캔버스의 크기에 비례하여 변하도록 한다. RegularPolygonCanvas로부터 삼각형, 사각형, 오각형, 육각형, 칠각형, 팔각형을 생성하고 그림 12.30처럼 이들을 출력하시오.

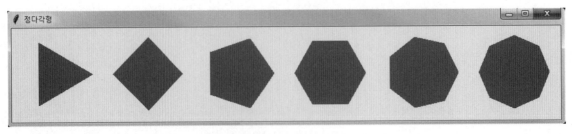

[그림 12.30] 이 프로그램은 n개의 변을 갖는 정다각형들을 출력한다.

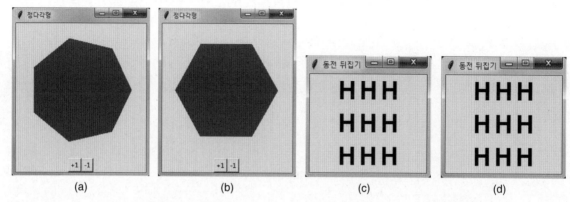

[그림 12.31] (a)-(b) 정다각형의 변의 개수를 증가 혹은 감소시키기 위해 +1 혹은 −1 버튼을 클릭한다. (c)-(d) 이 프로그램은 사용자가 셀을 클릭하면 동전이 뒤집어진다.

*12.21 (Tkinter: n개의 변을 갖는 정다각형 출력하기) 프로그래밍 연습문제 12.20에서 n개의 변을 갖는 정다각형의 출력을 위해 RegularPolygonCanvas 서브 클래스를 개발하였다. 그림 12.31(a)−(b)에서 볼 수 있듯이, 정다각형을 출력하고 정다각형의 변의 개수가 증가 혹은 감소될 수 있도록 +1(증가)과 −1(감소)을 가진 두 버튼을 가진 프로그램을 작성하시오. 또한 사용자가 마우스 왼쪽이나 오른쪽 버튼을 클릭하거나 *UP*이나 *DOWN* 방향키를 누르면, 정다각형의 변의 개수가 증가되거나 감소되도록 해야 한다.

*12.22 (동전 뒤집기) 그림 12.31(c)−(d)에서 볼 수 있듯이, 9개 동전 각각에 대해서 앞면 (H)과 뒷면(T)을 출력하는 프로그램을 작성하시오. 셀을 클릭할 때마다 동전은 뒤집어진다. Label을 확장한 맞춤형 Cell 클래스를 작성하시오. 이 클래스의 초기자에서 동전 뒤집기용 메소드를 <Button-1> 이벤트와 바인딩해야 한다. 프로그램이 시작될 때, 모든 셀들은 초기 상태가 H로 표시된다.

파일과 예외 처리

파일과 예외 처리

학습 목표

- 데이터 읽기 및 쓰기를 위해 open 함수를 사용하여 파일을 열 수 있다(13.2.1절).

- file 객체의 write 메소드를 사용하여 파일에 데이터를 기록할 수 있다(13.2.2절).

- os.path.isfile 함수를 사용하여 파일이 존재하는지 검사할 수 있다(13.2.3절).

- 파일 객체의 read, readline, readlines 메소드를 사용하여 파일에서 데이터를 읽을 수 있다 (13.2.4–13.2.5절).

- append 모드로 파일을 열어 파일에 데이터를 추가할 수 있다(13.2.6절).

- 숫자 데이터를 읽고 기록할 수 있다(13.2.7절).

- 데이터 읽기 및 쓰기에 사용할 파일 이름을 얻기 위한 열기 및 쓰기 파일 다이얼로그를 표시할 수 있다(13.3절).

- 파일을 이용한 애플리케이션을 개발할 수 있다(13.4절).

- 웹자원으로부터 데이터를 읽을 수 있다(13.5절).

- try, except 및 finally 절을 사용하여 예외를 처리할 수 있다(13.6절).

- raise 명령문을 사용하여 예외를 발생시킬 수 있다(13.7절).

- 파이썬의 내장 예외 클래스를 자유롭게 사용할 수 있다(13.8절).

- 핸들러의 예외 객체에 접근할 수 있다(13.8절).

- 사용자 정의 예외 클래스를 생성할 수 있다(13.9절).

- pickle 모듈의 load와 dump 함수를 사용하여 이진 IO를 수행할 수 있다(13.10절).

- 이진 IO를 사용하여 주소록을 생성할 수 있다(13.11절).

CHAPTER 13

파일과 예외 처리

13.1 들어가기

데이터를 영구적으로 저장하기 위해 파일을 사용할 수 있다. 프로그램을 안정적이고 강력하게 만들기 위해 예외 처리를 할 수 있다.

프로그램에서 사용되는 데이터는 임시적이다. 데이터가 명확하게 저장되지 않는다면, 프로그램이 종료될 때 데이터는 소멸된다. 프로그램에서 생성된 데이터를 영구적으로 저장하기 위해, 데이터를 디스크나 다른 영구 저장장치에 저장할 필요가 있다. 파일은 추후에 다른 프로그램에 의해 전송되어 읽혀질 수 있다. 이번 장에서 여러분은 어떻게 파일로부터 데이터를 읽고 파일에 데이터를 저장하는지 학습한다.

프로그램이 파일로부터 데이터를 읽으려고 시도할 때, 파일이 존재하는 않는다면 어떤 일이 발생하는가? 프로그램은 갑작스럽게 종료될 것이다. 이 장에서는 우리는 이러한 예외를 처리하여 프로그램이 계속 실행될 수 있도록 프로그램을 작성하는 방법 또한 학습할 것이다.

13.2 텍스트 입력과 출력

데이터를 파일로부터 읽거나 파일에 쓰기 위해서는 open 함수를 사용하여 파일 객체를 생성한 후 객체의 read와 write 메소드를 사용한다.

파일은 파일 시스템(file system)에서 디렉터리 내에 위치한다. *절대 파일명 (absolute filename)*은 파일명과 함께 완전한 경로와 드라이브 문자를 포함한다. 예를 들어 c:\pybook\Scores.txt는 윈도우 운영체제에서 Scores.txt 파일의 절대 파일명이다. 여기서 c:\pybook은 파일의 *디렉터리 경로(directory path)*를 나타낸다. 절대 파일명은 컴퓨터 종류에 따라 다르다. 유닉스(UNIX) 플랫폼에서는 /home/jaehwa/pybook 디렉터리 경로를 갖는 Scores.txt 파일의 절대 파일명은 /home/jaehwa/pybook/Scores.txt이다.

*상대 파일명(relative filename)*은 파일의 현재 작업 디렉터리와 관계한다. 완전한 디렉터리 경로는 상대 파일명에서는 생략된다. 예를 들어 Scores.py는 상

대 파일명이다. 만약에 현재 작업 디렉터리가 **c:\pybook**이면 절대 파일명은 **c:\pybook\Scores.py**가 된다.

파일은 텍스트 파일과 바이너리 파일로 구분된다. 윈도우에서 메모장이나 유닉스에서 vi와 같은 텍스트 편집기를 사용하여 처리(즉, 읽기, 생성 또는 수정하기)할 수 있는 파일을 *텍스트 파일(text file)*이라고 한다. 그 이외의 모든 파일을 *바이너리 파일(binary file)*이라고 한다. 예를 들어, 파이썬 소스 프로그램은 텍스트 파일에 저장되고 텍스트 편집기에 의해 처리된다. 반면 마이크로소프트 워드(Microsoft Word) 파일은 바이너리 파일로 저장되고 마이크로소프트 워드 프로그램에 의해 처리된다.

비록 기술적으로 정확하진 않지만, 텍스트 파일은 연속된 문자로 구성되고 바이너리 파일은 연속된 비트(bit)로 구성된다고 볼 수 있다. 텍스트 파일의 문자는 ASCII나 유니코드와 같은 문자 인코딩 체계를 사용하여 인코딩된다. 예를 들어, 10진수 정수 199는 텍스트 파일에 연속된 세 개의 문자 1, 9와 9로 저장되고, 바이너리 파일에서 같은 정수는 바이트 타입의 값 C7으로 저장된다. 이유는 10진수 199는 16진수 C7($199 = 12 \times 16^1 + 7$)과 같기 때문이다. 바이너리 파일의 장점은 텍스트 파일보다 처리가 보다 효율적이라는 것이다.

노트

컴퓨터는 바이너리 파일과 텍스트 파일을 구분하지 않는다. 모든 파일은 바이너리 형식으로 저장되기 때문에 모든 파일은 본질적으로 바이너리 파일이다. 텍스트 IO(입력과 출력)는 문자 인코딩과 디코딩을 위한 추상화 수준을 제공하기 위해 바이너리 IO에 기반한다. 이 절에서는 텍스트 파일로부터 문자열을 읽고 텍스트 파일에 문자열을 쓰는 방법을 소개한다. 바이너리 파일은 13.10절에서 소개된다.

13.2.1 파일 열기

어떻게 파일에 데이터를 기록하고 파일로부터 다시 데이터를 읽어오는가? 우선 물리적인 파일과 연결되어 있는 파일 객체를 생성하는 것이 필요하다. 이를 *파일 열기(opening a file)*라고 한다. 파일 열기의 문법 형식은 다음과 같다.

파일변수 = open(파일명, 모드)

open 함수는 **파일명**에 대한 파일 객체를 반환한다. **모드** 매개변수는 표 13.1과 같이 어떻게 파일이 사용(읽기 또는 쓰기)될지 지정하는 문자열이다.

〈표 13.1〉 파일 모드

모드	설명
"r"	파일을 읽기 용도로 연다.
"w"	새로운 파일을 쓰기 용도로 연다. 이미 파일이 존재하면 이전 내용은 모두 파괴된다.
"a"	파일의 끝에 데이터를 덧붙이기 용도로 파일을 연다.
"rb"	바이너리 데이터를 읽기 용도로 파일을 연다.
"wb"	바이너리 데이터를 쓰기 용도로 파일을 연다.

예를 들어, 다음 명령문은 현재 디렉터리에 있는 **Scores.txt**라는 파일을 읽기 용도로 연다.

```
input = open("Scores.txt", "r")
```

또한 윈도우에서 다음과 같이 절대 파일명을 사용하여 파일을 열 수 있다.

```
input = open(r"c:\pybook\Scores.txt", "r")
```

이 명령문은 **c:\pybook** 디렉터리에 있는 **Scores.txt** 파일을 읽기 용도로 연다. 절대 파일명 앞의 r 접두어는 문자열이 로우 스트링(*raw string*: 미가공 문자열)이라는 것을 지칭한다. 로우 스트링은 파이썬 인터프리터가 역슬래시 문자를 이스케이프 시퀀스가 아닌 문자 그대로 역슬래시로 취급하도록 한다. r 접두어가 없으면, 다음과 같이 이스케이프 시퀀스를 사용하여 명령문을 작성해야만 한다.

```
input = open("c:\\pybook\\Scores.txt", "r")
```

13.2.2 데이터 쓰기

open 함수는 _io.TextIOWrapper 클래스의 인스턴스인 파일 객체를 생성한다. 이 클래스는 다음 그림 13.1에서 보이는 바와 같이 데이터를 읽기와 쓰기, 및 파일 닫기를 위한 메소드를 포함한다.

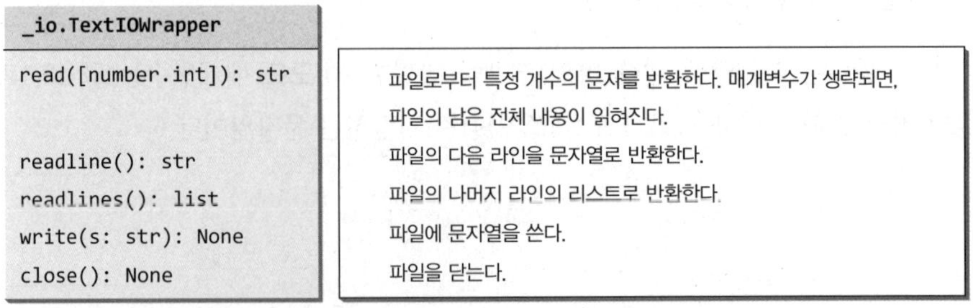

```
_io.TextIOWrapper

read([number.int]): str



readline(): str
readlines(): list
write(s: str): None
close(): None
```

파일로부터 특정 개수의 문자를 반환한다. 매개변수가 생략되면, 파일의 남은 전체 내용이 읽혀진다.
파일의 다음 라인을 문자열로 반환한다.
파일의 나머지 라인의 리스트로 반환한다.
파일에 문자열을 쓴다.
파일을 닫는다.

[그림 13.1] 파일 객체는 데이터를 읽고 쓰기 위한 메소드를 포함하고 있다.

데이터를 쓰기 위한 용도로 파일을 연 후, 파일에 문자열을 쓰는 write 메소드를 사용한다. 코드 13.1에서, 프로그램은 Lectures.txt 파일에 세 개의 문자열을 작성한다.

코드 13.1	WriteDemo.py

```
1  def main():
2      # 결과를 위해 파일을 연다.
3      outfile = open("Lectures.txt", "w")
4
5      # 파일에 데이터를 입력한다.
6      outfile.write("프로그래밍 언어\n")
7      outfile.write("자료구조\n")
8      outfile.write("데이터베이스")
9
10     outfile.close() # 결과 파일을 닫는다.
11
12  main() # main 함수를 호출한다.
```

프로그램은 데이터를 쓰기 위해 w 모드를 사용하여 Lectures.txt라는 파일을 연다(라인 3). 만약에 파일이 존재하지 않는다면, open 함수는 새로운 파일을 생성한다. 파일이 존재하는 경우에는 파일의 내용은 새로운 데이터로 덮어써진다. 이제 파일에 데이터를 기록할 수 있다.

파일이 읽기 또는 쓰기 모드로 열리면, *파일 포인터(file pointer)*라는 특수 표시자가 파일 내부에 위치한다. 읽기와 쓰기 작업은 이 포인터의 위치에서 수행된다. 파일이 열릴 때, 파일 포인터가 파일의 시작부분에 설정된다. 파일 읽기 또는 데이터 쓰기 시, 파일 포인터는 앞으로 이동한다.

WriteDemo 프로그램은 세 개의 문자열을 기록하기 위해 파일 객체의 write 메소드를 호출한다(라인 6-8). 그림 13.2는 각각의 쓰기 작업 후에 파일 포인터의 위치를 나타낸다.

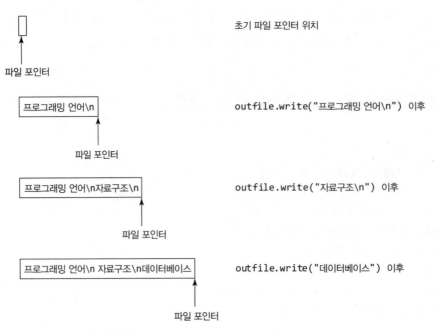

초기 파일 포인터 위치

파일 포인터

프로그래밍 언어\n   outfile.write("프로그래밍 언어\n") 이후

파일 포인터

프로그래밍 언어\n자료구조\n   outfile.write("자료구조\n") 이후

파일 포인터

프로그래밍 언어\n 자료구조\n데이터베이스   outfile.write("데이터베이스") 이후

파일 포인터

[그림 13.2] 파일에 3개의 문자열이 기록된다.

WriteDemo 프로그램은 데이터가 파일에 확실하게 기록되도록 파일을 닫는다 (라인 10). 프로그램이 실행된 후, 세 개의 과목명이 파일에 기록된다. 그림 13.3과 같이 텍스트 편집기에서 파일의 내용을 확인할 수 있다.

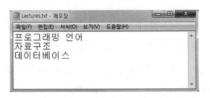

[그림 13.3] Lectures.txt 파일은 세 과목명을 포함한다.

노트
print(str)을 호출할 때, 함수는 문자열 출력 후에 자동적으로 개행 문자 \n을 삽입한다. 그러나 write 함수는 자동적으로 개행 문자를 삽입하지 않는다. 명시적으로 파일에 개행 문자를 써줘야 한다.

경고
이미 존재하는 파일을 쓰기 모드로 열면, 원본 파일의 내용은 새로운 텍스트로 파괴 또는 덮어써진다.

13.2.3 파일의 존재여부 검사하기

존재하는 파일의 데이터가 실수로 삭제되는 것을 방지하기 위해서, 파일을 쓰기 모드로 열기 전에 반드시 파일이 존재하는지 확인해야 한다. os.path 모듈의 isfile 함수가 파일이 존재하는지 검사하는 데 사용된다. 예를 들어

```python
import os.path
if os.path.isfile("Lectures.txt"):
    print("Lectures.txt가 존재합니다.")
```

isfile("Lectures.txt")는 Lectures.txt가 현재 디렉터리에 존재하면 True를 반환한다.

13.2.4 데이터 읽기

데이터를 읽기 용도로 파일을 연 후, read 메소드를 사용하여 특정 개수의 문자를 읽거나 파일의 모든 문자를 읽고 문자열로 반환한다. 또한 readline() 메소드를 사용하여 다음 행을 읽을 수 있고 readlines() 메소드를 사용하여 모든 행을 문자열을 리스트로 읽을 수 있다.

그림 13.3과 같이 파일 Lectures.txt는 세 개의 행을 포함하고 있다고 가정한다. 코드 13.2의 프로그램은 Lectures.txt로부터 데이터를 읽는다.

코드 13.2   ReadDemo.py

```python
1   def main():
2       # 입력을 위한 파일을 연다.
3       infile = open("Lectures.txt", "r")
4       print("(1) read() 사용하기: ")
5       print(infile.read())
6       infile.close() # 입력 파일을 닫는다.
7
8       # 입력을 위한 파일을 연다.
9       infile = open("Lectures.txt", "r")
10      print("\n(2) read(number) 사용하기: ")
11      s1 = infile.read(5)
12      print(s1)
13      s2 = infile.read(7)
14      print(repr(s2))
15      infile.close() # 입력 파일을 닫는다.
16
17      # 입력을 위한 파일을 연다.
18      infile = open("Lectures.txt", "r")
19      print("\n(3) readline() 사용하기: ")
20      line1 = infile.readline()
```

```
21      line2 = infile.readline()
22      line3 = infile.readline()
23      line4 = infile.readline()
24      print(repr(line1))
25      print(repr(line2))
26      print(repr(line3))
27      print(repr(line4))
28      infile.close() # 입력 파일을 닫는다.
29
30      # 입력을 위한 파일을 연다.
31      infile = open("Lectures.txt", "r")
32      print("\n(4) readlines() 사용하기: ")
33      print(infile.readlines())
34      infile.close() # 입력 파일을 닫는다.
35
36  main() # main 함수를 호출한다.
```

실행결과

(1) read() 사용하기:
프로그래밍 언어
자료구조
데이터베이스

(2) read(number) 사용하기:
프로그래밍
' 언어\n자료구'

(3) readline() 사용하기:
'프로그래밍 언어\n'
'자료구조\n'
'데이터베이스'
''

(4) readlines() 사용하기:
['프로그래밍 언어\n', '자료구조\n', '데이터베이스']

ReadDemo 프로그램은 우선 파일 객체 infile을 통해 데이터를 읽기 위해 r 모드로 파일 Lectures.txt를 읽는다(라인 3). infile.read() 메소드 호출은 파일에 존재하는 모든 문자를 읽고 문자열로 반환한다(라인 5). 파일을 닫는다(라인 6).

파일을 읽기 모드로 다시 연다(라인 9). 프로그램은 파일로부터 특정 개수의 문자를 읽기 위해 read(number) 메소드를 사용한다. infile.read(5) 호출은 5개의 문자를 읽고(라인 11), infile.read(7)은 7개의 문자를 읽는다(라인 13). repr(s)

함수는 s를 미가공 문자열로 반환하기 때문에 앞의 결과와 같이 이스케이프 시퀀스
가 문자 그대로 출력되도록 한다.

그림 13.4는 각각의 읽기 작업 후 파일 포인터의 위치를 나타낸다.

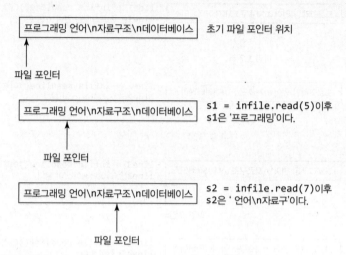

[그림 13.4] 파일로부터 문자를 읽은 만큼 파일 포인터가 앞으로 이동한다.

파일이 닫히고(라인 15) 읽기 모드로 다시 열린다(라인 18). ReadDemo 프로그
램은 한 줄을 읽는 readline() 메소드를 사용한다(라인 20). infile.readliine()
을 호출하면 \n으로 끝나는 한 라인을 읽는다. \n을 포함하여 한 라인의 모든 문자
가 읽힌다. 파일 포인터가 파일의 끝에 위치할 때, readline() 또는 read()가 호출
되면 공백 문자열 ''이 반환된다.

그림 13.5는 각각의 readline 메소드가 호출된 후 파일 포인터의 위치를 나타낸다.

파일이 닫히고(라인 28) 읽기 모드로 다시 열린다(라인 31). 프로그램은 모든 행
을 읽고 문자열의 리스트로 반환하는 readlines() 메소드를 사용한다. 리스트에서
각 문자열 항목은 파일의 한 행에 해당된다.

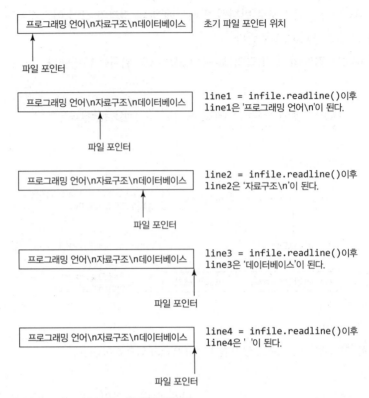

[그림 13.5] `readline()` 메소드는 한 행씩 읽는다.

13.2.5 파일로부터 모든 데이터 읽기

프로그램은 때때로 파일로부터 모든 데이터를 읽어야 할 때가 있다. 이러한 작업을 수행하기 위한 일반적인 두 가지 접근방법은 다음과 같다.

1. 파일로부터 모든 데이터를 읽고 하나의 문자열로 반환하는 `read()` 메소드를 사용한다.
2. 모든 데이터를 읽고 문자열의 리스트로 반환하는 `readlines()` 메소드를 사용한다.

이 두 접근방법은 간단하면서 작은 파일에 적합하다. 그러나 파일의 크기가 매우 커서 모든 내용이 메모리에 저장될 수 없으면 어떤 일이 발생하는가? 이러한 경우 다음과 같은 루프를 작성하여 파일에 끝에 다다를 때까지 한 번에 한 행씩 읽고, 처리하고 다음 행을 계속해서 읽는다.

```
line = infile.readline() # 한 행을 읽는다.
while line != '':
    # 여기서 읽은 행을 처리한다 ...
```

```
          # 다음 행을 읽는다
          line = infile.readline()
```

프로그램이 파일에 끝에 다다르면 readline()은 공백문자열(' ')을 반환한다는 것에 주의한다. 파이썬은 또한 다음과 같이 for 루프를 사용하여 모든 행을 읽을 수 있는 방법을 제공한다.

```
     for line in infile:
          # 여기서 읽은 행을 처리한다 ...
```

for 루프를 사용하는 것은 while 루프를 사용하는 것보다 훨씬 간편하다. 코드 13.3은 프로그램이 원본 파일로부터 대상 파일에 데이터를 복사하고 파일의 라인 수과 문자수를 계산한다.

코드 13.3   CopyFile.py

```
1   import os.path
2   import sys
3
4   def main():
5       # 사용자로부터 파일이름을 입력받는다.
6       f1 = input("원본 파일을 입력하세요: ").strip()
7       f2 = input("대상 파일을 입력하세요: ").strip()
8
9       # 대상 파일이 존재하는지 검사한다.
10      if os.path.isfile(f2):
11          print(f2 + " 이미 존재하는 파일입니다.")
12          sys.exit()
13
14      # 입력 및 결과 파일을 연다.
15      infile = open(f1, "r")
16      outfile = open(f2, "w")
17
18      # 입력 파일에서 결과 파일로 복사한다.
19      countLines = countChars = 0
20      for line in infile:
21          countLines += 1
22          countChars += len(line)
23          outfile.write(line)
24      print(countLines, "개 행과", countChars, "개 문자가 복사되었습니다")
25
```

```
26        infile.close() # 입력 파일을 닫는다.
27        outfile.close() # 결과 파일을 닫는다.
28
29  main() # main 함수를 호출한다.
```

원본 파일을 입력하세요: `input.txt` `↵Enter`
대상 파일을 입력하세요: `output1.txt` `↵Enter`
output1.txt 이미 존재하는 파일입니다.

원본 파일을 입력하세요: `input.txt` `↵Enter`
대상 파일을 입력하세요: `output2.txt` `↵Enter`
3 개의 행과 73 개의 문자가 복사되었습니다.

Copyfile 프로그램은 사용자로부터 원본 파일 f1과 대상 파일 f2를 입력받고(라인 6-7) f2가 이미 존재하는지 검사한다(라인 10-12). 만약에 존재하면, 파일이 이미 존재한다는 메시지를 출력하고(라인 11) 종료한다(라인 12). 만약에 존재하지 않는다면, 프로그램은 입력을 위한 파일 f1과 출력을 위한 파일 f2를 연다(라인 15-16). 그런 후 프로그램은 파일 f1으로부터 for 루프를 사용하여 한 행씩 읽고 파일 f2에 각각의 행을 쓴다(라인 20-23). 프로그램은 파일로부터 읽은 라인의 개수와 문자의 개수를 계산한다(라인 21-22). 파일이 정확하게 처리되도록 파일이 처리된 후에 파일을 닫는다(라인 26-27).

13.2.6 데이터 추가하기

존재하는 파일의 끝에 데이터를 덧붙이기 위해서는 파일을 열 때 a 모드를 사용한다. 코드 13.4는 Info.txt라는 파일에 새로운 두 라인을 추가하는 예제를 제공한다.

코드 13.4 AppendDemo.py

```
1  def main():
2      # 데이터를 추가하기 위해 파일을 연다.
3      outfile = open("Info.txt", "a")
4      outfile.write("\n파이썬은 인터프리터 언어입니다.\n")
5      outfile.close() # 파일을 닫는다.
6
7  main() # main 함수를 호출한다.
```

AppendDemo 프로그램은 파일 객체 outfile을 통해 파일에 데이터를 추가하기 위해 a 모드를 사용하여 Info.txt 파일을 연다(라인 3). 기존 파일에 "프로그램은

재미있습니다."라는 문자열이 이미 포함되어 있다고 가정하자. 그림 13.6은 파일이
열린 후와 각각의 쓰기 작업 후의 파일 포인터 위치를 나타낸다. 파일이 열릴 때,
파일 포인터는 파일의 끝에 위치한다.

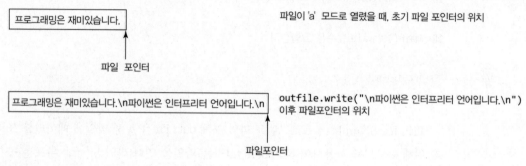

[그림 13.6] 데이터가 파일에 덧붙여진다.

  프로그램은 파일에 데이터가 정확하게 쓰이도록 보장하기 위해 파일을 닫는다
(라인 5).

13.2.7 숫자 데이터 쓰고 읽기

파일에 숫자를 쓰기 위해, 우선 숫자를 문자열로 변환한 후 파일에 쓰기 위해
write 메소드를 사용한다. 숫자를 정확하게 읽어오기 위해서는 숫자에서 " " 또는
\n과 같은 공백 문자를 분리해야 한다.

  코드 13.5에서 프로그램은 파일에 10개의 한 자리 랜덤 숫자를 작성하고 파일로
부터 다시 읽어온다.

코드 13.5　　WriteReadNumbers.py

```
1   from random import randint
2
3   def main():
4       # 데이터 쓰기 모드로 파일을 연다.
5       outfile = open("Numbers.txt", "w")
6       for i in range(10):
7           outfile.write(str(randint(0, 9)) + " ")
8       outfile.close() # 파일을 닫는다.
9
10      # 데이터 읽기 모드로 파일은 연다.
11      infile = open("Numbers.txt", "r")
```

```
12      s = infile.read()
13      numbers = [eval(x) for x in s.split()]
14      for number in numbers:
15          print(number, end = " ")
16      infile.close() # 파일을 닫는다.
17
18   main() # main 함수를 호출한다.
```

실행결과

```
8 1 4 1 2 5 5 1 3 2
```

WriteReadNumbers 프로그램은 파일 객체 outfile을 통해 파일에 데이터를 쓰기 위해 w 모드를 사용하여 **Numbers.txt**라는 파일을 연다(라인 5). for 루프는 공으로 분리된 10개의 숫자를 파일에 기록한다(라인 6-7). 숫자는 파일에 쓰이기 전에 문자열로 변환된다는 것에 주목해야 한다.

프로그램은 출력 파일을 닫고(라인 8) 파일 객체 infile을 통해 데이터를 읽기 위한 r 모드를 사용하여 파일을 다시 연다(라인 11). read() 메소드는 모든 데이터를 문자열로 읽는다(라인 12). 숫자는 공백으로 분리되어 있기 때문에, 문자열의 split 메소드는 문자열을 분리하여 리스트로 변환한다(라인 13). 숫자는 리스트로부터 구해진 후 출력된다(라인 14-15).

체크 포인트

13.1 파일을 각각 읽기 위해, 쓰기 위해, 추가하기 위해 어떻게 여는가?

13.2 다음과 같은 명령문을 사용하여 파일 객체를 생성하는 것은 무엇이 문제인가?

```
infile = open("c:\book\test.txt", "r")
```

13.3 파일을 읽기 위해 열 때, 파일이 존재하지 않으면 어떤 일이 발생하는가? 쓰기 위해 파일을 열 때, 파일이 이미 존재하면 어떤 일이 발생하는가?

13.4 파일의 존재 여부를 어떻게 검사하는가?

13.5 파일로부터 30개의 문자를 읽기 위해서 어떤 메소드를 사용하는가?

13.6 모든 데이터를 문자열로 읽기 위해서 어떤 메소드를 사용하는가?

13.7 한 행을 읽기 위해서 어떤 메소드를 사용하는가?

13.8 모든 행을 리스트로 읽기 위해서 어떤 메소드를 사용하는가?

13.9 파일의 끝에서 read() 또는 readline()을 호출하면 프로그램은 실행시간 오류를 일으키는가?

13.10 데이터를 읽을 때, 파일에 끝에 도달했는지 어떻게 알 수 있는가?

13.11 파일에 데이터를 쓰기 위해 어떤 함수를 사용하는가?

13.12 프로그램에서 로우 스트링 리터럴을 어떻게 표시하는가?

13.13 어떻게 숫자 데이터를 쓰고 읽는가?

13.3 파일 다이얼로그

tkinter.filedialog 모듈은 '파일 열'기와 '다른이름으로 쓰기' 다이얼로그 박스를 출력하는 *askopenfilename*과 *asksaveasfilename* 함수를 포함한다.

키포인트

Tkinter는 다음과 같은 함수를 포함하는 `tkinter.filedialog` 모듈을 제공한다.

```
# 존재하는 파일을 열기 위한 파일 다이얼로그 박스를 출력한다.
filename = askopenfilename()


# 데이터 저장을 위해 파일을 지정하기 위한 파일 다이얼로그 박스를 출력한다.
filename = asksaveasfilename()
```

두 함수 모두 파일이름을 반환한다. 사용자에 의해 다이얼로그가 취소되면, 함수는 None을 반환한다. 다음은 이 두 함수를 사용한 예제이다.

```
1 from tkinter.filedialog import askopenfilename
2 from tkinter.filedialog import asksaveasfilename
3
4 filenameforReading = askopenfilename()
5 print(filenameforReading + "에서 읽을 수 있습니다.")
6
7 filenameforWriting = asksaveasfilename()
8 print(filenameforWriting + "에 데이터를 쓸 수 있습니다.")
```

이 코드를 실행하면, `askopenfilename()` 함수는 그림 13.7(a)와 같이 열 파일을 선택하기 위한 '파일 열기' 다이얼로그 박스를 출력한다. `asksaveasfilename()` 함수는 그림 13.7(b)와 같이 저장할 파일의 이름을 지정하기 위한 '다른 이름으로 쓰기' 다이얼로그를 출력한다.

(a)   (b)

[그림 13.7] askopenfilename() 함수는 '열기' 다이얼로그를 출력(a)하고 asksaveasfilename() 함수는 '다른 이름으로 저장' 다이얼로그를 출력(b)한다.

이제 그림 13.8과 같이 메뉴, 툴바 버튼과 파일 다이얼로그를 사용한 간단한 텍스트 에디터를 만들어 보자. 에디터를 사용하여 사용자가 텍스트 파일을 열고 저장할 수 있다. 코드 13.6은 텍스트 에디터 프로그램을 제시하고 있다.

코드 13.6	FileEditor.py

```python
1   from tkinter import *
2   from tkinter.filedialog import askopenfilename
3   from tkinter.filedialog import asksaveasfilename
4
5   class FileEditor:
6       def __init__(self):
7           window = Tk()
8           window.title("간단한 텍스트 에디터")
9
10          # 메뉴바를 생성한다.
11          menubar = Menu(window)
12          window.config(menu = menubar) # 메뉴바를 출력한다.
13
14          # 풀다운 메뉴를 생성하고 메뉴바에 추가한다.
15          operationMenu = Menu(menubar, tearoff = 0)
16          menubar.add_cascade(label = "파일", menu = operationMenu)
17          operationMenu.add_command(label = "열기",
18              command = self.openFile)
19          operationMenu.add_command(label = "저장하기",
20              command = self.saveFile)
```

```
21
22              # 툴바 프레임을 추가한다.
23              frame0 = Frame(window) # 프레임을 생성하고 창에 추가한다.
24              frame0.grid(row = 1, column = 1, sticky = W)
25
26              # 이미지를 생성한다.
27              openImage = PhotoImage(file = "image/open.gif")
28              saveImage = PhotoImage(file = "image/save.gif")
29
30              Button(frame0, image = openImage, command =
31                  self.openFile).grid(row = 1, column = 1, sticky = W)
32              Button(frame0, image = saveImage,
33                  command = self.saveFile).grid(row = 1, column = 2)
34
35              frame1 = Frame(window) # 에디터 팬을 수용한다.
36              frame1.grid(row = 2, column = 1)
37
38              scrollbar = Scrollbar(frame1)
39              scrollbar.pack(side = RIGHT, fill = Y)
40              self.text = Text(frame1, width = 40, height = 20,
41                  wrap = WORD, yscrollcommand = scrollbar.set)
42              self.text.pack()
43              scrollbar.config(command = self.text.yview)
45              window.mainloop() # 이벤트 루프를 생성한다.
46
47      def openFile(self):
48              filenameforReading = askopenfilename()
49              infile = open(filenameforReading, "r")
50              self.text.insert(END, infile.read()) # 파일에서 모드 데이터를 읽는다.
51              infile.close() # 입력 파일을 닫는다.
52
53      def saveFile(self):
54              filenameforWriting = asksaveasfilename()
55              outfile = open(filenameforWriting, "w")
56              # 파일에 작성한다.
57              outfile.write(self.text.get(1.0, END))
58              outfile.close() # 결과 파일을 닫는다.
59
60  FileEditor() # GUI를 생성한다.
```

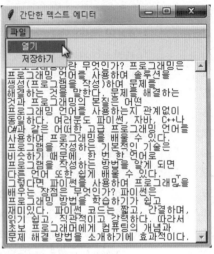

[그림 13.8] 편집기는 File 메뉴와 툴바로부터 파일을 열고 저장할 수 있게 한다.

FileEditor 프로그램은 *파일* 메뉴를 생성한다(라인 15-20). *파일* 메뉴는 파일을 로딩하기 위한 *열기*(라인 18) 메뉴 명령과 파일을 저장하는 *저장하기* 메뉴 명령을 포함한다(라인 20). 열기 메뉴가 클릭되면, askopenfilename 함수(라인 48)를 사용하여 파일을 여는 열기 다이얼로그를 출력하는 openFile 메소드(라인 47-51)가 호출된다. 사용자가 파일을 선택한 후, 파일명이 반환되어 읽기 작업을 위해 파일을 여는데 사용된다(라인 49). 그런 후 프로그램은 파일로부터 데이터를 읽고 Text 위젯에 데이터를 삽입한다(라인 50).

저장하기 메뉴가 클릭되면, asksaveasfilename 함수(라인 54)를 사용하여 파일을 저장하기 위해 '다른 이름으로 저장' 다이얼로그를 출력하는 saveFile 메소드가 호출된다(라인 53-58). 사용자가 파일이름을 입력하거나 파일을 선택한 후, 파일이름이 반환되고 쓰기 작업을 위한 용도로 파일을 여는 데 사용된다(라인 55). 프로그램은 Text 위젯으로부터 데이터를 읽고 파일에 데이터를 쓴다(57번 라인).

FileEditor 프로그램은 또한 툴바 버튼을 생성(라인 30-33)하고 프레임 내부에 배치한다. 툴바 버튼은 이미지 아이콘을 사용한 버튼을 말한다. 열기 툴바 버튼이 클릭되면, 콜백 메소드 openFile이 호출된다(라인 31). *저장하기* 툴바 버튼이 클릭되면, 콜백 메소드 saveFile이 호출된다(라인 33).

프로그램은 스크롤바가 포함된 Text 위젯을 사용하여 텍스트 영역을 생성한다(라인 38-43). Text 위젯과 스크롤바는 frame1 내부에 배치된다.

 체크 포인트

13.14 파일을 열기 위한 파일 다이얼로그를 어떻게 출력하는가?

13.15 파일을 저장하기 위한 파일 다이얼로그를 어떻게 출력하는가?

13.4 사례 연구: 파일의 각 문자별 문자의 개수 세기

이번 사례 연구 문제는 사용자로부터 파일명을 입력받고 파일에 포함된 각각의 문자가 대소문자의 구분 없이 몇 번씩 나타나는지 횟수를 세는 프로그램을 작성하는 것이다.

키포인트

이 문제를 해결하기 위한 단계는 다음과 같다.

1. 파일로부터 각각의 행을 문자열로 읽는다.
2. 문자열에 포함된 모든 대문자를 소문자로 변환하는 문자열의 lower() 메소드를 사용한다.
3. 26개의 정수(각 문자의 출현 횟수를 계산)로 구성된 counts를 생성한다. 즉, counts[0]은 a가 나타난 횟수를 세고 count[1]은 b가 나타는 횟수를 센다.
4. 문자열의 각각의 문자에 대해, 소문자 문자인지 아닌지를 확인한다. 소문자이면 리스트에서 해당 횟수 값을 증가시킨다.
5. 마지막으로 횟수 값을 출력한다.

코드 13.7은 전체 프로그램을 보여주고 있다.

코드 13.7   CountEachLetter.py

```python
1  def main():
2      filename = input("파일명을 입력하세요: ").strip()
3      infile = open(filename, "r") # 파일을 연다.
4
5      counts = 26 * [0] # counts를 생성하고 초기화한다.
6      for line in infile:
7          # 각 문자를 세기 위한 countLetters 함수를 호출한다.
8          countLetters(line.lower(), counts)
9
10     # 결과를 출력한다.
11     for i in range(len(counts)):
12         if counts[i] != 0:
13             print(chr(ord('a') + i) + ": " + str(counts[i])
14                 + "번 나타납니다." )
15
16     infile.close() # 파일을 닫는다.
17
18 # 문자열의 각 문자의 횟수를 센다.
19 def countLetters(line, counts):
```

```
20      for ch in line:
21          if ch.isalpha():
22              counts[ord(ch) - ord('a')] += 1
23
24  main() # main 함수를 호출한다.
```

실행결과

파일이름을 입력하세요: input.txt ↵Enter
a: 3 번 나타납니다.
b: 3 번 나타납니다.
x: 1 번 나타납니다.

　　main 함수는 사용자로부터 파일명을 입력받고(라인 2) 파일을 연다(라인 3). 0
으로 초기화된 26개 원소로 이루어진 리스트를 생성한다(라인 5). for 루프(라인
6-8)는 파일로부터 한 행씩 읽고, 문자를 소문자로 변환한 후, countLetters에 전
달한다.

　　countLetters(line, counts) 함수는 line의 각 문자를 검사한다. 만약에 문자
가 소문자이면, 프로그램은 문자의 해당 counts 값에 1을 더한다(라인 21-22).

　　모든 행이 처리된 후, 프로그램은 횟수가 0보다 큰 문자에 대해서 파일에 포함된
모든 문자와 문자의 횟수 값을 출력한다(라인 11-14).

13.5 웹에서 데이터 획득하기

키포인트

Uniform Resource Locator(URL)을 열고 웹으로부터 데이터를 읽기 위해서 urlopen *함수를 사용한다.*

　　파이썬을 사용하여 웹 사이트로부터 데이터를 읽는 간단한 코드를 작성할 수 있
다. urlopen 함수를 사용하여 URL을 열기 위해 해야 하는 작업은 다음과 같다.

```
infile = urllib.request.urlopen("http://www.yahoo.com")
```

　　urlopen 함수(urllib.request 모듈에 정의)는 URL 자원을 파일과 같이 연다.
주어진 URL에 대한 웹 페이지를 읽고 출력하는 예제는 다음과 같다.

```
import urllib.request

infile = urllib.request.urlopen("http://www.yahoo.com/index.html")
print(infile.read().decode())
```

　　infile.read()를 사용하여 URL로부터 읽은 데이터는 바이트로 이루어진 로우 데
이터(raw data)이다. decode() 메소드를 호출하여 로우 데이터를 문자열로 변환한다.

코드 13.7의 프로그램을 수정하여 로컬 시스템이 아닌 인터넷의 URL로부터 사용자가 파일을 입력하도록 재작성해 보자. 이 프로그램은 코드 13.8에서 설명된다.

코드 13.8   CountEachLetterURL.py

```python
1   import urllib.request
2
3   def main():
4       url = input("파일에 대한 URL을 입력하세요: ").strip()
5       infile = urllib.request.urlopen(url)
6       s = infile.read().decode() # 문자열로 내용을 읽는다.
7
8       counts = countLetters(s.lower())
9
10      # 결과를 출력한다.
11      for i in range(len(counts)):
12          if counts[i] != 0:
13              print(chr(ord('a') + i) + ": " + str(counts[i])
14                  + "번 나타납니다.")
15
16  # 문자열 내부의 각각의 문자를 센다.
17  def countLetters(s):
18      counts = 26 * [0] # counts를 생성하고 초기화한다.
19      for ch in s:
20          if ch.isalpha():
21              counts[ord(ch) - ord('a')] += 1
22      return counts
23
24  main() # main 함수를 호출한다.
```

 실행결과

```
파일 이름을 입력하세요: http://cs.armstrong.edu/liang/data/Lincoln.txt ⏎Enter
a: 102 번 나타납니다.
b: 14 번 나타납니다.
c: 31 번 나타납니다.
d: 58 번 나타납니다.
e: 165 번 나타납니다.
f: 27 번 나타납니다.
g: 28 번 나타납니다.
h: 80 번 나타납니다.
i: 68 번 나타납니다.
k: 3 번 나타납니다.
l: 42 번 나타납니다.
```

```
m: 13 번 나타납니다.
n: 77 번 나타납니다.
o: 92 번 나타납니다.
p: 15 번 나타납니다.
q: 1 번 나타납니다.
r: 79 번 나타납니다.
s: 43 번 나타납니다.
t: 126 번 나타납니다.
u: 21 번 나타납니다.
v: 24 번 나타납니다.
w: 28 번 나타납니다.
y: 10 번 나타납니다.
```

main 함수는 사용자로부터 URL을 입력받고(라인 4), URL을 연 후(라인 5), URL로부터 데이터를 읽어 문자열로 변환한다(라인 6). 프로그램은 문자열을 소문자로 변환하고 문자열에서 각각의 문자가 나타나는 횟수를 세는 countLetters 함수를 호출한다(라인 8). countLetters 함수는 각각의 문자가 몇 번 나타났는지 횟수를 저장한 리스트를 반환한다.

countLetters(s) 함수는 초깃값이 0인 26개 원소를 갖는 리스트를 생성한다(라인 18). countLetters(s) 함수는 s에 포함된 각각의 문자를 검사한다. 만약에 문자가 소문자 문자이면, 프로그램은 해당 counts에 1을 더한다(라인 20-21).

노트
urlopen 함수가 올바른 URL로 인식하기 위해 URL은 http://로 시작해야 한다. 아래와 같이 URL을 입력하면 오류가 발생한다.

cs.armstrong.edu/liang/data/Lincoln.txt

 체크
포인트

13.16 파이썬 프로그램에서 어떻게 웹 페이지를 여는가?

13.17 일반 문자열로부터 미가공 문자열을 반환하기 위해 무슨 함수를 사용할 수 있는가?

13.6 예외 처리

 키포인트

예외 처리는 프로그램이 예외를 다루고 정상적 처리를 계속할 수 있게 한다.

이전 절에서 프로그램이 실행될 때, 사용자가 존재하지 않는 파일이나 URL을 입력하면 어떤 일이 발생하는가? 프로그램은 오류를 발생시키고 종료될 것이다. 예를 들어, 코드 13.7에 존재하지 않는 파일명을 입력하여 실행하면, 프로그램은 IOError를 발생시킨다.

실행결과

```
c:\pybook\python CountEachLetter.py
Enter a filename: NonexistentOrIncorrectFile.txt ↵Enter
Traceback (most recent call last):
  File "C:\pybook\CountEachLetter.py", line 23, in <module>
    main()
  File "C:\pybook\CountEachLetter.py", line 4, in main
    infile = open(filename, "r") # Open the file
IOError: [Errno 22] Invalid argument: 'NonexistentOrIncorrectFile.txt\r'
```

이러한 장문의 오류 메시지를 스택 역추적(stack traceback) 또는 역추적 (traceback)이라고 한다. 역추적은 오류를 일으킨 명령문이 포함된 함수의 호출을 역으로 추적하여 이 명령문에 대한 정보를 제공한다. 오류를 추적하기 위해 오류 메시지에 함수 호출의 라인 번호가 출력된다.

실행시간에 발생하는 오류를 예외(exception)라고 한다. 어떻게 예외를 처리 하여 프로그램이 오류를 포착하고 사용자가 정확한 파일명을 입력하게 할 수 있 는가? 이는 파이썬의 예외 처리(exception handling) 문법을 사용하여 해결할 수 있다.

예외 처리를 위한 문법은 다음과 같이 예외를 일으킬(또는 발생시킬) 가능성이 있는 코드는 try 절로 감싸는 것이다.

```
try:
    <body>
except <ExceptionType>:
    <handler>
```

여기서 <body>는 예외를 일으킬 수 있는 코드를 포함한다. 예외가 발생하면, <body>의 나머지 코드는 건너뛴다. 만약 예외가 예외 타입(exception type)과 일치 하면, 해당 핸들러(handler)가 실행된다. <handler>는 예외를 처리하는 코드이다. 이제 코드 13.7의 라인 2-3에 예외를 처리하기 위한 새로운 코드를 삽입하여 코드 13.9와 같이 사용자가 잘못된 파일명을 입력하면 새로운 파일명을 입력하도록 할 수 있다.

코드 13.9   CountEachLetterWithExceptionHandling.py

```
1  def main():
2      while True:
3          try:
4              filename = input("파일명을 입력하세요: ").strip()
```

```
5  예외가 발생하면 ──── infile = open(filename, "r") # 파일을 연다.
6  │           break
7  └───────→ except IOError:
8               print("파일 " + filename + "이/가 존재하지 않습니다. 다시 입력하세요.")
9
10     counts = 26 * [0] # counts를 생성하고 초기화한다.
11     for line in infile:
12         # 각각의 문자를 세는 countLetters 함수를 호출한다.
13         countLetters(line.lower(), counts)
14
15     # 결과를 출력한다.
16     for i in range(len(counts)):
17         if counts[i] != 0:
18             print(chr(ord('a') + i) + ": " + str(counts[i])
19                 + "번 나타납니다.")
20
21     infile.close() # 파일을 닫는다.
22
23 # 문자열의 각각의 문자를 센다.
24 def countLetters(line, counts):
25     for ch in line:
26         if ch.isalpha():
27             counts[ord(ch) - ord('a')] += 1
28
29 main() # main 함수를 호출한다.
```

실행결과

```
파일명을 입력하세요: NonexistentOrIncorrectFile ↵Enter
파일 NonexistentOrIncorrectFile 이/가 존재하지 않습니다. 다시 입력하세요.
파일명을 입력하세요: Lincoln.dat ↵Enter
파일 Lincoln.dat 이/가 존재하지 않습니다. 다시 입력하세요.
파일명을 입력하세요: Lincoln.txt ↵Enter
a: 102 번 나타납니다.
b: 14 번 나타납니다.
...
...
w: 28 번 나타납니다.
y: 10 번 나타납니다.
```

프로그램은 반복적으로 사용자가 파일명을 입력하도록 while 루프를 사용한다
(라인 2-8). 이름이 정확하면, 프로그램은 루프를 종료한다(라인 6). 만약 open 함
수 호출 도중에 IOError 예외가 발생하면(라인 5), 예외를 처리하기 위한 except

절이 실행되고 루프를 계속한다.

try/except 블럭은 다음과 같이 동작한다.

- 우선 try와 except 사이의 블럭 내의 명령문이 실행된다.
- 만약, 예외가 발생하지 않으면, except 절은 생략된다. 이러한 경우, break 문이 실행되어 while이 종료된다.
- 만약 try 절을 실행하는 도중 예외가 발생하면, try 절의 나머지는 생략된다. 이러한 경우, 파일이 존재하지 않으면, open 함수는 예외를 발생시키고 break 명령문은 생략된다.
- 예외가 발생할 때, 예외 타입이 except 키워드 뒤에 위치한 예외 이름과 일치하면, 해당 except 절이 실행되고 try 명령문 이후 실행이 계속된다.
- 만약 예외가 발생하고 except 절의 예외 이름과 일치하지 않을 경우, 예외가 이 함수의 호출자에게 전달된다. 핸들러가 발견되지 않으면, 이를 *처리되지 않는 예외(unhandled exception)*라고 하고 오류 메시지 출력하고 실행을 멈춘다.

try 명령문은 서로 다른 예외를 처리하는 한 개 이상의 except 절을 포함할 수 있다. 또한 다음의 형식과 같이 선택적으로 else 그리고/또는 finally 명령문을 포함할 수도 있다.

```
 1  try:
 2      <body>
 3  except <ExceptionType1>:
 4      <handler1>
 5  ...
 6  except <ExceptionTypeN>:
 7      <handlerN>
 8  except:
 9      <handlerExcept>
10  else:
11      <process_else>
12  finally:
13      <process_finally>
```

다중 except는 elif와 유사하다. 예외가 발생하면, 순차적으로 try 절 이후의 except 절에 포함된 예외와 일치하는지 검사한다. 일치하는 except가 발견되면, 핸들러가 실행되고 except 절의 나머지 부분은 건너뛴다. 마지막 except 절의 <ExceptionType>은 생략될 수도 있다. 만약 발생된 예외가 마지막 except 절(라인 8) 전의 어떤 예외 타입과도 일치하지 않으면, 마지막 except 절의 <handerExcept>(라인 9)가 실행된다.

try 명령문은 try 몸체에서 어떠한 예외도 발생되지 않으면 실행되는 else 절을 선택적으로 포함할 수 있다.

try 명령문은 또한 모든 상황에서 반드시 수행되어야 하는 마무리 기능을 정의하는 용도인 finally 절을 선택적으로 포함할 수 있다. 코드 13.10은 예외 처리를 사용한 예제를 보여준다.

코드 13.10 | **TestException.py**

```
1  def main():
2      try:
3          number1, number2 = eval(
4              input("두 숫자를 콤마로 분리하여 입력하세요: "))
5          result = number1 / number2
6          print("결과는", result, "입니다.")
7      except ZeroDivisionError:
8          print("0으로 나누기!")
9      except SyntaxError:
10         print("입력에 콤마가 빠졌습니다.")
11     except:
12         print("입력에 문제가 있습니다.")
13     else:
14         print("예외는 없습니다.")
15     finally:
16         print("finally절이 실행되었습니다.")
17
18 main() # main 함수를 호출한다.
```

실행결과

두 숫자를 콤마로 분리하여 입력하세요: 3, 4 ↵Enter
결과는 0.75 입니다.
예외는 없습니다.
finally절이 실행되었습니다.

실행결과

두 숫자를 콤마로 분리하여 입력하세요: 2, 0 ↵Enter
Division by zero!
finally절이 실행되었습니다.

실행결과

두 숫자를 콤마로 분리하여 입력하세요: 2 3 ←Enter
입력에 콤마가 빠졌습니다.
finally절이 실행되었습니다.

실행결과

두 숫자를 콤마로 분리하여 입력하세요: a, v ←Enter
입력에 문제가 있습니다.
finally절이 실행되었습니다.

3, 4를 입력하면, 프로그램은 나눗셈을 계산하고 결과를 출력한다. 이후에 else 절이 실행되고 마지막으로 finally 절이 실행된다.

2, 0을 입력하면, 나눗셈을 실행할 때, ZeroDivisionError가 발생한다(라인 5). 라인 7의 except 절은 이 예외를 감지하고, 처리한 뒤 finally 절이 실행된다.

2 3을 입력하면, SyntaxError가 발생한다. 라인 9의 except 절은 이 예외를 감지하고 처리한 뒤, finally 절이 실행된다.

a, v를 입력하면, 예외가 발생한다. 이 예외는 라인 11의 except 절에서 처리된 뒤, finally 절이 실행된다.

13.7 예외 발생시키기

예외는 객체에 포함되어있고, 객체는 클래스로부터 생성된다. 예외는 함수로부터 발생된다.

키포인트

이전 절에서 예외를 처리하기 위해 어떻게 코드를 작성하는지 학습하였다. 예외는 어디로부터 오는 것인가? 어떻게 예외가 생성되는가? 예외에 포함되는 정보는 객체에 싸여있다. 예외는 함수로부터 발생된다. 함수가 오류를 감지하면, 함수는 적절한 예외 클래스로부터 객체를 생성하고 다음의 형식을 사용하여 함수의 호출자(caller)에게 예외를 전달한다.

```
raise ExceptionClass("무엇인가 잘못되었습니다.")
```

이 명령문이 어떻게 동작하는지 살펴보자. 함수에 전달된 인자가 함수의 계약을 위반한 것을 프로그램이 감지했다고 가정한다. 예를 들어 인자는 음수가 아니어야 하지만, 음수인 인자가 전달되었다. 프로그램은 RuntimeError의 인스턴스를 생성하고 다음과 같이 예외를 발생시킨다.

```
ex = RuntimeError("잘못된 전달인자")
raise ex
```

또는 여러분의 기호에 따라 앞의 두 명령문을 다음과 같이 하나로 결합할 수 있다.

raise RuntimeError("잘못된 전달인자")

이제 반지름이 음수이면 RuntimeError 예외를 발생시키기 위해 코드 12.2에서 Circle 클래스의 setRadius 메소드를 변경할 수 있다. 수정된 Circle 클래스는 코드 13.11에서 제공된다.

코드 13.11　CircleWithException.py

```python
from GeometricObject import GeometricObject
import math

class Circle(GeometricObject):
    def __init__(self, radius):
        super().__init__()
        self.setRadius(radius)

    def getRadius(self):
        return self.__radius

    def setRadius(self, radius):
        if radius < 0:
            raise RuntimeError("반지름이 음수")
        else:
            self.__radius = radius

    def getArea(self):
        return self.__radius * self.__radius * math.pi

    def getDiameter(self):
        return 2 * self.__radius

    def getPerimeter(self):
        return 2 * self.__radius * math.pi

    def printCircle(self):
        print(self.__str__() + " 반지름: " + str(self.__radius))
```

코드 13.12의 테스트 프로그램은 코드 13.11의 새로운 `Circle` 클래스를 사용하여 원 객체를 생성한다.

코드 13.12 TestCircleWithException.py

```
1  from CircleWithException import Circle
2
3  try:
4      c1 = Circle(5)
5      print("c1의 넓이는", c1.getArea(), "입니다.")
6      c2 = Circle(-5)
7      print("c2의 넓이는", c2.getArea(), "입니다.")
8      c3 = Circle(0)
9      print("c3의 넓이는", c3.getArea(), "입니다.")
10 except RuntimeException:
11     print("유효하지 않은 반지름입니다.")
```

실행결과

C1의 넓이는 78.53981633974483 입니다.
유효하지 않은 반지름입니다.

반지름으로 음수를 사용하여 `Circle` 객체를 생성하려고 시도할 경우(라인 6), `RuntimeError`가 발생한다. 이 예외는 라인 10-11의 `except` 절에 의해 탐지된다.

이제 예외를 발생시키는 방법과 예외를 처리하는 방법을 학습하였다. 그렇다면 예외 처리를 사용하여 얻을 수 있는 이점은 무엇인가? 예외 처리는 함수가 함수를 호출한 호출자에게 예외를 알려준다. 그리고 호출자는 이 예외를 처리할 수 있게 된다. 이러한 기능이 없다면, 호출된 함수 자신이 예외를 처리하거나 프로그램을 종료해야만 한다. 때로는 호출된 함수는 예외가 발생했을 때 어떻게 처리해야 하는지 모르는 경우가 있다. 전형적으로 라이브러리 함수에서 이러한 경우가 발생한다. 라이브러리 함수는 오류를 감지할 수 있지만, 오직 호출자만이 오류가 발생했을 때 어떤 일이 수행되어야 하는지 알고 있다. 예외 처리의 근본적인 장점은 오류의 처리(호출하는 메소드에서 수행)로부터 오류의 탐지(호출된 함수에서 수행)를 분리한다는 것이다.

많은 라이브러리 함수에서 `ZeroDivisionError`, `TypeError` 또는 `IndexError` 등과 같은 예외를 발생시킨다. `try-except` 형식을 사용하여 예외를 탐지하고 처리할 수 있다.

연쇄적인 함수 호출관계에서 한 함수는 다른 함수를 호출할 수도 있다. 여러 함수 호출이 연관된 예를 생각해 보자. 그림 13.9와 같이 `main` 함수는 `function1`을 호출하고, function1은 function2를 호출하고, function2는 function3을 호출한다. 그리고 function3가 예외를 발생시킨다고 가정한다. 다음과 같은 시나리오를 생각해 보자.

- 예외 타입이 Exception3일 경우, function2에서 이 예외를 처리하는 except 블록에 의해 감지된다. statement5는 생략되고 statement6는 실행된다.
- 예외 타입이 Exception2일 경우, function2는 중단되고 제어는 function1에 반환된다. 그리고 Exception2는 function1에서 Exception2를 처리하는 except 블록에 의해 감지된다. statement3은 생략되고 statement4는 실행된다.
- 예외 타입이 Exception1이면, function1은 중단되고 제어는 main 함수에 반환된다. 그리고 Exception1은 main 함수에서 Exception1을 처리하는 except 블록에 의해 감지된다. statement1은 생략되고 statement2는 실행된다.
- 만약에 예외가 function2, function1, 또는 main에서 감지되지 않을 경우, 프로그램은 종료되고 statement1과 statement2는 실행되지 않는다.

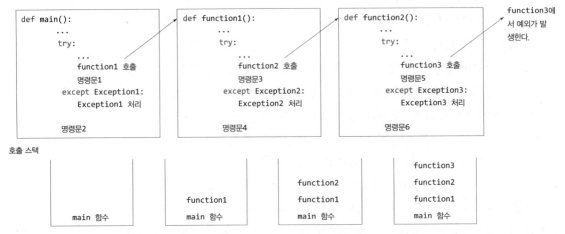

[**그림 13.9**] 현재의 함수에서 예외가 탐지되지 않으면, 예외는 호출자에게 전달된다. 이러한 과정은 예외가 탐지되거나 main 함수에 전달될 때까지 반복된다.

13.8 Exception 객체를 사용하여 예외 처리하기

except 절에서 예외 객체에 접근할 수 있다.

 키포인트

앞서 설명한 바와 같이 예외는 객체에 싸여 있다. 예외를 발생시키기 위해서, 우선 예외 객체를 생성하고 `raise` 키워드를 사용하여 예외 객체를 전달한다. 이 예외 객체는 except 절에서 접근될 수 있는 것일까? 그렇다. 예외 객체를 변수에 할당하기 위해서 다음과 같은 형식을 사용한다.

```
try
    <body>
except ExceptionType as ex:
    <handler>
```

이 형식으로, except 절이 예외를 감지하면, 예외 객체는 ex라는 이름의 변수에 할당된다. 이제 핸들러에서 이 예외 객체를 사용할 수 있다.

코드 13.13은 사용자로부터 숫자를 입력받고 입력이 정확하면 숫자를 출력하는 예제이다. 입력이 정확하지 않으면, 프로그램은 오류 메시지를 출력한다.

코드 13.13   ProcessExceptionObject.py

```
1   try:
2       number = eval(input("숫자를 입력하세요: "))
3       print("입력된 숫자는 ", number, "입니다. ")
4   except NameError as ex:
5       print("예외: ", ex)
```

 실행결과

> 숫자를 입력하세요: 34 ⏎Enter
> 입력된 숫자는 34 입니다.

 실행결과

> 숫자를 입력하세요: one ⏎Enter
> 예외: name 'one' is not defined

숫자가 아닌 값을 입력하면, `NameError` 객체가 라인 2에서 발생된다. 이 객체는 변수 ex에 할당된다. 따라서 예외를 처리하기 위해서 ex에 접근해야 한다. "숫자를 입력하세요:" 예외를 설명하는 문자열을 반환하는 ex의 `__str__()` 메소드가 호출된다. 이 경우 `name 'one' is not defined`라는 문자열이 출력된다.

13.9 사용자 정의 예외 클래스 정의하기

 BaseException 또는 BaseException의 서브클래스를 확장하여 사용자 정의 예외 클래스를 정의할 수 있다.

이번 장에서 지금까지 우리는 ZeroDivisionError, SyntaxError, RuntimeError와 NameError 등과 같은 파이썬에 내장된 예외 클래스만을 사용하였다. 이것 이외에 사용할 수 있는 다른 유형의 예외가 또 있을까? 그렇다. 파이썬은 매우 다양한 내장 예외를 제공한다. 그림 13.10은 파이썬에서 제공되는 예외 중 일부를 보여준다.

✎ 노트
Exception, StandardError와 RuntimeError라는 클래스 이름이 다소 혼동된다. 이들 세 개의 클래스는 모두 예외이고 모든 오류는 실행시간에 발생한다.

BaseException 클래스는 예외 클래스의 근원이다. 모든 파이썬 예외 클래스는 직간접적으로 BaseException으로부터 상속된다. 이미 알고 있듯이, 파이썬은 몇몇의 예외 클래스만 제공한다. 또한 RuntimeError와 같이 BaseException이나 BaseException의 서브클래스로부터 유도된 사용자 자신만의 예외 클래스를 정의할 수 있다.

코드 13.11에서 Circle 클래스의 setRadius 메소드는 반지름이 음수일 경우 RuntimeError 예외를 발생시킨다. 호출자는 이 예외를 감지할 수 있으나 어떤 반지름이 이 예외의 원인이 되었는지 알지 못한다. 이러한 문제를 고치기 위해, 코드 13.14와 같이 반지름을 저장하는 사용자 정의 예외 클래스(custom exception class)를 정의할 수 있다.

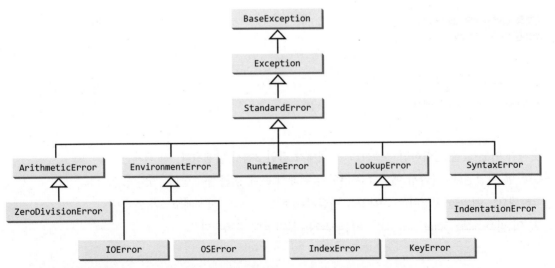

[그림 13.10] 발생된 예외는 이 다이어그램에서 제시된 클래스 또는 이들 클래스의 서브클래스 인스턴스이다.

코드 13.14	InvalidRadiusException.py

```
1  class InvalidRadiusException(RuntimeError):
2      def __init__(self, radius):
3          super().__init__()
4          self.radius = radius
```

이 사용자 정의 예외 클래스는 RuntimeError를 확장한다(라인 1). 초기자는 단순히 슈퍼클래스의 초기자를 호출(라인 3)하고 데이터 필드의 radius를 설정(라인 4)한다. 이제 그림 13.15와 같이 반지름이 음수일 때, InvalidRadiusException을 발생시키도록 Circle 클래스에서 setRadius(radius) 메소드를 수정해 보자.

코드 13.15	CircleWithCustomException.py

```
1   from GeometricObject import GeometricObject
2   from InvalidRadiusException import InvalidRadiusException
3   import math
4
5   class Circle(GeometricObject):
6       def __init__(self, radius):
7           super().__init__()
8           self.setRadius(radius)
9
10      def getRadius(self):
11          return self.__radius
12
13      def setRadius(self, radius):
14          if radius >= 0:
15              self.__radius = radius
16          else:
17              raise InvalidRadiusException(radius)
18
19      def getArea(self):
20          return self.__radius * self.__radius * math.pi
21
22      def getDiameter(self):
23          return 2 * self.__radius
24
25      def getPerimeter(self):
26          return 2 * self.__radius * math.pi
```

```
27
28      def printCircle(self):
29          print(self.__str__(), "반지름:", self.__radius)
```

setRadius 메소드는 반지름이 음수이면 InvalidRadiusException를 발생시킨다(라인 17). 코드 13.16은 코드 13.15의 새로운 Circle 클래스를 사용하여 원 객체를 생성하는 예제 프로그램을 제공한다.

코드 13.16　　TestCircleWithCustomException.py

```
1    from CircleWithCustomException import Circle
2    from InvalidRadiusException import InvalidRadiusException
3
4    try:
5        c1 = Circle(5)
6        print("c1의 넓이는", c1.getArea(), "입니다.")
7        c2 = Circle(-5)
8        print("c2의 넓이는", c2.getArea(), "입니다.")
9        c3 = Circle(0)
10       print("c3의 넓이는", c3.getArea(), "입니다.")
11   except InvalidRadiusException as ex:
12       print("반지름", ex.radius, "은/는 유효하지 않습니다.")
13   except Exception:
14       print("무엇인가 잘못되었습니다.")
```

실행결과

> c1의 넓이는 78.53981633974483 입니다.
> 반지름 -5 은/는 유효하지 않습니다.

반지름이 음수인 Circle 객체를 생성(라인 17)하면, InvalidRadiusException이 발생된다. InvalidRadiusException 예외는 라인 11-12의 except 절에 의해 감지된다.

파이썬은 except 블록에서 예외가 명시된 순서에 의해 핸들러를 찾기 때문에, 순서가 중요하다. 만약에 슈퍼클래스 타입에 대한 except 블록이 서브클래스 타입을 위한 except 블록 앞에 나타나면, 서브클래스 타입에 대한 except 블록은 절대 실행되지 않는다. 따라서 다음과 같이 코드를 작성하는 것은 옳지 않다.

```
try:
    ....
except Exception
    print("무엇인가 잘못되었습니다.")
except InvalidRadiusException
    print("유효하지 않은 반지름")
```

13.18 다음과 같은 try-except 블록에서 statement2가 예외를 일으킨다고 가정한다. 체크 포인트

```
try:
    statement1
    statement2
    statement3
except Exception1:
    # 예외 1을 처리한다
except Exception2:
    # 예외 2를 처리한다

statement4
```

다음 질문에 답하시오.

- statement3은 실행되는가?
- 만약에 예외가 감지되지 않는다면, statement4는 실행되는가?
- 만약에 예외가 except 블록에서 감지된다면, statement4는 실행되는가?

13.19 다음 프로그램이 실행되면, 무엇이 출력되는가?

```
try:
    list = 10 * [0]
    x = list[10]
    print("완료 ")
except IndexError:
    print("인덱스가 범위를 벗어남")
```

13.20 다음 프로그램이 실행되면, 무엇이 출력되는가?

```
def main():
    try:
        f()
        print("함수 호출 후")
    except ZeroDivisionError:
        print("0으로 나누기!")
```

```
    except:
        print("예외")

def f():
    print(1 / 0)

main() # main 함수를 호출한다
```

13.21 다음의 프로그램이 실행되면, 무엇이 출력되는가?

```
def main():
    try:
        f()
        print("함수 호출 후")
    except IndexError:
        print("인덱스가 범위를 벗어남")
    except:
        print("main 함수에서의 예외")
def f():
    try:
        s ="abc"
        print(s[3])
    except ZeroDivisionError:
        print("0으로 나누기!")

main() # main 함수를 호출한다
```

13.22 다음과 같은 명령문에서 statement2가 예외를 일으킨다고 가정한다.

```
try:
    statement1
    statement2
    statement3
except Exception1:
    # 예외 1을 처리한다
except Exception2:
    # 예외 2를 처리한다
except Exception3:
    # 예외 3을 처리한다
finally:
    statement4

statement5
```

다음 물음에 답하시오.

- 예외가 감지되지 않는다면 statement5는 실행되는가?
- 만약 예외가 Exception3 타입이면, statement4는 실행되는가? statement5는 실행되는가?

13.23 함수 안에서 어떻게 예외를 일으키는가?

13.24 예외 처리를 사용하는 이점은 무엇인가?

13.25 다음의 프로그램이 실행되면, 무엇이 출력되는가?

```python
try:
    lst = 10 * [0]
    x = lst[9]
    print("완료")
except IndexError:
    print("인덱스 범위 벗어남")
else:
    print("아무런 오류가 없음")
finally:
    print("드디어 여기에 도착")

print("계속")
```

13.26 다음의 프로그램이 실행되면, 무엇이 출력되는가?

```python
try:
    lst = 10 * [0]
    x = lst[10]
    print("Done ")
except IndexError:
    print("인덱스 범위 벗어남")
else:
    print("아무런 오류가 없음")
finally:
    print("드디어 여기에 도착")

print("계속")
```

13.27 다음 코드의 문제점은 무엇인가?

```python
try:
    # 몇몇 코드가 여기에 위치
    ...
```

```
    except ArithmeticError:
        print("ArithmeticError")
    except ZeroDivisionError:
        print("ZeroDivisionError")

    print("계속")
```

13.28 사용자 정의 예외 클래스는 어떻게 정의하는가?

13.10 Pickling을 사용한 바이너리 IO

키포인트

pickling을 사용하여 바이너리 IO를 수행하기 위해서는 바이너리를 읽고 쓰기 위해 rb *또는* wb *모드를 사용하여 파일을 열고 데이터를 쓰고 읽기 위해* pickle*의* dump*와* load *함수를 호출한다.*

파일에 문자열과 숫자를 쓸 수 있다. 그렇다면 리스트와 같은 객체도 직접적으로 파일에 쓸 수 있을까? 답은 Yes이다. 이러한 작업은 바이너리 IO가 요구된다. 파이썬에서 바이너리 IO를 수행하기 위한 여러가지 방법이 있다. 이 절에서는 pickle 모듈에 포함된 dump와 load 함수를 사용한 바이너리 IO에 대해서 소개한다.

파이썬의 pickle 모듈은 객체를 직렬화하고 역직렬화하기 위한 강력하고 효율적인 알고리즘을 구현한다. *직렬화(serializing)*란 객체를 파일에 저장하거나 네트워크를 통해 전송할 수 있도록 바이트 스트림(byte stream)으로 변환하는 작업을 말한다. 반면 *역직렬화(deserializing)*는 바이트 스트림으로부터 객체를 추출하는 반대 작업이다. 직렬화/역직렬화는 또한 파이썬에서 *피클링(pickling)/역피클링(unpickling)* 또는 *객체 덤핑(dumping)/로딩(loading)*이라고도 한다.

13.10.1 객체 Dumping과 Loading

잘 알고 있다시피, 파이썬에서 모든 데이터는 객체이다. pickle 모듈은 dump와 load 함수를 사용하여 어떠한 데이터도 읽고 쓸 수 있게 한다. 코드 13.17은 이들 함수의 사용 예를 보여준다.

코드 13.17	BinaryIODemo.py

```
1   import pickle
2
3   def main():
4       # 바이너리 쓰기를 위해 파일을 연다.
5       outfile = open("pickle.dat", "wb")
6       pickle.dump(45, outfile)
```

```
7      pickle.dump(56.6, outfile)
8      pickle.dump("프로그래밍은 재미있습니다.", outfile)
9      pickle.dump([1, 2, 3, 4], outfile)
10     outfile.close() # 결과 파일을 닫는다.
11
12     # 바이너리 읽기를 위해 파일을 연다.
13     infile = open("pickle.dat", "rb")
14     print(pickle.load(infile))
15     print(pickle.load(infile))
16     print(pickle.load(infile))
17     print(pickle.load(infile))
18     infile.close() # 입력 파일을 닫는다.
19
20  main() # main 함수를 호출한다.
```

실행결과

```
45
56.6
프로그래밍은 재미있습니다.
[1, 2, 3, 4]
```

pickle을 사용하기 위해서는 `pickle` 모듈을 임포트해야 한다(라인 1). 파일에 객체를 쓰기 위해서는 `wb` 모드를 사용하여 파일을 열어 바이너리 쓰기를 하고(라인 5) `dump(object)` 메소드를 사용하여(라인 6-9) 파일에 객체를 쓴다. `dump` 메소드는 객체를 바이트 스트림으로 직렬화하고 파일에 이를 저장한다.

프로그램은 파일은 닫고(라인 10) 바이너리 읽기를 위해 파일을 다시 연다(라인 13). `load` 메소드는 객체를 읽기 위해 사용된다(라인 14-17). `load` 메소드는 바이트 스트림을 읽고 이들 바이트를 객체로 역직렬화한다.

13.10.2 파일의 끝 파악하기

파일에 몇 개의 객체가 존재하는지 모른다면, 모든 객체를 어떻게 읽을 것인가? `load` 함수를 사용하여 `EOFError`(파일의 끝)가 발생할 때까지 반복적으로 객체를 읽을 수 있다. `EOFError` 예외가 일어나면, 파일 읽기 작업을 끝내기 위해 예외를 감지하고 처리한다.

코드 13.18의 프로그램은 객체 IO를 사용하여 불특정 개수의 정수를 파일에 저장하고, 다시 파일로부터 모든 숫자를 읽어온다.

코드 13.18 DetectEndOfFile.py

```python
1  import pickle
2
3  def main():
4      # 바이너리 쓰기를 위해 파일을 연다.
5      outfile = open("numbers.dat", "wb")
6
7      data = eval(input("정수를 입력하세요 (입력값이 0이면 " +
8          "입력 종료): "))
9      while data != 0:
10         pickle.dump(data, outfile)
11         data = eval(input("정수를 입력하세요 (입력값이 0이면 " +
12             "입력 종료): "))
13
14     outfile.close() # 출력 파일을 닫는다.
15
16     # 바이너리 읽기를 위해 파일을 연다.
17     infile = open("numbers.dat", "rb")
18
19     end_of_file = False
20     while not end_of_file:
21         try:
22             print(pickle.load(infile), end = " ")
23         except EOFError:
24             end_of_file = True
25
26     infile.close() # 입력 파일을 닫는다.
27
28     print("\n모든 객체가 읽혔습니다.")
29
30  main() # main 함수를 호출한다.
```

실행결과

```
정수를 입력하세요 (입력값이 0이면 입력 종료): 4 ↵Enter
정수를 입력하세요 (입력값이 0이면 입력 종료): 5 ↵Enter
정수를 입력하세요 (입력값이 0이면 입력 종료): 7 ↵Enter
정수를 입력하세요 (입력값이 0이면 입력 종료): 9 ↵Enter
성수를 입력하세요 (입력값이 0이면 입력 종료): 0 ↵Enter
4 5 7 9
모든 대상이 읽혔습니다.
```

프로그램은 바이너리 쓰기를 위해 파일을 열고(라인 5) 입력한 정수가 0일 때까지 사용자로부터 반복적으로 정수를 입력받고 dump 함수를 사용하여 정수를 파일에 저장한다.

프로그램은 파일을 닫고(라인 14) 바이너리 읽기를 위해 파일을 다시 연다(라인 17). 그리고 EOFError 예외가 발생할 때까지 while 루프에서 load 함수(라인 22)를 사용하여 반복적으로 객체를 읽는다. EOFError 예외가 발생하면, end_of_file이 True로 설정되고 while 루프가 종료된다(라인 20).

실행 예의 결과와 같이, 프로그램은 사용자로부터 네 개의 정수를 입력받고 입력된 정수를 저장한다. 이 후에 정수가 다시 읽혀지고 콘솔에 출력된다.

13.29 객체를 쓰고 객체를 읽기 위해 어떻게 파일을 열어야 하는가?

13.30 객체를 쓰고 객체를 읽기 위해 어떻게 함수를 호출해야 하는가?

체크
포인트

13.31 코드 13.18의 라인 20-24의 코드를 다음의 코드로 대체하면 어떤 문제가 발생하는가?

```
while not end_of_file:
    try:
        print(pickle.load(infile), end = " ")
    except EOFError:
        end_of_file = True
    finally:
        infile.close() # 입력 파일을 닫는다.
```

13.32 코드 13.18의 라인 20-24의 코드를 다음의 코드로 대체할 수 있는가?

```
try:
    while not end_of_file:
        print(pickle.load(infile), end = " ")
except EOFError:
    print("\n모든 객체가 읽혔습니다.")
finally:
    infile.close() # 입력 파일을 닫는다.
```

13.11 사례 연구: 주소록

이 사례 연구의 문제는 바이너리 IO를 사용하여 주소록을 생성하는 것이다.

키포인트

이제 우리는 주소록을 저장하고 찾아보는 유용한 프로그램을 생성하기 위해 객체 IO를 사용할 것이다. 이 프로그램의 사용자 인터페이스는 그림 13.11과 같다. 추가 버튼은 파일의 끝에 새로운 주소를 저장한다. *처음*, *다음*, *이전*과 *마지막* 버튼은 각각 파일로부터 첫 번째, 다음, 이전, 그리고 마지막 주소 항목을 찾아온다.

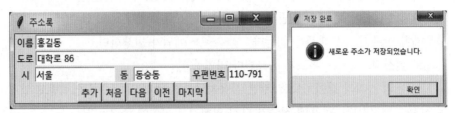

[그림 13.11] AddressBook은 파일로부터 주소를 저장하고 검색한다.

　　주소를 표현하는 Address라는 클래스를 정의하고 모든 주소를 저장하기 위해 리스트를 사용한다. 추가 버튼일 클릭되면, 프로그램은 사용자 입력으로부터 수집된 이름, 도로, 시, 동, 우편번호로 구성된 Address 객체를 생성하고 이를 리스트의 끝에 추가한다. 이후 바이너리 IO를 사용하여 파일에 리스트를 저장한다. 파일의 이름은 **address.dat**라고 가정한다. 프로그램이 구동되면, 우선 파일로부터 리스트를 읽고 사용자 인터페이스에 리스트의 첫 번째 주소 항목을 출력한다. 파일이 비어있을 경우, 비어있는 엔트리를 출력한다. AddressBook 프로그램은 코드 13.19에서 주어진다.

코드 13.19　　**AddressBook.py**

```
1   import pickle
2   import os.path
3   from tkinter import * # tkinter의 모든 정의를 임포트한다.
4   import tkinter.messagebox
5
6   class Address:
7       def __init__(self, name, street, city, dong, zip):
8           self.name = name
9           self.street = street
10          self.city = city
11          self.dong = dong
12          self.zip = zip
13
14  class AddressBook:
15      def __init__(self):
16          window = Tk() # 창을 생성한다.
```

```
17        window.title("주소록") # 윈도우 제목을 설정한다.
18
19        self.nameVar = StringVar()
20        self.streetVar = StringVar()
21        self.cityVar = StringVar()
22        self.dongVar = StringVar()
23        self.zipVar = StringVar()
24
25        frame1 = Frame(window)
26        frame1.pack()
27        Label(frame1, text = "이름").grid(row = 1,
28            column = 1, sticky = W)
29        Entry(frame1, textvariable = self.nameVar,
30            width = 48).grid(row = 1, column = 2)
31
32        frame2 = Frame(window)
33        frame2.pack()
34        Label(frame2, text = "도로").grid(row = 1,
35            column = 1, sticky = W)
36        Entry(frame2, textvariable = self.streetVar,
37            width = 48).grid(row = 1, column = 2)
38
39        frame3 = Frame(window)
40        frame3.pack()
41        Label(frame3, text = "시", width = 3).grid(row = 1,
42            column = 1, sticky = W)
43        Entry(frame3, textvariable = self.cityVar,
44            width = 16).grid(row = 1, column = 2)
45        Label(frame3, text = "동").grid(row = 1,
46            column = 3, sticky = W)
47        Entry(frame3, textvariable = self.dongVar,
48            width = 11).grid(row = 1, column = 4)
49        Label(frame3, text = "우편번호").grid(row = 1,
50            column = 5, sticky = W)
51        Entry(frame3, textvariable = self.zipVar,
52            width = 8).grid(row = 1, column = 6)
53
54        frame4 = Frame(window)
55        frame4.pack()
56        Button(frame4, text = "추가",
```

```python
57              command = self.processAdd).grid(row = 1, column = 1)
58          btFirst = Button(frame4, text = "처음",
59              command = self.processFirst).grid(row = 1, column = 2)
60          btNext = Button(frame4, text = "다음",
61              command = self.processNext).grid(row = 1, column = 3)
62          btPrevious = Button(frame4, text = "이전", command =
63              self.processPrevious).grid(row = 1, column = 4)
64          btLast = Button(frame4, text = "마지막",
65              command = self.processLast).grid(row = 1, column = 5)
66
67          self.addressList = self.loadAddress()
68          self.current = 0
69
70          if len(self.addressList) > 0:
71              self.setAddress()
72
73          window.mainloop() # 이벤트 루프를 생성한다.
74
75      def saveAddress(self):
76          outfile = open("address.dat", "wb")
77          pickle.dump(self.addressList, outfile)
78          tkinter.messagebox.showinfo(
79              "주소 저장", "새로운 주소가 저장되었습니다.")
80          outfile.close()
81
82      def loadAddress(self):
83          if not os.path.isfile("address.dat"):
84              return [] # 빈 리스트를 반환한다.
85
86          try:
87              infile = open("address.dat", "rb")
88              addressList = pickle.load(infile)
89          except EOFError:
90              addressList = []
91
92          infile.close()
93          return addressList
94
95      def processAdd(self):
96          address = Address(self.nameVar.get(),
```

```
97                   self.streetVar.get(), self.cityVar.get(),
98                   self.dongVar.get(), self.zipVar.get())
99           self.addressList.append(address)
100          self.saveAddress()
101
102      def processFirst(self):
103          self.current = 0
104          self.setAddress()
105
106      def processNext(self):
107          if self.current < len(self.addressList) - 1:
108              self.current += 1
109              self.setAddress()
110
111      def processPrevious(self):
112          print("프로그래밍 연습문제로 남겨놓는다.")
113
114      def processLast(self):
115          print("프로그래밍 연습문제로 남겨놓는다.")
116
117      def setAddress(self):
118          self.nameVar.set(self.addressList[self.current].name)
119          self.streetVar.set(self.addressList[self.current].street)
120          self.cityVar.set(self.addressList[self.current].city)
121          self.dongVar.set(self.addressList[self.current].dong)
122          self.zipVar.set(self.addressList[self.current].zip)
123
124 AddressBook() # GUI를 생성한다.
```

Address 클래스는 이름, 도로, 시, 동과 우편번호를 사용하여 **Address** 객체를 생성하는 __init__ 메소드를 이용하여 정의된다(라인 6-12).

AddressBook의 __init__ 메소드는 주소를 출력하고 처리하기 위한 사용자 인터페이스를 생성한다(라인 25-65). __init__ 메소드는 파일로부터 주소 리스트를 읽고(라인 67) 리스트의 주소를 가리키는 current 인덱스를 0으로 설정한다(라인 68). 주소 리스트가 비어있지 않다면, 프로그램은 첫 번째 주소를 표시한다(라인 70-71).

saveAddress 메소드는 주소 리스트를 파일에 쓰고(라인 77) 사용자에게 새로운 주소가 출력되었다고 알리는 메시지 다이얼로그를 출력한다(라인 78-79).

loadAddress 메소드는 파일에서 주소 리스트를 읽는다(라인 88). 만약에 파일이 존재하지 않으면, 프로그램은 빈 리스트를 반환한다(라인 83-84).

processAdd 메소드는 엔트리의 입력된 값을 사용하여 Address 객체를 생성한다. processAdd 메소드는 리스트의 끝에 생성된 address 객체를 붙이고(라인 99) 새롭게 수정된 리스트를 파일에 저장하기 위해 saveAddress 메소를 호출한다(라인 100).

processFirst 메소드는 주소 리스트에서 첫 번째 주소를 지칭하도록 current를 0으로 재설정한다. 그리고 setAddress 메소드를 호출하여 엔트리에 주소를 설정한다(라인 104).

processNext 메소드는 current가 리스트의 마지막 주소를 가리키고 있지 않다면(라인 107), 리스트의 다음 주소를 지칭하도록 변경(라인 108)하고 엔트리에 주소를 재설정한다(라인 109)

setAddress 메소드는 엔트리의 주소 필드를 설정한다(라인 117-122). processPrevious와 processLast 메소드는 프로그래밍 연습문제로 남겨놓는다.

주요용어

디렉터리 경로	역추적
로우 스트링	절대 파일명
바이너리 파일	직렬화
상대 파일명	텍스트 파일
역직렬화	파일 포인터

요약

1. 파일로부터 데이터를 읽고 파일에 데이터를 쓰기 위해 파일 객체를 사용할 수 있다. 읽기는 r 모드, 쓰기는 w 모드, 추가는 a 모드로 파일 객체를 생성하여 파일을 열 수 있다.

2. 파일이 존재하는지 검사하기 위해 os.path.isfile(f) 함수를 사용한다.

3. 파이썬은 데이터를 읽고 쓰기 위한 메소드와 파일을 닫기 위한 메소드를 포함하는 파일 클래스를 제공한다.

4. 파일로부터 데이터를 읽기 위해서는 read(), readline(), 그리고 readlines() 메소드를 사용한다.

5. 파일에 문자열을 쓰기 위해 write(s) 메소드를 사용한다.

6. 데이터가 올바르게 저장되었는지 확실히 하기 위해서는 파일이 처리된 후, 반드시 파일을 닫아야 한다.

7. 파일로부터 데이터를 읽는 것과 마찬가지로 웹 자원을 읽을 수 있다.

8. 실행시간 오류를 감지하고 처리하기 위해 예외 처리를 사용한다. 예외를 발생시킬 수 있는 코드를 try 절에 위치시키고 except 영역에 예외를 나열하고 except 절

에서 예외를 처리한다.

9. 파이썬은 `ZeroDivisionError`, `SyntaxError` 또는 `RuntimeError`와 같은 내장 예외 클래스를 제공한다. 모든 파이썬 예외 클래스는 직간접적으로 `BaseException`으로부터 상속된다. 또한 `RuntimeError`와 같이 `BaseException`이나 `BaseException`의 서브클래스로부터 유도하여 사용자 정의 예외 클래스를 정의할 수 있다.

10. 파일에 객체를 저장하기 위해서 파이썬 `pickle` 모듈을 사용한다. `dump` 함수는 파일에 객체를 쓰고 `load` 함수는 파일로부터 객체를 읽어 들인다.

프로그래밍 연습문제

13.2–13.5 절

**13.1 (텍스트 제거) 텍스트 파일로부터 특정 문자열이 나타난 모든 부분을 제거하는 프로그램을 작성하시오. 프로그램은 사용자로부터 파일명과 제거할 문자열을 입력받는다. 실행 예는 다음과 같다.

실행결과

```
파일이름을 입력하세요: test.txt  ↵Enter
제거할 문자열을 입력하세요: morning  ↵Enter
완료
```

*13.2 (파일에 문자, 단어 및 행의 개수 세기) 파일에 포함된 문자, 단어 및 행의 개수를 세는 프로그램을 작성하시오. 단어는 공백으로 분리된다. 프로그램은 사용자로부터 파일이름을 입력받는다. 실행 예는 다음과 같다.

실행결과

```
파일이름을 입력하세요: test.txt  ↵Enter
문자 1777 개
단어 210 개
행 71 개
```

*13.3 (텍스트 파일에 포함된 점수 처리하기) 어떤 텍스트 파일에 불특정 개수의 점수가 기록되어 있다고 가정한다. 파일로부터 점수를 읽고 합계와 평균을 출력하는 프로그램을 작성하시오. 점수는 공백으로 구분되어 있다. 프로그램은 사용자로부터 파일명을 입력받아야 한다. 실행 예는 다음과 같다.

파일명을 입력하세요: scores.txt ↵Enter
70 개의 점수가 있습니다.
총 점수는 800 입니다.
평균 점수는 33.33 입니다.

*13.4 (데이터 쓰기/읽기) 파일에 랜덤하게 생성된 100개의 정수를 쓰는 프로그램을 작성하시오. 파일에 정수는 공백으로 구분된다. 파일로부터 데이터를 읽고 정렬된 데이터를 출력하시오. 프로그램은 반드시 사용자로부터 파일 이름을 입력받아야 하며 파일이 이미 존재하는 경우 덮어쓰지 않는다. 실행 예는 다음과 같다.

파일 이름을 입력하세요: test.txt ↵Enter
파일이 이미 존재합니다.

파일 이름을 입력하세요: test1.txt ↵Enter
20 34 43 ... 50

**13.5 (문자열 대체하기) 파일에 문자열을 대체하는 프로그램을 작성하시오. 프로그램은 반드시 사용자로부터 파일명, 이전 문자열과 새로운 문자열을 입력받아야 한다. 실행 예는 다음과 같다.

파일명을 입력하세요: test.txt ↵Enter
교체될 이전 문자열을 입력하세요: 아침 ↵Enter
이전 문자열을 대체할 새로운 문자열을 입력하세요: 오후 ↵Enter
완료되었습니다.

*13.6 (단어 개수 세기) http://cs.armstrong.edu/liang/data/Lincoln.txt로부터 아브라함 링컨 대통령의 '게티스버그 연설'에 포함된 단어의 개수를 세는 프로그램을 작성하시오.

**13.7 (게임: 행맨) 프로그래밍 연습문제 10.29를 재작성하시오. 프로그램은 hangman.txt라는 텍스트 파일에 저장된 단어를 읽는다. 단어는 공백으로 구분된다.

13.8 (파일 암호화하기) 파일의 모든 바이트에 5를 더하여 파일을 암호화하시오. 사용자로부터 입력 파일명과 출력 파일명을 입력받고 입력 파일의 암호화된 버전을 출력 파일에 저장하는 프로그램을 작성하시오.

13.9 (파일 복호화하기) 프로그래밍 연습문제 13.8에서 사용한 방법으로 파일이 암호화되어 있다고 가정한다. 암호화된 파일을 복호화하는 프로그램을 작성하시오. 프로그램은 반드시 입력 파일명과 출력 파일명을 입력받고 입력 파일의 복호화

된 버전을 출력 파일에 저장해야 한다.

13.6–13.9절

13.10 (Rational 클래스) 제수가 0이면 RuntimeError 예외가 발생하도록 코드 8.4 Rational.py의 Rational 클래스를 수정하시오.

13.11 (Triangle 클래스) 주어진 세 변이 삼각형을 형성할 수 없으면 RuntimeError 예외가 발생하도록 프로그래밍 연습문제 12.1의 Triangle 클래스를 수정하시오.

13.12 (TriangleError 클래스) RuntimeError를 확장하여 TriangleError이라는 예외 클래스를 정의하시오. TriangleError 클래스는 private 데이터 필드 side1, side2 와 side3 및 삼각형 세 변에 대한 접근자 메소드를 포함한다. 주어진 세 변이 삼각형을 형성할 수 없으면 TriangleError 예외를 발생시키도록 프로그래밍 연습문제 12.1의 Triangle 클래스를 수정하시오.

13.10–13.11절

**13.13 (Tkinter: 그래프 출력하기) 그래프는 정점(vertex)과 정점을 연결하는 간선 (edge)으로 구성된다. 파일로부터 그래프를 읽고 패널에 그래프를 출력하는 프로그램을 작성하시오. 파일의 첫 라인은 정점의 개수(n)를 나타내는 숫자를 포함하고 있다. 정점은 0, 1, …, n-1로 번호가 매겨진다. 각각의 뒤따르는 라인에서 u x y v1 v2 … 형식은 정점 u의 위치 (x, y)와 (u, v1), (u, v2) 등등의 정점을 연결하는 간선을 나타낸다. 그림 13.12(a)는 한 그래프에 대한 파일의 예를 나타낸다. 프로그램은 사용자로부터 파일 이름을 입력받고 파일로부터 데이터를 읽은 후, 그림 13.12(b)와 같이 패널에 그래프를 출력하는 프로그램을 작성하시오.

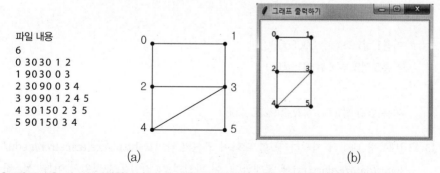

파일 내용
6
0 30 30 1 2
1 90 30 0 3
2 30 90 0 3 4
3 90 90 1 2 4 5
4 30 150 2 3 5
5 90 150 3 4

(a)   (b)

[그림 13.12] 이 프로그램은 그래프에 관한 정보를 읽고 이를 시각적으로 출력한다.

**13.14 (Tkinter: 그래프 출력하기) http://cs.armstrong.edu/liang/data/graph.txt와 같이 웹 URL로부터 데이터를 읽는 프로그래밍 연습문제 13.13을 재작성하시오. 프로그램은 반드시 사용자로부터 파일에 대한 URL을 입력받아야 한다.

**13.15 (Tkinter: 주소록) 그림 13.13과 같이 13.11절의 주소록 사례 연구를 재작성하여
다음 사항을 개선하시오.

(a) 새로운 버튼 수정을 추가하시오. 사용자가 수정 버튼을 클릭하여 현재 표시
되어 있는 주소로 업데이트할 수 있다.

(b) 현재 주소록의 위치와 리스트의 전체 주소록의 개수를 나타내는 레이블을 버
튼 아래에 추가하시오.

(c) 코드 13.19의 완성되지 않은 processPrevious와 processLast 메소드 구현하
시오.

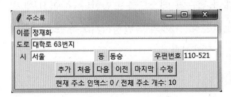 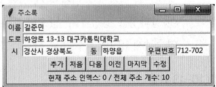

[그림 13.13] 새로운 수정 버튼과 상태 레이블이 AddressBook UI에 추가된다.

**13.16 (대용량 데이터 생성하기) 1000 행으로 이루어진 데이터 파일을 생성하시오. 파
일의 각 행은 교원의 이름, 성, 직위와 연봉으로 구성된다. i번째 라인의 교원 이
름과 성은 이름i와 성i이다. 직위는 조교수, 부교수와 정교수 중의 하나로 랜덤하
게 생성된다. 급여는 랜덤하게 생성된 후, 백의 자리 이하는 절삭된다. 조교수의
급여는 반드시 30,000,000과 50,000,000 사이이다. 부교수는 40,000,000과
80,000,000, 정교수는 65,000,000과 100,000,000 사이이다. Salary.txt라는
이름으로 저장한다.
데이터의 일부분은 다음과 같다.

이름1 성1 조교수 30055000
이름2 성2 부교수 61121000
. . .
이름1000 성1000 정교수 92255000

*13.17 (대용량 데이터 처리하기) 한 대학이 교원의 급여를 http://cs.armstrong.edu/
liang/data/Salary.txt에 공개한다. 이 파일의 각 라인은 교직원의 이름, 성, 직
위와 연봉으로 구성된다. (프로그래밍 연습문제 13.16 참조) 각각의 조교수, 부교
수, 정교수와 모든 교원에 대한 총 연봉과 평균 연봉을 출력하는 프로그램을 작
성하시오.

CHAPTER

14

튜플, 세트, 딕셔너리

14

튜플, 세트, 딕셔너리

14.1 들어가기

키포인트

고정된 원소를 가진 리스트를 정렬하기 위해 튜플을 사용하고, 중복없는 원소들을 정렬하고 빠르게 접근하기 위해 세트를 사용할 수 있으며, 키/값 쌍을 저장하고 키를 사용하여 원소에 빠르게 접근하기 위해 딕셔너리를 사용할 수 있다.

No-Fly는 미국 정부의 테러 방지 센터에서 미국 민간 항공기의 탑승을 허용하지 않는 사람들을 관리하는 목록이다. 어떤 사람이 No-Fly 목록에 있는지를 검사하기 위한 프로그램을 작성해 보자. No-Fly 목록에 이름을 저장하기 위해 파이썬 리스트를 사용할 수 있다. 그러나 좀 더 효율적인 *데이터 구조(data structure)*로 세트*(set)*를 사용할 수도 있다. 컴퓨터 과학에서 데이터 구조는 애플리케이션을 효율적으로 사용할 수 있도록 컴퓨터 내부에 데이터를 저장하고 구성하기 위한 특별한 방법을 제공한다.

이 장에서는 세트에 관한 데이터 구조와 함께 튜플과 딕셔너리에 관한 데이터 구조를 추가적으로 살펴본다.

14.2 튜플

키포인트

튜플은 리스트와 유사하지만, 원소가 고정되어 있다는 점이 다르다. 즉, 튜플이 일단 생성되면, 튜플에 새로운 원소를 추가, 삭제, 다른 원소로 대체, 혹은 순서를 바꾸는 것을 허용하지 않는다.

애플리케이션에서 리스트의 내용을 전혀 변경할 의도가 없다면, 튜플을 사용하여 실수로 추가, 삭제, 변경되는 것을 막을 수 있다. 튜플*(tuple)*은 원소가 고정되어 있다는 점만 제외하면 리스트와 매우 유사하다. 게다가 튜플은 파이썬의 구현 방식 탓에 리스트보다 좀 더 효율적이다.

원소들을 괄호로 에워싸고 괄호 안에 원소들을 넣음으로써 튜플을 생성할 수 있다. 다음 예제에서 볼 수 있듯이, 빈 튜플과 리스트로부터 튜플을 생성할 수 있다.

```
t1 = ()        # 빈 튜플을 생성

t2 = (1, 3, 5)        # 세 원소를 가진 튜플을 생성
```

```
        # 리스트로부터 튜플을 생성
        t3 = tuple([2 * x for x in range(1, 5)])
```

또한 문자열로부터 튜플을 생성할 수 있다. 문자열 내의 각 문자는 튜플의 원소가 된다. 예를 들어, 다음을 살펴보자.

```
        # 문자열로부터 튜플을 생성
        t4 = tuple("abcd")          # t4는 ['a', 'b', 'c', 'd']가 된다.
```

튜플은 시퀀스를 갖는다. 표 10.1에 제시한 시퀀스에 관한 일반 연산이 튜플에서도 사용될 수 있다. len, min, max, sum 함수를 튜플에서 사용할 수 있다. 튜플 내의 모든 원소를 순회하기 위해 for 루프를 사용할 수 있으며, 인덱스 연산자를 사용하여 원소에 접근하거나 원소의 슬라이스에 접근할 수 있다. 원소가 튜플 내에 있는지를 판별하기 위해 in과 not in 연산자를 사용할 수 있다. 또한 비교 연산자를 사용하여 튜플의 원소를 비교할 수 있다.

코드 14.1은 튜플의 사용 예를 보여준다.

코드 14.1   TutpleDemo.py

```python
1   tuple1 = ("초록", "빨강", "파랑") # 튜플을 생성한다.
2   print(tuple1)
3
4   tuple2 = tuple([7, 1, 2, 23, 4, 5]) # 리스트로부터 튜플을 생성한다.
5   print(tuple2)
6
7   print("길이는", len(tuple2), "입니다.") # len 함수를 사용한다.
8   print("최댓값은", max(tuple2), "입니다.") # max 함수를 사용한다.
9   print("최솟값은", min(tuple2), "입니다.") # min 함수를 사용한다.
10  print("합계는", sum(tuple2), "입니다.") # sum 함수를 사용한다.
11
12  print("첫 번째 원소는", tuple2[0], "입니다.") # 인덱스 연산자를 사용한다.
13
14  tuple3 = tuple1 + tuple2 # 두 개의 튜플을 결합한다.
15  print(tuple3)
16
17  tuple3 = 2 * tuple1 # 튜플을 중복한다.
18  print(tuple3)
19
20  print(tuple2[2 : 4]) # 슬라이싱 연산자
21  print(tuple1[-1])
```

```
22
23  print(2 in tuple2) # in 연산자
24
25  for v in tuple1:
26      print(v, end = ' ')
27  print()
28
29  list1 = list(tuple2) # 튜플로부터 리스트를 생성한다.
30  list1.sort()
31  tuple4 = tuple(list1)
32  tuple5 = tuple(list1)
33  print(tuple4)
34  print(tuple4 == tuple5) # 두 튜플을 비교한다.
```

실행결과

```
('초록', '빨강', '파랑')
(7, 1, 2, 23, 4, 5)
길이는 6 입니다.
최댓값은 23 입니다.
최솟값은 1 입니다.
합계는 42 입니다.
첫 번째 원소는 7 입니다.
('초록', '빨강', '파랑', 7, 1, 2, 23, 4, 5)
('초록', '빨강', '파랑', '초록', '빨강', '파랑')
(2, 23)
파랑
True
초록, 빨강, 파랑
(1, 2, 4, 5, 7, 23)
True
```

이 프로그램은 세 문자열로 구성된 tuple1 튜플을 생성하고(라인 1), 리스트로부터 tuple2 튜플을 생성한다(라인 4). tuple2에 대해서 len, max, min, sum 함수를 적용한다(라인 7-10). 튜플 내의 원소에 접근하기 위해 인덱스 연산자를 사용하며(라인 12), 두 튜플을 결합하기 위해 + 연산자를 사용한다(라인 14). 또한 * 연산자를 사용하여 튜플을 중복시키며(라인 17), 슬라이싱 연산자를 사용하여 튜플의 일부를 얻는다(라인 20-21). 특정 원소가 튜플에 있는지를 검사하기 위해 in 연산자를 사용하였으며(라인 23), 튜플 내의 원소들을 순회하기 위해 for 루프를 사용하였다(라인 25-26).

이 프로그램은 리스트를 생성하고(라인 29), 정렬한 후에(라인 30) 이 리스트로부터 두 개의 튜플을 생성한다(라인 31-32). 비교 연산자 ==은 튜플 비교를 위해 사용된다(라인 34).

튜플은 고정 원소를 가진다. 그러면, 라인 17의 명령문은 tuple3이 이미 라인 14에 정의되었기 때문에 오류를 발생시키지 않을까? 그러나 라인 17의 명령문은 정상적이다. 그 이유는 새로운 튜플이 tuple3 변수에 할당되기 때문이다. 이제 tuple3은 새로운 튜플을 가리킨다. "튜플은 고정 원소를 가진다"라는 것은 새로운 원소를 추가, 기존 원소를 삭제, 다른 원소로 대치, 혹은 튜플 내의 원소들을 뒤섞지 못한다는 것을 의미한다.

노트
튜플은 원소들이 고정되어 있다. 그러나 튜플 내의 개별 원소는 변경이 가능하다. 예를 들어, 다음 코드는 원들로 구성된 튜플을 생성하고(라인 2), 첫 번째 원의 반지름을 30으로 변경한다(라인 3).

```
1 >>> from CircleFromGeometricObject import Circle
2 >>> circles = (Circle(2), Circle(4), Circle(7))
3 >>> circles[0].setRadius(30)
4 >>> circles[0].getRadius()
5 >>> 30
6 >>>
```

이 예제에서 튜플 내의 각 원소는 원 객체이다. 튜플에 원 객체를 추가, 삭제, 변경은 못하지만, 원 객체 자체는 변경가능(mutable)이므로 원의 반지름은 변경될 수 있다. 튜플이 변경불가능 객체(immutable object)를 가지고 있다면, 그 튜플 또한 변경불가능이다. 예를 들어, 숫자 튜플이나 문자열 튜플은 변경불가능이다.

14.1 리스트와 튜플의 차이는 무엇인가? 리스트로부터 튜플을 어떻게 만드는가? 튜플로부터 리스트를 어떻게 만드는가?

14.2 다음 코드에서 잘못된 것은?

```
t = (1, 2, 3)
t.append(4)
t.remove(0)
t[0] = 1
```

14.3 다음 코드가 정상적으로 동작하는지 판별하시오.

```
t1 = (1, 2, 3, 7, 9, 0, 5)
t2 = (1, 2, 5)
t1 = t2
```

14.4 다음 코드의 출력 결과를 보이시오.

```
t = (1, 2, 3, 7, 9, 0, 5)
print(t)
```

```
print(t[0])
print(t[1: 3])
print(t[-1])
print(t[ : -1])
print(t[1 : -1])
```

14.5 다음 코드의 출력 결과를 보이시오.

```
t = (1, 2, 3, 7, 9, 0, 5)
print(max(t))
print(min(t))
print(sum(t))
print(len(t))
```

14.6 다음 코드의 출력 결과를 보이시오.

```
t1 = (1, 2, 3, 7, 9, 0, 5)
t2 = (1, 3, 22, 7, 9, 0, 5)
print(t1 == t2)
print(t1 != t2)
print(t1 > t2)
print(t1 < t2)
```

14.3 세트

키포인트

원소를 저장한다는 점에서 세트는 리스트와 유사하다. 그러나 리스트와 달리 세트의 원소들은 중복되지 않으며 특정한 순서로 놓여져 있지도 않다.

애플리케이션에서 원소 순서에 상관없이 원소를 사용한다면, 세트(set)를 사용하는 것이 리스트를 사용하는 것보다 좀 더 효율적이다. 이 절에서는 세트의 사용 방법에 대해서 살펴본다.

14.3.1 세트 생성하기

중괄호 쌍({})의 안쪽에 원소들을 놓음으로써 이들 원소들로 구성된 세트를 생성할 수 있다. 각각의 원소들은 콤마로 구분된다. 다음 예제에서 볼 수 있듯이, 빈 세트를 생성하거나 리스트나 튜플로부터 세트를 생성할 수 있다.

```
s1 = set()        # 빈 세트를 생성
s2 = {1, 3, 5}    # 세 원소를 가진 세트를 생성
s3 = set([1, 3, 5])    # 튜플로부터 세트를 생성

# 리스트로부터 세트를 생성
s4 = set([x * 2 for x in range(1, 10)])
```

이와 유사하게, `list(set)` 혹은 `tuple(set)` 문법을 사용하여 세트로부터 리스트 혹은 튜플을 생성할 수 있다.

또한 문자열로부터 세트를 생성할 수 있다. 문자열 내의 각각의 문자가 세트의 한 원소가 된다. 다음의 예를 살펴보자.

```
# 문자열로부터 세트를 생성
s5 = set("abac")              # s5는 {'a', 'b', 'c'}가 된다.
```

a 문자가 문자열 내에 두 번 나타나지만, 세트는 원소의 중복을 허용하지 않기 때문에 단 한 번만 세트에 나타난다.

세트는 동일 타입 혹은 혼합 타입을 원소로 가질 수 있다. 예를 들어, s = {1, 2, 3, "일", "이", "삼"}는 숫자와 문자열을 담고 있는 세트이다. 세트의 각 원소는 해시가능(hashable)이다. 파이썬에서 각 객체는 해시 값을 가지며, 해시 값이 전혀 변하지 않으면 그 객체는 해시가능이다. 이제까지, 리스트가 해시가능이다는 점만 제외하고 객체의 모든 타입들을 살펴보았다. 세트 원소가 해시가능이어야 하는 이유는 보너스 장인 21장(해싱: 세트와 딕셔너리)에서 설명한다.

14.3.2 세트 다루기와 접근하기

`add(e)` 혹은 `remove(e)` 메소드를 사용하여 세트에 원소를 추가하거나 세트에서 원소를 삭제할 수 있다. 세트에 대해 `len`, `min`, `max`, `sum` 함수를 사용할 수 있으며, 세트 내의 모든 원소를 순회하기 위해 `for` 루프를 사용할 수 있다. 또한 `in`이나 `not in` 연산자를 사용하여 세트 내에 원소가 있는지의 여부를 알 수 있다. 다음 예제를 살펴보자.

실행결과

```
>>> s1 = {1, 2, 4}
>>> s1.add(6)
>>> s1
{1, 2, 4, 6}
>>> len(s1)
4
>>> max(s1)
6
```

```
>>> min(s1)
1
>>> sum(s1)
13
>>> 3 in s1
False
>>> s1.remove(4)
>>> s1
{1, 2, 6}
>>>
```

노트

remove(e) 메소드는 삭제할 원소가 세트에 없으면 KeyError 예외를 발생시킨다.

14.3.3 부분세트와 상위세트

s1 세트의 모든 원소가 s2 세트 내에 있다면, s1 세트는 s2 세트의 부분세트 (subset)이다. 다음 코드에서 볼 수 있듯이, s1.issubset(s2) 메소드를 사용하여 s1이 s2의 부분세트인지를 알아낼 수 있다.

 실행결과

```
>>> s1 = {1, 2, 4}
>>> s2 = {1, 4, 5, 2, 6}
>>> s1.issubset(s2) # s1은 s2의 부분세트이다.
True
>>>
```

s2 세트의 모든 원소가 s1 세트 내에 있다면, s1 세트는 s2 세트의 상위세트 (superset)이다. 다음 코드에서 볼 수 있듯이, s1.issuperset(s2) 메소드를 사용하여 s1이 s2의 상위세트인지를 알아낼 수 있다.

 실행결과

```
>>> s1 = {1, 2, 4}
>>> s2 = {1, 4, 5, 2, 6}
>>> s2.issuperset(s1) # s2는 s1의 상위세트이다.
True
>>>
```

14.3.4 동등 검사

==과 != 연산자를 사용하여 두 세트가 동일한 원소를 가지고 있는지를 검사할 수 있다. 다음 예제를 살펴보자.

```
>>> s1 = {1, 2, 4}
>>> s2 = {1, 4, 2}
>>> s1 == s2
True
>>> s1 != s2
False
>>>
```

위 예제에서, s1과 s2는 원소 순서와 상관없이 동일한 원소를 가지고 있다.

세트 내의 원소들이 순서화되어 있지 않음에도 불구하고, 비교 연산자(>, >=, <=, <)를 사용하여 세트를 비교한다는 것이 쉽게 이해되지 않을 것이다. 이들 비교 연산자가 세트에 적용될 때, 다음과 같은 특별한 의미를 가진다.

- s1이 s2의 진부분세트(proper subset)라면, s1 < s2는 True를 반환한다.
- s1이 s2의 부분세트라면, s1 <= s2는 True를 반환한다.
- s1이 s2의 진상위세트(proper superset)라면, s1 > s2는 True를 반환한다.
- s1이 s2의 상위세트라면, s1 >= s2는 True를 반환한다.

> **노트**
> s1이 s2의 진부분세트라면, s1의 모든 원소가 또한 s2에 있으며, s2의 최소한 한 원소는 s1에 없다. s1이 s2의 진부분세트라면, s2는 s1의 진상위세트이다.

14.3.5 세트 연산

파이썬은 세트 합, 교, 차, 대칭차 연산 수행을 위한 메소드를 제공한다.

두 세트의 합(union)은 두 세트의 모든 원소를 포함하고 있는 집합을 의미한다. 이 연산의 수행을 위해 union 메소드 혹은 | 연산자를 사용한다. 다음 예제를 살펴보자.

```
>>> s1 = {1, 2, 4}
>>> s2 = {1, 3, 5}
>>> s1.union(s2)
{1, 2, 3, 4, 5}
>>>
>>> s1 | s2
{1, 2, 3, 4, 5}
>>>
```

두 세트의 교(intersection)는 두 세트의 공통 원소만을 포함하고 있는 집합을 의미한다. 이 연산의 수행을 위해 intersection 메소드 혹은 & 연산자를 사용한다. 다음 예제를 살펴보자.

```
>>> s1 = {1, 2, 4}
>>> s2 = {1, 3, 5}
>>> s1.intersection(s2)
{1}
>>>
>>> s1 & s2
{1}
>>>
```

set1과 set2의 차(difference)는 set1의 원소는 포함하고 있지만 set2의 원소를 포함하지 않는 집합을 의미한다. 이 연산의 수행을 위해 difference 메소드 혹은 - 연산자를 사용한다. 다음 예제를 살펴보자.

```
>>> s1 = {1, 2, 4}
>>> s2 = {1, 3, 5}
>>> s1.difference(s2)
{2, 4}
>>>
>>> s1 - s2
{2, 4}
>>>
```

두 세트의 대칭차(symmetric difference)(혹은 배타적 or)는 두 세트의 공통 원소를 제외한 두 세트의 모든 원소들을 포함하는 집합이다. 이 연산의 수행을 위해 symmetric_difference 메소드 혹은 ∧ 연산자를 사용한다. 다음 예제를 살펴보자.

```
>>> s1 = {1, 2, 4}
>>> s2 = {1, 3, 5}
>>> s1.symmetric_difference(s2)
{2, 3, 4, 5}
>>>
>>> s1 ^ s2
{2, 3, 4, 5}
>>>
```

앞서 살펴본 세트 메소드들은 세트를 결과로 반환하지만, 세트 내의 원소들을 변경하지 않는다는 점에 주의하자.

코드 14.2는 세트를 사용하는 예제 프로그램이다.

코드 14.2 `SetDemo.py`

```python
1  set1 = {"초록", "빨강", "파랑", "빨강"} # 세트를 생성한다.
2  print(set1)
3
4  set2 = set([7, 1, 2, 23, 2, 4, 5]) # 리스트로부터 세트를 생성한다.
5  print(set2)
6
7  print("빨강이 set1에 있습니까?", "빨강" in set1)
8
9  print("길이는", len(set2), "입니다.") # len 함수를 사용한다.
10 print("최댓값은", max(set2), "입니다.") # max 함수를 사용한다.
11 print("최솟값은", min(set2), "입니다.") # min 함수를 사용한다.
12 print("합계는", sum(set2), "입니다.") # sum 함수를 사용한다.
13
14 set3 = set1 | {"초록", "노랑"} # 세트 합
15 print(set3)
16
17 set3 = set1 - {"초록", "노랑"} # 세트 교
18 print(set3)
19
20 set3 = set1 & {"초록", "노랑"} # 세트 차
21 print(set3)
22
23 set3 = set1 ^ {"초록", "노랑"} # 세트 대칭차
24 print(set3)
25
26 list1 = list(set2) # 세트로부터 리스트를 생성한다.
27 print(set1 == {"초록", "빨강", "파랑"}) # 두 세트를 비교한다.
28
29 set1.add("노랑")
30 print(set1)
31
32 set1.remove("노랑")
33 print(set1)
```

실행결과

```
{'파랑', '초록', '빨강'}
{1, 2, 4, 5, 7, 23}
빨강이 set1에 있습니까? True
길이는 6 입니다.
최댓값은 23 입니다.
최솟값은 1 입니다.
합계는 42 입니다.
{'파랑', '초록', '노랑', '빨강'}
{'파랑', '빨강'}
{'초록'}
{'파랑', '빨강', '노랑'}
True
{'파랑', '초록', '노랑', '빨강'}
{'파랑', '초록', '빨강'}
```

이 프로그램에서 set1은 {"초록", "빨강", "파랑", "빨강"}으로부터 생성된다 (라인 1). 세트는 중복 원소를 허용하지 않으므로, set1에 빨강 원소는 하나만 저장된다. 라인 4에서 set 함수를 이용하여 리스트로부터 set2를 생성한다.

라인 9-12에서 세트에 len, max, min, sum 함수를 적용한다. 세트의 원소들은 특정한 순서로 나열되어 있지 않으므로, 인덱스 연산자를 세트의 특정 원소에 접근하기 위해 사용할 수 없다는 점에 주의하자.

이 프로그램의 라인 14-24에서 세트 합, 세트 교, 세트 차, 세트 대칭차 연산을 수행한다.

세트 합: {"초록", "빨강", "파랑"} | {"초록", "노랑"})
          => {"초록", "빨강", "파랑", "노랑"} (라인 14)
세트 차: {"초록", "빨강", "파랑"} - {"초록", "노랑"})
          => {"빨강", "파랑"} (라인 17)
세트 교: {"초록", "빨강", "파랑"} & {"초록", "노랑"})
          => {"초록"} (라인 20)
세트 대칭차: {"초록", "빨강", "파랑"} ∧ {"초록", "노랑"})
             => {"빨강", "파랑", "노랑"} (라인 23)

라인 27에서 두 세트가 동일한 원소를 가지고 있는지를 검사하기 위해 ==을 사용한다. 라인 29에서 세트에 원소 추가를 위해 add 메소드를 사용하며, 라인 32에서 세트에서 원소 삭제를 위해 remove 메소드를 사용한다.

체크
포인트

14.7 빈 세트를 생성하시오.

14.8 리스트, 세트, 혹은 튜플이 서로 다른 타입의 원소를 가질 수 있는지 판별하시오.

14.9 다음 세트 중에 정확히 생성되는 것은?

```
s = {1, 3, 4}
s = {{1, 2}, {4, 5}}
s = {[1, 2], [4, 5]}
s = {(1, 2), (4, 5)}
```

14.10 리스트와 세트의 차이는 무엇인가? 리스트로부터 세트를 생성하시오. 세트로부터 리스트를 생성하시오. 세트로부터 튜플을 생성하시오.

14.11 다음 코드의 출력 결과를 보이시오.

```
students = {"용제", "우성"}
print(students)
students.add("우성")
print(students)
students.add("용호")
print(students)
students.remove("용제")
print(students)
```

14.12 다음 코드에 실행시간 오류가 있는지를 판별하시오.

```
students = {"용제", "우성"}
students.remove("우상")
print(students)
```

14.13 다음 코드의 출력 결과를 보이시오.

```
student1 = {"용제", "우성", "영희"}
student2 = {"용제", "우상", "영희"}
print(student1.issuperset({"우성"}))
print(student1.issubset(student2)
print({1, 2, 3} > {1, 2, 4})
print({1, 2, 3} < {1, 2, 4})
print({1, 2} < {1, 2, 4})
print({1, 2} <= {1, 2, 4})
```

14.14 다음 코드의 출력 결과를 보이시오.

```
numbers = {1, 4, 5, 6}
print(len(numbers))
print(max(numbers))
print(min(numbers))
print(sum(numbers))
```

14.15 다음 코드의 출력 결과를 보이시오.

```
s1 = {1, 4, 5, 6}
s2 = {1, 3, 6, 7}
print(s1.union(s2))
print(s1 | s2)
print(s1.intersection(s2))
print(s1 & s2)
print(s1.different(s2))
print(s1 - s2)
print(s1.symmetric_different(s2))
print(s1 ^ s2)
```

14.16 다음 코드의 출력 결과를 보이시오.

```
set1 = {2, 3, 7, 11}
print(4 in set1)
print(3 in set1)
print(max(set1))
print(min(set1))
print(sum(set1))
print(set1.issubset({2, 3, 6, 7, 11}))
print(set1.issuperset({2, 3, 7, 11}))
```

14.17 다음 코드의 출력 결과를 보이시오.

```
set1 = {1, 2, 3}
set2 = {3, 4, 5}

set3 = set1 | set2
print(set1, set2, set3)

set3 = set1 - set2
print(set1, set2, set3)

set3 = set1 & set2
print(set1, set2, set3)

set3 = set1 ^ set2
print(set1, set2, set3)
```

14.4 세트와 리스트의 성능 비교

*in*과 *not in* 연산자와 *remove* 연산자에 대해서는 세트를 사용하는 것이 리스트를 사용하는 것보다 좀 더 효율적이다.

키포인트

인덱스 연산자를 사용하여 리스트의 원소에 접근할 수 있다. 그러나 세트는 인덱스 연산자를 지원하지 않는다. 그 이유는 세트 내의 원소들이 순서화되어 있지 않기 때문이다. 세트의 모든 원소들을 순회하기 위해서는 *for* 루프를 사용해야 한다. 이제, 세트와 리스트의 성능 검사를 위한 실험을 해보자. 코드 14.3의 프로그램은 (1)원소가 세트와 리스트에 있는지를 검사하는 데 소요되는 실행 시간과 (2)세트와 리스트에서 원소를 삭제하는 데 소요되는 실행 시간을 출력한다.

코드 14.3   SetListPerformanceTest.py

```
1   import random
2   import time
3
4   NUMBER_OF_ELEMENTS = 10000
5
6   # 리스트를 생성한다.
7   lst = list(range(NUMBER_OF_ELEMENTS))
8   random.shuffle(lst)
9
10  # 리스트로부터 세트를 생성한다.
11  s = set(lst)
12
13  # 원소가 세트에 포함되어 있는지 검사한다.
14  startTime = time.time() # 시작 시각을 구한다.
15  for i in range(NUMBER_OF_ELEMENTS):
16      i in s
17  endTime = time.time() # 종료 시각을 구한다.
18  runTime = int((endTime - startTime) * 1000) # 검사 시간을 구한다.
19  print(NUMBER_OF_ELEMENTS,
20      "개의 원소가 세트에 포함되어 있는지 검사합니다.\n",
21      "실행 시간은", runTime, "밀리초입니다.")
22
23  # 원소가 리스트에 포함되어 있는지 검사한다.
24  startTime = time.time() # 시작 시각을 구한다.
25  for i in range(NUMBER_OF_ELEMENTS):
26      i in lst
```

```
27   endTime = time.time() # 종료 시각을 구한다.
28   runTime = int((endTime - startTime) * 1000) # 검사 시간을 구한다.
29   print("\n", NUMBER_OF_ELEMENTS,
30      "개의 원소가 리스트에 포함되어 있는지 검사합니다.\n",
31      "실행 시간은", runTime, "밀리초입니다.")
32
33   # 세트에서 한 원소씩 제거한다.
34   startTime = time.time() # 시작 시각을 구한다.
35   for i in range(NUMBER_OF_ELEMENTS):
36      s.remove(i)
37   endTime = time.time() # 종료 시각을 구한다.
38   runTime = int((endTime - startTime) * 1000) # 검사 시간을 구한다.
39   print("\n", NUMBER_OF_ELEMENTS,
40      "개의 원소를 세트에서 제거합니다.\n",
41      "실행 시간은", runTime, "밀리초입니다.")
42
43   # 리스트에서 한 원소씩 제거한다.
44   startTime = time.time() # 시작 시각을 구한다.
45   for i in range(NUMBER_OF_ELEMENTS):
46      lst.remove(i)
47   endTime = time.time() # 종료 시각을 구한다.
48   runTime = int((endTime - startTime) * 1000) # 검사 시간을 구한다.
49   print("\n", NUMBER_OF_ELEMENTS,
50      "개의 원소를 리스트에서 제거합니다.\n",
51      "실행 시간은", runTime, "밀리초입니다.")
```

실행결과

```
10000 개의 원소가 세트에 포함되어 있는지 검사합니다.
실행 시간은 5 밀리초입니다.
10000 개의 원소가 리스트에 포함되어 있는지 검사합니다.
실행 시간은 4274 밀리초입니다.
10000 개의 원소를 세트에서 제거합니다.
실행 시간은 7 밀리초입니다.
10000 개의 원소를 리스트에서 제거합니다.
실행 시간은 1853 밀리초입니다.
```

라인 7에서, range(NUMBER_OF_ELEMENTS) 함수는 0부터 NUMBER_OF_ELEMENTS
- 1까지의 숫자를 반환한다. 그래서 list(range(NUMBER_OF_ELEMENTS))는 0부터
NUMBER_OF_ELEMENTS - 1까지의 정수 리스트를 반환한다. 라인 8에서 리스트의 원
소들을 뒤섞으며, 라인 11에서 뒤섞여진 원소를 가진 리스트로부터 세트를 생성한
다. 이제 세트와 리스트는 동일한 원소를 가진다.

이 프로그램은 0부터 NUMBER_OF_ELEMENTS - 1까지의 원소가 세트에 있는지를 검사하고(라인 14-21), 또한 각 원소가 리스트에 있는지를 검사하는 데(라인 24-31) 소요되는 실행 시간을 출력한다. 첫 번째로 세트는 5 밀리초, 리스트는 4,274 밀리초로 출력 결과가 나왔다. 두 번째의 출력 결과를 살펴보면, 세트는 7 밀리초이고 리스트는 1,853 밀리초가 소요되었다는 것을 볼 수 있다.

실행 시간에서 볼 수 있듯이, 원소가 세트나 리스트에 있는지를 검사할 때에는 세트가 리스트보다 훨씬 더 효율적이다. 그래서 이 장의 앞 부분에서 언급한 "No-Fly" 목록은 리스트 대신 세트를 사용해서 구현해야 한다. 원소가 리스트에 있는지를 검사하는 것보다 세트에 있는지를 검사하는 것이 좀 더 빠르게 실행되기 때문이다.

세트가 리스트보다 효율적인 이유는 무엇일까? 이것에 대한 답은 효율적인 알고리즘(연결 리스트와 해싱)의 개발에 관해 설명한 온라인 보너스 장을 참조하기 바란다.

14.5 사례 연구: 키워드 세기

이번 절에서는 파이썬 소스 코드 파일에서 키워드 수를 세는 애플리케이션을 살펴본다.

키포인트

파이썬 소스 코드 파일의 각 단어가 키워드인지를 판별하는 프로그램을 개발해 보자. 이 프로그램을 효율적으로 개발하기 위해서 우선 모든 키워드를 세트에 저장하고, 파이썬 소스 코드 파일의 각 단어가 그 세트에 있는지를 검사하기 위해 in 연산자를 사용한다. 코드 14.4는 전체 프로그램을 보여준다.

코드 14.4 CountKeywords.py

```
1   import os.path
2   import sys
3
4   def main():
5       keyWords = {"and", "as", "assert", "break", "class",
6                   "continue", "def", "del", "elif", "else",
7                   "except", "False", "finally", "for", "from",
8                   "global", "if", "import", "in", "is", "lambda",
9                   "None", "nonlocal", "not", "or", "pass", "raise",
10                  "return", "True", "try", "while", "with", "yield"}
11
12      filename = input("파이썬 소스 코드 파일명을 입력하세요: ").strip()
13
```

```
14    if not os.path.isfile(filename): # 파일이 존재하는지 검사한다.
15        print("파일", filename, "이/가 존재하지 않습니다.")
16        sys.exit()
17
18    infile = open(filename, "r") # 파일은 오픈한다.
19
20    text = infile.read().split() # 파일을 읽고 단어 단위로 분리한다.
21
22    count = 0
23    for word in text:
24        if word in keyWords:
25            count += 1
26
27    print(filename, "에", count, "개의 키워드가 포함되어 있습니다.")
28
29 main()
```

 실행결과

파이썬 소스 코드 파일명을 입력하세요: GuessNumber.py ↵Enter
GuessNumber.py 에 7 개의 키워드가 포함되어 있습니다.

 실행결과

파이썬 소스 코드 파일명을 입력하세요: TTT.py ↵Enter
TTT.py 파일이 존재하지 않습니다.

코드 4.4의 프로그램은 키워드 세트를 라인 5-10에서 생성하고, 사용자로부터 파이썬 소스 파일명을 입력받는다(라인 12). 파일이 존재하면 키워드 검사를 진행하고(라인 12), 그렇지 않으면 프로그램을 종료한다(라인 16).

라인 20에서 파일을 오픈하고 파일 내에 있는 전체 텍스트를 단어 단위로 분할하며, 각각의 단어가 키워드인지를 라인 24에서 검사한다. 만일 단어가 키워드이면, count 값을 1씩 증가시킨다(라인 25).

14.6 딕셔너리

 키포인트

딕셔너리는 키/값 쌍을 저장하는 컨테이너 객체이며, 키를 이용하여 빠르게 값을 검색하고, 삭제하고, 갱신할 수 있다.

"No-Fly" 목록에 테러리스트에 관한 상세 정보를 저장한다고 해보자. 딕셔너리 *(dictionary)*는 이러한 일을 처리할 수 있는 효율적인 데이터 구조이다. 딕셔너리는 키와 함께 값을 저장하며, 키는 인덱스 연산자와 유사하다. 딕셔너리에서 키는 해시가능 객체이어야 한다. 딕셔너리는 중복 키를 포함할 수 없으며, 각 키는 하나의 값에 매핑된다. 그림 14.1(a)에서 볼 수 있듯이, 키와 값이 하나의 항목(혹은 엔트리)으로 구성된다. 사전과 유사해서 이 데이터 구조를 "딕셔너리"라 한다. 또한 딕셔너리는 각각의 키가 하나의 값에 매핑되므로 맵(map)이라고 한다.

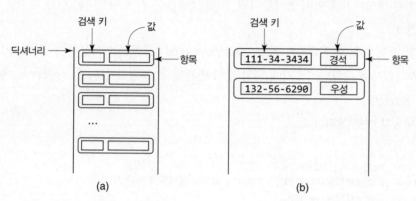

[그림 14.1] 딕셔너리의 항목은 키/값 쌍이다.

14.6.1 딕셔너리 생성하기

중괄호 쌍({})의 안쪽에 항목들을 놓음으로써 이들 항목들로 구성된 딕셔너리를 생성할 수 있다. 각 항목은 키, 콜론, 값의 순서로 구성되며, 항목들은 콤마로 구분된다. 예를 들어, 다음 명령문을 살펴보자.

> students = {"111-34-3434" : "경석", "132-56-6290" : "우성"}

위 명령문은 그림 14.1(b)에서 볼 수 있듯이 두 항목을 가진 딕셔너리를 생성한다. 각 항목은 키:값의 형태로 되어 있다. 첫 번째 항목의 키는 111-34-3434이고, 값은 경석이다. 키는 숫자와 문자열과 같이 해시가능 타입이어야 하며, 값은 어떤 타입이 되어도 상관없다.

다음 문법을 사용하여 빈 딕셔너리를 생성할 수 있다.

> students = { }   # 빈 딕셔너리를 생성

✏️ **노트**
파이썬은 세트와 딕셔너리에 대해서 중괄호를 사용한다. {}은 빈 딕셔너리를 나타내며, 빈 세트를 생성하기 위해 set()을 사용한다.

14.6.2 항목 추가, 수정, 검색하기

항목을 딕셔너리에 추가하는 문법은 다음과 같다.

```
dictionaryName[Key] = value
```

예를 들어, 다음을 살펴보자.

```
students["234-56-9010"] = "영희"
```

키가 딕셔너리에 이미 존재한다면, 위의 명령문은 키에 대응하는 값을 영희로 교체한다.

값 검색을 하기 위해서는 dictionaryName[Key] 표현식을 사용한다. 이때, 키가 딕셔너리에 존재하면, 그 키에 대한 값이 반환된다. 그렇지 않다면, KeyError 예외가 발생한다.

다음의 예를 살펴보자.

```
1  >>> students = {"111-34-3434":"경석", "132-56-6290":"우성"}
2  >>> students["234-56-9010"] = "영희" # 새로운 항목을 추가한다.
3  >>> students["234-56-9010"]
4  "영희"
5  >>> students["111-34-3434"] = "현경석"
6  >>> students["111-34-3434"]
7  "현경석"
8  >>> student["343-45-5455"]
9  Traceback (most recent call last):
10   File "<stdin>", line 1, in <module>
11 KeyError: '343-45-5455'
12 >>>
```

라인 1에서 두 개의 항목을 가진 딕셔너리를 생성한다. 라인 2는 234-56-9010 키와 영희 값을 가진 새로운 항목을 딕셔너리에 추가한다. 234-56-9010 키와 연관된 값이 라인 3에서 반환된다. 라인 5는 111-34-3434 키를 가진 항목의 값을 새로운 값인 현경석으로 수정한다. 라인 8은 딕셔너리에 존재하지 않은 키인 343-45-5455로 값 검색을 시도하며, 결과로 KeyError 예외가 발생하였다.

14.6.3 항목 삭제하기

딕셔너리에서 항목 삭제는 다음 문법을 사용한다.

```
del dictionaryName[key]
```

예를 들어, 다음을 살펴보자.

```
del students["234-56-9010"]
```

앞 명령문은 딕셔너리에서 234-56-9010 키를 가진 항목을 삭제한다. 그 키가 딕
셔너리에 존재하지 않으면, KeyError 예외가 발생한다.

14.6.4 항목 순회하기

딕셔너리의 모든 항목을 순회하기 위해 for 루프를 사용할 수 있다. 예를 들어, 다
음을 살펴보자.

```
1  >>> students = {"111-34-3434":"경석", "132-56-6290":"우성"}
2  >>> for key in students:
3  ...        print(key + ":" + str(students[key]))
4  ...
5  "111-34-3434":"경석"
6  "132-56-6290":"우성"
7  >>>
```

실행결과

for 루프는 students 딕셔너리의 키에 대해서 반복을 수행한다(라인 2).
students[key]는 key에 대응하는 값을 반환한다(라인 3).

14.6.5 len 함수

len(dictionary)을 사용하여 딕셔너리 내의 항목 수를 얻을 수 있다. 예를 들어,
다음을 살펴보자.

```
1  >>> students = {"111-34-3434":"경석", "132-56-6290":"우성"}
2  >>> len(students)
3  2
4  >>>
```

실행결과

라인 2의 len(students)는 students 딕셔너리 내의 항목 수를 반환한다.

14.6.6 키가 딕셔너리에 있는지 검사하기

키가 딕셔너리에 있는지를 검사하기 위해 in이나 not in 연산자를 사용할 수 있다.
예를 들어, 다음을 살펴보자.

```
1  >>> students = {"111-34-3434":"경석", "132-56-6290":"우성"}
2  >>> "111-34-3434" in students
3  True
4  >>> "999-34-3434" in students
5  False
6  >>>
```

실행결과

라인 2에서, "111-34-3434" in students는 111-34-3434 키가 students 딕셔 너리에 있는지를 검사한다.

14.6.7 동등 검사

두 딕셔너리가 동일한 항목을 가지고 있는지를 검사하기 위해 ==과 !=연산자를 사 용할 수 있다.

```
>>> d1 = {"빨강":41, "파랑":3}
>>> d2 = {"파랑":3, "빨강":41}
>>> d1 == d2
True
>>> d1 != d2
False
>>>
```

위 예제에서, d1과 d2는 딕셔너리 내의 항목들의 순서에 상관없이 동일한 항목 을 가지고 있다.

노트
딕셔너리 내의 항목들은 순서화되어 있지 않기 때문에, 비교 연산자(>, >=, <=, <)를 딕셔너 리 비교를 위해 사용할 수 없다.

14.6.8 딕셔너리 메소드

딕셔너리에 대한 파이썬 클래스는 dict이다. 그림 14.2는 딕셔너리 객체가 호출할 수 있는 메소드들을 보여준다.

dict	
keys(): tuple	일련의 키들을 반환한다.
values(): tuple	일련의 값들을 반환한다.
items(): tuple	일련의 투플들을 반환한다. 각 투플은 항목별로 (키, 값)의 형태이다.
clear(): None	모든 항목들을 삭제한다.
get(key): value	키에 대한 값을 반환한다.
pop(key): value	키에 대한 항목을 삭제하고 그 항목의 값을 반환한다.
popitem(): tuple	랜덤하게 선택된 키/값 쌍을 투플 형태로 반환하고 선택된 항목을 삭제한다.

[그림 14.2] dict 클래스는 딕셔너리 객체를 다루기 위한 메소드를 제공한다.

키가 딕셔너리에 존재하지 않으면, 예외가 발생되지 않고 None을 반환한다는 점 만 제외하고 get(key) 메소드는 dictionaryName[key]와 유사하다. pop[key] 메소드는 del dictionaryName[key]와 유사하다.

```
 1  >>> students = {"111-34-3434":"경석", "132-56-6290":"우성"}
 2  >>> tuple(students.keys())
 3  ("111-34-3434", "132-56-6290")
 4  >>> tuple(students.values())
 5  ("경석", "우성")
 6  >>> tuple(students.items())
 7  (("111-34-3434", "경석"), ("132-56-6290", "우성"))
 8  >>> students.get("111-34-3434")
 9  "경석"
10  >>> print(students.get("999-34-3434"))
11  None
12  >>> students.pop("111-34-3434")
13  "경석"
14  >>> students
15  {"132-56-6290":"우성"}
16  >>> students.clear()
17  >>> students
18  {}
19  >>>
```

라인 1에서 students 딕셔너리를 생성하고, 라인 2의 students.keys()
는 students 딕셔너리 내의 키들을 반환한다. 라인 4의 students.values()
는 students 딕셔너리 내의 값들을 반환하며, 라인 6의 students.items()은
students 딕셔너리 내의 항목들을 튜플 형태로 반환한다. 라인 10의 students.
get("999-34-3434")는 999-34-3434 키에 대한 학생 이름을 반환한다. 라인 12의
students.pop("111-34-3434")는 students 딕셔너리에서 111-34-3434 키를 가진
항목을 반환한다. 라인 16의 students.clear()는 students 딕셔너리 내의 모든
항목들을 삭제한다.

14.18 빈 딕셔너리를 어떻게 생성하는가?

14.19 다음 딕셔너리 중에 정확히 생성되는 딕셔너리는?

> d = {1:[1, 2], 3:[3, 4]}
>
> d = {[1, 2]:1, [3, 4]:3}
>
> d = {(1, 2):1, (3, 4):3}
>
> d = {1:"경석", 3:"우성"}
>
> d = {"경석":1, "우성":3}

14.20 딕셔너리의 각 항목은 두 부분을 가진다. 각각을 무엇이라 하는가?

14.21 students 딕셔너리가 {"경석":3, "우성":2}라고 하자. 다음 명령문의 실행 후에

딕셔너리가 어떻게 바뀌는가?

(a) students["영희"] = 5

(b) students["우성"] = 5

(c) students["우성"] += 5

(d) del students["우성"]

14.22 students 딕셔너리가 {"경석":3, "우성":2}라고 하자. 다음 명령문의 실행 결과를 보여시오.

(a) print(len(students))

(b) print(students.keys())

(c) print(students.values())

(d) print(students.items())

14.23 다음 코드의 출력 결과를 보이시오.

```python
def main():
    d = {"빨강":4, "파랑":1, "초록":14, "노랑":2}
    print(d["빨강"])
    print(list(d.keys()))
    print(list(d.values()))
    print("파랑" in d)
    print("보라" in d)
    d["파랑"] += 10
    print(d["파랑"])

main() # main 함수를 호출한다.
```

14.24 다음 코드의 출력 결과를 보이시오.

```python
def main():
    d = {}
    d["영희"] = 50
    d["용제"] = 45
    d["용호"] = 54
    d["영희"] = 51
    d["경석"] = 53
    print(len(d))

main() # main 함수를 호출한다.
```

14.25 딕셔너리 d에 대해서 키에 대한 값을 반환하기 위해 d[key] 혹은 d.get[key]를 사용할 수 있다. 이 둘의 차이점은 무엇인가?

14.7 사례 연구: 단어의 빈도수 세기

이번 사례 연구는 텍스트 파일 내의 각 단어의 빈도수를 세고 가장 많이 나타난 단어 10개를 내림차순으로 출력하는 프로그램을 작성한다.

키포인트

이번 사례 연구의 프로그램은 단어와 개수로 이루어진 항목을 저장하기 위해 딕셔너리를 사용한다. 먼저 각 단어가 딕셔너리에 이미 있는지를 검사해야 한다. 단어가 딕셔너리에 존재하지 않으면, 단어를 키로 하고 값을 1로 구성한 항목을 딕셔너리에 추가한다. 단어가 딕셔너리에 존재한다면, 단어(키)에 해당하는 값을 1 증가시킨다. 각 단어는 대소문자를 구별하지 않는다고 가정하자(예를 들어, Good는 good와 동일한 것으로 취급한다). 이 프로그램은 가장 많이 나타난 단어 10개를 내림차순으로 출력한다.

코드 14.5는 전체 프로그램을 보여준다.

코드 14.5 CountOccurrentceOfWords.py

```
1  def main():
2      # 사용자로부터 파일명을 입력받는다.
3      filename = input("파일명을 입력하세요: ").strip()
4      infile = open(filename, "r") # 파일을 오픈한다.
5
6      wordCount = {}       # 단어의 빈도수를 저장하기 위한 딕셔너리를 생성한다.
7      for line in infile:
8          processLine(line.lower(), wordCounts)
9
10     pairs = list(wordCounts.items())  # 딕셔너리에서 쌍들을 얻어온다.
11
12     items = [[x, y] for (y, x) in pairs] # 리스트 내의 쌍들을 역순으로 만든다.
13
14     item.sort() # 항목을 정렬한다.
15
16     for i in range(len(items) - 1, len(items) - 11, -1):
17         print(items[i][1] + "\t" + str(items[i][0]))
18
19 # 행 단위로 각각의 단어를 센다.
20 def processLine(line, wordCounts):
21     line = replacePunctuations(line) # 구두점을 공백으로 바꾼다.
22     words = line.split() # 한 행에서 단어들을 가져온다.
23     for word in words:
```

```
24        if word in wordCounts:
25            wordCount[word] += 1
26        else:
27            wordCount[word] = 1
28
29  # 한 행에 있는 구두점을 공백으로 바꾼다.
30  def replacePunctuations(line):
31      for ch in line:
32          if ch in "~@#$%^&*()_-+=~<>?/,.;:!{}[]|'\"":
33              line = line.replace(ch, " ")
34
35      return line
36
37 main() # main 함수를 호출한다.
```

실행결과

파일명을 입력하세요: **Licoln.txt** ⏎Enter

```
that     13
the      11
we       10
to       8
here     8
a        7
and      6
of       5
nation   5
it       5
```

이 프로그램은 사용자로부터 파일명을 입력받고(라인 3), 입력한 파일명에 해당하는 파일을 오픈한다(라인 4). 라인 6에서 단어와 개수 쌍의 저장을 위한 wordCounts 딕셔너리를 생성한다. 단어가 키로 사용된다.

이 프로그램은 파일의 내용을 한 행 단위로 읽어 그 행 내 단어의 빈도수를 세는 processLine(line.lower(), wordCounts)를 호출한다(라인 7-8). wordCounts 딕셔너리가 {"빨강":7, "파랑":5, "초록":2}라고 해보자. 이 항목들을 어떻게 정렬할까? 딕셔너리 객체는 sort 메소드를 가지고 있지 않다. 그러나 list 객체가 sort 메소드를 가지고 있으므로, 딕셔너리로부터 리스트를 먼저 얻어낸 다음 그 리스트를 정렬한다. 라인 10에서 쌍들로 구성된 리스트를 얻는다. 이 리스트에 sort 메소드를 적용한다면 쌍들은 첫 번째 원소를 기준으로 정렬되지만, 두 번째 원소인 단어의 빈도수를 기준으로 정렬해야 있다. 이것을 어떻게 할 수 있을까? 쌍의 순서를 바꾼 후에 sort 메소드를 적용한다. 라인 12에서 쌍의 순서를 바꾼 새로운 리스트를 생성하고, 그런 다음 라인 14에서 sort 메소드를 적용한다. 리스트는 다음과 같이 정렬된다. [[2, "초록"], [5, "파랑"], [7, "빨강"]].

이 프로그램은 가장 많은 빈도수를 가진 단어를 보여주기 위해 리스트에서 마지막 10개의 쌍을 출력한다(라인 16-17).

processLine(line.lower(), wordCounts) 함수는 모든 구두점을 공백으로 바꾸기 위해 replacePunctuations(line)를 호출하며(라인 21), 그런 다음 split 메소드를 사용하여 단어를 추출한다(라인 22). 단어가 이미 딕셔너리에 존재하면, 단어 빈도수의 값을 1씩 증가시킨다(라인 25). 그렇지 않다면, 새로운 쌍을 딕셔너리에 추가한다(라인 27).

replacePunctuations(line) 메소드는 행 단위로 문자를 검사한다. 구두점이 있으면, 그것을 공백으로 바꾼다(라인 32-33).

딕셔너리를 사용하지 않을 경우, 이 프로그램을 어떻게 작성할지 생각해 보자. [[key1, value1], [key2, value2], …]와 같이 중첩 리스트를 사용할 수 있지만, 프로그램이 너무 길어지고 매우 복잡해질 것이다. 딕셔너리가 이와 같은 문제를 해결하는 데 매우 효율적이고 강력한 데이터 구조라는 것을 알 수 있을 것이다.

주요용어

데이터 구조	세트 교
딕셔너리	세트 대칭차
딕셔너리 엔트리	세트 차
딕셔너리 항목	세트 합
맵	키/값 쌍
변경불가능 튜플	튜플
세트	해쉬가능

요약

1. 튜플(tuple)은 고정 리스트이다. 튜플은 원소 추가, 삭제, 변경이 불가능하다.

2. 튜플은 시퀀스(sequence)이기 때문에, 시퀀스 연산을 튜플에 적용할 수 있다.

3. 튜플에 원소를 추가하거나, 삭제하거나, 혹은 변경할 수는 없지만, 원소 자체가 변경가능(mutable)이면 원소의 내용을 변경할 수는 있다.

4. 모든 원소가 변경불가능(immutable)이면, 튜플도 변경불가능이다.

5. 세트(set)는 원소들의 모음을 저장할 수 있다는 점에서 리스트와 유사하다. 그러나 리스트와 달리 세트 내의 원소들은 중복되지 않으며 특정 순서로 나열되어 있지 않다.

6. 세트에 원소를 추가하기 위해 add 메소드를 사용하며, 세트에서 원소를 삭제하기 위해 remove 메소드를 사용한다.

7. 세트에 len, min, max, sum 함수를 적용할 수 있다.

8. 세트 내의 원소들을 순회하기 위해 for 루프를 사용한다.

9. 세트가 다른 세트의 부분세트인지 혹은 상위세트인지를 검사하기 위해 issubset 혹은 issuperset 메소드를 사용하며, 세트 합, 세트 교, 세트 차, 세트 대칭차를 수행하기 위해 |, &, -, ^ 연산자를 각각 사용한다.

10. 원소가 리스트나 세트에 있는지를 검사하거나 원소를 세트나 리스트에서 삭제할 때에는 세트가 리스트보다 좀 더 효율적이다.

11. *딕셔너리(dictionary)*는 *키/값 쌍(key/value pair)*을 저장하기 위해 사용하며, 키를 사용하여 값을 검색한다. 딕셔너리의 키는 인덱스 연산자와 유사하다. 리스트에서 인덱스는 정수이다. 딕셔너리의 키는 숫자와 문자열과 같은 해시가능 객체가 될 수 있다.

12. dictionaryName[key]를 사용하여 주어진 키에 대해서 값을 검색할 수 있으며, 딕셔너리에 항목을 추가하거나 수정하기 위해 dictionaryName[key] = value를 사용할 수 있다.

13. del dictionaryName[key]를 사용하여 주어진 키에 대한 항목을 삭제할 수 있다.

14. 딕셔너리 내의 모든 키를 순회하기 위해 for 루프를 사용할 수 있다.

15. 딕셔너리 내의 항목 수를 반환하기 위해 len 함수를 사용할 수 있다.

16. in과 not in 연산자를 사용하여 키가 딕셔너리에 있는지를 검사할 수 있으며, == 과 != 연산자를 사용하여 두 딕셔너리가 동일한지를 검사할 수 있다.

17. 딕셔너리에서 key(), value(), items(), clear(), get(key), pop(key), popitem() 메소드를 사용할 수 있다.

프로그래밍 연습문제

14.2 - 14.6절

*14.1 (키워드 출력하기) 키워드 수를 세는 것뿐 아니라 파이썬 소스 코드 파일 내의 각 키워드가 출력되도록 코드 14.4의 CountKeywords.py를 수정하시오.

*14.2 (숫자 빈도수 세기) 지정되지 않은 개수만큼 정수를 읽고 이 중에 가장 많이 나온 숫자를 찾는 프로그램을 작성하시오. 예를 들어, 2 3 40 3 5 4 -3 3 3 2 0을 입력하면, 숫자 3이 가장 많이 나온 숫자이다. 한 행에 모든 숫자들을 입력하라. 가장 많이 나온 숫자의 개수가 여러 개일 경우, 이들 숫자 모두를 찾아야 한다. 예를 들어, 9 30 3 9 3 2 4를 입력했을 경우 9와 3이 두 번씩 가장 많이 나온다. 이 경우, 9와 3을 모두 찾아야만 한다.

*14.3 (각 키워드의 빈도수 세기) 파이썬 소스 코드 파일을 읽고 이 파일 내에서 각 키워드의 빈도수를 세는 프로그램을 작성하시오. 파이썬 소스 코드의 파일명을 입력받아야 한다.

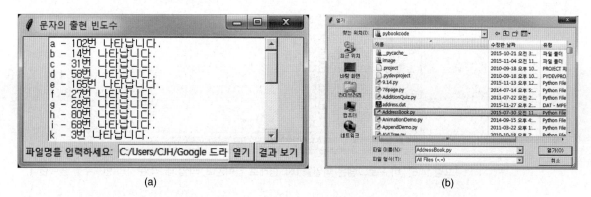

(a)   (b)

[그림 14.3] 이 프로그램은 파일을 선택하고 파일 내 각 문자의 빈도수를 센다.

*14.4 (Tkinter: 각 문자의 빈도수 세기) 그림 14.3(a)와 같이 입력 필드로부터 파일
       명을 입력받는 GUI를 사용할 수 있도록 코드 14.5를 재작성하시오. 또한 그림
       14.3(b)와 같이 파일오픈 대화상자를 출력하기 위해 열기 버튼을 클릭하여 파일
       을 선택할 수 있도록 하라. 결과 보기 버튼을 클릭하면 텍스트 위젯에 그 결과를
       출력한다. 입력받은 파일이 존재하지 않으면, 메시지 박스를 통해 메시지를 출력
       해야 한다.

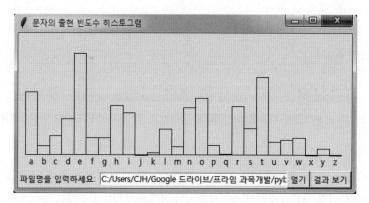

[그림 14.4] 이 프로그램은 파일은 선택하고 파일 내 각 문자의 빈도수를 막대그래프 형태로 출력
한다.

*14.5 (Tkinter: 각 문자의 빈도수 세기) 그림 14.4와 같이 결과가 막대그래프로 출력
       되도록 이전 프로그래밍 연습문제를 수정하시오. 파일이 존재하지 않으면 메시
       지 박스를 통해 메시지를 출력해야 한다.

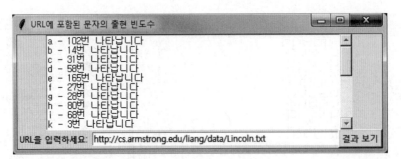

[그림 14.5] 이 프로그램은 파일을 URL 형태로 입력받고, 파일 내 각 문자의 빈도수를 출력한다.

*14.6 (Tkinter: 각 문자의 빈도수 세기) 그림 14.5와 같이 입력 필드에서 URL을 입력받을 수 있는 GUI 프로그램을 사용하여 코드 14.5를 재작성하시오. *결과 보기* 버튼을 클릭하면 텍스트 위젯에 결과를 출력한다. URL이 존재하지 않으면 메시지 박스를 통해 메시지를 출력해야 한다.

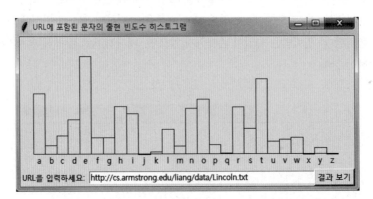

[그림 14.6] 이 프로그램은 파일을 URL 형태로 입력받고, 각 문자의 빈도수를 막대그래프로 출력한다.

*14.7 (Tkinter: 각 문자의 빈도수 세기) 그림 14.6와 같이 결과가 막대그래프로 출력되도록 이전 프로그래밍 연습문제를 수정하시오. URL이 존재하지 않으면, 메시지 박스를 통해 메시지를 출력해야 한다.

14.8 (단어를 중복 없이 오름차순으로 출력하기) 사용자로부터 텍스트 파일을 입력받고 이 파일에서 단어를 읽어서 모든 단어들을 중복 없이 오름차순으로 출력하는 프로그램을 작성하시오.

***14.9 (게임: 행맨) 그림 14.7에서 볼 수 있듯이, 그래픽 출력을 가진 행맨 게임을 작성하시오. 7번의 실패 후, 이 프로그램은 입력받은 단어를 출력한다. *Enter* 키를 누르면 계속해서 다른 단어를 추측할 수 있도록 한다.

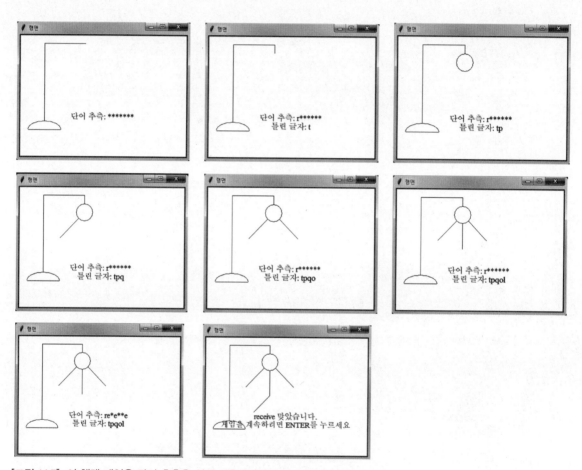

[그림 14.7] 이 행맨 게임은 단어 추측을 위해 사용자로부터 문자를 입력받을 수 있다.

*14.10 (수도 맞히기) 나라와 수도 쌍을 저장하고 있는 딕셔너리를 이용하여 프로그래밍
       연습문제 11.40을 재작성하시오. 질문은 랜덤하게 출력되어야 한다.

*14.11 (자음과 모음 수 세기) 사용자로부터 텍스트 파일명을 입력받고 이 파일 내에 있
       는 영문자 자음과 모음의 수를 각각 출력하는 프로그램을 작성하시오. 모음 A, E,
       I, O, U를 저장하기 위해 세트를 사용하라.

재귀

- 재귀 함수의 정의와 재귀를 사용하는 이점에 대해서 설명할 수 있다(15.1절).

- 재귀 수학 함수에 대한 재귀적 프로그램을 개발할 수 있다(15.2–15.3절).

- 콜 스택에서 어떻게 재귀적 함수 호출이 처리되는지 설명할 수 있다(15.2–15.3절).

- 재귀를 사용하여 문제를 해결할 수 있다(15.4절).

- 재귀 함수를 설계하기 위해 도우미 함수를 사용할 수 있다(15.5절).

- 재귀를 사용한 선택 정렬을 구현할 수 있다(15.5.1절).

- 재귀를 사용한 이진 검색을 구현할 수 있다(15.5.2절)

- 재귀를 사용하여 디렉터리의 크기를 구할 수 있다(15.6절).

- 재귀를 사용하여 하노이 타워 문제를 해결할 수 있다(15.7절).

- 재귀를 사용하여 프랙탈을 그릴 수 있다(15.8절).

- 재귀를 사용하여 8퀸 문제를 해결할 수 있다(15.9절).

- 재귀와 반복의 관련성과 차이점을 설명할 수 있다(15.10절)

- 꼬리 재귀를 이해하고 재귀보다 바람직한 이유를 설명할 수 있다(15.11절)

CHAPTER
15
재귀

15.1 들어가기

재귀란 간단한 루프만으로는 프로그램을 작성하기 어려운 문제에 대한 우아한 해결방법을 제시하는 기법이다.

　만약에 여러분이 어떤 단어를 포함하는 디렉터리 내부의 모든 파일을 검색하고 싶다고 가정하자. 이 문제를 어떻게 해결한 것인가? 이를 해결하기 위한 여러 방법 중 가장 직관적이고 효과적인 해결 방법은 각각의 하위 디렉터리에 포함된 파일을 반복적으로 검색하는 재귀(recursion)를 사용하는 것이다.

　그림 15.1에서 보이는 H-tree는 균등한 전달 지연으로 칩의 모든 부분에 타이밍 신호를 전달하기 위한 클록 분산 네트워크로 VLSI(very large-scale integration) 설계에 사용된다. H-tree를 출력하는 프로그램을 어떻게 작성할 것인가? 좋은 방법은 반복적인 패턴을 수행하는 재귀를 사용하는 것이다.

[그림 15.1] H-tree는 재귀를 사용하여 출력될 수 있다.

　재귀를 사용한다는 것은 *재귀 함수(recursive function, 자기 자신을 호출하는 함수)*를 사용하여 프로그램을 작성하는 것을 말한다. 재귀는 매우 유용한 프로그래밍 기법이다. 경우에 따라 재귀를 사용하지 않고서는 해결하기 어려운 문제에 대해 재귀는 자연스럽고, 직관적이고 간단한 해결 방법을 개발할 수 있게 한다. 이번 장에서는 재귀적 프로그래밍의 개념과 기법에 대해서 소개하고 "재귀적으로 생각"하는 방법을 보여주는 예제를 제시한다.

15.2 사례 연구: 팩토리얼 계산하기

재귀 함수는 자기 자신을 호출하는 함수이다.

키포인트

많은 수학적 함수가 재귀를 사용하여 정의되어 있다. 간단한 예제로 시작해 보자. 임의의 수 n에 대한 팩토리얼(factorial)은 다음과 같이 재귀적으로 정의될 수 있다.

```
0! = 1;
n! = n × (n - 1)!; n > 0
```

주어진 n에 대해 어떻게 n!을 구할 것인가? 0!이 1이라는 것을 알고 있기 때문에, 1!을 구하는 것은 간단하다. 1!은 1×0!이다. 만약에 (n - 1)!의 값을 알고 있다고 가정하면, n×(n - 1)!을 이용하여 n!의 값을 즉시 구할 수 있다. 따라서 n!을 계산하는 문제는 (n - 1)!을 계산하는 문제로 축소된다. (n - 1)!을 계산할 때는, n이 0으로 축소될 때까지 동일한 아이디어를 적용할 수 있다.

factorial(n)을 n!을 계산하는 함수라고 하자. n = 0으로 함수를 호출하면, 이 함수는 즉시 결과를 반환한다. 이 함수는 종료 *조건(base case)* 또는 *정지 조건(stopping condition)*이라고 불리는 가장 간단한 경우를 해결하는 방법을 알고 있다. 만약 n > 0으로 함수를 호출하면, 함수는 이 문제를 n - 1의 팩토리얼을 계산하는 하위문제로 축소한다. 이 *하위문제(subproblem)*는 근본적으로 원래의 문제와 동일하지만 더 작고 간단하다. 하위문제는 원래의 문제와 동일한 속성을 가지고 있기 때문에 다른 인자를 사용하여 동일한 함수를 호출할 수 있다. 이를 *재귀적 호출(recursive call)*이라고 한다.

factorial(n)을 계산하는 재귀 알고리즘은 다음과 같이 간단하게 설명될 수 있다.

```
if n == 0:
    return 1
else:
    return n * factorial(n - 1)
```

함수는 계속해서 하위문제를 여러 개의 새로운 하위문제로 나누기 때문에 재귀적 호출은 더 많은 재귀적 호출을 낳는다. 재귀 함수를 종료하기 위해서, 문제는 최종적으로 종료 조건까지 축소되고 이 시점에 함수는 자신을 호출한 함수에 결과를 반환한다. 그리고 결과를 받은 호출자는 연산을 수행하고 다시 자신의 호출자에게 결과를 반환한다. 이 과정은 결과가 최초 호출자에게 반환될 때까지 계속된다. 이제 원래 문제는 n을 factorial(n - 1)의 결과와 곱하여 해결될 수 있다.

코드 15.1은 사용자로부터 양의 정수를 입력받고 이 수의 팩토리얼을 출력하는 프로그램이다.

코드 15.1	ComputeFactorial.py

```python
1   def main():
2       n = eval(input("양의 정수를 입력하세요: "))
3       print(n, "의 팩토리얼은", factorial(n), "입니다.")
4
5   # 특정 숫자에 대한 팩토리얼을 반환한다.
6   def factorial(n):
7       if n == 0: # 종료 조건
8           return 1
9       else:
10          return n * factorial(n - 1) # 재귀적 호출
11
12  main() # main 함수를 호출한다.
```

실행결과

양의 정수를 입력하세요: 4 ⏎Enter
4 의 팩토리얼은 24 입니다.

실행결과

양의 정수를 입력하세요: 10 ⏎Enter
10 의 팩토리얼은 3628800 입니다.

factorial 함수(라인 6-10)는 근본적으로 팩토리얼에 대한 재귀적 수학 정의를 직접적으로 파이썬 코드로 변환한 것이다. factorial 호출은 자기 자신을 호출하기 때문에 재귀적이다. factorial에 전달되는 매개변수는 종료 조건인 0에 다다를 때까지 작아진다.

재귀 함수를 어떻게 작성하는지 학습하였으므로 이제 어떻게 재귀가 동작하는지 살펴보자. 그림 15.2는 n = 4로 시작하는 재귀적 호출의 실행과정을 보여준다. 재귀적 호출에 대한 스택 사용은 그림 15.3에서 제시된다.

노트

루프를 사용하여 factorial 함수를 구현하는 것이 간단하고 보다 효율적이다. 그러나 여기서는 재귀의 개념을 설명하기 위해 재귀적 factorial 함수를 사용한다. 이 장의 후반부에서 본질적으로 재귀적이고, 재귀의 사용 없이 해결하기 어려운 여러가지의 문제를 제시할 것이다.

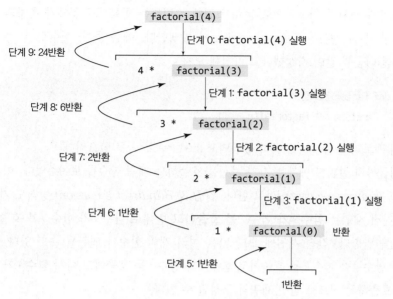

[그림 15.2] factorial(4) 호출하는 것은 factorial에 대한 재귀적 호출을 낳는다.

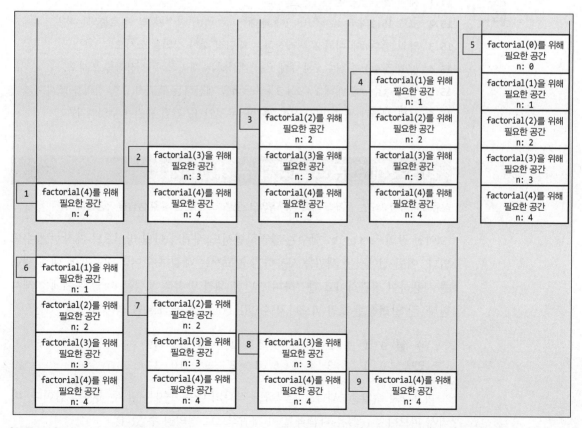

[그림 15.3] factorial(4) 실행 과정에서 factorial 함수는 재귀적으로 호출되어 스택 공간이 동적으로 변한다.

만약에 재귀가 최종적으로 종료 조건에 수렴하는 방향으로 문제가 축소되지 않는다면, *무한 재귀(infinite recursion)*가 발생한다. 예를 들어, 실수로 factorial 함수를 다음과 같이 작성했다고 가정해 보자.

```
def factorial(n):
    return n * factorial(n - 1)
```

이 팩토리얼 함수는 무한히 실행되고 RuntimeError를 일으킨다.

지금까지 살펴본 예제는 자기 자신을 호출하는 재귀 함수를 보여주었다. 이를 *직접 재귀(direct recursion)*라고 한다. *간접 재귀(indirect recursion)* 방식도 가능하다. 간접 재귀는 함수 A가 함수 B를 호출하고 반대로 함수 B가 함수 A를 호출하는 경우를 말한다. 간접 재귀에 보다 많은 여러 개의 함수가 연관될 수도 있다. 예를 들어 함수 A가 함수 B를 호출하고 함수 B가 함수 C를 호출하고 다시 함수 C가 함수 A를 호출하는 식으로 간접 재귀가 구성될 수 있다.

체크
포인트

15.1 재귀 함수란 무엇인가?

15.2 코드 15.1의 factorial(6)에 대해 factorial 함수가 몇 번 호출되는가?

15.3 양의 정수 n에 대해 2^n을 계산하는 재귀적 수학 정의를 쓰시오.

15.4 양의 정수 n과 실수 x에 대해 x^n를 계산하는 재귀적 수학 정의를 쓰시오.

15.5 양의 정수 n에 대해 $1 + 2 + 3 + \cdots + n$을 계산하는 재귀적 수학 정의를 쓰시오.

15.6 무한 재귀란 무엇인가? 직접 재귀란 무엇인가? 간접 재귀란 무엇인가?

15.3 사례 연구: 피보나치 수 계산하기

키포인트

상황에 따라서 재귀는 문제에 대해 직관적이고 간결하고 간단한 해결 방법을 제공한다.

이전 절의 factorial 함수는 간결하면서도 재귀가 아닌 방식으로 재작성될 수도 있다. 이번 절에서는 재귀를 사용하지 않고서는 해결하기 어려운 문제에 대해 재귀를 사용하여 직관적이고 간결하며 간단한 해결 방법을 생성할 수 있는 예제를 제시한다. 잘 알려진 문제인 피보나치 수열(Fibonacci-series)을 생각해 보자.

```
수 열: 0  1  1  2  3  5  8  13  21  34  55  89 …
인덱스: 0  1  2  3  4  5  6  7   8   9   10  11
```

피보나치 수열은 0과 1로 시작하고 각각의 다음 숫자는 앞 두 숫자의 합이다. 따라서 피보나치 수열은 다음과 같이 재귀적으로 정의될 수 있다.

```
fib(0) = 0
fib(1) = 1
fib(index) = fib(index - 2) + fib(index - 1); index >= 2
```

노트

피보나치 수열은 토끼 개체수의 증가를 모형화하는 것에서 이 수열을 착안한 중세의 수학자인 레오나르도 피보나치(Leonardo Fibonacci)의 이름을 따서 붙여졌다. 피보나치 수열은 수치 최적화 등의 다양한 분야에 적용될 수 있다.

주어진 index에 대해 어떻게 fib(index)를 구할 수 있는가? fib(2)는 fib(0)과 fib(1)을 알기 때문에 쉽게 구할 수 있다. fib(index - 2)와 fib(index - 1)을 안다고 가정하면 즉시 fib(index)의 값을 구할 수 있다. 따라서 fib(index)를 계산하는 문제는 fib(index - 2)와 fib(index - 1)을 계산하는 문제로 축소된다. 계속 이러한 논리를 index가 0 또는 1로 축소될 때까지 재귀적으로 적용할 수 있다.

종료 조건은 index = 0 또는 index = 1이다. 만약에 index = 0 또는 index = 1인 함수를 호출하면 이 함수는 즉시 결과를 반환한다. index >= 2로 함수를 호출하면, fib 함수는 재귀 호출을 사용하여 fib(index - 1)과 fib(index - 2) 계산에 대한 두 개의 하위문제로 분할한다. fib(index)를 계산하기 위한 재귀적 알고리즘은 다음과 같이 간결하게 설명될 수 있다.

```
if index == 0:
    return 0
elif index == 1:
    return 1
else:
    return fib(index - 1) + fib(index - 2)
```

코드 15.2는 사용자로부터 인덱스를 입력받고 입력 받은 인덱스에 대한 피보나치 수를 계산하는 프로그램이다.

코드 15.2 ComputeFibonacci.py

```
1  def main():
2      index = eval(input("피보나치 수에 대한 인덱스를 입력하세요: "))
3      # 피보나치 수를 찾고 출력한다
4      print(index, "번째 피보나치 수는", fib(index), "입니다.")
5
6  # 피보나치 수를 찾기 위한 함수
7  def fib(index):
8      if index == 0: # 종료 조건
```

```
9          return 0
10     elif index == 1: # 종료 조건
11         return 1
12     else: # 축소와 재귀적 호출
13         return fib(index - 1) + fib(index - 2)
14
15  main() # main 함수 호출
```

🖥️ 실행결과
피보나치 수에 대한 인덱스를 입력하세요: 1 ↵Enter
1 번째 피보나치 수는 1 입니다.

🖥️ 실행결과
피보나치 수에 대한 인덱스를 입력하세요: 6 ↵Enter
6 번째 피보나치 수는 8 입니다.

🖥️ 실행결과
피보나치 수에 대한 인덱스를 입력하세요: 7 ↵Enter
7 번째 피보나치 수는 13 입니다.

ComputeFibonacci 프로그램은 내부에서 컴퓨터에 의해 수행되는 상당량 양의 작업을 보여주지는 못한다. 그림 15.4는 fib(4)를 계산하기 위한 연속적인 재귀적 호출을 보여주고 있다. 본래의 함수 fib(4)는 두 재귀 호출 fib(3)과 fib(2)를 생성한 후 fib(3) + fib(2)를 반환한다. 그러면 어떠한 순서로 이 함수들이 호출되는가? 파이썬에서 피연산자는 왼쪽에서 오른쪽으로 수행되기 때문에 fib(2)는 fib(3)이 완전히 수행된 이후에 호출된다. 그림 15.4의 설명은 함수가 호출되는 순서를 보여주고 있다.

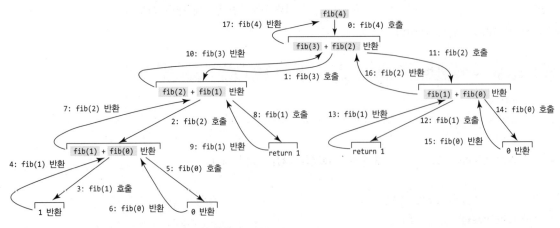

[그림 15.4] fib(4) 호출은 fib에 대한 재귀적 호출을 생성한다.

그림 15.4에서와 같이, 많은 중복된 재귀 호출이 발생한다. 예를 들어, fib(2)는 두 번, fib(1)은 세 번, 그리고 fib(0)은 두 번 호출된다. 일반적으로, fib(index) 계산은 fib(index - 1)을 계산하는 것보다 대략 두 배 많은 재귀 호출이 필요하다. 큰 인덱스 값을 시도하면, 호출 횟수는 표 15.1과 같이 급속도로 증가한다.

〈표 15.1〉 fib(n)의 재귀적 호출 횟수

n	2	3	4	10	20	30	40	50
호출 횟수	3	5	9	177	21891	2692537	331160281	2075316483

노트

fib 함수의 재귀적 구현은 매우 간결하고 직관적이지만 효율적이지는 않다. 루프를 사용한 효율적인 해결 방법을 위해 프로그래밍 연습문제 15.2를 참조하라. 실용적이지는 않지만, 재귀적 fib 함수는 재귀 함수를 어떻게 작성해야 하는지 보여주는 좋은 예이다.

15.7 코드 15.2의 fib(6)에 대해 얼마나 많은 횟수의 fib 함수가 호출되는가?

15.8 다음 프로그램의 결과를 보이고 종료 조건과 재귀적 호출을 찾으시오.

 체크 포인트

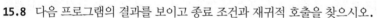

```python
def f(n):
    if n == 1:
        return 1
    else:
        return n + f(n - 1)
print("합계", f(5))
```

```python
def f(n):
    if n > 0:
        print(n % 10)
    f(n // 10)
f(1234567)
```

15.4 재귀를 통한 문제해결

재귀적으로 생각하면, 많은 문제가 재귀를 통해 해결할 수 있다.

 키포인트

이전 절에서 두 개의 고전적인 재귀 문제의 예를 제공하였다. 모든 재귀 함수는 다음과 같은 특징이 있다.

- 함수는 서로 다른 상황으로 이끄는 if-else나 switch 문을 사용하여 구현된다.
- 한 개 또는 그 이상의 종료 조건(가장 간단한 상태)이 재귀를 종료하는 데 사용된다.
- 모든 재귀적 호출은 원래의 문제를 축소하여 종료 조건이 될 때까지 점차적으로 종료 조건에 가까워진다.

일반적으로 재귀를 통해 문제를 해결하기 위해서, 문제를 하위문제로 분할해야한다. 각각의 하위문제는 원래의 문제와 거의 동일하지만, 크기만 더 작다. 각각의하위문제를 재귀적으로 해결하기 위해 동일한 방법을 적용할 수 있다.

재귀는 어디에든 존재한다. *재귀적으로 생각하는 것은* 즐겁다. 커피 마시는 것을한 번 생각해 보자. 다음과 같이 재귀적으로 절차를 설명할 수 있다.

```python
def drinkCoffee(cup):
    if cup is not empty:
        cup.takeOneSip() # 한 모금 마신다.
        drinkCoffee(cup)
```

cup을 isEmpty()와 takeOneSip() 인스턴스 함수로 구성된 커피 한 잔에 대한객체라고 가정해 보자. 이 문제를 두 개의 하위문제로 분할할 수 있다. 하나는 한모금의 커피를 마시는 것이고 다른 하나는 컵에 남아있는 커피를 마시는 것이다.두 번째 문제는 크기만 작아진 원래의 문제와 동일한 문제이다. 이 문제의 종료 조건은 컵이 비었을 때이다.

어떤 메시지를 n번 출력하는 문제를 생각해 보자. 이 문제는 두 가지 하위문제로분할해 볼 수 있다. 하나는 메시지를 한 번 출력하는 것이고, 다른 하나는 n - 1번출력하는 것이다. 두 번째 문제는 원래의 문제와 동일하지만 크기만 작다. 이 문제에 대한 종료 조건은 n == 0이다. 이러한 문제는 다음과 같이 재귀를 사용하여 해결할 수 있다.

```python
def nPrintln(message, n):
    if n >= 1:
        print(message)
        nPrintln(message, n - 1)
    # 종료조건은 n == 0이다
```

이전 절의 fib 함수는 호출자에게 결과 값을 반환하지만 nPrintln 함수의 결과는 void이기 때문에 값을 반환하지 않는다.

여러분들이 *재귀적으로 생각할* 수 있으면, 이 책의 이전 장에서 제공되었던 많은 문제들을 해결하는 데 재귀를 사용할 수 있다. 코드 8.1의 회문(palindrome) 문제를 생각해 보자. 만약에 문자열을 왼쪽에서부터 읽은 것과 오른쪽에서부터 읽은것이 동일하다면 그 문자열은 회문이라는 것을 기억하자. 예를 들어, "토마토"와"dad"는 회문이지만, "배드민턴"과 "aunt"는 회문이 아니다. 문자열이 회문인지 아닌지 결정하는 문제는 두 개의 하위문제로 나누어 볼 수 있다.

- 문자열의 첫 번째 문자와 마지막 문자가 같은지 검사한다.
- 양쪽 끝의 문자를 무시하고 나머지 문자열이 회문인지 확인한다.

　두 번째 하위문제는 원래의 문제와 동일하지만 크기만 더 작다. 이 문제에는 두 개의 종료 조건이 있다. (1) 양쪽 끝의 두 문자가 같지 않다, 그리고 (2) 문자열의 크기가 0 또는 1이다. 첫 번째 조건의 문자열은 회문이 아니다. 두 번째 조건의 문자열은 회문이다. 이 문제의 재귀 함수는 코드 15.3과 같이 구현될 수 있다.

코드 15.3	RecursivePalindromeUsingSubstring.py

```python
1  def isPalindrome(s):
2      if len(s) <= 1: # 종료 조건
3          return True
4      elif s[0] != s[len(s) - 1]: # 종료 조건
5          return False
6      else:
7          return isPalindrome(s[1 : len(s) - 1])
8
9  def main():
10     print("역삼동은 회문입니까?", isPalindrome("역삼동"))
11     print("역삼역은 회문입니까?", isPalindrome("역삼역"))
12     print("a는 회문입니까?", isPalindrome("가"))
13     print("aba는 회문입니까?", isPalindrome("가나가"))
14     print("ab는 회문입니까?", isPalindrome("가나"))
15
16  main() # main 함수를 호출한다.
```

실행결과

```
역삼동은 회문입니까? False
역삼역은 회문입니까? True
a는 회문입니까? True
aba는 회문입니까? True
ab는 회문입니까? False
```

　라인 7의 문자열 슬라이싱 연산자는 원래 문자열의 첫 번째와 마지막 문자를 제외한 나머지 부분이 같은 새로운 문자열을 생성한다. 문자열이 회문인지 검사하는 작업은 원래 문자열의 양끝 문자가 같다면, 부분 문자열이 회문인지 검사하는 작업과 동일하다.

체크
포인트

15.9 재귀 함수의 특징을 설명하시오.

15.10 코드 15.3에서 정의된 함수를 사용하여 isPalindrome("abcba")의 콜 스택을 보이시오.

15.11 다음 두 프로그램의 결과를 보이시오.

```python
def f(n):
    if n > 0:
        print(n, end = ' ')
        f(n - 1)
f(5)
```

```python
def f(n):
    if n > 0:
        f(n - 1)
        print(n, end = ' ')
f(5)
```

15.12 다음 함수의 문제점은 무엇인가?

```python
def f(n):
    if n != 0:
        print(n, end = ' ')
        f(n / 10)
f(1234567)
```

15.5 재귀 도우미 함수

키포인트

경우에 따라 원래의 문제를 약간 변형하여 재귀적인 해결 방법을 찾을 수 있다. 이러한 새로운 함수를 재귀 도우미 함수라고 한다. 원래의 문제는 재귀 도우미 함수를 호출하여 해결될 수 있다.

이전의 재귀 함수 isPalindrome은 모든 재귀적 호출에 대해 새로운 문자열을 생성하기 때문에 효율적이지 않다. 새로운 문자열이 생성되는 것을 피하기 위해, 부분 문자열의 범위를 가리키는 시작과 끝 인덱스를 사용할 수 있다. 따라서 이 두 인덱스가 재귀 함수에 전달되어야만 한다. 원래의 함수는 isPalindrome(s)이기 때문에 코드 15.4와 같이 문자열에 대한 추가적인 정보를 받기 위해 새로운 함수인 isPalindromeHelper(s, low, high)를 생성해야 한다.

코드 15.4	RecursivePalindrome.py

```python
1  def isPalindrome(s):
2      return isPalindromeHelper(s, 0, len(s) - 1)
3
4  def isPalindromeHelper(s, low, high):
5      if high <= low: # 종료 조건
6          return True
```

```
7          elif s[low] != s[high]: # 종료 조건
8              return False
9          else:
10             return isPalindromeHelper(s, low + 1, high - 1)
11
12  def main():
13      print("역삼동은 회문입니까?", isPalindrome("역삼동"))
14      print("역삼역은 회문입니까?", isPalindrome("역삼역"))
15      print("a는 회문입니까?", isPalindrome("a"))
16      print("aba는 회문입니까?", isPalindrome("aba"))
17      print("ab는 회문입니까?", isPalindrome("ab"))
18
19  main() # main 함수를 호출한다.
```

코드 15.4의 isPalindrome(s) 함수는 문자열 s가 회문인지 검사한다. 그리고 isPalindromeHelper(s, low, high) 함수는 부분 문자열 s[low : high + 1]이 회문인지 검사한다. isPalindrome(s) 함수는 문자열 s, low = 0 및 high = len(s) - 1을 isPalindromeHelper 함수에 전달하여 계속해서 축소되는 부분 문자열이 회문인지 검사하기 위해 재귀적으로 호출된다. 재귀적 프로그래밍에서 추가적인 매개변수를 받는 두 번째 함수를 정의하는 방식은 일반적인 설계 기법이다. 이러한 함수를 *재귀 도우미 함수(recursive helper function)*라고 한다.

도우미 함수는 문자열과 리스트가 연관된 문제에 대한 재귀적 해결 방법 설계에 매우 유용하다. 다음 절에서 두 예제를 더 살펴보자.

15.5.1 선택 정렬

선택 정렬(selection sort)은 10.11.1절에서 소개되었다. 선택 정렬 기법은 리스트에서 가장 작은 원소를 찾고 첫 번째 원소와 교환한다는 것을 기억하자. 이 후 남은 원소 중, 가장 작은 원소를 찾고 남아있는 리스트의 첫 번째 원소와 교환한다. 이러한 방식은 남은 리스트에 단 하나의 원소만 있을 때까지 계속된다. 이 문제는 두 개의 하위문제로 나누어진다.

- 리스트에서 가장 작은 원소를 찾고 이를 첫 번째 원소와 교환한다.
- 첫 번째 원소는 무시하고 남아있는 작아진 리스트를 재귀적으로 정렬한다.

종료 조건은 리스트에 단 하나의 원소만 남아 있는 것이다. 코드 15.5는 재귀적 선택 정렬 함수를 보여준다.

코드 15.5	RecursiveSelectionSort.py

```
1   def sort(lst):
2       sortHelper(lst, 0, len(lst) - 1)  # 전체 리스트를 정렬한다.
3
4   def sortHelper(lst, low, high):
5       if low < high:
6           # lst[low .. high]에서 가장 작은 원소와 원소의 인덱스를 찾는다.
7           indexOfMin = low
8           min = lst[low]
9           for i in range(low + 1, high + 1):
10              if lst[i] < min:
11                  min = lst[i]
12                  indexOfMin = i
13
14          # lst[low .. high]에서 가장 작은 원소의 lst[low]을 교환한다.
15          lst[indexOfMin] = lst[low]
16          lst[low] = min
17
18          # 남아있는 리스트 lst[low+1 .. high]를 정렬한다.
19          sortHelper(lst, low + 1, high)
20
21  def main():
22      lst = [3, 2, 1, 5, 9, 0]
23      sort(lst)
24      print(lst)
25
26  main()  # main 함수를 호출한다.
```

sort(lst) 함수는 lst[0..len(lst) - 1]에서 리스트를 정렬하고 sortHelper(lst, low, high) 함수는 lst[low..high] 안의 하위리스트를 정렬한다. 두 번째 함수는 계속해서 축소되는 부분리스트를 정렬하기 위해 재귀적으로 호출된다.

15.5.2 이진 검색

이진 검색(binary search)은 10.10.2절에서 소개되었다. 이진 검색이 가능하기 위해서 리스트의 원소들은 정렬되어 있어야 한다. 우선, 이진 검색은 리스트의 가운데 원소를 키와 비교한다. 다음 세 가지 경우를 생각해 보자.

- 경우 1: 가운데 원소보다 키가 작을 경우, 프로그램은 재귀적으로 키를 리스트의 전반부에서 찾는다.
- 경우 2: 가운데 원소와 키가 같을 경우, 일치하는 원소와 함께 검색을 종료한다.
- 경우 3: 가운데 원소보다 키가 클 경우, 프로그램은 재귀적으로 키를 리스트의 후반부에서 찾는다.

경우 1과 경우 3은 검색의 범위를 더 작은 리스트로 축소한다. 경우 2는 일치하는 원소가 있을 때의 종료 조건이다. 또 다른 종료 조건은 일치하는 원소가 없이 검색 범위가 소진되는 것이다. 코드 15.6은 재귀를 사용한 이진 검색 문제를 위한 간단한 해결 방법을 제공한다.

코드 15.6   RecursiveBinarySearch.py

```python
1  def recursiveBinarySearch(lst, key):
2      low = 0
3      high = len(lst) - 1
4      return recursiveBinarySearchHelper(lst, key, low, high)
5
6  def recursiveBinarySearchHelper(lst, key, low, high):
7      if low > high: # 키와 일치되는 항목없이 모든 리스트가 소진되었다.
8          return -low - 1
9
10     mid = (low + high) // 2
11     if key < lst[mid]:
12         return recursiveBinarySearchHelper(lst, key, low, mid - 1)
13     elif key == lst[mid]:
14         return mid
15     else:
16         return recursiveBinarySearchHelper(lst, key, mid + 1, high)
17
18 def main():
19     lst = [3, 5, 6, 8, 9, 12, 34, 36]
20     print(recursiveBinarySearch(lst, 3))
21     print(recursiveBinarySearch(lst, 4))
22
23 main() # main 함수를 호출한다.
```

recursiveBinarySearch 함수는 전체 리스트에서 키를 찾는다(라인 1-4). recursiveBinarySearchHelper 함수는 low부터 high까지의 인덱스에 해당하는 리

스트에서 키를 찾는다(라인 6 - 16).

recursiveBinarySearch 함수는 low = 0(라인 2)이고 high = len(lst) - 1(라인 3)인 초기 리스트를 recursiveBinarySearchHelper 함수에 전달한다. recursiveBinarySearchHelper 함수는 계속해서 축소되는 부분리스트에서 키를 찾도록 재귀적으로 호출된다.

 15.13 재귀 도우미 함수란 무엇인가?

15.14 코드 15.5에서 정의된 함수를 사용하여 sort([2, 3, 5, 1])에 대한 콜 스택을 보이시오.

15.6 사례 연구: 디렉터리 크기 계산하기

 재귀 함수는 재귀적 구조를 사용하여 효율적으로 문제를 해결할 수 있다.

이전의 문제들은 재귀를 사용하지 않고서도 간단하게 해결될 수 있다. 이번 절에서는 재귀를 사용하지 않고서 해결하기 어려운 문제들이 제시된다. 이러한 문제 중의 하나는 디렉터리의 크기를 구하는 것이다. 디렉터리의 크기는 디렉터리에 포함된 모든 파일의 크기의 총합이다. 임의의 디렉터리 d는 여러 하위 디렉터리를 포함할 수도 있다. 한 디렉터리에 그림 15.5와 같이 파일 f_1, f_2, $\cdots$, f_m과 하위 디렉터리 d_1, d_2, $\cdots$, d_n이 포함되어 있다고 가정하자.

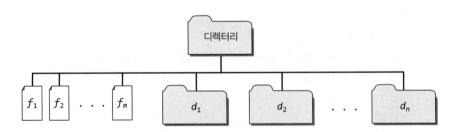

[그림 15.5] 디렉터리는 파일과 하위 디렉터리를 포함한다.

디렉터리의 크기는 다음과 같이 재귀적으로 정의될 수 있다.

$$size(d) = size(f_1) + size(f_2) + \cdots + size(f_m) + size(d_1) + size(d_2) + \cdots + size(d_n)$$

이 프로그램을 구현하기 위해 os 모듈로부터 다음의 세 가지 함수가 필요하다.

■ os.path.isfile(s)는 s가 파일이름이면 True를 반환한다. 이 함수는 13.2.3절에서 파일이 존재하는지 검사하기 위해 소개되었다.

- os.path.getsize(filename)은 파일의 크기를 반환한다.
- os.listdir(directory)는 주어진 디렉터리 밑에 있는 하위 디렉터리와 파일의 리스트를 반환한다.

코드 15.7의 프로그램은 사용자로부터 디렉터리 또는 파일명을 입력받고 그 크기를 출력한다.

코드 15.7 DirectorySize.py

```python
1  import os
2
3  def main():
4      # 사용자로부터 디렉터리 또는 파일을 입력받는다.
5      path = input("디렉터리 또는 파일을 입력하세요:").strip()
6
7      # 크기를 출력한다.
8      try:
9          print(getSize(path), "바이트입니다.")
10     except:
11         print("디렉터리 또는 파일이 존재하지 않습니다.")
12
13 def getSize(path):
14     size = 0 # 모든 파일의 전체 크기를 저장한다.
15
16     if not os.path.isfile(path):
17         lst = os.listdir(path) # 모든 파일과 하위 디렉터리
18         for subdirectory in lst:
19             size += getSize(path + "\\" + subdirectory)
20     else: # 종료조건은 path가 파일
21         size += os.path.getsize(path) # 파일 크기를 누적시킨다.
22
23     return size
24
25 main() # main 함수를 출력한다.
```

실행결과

디렉터리 또는 파일을 입력하세요: c:\pybook ↵Enter
619631 바이트입니다.

실행결과

디렉터리 또는 파일을 입력하세요: c:\pybook\Welcome.py `↵Enter`
76 바이트입니다.

 실행결과

디렉터리 또는 파일을 입력하세요: c:\book\NonExistentFile `↵Enter`
디렉터리 또는 파일이 존재하지 않습니다.

path가 디렉터리일 경우(라인 16), 디렉터리에 포함된 하위 항목(파일 또는 하위 디렉터리)의 크기를 구하기 위해 getSize 함수가 재귀적으로 호출된다(라인 19). path가 파일일 경우(라인 20), 파일 크기가 구해진다(라인 21).

사용자가 정확하지 않은 또는 존재하지 않는 파일이나 디렉터리를 입력할 경우, 프로그램은 예외를 발생시킨다(라인 11).

 팁
실수를 피하기 위해 종료 조건을 검사하는 것은 매우 좋은 연습이 된다. 예를 들어 종료 조건 검사 파일명, 빈 디렉터리, 존재하지 않는 디렉터리와 존재하지 않는 파일명을 입력하여 프로그램을 반드시 검사해야 한다.

 체크
포인트

15.15 파일이 존재하는지 검사하기 위해 어떠한 함수를 사용하는가? 파일의 크기를 구하기 위해 어떠한 함수를 사용하는가? 한 디렉터리 밑에 존재하는 모든 파일과 하위 디렉터리를 반환하기 위해 어떠한 함수를 사용하는가?

15.7 사례 연구: 하노이 타워

 키포인트

하노이 타워 문제는 재귀를 사용하여 쉽게 해결될 수 있는 고전적인 문제이다. 그러나 재귀 이외에 다른 방법으로는 해결하기 어렵다.

하노이 타워 문제는 모든 컴퓨터 과학자에게 익숙한 고전적인 재귀 문제이다. 이 문제는 특정 개수의 고유한 크기를 갖는 디스크를 다음 규칙에 따라 한 타워에서 다른 타워로 옮기는 것이다.

- n개의 디스크는 1, 2, 3, …, n으로, 세 개의 타워는 A, B, C로 이름이 붙여진다.
- 어떤 디스크도 자기보다 작은 디스크 위에 절대 놓일 수 없다.
- 모든 디스크는 초기에 타워 A에 놓인다.
- 한 번에 단 한 개의 디스크만 옮겨질 수 있고 타워의 가장 위에 있는 디스크만 옮길 수 있다.

하노이 타워 문제의 목표는 타워 C를 활용하여 모든 디스크를 타워 A에서 타워 B로 옮기는 것이다. 예를 들어, 세 개의 디스크를 가지고 있을 경우, 타워 A에서 B로 모든 디스크를 옮기는 단계는 그림 15.6과 같다.

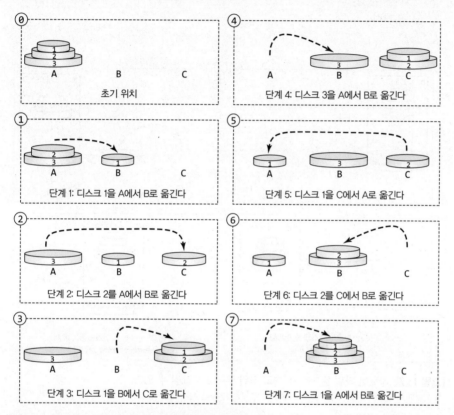

[그림 15.6] 하노이 타워 문제는 규칙에 따라 타워 A에서 타워 B로 디스크를 옮기는 것이다.

> **노트**
> 하노이 타워는 고전적인 컴퓨터 과학적 문제로 웹 사이트에 많은 자료가 있다. 여러 웹사이트 중 www.cut-the-knot.com/recurrence/hanoi.shtml는 살펴볼 만하다.

디스크 세 개의 경우, 직접 수행하여 해결 방법을 찾을 수 있다. 그러나 디스크의 숫자가 많아지면(4개만 되더라도) 문제는 꽤 복잡해진다. 다행스럽게도 이 문제는 근본적으로 재귀적 특성이 있기 때문에 직관적인 재귀적 해결 방법을 생각해볼 수 있다.

이 문제의 종료 조건은 n = 1이다. n == 1이면 디스크를 간단히 A에서 B로 옮길 수 있다. n > 1일 경우 원래의 문제를 세 개의 하위 문제로 분할하고 다음과 같이 순차적으로 해결한다.

1. 첫 n - 1개의 디스크를 타워 B를 사용하여 그림 15.7의 1단계와 같이 A에서 C로 옮긴다.
2. n번째 디스크를 그림 15.7의 2단계와 같이 타워 A에서 B로 옮긴다.
3. 그림 15.7의 3단계와 같이 n - 1개의 디스크를 타워 A를 사용하여 C에서 B로 옮긴다.

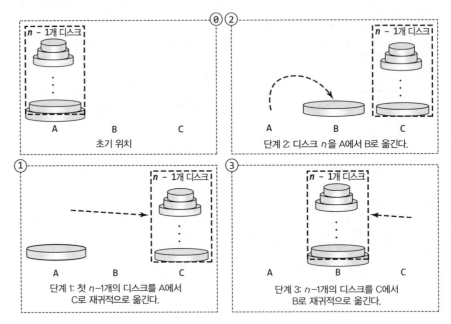

[그림 15.7] 하노이 타워 문제는 세 개의 하위 문제로 분해될 수 있다.

다음 함수는 auxTower를 사용하여 *n*개의 디스크를 fromTower에서 toTower로 옮긴다.

```
def moveDisks(n, fromTower, toTower, auxTower):
```

MoveDisks 함수의 알고리즘은 다음과 같이 설명될 수 있다.

```
if n == 1: # 정지 조건
    디스크 1을 fromTower에서 toTower로 옮긴다.
else:
    moveDisks(n - 1, fromTower, auxTower, toTower)
    디스크 n을 fromTower에서 toTower로 옮긴다.
    moveDisks(n - 1, auxTower, toTower, fromTower)
```

코드 15.8의 프로그램은 사용자로부터 디스크의 개수를 입력받고 디스크를 옮기는 과정을 출력하는 재귀 함수 moveDisks를 호출한다.

코드 15.8   `TowersOfHanoi.py`

```
1   def main():
2       n = eval(input("디스크의 개수를 입력하세요: "))
3
4       # 해결방법을 재귀적으로 찾는다.
5       print("옮기는 순서는 다음과 같습니다:")
6       moveDisks(n, 'A', 'B', 'C')
7
8   # auxTower를 사용하여 fromTower에서 toTower까지
9   # n개의 디스크를 옮기는 해결방법을 찾는 함수
10  def moveDisks(n, fromTower, toTower, auxTower):
11      if n == 1: # 정지 조건
12          print("디스크", n, "을/를", fromTower, "에서", toTower, "로 옮긴다.")
13      else:
14          moveDisks(n - 1, fromTower, auxTower, toTower)
15          print("디스크 ", n, "을/를", fromTower, "에서", toTower, "로 옮긴다.")
16          moveDisks(n - 1, auxTower, toTower, fromTower)
17
18  main() # main 함수를 호출한다.
```

```
디스크의 개수를 입력하세요: 4 ↵Enter
옮기는 순서는 다음과 같습니다:
디스크 1 을/를 A 에서 C 로 옮긴다.
디스크 2 을/를 A 에서 B 로 옮긴다.
디스크 1 을/를 C 에서 B 로 옮긴다.
디스크 3 을/를 A 에서 C 로 옮긴다.
디스크 1 을/를 B 에서 A 로 옮긴다.
디스크 2 을/를 B 에서 C 로 옮긴다.
디스크 1 을/를 A 에서 C 로 옮긴다.
디스크 4 을/를 A 에서 B 로 옮긴다.
디스크 1 을/를 C 에서 B 로 옮긴다.
디스크 2 을/를 C 에서 A 로 옮긴다.
디스크 1 을/를 B 에서 A 로 옮긴다.
디스크 3 을/를 C 에서 B 로 옮긴다.
디스크 1 을/를 A 에서 C 로 옮긴다.
디스크 2 을/를 A 에서 B 로 옮긴다.
디스크 1 을/를 C 에서 B 로 옮긴다.
```

실행결과

n = 3으로 프로그램 실행과정을 따라가 보자. 연속적인 재귀적 호출은 그림 15.8과 같다. 보이는 것과 같이 프로그램을 작성하는 것이 재귀적 호출을 따라가는 것보다 쉽다. 시스템은 내부에서 호출을 추적하기 위해 스택(stack)을 사용한다.

재귀는 반복과 다른 상세 사항을 사용자로부터 감추는 단계적 추상화를 어느 정도 제공한다.

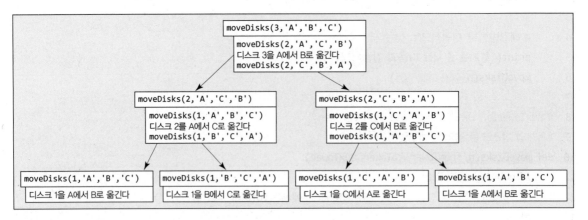

[그림 15.8] moveDisks(3, 'a', 'b', 'c') 호출은 재귀적으로 moveDisks를 호출한다.

15.16 코드 **15.8**의 moveDisks 함수는 moveDisks(5, 'A', 'B', 'C')에 대해 몇 번 호출되는가?

15.8 사례 연구: 프랙탈

프랙탈은 근본적으로 재귀적이기 때문에, 재귀는 프랙탈 출력에 이상적이다.

프랙탈(fractal)은 기하학적 도형이지만 삼각형, 원 또는 사각형과는 다르게 프랙탈은 여러 부분으로 나누어지고, 각각의 부분은 전체 도형의 크기가 축소된 복사본이다. 다양하고 흥미로운 형태의 프랙탈이 있다. 이번 절에서는 유명한 폴란드 수학자의 이름을 딴 간단한 프랙탈인 시에르핀스키 삼각형(Sierpinski triangle)을 소개한다.

시에르핀스키 삼각형은 다음과 같이 생성된다.

1. 그림 15.9(a)와 같이 시에르핀스키 프랙탈 순서(또는 단계) 0인 정삼각형으로 시작한다.
2. 시에르핀스키 삼각형 순서 1을 생성하기 위해 순서 0인 시에르핀스키 삼각형에서 각 변의 중점을 연결한다(그림 15.9(b)).
3. 가운데 위치한 삼각형은 그대로 두고 시에르핀스키 삼각형 순서 2를 생성하기 위해 세 개의 다른 삼각형에서 각 변의 중점을 연결한다(그림 15.9(c)).

4. 시에르핀스키 삼각형 순서 3, 4, … 등을 생성하기 위해 동일한 과정을 재귀적
   으로 반복한다(그림 15.9(d)).

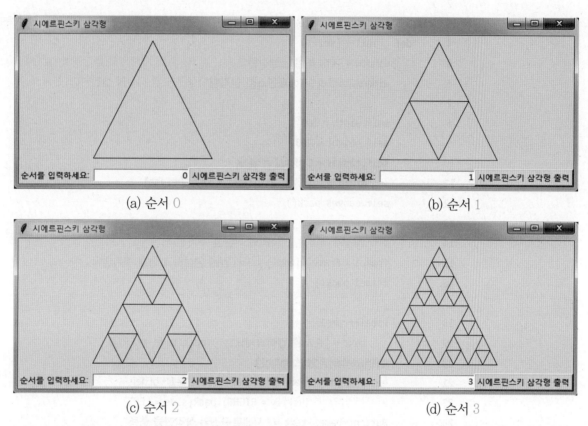

(a) 순서 0

(b) 순서 1

(c) 순서 2

(d) 순서 3

[**그림 15.9**] 시에르핀스키 삼각형은 재귀적인 삼각형의 패턴이다.

이 문제는 근본적으로 재귀적이다. 이 문제에 대한 재귀적인 해결 방법을 어떻게
개발해야 하는가? 순서가 0일 때 종료 조건을 생각해 보자. 순서 0인 시에르핀스키
삼각형을 그리는 것은 간단하다. 순서 1인 시에르핀스키 삼각형은 어떻게 그려야
하는가? 이 문제는 순서 0인 세 개의 시에르핀스키 삼각형을 그리는 것으로 축소될
수 있다. 순서 2인 시에르핀스키 삼각형은 어떻게 그려야 하는가? 이 문제는 순서
1인 세 개의 시에르핀스키 삼각형을 그리는 것으로 축소될 수 있다. 따라서 순서 n
인 시에르핀스키 삼각형을 그리는 문제는 순서 n − 1인 세 개의 시에르핀스키 삼각
형을 그리는 것으로 축소된다.

코드 15.9는 그림 15.9에서 보이는 것과 같이 특정 순서의 시에르핀스키 삼각형
을 출력하는 프로그램이다. 특정 순서의 시에르핀스키 삼각형을 출력하기 위해 텍
스트 필드에 순서를 입력한다.

코드 15.9	SierpinskiTriangle.py

```python
1  from tkinter import * # tkinter의 모든 정의를 임포트한다.
2
3  class SierpinskiTriangle:
4      def __init__(self):
5          window = Tk() # 창을 생성한다.
6          window.title("시에르핀스키 삼각형") # 윈도우 제목을 설정한다.
7
8          self.width = 200
9          self.height = 200
10         self.canvas = Canvas(window,
11             width = self.width, height = self.height)
12         self.canvas.pack()
13
14         # frame1에 레이블, 엔트리와 버튼을 추가한다.
15         frame1 = Frame(window) # 프레임을 생성하고 창에 추가한다.
16         frame1.pack()
17
18         Label(frame1,
19             text = "순서를 입력하세요: ").pack(side = LEFT)
20         self.order = StringVar()
21         entry = Entry(frame1, textvariable = self.order,
22                         justify = RIGHT).pack(side = LEFT)
23         Button(frame1, text = "시에르핀스키 삼각형을 출력",
24             command = self.display).pack(side = LEFT)
25
26         window.mainloop() # 이벤트 루프를 생성한다.
27
28     def display(self):
29         self.canvas.delete("line")
30         p1 = [self.width / 2, 10]
31         p2 = [10, self.height - 10]
32         p3 = [self.width - 10, self.height - 10]
33         self.displayTriangles(int(self.order.get()), p1, p2, p3)
34
35     def displayTriangles(self, order, p1, p2, p3):
36         if order == 0: # 종료 조건
37             # 세 점을 연결하는 삼각형을 그린다.
38             self.drawLine(p1, p2)
```

```
39              self.drawLine(p2, p3)
40              self.drawLine(p3, p1)
41          else:
42              # 각 삼각형 변의 중점을 구한다.
43              p12 = self.midpoint(p1, p2)
44              p23 = self.midpoint(p2, p3)
45              p31 = self.midpoint(p3, p1)
46
47              # 재귀적으로 세 삼각형을 출력한다.
48              self.displayTriangles(order - 1, p1, p12, p31)
49              self.displayTriangles(order - 1, p12, p2, p23)
50              self.displayTriangles(order - 1, p31, p23, p3)
51
52      def drawLine(self, p1, p2):
53          self.canvas.create_line(
54              p1[0], p1[1], p2[0], p2[1], tags = "line")
55
56      # 두 점 사이의 가운데 점을 반환한다.
57      def midpoint(self, p1, p2):
58          p = 2 * [0]
59          p[0] = (p1[0] + p2[0]) / 2
60          p[1] = (p1[1] + p2[1]) / 2
61          return p
62
63  SierpinskiTriangle() # GUI를 생성한다.
```

텍스트 필드에 순서를 입력한 후 '시에르핀스키 삼각형 출력' 버튼을 클릭하면, 세 점을 생성하고 삼각형을 출력하는 콜백 display 함수가 호출된다(라인 30-33).

삼각형의 세 점은 displayTriangles를 호출할 때 전달된다(라인 35). order == 0일 경우 displayTriangles(order, p1, p2, p3) 함수는 그림 15.10(a)에서와 같이 라인 38-40에서 세 점 p1, p2와 p3를 연결한 삼각형을 출력한다. 그렇지 않으면 다음 작업을 수행한다.

1. 그림 15.10(b)와 같이 p1과 p2 사이의 중점(라인 43), p2와 p3(라인 44)의 중점과 p3와 p1 사이의 중점(라인 45)을 구한다.
2. 세 개의 더 작은 시에르핀스키 삼각형을 출력하기 위해 작은 순서의 displayTriangles를 재귀적으로 호출한다(라인 48-50). 그림 15.10(b)와 같이 각각의 작은 시에르핀스키 삼각형은 순서가 1 작은 것을 제외하고는 원래의

큰 시에르핀스키 삼각형과 구조적으로 동일하다는 것에 주목해야 한다.

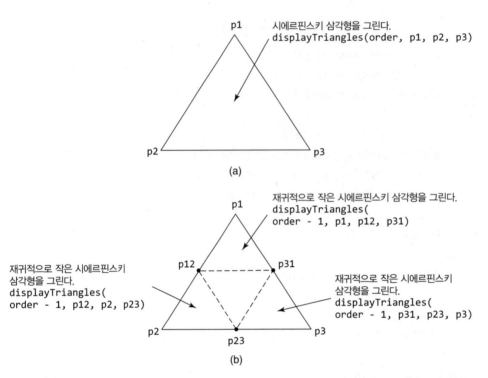

[**그림 15.10**] 시에르핀스키 삼각형을 그리는 것은 세 개의 작은 시에르핀스키 삼각형을 재귀적으로 그리는 호출을 생성한다.

15.9 사례 연구: 8퀸 문제

키포인트 *8퀸 문제는 체스판 위의 각 행에 하나의 퀸을 배치하여 어떠한 두 퀸도 서로 공격할 수 없도록 만드는 해결 방법을 찾는 것이다.*

이번 사례 연구에서는 체스판에 8개의 퀸을 배열하는 프로그램을 생성해본다. 각각의 행에는 단 하나의 퀸만 존재할 수 있고 퀸은 서로를 공격할 수 없는 형태로 놓인다. 체스판을 표현하기 위해 2차원 리스트를 사용할 필요가 있지만 각각의 행은 단 하나의 퀸만 위치할 수 있기 때문에 각 행에 대해서 퀸을 위치를 나타내는 1차원 리스트를 사용하는 것만으로도 충분하다. 따라서 다음과 같이 queens로 이름 지어진 리스트를 생성한다.

    queens = 8 * [-1]

queens[i]에 j를 할당하는 것은 i행, j열에 퀸을 배치하는 것을 의미한다. 그림 15.11(a)는 그림 15.11(b)의 체스판에 대한 queens 리스트의 내부 내용을 보여준다.

초기에 queens[i] = -1은 i행에 아직 퀸이 놓이지 않았다는 것을 나타낸다.

queens[0]	0
queens[1]	4
queens[2]	7
queens[3]	5
queens[4]	2
queens[5]	6
queens[6]	1
queens[7]	3

(a)　　　　　　　　(b)

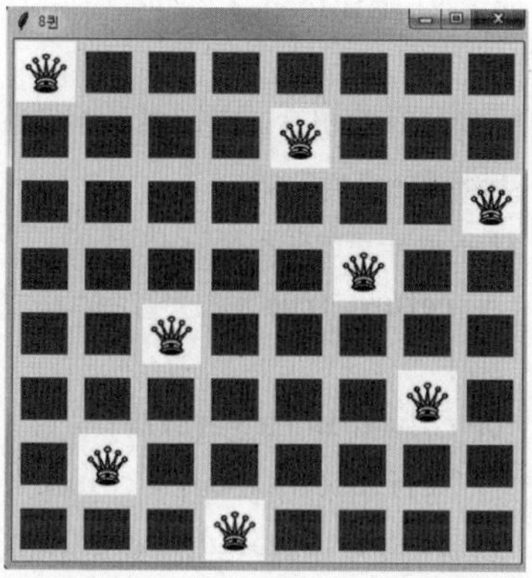

[그림 15.11] queens[i]는 i행에서 퀸의 위치를 나타낸다.

코드 15.10의 프로그램은 8퀸 문제를 위한 해결방법을 출력한다.

코드 15.10 EightQueens.py

```python
1  from tkinter import * # tkinter의 모든 정의를 임포트한다.
2
3  SIZE = 8 # 체스판의 크기
4  class EightQueens:
5      def __init__(self):
6          self.queens = SIZE * [-1] # 퀸의 위치
7          self.search(0) # 0번 행에서부터 풀이를 찾는다.
8
9          # 퀸의 풀이를 출력한다.
10         window = Tk() # 윈도우를 생성한다.
11         window.title("8퀸") # 윈도우 제목을 설정한다.
12
13         image = PhotoImage(file = "image/queen.gif")
14         for i in range(SIZE):
15             for j in range(SIZE):
16                 if self.queens[i] == j:
17                     Label(window, image = image).grid(
18                         row = i, column = j)
19                 else:
20                     Label(window, width = 5, height = 2,
```

```
21                              bg = "red").grid(row = i, column = j)
22
23          window.mainloop() # 이벤트 루프를 생성한다.
24
25          # 특정 행에서 풀이를 시작하기 위해 검색한다.
26      def search(self, row):
27          if row == SIZE: # 중단 조건
28              return True # 8 퀸을 배치하는 풀이 발견
29
30          for column in range(SIZE):
31              self.queens[row] = column # 퀸을 (행, 열)에 배치한다.
32              if self.isValid(row, column) and self.search(row + 1):
33                  return True # 풀이를 발견하고 루프를 종료한다.
34
35          # 현재 행의 어떤 열에도 퀸을 배치한 풀이는 없다.
36          return False
37
38      # i행과 j열에 퀸을 배치할 수 있는지 검사한다.
39      def isValid(self, row, column):
40          for i in range(1, row + 1):
41              if (self.queens[row - i] == column # 열을 검사한다.
42                  or self.queens[row - i] == column - i
43                  or self.queens[row - i] == column +1):
44                  return False # 충돌 발생
45          return True # 충돌 없음
46
47  EightQueens() # GUI를 생성한다.
```

프로그램은 체스판에 퀸이 하나도 배치되지 않았다는 것을 가리키도록 8개의 -1
로 리스트 queens를 초기화한다(라인 6). 프로그램은 0번 행에서부터 해결 방법을
찾기 시작하기 위해 search(0)을 호출한다. search(0)은 재귀적으로 search(1),
search(2), …, search(7)을 호출(라인 32)한다.

해결방법을 찾은 후, 프로그램은 창에 64개의 레이블(한 행 마다 8개)을 출력하
고 각 행 i의 queens[i]에 해당하는 셀에 퀸 이미지를 위치시킨다(라인 17).

재귀적 search(row) 함수는 모든 행이 채워질 경우 True를 반환한다(라인 27 -
28). 이 함수는 for 루프를 통해 0, 1, 2, …과 7번 열에 배치될 수 있는지 검사한다
(라인 30). 프로그램은 임의의 열에 퀸을 배치한다(라인 31). 그 배치가 유효하면,
프로그램은 재귀적으로 search(row + 1)을 호출하여 다음 행에 대해 검색한다(라

인 32). 만약에 이 검색이 성공적일 경우, 프로그램은 for 루프가 종료되도록 True 를 반환한다(라인 33). 이러한 경우 동일한 행에서 다음 열을 검색할 필요가 없다. 이 행의 어떤 열에서도 퀸이 배치될 수 있는 방법이 없다면, 함수는 False를 반환 한다(라인 36).

그림 15.12(a)와 같이 row = 3으로 search(row)을 호출한다고 하자. search(row) 는 0, 1, 2열 등의 순서로 퀸을 채우는 시도를 한다. 각각의 시도에서 특정 위 치에 퀸을 배치하는 것이 이전에 배치한 퀸과 충돌하지 않는지 검사하기 위해 isValid(row, column) 함수(라인 32)가 호출된다. 또한 이 함수는 그림 15.12(b) 와 같이 어떠한 퀸도 같은 열(라인 41), 좌상단 대각선(라인 42) 또는 우상단 대각 선(라인 43)에 배치되지 않도록 보장한다. 만약 isValid(row, column)이 False 를 반환하면, 프로그램은 그림 15.12(c)와 같이 다음 열을 검사한다. isValid(row, column)이 True를 반환하면, 프로그램은 그림 15.12(d)와 같이 재귀적으로 search(row + 1)을 호출한다. search(row + 1)이 False를 반환하면, 프로그램은 그림 15.12(c)와 같이 이전 행의 다음 열을 검사한다.

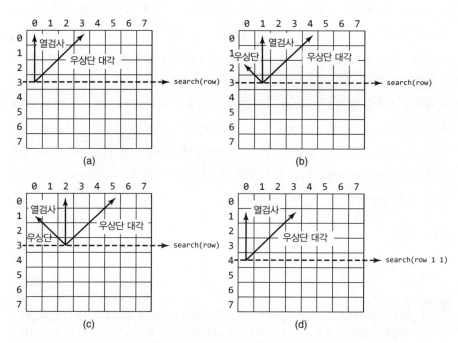

[그림 15.12] search(row) 호출은 행과 열에 퀸을 배치한다.

15.10 재귀 vs. 반복

재귀는 프로그램 제어의 대안적인 형태이다. 재귀는 근본적으로 루프를 사용하지 않는 반복이다.

루프를 사용할 때, 루프의 몸체를 명시해야 한다. 루프 몸체의 반복은 루프 제어 구조에 의해 제어된다. 재귀에서는 함수 자체가 반복적으로 호출된다. 함수를 재귀적으로 호출할 것인지 호출하지 않을 것인지 제어하기 위해 선택 명령문이 사용되어야만 한다.

재귀는 부가적인 비용을 발생시킨다. 프로그램이 함수를 호출할 때마다, 시스템은 함수의 모든 지역변수와 매개변수를 위한 메모리를 할당해야만 한다. 이는 상당한 양의 컴퓨터 메모리를 소비하고 추가적인 메모리를 관리하기 위한 별도의 시간이 요구될 수 있다.

재귀적으로 해결될 수 있는 모든 문제는 반복을 사용하여 재귀적이지 않은 방법으로 해결될 수 있다. 재귀는 적어도 한 가지 부정적인 측면이 있다. 바로 매우 많은 시간과 메모리를 사용하다는 것이다. 그렇다면 왜 재귀를 사용하는가? 경우에 따라, 재귀를 사용하는 것은 재귀를 사용하지 않고서 수행하기 어려운 근본적인 재귀적인 문제에 대해 분명하고 간결한 해결방법을 명시한다. 예를 들어 디렉터리 크기 문제, 하노이 타워 문제 그리고 프랙탈 문제는 재귀를 사용하지 않고 해결하기가 다소 번거롭다.

재귀를 사용할지 또는 반복을 사용할지의 결정은 반드시 해결하려고 하는 문제에 대한 특성과 이해에 기초해야 한다. 가장 좋은 방법은 자연스럽게 문제를 반영하는 직관적인 해결방법이 개발 가능한 접근방법을 택하는 것이다. 반복적인 해결방법이 명확하다면, 사용하라. 반복적인 해결방법은 일반적으로 재귀적인 방법보다 더 효율적이다.

주의
재귀적인 프로그램은 메모리를 소진시켜 스택 오버플로우 예외(stack overflow exception)를 발생시킬 수 있다.

팁
재귀는 반복보다 더 많은 시간과 메모리를 소비하기 때문에 프로그램의 성능이 염려된다면 재귀를 사용하는 것을 피하라. 일반적으로 재귀는 하노이 타워, 디렉터리 크기 및 시에르핀스키 삼각형과 같이 근본적으로 재귀적인 문제를 해결하는 데 사용되는 것이 좋다.

15.17 다음 중 어떤 문장이 참인가?

- ■ 어떤 재귀 함수라도 재귀적이지 않은 함수로 변환할 수 있다.
- ■ 재귀 함수는 재귀적이지 않은 함수보다 실행하는 데 많은 시간과 메모리를 소비한다.
- ■ 재귀 함수는 재귀적이지 않은 함수보다 항상 간결하다.
- ■ 재귀 함수에는 종료 조건에 도달했는지 검사하기 위한 선택 명령문이 항상 존재한다.

15.18 스택 오버플로우 예외의 원인은 무엇인가?

15.11 꼬리 재귀

꼬리 재귀 함수는 스택의 크기를 줄이는 데 효과적이다.

키포인트

재귀 함수 중 그림 15.13(a)에서 보이는 것과 같이 재귀적인 호출로부터 반환 시 수행되어야 하는 남은 연산이 없는 함수를 *꼬리 재귀적(tail recursive)*이다라고 한다. 그러나 그림 15.13(b)의 함수 B는 함수 호출이 반환된 후에 남아있는 연산이 존재하기 때문에 꼬리 재귀가 아니다.

```
재귀적 함수 A

  . . .

  . . .


  . . .
  재귀적으로 함수 A를 호출
```
(a) 꼬리 재귀

```
재귀적 함수 B

  . . .

  . . .
  재귀적으로 함수 A를 호출

  . . .

  . . .
```
(b) 비꼬리 재귀

[그림 15.13] 꼬리 재귀 함수는 재귀적 호출 후 남아있는 연산이 없다.

예를 들어, 코드 15.4의 재귀적인 isPalindromeHelper 함수(라인 4-10)는 라인 10에서 재귀적으로 호출되는 isPalindromeHelper 후에 어떠한 작업도 남아있지 않기 때문에 꼬리 재귀이다. 그러나 코드 15.1의 재귀적인 factorial 함수(라인 6-10)는 각각의 재귀적인 호출로부터 반환 시 수행되어야 하는 남은 연산, 즉 곱셈이 존재하기 때문에 꼬리 재귀라고 할 수 없다.

꼬리 재귀 함수는 마지막 재귀적인 호출이 종료될 때 종료되기 때문에, 스택에 중간과정 호출을 저장할 필요가 없어 바람직하다고 할 수 있다.

비꼬리 재귀적인 함수는 경우에 따라 추가적인 매개변수를 사용하여 꼬리 재귀적인 함수로 변환될 수 있다. 이러한 매개변수는 결과를 포함하는 데 사용된다. 이 아이디어는 부가적인 매개변수에 남아있는 연산을 포함시키기 때문에 재귀적인 호출에 더 이상 남아있는 연산이 존재하는 않는다. 보조 매개변수를 사용하는 새로운 보조적 재귀 함수를 정의하는 것도 가능하다. 예를 들어, 코드 15.1의 factorial 함수는 다음과 같이 꼬리 재귀 방식으로 작성될 수 있다.

```
1 # 특정 수에 대한 팩토리얼 값을 반환한다
2 def factorial(n):
3     return factorialHelper(n, 1) # 보조 함수를 호출한다
4
5 # 팩토리얼에 대한 보조 꼬리 재귀 함수
6 def factorialHelper(n, result):
7     if n == 0:
8         return result
9     else:
10        return factorialHelper(n - 1, n * result)
```

첫 번째 factorial 함수는 간단히 보조 함수를 호출한다(라인 3). 라인 6에서 보조 함수는 n의 팩토리얼에 대한 결과를 저장하는 보조 매개변수 result를 포함한다. 보조 함수는 라인 10에서 재귀적으로 호출된다. 보조 함수 호출이 반환된 이후에 남아있는 연산은 존재하지 않는다. 라인 3에서 factorialHelper(n, 1)로부터 반환되는 값인 마지막 결과가 라인 8에서 반환된다.

15.19 꼬리 재귀란 무엇인가?

15.20 꼬리 재귀가 바람직한 이유는 무엇인가?

15.21 코드 15.5의 재귀적 선택 정렬 함수는 꼬리 재귀적인가?

15.22 코드 15.2의 fib 함수를 꼬리 재귀를 사용하여 재작성하시오.

주요용어

간접 재귀	재귀 함수
꼬리 재귀	정지 조건
무한 재귀	종료 조건
재귀 도우미 함수	직접 재귀

요약

1. *재귀* 함수는 직접적으로 또는 간접적으로 자기 자신을 호출하는 함수이다. 재귀 함수를 종료하기 위해서 반드시 한 개 이상의 종료 조건이 있어야 한다.

2. 재귀는 프로그램 제어의 대안적인 형태이다. 재귀는 근본적으로 루프 제어가 없는

반복이다. 재귀는 재귀를 사용하지 않고서는 해결되기 어려운 근본적인 재귀적 문제에 대해 간단하고, 명확한 해결방법을 명시하는 데 사용될 수 있다.

3. 경우에 따라 원래의 함수가 재귀적으로 호출되기 위해 추가적인 매개변수를 받을 수 있도록 변경되기도 한다. 이러한 이유로 *재귀 도우미 함수*가 정의될 수 있다.

4. 재귀는 부가적인 비용을 발생시킨다. 프로그램이 함수를 호출할 때마다 시스템은 함수의 모든 지역변수 및 매개변수를 위한 메모리를 할당해야만 한다. 이는 상당한 양의 컴퓨터 메모리를 소진시키고 추가적인 메모리를 관리하기 위한 별도의 시간을 요구한다.

5. 재귀 함수 중 재귀적 호출로부터 반환 후 수행되어야 하는 어떠한 작업도 남아있지 않으면 이를 *꼬리 재귀*라고 한다. 꼬리 재귀는 효율적이다.

프로그래밍 연습문제

15.2–15.3절

*15.1 (재귀를 사용하여 정수의 각 자리 수 합하기) 정수에 포함된 각 자리 숫자의 합을 계산하는 재귀 함수를 작성하시오. 다음이 함수 헤더를 사용하시오.

def sumDigits(n):

예를 들어, sumDigits(234)는 2 + 3 + 4 = 9를 반환한다. 사용자로부터 정수를 입력받고 합계를 출력하는 예제 프로그램을 작성하시오.

*15.2 (피보나치 수) 반복을 사용하여 코드 15.2의 fib 함수를 재작성하시오.
(힌트: 재귀를 사용하지 않고 fib(n)을 계산하기 위해서, 우선 fib(n - 2)와 fib(n - 1)을 구해야 한다.) f0과 f1을 이전 두 피보나치 수라고 하자. 그러면 현재의 피보나치 수는 f0 + f1이 된다. 알고리즘은 다음과 같이 설명될 수 있다.

```
f0 = 0 # fib(0)의 값
f1 = 1 # fib(1)의 값

for i in range(2, n + 1):
    currentFib = f0 + f1
    f0 = f1
    f1 = currentFib

# 루프 이후, currentFib는 fib(n)이다
```

사용자로부터 피보나치 수열의 항을 입력받고 해당 피보나치 수를 출력하는 예제 프로그램을 작성하시오.

*15.3 (재귀를 사용하여 최대공약수 계산하기) gcd(m, n)은 다음과 같이 재귀적으로 정의될 수도 있다.

- m % n이 0이면, gcd(m, n)은 n이다.
- 그렇지 않으면, gcd(m, n)은 gcd(n, m % n)이다.

최대공약수(GCD)를 구하는 재귀 함수를 작성하시오. 또한 사용자로부터 두 정수를 입력받고 두 정수의 GCD를 출력하는 예제 프로그램을 작성하시오.

15.4 (수열의 합) 다음 수열을 계산하는 재귀 함수를 작성하시오.

$$m(i) = 1 + \frac{1}{2} + \frac{1}{3} + \cdots + \frac{1}{i}$$

i = 1, 2, ⋯, 10일 때, m(i)를 출력하는 예제 프로그램을 작성하시오.

15.5 (수열의 합) 다음 수열을 계산하는 재귀 함수를 작성하시오.

$$m(i) = \frac{1}{3} + \frac{2}{5} + \frac{3}{7} + \frac{4}{9} + \frac{5}{11} + \frac{6}{13} + \cdots + \frac{i}{2i + 1}$$

i = 1, 2, ⋯, 10에 대한 m(i)를 출력하는 예제 프로그램을 작성하시오.

*15.6 (수열의 합) 다음 수열을 계산하는 재귀 함수를 작성하시오.

$$m(i) = \frac{1}{2} + \frac{2}{3} + \cdots + \frac{i}{i + 1}$$

사용자로부터 i의 정수 값을 입력받고 m(i)를 출력하는 예제 프로그램을 작성하시오.

*15.7 (피보나치 수열) 코드 15.2를 수정하여 fib 함수가 호출되는 횟수를 구하는 프로그램을 작성하시오(힌트: 전역변수를 사용하고 fib 함수가 호출될 때마다 전역변수의 값을 증가시키시오.).

15.4절

*15.8 (정수를 반대로 출력하기) 다음의 헤더를 사용하여 콘솔에서 정수의 값을 반대로 출력하는 재귀 함수를 작성하시오.

```
def reverseDisplay(value):
```

예를 들어, reverseDisplay(12345)를 호출하면 54321이 출력된다. 사용자로부터 정수를 입력받고 이 정수의 역을 출력하는 예제 프로그램을 작성하시오.

*15.9 (문자열의 반대로 출력하기) 다음 헤더를 사용하여 콘솔에서 문자열을 반대로 출력하는 재귀 함수를 작성하시오.

```
def reverseDisplay(value):
```

예를 들어, reverseDisplay("abcd")는 dcba를 출력한다. 사용자로부터 문자열을 입력받고 이 문자열의 역을 출력하는 예제 프로그램을 작성하시오.

*15.10 (문자열 내 특정 문자 출현 빈도수) 다음 함수 헤더를 사용하여 문자열 내에 특정 문자의 출현 빈도수를 구하는 재귀 함수를 작성하시오.

    def count(s, a):

예를 들어, count("Welcome", 'e')는 2를 반환한다. 사용자로부터 문자열과 한 문자를 입력받고 문자열 내에 입력된 문자의 출현 빈도수를 출력하는 예제 프로그램을 작성하시오.

15.5 절

**15.11 (문자열의 문자를 역으로 출력하기) 부분 문자열을 전달하기 위해 함수에 high 인덱스를 전달하는 도우미 함수를 사용하여 프로그래밍 연습문제 15.9를 재작성하시오. 도우미 함수의 헤더는 다음과 같다.

    def reverseDisplayHelper(s, high):

*15.12 (리스트에서 가장 큰 수 찾기) 리스트에서 가장 큰 정수를 반환하는 재귀 함수를 작성하시오. 또한 사용자로부터 정수 리스트를 입력받고 가장 큰 항목을 출력하는 예제 프로그램을 작성하시오.

*15.13 (문자열 내에서 대문자의 개수 구하기) 다음의 함수 헤더를 사용하여 문자열 내에 대문자의 개수를 반환하는 재귀 함수를 작성하시오.

    def countUppercase(s):
    def countUppercaseHelper(s, high):

사용자로부터 문자열을 입력받고 문자열 내에 대문자의 개수를 출력하는 예제 프로그램을 작성하시오.

*15.14 (문자열 내에 특정 문자 출현 빈도수) 함수에 부분 문자열의 high 인덱스를 전달하는 도우미 함수를 사용하여 프로그래밍 연습문제 15.10을 재작성하시오. 도우미 함수의 헤더는 다음과 같다.

    def countHelper(s, a, high):

*15.15 (리스트에서 대문자 개수 구하기) 문자열의 리스트에서 대문자의 개수를 반환하는 재귀 함수를 작성하시오. 다음의 두 함수에 대한 정의가 필요하다. 두 번째 함수는 재귀 도우미 함수이다.

    def count(chars):
    def countHelper(chars, high):

사용자로부터 한 행에 문자열 리스트를 입력받고 리스트에서 대문자의 개수를 출력하는 예제 프로그램을 작성하시오.

*15.16 (리스트 내의 특정 문자 출현) 리스트 내에 특정 문자가 출현하는 횟수를 구하는 재귀 함수를 작성하시오. 다음 두 함수에 대한 정의가 필요하다. 두 번째 함수는 재귀 도우미 함수이다.

```
def count(chars, ch):
def countHelper(chars, ch, high):
```

사용자로부터 한 행에 문자열 리스트와 하나의 문자를 입력받고 리스트 내의 입력된 문자의 출현 횟수를 출력하는 예제 프로그램을 작성하시오.

15.6–15.11절

*15.17 (Tkinter: 시에르핀스키 삼각형) 사용자가 왼쪽/오른쪽 마우스 클릭을 사용하여 시에르핀스키 삼각형의 현재 순서에서 1을 증가/감소시키도록 코드 15.9를 수정하시오. 초기 순서는 0이다.

*15.18 (하노이 타워) n개의 디스크를 타워 A에서 타워 B로 옮기기 위해 필요한 디스크 이동 횟수를 구하도록 코드 15.8 TowersOfHanoi.py를 수정하시오(힌트: 전역 변수를 사용하고 이동할 때마다 전역변수의 값을 증가시켜라).

*15.19 (10진수를 2진수로) 10진수를 2진수 문자열로 변환하는 재귀 함수를 작성하시오. 함수 헤더는 다음과 같다.

```
def decimalToBinary(value):
```

사용자로부터 10진수를 입력받고 동등한 값의 2진수를 출력하는 예제 프로그램을 작성하시오.

*15.20 (10진수를 16진수로) 10진수를 16진수의 문자열로 변환하는 재귀 함수를 작성하시오. 함수 헤더는 다음과 같다.

```
def decimalToHex(value):
```

사용자로부터 10진수를 입력받고 동등한 값의 16진수를 출력하는 예제 프로그램을 작성하시오.

*15.21 (2진수를 10진수로) 2진수에 대한 문자열을 분석하여 10진 정수로 변환하는 재귀 함수를 작성하시오. 함수의 헤더는 다음과 같다.

```
def binaryToDecimal(binaryString):
```

사용자로부터 2진 문자열을 입력받고 동등한 값의 10진수를 출력하는 예제 프로그램을 작성하시오.

*15.22 (16진수를 10진수로) 16진수에 대한 문자열을 분석하여 10진 정수로 변환하는 재귀 함수를 작성하시오. 함수 헤더는 다음과 같다.

def hexToDecimal(hexString):

사용자로부터 16진 문자열을 입력받고 동등한 값의 10진수를 출력하는 예제 프로그램을 작성하시오.

**15.23 (문자열 순열) 문자열의 모든 순열을 출력하는 재귀 함수를 작성하시오. 예를 들어 문자열 abc에 대해 다음이 출력된다.

abc
acb
bac
bca
cab
cba

(힌트: 다음 두 함수를 정의하시오. 두 번째 함수는 도우미 함수이다.)

def displayPermutation(s):
def displayPermutationHelper(s1, s2):

첫 번째 함수는 단순히 displayPermutation(" ", s)를 호출한다. 두 번째 함수는 s2의 문자를 s1으로 옮기기 위해 루프를 사용하고 재귀적으로 새로운 s1과 s2를 사용하여 자신을 호출한다. 종료 조건은 s2가 비었을 때이고 s1을 콘솔에 출력한다.)

사용자로부터 문자열을 입력받고 입력된 문자열의 모든 순열을 출력하는 예제 프로그램을 작성하시오.

*15.24 (디렉터리 안의 파일의 개수) 사용자로부터 디렉터리를 입력받고 그 디렉터리에 포함된 파일의 개수를 출력하는 프로그램을 작성하시오.

(a)　　　　　　(b)　　　　　　(c)　　　　　　(d)

[그림 15.14] 코흐 눈송이는 삼각형으로 시작되는 프랙탈이다.

15.25 (Tkinter: 코흐 눈송이 프랙탈) 15.8절에서 시에르핀스키 삼각형 프랙탈이 제시 되었다. 이번 프로그래밍 연습문제에서는 유명 스웨덴 수학자의 이름을 딴 코흐 눈송이(*Koch snowflake*)라 불리는 또 다른 프랙탈을 출력하는 프로그램을 작성 해 보려고 한다. 코흐 눈송이는 다음과 같이 생성된다.

1. 그림 15.14(a)와 같이 코흐 프랙탈 순서(또는 수준) 0이라고 하는 정삼각형으 로 시작한다.

2. 삼각형의 각 변을 3등분하고 그림 15.14(b)와 같이 중간 선분에 삼각형의 바깥 쪽으로 정삼각형을 그려 코흐 프랙탈 순서 1을 생성한다.

3. 그림 15.14(c)-(d)와 같이 순서 2, 3, ⋯ 등의 코흐 프랙탈을 생성하기 위해 2 단계를 반복한다.

15.26 (Turtle: 코흐 눈송이 프랙탈) Turtle을 사용하여 그림 15.15와 같이 프로그래밍 연습문제 15.25의 코흐 눈송이 프랙탈 문제를 재작성하시오. 이번 프로그램은 사 용자로부터 순서를 입력받고 해당 순서의 프랙탈을 출력한다.

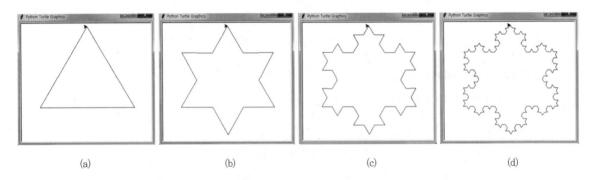

| (a) | (b) | (c) | (d) |

[그림 15.15] Turtle을 사용하여 코흐 눈송이 프랙탈을 그린다.

15.27 (모든 8퀸) 8퀸 문제에 대한 모든 가능한 해결방법을 찾도록 코드 15.10 EightQueens.py를 수정하시오.

15.28 (단어 찾기) 한 디렉터리에 존재하는 모든 파일에서 특정 단어의 출현 빈도수를 재귀적으로 구하는 프로그램을 작성하시오. 프로그램은 사용자로부터 디렉터리 의 이름을 입력받는다.

15.29 (Tkinter: H-tree 프랙탈) H-tree는 프랙탈로, 다음과 같이 정의된다.

1. 글자 H로 시작한다. 그림 15.1(a)와 같이 글자 H의 세 선의 길이는 동일하다.

2. 글자 H(sans-serif 폰트의 H)에는 4개의 끝점이 있다. 그림 15.1(b)와 같이 H-tree의 각 4개의 끝점을 중심으로 하는 순서 1의 H를 그리시오. 이 H는 4 개의 끝점을 포함하는 H의 크기의 절반이다.

3. 그림 15.1(c)-(d)와 같이 순서 2, 3, ⋯ 등의 H-tree를 생성하기 위해 2단계를 반 복하시오. 그림 15.1과 같이 H-tree를 그리는 파이썬 프로그램을 작성하시오.

**15.30 (Turtle: H-tree 프랙탈) Turtle을 사용하여 그림 15.16과 같이 프로그래밍 연습
문제 15.29의 H-tree 프랙탈을 재작성하시오. 프로그램은 사용자로부터 순서를
입력받고 해당 순서의 프랙탈을 출력한다.

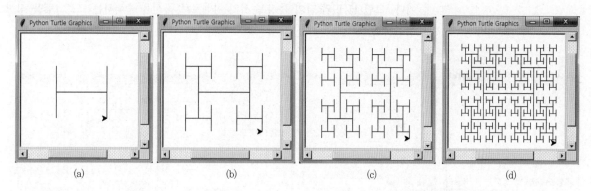

[그림 15.16] Turtle 사용하여 (a) 순서 0, (b) 순서 1, (c) 순서 2, (d) 순서 3인 H-tree 프랙탈을 그린다.

**15.31 (Tkinter: 재귀 나무) 그림 15.17과 같이 재귀 나무를 출력하는 프로그램을 작성
하시오.

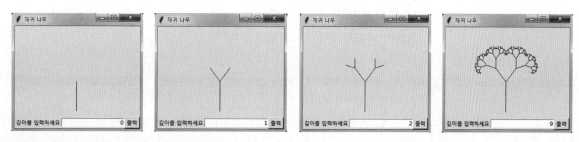

[그림 15.17] 특정 깊이의 재귀 나무가 그려진다.

**15.32 (Turtle: 재귀 나무) 그림 15.18과 같이 Turtle을 사용하여 프로그래밍 연습문제
15.31의 재귀 나무를 재작성하시오. 프로그램은 사용자로부터 특정 순서를 입력
받고 해당 순서의 프랙탈을 출력한다.

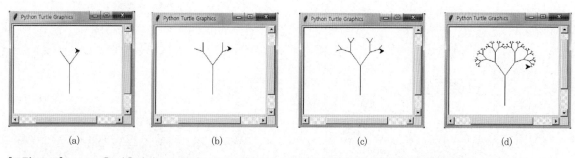

[그림 15.18] Turtle을 사용하여 (a) 깊이 0, (b) 깊이 1, (c) 깊이 2, (d) 깊이 6인 재귀 나무를 그린다.

15.33 (Tkinter: 힐베르트 곡선) 1891년 독일 수학자 다비트 힐베르트(David Hilbert)에 의해 처음 설명된 힐베르트 곡선은 2×2, 4×4, 8×8, 16×16 또는 2의 지수 크기의 정사각 격자의 모든 점을 방문하는 공간채움 곡선(space-filling curve)이다. 그림 15.19와 같이 특정 순서의 힐베르트 곡선을 출력하는 프로그램을 작성하시오.

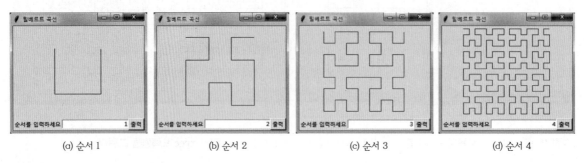

(a) 순서 1   (b) 순서 2   (c) 순서 3   (d) 순서 4

[그림 15.19] 특정 순서의 힐베르트 곡선이 그려진다.

15.34 (Turtle: 힐베르트 곡선) 그림 15.20과 같이 Turtle을 사용하여 프로그래밍 실습 문제 15.33의 힐베르트 곡선을 재작성하시오. 프로그램은 사용자로부터 순서를 입력받고 해당 순서의 프렉탈을 출력한다.

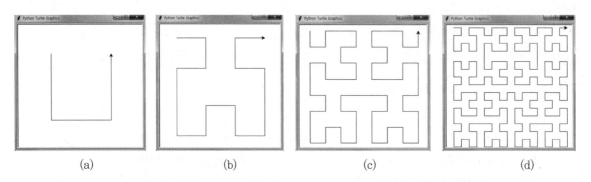

(a)   (b)   (c)   (d)

[그림 15.20] Turtle을 사용하여 (a) 순서 1, (b) 순서 2, (c) 순서 3, (d) 순서 4인 힐베르트 곡선을 그린다.

15.35 (Tkinter: 시에르핀스키 삼각형) 그림 15.21과 같이 채워진 시에르핀스키 삼각형을 출력하도록 코드 15.9 SierpinskiTriangle.py를 수정하시오.

[그림 15.21] 채워진 시에르핀스키 삼각형의 출력된다.

15.36 (Turtle: 시에르핀스키 삼각형) Turtle을 사용하여 코드 15.9 SierpinskiTriangle.py를 재작성하시오.

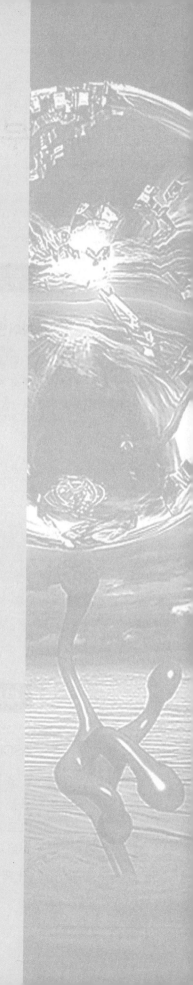

부록

부록

부록 A

파이썬 키워드

　다음의 키워드는 파이썬 언어에서 예약되어 있다. 따라서 이 키워드들은 파이썬에서 사전에 정의된 목적 이외에 다른 용도로 사용될 수 없다.

and	else	in	return
as	except	is	True
assert	False	lamba	try
break	finally	None	while
class	for	nonlocal	with
continue	from	not	yield
def	global	or	
del	if	pass	
elif	import	raise	

부록 B

ASCII 문자 집합

　표 B.1과 B.2는 ASCII 문자집합에 포함되는 각 문자의 10진수 코드와 16진수 코드를 나타낸다. 문자의 10진수 또는 16진수 코드는 행 인덱스와 열 인덱스의 조합으로 나타내어진다. 예를 들어 표 B.1에서, 문자 A는 행 6번과 열 5번에 위치한다. 따라서 A의 10진 코드는 65이다. 표 B.2에서 문자 A는 행 4번과 열 1번에 위치하기 때문에 16진수 코드로 41이다.

〈표 B.1〉 10진 인덱스 ASCII 문자표

	0	1	2	3	4	5	6	7	8	9
0	nul	soh	stx	etx	eot	enq	ack	bel	bs	ht
1	nl	vt	ff	cr	so	si	dle	dc1	dc2	dc3
2	dc4	nak	syn	etb	can	em	sub	esc	fs	gs
3	rs	us	sp	!	"	#	$	%	&	'
4	(	)	*	+	,	-	.	/	0	1
5	2	3	4	5	6	7	8	9	:	;
6	<	=	>	?	@	A	B	C	D	E
7	F	G	H	I	J	K	L	M	N	O
8	P	Q	R	S	T	U	V	W	X	Y
9	Z	[	\	]	^	_	`	a	b	c
10	d	e	f	g	h	i	j	k	l	m
11	n	o	p	q	r	s	t	u	v	w
12	x	y	z	{	|	}	~	del		

〈표 B.2〉 16진 인덱스 ASCII 문자표

	0	1	2	3	4	5	6	7	8	9	A	B	C	D	E	F
0	nul	soh	stx	etx	eot	enq	ack	bel	bs	ht	nl	vt	ff	cr	so	si
1	dle	dc1	dc2	dc3	dc4	nak	syn	etb	can	em	sub	esc	fs	gs	rs	us
2	sp	!	"	#	$	%	&	'	(	)	*	+	,	-	.	/
3	0	1	2	3	4	5	6	7	8	9	:	;	<	=	>	?
4	@	A	B	C	D	E	F	G	H	I	J	K	L	M	N	O
5	P	Q	R	S	T	U	V	W	X	Y	Z	[	\	]	^	_
6	`	a	b	c	d	e	f	g	h	i	j	k	l	m	n	o
7	p	q	r	s	t	u	v	w	x	y	z	{	|	}	~	del

부록 C

진법(number system)

C.1 들어가기

컴퓨터는 0과 1만을 저장하고 처리하기 때문에, 내부적으로 2진수를 사용한다. 2진법이란 0과 1 두 숫자만을 사용하는 수체계를 말한다. 컴퓨터에서 숫자 또는 문자는 일련의 0과 1로 저장되고 각각의 0 또는 1을 비트(bit: binary digit)라고 한다.

일상생활에서 사람은 10진수를 사용한다. 사용자가 프로그램에서 20과 같은 숫자를 입력하면, 20은 10진수로 가정된다. 컴퓨터 소프트웨어가 내부적으로 10진수를 2진수로 또는 그 역으로 변환하여 사용한다.

프로그래머는 10진수를 사용하여 컴퓨터 프로그램을 작성한다. 그러나 운영체제를 다루기 위해서는 2진수를 사용하여 "기계 수준"까지 알아야할 필요가 있다. 2진수는 매우 길고 귀찮다. 때때로 각각의 16진수 한 자리는 네 자리의 2진 숫자를 표현하므로 2진수를 축약하는 데 16진수가 사용된다. 16진법은 16개의 숫자인 0-9와 A-F를 사용한다. 문자 A, B, C, D, E, F는 10, 11, 12, 13, 14, 15에 대응된다.

10진법의 숫자는 0, 1, 2, 3, 4, 5, 6, 7, 8, 9로 구성된다. 10진수는 하나 혹은 연속된 한 개 이상의 이 숫자들로 표현된다. 각 자리의 숫자의 값은 위치에 의해 결정되고 10의 제곱 승으로 나타내진다. 예를 들어 10진수 숫자 7423의 숫자 7, 4, 2, 3은 다음과 같이 각각 7000, 400, 20, 3을 나타낸다.

$$\boxed{7 \quad 4 \quad 2 \quad 3} = 7 \times 10^3 + 4 \times 10^2 + 2 \times 10^1 + 3 \times 10^0$$
$$10^3 \ 10^2 \ 10^1 \ 10^0 \ = 7000 + 400 + 20 + 3 = 7423$$

10진법은 10개의 숫자를 사용하고 위치값은 10의 제곱 승이다. 10을 10진법의 *진수(base)* 또는 *기수(radix)*라고 한다. 유사하게 2진법은 2개의 숫자를 사용하기 때문에, 기수는 2이다. 16진법은 16개의 숫자를 사용하기 때문에 16이 기수이다.

1101이 2진수일 경우, 1, 1, 0, 1은 각각 1×2^3, 1×2^2, 0×2^1, 1×2^0을 나타낸다.

$$\boxed{1 \quad 1 \quad 0 \quad 1} = 1 \times 2^3 + 1 \times 2^2 + 0 \times 2^1 + 1 \times 2^0$$
$$2^3 \ \ 2^2 \ \ 2^1 \ \ 2^0 \ = 8 + 4 + 0 + 1 = 13$$

7423이 16진수이면 7, 4, 2, 3은 각각 7×16^3, 4×16^2, 2×16^1, 3×16^0 을 나타낸다.

$$= 7 \times 16^3 + 4 \times 16^2 + 2 \times 16^1 + 3 \times 16^0$$

$16^3 \quad 16^2 \quad 16^1 \quad 16^0 \quad = 28672 + 1024 + 32 + 3 = 29731$

C.2 2진수와 10진수 상호 변환

2진수 $b_n b_{n-1} b_{n-2} \cdots b_2 b_1 b_0$ 에 대한 10진수 값은 아래 공식으로 계산된다.

$$b_n \times 2^n + b_{n-1} \times 2^{n-1} + b_{n-2} \times 2^{n-2} + \cdots + b_2 \times 2^2 + b_1 \times 2^1 + b_0 \times 2^0$$

다음은 2진수를 10진수로 변환하는 예이다.

2진수	변환 공식	10진수
10	$1 \times 2^1 + 0 \times 2^0$	2
1000	$1 \times 2^1 + 0 \times 2^0 + 0 \times 2^1 + 0 \times 2^0$	8
10101011	$1 \times 2^7 + 0 \times 2^6 + 1 \times 2^5 + 0 \times 2^4 + 1 \times 2^3 + 0 \times 2^2 + 1 \times 2^1 + 1 \times 2^0$	171

10진수 d를 2진수로 변환은 다음 공식을 만족하는 $b_n, b_{n-1}, b_{n-2}, \cdots, b_2, b_1$과 b_0 비트를 구하는 것이다.

$$d = b_n \times 2^n + b_{n-1} \times 2^{n-1} + b_{n-2} \times 2^{n-2} + \cdots + b_2 \times 2^2 + b_1 \times 2^1 + b_0 \times 2^0$$

이 비트는 몫이 0이 될 때까지 d를 연속해서 2로 나누어서 구할 수 있다. 나머지가 $b_0, b_1, b_2, \cdots, b_{n-2}, b_{n-1}$과 b_n이다. 예를 들어, 10진수 123은 2진수로 1111011이다. 변환 방법은 다음과 같다.

팁
그림 C.1과 같이 윈도우 계산기는 진법 변환을 위한 유용한 도구이다. 진법 변환을 위해서
시작 버튼에서 *계산기*를 검색하고 실행한 후, *보기* 메뉴에서 *프로그래머용*을 선택한다.

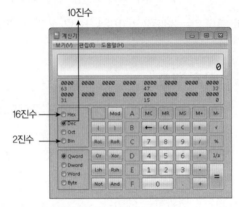

[그림 C.1] 윈도우 계산기를 사용하여 진법 변환을 할 수 있다.

C.3 16진수와 10진수 상호 변환

16진수 $h_n h_{n-1} h_{n-2} \cdots h_2 h_1 h_0$ 에 대한 10진수 값은 아래 공식으로 계산된다.

$$h_n \times 16^n + h_{n-1} \times 16^{n-1} + h_{n-2} \times 16^{n-2} + \cdots + h_2 \times 16^2 + h_1 \times 16^1 + h_0 \times 16^0$$

다음은 16진수를 10진수로 변환하는 예제이다.

2진수	변환 공식	10진수
2F	$7 \times 16^1 + 15 \times 16^0$	127
FFFF	$15 \times 16^3 + 15 \times 16^2 + 15 \times 16^1 + 15 \times 16^0$	65535
431	$4 \times 16^2 + 3 \times 16^3 + 1 \times 16^0$	1073

10진수 d를 16진수로 변환은 다음 공식을 만족하는 16진수 자릿수 $h_n h_{n-1} h_{n-2}$
$\cdots h_2 h_1$ 과 h_0 를 구하는 것이다.

$$d = h_n \times 16^n + h_{n-1} \times 16^{n-1} + h_{n-2} + \cdots + h_2 \times 16^2 + h_1 \times 16^1 + h_0 \times 16^0$$

이러한 자릿수는 d를 16으로 몫이 0이 될 때까지 연속해서 나누는 방법으로 구
할 수 있다. 나머지는 $h_0, h_1 h_2, \cdots, h_{n-2}, h_{n-1}$ 와 h_n 이다.
예를 들어, 10진수 123은 16진수로 7B이다. 변환은 다음과 같이 이루어진다.

$$
16\overline{\smash{)}\,7}\quad\overset{\displaystyle 0}{\underset{\displaystyle 7}{}}\qquad 16\overline{\smash{)}\,123}\quad\overset{\displaystyle 7}{\underset{\displaystyle 11}{}}\ \leftarrow\ \text{몫}
$$

$$
\underset{h_1}{\downarrow}\qquad\qquad\underset{h_0}{\downarrow}
$$

나머지

C.4 2진수와 16진수 상호 변환

16진수를 2진수로 변환하기 위해서는 표 C.1을 사용하여 간단히 16진수의 각 자리를 4자리의 2진수로 변환하면 된다. 예를 들어, 16진수 7B는 1111011이다. 여기서 7은 2진수로 111이고 B는 2진수로 1011이다.

2진수를 16진수로 변환하기 위해서 오른쪽에서 왼쪽으로 2진수의 각 4자리를 16진수로 변환하면 된다. 예를 들어, 2진수 1110001101은 다음과 같이 1101은 D, 1000은 8, 그리고 11은 3이기 때문에 16진수로 38D이다.

$$
\underset{3}{\underbrace{1\ 1}}\ \underset{8}{\underbrace{1\ 0\ 0\ 0}}\ \underset{D}{\underbrace{1\ 1\ 0\ 1}}
$$

⟨표 C.1⟩ 16진수에서 2진수로 변환

16진수	2진수	10진수
0	0000	0
1	0001	1
2	0010	2
3	0011	3
4	0100	4
5	0101	5
6	0110	6
7	0111	7
8	1000	8
9	1001	9
A	1010	10
B	1011	11
C	1100	12
D	1101	13
E	1110	14
F	1111	15

노트

8진수 또한 매우 유용하다. 8진법은 0부터 7까지 8개의 수를 사용한다. 10진수 8은 8진수 10으로 표현된다.

수 변환 연습을 위한 유용한 온라인 사이트는 다음과 같다.

- http://forums.cisco.com/CertCom/game/binary_game_page.htm
- http://people.sinclair.edu/nickreeder/Flash/binDec.htm
- http://people.sinclair.edu/nickreeder/Flash/binHex.htm

점검 문제

1. 다음 10진수를 16진수와 2진수로 변환하시오.

  100; 4340; 2000

2. 다음 2진수를 16진수와 10진수로 변환하시오.

  1000011001; 100000000; 100111

3. 다음 16진수를 2진수와 10진수로 변환하시오.

  FEFA9; 93; 2000

찾아보기